# 公司金融

## 第 4 版

朱叶 ◎ 编著

北京大学出版社
PEKING UNIVERSITY PRESS

图书在版编目(CIP)数据

公司金融/朱叶编著.—4版.—北京:北京大学出版社,2020.8
ISBN 978-7-301-30799-1

Ⅰ.①公… Ⅱ.①朱… Ⅲ.①公司—金融学—教材 Ⅳ.①F276.6

中国版本图书馆 CIP 数据核字(2019)第 204017 号

| | |
|---|---|
| 书　　名 | 公司金融(第四版) |
| | GONGSI JINRONG (DI-SI BAN) |
| 著作责任者 | 朱　叶　编著 |
| 责 任 编 辑 | 任京雪　刘　京 |
| 标 准 书 号 | ISBN 978-7-301-30799-1 |
| 出 版 发 行 | 北京大学出版社 |
| 地　　址 | 北京市海淀区成府路 205 号　100871 |
| 网　　址 | http://www.pup.cn |
| 微信公众号 | 北京大学经管书苑(pupembook) |
| 电 子 邮 箱 | 编辑部 em@pup.cn　　总编室 zpup@pup.cn |
| 电　　话 | 邮购部 010-62752015　发行部 010-62750672　编辑部 010-62752926 |
| 印 刷 者 | 三河市博文印刷有限公司 |
| 经 销 者 | 新华书店 |
| | 730 毫米×1020 毫米　16 开本　26.75 印张　661 千字 |
| | 2009 年 1 月第 1 版　2013 年 2 月第 2 版 |
| | 2016 年 10 月第 3 版 |
| | 2020 年 8 月第 4 版　2023 年 12 月第 3 次印刷 |
| 定　　价 | 69.00 元 |

未经许可,不得以任何方式复制或抄袭本书之部分或全部内容。
**版权所有,侵权必究**
举报电话:010-62752024　电子邮箱:fd@pup.cn
图书如有印装质量问题,请与出版部联系,电话:010-62756370

# 第四版前言

本书第一版问世至今已有 10 个年头，2013 年和 2016 年分别修订过一次。最近两年，北京大学出版社徐冰老师陆续转来不少读者建议，因此，我觉得有必要进行第三次修订，以便更好地满足新一批读者的用书要求和阅读习惯。本次修订的主要特点有：

第一，增加了中国元素。在确保本书内容完整性以及不增加篇幅的前提下，如何将中国公司金融的实践巧妙地融入书中，是一件颇具挑战性的工作，本书做了些尝试：一是尽量用"中国故事"去理解和解释相关概念和理论；二是通过图表形式列示和描述中国公司金融的实践（比如中国公司的融资偏好、派现情况、现金管理、并购方式等）；三是设计了一些中国案例，让读者运用相关概念、方法和理论来进行解读；四是在每章课后习题中，几乎都设计有一道分析题，要求读者以中国上市公司为对象，解释和分析其公司金融行为。

第二，增加了"概念自查"和"小案例"两个栏目。继续保留原先的"人物栏目""知识栏目"以及"案例"，并做了较大幅度的补充和调整。在每节的末尾都设计有"概念自查"栏目，设计了一些概念性的小问题，便于读者巩固和归纳所学的基本概念、方法和理论；同时，每章都设计有若干个"小案例"，便于读者理解以及增加代入感。

第三，进行了全方位的修订。第三次修订启动后，我丝毫不敢懈怠。回看第四版的工作底稿，修改和补充几乎涵盖了本书的所有章节。

第四，调整了部分内容。一是将"短期财务计划和短期融资"和"流动资产管理"两章前移，置于"会计报表分析"之前；二是删除第三版中第十七章"衍生工具和风险管理"，并将其主要内容融入相关章节；三是对课后习题按难度进行了分级。

本教材得到复旦大学经济学院高峰教材项目资助。在《公司金融》第四版修订过程中，得到了北京大学出版社徐冰老师和任京雪老师的大力支持，在此深表谢意。

书中不当之处，敬请广大读者批评指正。

朱 叶
2020 年 8 月于复旦园

# 第三版前言

在学界,教材编写是件苦差事,但又是件良心活儿。自第一版问世后,我一直走在修修补补的路上,没有了回头路。

"公司金融"已是一门成熟的课程,金融学界对该课程的知识点已有共识,因此,《公司金融》教材的内容修订空间不大。但是,目前至少有两点理由支撑着我在修订的路上继续向前:一是心存一份敬畏,以免误人子弟;二是努力适应和尊重新读者群尤其是"95后"甚至"00后"读者群的阅读习惯。

第二次修订工作也是全方位的,修改、补充和更正等工作涉及所有章节,尽量使全书更具有可读性。本次修订的主要特点有:

第一,重组了投资决策的内容。将投资决策拓展至三章(详见第三版第四章、第五章和第六章),增加了现金流估算、贴现率估计等投资决策基本技术的篇幅,按"分子策略"和"分母策略"重新整合了"投资风险调整"的内容。

第二,增加了公司实践的内容。为了使读者更好理解"资本结构"理论、"股利政策"理论,增加了"目标资本结构的定义、设计和管理"等内容(详见第三版第八章)以及"股利发放方式和程序"等内容(详见第三版第九章)。为了使读者知晓传统会计报表分析的缺陷,增加了"会计报表重构和杜邦分析法改进"等内容(详见第三版第十章)。此外,"公司财务规划"(详见第三版第十一章)和"并购"(详见第三版第十四章)也做了较大的内容补充。

第三,更新了案例和习题。本着与时俱进的理念,第三版更新了1/3的案例,涉及"导论""股利政策""会计报表分析""并购""公司治理"等五章。为便于课后操练,第三版增加了具有针对性的章后习题,并提供了部分习题的参考答案。

第四,调整了部分内容的次序。第三版仍按价值评估、投资决策、融资决策、财务规划与营运资本管理、特殊公司金融问题这一传统授课顺序安排内容。出于增强上下内容逻辑性的考虑,在三处做了次序调整。一是将"会计报表分析"置于"公司财务规划"之前;二是将"公司治理"排在"并购"之后;三是将"衍生工具和风险管理"放在全书最尾。

在《公司金融》第三版修订过程中,得到了北京大学出版社徐冰老师的大力支持,在此深表谢意。

书中不当之处,敬请广大读者批评指正。

朱 叶

2016年6月于复旦园

# 第二版前言

《公司金融》第一版面世后,承蒙读者朋友们厚爱,两年多时间重印了4次。去年年底,北京大学出版社徐冰老师嘱我修订《公司金融》教材,并约定2013年推出第二版。其实,自《公司金融》第一版出版之后,我一直在对该教材进行补充和修订。回看《公司金融》教材的修订工作底稿,我颇感欣慰,并多了一份推出《公司金融》第二版的底气。但我深知,教材修订最费心思的是究竟应该保留什么以及舍弃什么。

第一,继续进行有益的尝试。在第一版中,我试图在三个方面进行尝试:一是强调公司金融的微观金融学基础;二是突出公司各种金融行为或活动的理论解释;三是以"公司理财第一法则"为主线串联全书内容。我一直认为,这样的尝试是有意义的,它能够使读者在微观金融学的平台上来认识、思考公司的诸多金融活动。

第二,保留了第一版的基本框架。目前,"公司金融"已是一门成熟的金融学专业课程,学界在"公司金融"的知识点、基本教学内容、授课顺序等方面达成了基本共识,第一版就是基于这样的认知确立了基本框架。因此,在确定第二版的基本框架时,保留第一版的章节也就顺理成章了。

第三,保留了第一版的所有栏目。为增加趣味性以及链接性,在第一版中设置了"人物专栏""知识专栏"和"案例"三个栏目。从读者的反馈信息来看,这样的安排得到了肯定。因此,第二版仍继续保留这些栏目。

对《公司金融》第一版的补充和修订是全方位的,几乎涉及所有的章节。本次修订的主要特点有:

第一,更加强调理论解释。第二版在阐述公司金融基本概念、基本方法、基本理论等的同时,将更加强调公司各种金融行为的理论解释。同行们对第一版中"强调理论解释"的特点给予了积极反馈,这坚定了我继续进行这一尝试的信心,并在第二版的第三章、第五章、第六章、第八章、第九章中加大了这方面的篇幅。

第二,力求完整。在第一版中,某些章节没有完全展开,有些细节没有完全交代清楚。它们既影响了全书内容的完整性,也对读者的认知产生了一定程度的干扰。为此,第二版在这些章节上均增加了一定的篇幅。

第三,增加可读性。鉴于受众越来越多元化,为此,教材的内容、行文等应该兼顾教学和自学。第二版力求增加可读性,在满足课堂教学需要的同时,兼顾广大自学者的要求。

在《公司金融》第二版出版之际,需要感谢的人很多,广大读者是我最该感谢的人,因为你们的意见、建议甚至批评才是我推出第二版的原动力。

朱 叶
2012年9月于复旦园

# 第一版前言

在我国,公司金融(Corporate Finance)也称财务管理,或公司财务学,或公司理财。这种译法源自20世纪80年代中期,我国会计学界的学者首先从西方国家的商学院引入了"Corporate Finance"和"Financial Management",并将其译成财务管理或公司财务学,一直沿用至今。而在西方,"Corporate Finance"是金融学专业教学和研究的主要领域之一,属于微观金融学范畴。它与投资学等学科存在很强的血缘关系,具有共同的概念和方法。因此,无论是从学科归属而言,还是研究内容而言,将"Corporate Finance"定名为"公司金融"而非延续原来的称谓是合适的。

20世纪上半叶,融资和头寸管理是公司金融实践的主要内容,"现值"理论出现后,公司金融开始广泛涉足项目投资领域。因此,完整的公司金融实践包括投资决策、融资决策、资产管理等内容,公司通过投资决策、融资决策和营运资本管理的最优化来实现公司价值最大化或股东财富最大化。20世纪70年代以后,随着公司经营和金融市场逐渐国际化,通货膨胀、利率变动、汇率波动、税制差异、全球经济不确定性等外部因素对公司的影响日益加剧,并渗透进了公司金融的各种决策中。一方面,公司的金融活动更加丰富多彩,使公司CFO(首席财务官)变得更加炙手可热;另一方面,公司金融的环境变得扑朔迷离,使公司价值创造过程变得越来越复杂。

公司金融理论的发展远远滞后于公司金融实践,在20世纪50年代之前,包括公司金融在内的整个微观金融学缺乏自己的理论构架,其研究方法是一般经济学中的供需均衡分析法。因此,即便在美国,从事微观金融学研究的学者在学界也缺乏其应有的学术地位。20世纪50年代,规范的公司金融理论开始形成。马科维茨的投资组合选择理论以及莫迪利亚尼和米勒的无税MM理论是现代公司金融乃至整个微观金融学的发端。从此以后,现代金融学有了自己的分析方法,即无套利均衡分析方法。20世纪50年代以后,公司金融理论得到了迅速发展,产生了许多里程碑式的经典理论。从广义上说,这些理论包括投资组合理论、资本资产定价理论、资本结构理论、股利政策理论、有效资本市场假说、现值理论、期权理论、信号理论、代理理论、现代公司控制权理论、金融中介理论、行为金融理论等。狭义的公司金融理论至少包括有效市场理论、资本资产定价理论、资本结构理论、股利政策理论、现代公司控制权理论、现值理论等。20世纪50年代以来,业界和学界对于这些领域的研究乐此不疲。

可见,无论是在实践领域,还是在理论方面,公司金融学正以前所未有的速度持续发展。本着既充分展现公司金融学的重要内容和重要理论,又尽可能反映公司金融领域最新发展的旨意,构建了本书

---

① 本书的部分研究得到了教育部人文社会科学研究项目(项目批号:07JA790056)的支持。

的基本框架。全书共有五个部分：

第一部分为价值评估（第一至三章）。公司的一切金融活动是否有价值，取决于它是否创造了公司价值，是否实现了公司价值增值。因此，公司需要利用一定的手段来估计和评估公司价值以及公司价值增值。这部分内容围绕着这个主题展开，第一章介绍了公司制企业的财务目标、公司价值增值的途径以及在实现公司目标过程中存在的冲突；第二章介绍了金融资产价值是它在未来有效期内所能产生的现金流入的贴现值这一重要原则，并给出了用来判断是否实现价值增值的净现值法则；第三章介绍了单一资产的风险和收益，试图从理论上解释贴现率的经济含义。

第二部分为投资决策（第四至五章）。投资决策是公司重要的金融活动，但值得一提的是，"公司金融"这门课通常仅仅涉及项目（或实物）投资决策，至于证券投资决策的相关内容，则是"投资学"或"金融市场学"课程的主要内容。由于实物投资具有不可逆的特点，因此，要求投资者在投资前必须进行资本预算，视净现值是否大于零而定。第四章分别介绍了在确定性和不确定性两种情况下主要的静态资本预算方法；第五章介绍了嵌入在实物项目上的实物期权、实物期权价值以及对资本预算的影响。

第三部分为融资决策（第六至九章）。融资决策不只是为了解决公司的资金缺口，更要有助于实现公司价值增值。因此，为配合这一主题，第六章和第七章分别介绍了主要的长期融资工具以及衍生工具；第八章介绍了主要的资本结构理论，对公司融资决策行为进行理论解释，以突显融资决策的复杂性；第九章介绍了既是公司盈余分配政策，也是一种特殊融资决策的股利政策，以解释股利政策制定过程及其对价值创造的影响。

第四部分为财务规划和营运资本管理（第十至十二章）。为了使得公司的投资决策、融资决策符合公司整体发展战略，公司必须系统阐述实现财务目标的方法。为了配合公司正常运转，在进行固定资产投资的同时，公司需要考虑营运资本（operating capital）投入和筹集。为此，第十章介绍了财务规划的方法，第十一章介绍了营运资本的投入和筹集，第十二章介绍了流动资产管理。

第五部分为公司金融的一些特殊问题（第十三至十六章）。公司治理、并购、破产以及会计报表分析是一些特殊的专题。尽管这些专题的所有内容并非完全属于公司金融范畴，但是，这些领域的很大一部分内容与公司金融有关，需要公司金融予以配合，且非常引人入胜。

显然，本书根据"公司金融"授课的一般顺序或习惯安排教学内容。所不同的是，本书在以下几个方面进行了尝试：

第一，强调了"公司金融"的微观金融学基础。"公司金融""投资学"和"金融市场学"是微观金融学的三大支柱，它们遵循共同的概念、理论和方法。这些共同的概念、理论和方法是"公司金融""投资学"和"金融市场学"的前修课程"金融经济学"的主要内容。因此，"公司金融"与其他微观金融学课程之间具有极强的血缘关系，它们具有共同的微观金融学基础。

第二，突出了公司各种金融行为或活动的理论解释。多年来，"公司金融"常常被视为操作性非常强的课程，教材内容通常也基于这样的认识进行安排。但是，"公司金融"的许多领域充满着"谜"（puzzle）。事实上，对于公司金融的诸多决策甚至所有决策而言，我们无法给出应该这样做或不应该那样做的建议，充其量只能给出可能的实现路径以及可能的理论解释。为此，本书以投资决策、融资决策和资产管理等为基本架构，并分别嵌入了现值理论、资本结构理论、股利政策、公司治理、公司控制权等几乎所有主要的公司金融理论。试图在讨论投资决策、融资决策和资产管理的基本原则、方法的同时，强调这些做法的可能的理论解释。

第三,以"公司理财第一法则"为主线串联全书内容。净现值(NPV)法则被称为"公司理财第一法则",它是公司金融各类决策的重要依据。尽管我们无法将该法则视为"放之四海而皆准",但是,只要存在一个运转良好的金融市场,净现值法则是最不易犯决策错误的法则。因此,本书放弃以公司的金融活动为单一主线贯穿教材的习惯做法,尝试同时使用"公司理财第一法则"作为本书的另一条主线,增强全书内容之间的相关性。

尽管很难使严肃的教科书达到情趣盎然的境界,但是,本书配备了"人物专栏""知识专栏"和"案例"等一些有趣的阅读内容,试图以一种轻松的方式让读者"走近"金融学大师,以易懂的方式了解公司金融的特定事件、特定政策以及一些有趣的边缘领域。

本书适用于高等院校金融学、经济学、财政学、管理学等专业本科生以及MBA。从全书教学安排上来看,本书的章节顺序体现了这门课程的一般授课过程,但教师可以根据需要变更次序或对部分内容进行调整。如果"投资学"课程被安排在"公司金融"课程之前,那么,教师可以放弃第三章的讲授;第十六章可以提前讲授,建议放在导论或价值评估之后讲授;第五、八、九章中的部分知识和内容更适合高年级本科生,因此,教师或读者在教学或学习过程中,可以跳过以上提及的章节或其中的部分内容,这并不会影响对全书其他章节的学习和理解。

本书在编写过程中,得到了姜波克教授、胡庆康教授、陈学彬教授、刘红忠教授和许少强教授的关心,黄亚钧教授、张金青教授、张陆洋教授、聂叶教授、王伟博士、邵宇博士、张宗新副教授、攀登博士等的观点也在书中有所体现。值得一提的是,本书第二、三章使用了与王伟博士合编的《公司财务学》中的框架和部分内容。本书的部分案例和人物专栏的原始材料由胡彦超和杨文川搜寻。王青和刘思参与了本书的校对工作。因此,在本书完稿之时,对以上提及的前辈、同人以及学生深表谢意。

在本书的编撰过程中,承蒙北京大学出版社徐冰老师的全力支持,在此向她表示衷心的感谢。

书中不当之处,敬请广大读者批评指正。

朱　叶<br>2008年10月于复旦园

# 目 录

## 第一章 导 论 ... 1
第一节 公司的概念 ... 1
第二节 公司的金融活动及其价值创造过程 ... 4
第三节 财务目标和代理冲突 ... 11

## 第二章 现值和价值评估 ... 16
第一节 现值和贴现率 ... 16
第二节 现值的计算 ... 21
第三节 价值评估原理 ... 25

## 第三章 风险和收益 ... 38
第一节 收益和风险概念 ... 38
第二节 投资组合理论 ... 44
第三节 资本资产定价模型 ... 52

## 第四章 资本预算的基本技术 ... 60
第一节 传统资本预算方法 ... 60
第二节 自由现金流估算 ... 68
第三节 贴现率计算和选择 ... 72
第四节 资本预算的运用 ... 82

## 第五章 投资风险调整方法 ... 88
第一节 投资风险调整的基本分析框架 ... 88
第二节 分子策略 ... 90
第三节 分母策略 ... 99

## 第六章 实物期权和资本预算 ... 107
第一节 净现值法则面临的挑战 ... 107

## 第二节　金融期权及其价值评估 ·············································· 112
第三节　实物期权对资本预算的影响 ·········································· 122

# 第七章　长期融资 ············································································· 135
第一节　资本市场有效性 ····························································· 135
第二节　权益融资和债务融资 ······················································ 140
第三节　公司长期融资决策原则 ··················································· 154

# 第八章　资本结构 ············································································· 164
第一节　税收、破产成本和资本结构 ············································ 164
第二节　管理者动机、信息和资本结构 ········································· 177
第三节　目标资本结构定义、设计和管理 ····································· 188
第四节　融资决策对投资决策的影响 ············································ 195

# 第九章　股利政策 ············································································· 204
第一节　股利的发放方式和程序 ··················································· 204
第二节　股利政策类型和决定 ······················································ 210
第三节　税收和股利政策 ····························································· 214
第四节　管理者动机、信息不对称、非理性与股利政策 ················· 221
第五节　股利政策决定的现实分析 ················································ 226

# 第十章　短期财务计划和短期融资 ······················································ 234
第一节　营运资本和营运资本政策 ················································ 234
第二节　短期预测和短期融资 ······················································ 243

# 第十一章　流动资产管理 ··································································· 261
第一节　现金和有价证券管理 ······················································ 261
第二节　应收账款管理 ································································ 270

# 第十二章　会计报表分析 ··································································· 282
第一节　会计信息的阅读与理解 ··················································· 282
第二节　会计分析 ······································································· 286
第三节　财务分析方法 ································································ 291
第四节　会计报表重构和杜邦分析法改进 ····································· 304

# 第十三章　公司财务规划 ··································································· 316
第一节　公司财务目标 ································································ 316
第二节　经营现金流预测和投资规划 ············································ 320

第三节　融资规划 ································································· 324
　　第四节　编制预计财务报表 ······················································· 327

## 第十四章　并　购 ····································································· 334
　　第一节　并购的类型和动因 ······················································· 334
　　第二节　并购的基本流程 ·························································· 340
　　第三节　杠杆收购 ·································································· 354
　　第四节　并购理论 ·································································· 358
　　第五节　反收购布防 ······························································· 361

## 第十五章　公司治理 ································································· 370
　　第一节　第一代代理问题 ·························································· 370
　　第二节　第二代代理问题 ·························································· 374
　　第三节　公司治理机制 ···························································· 378
　　第四节　绩效评估及其误区 ······················································· 383

## 第十六章　财务危机和财务预警 ··················································· 394
　　第一节　财务危机的界定和处置 ················································· 394
　　第二节　破产清算和破产改组的相关问题 ······································ 399
　　第三节　财务预警 ·································································· 405

# 第一章
# 导 论

【学习要点】

1. 何为公司？
2. 公司价值是如何创造的？
3. "股东至上"抑或"利益相关者至上"？
4. 谁在控制公司？
5. 公司有哪些代理冲突？

公司金融是金融学的一个重要分支学科。它与投资学、金融市场学等金融学其他分支学科具有血缘关系，它们遵循共同的基本概念和方法。在我国，公司金融也被称为公司财务学或财务管理。公司金融讨论公司财务决策问题，其一是投资决策，其二是融资决策。在"股东至上"的治理理念下，任何财务决策均以公司价值最大化或股东财富最大化为目标，公司金融活动成功的标志是实现公司价值增值。因此，一定财务目标条件下的公司投资决策、融资决策和营运资本管理构成了公司金融的基本内容。本章从公司金融的研究主体出发，介绍公司金融活动以及公司价值创造过程、公司追求财务目标过程中的冲突。

## ■ 第一节 公司的概念

以盈利为目的的企业多如牛毛，但是，不是所有的企业都是公司。个体业主制（sole proprietorship）、合伙制（partnership）和公司制（corporation）是三种基本的企业合法组织形式。公司制企业（俗称公司）是公司金融的研究主体。

## 一、个体业主制企业

个体业主制企业是指一个自然人拥有和经营的企业。个体业主制企业数量众多[1]，但是，规模一般很小，占一国经济收入的比例也很低。个体业主制企业的优点是：它的设立非常简单，费用最低，无须正式的章程，在大多数行业中需要遵守的政府规定极少；无须缴纳企业所得税，企业的所有利润均按个人所得税规定纳税。其主要缺点是：个体业主制企业承担无限责任，个人资产和企业资产之间没有界线；企业的寿命不会超过业主本人的寿命；企业筹集的权益资本仅限于业主个人财富。

## 二、合伙制企业

合伙制企业是指两个或两个以上的人创办的企业。我们熟知的律师事务所、会计师事务所等，通常以合伙制组建。合伙制企业对债权人承担无限责任，但按合伙人对合伙制企业的责任进行分类，合伙制企业有一般（普通）合伙制企业和有限合伙制企业两种形式。

在一般合伙制企业中，所有合伙人都是一般合伙人，按协议规定的比例提供资金和承担相应的工作，并分享相应的利润或承担相应的亏损和债务。协议可以是口头的，也可以是书面的。其主要优点是：费用较低；以合伙人为纳税义务人。其主要缺点是：当一般合伙人死亡、退伙时，或当新合伙人入伙时，原一般合伙制企业便告终结或必须重新确立新的合伙关系；企业难以筹集大量资金；一般合伙人对所有债务负有无限责任。

在有限合伙制企业中，至少有一人为一般合伙人，有限合伙人不参与企业管理，其责任仅限于其在合伙制企业中的出资额。为便于筹集资金，私募股权基金、风险投资基金通常以有限合伙制组建。有限合伙制企业有别于一般合伙制企业的特征是：第一，有限合伙人仅仅承担与其出资额匹配的责任；第二，有限合伙人可以出售他们在企业中的利益；第三，有限合伙人没有企业管理控制权；第四，有限合伙人死亡或撤资不会导致企业散伙。

由于合伙人的个人责任和声望可以增强客户对企业的信心，因此，合伙人会竭尽全力维护其声誉。

## 三、公司制企业

公司制企业是由法律界定和构造的一个法人，是以公司身份出现的法人，是一种最重要的企业组织形式。几乎所有大型企业均采取公司制组织形式，公司制也是其他组织形式企业转型的首选，比如如今大名鼎鼎的高盛、KKR等都是由合伙制转制而来。股份有限公司（company limited，Co. Ltd.）和有限责任公司（limited liability company，LLC）是公司制企业的两种基本形式。

### （一）股份有限公司

股份有限公司是一个独立法人，它和自然人一样享有许多权利，比如签订合同、实施要

---

[1] 根据中国国家工商总局披露，截至2017年年底，中国实有个体业主制企业（个体工商户）约6 579万户，约占全部市场主体的67%。若算上约2 726万户私营企业（在中国，私营企业很多属于此类型），合计约占全部市场主体的94.8%。

约收购、借入或贷出资金、取得资产等;它也需要承担相应的义务,比如独自负责清偿公司自身债务、依法纳税。我们熟悉的上市公司均属股份有限公司。

股份有限公司设立和组建较为复杂,其创办人必须聘请律师起草公司章程(包括组建公司的正式条款以及一套章程细则)。公司章程的内容包括公司名称、公司计划经营年限、经营目的、公司获准发行的股票额度、股东的权利、公司创建时董事会的人数等。公司章程规定了公司运营需要遵循的初始规则。公司章程须符合公司注册地的法律法规。

股份有限公司的所有权被等额地分割成很多份额(即一定数量的股票),持有一部分股票的所有者被称为股东。股份有限公司可以通过发行股票,向社会募集资金,因此,任何人都可以成为股东,股东可以是公司发起人,也可以是购买股票的外部投资者,他们无须具备特殊专长条件。股份有限公司的股东人数有下限但无上限。股东是公司的所有者,拥有表决权、剩余收益分配权和自由处置所持股票的权利。

根据股份有限公司的组织架构,股东会是股份有限公司的最高权力机构,决定公司的政策和发展方向,股东能够通过行使表决权来表达意愿。由于股份有限公司股权通常较为分散,因此,公司所有权和经营权存在不同程度的分离,许多股东尤其是小股东无法直接参与公司经营管理。为此,股东可以通过投票选择代表其利益的董事会,由董事会代其主张权利。根据受托责任,董事会负责制定公司运营的规章制度(包括聘任高级管理人员、制定高级管理人员的薪酬计划等)、政策以及监控公司业绩与经营表现。在缕清和划分好董事会和CEO(首席执行官)权限的基础上,董事会将公司大部分的日常经营决策权授予以CEO为首的管理层。CEO执行董事会制定的规章和政策,负责公司运营。至于管理团队的其他人员构成和职能,则因公司而异。

股份有限公司有着与个体业主制企业和合伙制企业不同的一些特征:

第一,公司的所有产权(股份)可以随时转让给新的股东,不会像合伙制企业那样受限制。

第二,公司永续经营,具有无限存续期,即便原有的所有者撤资,公司仍然能够继续经营。

第三,股东的责任仅限于其所投资的股份数或出资额。

第四,双重纳税(事实上,不少国家已经采取相应的免税政策来避免双重纳税)义务,公司必须为其实现的利润缴纳公司所得税,同时,股东必须为其所获得的股利缴纳个人所得税。

第五,公司需要经常、及时与股东保持沟通,为此,公司须承担高昂的沟通成本。

(二) 有限责任公司

有限责任公司兼具有限合伙制企业和股份有限公司的特征。

有限责任公司是一种特殊的有限合伙制企业,但与有限合伙制企业有两处不同:一是有限责任公司的全部所有者仅承担有限责任;二是所有者可以参与企业经营和管理。

有限责任公司是公司制企业的一种形式,拥有公司制企业的基本特征(比如组织架构),但是,它还有着与股份有限公司不一样的某些特点。主要有:

第一,公司所有权不能被划分成等额股份。股东的股权按其出资比例来表示,股东按出资比例享有权利和承担责任。

第二,由发起人集资设立。有限责任公司不得向社会公开募集资金,不能发行股票,也不得挂牌上市。

第三,股东人数有限。股东人数有上限,比如股东人数不得超过50人。

第四,股权流动性差。有限责任公司股东之间可以转让股份,但若向外部投资者转让股份,须经半数以上股东同意。

第五，组织结构简单灵活。有限责任公司既可以按章程来构建规范的公司治理架构，比如设立公司董事会、监事会，也可以简单处理，比如只设董事、监事各一名，不设立董事会和监事会。

尽管不同体制国家的公司所有权结构存在很大差异，但是股份有限公司和有限责任公司具有显著的通用性，它们也是各国企业组织的主导形式。

### 四、选择公司制企业的理由

几乎所有的大型企业都采用公司制，比如联合利华、雀巢、脸书、亚马逊、丰田汽车、腾讯、阿里巴巴、微软、苹果等，其所有者是遍布世界各地的公司股东。同时，公司制企业也是颇具成长性的个体业主制企业或合伙制企业转型的首选组织形式。那么，究竟是哪些因素在引导大企业和转型企业采用公司制这一组织形式呢？这是一个复杂的问题，有些甚至用现有的公司理论也无法解释。通常，公司制企业的选择基于对企业规模、增长潜力、再投资能力等因素的考虑。

第一，大型企业无法以个体业主制或合伙制的形式存在。个体业主制企业和合伙制企业这两种组织形式具有无限责任、有限企业寿命和产权转让困难三个特点，这三个特点对大型企业来说都是严重缺陷。无限责任削弱了公司举债融资的动力；有限企业寿命限制了债权人进一步向公司提供资金的冲动；产权转让困难使得投资者的资产缺乏流动性，阻碍了投资者的投资热情。所有这些缺陷致使大型企业难以筹集其发展所需的大量资金，包括权益资金和债务资金。

第二，公司融资灵活性强。任何企业的成长都需要资金支持，同时，为满足未来的成长需要，企业须提高自身的融资能力，提高权益资本和债务资本的融资灵活性。由于个体业主制企业和合伙制企业的所有者在收益要求权方面具有排他性，因此，这些组织形式缺乏利用股票市场进行融资的意愿。此外，由于个体业主制企业和合伙制企业的规模不大，它们在债务市场上的融资能力也非常有限。公司在资本市场上的融资能力具有得天独厚的优势。一方面，公司的股票融资极具开放性，公司的成长过程也是公司通过不断发放新股吸纳更多新股东的过程；另一方面，公司的债务融资极具灵活性，公司规模大、盈利水平高的特点增强了其灵活运用众多债务融资工具的能力。

**概念自查1-1：**

1. 何为有限责任公司？它与有限合伙制企业有何不同？
2. 股份有限公司的主要优缺点有哪些？
3. 为什么公司制企业是个体业主制企业和合伙制企业转型的首选？

第三，公司的再投资机会多。通常，除合伙协议对净利润处置有约定外，合伙制企业不得将其净现金流量（或净利润）用于再投资，所有的净现金流量（或净利润）须分配给合伙人。与合伙制企业相比，尽管公司的股权集中度有大有小，但是在决定留存收益的比重上，公司总体上拥有较大的自由裁量权。因此，公司可以通过留存收益来积累内部资金，有利于今后进行有利可图的投资。

## 第二节 公司的金融活动及其价值创造过程

资产负债表是公司的镜像图之一，它呈现出公司在某一时点上的财务状况，因此，我们可以借助资产负债表（见图1-1）纵览公司财务状况，进而能够理解公司的金融活动、CFO的基本职责以及公司的价值创造过程。资产负债表的左边列示了公司的资产，包括流动资产、长期资产（固定资产、无形资产、长期投资等），公司的资产状况反映了公司是否有效地进行长期资产投资,以及如何配置各类资产;资产负债表的右边列示了公司的资金来源,包括流动负债、长期负债和股东权益,公司的融资状况揭示了公司如何进行融资,以及如何设计债务与权益资本的比例。

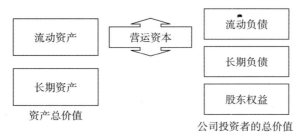

图1-1 公司资产负债表模式

## 一、公司主要金融活动和CFO职责

### (一)投资决策

公司在创立之初以及面对未来成长机会时,会面临同样的问题:公司应该采取什么样的长期投资战略?长期资产投资决策便成了公司金融的重要活动之一,投资决策涉及资产负债表的左边。

长期投资包括固定资产和无形资产的购买或创建、股权投资以及证券投资,CFO的职责之一在于,审慎地使用有效方法(比如净现值法)来描述和揭示长期资产的投资过程,判断投资决策是否符合公司整体经营策略,以及能否为股东带来财富的增加。

根据净现值法则,在投资之前,公司CFO对长期投资后预计产生的现金流入(产出)进行预测,并据此与长期投资所发生的预计现金流出(投入)进行比较,用现金流入现值和现金流出现值的差量——净现值①(net present value,NPV)是否大于零来决定能否进行长期投资。如果净现值大于零,则说明该项投资的产出大于投入,是有利可图的,否则就要放弃该项投资。

但是,在现实经济生活中,长期投资的未来现金流入具有不确定性,要真正发现有价值的长期资产投资项目并非易事。事实上,除一些能够率先推出新产品、形成低成本优势等诸如此类的长期投资项目通常被视为有价值项目之外,真正有价值的长期投资项目并不太多。

20世纪70年代,美国学者斯图尔特·迈尔斯(Stewart Myers)提出了实物期权(real option)的思想,即长期投资价值还应该包括因持有长期资产(实物资产)而拥有的实物期权的价值,这是颇具颠覆性的投资理念。实物期权是指以实物资产(也称长期资产投资项目)为标的物的期权,或嵌入在实物资产上的期权。比如,某房地产开发商通过竞拍得到一块土地后,拟投资建造商品房。若政府对该土地的开发时间没有限制,那么该房地产开发商便获得了一份延迟期权,即拥有在未来任何时间点上择时进行投资开发的权利。若商品房价格"一路高歌猛进",那么商品房市场的未来预期将被看好,延迟期权的价值也就越

---

① 由于预计现金流入和预计现金流出均存在不确定性和时差,因此,为便于两者进行比较,需要分别将现金流入和现金流出中的不确定性和时间因素剔除掉。剔除不确定性和时间因素后,我们就可以得到现金流入现值和现金流出现值。净现值法则可参见本书第二章的相关内容。

大;也就是说,开发得越晚获益越大,延迟开发蕴含着大商机。

根据实物期权的投资理念,即使目标项目净现值小于零,只要嵌入在项目上的实物期权的价值足够大,该项目仍具有投资的价值。因此,只要实物期权是可识别的,公司CFO就应该密切关注实物期权对投资决策的影响。

(二)融资决策

公司一旦决定实施投资,则如何有效地筹集投资所需要的资金(融资决策)将是公司面临的第二个公司金融问题。公司融资决策涉及资产负债表的右边。

解决资金缺口和实现价值增值是公司融资决策的两大基本要求,前者不易,后者更难。如何既融到资金又实现价值增值?公司CFO应该基于公司价值最大化原则或融资成本最小化原则进行融资决策。如果举债融资比普通股融资带给公司更多的价值增值,或者举债融资成本低于普通股融资成本,则举债融资优于普通股融资。

美国著名金融学家默顿·米勒(Merton Miller)曾生动地将公司价值视为一张圆饼(见图1-2)。假如公司的价值为$V$,$B$表示公司债务或负债的价值,$S$表示公司股东权益或所有者权益的价值,$T$表示公司上缴国家的所得税,则$V=S+B+T$。圆饼中各扇形的大小取决于公司的投资决策,同时也取决于不同资本的配置比例(资本结构),即取决于公司的融资决策。

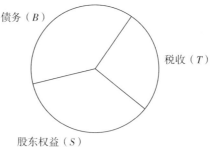

图1-2 公司资本结构(1)

由图1-2可知,公司价值犹如一张大小既定的圆饼,该圆饼归国家、股东和债权人共同所有。其中,国家以税收形式对圆饼拥有部分要求权,股东以股权形式对圆饼拥有部分要求权,债权人以债权形式对圆饼拥有部分要求权。股东和债权人对圆饼的要求权会随着债权和股权的比例变动而发生变化。若公司选择更多地举债融资,那么在其他条件不变的情况下,由于利息费用在税前列支,公司的税前利润则会因利息费用的增加而下降,其上缴的税收相应减少,国家对圆饼的部分要求权随之降低,股东和债权人对圆饼的要求权则相对提高(见图1-3)。因此,在公司有盈利的条件下,举债融资增加了税后公司价值($B+S$),此时,公司应该偏好债务融资。

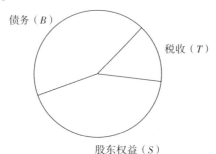

图1-3 公司资本结构(2)

事实上,融资决策远非如此简单。公司在配置资本时,除考虑税收因素之外,还需考虑由各类代理冲突所引发的"成本"或"浪费"。这些"浪费"会侵蚀或损害公司价值(见图1-4),减少税后公司价值(即股东权益和债务价值之和)。因此,公司CFO还应该致力于减少由融资引发的"成本"或"浪费",实现公司价值最大化。

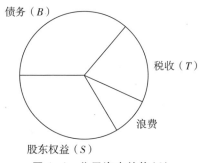

图1-4 公司资本结构(3)

在图1-4中,"浪费"具体是指因效率低、丧失机会或出现额外成本而导致的公司价值的流失,它可能由多种原因引发。主要有:

第一,由股东和债权人之间的冲突引发。杠杆公司(泛指有债务的公司)的股东会存在投资不足或投资过度的倾向。当公司债务过多(即存在财务困难)时,若后续资金源于股东(比如留存收益),股东通常表现为投资不足;若后续资金继续源于债务融资,则股东会投资过度,偏好风险较高的投资项目,或倾向于回报更快的短期项目。股东的这些行为是被扭曲的,既损害了债权人利益,也使自己承担了机会成本更高的融资成本。

第二,由股东和管理者之间的冲突引发。在所有权和经营权分离的情况下,管理者的行为可能不符合股东的意愿。比如,管理者偏好回报较快的投资,或偏好使自己承担最小风险的投资。显然,管理者的这些行为很可能错失最大化公司价值或最大化股东财富的投资机会。

可见,公司债务与权益比例(资本结构)的调整和变化会影响公司价值,因此,公司CFO的第二个重要职责就是合理选择融资方式。融资决策就是选择能够使得公司价值最大化的债务与权益的比率,或者说选择最恰当的资本结构的过程。

当今世界,金融市场上的参与者众多,融资方式不断推陈出新。然而,融资决策的难度远高于长期资产投资决策。理由是,相比有形的资产市场,金融市场流动性更强,所有在金融市场上寻找资金的公司都是强劲的竞争对手。因此,融资方式之间的成本差异不大,套利空间很小,公司设法寻找到更低融资成本或净现值大于零的融资方式其实非常困难。

(三)营运资本[①]管理

为了满足公司正常运作,公司需要配置一定数量或比例的流动资产。那么,如何配置流动资产以及如何筹集流动资产配置所需资金呢?这是第三类公司金融活动,即营运资本管理。营运资本管理包括流动资产管理和流动负债管理。

流动资产主要包括现金、应收账款、存货等,因此,公司主要依据生产经营周期长短、销售政策、收账政策等来配置流动资产。流动资产管理有两个维度:

---

① 广义的营运资本是指对流动资产的投资;狭义的营运资本是指流动资产和流动负债的差量,该差量也称净营运资本。此处专指广义的营运资本概念。

第一，从流动资产存量管理要求来看，流动资产中的每类资产都需要保持一个合理的量。公司 CFO 可基于成本-收益法则或净现值法则来确定。比如，当公司的信用条件放宽后，会刺激销售，增加公司利润，但是，公司应收账款余额也会随着信用条件放宽而增加，由此将引发更多的坏账费用、催账费用以及更多资金被应收账款占用后发生的机会成本。在这种情况下，如果增量利润大于增量成本（包括坏账费用增量、催账费用增量和机会成本），则应该保持较多的应收账款存量。

第二，从流动资产流量管理要求来看，需增强流动资产中每类资产的变现能力。公司 CFO 应该将重点放在如何缩短流动资产变现时间以及减少损耗上，提高使用效率。比如为确保公司应收账款具有高品质，需要对应收账款进行事前、事中和事后全过程管理。

流动负债主要包括各类应付款（包括应付账款、其他应付款、应付工资等，其中最重要的是应付账款，也称商业信用）、商业票据和短期银行借款。流动负债是公司流动资产的主要资金来源，但不是全部。理由是：公司流动资产中有一部分属于永久性流动资产，比如为防不测，公司通常会常年储备一定规模的各类流动资产。尽管这些资产属于流动资产，但它们具有长期资产的特征。于是，这部分流动资产所需资金可以用长期银行信贷、公司债券、股票等长期融资方式加以解决。而其他流动资产所需资金则可以用流动负债予以解决。流动负债管理的原则是成本性和可得性。

首先，公司 CFO 以融资成本最小化原则选择短期融资方式。鉴于商业信用是无成本或低成本的短期融资方式，因此，公司应该首先用足它。

其次，公司 CFO 按可得性原则配置短期资金。由于商业信用是有限的，因此，CFO 需参照可得性原则选择短期资金，即在商业信用已用足的情况下，按融资成本由低到高的顺序选择其他短期资金，比如发行商业票据，或向银行申请无担保短期银行贷款。

值得一提的是，公司金融活动远不止这些。公司金融活动还包括公司治理、并购、分拆、破产、国际化等，尤其是公司治理，在经历了 20 世纪末一连串的会计丑闻事件之后，该领域重新被世人关注。以上提到的公司金融活动构成了公司金融的重要内容，我们可以借此构建公司金融的一个基本框架。

## 二、公司金融活动和金融市场的关系

公司之间的竞争不仅仅体现在产品或商品市场上。由于公司的投资活动和融资活动越来越多地在金融市场上进行和完成，因此，公司间的竞争延续到了金融市场上。

### （一）金融市场的功能

可以对金融市场进行细分，细分的标准主要有三种：一是按照金融要求权，划分为债券市场和股票市场；二是按照金融要求权的期限，划分为货币市场和资本市场；三是按照金融要求权是否首次发行，划分为一级市场和二级市场。

金融市场为公司提供了三种经济功能：

第一，价格[①]发现。公司获取资金的动力取决于投资者所要求的回报率，金融市场的这一特点引导着资金在金融资产之间的分配。

---

[①] 至于这些价格信号是否正确则应该视金融市场效率而定。

第二,金融市场提供了一种流动性。① 金融市场为投资者出售金融资产提供了一种机制,它对被迫或主动出售金融资产的投资者具有很大的吸引力。

第三,金融市场减少了交易的搜寻成本和信息成本。某种有组织的金融市场的出现降低了信息成本,因为在有效的资本市场中,价格反映了所有市场参与者收集到的总信息。

（二）公司金融活动依赖金融市场

中央政府、中央政府的代理机构、地方政府、国际机构、公司、金融机构等是金融市场的主要参与者。作为金融市场的主力,公司以投资者和融资者的身份在金融市场上完成投资以及实现资金融通。随着金融市场的发展,公司与多层次金融市场的关系更加紧密。

第一,金融市场可为公司提供众多可以选择的融资品种。目前,公司尤其是上市公司的融资活动大多是在金融市场上进行和完成的。公司在流动资产投资、长期资产投资等方面存在的资金缺口可以借助金融市场来加以解决。运转良好的多层次金融市场改善了公司单一的融资状况,即除利用传统的信贷市场借款之外,公司还可以在债券市场上发放公司债券融资,或在股票市场上发新股融资。风险资本(VC)和私募股权基金(PE)还可满足公司某些特定投资(比如并购)需要或满足某些特殊公司(初创企业)的资金需求。

第二,金融市场可为公司提供新的投资场所。债券市场和股票市场为公司提供了新的投资选择,公司可以自行进行证券投资,也可以通过委托方式(比如购买股票基金)进行证券投资。随着金融市场的发展,公司证券投资在长期投资中所占的比重不断上升,证券投资收益也成了公司收益的重要和较为稳定的来源。

第三,金融市场可为公司的重组计划提供专业服务。并购、分拆等企业重组已经成为常见的公司金融行为,它是一项投资活动,且涉及复杂的资金安排。公司在实施并购、分拆等重组计划时,在进入、股权定价、支付方式、股权转让、退出等一系列关键的环节上,金融市场可提供专业的服务。可以说,金融市场为企业重组提供了便利。

第四,金融市场可为公司金融活动提供风险管理的手段和工具。公司的投资和融资活动会面临金融风险,公司可以借助衍生金融市场,采用风险管理和套期保值策略规避投资风险和融资风险。

在金融市场上,寻找资金的公司众多,提供资金的公司众多,因此,金融市场上充满了竞争,也复杂难懂。可见,金融市场为参与公司的投资决策和融资决策带来了便利,但也给其带来了巨大的风险和不确定性。

### 三、公司金融活动的价值创造

（一）价值创造过程

价值创造是公司各类金融活动(投资决策、融资决策和营运资本管理)的目标,也是公司生生不息和不断壮大的源泉。所谓"价值创造",是指公司创造的现金流入量(产出)必须超过其所付出的现金流出量(投入)。公司可以通过投资决策、融资决策和营运资本管理来为公司创造价值或实现价值增值。下面将通过公司和金融市场之间的相互作用来说明公司价值创造是如何实现的。

---

① 虽然所有的金融市场均提供某种形式的流动性,但是流动性的程度是决定不同市场特点的因素之一。

如图1-5所示,假如公司的金融活动始于融资决策,那么公司现金流量的流向和过程为:

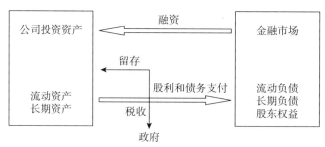

图1-5 公司和金融市场之间的现金流量

第一,公司在确认资金缺口后,在金融市场上通过向投资者发售公司债券、普通股股票、优先股股票等来筹措资金;

第二,公司将所筹集的资金投资于流动资产或长期资产;

第三,当产品完工后,公司通过产品销售获得现金;

第四,公司以现金方式向债权人支付利息,最终偿还本金;

第五,在上缴所得税后,公司向股东支付现金股利;

第六,公司留存一部分收益。

以上现金流量的流动过程循环往复,当投资带来的现金流入量超过初始资产投资时,或者当可支付给债权人和股东的现金超过从金融市场上筹集到的资金时,公司便实现了价值增值。价值创造是公司生生不息的源泉,公司成长有赖于这种价值创造。

然而,不同市场的完善程度各异,公司价值创造的空间也就存在差异。公司面对的市场越不完善,其价值创造的空间就越大。比如,对于一个资金可在不同区域间迅速流动的有效金融市场而言,由于套利空间很小,仅凭金融市场进行的公司融资决策很难产生价值增值。

## (二) 现金流量

我们在前面用现金流量描述了公司价值创造的过程。事实上,在公司金融以及整个金融学中,现金流量是一个非常重要的概念,金融资产价值乃至整个公司价值都需要用现金流量进行估计。在公司金融中,有两个关于现金流量的假设:

第一,假设投资者都偏好尽早收到现金流量。今天的1元钱比明天的1元钱更有价值,公司投资的价值取决于现金流量的时效性。根据这一时效性假设,对投资期限、投资额相同的两个投资项目的取舍除了取决于投资项目所产生的现金流量大小,还需考虑现金流量产生的时间先后。

第二,假设大多数投资者厌恶风险。无风险的1元钱比有风险的1元钱更有价值。风险增加了现金流量的不确定性,使得现金流量的数额和时间难以确切知晓。根据这一假设,对投资期限、投资额相同的两个投资项目的取舍除了取决于投资项目所产生的现金流量大小,还需考虑现金流量的不确定性大小。

现金流量在价值评估方面的作用无可替代,基于现金流量的估价方法仍然是目前投资银行等金融机构主要的价值评估方法。然而,公司的现金流量不易被观测和测度,尤其是公司未来的现金流量更是如此。通常,我们可以借助于公司财务报表获得大量信息,因此,财务分析的重要内容就是从历史和预计的财务报表中获得公司有关现金流量的信息。

**概念自查1-2:**

1. 公司CFO的主要职责有哪些?
2. 公司能够在金融市场上做些什么?
3. 如何刻画公司的价值增值?

## 第三节　财务目标和代理冲突

在奉行"股东至上"的国家和地区,公司的财务目标单一,即实现股东财富最大化,或实现公司价值最大化。在公司所有权和经营权相分离的情况下,如果所有者与管理者的目标一致,则管理者会基于股东财富最大化原则来安排公司的各类金融活动,即通过实施有效的财务决策来创造公司价值,最终实现股东财富最大化目标。事实真是如此吗?两权分离使我们有必要重新审视究竟是谁在控制公司,否则,公司的财务目标会变得模糊不清。

### 一、股东财富最大化目标

公司财务目标曾经有过多种说法,利润最大化目标、收入最大化目标、股东财富最大化目标是其中最主要的几种。股东财富最大化也称股东价值最大化,如果考虑债权人对公司财富要求权的话,公司财务目标也可称为公司价值最大化或公司财富最大化。股东财富最大化目标避免了利润最大化或收入最大化目标存在的三个缺陷:首先,股东财富基于流向股东的未来期望现金流量,内涵非常明确,而不是模糊的利润或收入;其次,股东财富明确地取决于未来现金流量发生的时间;最后,股东财富的计量过程考虑风险差异。因此,股东财富最大化是当下公司最合适的财务目标。

股东财富最大化目标为公司的各类财务决策提供了决策依据,公司股利政策的制定、融资方式的取舍、投资项目的抉择等具体的决策行为都依赖于公司财务目标。在股东财富最大化这一单一目标体系下,任何公司的财务决策,只要能提高股东财富就被视为好的决策,而所有降低公司价值的决策均被视为坏的决策。

股东财富最大化目标可以用公司价值最大化或风险成本最小化的目标函数来表达。它是公司金融理论的一个单一的目标函数。

对于上市公司而言,股东财富最大化往往可以表现为股票价格最大化。在有效资本市场上,股票价格是衡量股东财富或企业价值的一个很客观、明确且易于观测的指标。

但在信奉"相关利益者至上"的国家和地区,公司的财务目标是多元的,即强调社会责任,兼顾股东、债权人、雇员、客户、供应商、政府等各方利益。目前,社会责任已经成为中国上市公司的尽责要求,并需每年以公告方式披露。为了便于叙述和理解,本书主要以"股东至上"来表述在公司财务目标实现过程中所面临的冲突以及缓解之道。

---

**小案例 1-1:**

利民制药厂斥巨资研制出了一种抗肿瘤新药,预计疗效可期。现准备申请专利,以便在专利保护期内为该新药制定高价,为股东创造更多财富。但是,患者将为此承担高昂的治疗成本。你认为政府在制定专利保护政策时,应该如何平衡公司股东利益和公司社会责任?

## 二、代理冲突和管控

### (一) 管理者与股东之间的冲突

公司尤其是大公司,所有权和经营权分离是不可避免的。若大公司股权过于分散,则公司股东就难以真正有效地控制管理者行为,股东和管理者的目标也就会出现不一致。因此,当管理者的目标有悖于股东的目标时,损害股东利益的行为就有可能发生。那么,管理者所要追求的目标是什么?下面仅以自我交易和规避风险为例予以说明。

自我交易是管理者的目标之一。管理者一旦拥有公司剩余控制权①,就会通过各种自我交易行为来为自己谋取私人利益。一是获取数额不菲的货币性资源,比如高额薪酬、高额奖金、股票期权等;二是以额外津贴方式侵占大量公司非货币性资源用于个人消费,比如享受公司的豪华小汽车、豪华办公家具,拥有自主决定的资金等,将公司留存收益或自由现金流视为其"免费午餐"。更有甚者,将其服务公司与自己设立的企业或机构进行不正当交易,将其服务公司的财富转移至其名下的企业。

规避风险是管理者的目标之二。学习和焦虑是管理者在寻找新的盈利项目过程中必须付出的代价或成本,因此,管理者和股东在高收益但风险较大项目的取舍上可能会存在分歧。慑于巨大的个人学习成本和焦虑成本,管理者寻求新的高风险高盈利项目这样的创造性活动的激情将会下降,转而享受更多的特权。

显然管理者的上述目标偏离了公司目标,股东的利益将受到损害,其中管理者的目标之二对公司的危害更大,公司可能由此失去很多成长机会。

### (二) 股东能否控制管理者行为

股东与管理者在所有权和经营权两权分离情形下的冲突是必然的。当冲突发生时,究竟是谁控制了公司?股权集中度较高的公司毫无疑问是大股东占上风,股权分散的大公司则不好说,甚至股东无法让他们的目标被他人知晓。公司股东和管理者之间相互冲突的目标是如何平衡的呢?

股东和管理者之间的冲突可以用委托-代理理论进行描述。股东是委托人,管理者是代理人。股东要求管理者创造公司价值,增加股东财富,实现福利最大化;而管理者则可能不顾股东利益,追求更多的闲暇、享乐,挥霍股东的资源。股东必须付出一定的成本和代价来监督和约束管理者,规范管理者的行为。于是,就产生了代理成本(agency cost)。广义来讲,代理成本既包括因管理者懈怠、自我交易等寻求私人利益行为而使公司价值遭受的损失,又包括股东的监督成本和实施控制方法的成本等。

为使管理者的行为符合股东的意愿,公司需要推出行之有效的公司治理措施。公司治理有内部治理和外部治理两类。

---

① 剩余控制权是指无法用合约明确界定的一些权利。无法界定的理由是不可能预见到未来所有可能发生的状况,也就是说,真实世界是不存在完备合约的。

**小案例 1-2：**

有一位公司 CEO 正在考虑投资一项颇具规模的项目。如果投资了该项目,则公司的规模将扩大,该 CEO 的个人薪酬和声望也将水涨船高。但是,该项目未来存有很大的不确定性,甚至有血本无归之虞。你认为,这会引发怎样的代理冲突?

股票期权激励制度是内部治理的一种重要手段,它是解决公司两权分离后股东目标和管理者目标不一致的方法。这种方法将管理者的报酬分为薪水、奖金和股票期权三部分,其中薪水是对管理者当下工作的补偿,而奖金和股票期权是对管理者工作绩效的补偿。因此,股票期权激励制度有两大功效:一是可以在一定程度上改善管理者激励不足问题;二是改变了管理者的"打工者"身份,其潜在股东的身份使得其目标更加能够与现有股东的目标相一致,管理者在服务于现有股东的同时,也在为身为潜在股东的自己工作。

并购市场的接管威胁是外部治理的一种有效手段,它会倒逼公司管理者审慎行事,尽力采取能使股东财富最大化的行动。当公司的业绩因为管理者不作为而一路下滑时,公司的股票价格会大幅下跌,价值被严重低估的公司很有可能成为其他股东集团、公司或个人的目标公司。一旦被收购,目标公司的高管层可能遭弃用。因此,对公司管理者而言,被收购(接管)的威胁也是一种激励,会倒逼公司管理者善待股东。

股东通过监督和约束,或设计合理的激励制度,或借助控制权市场的力量,在一定程度上能够纠正公司管理者的行为,使其采取的行动以股东利益为重,但是,股东与管理者之间的目标冲突仍然无法完美地得到解决。

(三) 其他代理冲突

股东和管理者之间的代理冲突只是公司诸多代理冲突中的一种,控股股东和非控股股东之间的冲突、股东和债权人之间的冲突也会损害公司全体股东的利益,致使"股东至上"目标无法顺利实现。

控股股东为寻求自身利益最大化,会以牺牲其他股东利益为代价,选择次优决策甚至非优决策。比如,采用"高送转"策略来推升或刺激股价,配合控股股东在股价处于高位时减持。

债权人为了保全其债权,避免股东实施"财富转移",他们会通过与股东签订债务合约的方式来约束股东行为。受合约诸多条款(比如债务期内公司不得继续借款)的束缚,股东的融资灵活性以及经营灵活性会大大下降,甚至会错失好的投资机会。

因此,公司应该致力于缓解各类代理冲突,构建基于股东财富最大化的有效的公司治理机制。

**概念自查 1-3：**

1. 何为"股东至上"?
2. 什么是公司中存在的委托-代理问题?

**案例 1-1：俏江南资本市场里的恩怨别离**

2015 年 7 月,连续几天被俏江南刷了屏:先是有微博爆料其创始人张兰被踢出董事会,紧接着张兰委托律师发表声明,称自己早在 2013 年年底俏江南易主时就已离开,并不是最近才被难看地"踢出局"。随后张兰之子汪小菲又在微博上称,当初盛传的张兰与鼎晖投资签署对赌协议纯属子虚乌有……张兰与俏江南 24 年来的恩怨别离,最后被轻描淡写地归为一句:"就是累了,想歇歇。"

想当年，张兰有将俏江南打造成餐饮界LV（路易威登）的豪情。如今，张兰远在大洋彼岸，早已是局外人的她，看着其接盘者CVC（资本合作公司）也被踢出局，自己却依然被当成俏江南这出戏中的主角，不知会做何感想。

2008年，张兰首次"触电"鼎晖投资，以2亿元出让了10%的股权。那时，张兰在谋划更大的一盘棋，就是将俏江南运作上市。而在此前张兰对引入资本是持完全相反态度的："我不用钱，为什么要上市呢？"

同样是在2008年，全聚德、小肥羊相继挂牌上市，快乐蜂收购永和大王、IDG（美国国际数据集团）投资一茶一座，中国餐饮业风头正劲。以至于俏江南试图引入私募投资的消息一出，立即有人估计俏江南市值不低于20亿元。

也正是由于追逐资本市场，让张兰在未来5年里心力交瘁。2011年俏江南折戟A股市场，2012年俏江南谋划香港上市搁浅，加之高端餐饮遭遇严冬，鼎晖投资急于退出俏江南。

张兰曾说："引进鼎晖是俏江南最大的失误，毫无意义。鼎晖什么也没给我们带来，那么少的钱稀释了那么大的股份。"当时盛传俏江南与鼎晖投资签署了对赌协议：如果俏江南不能在2012年完成上市，张兰则需花高价从鼎辉投资回购股份。

2013年年底，私募大佬CVC（资本合作公司）以3亿美元收购俏江南82.7%的股权，张兰签署了一系列辞职协议，离开了一手创办的俏江南，鼎晖投资也得以退出。

天下没有白吃的午餐。当初张兰引入鼎晖投资，除了钱，还希望借此提升俏江南的管理硬件。然而资本看重的永远是回报。

如此看来，餐饮企业携手资本更像是一场与狼共舞的游戏。除俏江南外，成功上市的小肥羊也被媒体评价为"走到今日也没有发展成为麦当劳、肯德基这样的强势品牌，而是在市场中渐渐暗淡"。

2015年7月17日凌晨，张兰在个人微信中这样写道："作为白手起家的女性企业家，我在此为自己点1万个赞，在这个行业奋斗了24年，无怨无悔。"

如今，离开了创始人的俏江南该如何走下去？业界都拭目以待。不想去讨论餐饮企业如何才能和资本更好地联姻，笔者只想问张兰：24年来，俏江南对你意味着什么？

资本、扩张固然重要，但对一家餐饮企业来说，为客人奉上一道质优味美的菜肴，或许才是真正安身立命的根本。

资料来源：郭铁.俏江南资本市场里的恩怨别离[N].新京报，2015-07-21。

**讨论问题：**

1. 俏江南创始人张兰引入鼎晖投资的目标是什么？
2. 鼎晖投资持股俏江南的意图是什么？
3. 俏江南为什么急于上市？
4. 在中国，"不能让VC（风险投资）控股"已经开始成为一些企业家引入资本的基本原则，你认为企业家担心的是什么？

# 本章小结

1. 公司金融也称公司财务学或财务管理，它与投资学等金融学其他分支学科具有血缘关系，它们遵循共同的基本概念和方法。公司金融讨论公司财务决策问题，其一是投资决策，其二是融资决策。任何财务决策均以公司价值最大化或股东财富最大化为目标，公司金融活动成功的标志是实现公司价值增值。

2. 个体业主制、合伙制和公司制是三种基本的企业合法组织形式,其中公司制企业(俗称公司)是公司金融的研究主体。几乎所有的大企业都采用公司制的企业组织形式,公司制也是几乎所有转型企业首选的企业组织形式。

3. 资产负债表是公司的镜像图之一,我们可以借助资产负债表纵览公司财务状况,进而能够理解公司的金融活动、CFO的基本职责以及公司的价值创造过程。资产负债表的左边列示了公司的资产,公司的资产状况反映了公司是否有效地进行长期资产投资,以及如何配置各类资产;资产负债表的右边列示了公司的资金来源,公司的融资状况揭示了公司如何进行融资,以及如何设计债务与权益资本的比例。

4. 公司金融活动的目的是创造价值,因此,所有投资决策和融资决策均须以公司价值最大化或股东财富最大化为目标。但是,在所有权和经营权两权分离状况下,股东和管理者会产生冲突。公司股东和管理者之间相互冲突下的目标是通过股东付出监督成本、约束成本等实现的,因此,需要构建好的公司治理机制。

## 重要术语

公司制企业　股份有限公司　有限责任公司　有限合伙制企业　一般合伙制企业　股东至上　投资决策　融资决策　资本结构　营运资本管理　财务目标　代理冲突　现金流入　现金流出　现金净流量　价值创造

## 习题

1. 公司高管的收入由工资、奖金和基于股票的激励三部分构成。假如你是一个投资者,你是否认为该公司高管的收入过高?

2. 张一帆是一名大四学生,在应聘一家公司时,公司人事部安排了一场笔试,主要的问题有:

(1) 企业从诞生到发展成为一家大公司,可能采取的企业组织形式有哪些?

(2) 公司 CEO 的基本目标是什么?

(3) 公司是否应该具有社会责任?

(4) 公司是否应该遵守道德?

(5) 公司若存在长期资金缺口,你建议采用何种方式弥补?

(6) 如果说投资为公司创造了财富,那么你觉得可以用什么指标来度量?

如果你是应聘者,你该如何作答?

3. 你即将大学毕业,需租借一套小型人才公寓。假如拥有人才公寓所有权的公司是委托人,你是租客,也可以理解为代理人。你认为你和公司间会产生怎样的委托-代理冲突?若你供职于提供人才公寓的公司,那么你认为在租赁合同中应写入什么条款,以激励租客照看好所租公寓?

## 参考文献

1. COPELAND T E. WESTON J F. Financial theory and corporate policy [M]. 3rd ed. Reading, Massachusetts: Addison Wesley Publishing Company, 1988.

2. ROSS S A. WESTERFIELD R W. Jaffe J F. Corporate finance [M]. 7th ed. Boston: McGraw-Hill/Irwin, 2004.

3. 麦金森. 公司财务理论 [M]. 刘明辉,等,译. 大连:东北财经大学出版社,2002.

# 第二章
# 现值和价值评估

**【学习要点】**

1. 如何计算现值？
2. 净现值法则。
3. 无套利均衡。
4. 贴现值是资产的内在价值。
5. 债券和股票的定价原理。

公司在进行投资时,应该选择价值高于成本的资产或投资项目。显然,价值评估是投资决策的核心和关键。在实际操作中,有两类估值方法:一是基于未来现金流量的估值方法;二是基于预计会计数据的估值技术。本书只讨论基于未来现金流量的估值方法及其实践。根据定价理论,资产价值等于其未来所能产生的现金流量的贴现值,因此,公司在进行投资时,只认可净现值大于零的投资项目,即投资的当前价值(在无套利均衡条件下,当前价格可视作价值)超出其所需投资额(成本)的目标项目。那么,资产当前价值和投资净现值的含义是什么?资产当前价值和投资净现值如何计算?债券和股票定价的基本逻辑是什么?本章拟对这些问题进行解答。

## ■ 第一节 现值和贴现率

由于初始资本投入需要经过一段时间后才能获得现金性收益,因此,公司在计量投资价值或进行投资决策时,必须将未来不同时间点上的现金流折算成"现在的价值",使得资本投入和未来相应的现金性收益能够在同一时点上进行比较和评价,来判断是否值得投资。

## 一、终值和现值的含义

### (一) 终值的含义

终值 (future value, FV) 是指在未来时点上现金流的价值, 也称未来值。比如, 张三现在存入银行 1 万元, 存期 1 年, 年利率为 3%, 1 年后该存款的到期本息之和为 1.03 万元, 该 1.03 万元的未来值就是终值。也就是说, 终值是当前时刻的现金流 $CF_0$, 按照期望收益率 $\bar{r}_t$ 进行投资后, 在未来 $t$ 时点上所具有的价值。根据这一定义, 终值 $FV(CF_0)$ 可用下式表示:

$$FV(CF_0) = CF_0 \times (1 + \bar{r}_t)^t = CF_t \qquad (2-1)$$

式中, $\bar{r}_t$ 被称为期望收益率, $(1 + \bar{r}_t)^t$ 被称为"终值因子" (future value factor)。

### (二) 现值的含义

现值 (present value, PV) 是指在未来时点上产生的现金流在当前时点上的价值。比如, 张三拟存入银行 1 万元, 存期 1 年, 年利率为 3%, 1 年后存款的到期本息之和为 1.03 万元。张三存入的 1 万元就是 1 年后 1.03 万元的现值, 1 万元的现值和 1.03 万元的终值是等价的。据此, 我们可以得到更具一般意义的关系式。设在未来 $t$ 时点上的现金流为 $CF_t$, 那么其现值 $PV(CF_t)$ 可用下式表示:

$$PV(CF_t) = \frac{CF_t}{(1 + r_t)^t} = CF_0 \qquad (2-2)$$

式中, $r_t$ 表示对应于未来 $t$ 时点的贴现率 (discount rate), $\frac{1}{(1 + r_t)^t}$ 被称为"贴现因子" (present value factor)。

### (三) 现值与终值之间的关系

常识告诉我们: 今天的 1 元钱大于明天的 1 元钱, 因为明天的 1 元钱含有利息; 无风险的 1 元钱大于有风险的 1 元钱, 因为有风险的 1 元钱是不确定的。因此, 现值的计算过程, 其实就是将未来 $t$ 时点上现金流 $CF_t$ 中的货币时间价值 (利息) 和风险剔除的过程, 从而实现未来现金和今天现金之间的转换。于是, 我们可以得到现值与终值之间的关系式, 即

$$现值 = 终值 - 货币时间价值 - 风险价值 \qquad (2-3)$$

> **例 2-1**: 李四在年初花费 100 元购入 1 张面值为 100 元, 票面利率为 5%, 期限为 2 年, 每年付息的国债。李四同时在年初花费 100 元购入 1 张面值为 100 元, 票面利率为 8%, 期限为 2 年, 每年付息的公司债券。这两项投资的现值分别为多少?
>
> **情形一**:
> 李四所购国债在未来两年的预期现金收入分别为: 第 1 年年末收到 5 元利息收入, 第 2 年年末收到 100 元本金和 5 元利息收入。李四预计收到的现金流入就是终值, 共计 110 元。鉴于国债具有无风险特点, 110 元终值中所含有的货币时间价值总共为 10 元, 可以理解为对李四递延消费的补偿, 因此, 扣除 10 元之后, 110 元的现值就是 100 元。

**情形二：**

李四所购公司债券在未来两年的预期现金收入分别为：第1年年末收到8元利息收入，第2年年末收到100元本金和8元利息收入。李四预计收到的现金流入就是终值，共计116元。由于公司债券是有风险的，其票面利率高出同期国债利率3%（=8%-5%），这3%可理解为对李四承担额外风险的补偿，因此，116元终值中所含有的货币时间价值总共为10元，风险价值总共为6元。扣除时间价值和风险价值之后，116元的现值就是100元。

## 二、贴现率

### （一）贴现率的定义

为了计算资产或目标项目的现值，我们需要寻找到一个合适的贴现率。何为贴现率？从经济含义上讲，贴现率也称资本机会成本（opportunity cost of capital），是指投资者因为对资产进行投资而失去的本可以得到的相同风险等级资产的最大期望收益率，也是投资者对目标投资项目要求的投资收益率。比如，投资者拟购买甲公司发行的AA级债券，若金融市场上另有两只AA级债券，其预期收益率分别为8%和9%，那么，贴现率就是9%，它是投资者投资甲公司债券的机会成本，也是其最低可接受的报酬率。也就是说，若甲公司债券的期望收益率低于9%，那么，投资者将放弃投资甲公司债券的打算，改投预期收益率为9%的AA级债券。

根据式（2-1）和式（2-2），由于$CF_0$等于$PV(CF_t)$，且$FV(CF_0)$等于$CF_t$，故将式（2-1）代入式（2-2）后可得到以下公式：

$$PV(CF_t) = \frac{PV(CF_t) \times (1 + \bar{r}_t)^t}{(1 + r_t)^t} \quad (2-4)$$

因此有：

$$r_t = \bar{r}_t \quad (2-5)$$

由式（2-4）可知，投资者将$r_t$作为贴现率，实际上是要求目标投资项目在期初投入$PV(CF_t)$、未来可以获得现金流$CF_t$的条件下，可以提供的期望收益率$\bar{r}_t$与$r_t$相等。因此，贴现率是投资者的要求投资收益率或期望收益率。

贴现率由资本在资本市场上的机会成本决定。资本机会成本是指投资者在无套利的资本市场中，在同等投资风险条件下可以获得的最大期望收益率。因此，我们可以在资本市场中寻找等价或风险等级（水平）相同的资产，并将它们中的最大期望收益率作为目标项目的贴现率。

**例2-2**：假如公司有一个投资机会，当下投资100万元，年末的期望收入有三种情形（见表2-1）。

表2-1 期望收入的三种情形　　　　　　　　　　　　　　　　　　　　　　单位：万元

| 萧条 | 正常 | 高涨 |
| --- | --- | --- |
| 80 | 120 | 150 |

在正常经济状况下,投资者预计将获得(120-100)/100=20%的收益率。但是,该收益率不是贴现率。那么,贴现率如何寻找呢?

假如投资者通过找寻后发现,A、B两只股票与该目标投资项目的风险等级相同。理由是,这两只股票的价格预计年末也有三种情形(见表2-2)。

表2-2 股票价格的三种情形  单位:元/股

| 股票类型 | 萧条 | 正常 | 高涨 |
|---|---|---|---|
| A股票 | 80 | 120 | 150 |
| B股票 | 79 | 119 | 149 |

由表2-2可知,在正常经济状况下,A、B两只股票在当年年末或下一年年初的价格估计分别为120元/股和119元/股,另外两种情形以及调整幅度也和投资者上述投资基本相同,因此,可以认为A、B两只股票的风险等级和目标投资项目的风险等级基本相同。

如果A、B两只股票的目前价格均为90元/股,那么,A股票在正常经济状况下的期望收益率为(120-90)/90=33.3%,B股票在正常经济状况下的期望收益率为(119-90)/90=32.2%。显然,33.3%就是目标投资项目的资本机会成本,即投资者因选择项目投资而非股票投资而放弃的最大期望收益率。

33.3%就是项目投资的贴现率,使用该贴现率,我们可以对项目进行估价。在正常经济状况下,目标投资项目价值约为:

$$PV = 120/(1 + 33.3\%) = 90(万元)$$

90万元也可以理解为投资者1年后想获得120万元的现值。该目标投资项目的净现值约为:

$$NPV = 90 - 100 = -10(万元)$$

该目标投资项目净亏约10万元,表示投资额大于目标投资项目的价值,因此,它不值得投资。项目预计收益率(20%)也远低于股票投资期望收益率(33.3%),说明股票投资优于项目投资。

### (二)贴现率的构成

上文已述,终值中含有货币时间价值和风险价值,因此,在对终值进行贴现时,需使用与之匹配的贴现率。显然,贴现率该由两个要素构成,即资本的时间价值(time value)和资本的风险溢酬(risk premium)。前者是无风险条件下因时间的流逝带来的收益,即对投资者递延消费的补偿,体现的是今天的1元钱比明天的1元钱更有价值的原则;后者是资本在承担风险时要求的投资回报或补偿,体现的是无风险的1元钱比有风险的1元钱更有价值的原则。此时,有:

$$r_t = r_{f,t} + (r_t - r_{f,t}) \tag{2-6}$$

式中,$r_t$表示对应于未来$t$时点的贴现率;$r_{f,t}$表示对应于未来$t$时点的无风险收益率;$r_t - r_{f,t}$表示对应于未来$t$时点的风险溢酬回报率。

事实上,贴现率的确定并非易事,需要使用专门的方法和框架。关于贴现率的理论框架和计算方法,可参见本书的第三章。为方便读者理解现值计算,下文暂假定贴现率是给定的。

### 三、净现值法则

#### （一）净现值的含义

净现值（net present value，NPV）是现金流入（现金性收益）现值减去现金流出（必要的资本投入）现值的差额。单期投资项目的净现值计算公式可以表示为：

$$\text{NPV} = C_0 + \frac{C_1}{1+r} \tag{2-7}$$

式中，$C_0$ 为时刻 0 的投资额，即现金流出；$C_1$ 为时刻 1 的现金性收益，即现金流入；$r$ 为贴现率。

根据净现值法则，当现金流入现值的总和超过期初的资本投入时，表明目标项目产生的收益可以收回期初的投资以及相关投资的资本成本，是一个净现值为正值的好项目，应该实施；当现金流入现值的总和小于期初的资本投入时，表明目标项目产生的收益不足以收回期初的投资以及相关投资的资本成本，是一个净现值为负值的项目，应该放弃。因此，净现值法则要求投资者接受净现值大于或不低于零的所有投资。

#### （二）为什么股东都愿意接受净现值法则

由于公司股东众多，他们的风险承受能力和风险偏好程度存在差异，对当前收入和未来收入的偏好各不相同，有的偏好当前消费，有的偏好消费递延。因此，他们是否都能够接受公司净现值为正的投资项目呢？

为了回答这个问题，我们先来看一个极端的例子。假如有两个投资者，投资者甲是"月光族"，追求当前消费；投资者乙是"守财族"，喜欢储藏财富。目前，他们面临一个同等的投资机会，当前需投资支出 100 万元，年末确定可以得到 120 万元。假定市场年利率为 10%，两个投资者均可以根据此利率在资本市场中借入和贷出。

先来看看投资者乙，他会乐意投资该项目，因为当下投资 100 万元，他就能在年末消费 120 万元。如果他将 100 万元投资于资本市场，则年末只能消费 110 万元。

再来看看投资者甲，只要资本市场可以满足投资者甲借贷，他也不会无视这一投资机会。如果投资者甲坚信当下投资 100 万元，就能在年末得到 120 万元，那么，他将投资 100 万元，再基于未来收入 120 万元按 10% 的年利率向银行借款，得款约 120/(1+10%) = 109（万元）。显然，投资者甲当下能够消费的将不是 100 万元，而是 109 万元。

甲、乙投资者通过对目标项目的投资，利用资本市场实现了各自所需的当前消费和未来消费的均衡。

这一例子给我们的启示是，一个运作良好的资本市场是净现值法则被广泛接受的基础。如果投资者甲无法基于未来收入从资本市场借入资金或需要花费高昂的交易成本借入资金，那么他就可能放弃投资，转而消费掉手头的现金。只要存在运作良好的资本市场，投资者都愿意接受公司净现值为正的投资项目。

尽管上文的例子仅仅说明净现值法则在单期投资消费情形下以及现金流确定情况下的合理性，但是即便是在现金流不确定情况下以及考虑多期投资消费的情形下，净现值法则依然成立。公司管理者为股东提供两种服务：一是最大化公司股东财富；二是根据股东偏好安排消费的时间模式。只要存在运作良好的资本市场，股东消费的时间模式无须通过

**概念自查 2-1：**
1. 终值与现值之间的关系式是什么？
2. 为什么说资本机会成本是贴现率？
3. 什么是净现值法则？

管理者服务也能由股东自我安排,因此,管理者最需要做的是设法最大化股东财富,其唯一方式是增加每个股东所持公司股份的市场价值,市场价值与净现值大于零的投资机会呈正相关关系。从这个意义上讲,管理者无须了解和顾及股东的偏好,为了最大化股东财富,他们应该专注于寻找净现值大于零的项目。

知识专栏 2-1:
分离定理

## 第二节 现值的计算

在第一节中,为配合读者理解现值、净现值的概念,我们主要以单期投资为例介绍了现值和净现值的计算方法。由于长期资产或投资项目都是跨期的,因此,投资项目评估必然涉及未来两年或若干年后所产生的现金流的现值计算问题。年金和非年金是金融资产和投资项目的两种主要的未来现金流形态。年金是指每隔相等的时间,流入量或流出量相等的现金流量;非年金是指在时间和数量上没有规律的现金流量。本节介绍针对不同现金流形态的跨期现值计算方法。

### 一、多期复利

(一)复利现值

我们在上一节介绍了现值的概念并给出了相应的单期现值公式。事实上,长期资产和投资项目所产生的现金流入往往是以一组独立的现金流序列$\{CF_1, CF_2, \cdots, CF_T\}$出现,因此,我们须将单期现值计算方法拓展到多期的情况下。

如果现金流之间是相互独立的,不存在相互关联和影响的话,那么多期现金流的现值等于各期现金流现值之和。这就是价值可加性(value additivity)原理,即

$$PV(CF_1, CF_2, \cdots, CF_T) = PV(CF_1) + PV(CF_2) + \cdots + PV(CF_t) \quad (2-8)$$

假设 $r_t = r$,式(2-8)可以表示为:

$$PV(CF_1, CF_2, \cdots, CF_t) = \sum_{t=1}^{T} \frac{CF_t}{(1+r_t)^t} = \sum_{t=1}^{T} \frac{CF_t}{(1+r)^t} \quad (2-9)$$

式(2-9)中,$r_t$是对应于未来 $t$ 时点的贴现率;$r$ 是平均贴现率;$T$ 表示投资项目所持续的时期数(也称存续期);$CF_t$ 表示 $t$ 时点的现金流量。

多期投资项目的净现值(NPV)为:

$$NPV = PV(CF_1, CF_2, \cdots, CF_t) - CF_0 = \sum_{t=1}^{T} \frac{CF_t}{(1+r)^t} - CF_0 \quad (2-10)$$

式(2-10)中,$CF_0$ 表示 0 时期的现金流出量,通常表示初始投资额。

---

**例 2-3**:设某项目初始投资额为 100 万元,该项目有效期或存续期为 3 年,每年年底产生的现金流入分别为 30 万元、40 万元和 50 万元。该项目的贴现率为 10%。不考虑目标项目残值。

该投资项目的现金流入现值约为:

现金流入现值$(PV) = \dfrac{30}{(1+10\%)} + \dfrac{40}{(1+10\%)^2} + \dfrac{50}{(1+10\%)^3} = 97.9$(万元)

> 目标项目净现值(NPV) = 97.9 - 100 = -2.1(万元)
> 根据净现值法则,这是一个净现值为负值的项目,不值得投资。

### (二) 年金现值

**1. 普通年金现值**

普通年金(annuity)是指一组期限为 $T$ 期的现金流序列,每期现金流入或流出的金额是相等的。在现实的经济生活中,年金的现金流很常见,比如债券的固定利息、等额还本付息等。年金的现金流可以表示为 $(C, C, \cdots, C)$,其中 $C$ 为每期期末所产生的现金流量,期限为固定的 $T$ 期。如果贴现率 $r_t = r$,那么年金的现值和净现值分别为:

$$PV = \sum_{t=1}^{T} \frac{C}{(1+r)^t} \qquad (2-11)$$

$$NPV = PV - CF_0 = \sum_{t=1}^{T} \frac{C}{(1+r)^t} - CF_0 \qquad (2-12)$$

式(2-11)和式(2-12)中,$r$ 是平均贴现率;$T$ 表示投资项目所持续的时期数;$C$ 为每期期末所产生的现金流入量;$CF_0$ 表示 0 时期的现金流出量。

**2. 永续年金现值**

永续年金(perpetuity)是指一组没有止境的现金流序列,不仅每期现金流入或流出的金额是相等的,而且现金流入或流出是永续的。比如,永久债券(也称金边债券)无须还本,但须永久付息,因此,金边债券的固定利息具有永续年金的特征。永续年金的现金流可以表示为 $(C, C, \cdots, C, \cdots)$,其中 $C$ 是每期期末现金流入或流出的金额。如果贴现率 $r_t = r$,那么永续年金的现值公式为:

$$PV = \sum_{t=1}^{\infty} \frac{C}{(1+r)^t} \qquad (2-13)$$

当 $t$ 趋于无穷大时,永续年金现值可以用以下简便公式表示:

$$PV = \sum_{t=1}^{\infty} \frac{C}{(1+r)^t} = \frac{C}{r} \qquad (2-14)$$

我们可以借助永续年金现值公式来推出普通年金现值的简便公式。我们将 $T$ 期的普通年金现值看成一组当前开始的永续年金现值与另一组从未来 $T+1$ 时刻开始的永续年金现值之间的差。将式(2-11)展开,得到式(2-15):

$$PV = \sum_{t=1}^{T} \frac{C}{(1+r)^t} = \sum_{t=1}^{\infty} \frac{C}{(1+r)^t} - \sum_{t=T+1}^{\infty} \frac{C}{(1+r)^t} \qquad (2-15)$$

根据永续年金现值公式(2-14),式(2-15)可以进一步扩展至式(2-16):

$$\begin{aligned} PV &= \frac{C}{r} - \frac{1}{(1+r)^T} \times \sum_{t=T+1}^{\infty} \frac{C}{(1+r)^t} \\ &= \frac{C}{r} - \frac{1}{(1+r)^T} \times \frac{C}{r} \\ &= C \times \frac{1}{r} \times \left[1 - \frac{1}{(1+r)^T}\right] \end{aligned} \qquad (2-16)$$

同理,我们可以计算年金终值,其计算过程为:

$$\begin{aligned} FV &= PV \times (1+r)^T \\ &= C \times \frac{1}{r} \times \left[ 1 - \frac{1}{(1+r)^T} \right] \times (1+r)^T \\ &= C \times \frac{1}{r} \times \left[ (1+r)^T - 1 \right] \end{aligned} \quad (2\text{-}17)$$

### 3. 永续增长年金现值

如果永续年金中的每期现金流不是等额的 $C$,而是在 $C$ 的基础上以一个固定的速率 ($g$) 匀速增长,而且这种增长趋势会永远持续下去,那么此类永续年金被称为永续增长年金 (growing perpetuity)。永续增长年金现值公式为:

$$PV = \sum_{t=1}^{\infty} \frac{C \times (1+g)^{t-1}}{(1+r)^t} \quad (2\text{-}18)$$

式中,$g$ 表示每期增长率;$r$ 表示适用的贴现率;$C$ 为第 1 期期末所产生的现金流量。当 $t$ 趋于无穷大,且 $r$ 大于 $g$ 时,永续增长年金现值可以用以下简便公式表示:

$$PV = \frac{C}{r-g} \quad (2\text{-}19)$$

### 4. 增长年金现值

在年金中,如果每期的现金流是在 $C$ 的基础上以一个固定的速率 ($g$) 匀速增长,并且是在一个有限时期 ($T$) 内增长的现金流序列,那么这样的年金被称为增长年金 (growing annuity),也可以称为非永续增长年金。其现值公式为:

$$PV = \sum_{t=1}^{T} \frac{C \times (1+g)^{t-1}}{(1+r)^t} \quad (2\text{-}20)$$

为了得到增长年金现值的简便公式,我们将 $T$ 期的增长年金现值看成一组当前开始的永续增长年金现值与另一组从未来 $T+1$ 时刻开始的永续增长年金现值之间的差。因此,增长年金的现值等于当前开始的永续增长年金现值 $\frac{C}{r-g}$,减去另一组从未来 $T+1$ 时刻开始的永续增长年金现值 $\frac{1}{(1+r)^T} \times \frac{C \times (1+g)^T}{r-g}$ 后的余额,即

$$PV = C \times \frac{1}{r-g} \times \left[ 1 - \frac{(1+g)^T}{(1+r)^T} \right] \quad (2\text{-}21)$$

增长年金在 $T$ 期末的终值公式为:

$$\begin{aligned} FV &= C \times \frac{1}{r-g} \times \left[ 1 - \frac{(1+g)^T}{(1+r)^T} \right] \times (1+r)^T \\ &= C \times \frac{1}{r-g} \times \left[ (1+r)^T - (1+g)^T \right] \end{aligned} \quad (2\text{-}22)$$

## 二、不同计息方式下的现值

贴现率是投资者的要求收益率或期望收益率。一般来说,收益率是一种"年度化"的收益率 (annualized rate of return),表示 1 年的投资可以获得的收益。事实上,收益率也可以被随意界定为某一时间长度的收益率,比如 1 个月、1 个季度、2 年等。因此,对于不同形

式的期望收益率,贴现的方式和相应的现值也是不同的。

（一）单利和现值

与复利计息法不同的是,单利计息法(simple interest)计算投资收益的依据仅仅是期初投资 $CF_0$。比如,债券按单利计息。单利计息法假定不对投资期内所产生的收益进行再投资(俗称"利滚利"),因此单利计息法计算的投资收益中不包括前期收益当期再投资所产生的收益。如果用 $i$ 表示年度单利利率,则 $T$ 年后现金流入的终值为：

$$FV = CF_0 \times (1 + T \times i) \tag{2-23}$$

在单利计息法下,若用"年度化"收益率进行贴现,那么式(2-23)相应地变化为：

$$PV = \frac{CF_T}{1 + i \times T} \tag{2-24}$$

（二）复利和现值

**1. 单期复利**

复利计息法(compound interest)计算投资收益的依据并不仅限于期初投资 $CF_0$。复利计息法假定对投资期内所产生的收益进行再投资,因此投资收益除了取决于期初投资 $CF_0$,还依赖于投资期内的计息期数和所产生的再投资额。

假如未来 $T$ 时刻的现金流为 $CF_T$,$r$ 表示年度复利利率,每年计息1次。那么,用"年度化"收益率 $r$ 进行贴现后的现值为：

$$PV = \frac{CF_T}{(1 + r)^T} \tag{2-25}$$

**2. 多频复利**

多频复利是指1年内多次复利的情形,比如半年复利1次,1个月复利1次。从20世纪70年代开始,欧美国家一些银行通过增加利息支付频率来吸引投资者。当政府规定了存贷款利率上限时,为吸引更多存款,银行使用了诸如增加利息支付频率等营销手段。比如,将1年付息1次改为1年付息4次来吸引储户。由于储户可以用所获得的利息收入进行再投资,因此多次付息事实上产生了1年多次复利的情况。在复利计息法下,假如用 $N$ 表示1年内计息期的期数,$N$ 可能是季度或月或天。那么,贴现率为 $\frac{r}{N}$,贴现期为 $T \times N$ 期,现值为：

$$PV = \frac{CF_T}{\left(1 + \frac{r}{N}\right)^{T \times N}} \tag{2-26}$$

由式(2-26)可知,若存在1年内多次复利的情形,则在计算现值时,贴现率和贴现期应该匹配。比如,若1年复利12次,那么贴现率应使用月贴现率,贴现期应使用月份数。

显然,在年利率不变的情况下,贴现值随复利次数的增加而减小,终值则随复利次数的增加而增大。在存入数一定的情形下,储户可以从多次付息中获益,即储户未来可以获得更多的利息再投资收益。也可理解为,在未来总投资收益一定的情形下,储户目前只需存入较少的存款数。

**3. 单利利率和复利利率之间的关系**

观察式(2-24)和式(2-25)后,你就会发现,单利利率和复利利率之间是可以转换的。现举例说明,假如某债券的面值为100元/张,票面利率为10%,期限2年,一次还本付息,按票面利率进行贴现。

按单利计息,根据式(2-23),该债券到期值(终值)为120元(=100+100×2×10%),根据式(2-24),该债券现值为100元[=120/(1+2×10%)]。

按复利计息,设贴现率为$r$,可以得到该债券现值的另一种表达式,即$120/(1+r)^2$。

由于是同一种债券,因此单利和复利得到的价值应该是相同的,即$120/(1+r)^2=100$。开根号后,可以得到该债券的复利利率,$r=9.54\%$。也就是说,对同一种债券而言,单利利率高于复利利率。

**(三) 连续复利**

当$N\to\infty$时,表示每时每刻都在计息并进行复利,我们称此时的计息为连续复利计息(continuous compound interest),此时有:

$$1 + r_H = \lim_{N\to\infty}\left(1 + \frac{r}{N}\right)^{T\times N} = e^{r\times T} \tag{2-27}$$

式中,$r_H$是期间收益率;$e$是自然对数的底数。

假如未来$T$时刻的现金流为$CF_T$,当$N\to\infty$,则$CF_T$的现值为:

$$PV = CF_T \times e^{-r\times T} \tag{2-28}$$

假如当前的现金流为$CF_0$,当$N\to\infty$,则$T$时期后的终值为:

$$FV = CF_0 \times e^{r\times T} \tag{2-29}$$

在投资学和金融工程学中,通常采用式(2-28),这主要是因为一些金融资产定价(比如股票期权定价)采用此公式可以得到更精确的估值结果,同时也便于推导。

在本书中,除非特别说明外,我们在贴现时都是采用式(2-25)来计算现值,表明投资者的要求收益率是按照逐年复利的方式计算。

> **概念自查 2-2:**
> 1. 怎样计算系列现金流的现值?
> 2. 接受净现值为正的项目,公司会得到什么好处?
> 3. 永续年金、普通年金、永续增长年金和增长年金的现值公式之间有怎样的关联?

## 第三节 价值评估原理

价值评估(valuation)是确定一项资产(包括实物资产和金融资产)内在经济价值(intrinsic economic value)的过程。在无套利均衡条件下,资产的市场价格应该等于资产的内在经济价值。本节将运用现值原理来介绍价值评估的基本原则、无套利市场上债券和股票的定价原理。

### 一、价值评估和无套利均衡

根据定价理论,目标资产在未来有效期内产生的预期现金流的现值就是该目标资产的价值或内在经济价值。因此,从本质上讲,资产价值评估就是资产现值的计算过程。

价值评估的基本做法是:首先确定目标资产的寿命期或有效期或存续期,其次预测目标资产存续期内各期产生的现金流,最后决定各期现金流适用的贴现率。这样,就可以计算出目标资产所产生的未来预期现金流的现值。

如果目标资产的现值是 $PV$，当前的市场价格是 $P_0$，同时将投资者购买目标资产的行为看成一项投资，那么这一投资的净现值是：

$$NPV = PV - P_0 \tag{2-30}$$

如果 NPV 大于零，则表明目标资产被低估，投资者会踊跃购买，促使目标资产的市场价格上扬。如果 NPV 小于零，则表明目标资产被高估，投资者会以市场价格出售所拥有的目标资产，以避免或减少损失。如果市场上存在卖空机制，则投资者还可以利用卖空机制进行套利。出售目标资产的卖空行为，会使目标资产的市场价格下跌。因此，只有当 NPV 等于零时，目标资产的市场价格才能达到均衡，实现无套利均衡。即

$$P_0 = PV = \sum_{t=1}^{T} \frac{CF_t}{(1+r_t)^t} \tag{2-31}$$

式中，$CF_t$ 表示在未来 $t$ 时点上资产产生的预期现金流入；$r_t$ 表示对应于未来 $t$ 时点的贴现率。

可见，在无套利的市场中，资产的现值等同于资产的价值或内在经济价值。同时，资产的市场均衡价格也等于资产的现值，即等于资产的内在经济价值。

值得注意的是，只有在市场经济中，市场上的投资者可以自由交易时，无套利的市场均衡条件才会使式（2-31）成立。如果市场不完善，存在诸多的摩擦，或者市场是被操纵的，那么式（2-31）只能用于资产的价值评估，而不能用于资产市场均衡价格的确定。比如，在债券或股票发行时，应该基于其内在价值来确定发行价格，但由于市场的不完善性，发行价格通常会被高估或低估。

在下文中，我们在运用现值原理介绍债券与股票的定价原理时，都假设市场是无套利的均衡市场。

知识专栏 2-2：一价定律

## 二、债券定价原理

### （一）债券价格的决定因素

债券是公司向外借款的债务凭证，并且是标准化的债务凭证，是一种证券。债券的基本要素包括面值（face value）、票面利率（coupon rate）和期限（maturity）等。[①]

公司债券面值是发行债券的公司在债券到期时将要归还给债券持有人（bondholder）的本金。债券面值可大可小，往往基于债券投资者的偏好来设定。公司通过发行债券所筹集到的资金取决于债券的发行价格，发行价格可以等于、大于或小于面值。比如，当债券票面利率高于市场利率（或称贴现率）时，发行价格高于面值。因此，债券筹资额并不一定等于债券的票面总额。

公司债券的票面利率决定着债券持有人可以获得的票面利息额（coupon）。债券的票面利息一般按照单利计算，利息可以在债券到期日一次性支付，也可以在债券存续期内逐期支付。由于债券持有人在获得利息后，可以进行再投资，因此债券票面利息支付方式必然直接影响债券投资的实际收益率。比如，美国国债利息半年支付一次，而中国国债利息一年支付一次，如果两国利率水平相同，国债期限相同，且不考虑汇率变动，则美国国债投

---

[①] 零息债券和永久债券是两种特殊的债券，前者没有票面利率，后者没有期限。其定价原理将在下文介绍。

资者的实际收益率更高。

债券期限是指债券的存续期,按期限划分,债券有短期、中期和长期三类,但各国对债券期限的长短有不同的规定,存在一定的国别差异。债券的再投资风险和债券期限的长短有关。

债券期限、债券票面利率及债券面值决定了债券未来的预期现金流量,只要能够确定债券各期现金流适用的贴现率,就可以计算出债券的价值。在无套利均衡条件下,也可以据此确定债券的市场价格,即

$$P_0 = \sum_{t=1}^{T} \frac{CF_t}{(1+r_t)^t} = \sum_{t=1}^{T} \frac{I}{(1+r_t)^t} + \frac{Par}{(1+r_T)^T} \quad (2-32)$$

式中,$P_0$表示债券的当前市场价格;$I$表示债券每期支付的票面利息,它等于债券的面值乘以债券的票面利率;Par 表示债券的面值;$r_t$表示对应于未来 $t$ 时点的贴现率;$T$表示债券的期限。

假设债券存续期内各期的贴现率相等,即 $r_t = r$,根据年金现值公式,式(2-32)可以用下式表示:

$$\begin{aligned} P_0 &= \sum_{t=1}^{T} \frac{I}{(1+r)^t} + \frac{Par}{(1+r)^T} \\ &= \frac{I}{r} \times \left[1 - \frac{1}{(1+r)^T}\right] + \frac{Par}{(1+r)^T} \\ &= \frac{I}{r} + \frac{Par - I/r}{(1+r)^T} \end{aligned} \quad (2-33)$$

**例 2-4**:设 A 公司拟发行债券,面值为 100 元/张,票面利率是 10%,期限为 3 年,逐年支付利息。此时,适用于 A 公司债券的 1 年期贴现率是 5%,2 年期贴现率是 5.5%,3 年期贴现率是 6%。债券的当前市场价格是多少?

例 2-4 解析

(二) 到期收益率和利率期限结构

**1. 到期收益率**

由例 2-4 可知,公司债券价格除了受债券的面值(Par)、票面利息($I$)和债券期限($T$)等因素影响,未来 $t$ 时点的贴现率($r_t$)也是一个重要的影响因素。由于债券存续期内各期贴现率的具体数值不易获得,因此,从某种意义上说,未来 $t$ 时点的贴现率是债券价格最重要的决定因素。其实,到期收益率也是一种不错的贴现率选项,它是一种平均贴现率。

债券的到期收益率[①](yield to maturity, YTM)是指债券投资者在购买目标公司债券后,持有至债券到期日时的平均收益率。在无套利的市场上,我们可以将到期收益率($y$)视作债券存续期内各期贴现率 $r_t$ 的平均值。因此,采用到期收益率计算债券价格的公式为:

$$P_0 = \sum_{t=1}^{T} \frac{I}{(1+y)^t} + \frac{Par}{(1+y)^T} = \frac{I}{y} + \frac{Par - I/y}{(1+y)^T} \quad (2-34)$$

---

① 到期收益率本质上就是内含报酬率(RII)。欲知到期收益率的计算方法,请参见本书第四章的相关内容。

**例 2-5**：承例 2-4，设 A 公司拟发行债券，面值为 100 元/张，票面利息率是 10%，期限为 3 年，逐年支付利息，债券的当前市场价格是 110.8 元/张。该债券的到期收益率为多少？

例 2-5 解析

到期收益率也就是公司发行债券时，在当前市场条件下，必须向投资者支付的收益率。因此，债券的市场价格既向投资者传递了债券投资平均收益率水平的信息，同时也传递了与债券投资风险相对应的平均贴现率水平的信息。

期限相同、风险相同的公司债券拥有相同的到期收益率或平均贴现率。如果公司的风险不同，则即便公司债券的期限相同，它们的到期收益率也是会存在差异的。

**2. 债券定价**

按照支付模式划分，零息债券、平息债券和永久债券是债券的三种主要形式。它们的支付模式存在差异，其定价公式也存在差异。

平息债券(nonzero-coupon bonds)是指债券发行者在债券存续期内需定期向债券持有人支付等额利息，并在债券到期时归还本金的债券。因此，在定价时，不仅要考虑债券各期的利息，而且要考虑它的到期值。债券定价可参照公式(2-32)计算。

零息债券(zero-coupon bonds)是指发行者在债券到期日前不向债券持有人支付利息，而是在到期时按照面值向持有人一次性支付的债券。由于零息债券没有票面利率，只有到期一次性支付行为，因此，其价值计算仅需按其面值贴现即可。零息债券折价发行，其定价公式为：

$$P_t = \frac{MV_t}{(1+r_t)^t} \qquad (2-35)$$

式中，$r_t$ 为对应于未来 $t$ 时点的贴现率；$P_t$ 为 $t$ 期零息债券的现值；$MV_t$ 为 $t$ 期零息债券的面值，也称到期值(maturity value)。

永久债券(perpetual bonds)也称金边债券，是指发行者无限期向债券持有人定期支付等额利息，但不支付本金的债券。因此，永久债券的现值等于无限期的等额利息流的资本化价值。设每期利息为 $I$，平均贴现率为 $r$，根据永续年金公式，永久债券的定价公式为：

$$PV = \sum_{t=1}^{\infty} \frac{I}{(1+r)^t} = \frac{I}{r} \qquad (2-36)$$

**3. 即期利率和利率期限结构**

前文所述的贴现以及债券价值估计中，我们交叉使用了两种贴现率：一是对应于未来某个时间点的贴现率，二是到期收益率(平均贴现率)。但是，我们在前文的例 2-4 中，三个不同时间点的贴现率，即"1 年期贴现率 5%，2 年期贴现率 5.5%，3 年期贴现率 6%"是给定的。那么，该如何计算这些未来不同时间点的贴现率呢？我们首先需要从利率期限结构、即期利率等概念入手。

事实上，不同时间点的利率不是完全相同的，比如 1 年期利率和 2 年期利率不会相同。这种利率与投资期限之间的关系就是所谓的利率期限结构(term structure of interest rate)，也被称为收益曲线(yield curve)。① 投资者可以用即期利率来计算债券的收益曲线。

即期利率是指某一给定时间点上零息债券②的到期收益率。任何公司债券其实都是由若干零息债券组成的,是一个零息债券集合。比如,某平息债券面值为 1 000 元/张,期限为 3 年,票面利率为 9%。我们可将该债券视为拥有 4 个零息债券的集合:一个是面值为 1 000 元、期限为 3 年的零息债券;另外三个是面值为 90 元,期限分别为 1 年、2 年和 3 年的零息债券。根据利率期限结构,即期利率一般随着债券期限的增长而增长,也就是说,同等风险债券的 2 年期即期利率大于 1 年期即期利率,以此类推。那么,即期利率该如何度量呢?我们用下面一个例子予以说明。

**例 2-6**:假如某平息债券的面值为 100 元,期限为 2 年,票面利率为 10%,该债券的发行价格为 90 元,又假如已知 1 年期即期利率为 8%。试用迭代法计算 2 年期即期利率。

迭代公式为:

$$PV = \frac{I_1}{(1+r_1)} + \frac{I_2}{(1+r_2)^2} + \frac{MV}{(1+r_2)^2}$$

式中,$r_1$ 为 1 年期即期利率;$r_2$ 为 2 年期即期利率;$I_1$ 和 $I_2$ 分别为第 1 年和第 2 年的利息额;MV 为债券到期价值;PV 为债券价值或价格。

例 2-6 解析

在市场化程度较高的国家(包括中国),一些机构(比如 Bloomberg)会向投资者提供关于国债和不同评级公司债券的利率期限结构与相应的收益曲线。因此,我们在对债券进行定价时,能够以同等风险债券的收益曲线为参照,选用不同时间点的贴现率。

为了简化利率期限结构问题,我们在下文暂且假设利率期限结构是"水平式"的,也就是说,无论现金流产生于何时,利率都是一样的。

**小案例 2-1:汇丰银行的金边债券**

2010 年,汇丰银行发售了价值为 34 亿美元的金边债券(也称永久债券)。该债券承诺:向债券投资者每年支付固定利息,且没有到期日。但是,该债券附有一赎回条款,即汇丰有权在 5 年半之后赎回该债券。你认为,汇丰银行为什么会选择金边债券?以及在什么情形下会启动赎回条款?

## 三、普通股定价原理

### (一)普通股价格的决定因素

在确定普通股股票的价值时,所使用的贴现现金流公式与其他资产的现值计算公式完

---

① 事实上,一些机构(比如 Bloomberg)会向投资者提供关于国债和不同信用等级公司债券的利率期限结构与相应的收益曲线。收益曲线可以按即期利率表述,也可以按到期收益率表述。

② 零息债券是指没有票面利率的债券,它是 20 世纪 70 年代美国投资银行为杠杆收购设计的融资品种,收购企业可以借此减轻收购结束后的利息支付压力。

全相同。普通股提供两种形式的现金流：一是现金股利（cash dividend），二是股票持有者出售股票时的变现收入。假设投资者在时间上只持有股票1年，那么股票给他带来的现金流是1年后公司发放的现金股利和出售股票时的变现收入，股票现时价格（设无套利均衡，股票价格等于其价值）为：

$$P_0 = \frac{DIV_1}{1+r_1} + \frac{P_1}{1+r_1} \quad (2-37)$$

式中，$P_0$表示股票的当前市场价格；$DIV_1$表示在第1年年末发放的每股股利；$P_1$表示在第1年年末的股价；$r_1$表示第1年的股票贴现率，该贴现率常常被理解为资本市场上同等风险的证券所能达到的期望收益率。

我们可以将今天的股价与未来2年的预计现金股利和第2年年底的预期价格联系在一起。我们甚至可以进一步将今天的股价与$T$年的预计现金股利和第$T$年年底的预期价格联系在一起，当投资者预计持有股票为$T$年时，股票价格为：

$$P_0 = \sum_{t=1}^{T} \frac{DIV_t}{(1+r_t)^t} + \frac{P_T}{(1+r_T)^T} \quad (2-38)$$

式中，$P_0$表示股票的当前市场价格；$DIV_t$表示第$t$年年末发放的每股股利；$P_T$表示在第$T$年年末的股价；$r_t$表示第$t$年的股票贴现率。

随着时间的推移，现金股利股价在股票现值中的占比越来越大，期末股价现值的占比越来越小，但是，现金股利和期末股价的现值之和仍然是$P_0$。当$T$趋于无穷大时，期末股价现值趋于零。因此，在普通股定价中，我们可以忽略股票期末价格，而将股票价格表示为永久现金股利流的现值，即可以将式（2-38）改为：

$$P_0 = \sum_{t=1}^{\infty} \frac{DIV_t}{(1+r_t)^t} \quad (2-39)$$

如果各期的贴现率相等，即$r_t = r$，同时假定股利（$DIV_1$）零增长，那么式（2-39）可变为：

$$P_0 = \sum_{t=1}^{\infty} \frac{DIV_1}{(1+r)^t} = \frac{DIV_1}{r} \quad (2-40)$$

式（2-40）称为"股利零增长模型"，它说明在公司永续经营的假设前提下，公司股票的当前市场价格等于公司在未来发放的所有现金股利的现值。

（二）股利持续增长模型和参数估计

假设公司的现金股利是按照一个固定的增长率$g$稳定增长的，即

$$DIV_t = DIV_1 \times (1+g)^{t-1} \quad (2-41)$$

式中，$DIV_t$表示第$t$期期末发放的每股股利；$DIV_1$表示当期期末（即第1期期末）发放的每股股利；$g$表示股利增长率。

那么根据永续增长年金现值的计算公式，当$t \to \infty$，$r > g$时，可以得到股利持续增长模型：

$$P_0 = \frac{DIV_1}{r-g} = \frac{DIV_0 \times (1+g)}{r-g} \quad (2-42)$$

式中，$DIV_0$是在当前时刻（即上期期末）发放的每股股利。

**例 2-7**：A 公司是一家成长型企业。该公司的市场资本化率（即期望收益率或贴现率）为 10%，1 年后每股净收益 2 元，股利发放率为 40%，增长率为 7.2%。请计算 A 公司股票价格。

例 2-7 解析

可见，公司股票价格是公司增长率（$g$）和贴现率（$r$）共同作用的结果，那么，这些参数是如何估计出来的呢？

若公司在支付股利之后，还留存一部分利润，且公司增长所需资金完全依靠利润留存（留存收益），无须向外融资，那么下一年度的投入将超过今年，下一年度的盈利水平为：

$$NI_1 = NI_0 + RE \times RONE \tag{2-43}$$

式中，$NI_1$ 表示下一年度的盈利水平（净收益）；$NI_0$ 表示本年度的净收益；RE 表示本年度新增的留存收益（也称新增投资额）；RONE 表示新增投资预期回报率（由于新增投资预期回报率很难估计，因此可以用历史净资产收益率 ROE 替代）。

在式（2-43）两边同除以本年度盈利，式（2-43）变成式（2-44）：

$$\frac{NI_1}{NI_0} = \frac{NI_0}{NI_0} + \frac{RE \times ROE}{NI_0} \tag{2-44}$$

设 $b$ 为留存收益比率（也称新增投资比率），$g$ 为盈利增长率，式（2-44）两边可进一步简化为：

$$1 + g = 1 + b \times ROE \tag{2-45}$$

公司增长率公式为：

$$g = b \times ROE \tag{2-46}$$

至于贴现率参数估计，我们可以从股利持续增长模型中得到启示。通过对股利持续增长模型进行转换，我们可以改用 $DIV_1$、$P_0$ 和 $g$ 来估计贴现率，即

$$r = \frac{DIV_1}{P_0} + g \tag{2-47}$$

值得注意的是，股利增长率和贴现率这两个参数估计的合理性存在一些问题。首先，股利具有"黏性"特点，也就是说，股利发放率不一定随盈利水平的增长而增长，因此，将盈利增长率视为股利增长率的近似有悖常理。其次，股利增长率基本上不可能永远持续下去，因此，股利持续增长假设很可能高估贴现率。

（三）增长机会和公司股票估价

**1. "现金牛"公司的股票估价**

当公司按照持续增长率 $g$ 成长时，公司每股的现金股利也是按照 $g$ 增长，公司普通股股票的价格为：

$$P = \frac{DIV_1}{r - g} = \frac{EPS_1 \times (1 - b)}{r - g} \tag{2-48}$$

式中，$DIV_1$ 表示公司在第 1 期期末发放的每股现金股利；$EPS_1$ 表示公司在第 1 期（比如第 1 年）期末的每股净收益；$r$ 表示贴现率。

公司的留存比率 $b$ 是决定公司股票价格的一个重要因素。当留存比率 $b$ 等于零时，意

味着公司将税后利润全部作为现金股利发放给了股东。在不考虑外部融资的情形下,公司维持现状,没有新增投资,此时 $g$ 等于零,公司的资产、销售额、税后利润、每股净收益和每股股利均维持不变,以一个"恒定"的状态永续地经营下去,我们称此时公司采取的是"无增长发展策略"(non-growth policy)。在真实的世界里,这类公司通常拥有稳定的利润流和充沛的现金流,但缺乏成长机会,采用高派现股利政策,它们被俗称为"现金牛"公司。若现金牛公司将所赚利润以现金股利方式全部回馈给股东,那么,其股价为:

$$P^{NG} = \frac{DIV_1}{r-g} = \frac{EPS_1}{r} \qquad (2-49)$$

式中,$P^{NG}$ 表示现金牛公司的股价;$g$ 等于零;$EPS_1$ 等于 $DIV_1$。

**2. NPVGO 模型和股利持续增长模型的相似性**

如果公司是一个成长型企业或是一个拥有诸多投资机会的企业,那么公司每年都会留存部分利润甚至留存全部利润来满足其成长之需,公司的资产、销售额、税后利润、每股净收益和每股股利均按照某一增长率持续增长,我们称这类公司采取的是"增长发展策略"(growth policy)。此时,公司每股股票价值包含了增长机会(或成长机会)所带来的新增价值,这类公司被称为增长机会(NPV growth opportunity,NPVGO)公司,其定价公式为:

$$P^G = \frac{EPS_1}{r} + NPVGO \qquad (2-50)$$

式中,$P^G$ 表示公司股票在增长发展策略下的价格;NPVGO 表示公司将新增留存收益投资于新项目或新机会后新增的公司价值(若 NPVGO 为负值,则表明新增投资产生亏损,公司价值不升反降)。

例2-8解析

**例 2-8**:承例 2-7。A 公司是一个成长型企业。该公司的市场资本化率(即期望收益率或贴现率)为 10%,预计 1 年后每股净收益为 2 元,股利发放率为 40%,公司净资产收益率为 12%,增长率为 7.2%。请计算 A 公司股票价格。

比较例 2-7 和例 2-8 的计算结果,我们可以发现,NPVGO 模型和股利持续增长模型的计算结果是一样的,这个结论也可由其他例子证明。因此,我们可以得到下列等式:

$$P^G = \frac{EPS_1(1-b)}{r-g} = \frac{EPS_1(1-b)}{r - b \times ROE} = \frac{EPS_1}{r} + NPVGO \qquad (2-51)$$

**3. 现金牛公司和 NPVGO 公司比较**

由 NPVGO 模型可知,公司将所有净收益都作为现金股利回馈股东的做法并不一定可取,如果将部分盈利投资于新增的盈利项目,则有效市场下的公司股票价格将由此得以提升。因此,简单将盈利全部作为现金股利而放弃新增盈利性投资的做法失去了谋求公司增长的机会。那么,公司在什么情况下应该放弃将所有净收益都作为现金股利回馈股东的念头呢?

与不实施增长发展策略的公司(现金牛公司)相比,实施增长发展策略的公司(NPVGO 公司)是否一定会为公司股东创造出新的价值,或者说是否可以提高公司股票的当前市场价格?为此,我们可以通过对公司股票在不同增长发展策略下的价格进行比较来加以判

断。将式(2-49)和式(2-51)进行比较,得到式(2-52):

$$P^G - P^{NG} = \frac{EPS_1(1-b)}{r - b \times ROE} - \frac{EPS_1}{r} = \frac{EPS_1}{r} \times b \times \frac{ROE - r}{r - b \times ROE} \quad (2-52)$$

假设公司永续经营,且 $r$ 大于 $g$,那么公司股票在不同增长发展策略下的价格差异最终取决于公司的净资产收益率或股东权益收益率(ROE)和股票投资者要求的收益率 $r$,或者说取决于 NPVGO 是否大于零。有三种可能性:

(1) NPVGO 公司更有价值。以一个无负债、全股权融资的公司为例,公司的股东权益收益率(ROE)可以被看成公司用新增资本(当年留存利润)进行追加投资的投资收益率,而 $r$ 是追加投资中的贴现率。当 ROE>$r$ 时,表明追加投资的收益率高于贴现率,留存收益在未来为股东创造出的价值的现值大于当前的留存收益金额,当前的追加投资是一个正 NPV 的投资项目,因此,将税后利润留在公司里可以增加公司的价值,此时有 $P^G > P^{NG}$。

当 ROE>$r$ 时,有 $P^G > P^{NG}$,即 NPVGO 大于零。表明公司采用增长发展策略,不仅可以扩大公司的资产规模,提高公司的销售业绩,增加公司利润,同时还可以提高公司股票的当前市场价格,为股东创造出新的价值。公司采用增长发展策略时的经营效率要优于采用无增长发展策略时的经营效率。但公司股东为此付出的代价是,被迫放弃高现金股利。股利发放得越少,公司股价上涨得越多。

当一个公司的 ROE>$r$ 时,意味着公司只要进行追加投资,就可以为股东创造出新的价值,因此我们说公司此时面临良好的"增长机遇"(growth opportunities),公司是一个"成长型公司"(growth company),公司的股票是"成长型股票"(growth stock)。此时,公司应该采取增长发展策略,将利润留存下来满足公司的成长。

(2) NPVGO 公司和现金牛公司等价。如果 ROE=$r$,则说明追加投资的收益率等于贴现率,此时留存收益在未来为股东创造的价值的现值等于当前的留存收益金额,当前的追加投资是一个零 NPV 的投资项目,因此,将税后利润留在公司里不会改变公司的当前价值,此时有 $P^G = P^{NG}$。

当 ROE=$r$ 时,有 $P^G = P^{NG}$,即 NPVGO 等于零。表明公司采用增长发展策略,虽然可以扩大公司的资产规模,提高公司的销售业绩,增加公司利润,但却不能提高公司股票的当前市场价格,无法为公司的股东创造出新的价值。公司采用增长发展策略时的经营效率与采用无增长发展策略时的经营效率是无差异的。

(3) 现金牛公司更有价值。如果 ROE<$r$,则说明追加投资的收益率低于贴现率,留存收益在未来为股东创造出的价值的现值小于当前的留存收益金额,当前的追加投资是一个负 NPV 的投资项目,因此,将税后利润留在公司里、不以现金股利形式发放给股东只会损害股东的利益,消耗股东的财富,降低公司的价值,此时有 $P^G < P^{NG}$。可见,在公司经营效率低下时,盲目追加投资,扩大生产规模并不是正确的经营之道,此时更应该做的是精兵简政,努力提高经营效率。

当 ROE<$r$ 时,有 $P^G < P^{NG}$,即 NPVGO 小于零。表明公司采用增长发展策略后,尽管可以扩大公司的资产规模,提高公司的销售业绩,但却会降低公司股票的当前市场价格,损害公司股东的利益。公司采用增长发展策略时的经营效率要劣于采用无增长发展策略时的经营效率。

**4. 市盈率**

成长型公司的股票有一个十分显著的特征,就是具有相对较高的市盈率(price-to-earnings ratio）。根据式（2-51）和式（2-52）可得：

$$P^G = \frac{EPS_1}{r} + \frac{EPS_1 \times b}{r} \times \frac{ROE - r}{r - b \times ROE} \quad (2-53)$$

在式（2-53）的两边分别除以 $EPS_1$，得到式（2-54）：

$$\frac{P^G}{EPS_1} = \frac{1}{r} + \frac{b}{r} \times \frac{ROE - r}{r - b \times ROE} \quad (2-54)$$

式中，$\dfrac{P^G}{EPS_1}$ 是公司股票的市盈率。

如果有 A 和 B 两家公司，其股票的风险是相同的，那么这两家公司应该具有相同的 $r$。设 A 公司是一家收入型公司，它的 $ROE = r$，那么 A 公司股票的市盈率等于 $\dfrac{1}{r}$。设 B 公司是一家成长型公司，它的 $ROE > r$，那么 B 公司股票的市盈率是在 $\dfrac{1}{r}$ 之上，再加上 $\dfrac{b}{r} \times \dfrac{ROE - r}{r - b \times ROE}$，会高于同等风险 A 公司股票的市盈率。高出的部分是由 B 公司的增长机遇带来的。而且 B 公司的留存比例越大，公司的市盈率越高。这也从另一个角度说明，高科技成长型的公司为什么会具有较高的市盈率，以及为什么公司少发甚至不发放任何现金股利，而将税后利润全部留存下来用于公司的发展。

**概念自查 2-3：**

1. 无套利均衡条件下，资产的价格和价值之间存在什么关系？
2. 在债券定价时，如何选择贴现率？
3. 现金牛公司和 NPVGO 公司的价值之间有何差别？

**人物专栏 2-1：**
欧文·费雪
（Irving Fisher）

---

**小案例 2-2：苹果公司的市盈率**

2011 年 9 月 26 日，苹果公司的市盈率为 14.3 倍，而标准普尔 500 指数的市盈率是 15 倍，显然，苹果公司的市盈率低于大盘。苹果公司拥有高增长率，具有很强的赚钱能力，但是外部环境在 2012 年前后发生了一些变化。亚马逊在平板电脑领域蓄势待发，谷歌的安卓系统智能手机市场份额一路走高。请你根据式（2-54），给出苹果公司市盈率偏低的基本逻辑。

---

## 本章小结

1. 项目价值乃至整个金融资产的价值，都是其未来所能产生的现金流量的贴现值。现值计算过程就是对未来某时点现金流中所含利息和风险进行剔除的过程。

2. 公司在对目标投资项目进行价值评估时，净现值法则是最合适的评价标准。按照该法则，对目标项目在未来产生的现金流入进行贴现，计算出这些现金流入现值的总和。当现金流入现值的总和超过期初的资本投入时，表明目标投资项目可以收回期初的投资以及相关投资的资本成本，是一个净现值为正值的好项目，应该予以实施；否则，应该放弃。

3. 为了获得"净现值"，需要估算目标投资项目或金融资产的现金流，并对这些现金流进行贴现。年金和非年金是金融资产和项目（实物资产）两种未来现金流形态，年金是指每隔相等的时间流入金额或流出金额相等的现金流量，非年金是指在时间和金额上没有规律的现金流量。年金现值、复利现值以及连续复利现值等是针对不同现金流形态的现值计算方法。

4. 价值评估是确定一项资产（包括实物资产和金融资产）内在经济价值的过程。在无套利均衡条件下,资产的市场价格等于资产的内在经济价值。在这一假设条件下,我们可以理解债券和股票的定价原则。

5. NPVGO 模型在解释为什么成长型公司少发甚至不发放现金股利、解释市盈率内在经济信息方面优于其他股票定价模型。

## 重要术语

现值　贴现率　到期收益率　即期利率　年金　价值评估　内在价值　无套利均衡　净现值法则　股利零增长模型　股利持续增长模型　股利发放率　留存比率　净资产收益率　股利增长率　增长机会现值　现金牛公司　市盈率　债券　平息债券　零息债券　永久债券　股票　单利　多频复利　连续复利

## 习题

**简易题**

1. 请分别计算下列四项投资的净现值,设贴现率为 10%:

单位:元

| 投资 | 初始现金流($C_0$) | 1 年后的现金流($C_1$) |
|---|---|---|
| 1 | -10 000 | +20 000 |
| 2 | -5 000 | +8 000 |
| 3 | -4 500 | +6 000 |
| 4 | -3 000 | +4 500 |

(1) 请指出哪些项目具有投资价值?

(2) 若只能择其一进行投资,应选哪一项进行投资?

2. 下列情况下收到 2 万元的现值为多少?

(1) 10 年后(10%的贴现率)。

(2) 10 年后(8%的贴现率)。

(3) 15 年后(5%的贴现率)。

(4) 第 1—3 年每年年末都收到(6%的贴现率)。

3. 甲公司拟投资 1 年期的国库券,票面年利率为 3%,面值为 100 元/张,国库券价格为 99 元/张,贴现率为 3%,其净现值为多少?

4. 设有一目标投资项目,投资额为 1 000 万元,项目寿命为 3 年,预计每年年末产生的现金流为 500 万元,假定贴现率为 10%。

(1) 3 年内预期产生的现金流入的现值是多少?

(2) 目标项目的净现值是多少?

**中等难度题**

5. 某人当前的收入为 2 万元,其明年年初预计收入为 3 万元,他是一个"月光族",他预备今年年初消费 2.5 万元,那么他明年年初的潜在消费为多少?假如贴现率为 5%。

6. 1986 年年初,张凯的爷爷花费 1 万元购买了某保险公司存款性质的保险产品。2015 年年底,张凯在其爷爷的箱底找到了这张保单,并向该保险公司提出兑付要求。该保险公司表示,如果事实成立,愿意支付。

(1) 设年利率为 5%,张凯应得多少现金?

(2) 年利率为 10%时又将如何?

7. 李冬是一名公务员,现年 30 岁。预计下一年年末李冬工资收入为 100 000 元。据估计,在 60 岁之前,他的工资收入预计将以 0%的速度逐年增长。

(1) 若贴现率为 8%,李冬未来工资收入的现值为多少?

(2) 若他每年拿出 20%的工资收入,以 3%的年利率存款,到他 60 岁时,他的存款将为多少?

(3) 若他打算在退休后的 20 年里等额消费

这笔存款,他每年可消费多少?

8. 季杰刚赢得一笔价值1 000万元的体育彩票,对于下面4种投资机会,他该如何选择?

(1) 对年利率为3%的1年期国债进行投资。

(2) 季杰的朋友准备投资一家网店,投资额约20万元。银行1年期借款利率为7%。该朋友希望能以5%的年利率从季杰处借款20万元。

(3) 投资于股票市场,期望收益率为10%。

(4) 投资于商业地产。季杰估计目前地产市场风险与股票市场相当。目前有一地产投资机会,投资额约100万元,预计1年后价值为110万元。

9. 何冲拥有200万元现金性资产,用于时刻0(当下)和时刻1(下一年)的消费,他想在两个时刻各消费一半。设年利率为4%,无风险,那么:

(1) 他应该投资多少?每期的消费额为多少?

(2) 若目前有一个年收益为10%的200万元的无风险投资机会,而此时年利率仍为4%,那么他应该怎样操作?每期的消费额又是多少?

10. 王强拟创建一家小型运输企业。目前正在考虑投资1 000万元购置一批卡车。预计每年现金性收入600万元,现金性经营成本300万元。这批卡车将在第5年和第8年进行两次大修,每次将会耗资300万元。设该批卡车寿命为10年,直线折旧,无残值。若贴现率为10%,不考虑所得税,那么该投资计划的净现值为多少?

11. 某2年期国债的票面利率为4%,面值为100元/张,每年支付一次利息。设年期望收益率为4%。

(1) 如果1年后该债券的期望收益率仍维持在4%,那么此债券持有者在这12个月里的收益为多少?

(2) 假设此债券在第1年年末的期望收益率变为3%,此时债券持有者的收益又该是多少?

12. 考虑下列3种股票:

(1) A股票预期股利永远保持在每股4元。

(2) B股票当年年底预期派发每股2元的股利,此后股利将以6%的年增长速度持续增长。

(3) C股票当年年底预期派发每股2元的股利,此后2年(至第3年为止)股利将以4%的年增长速度增长,此后不再增长。

问:若上述股票的期望收益率(贴现率)皆为10%,则哪一种股票的价值最高?

13. 2018年年底,捷达公司股票交易价格为50元/股,每股净收益(EPS)为3元/股,公司的股利发放率为30%(也就是说,将每股净收益的30%以股利形式回馈股东)。投资者估计该公司长期净收益的增长率为5%。

(1) 假如现金股利永远和净收益同比例增长,则投资者的期望收益率为多少?

(2) 如果公司股东权益收益率能够保持在10%的水平,将股利发放率调低至20%,那么对增长率的影响为多少?

**高等难度题**

14. 大达公司经过努力终于起死回生。2018年年底,公司宣布派发1元/股的股利,这是公司危机后的第一份现金股利。分析师估计,再过2年的时间,公司就将完全恢复,现金股利也将上升至2元/股的"正常"水平。此后,股利的增长可望长期稳定在3%的适度年增长水平。设该公司股票目前的价格为20元/股,假设2019年年底和2020年年底的现金股利分别为1.5元/股和2元/股。

问:该股票在此价格下的期望收益率为多少?

15. 乙公司利润和股利年增长率为10%,甲公司利润和股利年增长率为12%。两家公司当前($t=0$)的资产、利润及每股股利都完全相同。然而,乙公司的股价中,NPVGO所占的比重较大,请解释原因。

16. 大唐投资公司的暑期实习项目一直受在校大学生欢迎,今年也不例外。这次参与实习的学生会参与到为公司投资客户进行投资展示工作,公司要求学生做一些相关准备,重点理清以下问题:

(1) 怎样基于未来预期现金流来确定某资产价值?

(2) 一只5年期、面值为100元/张的债券,票面利率为5%,那么这只债券的价值为多少?

(3) 该债券发行后,如果通货膨胀率上升1%,那么投资者的期

习题参考答案

望收益率会发生什么变化？债券价值是多少？

（4）若该债券的售价为 90 元/张，其到期收益率是多少？

## 参考文献

1. BODIE Z. KANE A. MARCUS A J. Investments [M]. 5th ed. Boston：McGraw-Hill/Irwin, 2002.
2. COPELAND T E. WESTON J F. Financial theory and corporate policy [M]. 3rd ed. Reading, Massachusetts：Addison-Wesley Publishing Company, 1988.
3. GRINBLATT M. TITMAN S. Financial markets and corporate strategy [M]. 2ed ed. Boston：McGraw-Hill /Irwin, 2002.
4. 伯克,德马佐.公司理财：第 3 版 [M].姜英兵,译.北京：中国人民大学出版社,2014.
5. 布雷利,等.公司财务原理：第 7 版 [M].方曙红,等,译.北京：机械工业出版社,2007.
6. 朱叶,王伟.公司财务学[M].上海：上海人民出版社,2003.

# 第三章
# 风险和收益

【学习要点】

1. 风险的度量。
2. 风险和收益之间的关系。
3. 贴现率的内涵。
4. 贴现率该如何计算和选择?

上文在介绍现值计算以及债券和普通股估价原理时,我们在绝大多数情况下都假定贴现率是给定的(外生的),但是在价值评估实践中,这种假设是不成立的。因此,分析人员需要明确目标投资项目或资产的风险与贴现率之间的关系,计算和选择合适的贴现率。本章在介绍收益率与风险的概念和关系之后,从投资组合理论和资本资产定价模型等角度来认识贴现率的理论基础和框架,最后介绍贴现率的计算和选择。

## ■ 第一节 收益和风险概念

在现实经济中,有两类资产或投资项目的贴现率相对来说较易认定:一是无风险资产或投资项目,二是具有市场平均风险的资产或投资项目。前者可以使用同期国债利率作为无风险资产或投资项目的贴现率,后者可以使用市场组合(比如标准普尔500指数)的历史平均收益率作为具有市场平均风险的资产或投资项目的贴现率。[①] 但是,就风险而言,一部分资产和投资项目的风险介于无风险和市场平均风险之间,另一部分资产和投资项目的风险在市场平均风险之上。因此,我们在估计这些资产或投资项目的贴现率之前,必须学会如何度量风险并了解风险和要求的风险溢酬之间的关系。本节介绍收益的各种不同表达形式和收益不确定性的各种度量指标。

---

① 如果市场组合存在一个标准的、稳定的风险溢酬,则可以这样认定。

## 一、收益

### (一) 收益和收益率的基本含义

资产的投资收益通常有两种表达形式:一是投资收益额(return),二是投资收益率(rate of return,也称投资回报率)。投资收益额描述的是投资收益的绝对额,投资收益率表达的是投资收益相对于期初(或初始)投资的百分比。

设某项投资的期初投资额为 $CF_0$,期末收回的投资额为 $CF$,投资年限为 $N$ 年,该项投资的收益由两部分组成:一是在项目存续期内共获得 $N$ 次投资收益,记为 $\sum_{i=1}^{N} C_i$;二是资本利得或损失,记为 $(CF-CF_0)$。项目在投资期间实现的投资收益额为:

$$R = CF + \sum_{i=1}^{N} C_i - CF_0 \qquad (3-1)$$

相应的投资收益率为:

$$r = \frac{CF + \sum_{i=1}^{N} C_i - CF_0}{CF_0} \qquad (3-2)$$

式(3-2)所定义的投资收益率是指投资者在 $N$ 年的投资期间获得的投资收益率,该收益率又称为"持有期收益率"(holding period return)。由于不同投资项目的存续期各不相同,因此无法用持有期收益率对不同存续期项目的优劣进行评价。为了使不同存续期的项目具有可比性,就有必要对投资收益率代表的投资期间规定统一的时间长度。在实际操作中,通常以 1 年为一个标准的时间单位,计算相应的投资收益率。为此,我们可以将持有期收益率换算成年投资收益率。持有期收益率与各年投资收益率的关系为:

$$1 + r = (1 + r_1)(1 + r_2)\cdots(1 + r_N) \qquad (3-3)$$

式(3-3)表明,在投资期内实现的持有期收益率,是投资项目存续期内各期实现的收益率的乘积。

值得注意的是,式(3-2)实际上隐含着一个重要的假设,即对投资期内所获得的各期投资收益不再进行追加投资。如果将投资期内所获得的各期投资收益分别进行再投资,则持有期收益率应改为:

$$r = \frac{CF + \sum_{i=1}^{N} FV(C_i) - CF_0}{CF_0} \qquad (3-4)$$

**例 3-1**:假如某投资者对天创公司股票进行投资,按市场价 20 元/股购进 10 万股,投资期限为 2 年。未来 2 年股价以及现金股利的估计值如表 3-1 所示。

表 3-1　股价和现金股利估计值　　　　　　　　　　　　单位:元/股

| 项目 | 时间 | | |
|---|---|---|---|
| | 0 | 1 | 2 |
| 股价预期(除息后) | 20 | 21 | 22 |
| 现金股利预期 | 0 | 2 | 2 |

如果投资者不对第1年年末获得的现金股利进行再投资,而将现金股利留在手中,则投资期内所产生的现金流和期末资产价值(包括投资者持有的股票期末市值和累积现金股利)如表3-2所示。

表3-2 投资期内现金流和期末资产价值

| 项目 | 时间 | | |
|---|---|---|---|
| | 0 | 1 | 2 |
| 现金股利总额(万元) | 0 | 20 | 20 |
| 期末股票数(万股) | 10 | 10 | 10 |
| 投资者期末资产价值(万元) | 200 | 230* | 260 |

注:① 期末资产价值=期末股票市值+累积现金股利=21×10+20=230(万元)。

根据式(3-2),计算投资期内持有期收益率以及第1年和第2年的投资收益率。

如果投资者对第1年年末获得的现金股利进行再投资,比如通过继续购买天创公司股票进行再投资,则投资期内所产生的现金流和期末资产价值(包括投资者持有的股票期末市值和累积现金股利)如表3-3所示。

例3-1解析(1)

表3-3 股利再投资条件下投资期内现金流和期末资产价值

| 项目 | 时间 | | |
|---|---|---|---|
| | 0 | 1 | 2 |
| 现金股利总额(万元) | 0 | 20 | 22 |
| 股利投资新增股票数(股) | 0 | 9 524① | 0 |
| 期末股票数(股) | 100 000 | 109 524 | 109 524 |
| 股利收入(元) | 0 | 200 000 | 219 048④ |
| 追加投资(元) | | 200 000 | 0 |
| 追加投资前期末资产价值(万元) | 200 | 210② | 241 |
| 追加投资后期末资产价值(万元) | 200 | 230③ | 263⑤ |

注:① = 200 000/21 = 9 524(股);② = 第1年年末未再投资时所持有的股数×第1年年末股价;③ = (第1年年末未再投资时所持有的股数+股利再投资新增的股数)×第1年年末股价;④ = 109 524×2 = 219 048(元);⑤ = 第2年年末未再投资时所持有的股数×第2年年末股价+第2年年末获得的现金股利。

例3-1解析(2)

根据式(3-4),计算投资期内持有期收益率以及第1年和第2年的投资收益率。

## (二)算术平均收益率和几何平均收益率

我们还可以用年平均收益率(average rate of return)表示"年化"投资收益状况。平均收益率通常有两种计算方法:一是算术平均法(arithmetic averaging),二是几何平均法(geometric averaging)。

若投资期内获得的现金流入不进行再投资,则年均收益率可用算术平均法计算,即

$$r_{AA} = \frac{\sum_{t=1}^{N} r_t}{N} \qquad (3-5)$$

式中,$r_{AA}$表示按算术平均法计算出的年平均收益率;$N$表示投资的期限数;$r_t$表示第$t$期的收益率。

承例3-1,按算术平均法计算的年平均收益率为:

$$r_{AA} = (15\% + 13.04\%)/2 = 14.02\%$$

若将投资期内获得的现金流入进行再投资,则年均收益率可用几何平均法计算,即

$$r_{GA} = \sqrt[N]{(1+r_1)(1+r_2)\cdots(1+r_N)} - 1 = \sqrt[N]{1+r} - 1 \qquad (3-6)$$

式中,$r_{GA}$表示按几何平均法计算出的年平均收益率;$r$表示持有期收益率。

承例3-1,按几何平均法计算的年平均收益率为:

$$r_{GA} = \sqrt{1+31.5\%} - 1 = 14.67\%$$

究竟哪种方法估计出来的年平均收益率更接近正确的贴现率?经验显示,如果贴现率是从历史收益或风险溢酬中估计出来的话,则算术平均法更合适。

(三) 期望收益率

**1. 基于预测数据的期望收益率**

期望收益率(expected rate of return)是指人们对未来投资所产生的投资收益率的预期。在未来的经营中,存在诸多不确定性因素,目标项目的投资收益率并不会是一个确定的值。因此,我们在当前时刻考察未来$t$时刻的投资收益率时,实际上观察的是一个随机变量,即

$$\tilde{r}_t = \frac{\tilde{P}_t + \tilde{C}_t - P_{t-1}}{P_{t-1}} \qquad (3-7)$$

式中,有关变量上的"～"表示该变量是一个随机变量。

由于未来投资收益率的不确定性,我们只能用在未来平均状态下可以获得的收益率,即目标项目未来投资收益率的均值,作为该项目的期望收益率,即

$$E(\tilde{r}_t) = \sum_{i=1}^{N} P_{ti} r_{ti} \qquad (3-8)$$

式中,$P_{ti}$表示$t$时刻各种状态发生的概率,$r_{ti}$表示$t$时刻各种状态下$\tilde{r}$的实现值。

**2. 基于历史数据的期望收益率**

事实上,在大多数情况下,我们无法知道未来出现的情形和相应的概率,基于预测数据的期望收益率的刻画和计量相当困难。因此,普遍的看法是从历史数据中推断。

若我们处在稳定的经济环境中,且相信未来投资回报的分布是对过去投资回报的一种映射,那么基于历史数据来推断期望收益率不失为一种合理的做法。从统计学的角度来看,假如未来投资收益率与已实现投资收益率分布于同一个概率空间,并且是独立同分布的,那么可以用观察到的已实现投资收益率的样本(历史数据)均值,作为未来投资期望收益率的无偏估计量,即

**例 3-2**：假如分析人员坚信宏观经济将出现三种情况，即衰退、正常、繁荣，每种情况出现的概率相同。现有 A、B 两家公司，A 公司的期望收益情形与宏观经济情况基本一致，而 B 公司期望收益情形与宏观经济情况不太吻合。对两家公司的收益预测如表 3-4 所示。

表 3-4 A、B 公司收益预测

| 经济情况 | A 公司 | B 公司 |
| --- | --- | --- |
| 衰退 | −10% | 4% |
| 正常 | 20% | −10% |
| 繁荣 | 30% | 15% |

例 3-2 解析

根据式(3-8)，计算 A、B 两家公司的期望收益率。

$$\hat{E}(\tilde{r}_t) = \frac{\sum_{i=1}^{N} r_{t-i}}{N} \tag{3-9}$$

式中，$\hat{E}(\tilde{r}_t)$ 表示未来投资收益率 $\tilde{r}_t$ 期望值 $E(\tilde{r}_t)$ 的无偏估计量；$r_{t-i}$ 表示 $t$ 时刻之前第 $i$ 年已实现的投资收益率；$N$ 表示可以观察到历史数据的年份数。

承例 3-1，如果天创股票投资者投资期满后，对第 3 年的投资收益率进行预测，那么在现金股利未进行再投资策略下，第 1 年、第 2 年的算术平均收益率 14.02% 可以作为期望收益率的估计值。因为投资者获得的各年收益率与股票能够提供的各年收益率相差无几，并获得了统计上的支持（即满足独立同分布）。相比之下，几何平均收益率表示的仅仅是历史的、已经实现的、以复利计算为基础的年平均收益率，并不是历史投资收益率的样本均值。

**3. 期望收益率估计的局限性**

令人遗憾的是，基于历史收益率来推断期望收益率也存在较大的局限性。

第一，历史收益率可能偏离了过去投资者预期的收益率。以股票投资为例，在历史的长河中，受股灾、金融危机等重大负面事件的影响，股票投资者曾经损失惨重。虽然我们无法知晓过去投资者预期的收益率究竟是多少，但这显然与投资者当初的预期相悖。因此，历史收益率偏离过去投资者预期的收益率成了大概率事件。

第二，历史收益率均值存在估测误差。比如，受个股波动大、样本数据少等因素的影响，用股票平均历史收益率作为期望收益率的估计值，存在估测误差。这种估测误差使得我们无法非常准确地估计出期望收益率，充其量只能得到一个期望收益率的区间。

可见，历史收益率均值也不能作为期望收益率的可靠估计。那么，是否有更好的方法来导出期望收益率呢？幸运的是，马科维茨、夏普等金融学家做了开创性研究，在梳理出收益和风险关系的基础上，给出了更可靠的估计期望收益率的方式。下文，我们将分述之。

知识专栏 3-1：
要求收益率

## 二、风险及其度量

### （一）风险

"风险"（risk）是指未来状态或结果的不确定性，但不包括该不确定性（或风险）所造的后果。在进行投资时,我们该如何来认定目标项目是否存在风险呢?如果当下能够获知未来投资回报的确切金额,而且在未来获得该投资回报时没有任何的不确定因素,那么我们可以称该目标项目是无风险的投资项目。反之,如果当下只能获知未来投资回报的期望值,且在未来获得该投资回报时存在不确定因素,那么该目标项目便是一项有风险的投资项目。

(二)风险度量

风险有大有小,该如何刻画和度量呢?马科维茨为我们提供了风险度量的基本方法,一直沿用至今。

**1. 方差和标准差**

(1)基于预测数据的方差和标准差

在度量投资风险时,可依据投资收益率的最终可能实现值偏离期望值的程度来判断投资的风险大小。度量投资风险的方法有很多,方差和标准差是最常见的量度工具。

设未来的收益率为 $\tilde{r}$,其各种状态发生的概率为 $P_i$,则方差 $\sigma^2(\tilde{r})$ 与标准差 $\sigma(\tilde{r})$ 的计算公式分别是:

$$\mathrm{Var}(\tilde{r}) = \sigma^2(\tilde{r}) = E\{[\tilde{r} - E(\tilde{r})]^2\} = \sum_{i=1}^{N} P_i [r_i - E(\tilde{r})]^2 \quad (3-10)$$

$$\sigma(\tilde{r}) = \sqrt{\mathrm{Var}(\tilde{r})} \quad (3-11)$$

式(3-10)和式(3-11)中,$E(\tilde{r})$ 表示期望收益率;$r_i$ 表示第 $i$ 种资产可能实现的收益率;$\sigma^2(\tilde{r})$ 表示方差;$\sigma(\tilde{r})$ 表示标准差;$N$ 表示未来收益率可能出现的各种可能性的数量。

承例3-2,A、B两家公司的期望收益率分别是13.33%和3%,其未来可能实现的投资收益率都偏离了期望收益率,因此,收益率的方差分别为:

$$\sigma_A^2 = \frac{(-10\% - 13.33\%)^2 + (20\% - 13.33\%)^2 + (30\% - 13.33\%)^2}{3} = 0.0288$$

$$\sigma_B^2 = \frac{(4\% - 3\%)^2 + (-10\% - 3\%)^2 + (15\% - 3\%)^2}{3} = 0.01046$$

任何项目的方差 $\sigma^2(\tilde{r})$ 都只有两种可能性:如果 $\sigma^2(\tilde{r})$ 等于0,则表示项目未来所实现的投资收益率与期望收益率始终一致,不存在任何的不确定性,因而可以认为该目标项目是无风险的;如果 $\sigma^2(\tilde{r})$ 大于0,则表明项目未来投资收益率的实现值与期望值之间存在差异,有一定的偏离度,存在不确定性。$\sigma^2(\tilde{r})$ 越大,表明投资收益率的实现值的不确定性越大,投资的风险也就越大。

(2)基于历史数据的方差和标准差

值得注意的是,在投资决策中,我们不易观测到未来收益率的概率分布,因而很难据此计算期望收益率以及度量相应的风险(方差和标准差)。假如未来投资收益率与历史投资收益率(过去已实现的投资收益率)分布于同一个概率空间,并且是独立同分布的,那么我们可将观察到的历史投资收益率的样本均值作为未来投资收益率 $\tilde{r}$ 的无偏估计量,并用调整后的样本方差作为 $\tilde{r}$ 方差 $\sigma^2(\tilde{r})$ 的无偏估计量。式(3-10)可变换为:

$$\hat{\mathrm{Var}}(\tilde{r}) = \hat{\sigma}^2(\tilde{r}) = \frac{\sum_{i=1}^{N} [r_{N-i} - \hat{E}(\tilde{r})]^2}{N-1} \quad (3-12)$$

式中,$\hat{\sigma}^2(\tilde{r})$ 表示未来投资收益率 $\tilde{r}$ 方差 $\sigma^2(\tilde{r})$ 的无偏估计量;$\hat{E}(\tilde{r})$ 表示未来投资收益率 $\tilde{r}$ 期望值的估计;$r_{N-i}$ 表示当前时刻之前第 $i$ 年的已实现的收益率;$N$ 表示可以观察到的历史数据的年份数。如果为全样本,则用 $N$ 替代式(3-12)中的分母($N-1$)。

**2. 协方差和相关系数**

协方差(covariance)是度量一种资产(比如证券)收益和另一种资产(比如证券)收益之间相互关系的指标,其公式为:

$$\sigma_{ij} = \sum_{t=1}^{n}(\tilde{r}_i - \bar{r}_i)(\tilde{r}_j - \bar{r}_j)P_t \quad (3-13)$$

式中,$\tilde{r}_i$ 和 $\tilde{r}_j$ 分别表示 $i$ 种和 $j$ 种资产的未来收益率;$\bar{r}_i$ 和 $\bar{r}_j$ 分别表示 $i$ 种和 $j$ 种资产的期望收益率;$P_t$ 表示各种状态的概率。

协方差是衡量两种资产收益一起变动程度的统计量。正值协方差表明,平均而言,两个变量朝同一方向变动,负值协方差则表明两个变量朝相反方向变动,零协方差表明两个变量不一起变动。资产(比如证券)收益率间的协方差使投资组合的方差计算变得复杂。

承例 3-2,A、B 两家公司期望收益率之间的协方差 $\sigma_{AB}$ 为:

$$\frac{(-10\% - 13.33\%) \times (4\% - 3\%) + (20\% - 13.33\%) \times (-10\% - 3\%) + (30\% - 13.33\%) \times (15\% - 3\%)}{3}$$
$$= 0.003$$

相关系数(correlation)表示两种资产收益率的相关性,可用公式表示为:

$$\rho_{ij} = \frac{\sigma_{ij}}{\sigma_i \times \sigma_j} \quad (3-14)$$

式中,$\sigma_{ij}$ 表示 $i$ 种和 $j$ 种资产的协方差;$\sigma_i$ 表示 $i$ 种资产的标准差;$\sigma_j$ 表示 $j$ 种资产的标准差;$\rho_{ij}$ 为 $i$ 种资产与 $j$ 种资产间的相关系数。$\rho_{ij}=1$,表示两种资产收益率之间呈现出完全正相关的变动关系;$\rho_{ij}=-1$,表示两种资产收益率之间呈现出完全负相关的变动关系;$\rho_{ij}=0$,表示两种资产收益率不相关。

承例 3-2,A、B 两家公司期望收益率之间的相关系数为:

$$\rho_{AB} = \frac{0.003}{0.1697 \times 0.1023} = 17.3\%$$

**概念自查 3-1:**
1. 如何计算股票的期望收益率?
2. 我们有沪深 300 指数的历史回报率数据,但仍无法非常准确地估计出沪深 300 指数的期望收益率。主要原因是什么?
3. 度量风险的常用指标有哪些?它们之间有何关联?

## 第二节 投资组合理论

绝大部分资产和投资项目的风险介于无风险和市场平均风险之间,或在市场平均风险之上。因此,我们在估计这些资产或投资项目的贴现率之前,应该重点了解风险与要求的风险溢酬之间的关系。20 世纪 50 年代,马科维茨提出了投资组合理论,解释了这一关系。本节将介绍投资组合理论中的期望收益率和风险、有效集以及资本市场线。

### 一、投资组合的收益率与风险

资产投资组合理论建立在完美市场假说(perfect market assumptions)的基础之上,该假说的主要内容为:第一,市场是无摩擦的,即无税、无交易成本等;第二,投资者是理性的;第三,平等的市场准入价格;第四,平等的获得免费信息机会,即信息对称。

当投资者的投资目标是多个或一组金融资产时,表示投资者在进行组合投资,投资者此时所拥有的金融资产称为投资组合(portfolio)。由于风险是有害的,投资者厌恶风险。因此,在期望收益率一定的情况下,投资者偏好风险最低的投资组合;或者在风险一定的情况下,偏好期望收益率最大的投资组合。那么,资产投资组合的收益和风险又该如何度量呢?

设有一个由 $n$ 种资产构成的投资组合,其中在第 $i$ 种金融资产上的投资额占总投资额的权重为 $\omega_i$,每种金融资产的期望收益率、方差以及协方差见表3-5和表3-6,则该投资组合的收益率 $\tilde{r}_P$ 为:

$$\tilde{r}_P = \omega_1 \tilde{r}_1 + \omega_2 \tilde{r}_2 + \cdots + \omega_n \tilde{r}_n = \sum_{i=1}^{n} \omega_i \tilde{r}_i \tag{3-15}$$

该投资组合的期望收益率 $\bar{r}_P$ 为:

$$\bar{r}_P = E(\tilde{r}) = \omega_1 \bar{r}_1 + \omega_2 \bar{r}_2 + \cdots + \omega_n \bar{r}_n = \sum_{i=1}^{n} \omega_i \bar{r}_i \tag{3-16}$$

由式(3-15)和式(3-16)可知,投资组合的期望收益率等于组合中各资产期望收益率的加权平均值。

表3-5 投资组合中各资产的期望收益率和投资权重

| 金融资产:$i$ | 1 | 2 | $\cdots$ | $n$ |
|---|---|---|---|---|
| 期望收益率:$E(\tilde{r}_i) = \bar{r}_i$ | $\bar{r}_1$ | $\bar{r}_2$ | $\cdots$ | $\bar{r}_n$ |
| 投资权重:$\sum_{i=1}^{n} \omega_i = 1$ | $\omega_1$ | $\omega_2$ | $\cdots$ | $\omega_n$ |

该投资组合的方差为:

$$\sigma_P^2 = \text{Var}(\tilde{r}) = \sum_{i=1}^{n} \sum_{j=1}^{n} \omega_i \omega_j \sigma_{ij} \tag{3-17}$$

该投资组合的标准差为:

$$\sigma_P = \sqrt{\text{Var}(\tilde{r})} \tag{3-18}$$

表3-6 投资组合中各资产的方差及协方差

| | $\tilde{r}_1$ | $\tilde{r}_2$ | $\cdots$ | $\tilde{r}_n$ |
|---|---|---|---|---|
| $\tilde{r}_1$ | $\sigma_1^2$ | $\sigma_{12}$ | $\cdots$ | $\sigma_{1n}$ |
| $\tilde{r}_2$ | $\sigma_{21}$ | $\sigma_2^2$ | $\cdots$ | $\sigma_{2n}$ |
| $\vdots$ | $\vdots$ | $\vdots$ | $\vdots$ | $\vdots$ |
| $\tilde{r}_n$ | $\sigma_{n1}$ | $\sigma_{n2}$ | $\cdots$ | $\sigma_n^2$ |

根据式(3-17),我们可以得到相关的矩阵(见表3-7),表3-7可以更直观地表明在投资组合中,各资产的方差及协方差在整个组合方差中所占的比例。

表3-7 投资组合的方差组合

| | $\omega_1 \tilde{r}_1$ | $\omega_2 \tilde{r}_2$ | $\cdots$ | $\omega_n \tilde{r}_n$ |
|---|---|---|---|---|
| $\omega_1 \tilde{r}_1$ | $\omega_1^2 \sigma_1^2$ | $\omega_1 \omega_2 \sigma_{12}$ | $\cdots$ | $\omega_1 \omega_n \sigma_{1n}$ |
| $\omega_2 \tilde{r}_2$ | $\omega_2 \omega_1 \sigma_{21}$ | $\omega_2^2 \sigma_2^2$ | $\cdots$ | $\omega_2 \omega_n \sigma_{2n}$ |
| $\vdots$ | $\vdots$ | $\vdots$ | | $\vdots$ |
| $\omega_n \tilde{r}_n$ | $\omega_n \omega_1 \sigma_{n1}$ | $\omega_n \omega_2 \sigma_{n2}$ | $\cdots$ | $\omega_n^2 \sigma_n^2$ |

由以上矩阵可知,与投资组合的期望收益率不同,投资组合的方差和标准差并非等于组合中各资产的方差和标准差的加权平均值。如果投资组合的方差或标准差分别小于加权平均值,那么组合就产生了分散风险的效应,这正是构建投资组合的初衷。

## 二、投资组合的有效集

在组合投资时,将所有可供选择的金融资产均视为投资对象,并将投资金额合理地分配在各个可供选择的金融资产上,目标是获得一个最优的投资组合(optimal portfolio)。那么,如何构建有效的投资组合呢?

我们首先运用期望收益-方差分析法(mean-variance analysis)评价投资组合,确定投资组合的可行集(是指所有可能的资产组合)。然后,根据资产选择原则在可行集中确定有效集(是指所有有效的资产组合),即选择那些在期望收益率一定时标准差(风险)最小的投资组合,或者选择在标准差(风险)一定时期望收益率最大的投资组合。

### (一) 两种资产组合的有效集

设一投资组合仅包括两种金融资产 $x$ 和 $y$,它们的期望收益率、方差、协方差和投资比例等相关信息见表3-8。

表3-8 金融资产 $x$ 和 $y$ 的相关信息

| | 期望收益率 | 方差 | 协方差 | 投资比例:$\omega_x+\omega_y=1$ |
|---|---|---|---|---|
| 金融资产 $x$:$\tilde{r}_x$ | $\bar{r}_x$ | $\sigma_x^2$ | $\sigma_{xy}$ | $\omega_x=\omega$ |
| 金融资产 $y$:$\tilde{r}_y$ | $\bar{r}_y$ | $\sigma_y^2$ | $\sigma_{yx}$ | $\omega_y=1-\omega$ |

根据式(3-16)和式(3-17),该投资组合的期望收益率和方差为:

$$\bar{r} = \omega \bar{r}_x + (1-\omega)\bar{r}_y \tag{3-19}$$

$$\sigma_P^2 = \omega^2 \sigma_x^2 + (1-\omega)^2 \sigma_y^2 + 2\omega(1-\omega)\sigma_{xy} \tag{3-20}$$

在由两种资产构成的组合下,期望收益率和标准差之间的关系见图3-1。点1至点2间的弧线表示组合投资的可行集(不考虑卖空时的组合),也就是说投资者投资于资产 $x$ 和 $y$ 所构成的所有各种可能的组合。弧线上的点表示投资者按某一比例投资于资产 $x$ 和 $y$ 所形成的特定组合。观察图3-1,我们可以做以下几种解读:

第一,不同投资组合的收益和风险是不同的。弧线上有1、2和MV三个点,点1表示投资者将资金全部投资于资产 $x$,点2表示投资者将资金全部投资于资产 $y$,点MV代表具有最小方差的投资组合,该组合也具有最小标准差。点1表示对资产 $x$ 进行了100%的投资,随着对资产 $y$ 投资比例的增加,投资组合在可行集上的位置会越来越处于高位,最高位是点2,表示对资产 $y$ 进行了100%的投资。显然,由于点2的位置高于点1,因此,与资产 $x$ 相比,资产 $y$ 的期望收益率和方差都较大。

第二,投资组合的风险与相关系数大小有关。当两种资产之间的相关系数介于+1和-1之间时,可行集是一条处于 $C$、1、2三个点组成的三角形区域内的弧线,随着相关系数的降低,该弧线越发向左弯曲,弧度(curvature)变小,组合风险的降低程度变得更大。当两种资产完全正相关,即 $\rho=1$ 时,此时的可行集是经过点1($\bar{r}_x$,$\sigma_x$)和点2($\bar{r}_y$,$\sigma_y$)的一条直线,组合的标准差等于两种资产标准差的加权平均标准差,表示组合不具有风险分散效应;

当两种资产完全负相关,即 $\rho=-1$ 时,可以在特定的投资比例下,两条线相交于纵轴 $C$ 点,构造出一个无风险的投资组合。此时,投资者持有不承担风险的投资组合变成现实。总之,只要两种资产的相关系数小于1,组合的标准差就小于两种资产各自的标准差的加权平均数。这种风险分散效应正是投资组合所要追求的。

第三,投资组合有无效和有效投资组合之分。点 MV 将整条弧线(可行集)分成两段,对于寻求高收益和低风险的投资者而言,点 MV 至点 2 之间的弧线被称为有效投资组合的集合(简称有效集)。在不考虑投资者风险承受能力的情况下,点 MV 至点 2 之间的这段弧线上的任意组合都能够使投资者在既定风险下实现期望收益率最大化。点 1 至点 MV(不包括点 MV)之间的"弓形曲线"上的任意组合未达到最优,是无效投资组合。对比 MV 最小方差组合,点 1 至点 MV(不包括点 MV)之间"弓形曲线"上的任意组合,其期望收益率较低,但标准差较高。因此,投资者只考虑点 MV(最小方差组合)至点 2 之间的弧线上的投资组合,点 MV 至点 2 之间的这段弧线被视为有效集。

第四,投资者基于自身对收益和风险的偏好选择投资组合。我们有能力识别并排除无效投资组合,但几乎无法对有效投资组合的优劣进行排序。极端保守型投资者可能只偏好标准差最小的有效投资组合,而极端风险型投资者则青睐标准差最大、期望收益率更高的有效投资组合。因此,投资者是根据其偏好来选择有效投资组合的,我们难以分出高下。

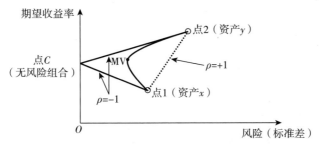

**图 3-1 不同相关系数下两种金融资产的可行集**

### (二) 多种资产组合的有效集

在现实生活中,人们投资的金融资产(比如股票)往往不止两种。当 $n$ 种资产构成投资组合时,所有可能的组合构成了一个形状像破鸡蛋壳的区域(见图 3-2)。也即是说,此时组合的可行集不是一条弧线,而是一块区域(不考虑卖空时的组合)。投资组合中的资产个数越多,可行集的区域越大。

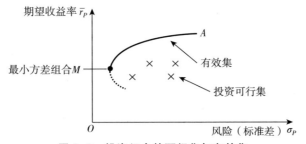

**图 3-2 投资组合的可行集与有效集**

构造最优投资组合的原则是,在组合的期望收益率既定的条件下,如何在 $n$ 种资产上进行资金配置,以寻找到一个最佳的投资权重 $\{\omega_1,\cdots,\omega_n\}$,使该组合在既定的收益下承受最小的风险,或在既定的风险下收益最大,其目标函数为:

$$\sigma_P^2 = \sum_{i=1}^{n} \sum_{j=1}^{n} \omega_i \omega_j \sigma_{ij} \to \min \quad (3-21)$$

约束条件是：

$$\sum_{i=1}^{n} \omega_i = 1 \quad (3-22)$$

$$\sum \omega_i \bar{r}_i = \bar{r}_p \quad (3-23)$$

观察图 3-2，我们可以解读出如下信息：

第一，多种资产组合的可行集由一个区域构成。该区域是投资者投资于 $n$ 种资产所形成的各种可能的投资组合。区域内的点表示投资者按某一比例投资于 $n$ 种资产所形成的特定组合。

第二，多种资产组合的有效集是位于区域上方从点 $M$ 至点 $A$ 的边缘或边界（图 3-2 中的黑色实心弧线）。如果不考虑投资者的风险承受能力，则在这条边界上，投资者可以寻找到在一定风险下，获得最大投资期望收益率的投资组合。而任何位于点 $M$ 至点 $A$ 的边缘或边界下方的点，其期望收益率都小于有效集上的点，而标准差却相等。图中 $M$ 点被称作最小方差组合（minimum variance portfolio）。

第三，有效集会随组合中资产个数的增加而得以改善。随着组合中资产个数的增加，组合可行集的区域会扩大，组合的边界将向左侧扩展，由此形成一条更靠左上方的有效集。改善后的有效集能够为投资者带来更优的投资组合。

## 三、分散化投资组合和风险

### （一）多种资产组合投资的分散化效应

根据式（3-21），多种资产组合方差取决于每种资产的方差和资产之间的协方差。如果投资组合由 3 种资产组成，根据组合方差矩阵计算表，那么就有 3 个方差和 6 个协方差。如果投资组合由 100 种资产组成，那么就有 100 个方差和 9 900 个协方差。因此，如果投资组合由 $N$ 种资产组成，那么就有 $N$ 个方差和 $N(N-1)$ 个协方差。

为了便于讨论多种资产组合投资的分散化效应，假设投资组合由 $N$ 种资产组成，组合中所有的资产具有相同的方差（$\overline{\mathrm{Var}}$），所有的协方差都相同（$\overline{\mathrm{Cov}}$），每种资产具有相同的投资比重（$1/N$）。投资组合的方差为：

$$\begin{aligned}\sigma_P^2 &= N(1/N^2)\overline{\mathrm{Var}} + N(N-1)(1/N^2)\overline{\mathrm{Cov}} \\ &= (1/N)\overline{\mathrm{Var}} + [1-(1/N)]\overline{\mathrm{Cov}}\end{aligned} \quad (3-24)$$

当 $N$ 趋于无穷大时，组合中各种资产平均方差的权重（$1/N$）趋向于零，而组合中各对资产平均协方差的权重趋向于 1。因此，在投资组合中，随着 $N$ 的增加，投资组合的方差渐渐逼近平均协方差，投资组合的方差事实上成为组合中各对资产的平均协方差。但是，金融资产的涨跌往往是同方向的，平均协方差不可能为零，而是以正数出现。因此，市场风险就是投资组合的平均协方差，经过分散化的作用，平均协方差构成了市场风险（即剩余风险或系统性风险）的基础。

### （二）投资组合风险分散化的局限性

投资组合的分散化效应是降低投资风险，即降低整个投资组合的风险（方差）。投资组合中选取的资产数量越多,意味着分散化投资程度越大,投资组合风险降低的程度也就越大。但是,投资组合的风险分散化有其局限性,投资组合不能分散或化解所有的风险。那么,投资组合无法分散何种风险呢?

投资风险包括系统风险(systematic risk)和非系统风险(unsystematic risk)。非系统风险是指可以经分散化投资消除的风险(diversifiable risk)。这类风险与公司自身的经营特性紧密相关,取决于投资者对公司特定事项(如罢工等)所做出的反应。分散化投资可以使这些风险相互抵消,直至消除(见图3-3)。

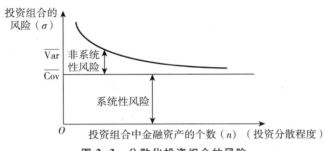

**图 3-3 分散化投资组合的风险**

系统风险也称市场风险(market risk)。此类风险是由整个经济系统或市场的综合因素决定的,比如经济周期、宏观经济政策等宏观经济因素,它们产生的风险会波及所有企业的经营,形成系统风险。因此,系统风险是指分散化无法消除的风险,投资者无法通过分散化投资来消除由这些综合因素带来的风险。

事实上,在投资组合中,由于各对资产的平均协方差不可能为零。因此,无论采取怎样的分散化投资策略,也不可能将投资组合的风险降为零,组合风险在降低到一定程度后就渐进地趋于平均协方差(见图3-3)。

投资组合分散化策略只能规避掉由单个金融资产价格剧烈波动所形成的风险。但是,由于市场风险是无法通过分散化而消除的,因此,经济整体的走低还是会使投资组合蒙受相应的风险。

人物专栏 3-1:
哈里·马科维茨
(Harry Markowitz)

### 四、资本市场线

**(一)无风险"借和贷"对组合有效集的影响**

上文在介绍马科维茨的资产组合时,所涉及的资产都是风险资产,投资组合也是由风险资产构成的。20世纪60年代,夏普首先发现,如果投资者可以按照某一种无风险利率借入或贷出资金(即无风险"借和贷"),那么投资者就有可能将一部分资金投资于无风险资产(如国库券),而将另一部分资金投资于由普通股构成的投资组合;也可以借入无风险资金,连同原有的资金一起投资于由普通股构成的投资组合。因此,无风险"借和贷"拓宽了投资组合的可能范围。那么,引入无风险"借和贷"究竟会对马科维茨的有效集产生什么样的影响呢?

当市场上同时存在风险资产和无风险资产时,投资者的有效集将会发生变化。为便于理解,我们可以将这样的投资组合看作由两项资产构成:一是无风险资产,二是由 $n$ 种风险资产构成的风险资产组合。由于无风险资产的名义回报率是确定的($\sigma_F=0$),因此无风险资产与马科维茨资产组合可行集中的任何一种或一组风险资产 $A$ 的协方差或相关系数均为零($\sigma_{F,A} = \rho_{F,A} = 0$)。

可见,由无风险资产和任何一种或一组风险资产 $A$ 构成的一个投资组合的标准差为 $\sigma_P = \sqrt{[x_A \sigma_A]^2} = x_A \sigma_A$,该组合标准差与风险资产 $A$ 的投资百分比呈线性关系,于是形成了新的可行集,即通过无风险资产所在的点 $F$ 向马科维茨可行集所做的射线(见图3-4)。事实上,这样的射线(可行集)有无数条,但是,有效集只有一条。

观察图3-4,如果从无风险资产所在的点 $F$ 出发,向马科维茨风险资产组合的可行集区域作切线。我们可以得到切点 $T$,其对应的风险资产组合称为切点组合 $T$(tangent portfolio $T$)。每个投资者都应该投资切点组合,而与其风险偏好无关。投资者偏好只影响他们在无风险资产和切点组合之间的资金配置比例,比如保守型投资者投资切点组合的比例低些。因此,当市场上存在无风险资产时,投资组合的有效集便是由无风险资产和风险资产组合中的切点组合 $T$ 构成的。

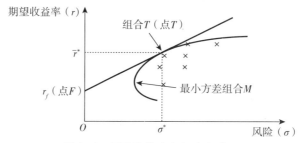

图3-4 无风险资产与切点组合 $T$

若没有卖空机制,则有效集为 $FT$ 两点之间的直线段。也就是说,由无风险资产和风险资产组合构造的投资组合,其有效集为连接无风险资产 $(0, r_f)$ 和风险资产组合 $(\sigma^*, \bar{r}^*)$ 的一条直线段。若存在卖空机制,投资者按照无风险利率借入资金,连同原有的资金一起投资于风险切点组合 $T$,那么有效集还应该包括 $FT$ 直线段的向上延伸段。在这个有效集上,投资者根据各自的期望效用,可通过调整无风险资产和风险资产组合(切点组合 $T$)的投资比例,将风险控制在一定水平上,并获得最高的期望收益率。

例3-3解析

**例3-3**:设风险资产组合 $T$ 的期望收益率为10%,标准差为16%,无风险资产的期望收益率为3%。

(1)若投资者拥有10万元现金,在风险资产组合 $T$ 和无风险资产间各投入50%,那么新组合的期望收益率和标准差分别怎样计算?

(2)若投资者借入10万元无风险资金,连同其自有资金一起投资于风险资产组合 $T$,那么新组合的期望收益率和标准差分别怎样计算?

显然,该投资组合落在直线 $FT$ 的延伸段上,其期望收益率和标准差均高于切点组合 $T$ 的期望收益率和标准差。

切点组合 $T$ 必然是最优风险资产组合(best efficient portfolio),那么我们为什么没有理由去持有其他的风险资产组合呢?夏普认为,根据"共同期望"假设,在信息对称条件下,投资者不比竞争对手掌握更多的信息,任何奇思妙想都不可能由投资者独享。因此,在信息对称情形下,投资者没有理由与其他投资者持有不同的风险投资组合。

## （二）投资组合与市场组合的关系

如果市场上所有的投资者均有着"共同期望"，每个投资者都面对相同的投资有效集，即均按照切点组合 $T$ 中风险资产的投资比例投资于各种风险资产，那么切点组合 $T$ 将不再被视为一个简单的风险资产组合，而是被称为市场组合（market portfolio），标准普尔500、沪深300等就是市场组合的近似。每个投资者都该投资市场组合，而与其风险偏好无关。市场组合的期望收益和风险的关系为：

$$\bar{r}_P = r_f + \frac{\sigma_P}{\sigma_M}(\bar{r}_M - r_f) \tag{3-25}$$

式（3-25）[①]中，$\bar{r}_M$ 表示市场组合的期望收益率；$\sigma_M$ 表示市场组合的标准差；$\sigma_P$ 表示投资组合的标准差；$(\bar{r}_M - r_f)/\sigma_M$ 表示斜率。

式（3-25）所表示的直线被称为资本市场线（capital market line）。观察图3-5，它表示当市场上存在无风险资产，市场达到均衡后，投资者最优的投资组合（同时含有无风险资产与风险资产）与市场组合在期望收益率和风险上所存在的联系。

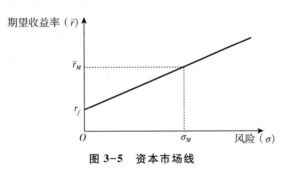

**图 3-5 资本市场线**

当投资者的投资组合位于资本市场线上方时，表明市场上存在套利的机会，市场没有实现最优的资源配置，此时的市场价格关系是无法维持下去的。而当投资者的投资组合位于资本市场线下方时，表明此时投资者的投资组合没有实现最优化，投资者可以继续买卖以建立更优的投资组合。只有当投资者的投资组合位于资本市场线上时，投资者才能实现最优化投资，同时市场也达到均衡。

**概念自查 3-2：**

1. 如何计算投资组合的回报率？
2. 投资组合的标准差和组合中资产的加权平均标准差相比有何不一样？
3. 若一个投资组合由两只股票组成，则两只股票的相关系数是怎样影响组合的风险和收益的？
4. 在运用更多股票构建投资组合时，有效集会发生怎样的改变？
5. 为什么股票的风险溢酬仅由其市场风险（系统风险）决定？

---

① 无风险资产和市场组合 $M$ 构成的新组合的期望收益率为：

$$\bar{r}_P = \omega r_f + (1-\omega)\bar{r}_M$$

当 $\omega>0$ 时，表示投资者将初始资金一部分以无风险利率借出，另一部分投资于市场组合 $M$；当 $\omega<0$ 时，表示投资者将以无风险利率借入资金，与初始资金一起投资于市场组合 $M$；当 $\omega=0$ 时，表示投资者将全部资金投资于市场组合 $M$。

新组合的方差为：

$$\sigma_P^2 = \omega^2 \sigma_f^2 + (1-\omega)^2 \sigma_M^2 + 2\omega(1-\omega)\rho\sigma_f\sigma_M$$

鉴于无风险资产方差为零，无风险资产与市场组合 M 的相关系数为零，新组合的方差为 $\sigma_P^2 = (1-\omega)^2\sigma_M^2$，标准差为 $\sigma_P = (1-\omega)\sigma_M$。

将新组合标准差变化后得：

$$\omega = 1 - \frac{\sigma_P}{\sigma_M}$$

将上式代入新组合期望收益率公式后，即可得到资本市场线。

## 第三节 资本资产定价模型

威廉·夏普(William Sharpe)、约翰·林特纳(John Lintner)和杰克·特雷诺(Jack Treynor)等金融经济学家在投资组合理论基础之上创建了资本资产定价模型(capital asset pricing model, CAPM)。CAPM模型为更可靠地估计期望收益率(贴现率)提供了可能。

### 一、单个金融资产的期望收益率

#### (一) 风险分散的局限性和单个金融资产(证券)的风险

在马科维茨投资组合风险分散的论述中,我们认识到了分散化的效应,也体会过分散化的局限性。组合中的资产数量越多,分散化效果越好,直至将组合中的非系统风险消除,仅留下系统(市场)风险。它给我们的启示是:投资者的任何投资都可视为一种组合投资,当某种金融资产(证券)和其他金融资产(证券)构成组合时,该资产的不确定性会部分地得到分散。因此,投资者不再关心该资产收益的方差,他感兴趣的是组合中该资产对组合方差的贡献和作用,或对组合变化的敏感度。

因此,孤立地考察投资组合中单一金融资产的风险是没有意义的,而应该用组合的风险来度量单一金融资产对组合变化的敏感度,这种敏感度就是$\beta$值或$\beta$系数。事实上,$\beta$系数最好地度量了一种金融资产的风险对投资组合风险的作用。

#### (二) $\beta$系数

**1. $\beta$系数的度量**

设A金融资产和其所在投资组合的收益率分别为$\tilde{y}$和$\tilde{x}$,为了分析它们之间的关系,我们可以做线性回归分析,记:

$$\tilde{y} = a + \beta_{yx} \tilde{x} + \tilde{\varepsilon} \tag{3-26}$$

式中,$a$为常数项,表示A资产的收益率$\tilde{y}$中固定收益的部分;$\beta_{yx}$为回归系数,表示投资组合收益率$\tilde{x}$对A资产收益率$\tilde{y}$的影响程度。$\beta_{yx}$的公式为:

$$\beta_{yx} = \frac{\text{Cov}[\tilde{y}, \tilde{x}]}{\text{Var}[\tilde{x}]} = \frac{\sigma_{yx}}{\sigma_x^2} \tag{3-27}$$

式中,$\beta_{yx}$不仅可以明确$\tilde{y}$的期望收益率($\bar{y}$)与$\tilde{x}$的期望收益率($\bar{x}$)之间的关系,也可以表示组合的期望收益率$\bar{x}$和A资产的期望收益率$\bar{y}$的协方差,表明A资产收益率$\tilde{y}$中与组合收益率$\tilde{x}$风险相关的部分占组合收益率$\tilde{x}$风险的比重。

如果我们将组合扩展至市场组合,组合中单一金融资产相对于市场组合的$\beta$值也可以按此路径予以确认,即在计算单一金融资产与市场组合的协方差、市场组合方差以后,确认单一金融资产相对于市场组合的$\beta$值。市场组合中第$i$种金融资产的贝塔值为:

$$\beta_i = \frac{\sigma_{iM}}{\sigma_M^2} \tag{3-28}$$

式中,$\sigma_{iM}$表示第$i$种金融资产与市场组合的协方差;$\sigma_M^2$表示市场组合方差。

**例 3-4**：设证券甲和证券乙构成一个投资组合，投资者对证券甲和证券乙的投资比例分别为 65% 和 35%，证券甲和证券乙的期望收益率分别为 10% 和 20%，标准差分别为 31.5% 和 58.5%，两种证券的相关系数为 0.2。

（1）根据式（3-21），计算该投资组合的方差。

（2）又假如证券甲与组合的协方差和证券乙与组合的协方差分别为 7.74% 和 14.373%，则证券甲、乙相对于组合的 $\beta$ 值是多少？其含义如何解释？

例 3-4 解析

**2. $\beta$ 系数的解读**

如果某单项金融资产的 $\beta$ 值介于 0 和 1 之间，则说明该资产的风险小于市场组合风险；如果某单项金融资产的 $\beta$ 值大于 1，则说明该资产的风险大于市场组合风险。

---

**小案例 3-1：分散化的甄别**

甲公司股票的年标准差为 44%，$\beta$ 值为 0.11，乙公司股票的年标准差为 30%，$\beta$ 值为 0.71。试说明为什么对一个分散化的投资者来说，甲公司是一项更安全的投资。

---

在众多资产中，国库券和市场组合是两种特殊的资产或资产组合。国库券是风险最低的资产，国库券的收益固定，不受市场事件影响，其与市场组合的协方差为零，因此，国库券的 $\beta$ 值为零。由于市场组合与自身的协方差就是方差，因此，市场组合的 $\beta$ 值为 1。市场组合的 $\beta$ 值与组合中各种金融资产 $\beta$ 值的平均值相等。

可见，投资者对市场组合的期望收益率（$\bar{r}_M$）会远高于对国库券的期望收益率（$r_f$）。市场收益率和国库券利率之间的差额就是市场风险溢酬，由于国库券的 $\beta$ 系数为零，其风险溢酬为零，因此，无风险资产的期望收益率就等于 $r_f$。而市场组合的 $\beta$ 系数为 1，其风险溢酬为（$\bar{r}_M - r_f$），因此，市场组合的期望收益率等于无风险资产的期望收益率（$r_f$）和风险溢酬（$\bar{r}_M - r_f$）之和。

如果某单项金融资产的 $\beta$ 值介于 0 和 1 之间或大于 1，那么该资产的期望风险溢酬以及期望收益率又该如何刻画呢？

**（三）单个金融资产的期望收益率和风险的关系**

20 世纪 60 年代，夏普等金融经济学家用 CAPM 模型为上面的问题提供了答案。根据 CAPM 模型假设（见下文），可以得到两个重要结论：

第一，任何选择风险资产的投资者都将会持有市场组合（即市场组合为有效投资组合）。在既定风险下，位于资本市场线（见图 3-5）上的组合具有最高的期望收益率，资本市场线上的组合由市场组合和无风险资产构成。

第二，任何资产的风险溢酬与其相对市场组合的 $\beta$ 值成比例。若某资产的 $\beta$ 值（$\beta_i$）已知，那么其风险溢酬就是该资产 $\beta$ 值与市场组合风险溢酬之积，即 $\beta_i(\bar{r}_M - r_f)$。

在市场均衡条件下，单个风险金融资产与市场组合在期望收益率和风险上存在以下关系：

$$\bar{r}_i = r_f + \beta_i(\bar{r}_M - r_f) \tag{3-29}$$

式中，$\beta_i$ 表示风险金融资产（证券）$i$ 的 $\beta$ 系数；$\bar{r}_i$ 表示风险金融资产（证券）$i$ 的期望收益率；$\bar{r}_M$ 表示市场组合 $M$ 的期望收益率；$r_f$ 表示无风险资产的收益率。

式(3-29)被称为 CAPM 模型，上文提及的无风险资产（$\beta$ 值为零）和市场组合（$\beta$ 值为 1）的期望收益率是 CAPM 模型的两个特例。

式(3-29)证明

值得注意的是，CAPM 模型有 5 个假设条件：

第一，假设投资者厌恶风险。

第二，假设投资者可以按照无风险利率借入或贷出资金，可以按照竞争性价格（无税和无交易成本）买卖证券。

第三，假设共同期望，即假设信息对称。若信息对称，投资者都可以使用可公开获得的信息来源，那么他们的估计具有相似性或一致性，即投资者对证券的标准差、相关系数、期望收益率和市场组合具有同质预期。

第四，假设用 $\beta$ 值描述单个金融资产对投资组合价值变化的敏感度。鉴于组合具有风险分散化效应，单个金融资产的系统风险根据其收益率与市场组合收益率的共同变化情况来计量。

第五，假设投资者只持有可交易证券的有效投资组合。在既定的风险下，投资组合可产生最大的期望收益率。

根据式(3-29)，如果某金融资产（证券）的 $\beta$ 值为 0.3，则该资产（证券）的期望风险溢酬等于市场组合期望风险溢酬的 30%；如果某金融资产（证券）的 $\beta$ 值为 2，则该资产（证券）的期望风险溢酬将是市场组合期望风险溢酬的 200%。此外，我们还可以就以下几种特殊情况进行解释。

第一，$\beta$ 系数为 0 的情形。如果某风险金融资产的 $\beta$ 系数为 0，则表明该资产不存在系统风险，而完全是由非系统风险组成的，这类风险可以通过分散化投资予以消除。因此，投资者在投资该风险金融资产时，可将其视为无风险资产（比如国库券），所要求的收益率仅仅为无风险收益率 $r_f$。

第二，$\beta$ 系数等于 1 的情形。如果某风险金融资产的 $\beta$ 系数等于 1，则表明在该风险资产的总风险中，系统风险与市场组合风险在度量上完全相等，投资者投资该风险资产时所要求的风险溢酬与投资市场组合时所要求的风险溢酬是相同的。

第三，$\beta$ 系数小于 0 的情形。如果某风险金融资产的 $\beta$ 系数小于 0，则表明在该风险资产的总风险中，相应的系统风险与市场组合风险呈反向的变化关系。当市场收益好（经济强劲）时，该风险资产的收益较差；而当市场收益差（经济衰退）时，该风险资产的收益又会较好。由于 $\beta$ 系数是负值，因此投资者投资该风险资产时所要求的风险溢酬是一个负值，此类金融资产的期望收益率低于无风险利率。值得注意的是，投资者不会仅持有期望收益率低于无风险利率的资产，而是将它和其他 $\beta$ 系数大于 0 的资产进行组合，构建一个充分分散风险的投资组合。也就是说，投资者以持有负 $\beta$ 系数的资产为代价，为投资组合提供一份"保险"，来对冲掉经济衰退时的负面影响。

> **小案例 3-2：如何对待 $\beta$ 值？**
>
> 一名大四学生将暑期勤工俭学所得 1 万元，投资在一个有效分散风险的投资组合上。不久前，他又喜获 1 万元奖学金，准备继续投资。下列哪项措施将使该同学的投资组合产生最安全的收益？
>
> （1）将 1 万元投资在国库券上（$\beta=0$）。
> （2）将 1 万元投资在 $\beta=1$ 的股票上。
> （3）将 1 万元投资在 $\beta=-0.25$ 的股票上。

## 二、证券市场线

由 CAPM 模型可知，在市场均衡状态下，风险资产（也可以是风险资产的组合）与市场组合在期望收益率和风险（系统风险或 $\beta$ 系数）上存在关系。该关系可以用图 3-6 中的证券市场线（security market line）来描述。

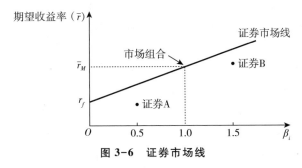

图 3-6 证券市场线

在证券市场线的坐标平面中，用风险资产 $i$ 的 $\beta$ 系数 $\beta_i$ 表示投资的风险。由于 $\beta_i$ 表明了风险资产 $i$ 的风险中与市场组合风险 $\sigma_M$（市场风险）相关的部分占市场风险的比重，或者是以市场组合风险 $\sigma_M$（市场风险）为基准衡量单位，测算出的风险资产 $i$ 具有的系统风险。因此，$\beta_i$ 越大，表明在风险资产 $i$ 的总风险中系统风险越大，投资者所要求的风险溢酬越高。

在一个完善的市场中，资产被正确定价，因此任何金融投资的预期净现值都为零，实现无套利均衡。这意味着所有投资都将位于这条证券市场线上。那么，投资者是否愿意投资证券市场线下方的证券 A 和 B 呢（见图 3-6）？答案是都不会。首先，有比购买证券 A 更好的投资。投资者可以将资金按 5∶5 分别投资于无风险资产和市场组合，为此，在风险（$\beta$ 值为 0.5）一定的情况下，可以得到更高的期望收益。其次，也有比购买证券 B 更好的投资。投资者可以按自有资金的 1/2 借入资金，连同自己原有的资金，全部投资于市场组合，这样就能在风险（$\beta$ 值为 1.5）一定的情况下，得到更高的期望收益。因此，如果投资者购买位于证券市场线下方的证券，就意味着他们持有的证券的期望风险溢酬低于 $\beta_i(\bar{r}_M-r_f)$，是一项亏本的买卖。在信息对称条件下，不可能存在位于证券市场线下方的证券。

## 三、单一风险金融资产期望收益率的相关计算

CAPM 模型明确给出了单一风险金融资产的期望收益率与其风险之间的关系，为我们

> **概念自查 3-3：**
>
> 1. 什么是市场组合？
> 2. 什么是证券市场线？
> 3. 下列说法是否正确？请解释，必要时添加限制条件。
>
> （1）股票收益率是变幻不定，投资者要求的期望收益率愈高。
>
> （2）CAPM 模型预言，$\beta$ 系数为 0 的证券期望收益为 0。
>
> （3）对国库券投资 20 000 美元、市场组合投资 30 000 美元的投资者持有的组合资产 $\beta$ 系数为 3.0。
>
> （4）股票收益率受宏观经济变动影响愈深，投资者要求的期望收益率愈高。

提供了计算期望收益率的更为合理的方法。在使用 CAPM 模型对单一风险金融资产的期望收益率进行实际测算时,应注意以下几个问题:

第一,如何选择和计算无风险收益率 $r_f$? 如果债券市场上存在国库券交易,那么可以将同期国库券的到期收益率(yield to maturity)视为当前的无风险收益率。然而,1 年期以上的国库券并非都是零息债券,以美国为例,1 年期以上的国库券都是平息债券,尽管它们没有信用风险,但存在利息再投资风险。因此,将同期国库券利率作为无风险利率也仅仅是一个近似。

第二,如何选择市场组合? 在现实经济中,要找到这样一个具有代表性的投资组合非常困难,充其量只能寻找市场组合的"替代"。最常用的就是股票市场上各类具有代表性的股票指数,比如美国的标准普尔 500 指数和纽约股票交易所综合指数、日本的日经 225 指数、英国的伦敦金融时报指数、法国的 CAC 股票指数、德国的法兰克福 DAX 股票指数以及中国上证综合指数和沪深 300 等。它们都可以成为投资者在相应国家投资时,所参考和选择的市场组合的替代。

人物专栏 3-2:
威廉·夏普
(William Sharpe)

第三,如何确定市场组合的风险溢酬($\bar{r}_M - r_f$)? 由于我们无法在当下获知市场组合未来收益率 $\tilde{r}_M$ 的分布,因此几乎无法计算出市场组合的期望收益率 $\bar{r}_M$。如果我们以股票指数为市场组合的替代,那么我们就可以根据股票指数的历史收益率数据来计算市场组合的期望收益率,进而估计市场组合的风险溢酬($\bar{r}_M - r_f$)。

第四,如何确定风险金融资产 $i$ 的 $\beta$ 值? 同样由于我们在当下无法获悉风险金融资产 $i$ 未来收益率 $\tilde{r}_i$ 和市场组合未来收益率 $\tilde{r}_M$ 的分布,因此只能用它们已经发生的历史数据进行线性回归,估计出 $\beta_i$。许多软件具有子回归程序,该程序利用这些历史数据估计回归斜率系数的值来作为 $\beta$ 值。

人物专栏 3-3:
斯蒂芬·罗斯
(Stephen Ross)

CAPM 模型为投资者确定资产的交易价格提供了一种非常简便易行的方法。由于 CAPM 模型建立在非常严格的假设前提下,而在现实中,这些假设是难以成立的,CAPM 模型的有效性也就成为人们研究与关注的对象,对该模型的争议一直没有停止过。金融理论界一直在研究与寻找新的可以解释风险金融资产价格确定机制的理论与模型,为此,也形成了很多著名的理论,比如套利定价理论、动态资本资产定价模型、消费型资本资产定价理论等。美国麻省理工学院(MIT)金融学教授斯图尔特·迈尔斯(Stewart Myers)给出了很好的总结:"资本资产定价模型成立的依据并不像学者们曾经想到的那样牢靠,但是,否认资本资产定价模型也会产生很多疑惑。"事实上,在投资者对期望收益和期望收益率的估计中,CAPM 模型得到了广泛的运用。关于运用 CAPM 模型计算期望收益率的基本技术,将在本书第四章的第三节"贴现率计算和选择"中详述。

知识专栏 3-2:
贝塔值死了?

## 本章小结

1. 我们在绝大多数情况下都假定贴现率是给定的(外生的),但是,在现实的价值评估中,这种假设是无法成立的。因此,分析人员需要明确项目或资产风险与贴现率的关系,确定相应的贴现率。

2. 在公司金融实践中,无风险资产和具有市场平均风险资产的贴现率较易找到,前者是同期国债利率,后者为市场组合的历史平均收益率。但是,介于这两类资产之间的众多资产的贴现率则需在研究了其风险和收益的关系后才能予以确认。

3. 马科维茨的贡献在于,他提出了选择投资组合时衡量期望收益、标准差、相关系数等的基本方法。

在投资者厌恶风险的假设下,提出了投资者在风险一定时构建期望收益率最大化的投资组合,或在期望收益率一定时构建风险最小的投资组合的理念。他提出了投资有效集,论证了当某项资产在投资组合中的比重下降时,该项资产收益的非系统风险对组合的影响变得非常有限。当投资组合中的资产分散到一定程度后,唯一的风险只剩下全部资产的系统风险。

4. 威廉·夏普等金融经济学家在投资组合理论基础之上创建了资本资产定价模型。该理论模型具有革命性意义,使描述和量化资本市场的风险程度并对之进行定价成为可能。该理论认为,在市场均衡条件下,每项资产所能提供的收益率应该和其与市场组合的期望收益率的协方差呈线性关系。因此,资本资产定价模型是贴现率的理论基础。

5. 资本资产定价模型提供了两个很少有争议的共识:一是投资者对其所承担的风险总会要求额外的补偿,因此投资者对风险较高的项目要求较高的收益率;二是投资者主要关心其无法通过分散化投资消除的风险。所以,在公司金融实践中,资本资产定价模型得到了广泛的运用,很多公司就是利用资本资产定价模型来估计投资项目的期望收益率。

# 重要术语

期望收益率　要求收益率　风险　方差　标准差　协方差　投资组合　可行集　有效集　相关系数　$\beta$值　资本资产定价模型　无风险利率　市场组合　市场组合风险溢酬　资本市场线　证券市场线

# 习题

**简易题**

1. 假如国库券年利率为3%,市场组合的期望收益率为15%。根据资本资产定价模型解释:

(1) 市场风险溢酬为多少?

(2) $\beta$值为0.7时,投资者要求的收益率为多少?

(3) 如果投资者希望股票的期望收益率为12%,则其$\beta$值为多少?

2. 设有A、B两只股票,A股票收益率估计10%,标准差为6%,B股票收益率估计7%,标准差为4%。两只股票的相关系数为0.1。又假如投资者拟同时投资A、B两种股票,投资比例分别为20%和80%。

(1) 请在坐标图中标出该投资组合的点。

(2) 请结合不同的可能投资比例,画出投资组合的有效集。

3. 假如海飞公司100%权益融资。海飞公司在过去半年中,每月的收益率和市场组合收益率如下表所示:

单位:%

| 时间 | 海飞公司收益率 | 市场组合收益率 |
|---|---|---|
| 第1个月 | −1.0 | 2 |
| 第2个月 | −0.9 | 3 |
| 第3个月 | 1.1 | 4 |
| 第4个月 | 0.7 | 4 |
| 第5个月 | −0.8 | 5 |
| 第6个月 | 1.2 | 3 |

(1) 计算海飞公司股票$\beta$值。

(2) 如果海飞公司引入债务融资,那么其股票$\beta$值是高了还是低了?

**中等难度题**

4. 以下分别是过去4年通货膨胀率、股票市场收益率和国库券收益率:

单位:%

| 年份 | 通货膨胀率 | 股票市场收益率 | 国库券收益率 |
|---|---|---|---|
| 1 | 2.2 | 22.4 | 4.9 |
| 2 | 3.1 | −10.2 | 5.4 |
| 3 | 1.2 | −12 | 3.9 |
| 4 | 2.3 | −22.1 | 2.7 |

(1) 平均实际收益率是多少？

(2) 风险溢酬的标准差是多少？

5. 股票 A 与市场组合的信息见下表：

| 经济状况 | 概率 | 股票 A 的收益率 | 市场收益率 |
|---|---|---|---|
| 很好 | 10% | 25% | 18% |
| 好 | 20% | 10% | 20% |
| 一般 | 50% | 15% | 4% |
| 差 | 20% | -12% | 0% |

(1) 股票 A 和市场组合的标准差分别是多少？

(2) 股票 A 与市场组合之间的协方差是多少？相关系数是多少？

(3) 计算股票 A 的 $\beta$ 值。

6. 请考虑以下若干问题：

(1) 为了计算由 100 种股票构成的投资组合的风险，需要用到的方差项和协方差项各为多少？

(2) 假设所有股票标准差均为 40%，且相互之间的相关系数均为 0.4，那么从中选取 40 只股票进行等额投资，所得投资组合收益率的标准差为多少？

(3) 由这些股票组成的完全分散的投资组合的标准差是多少？

7. 张三拟投资股票 A 和 B。它们的期望收益率分别是 12% 和 18%，相应的标准差分别是 6% 和 12%，两只股票之间的相关系数为 0.15。若该投资者准备构建由这两只股票组成的投资组合，在 A 和 B 两只股票上的投资比例分别为 80% 和 20%。请问该投资组合的期望收益率和标准差是多少？

8. 若张三决定构建一个包含三项资产的投资组合，其中 10% 投资于 A 股票，30% 投资于 B 股票，60% 投资无风险资产，设无风险利率为 3%。请问该投资组合的期望收益率和标准差是多少？

9. C 股票的 $\beta$ 值为 0.45，其标准差为 30%。市场组合的标准差为 20%，请问该股票收益率与市场收益率之间的相关系数是多少？

**高等难度题**

10. 崇德公司将 2 000 万元投资于公司债券，该债券投资组合的期望年收益率为 10%，年标准差为 10%。公司的财务顾问建议，考虑对一个严格追踪标准普尔 500 指数的指数基金进行投资。已知该指数的期望收益率为 13%，标准差为 16%。

(1) 假设崇德公司将其全部资金投入标准普尔 500 指数基金与国库券的组合，设国库券年收益率为 6%，它能否在不改变其投资组合风险的情况下，提高其期望收益率？

(2) 崇德公司对长期公司债券的投资组合与指数基金进行等额投资，这样投资是否更佳？假设债券投资组合与指数基金的相关系数为 0.1。

11. 设市场组合仅由股票 D 和 F 构成，两者的收益率相互独立（提示：不相关）。股票 D 的价格为 60 元/股，股票 F 的价格为 40 元/股（提示：可据此计算投资者的资金配置比例）。股票 D 和 F 的期望收益率分别是 7.9% 和 18.15%，它们的标准差分别是 18% 和 42%。

(1) 计算该市场组合的收益率和标准差。

(2) 若无风险利率为 4%，计算股票 D 的 $\beta$ 值，以及股票 D 和市场组合的相关系数。

12. 从在上海证券交易所挂牌的 A 股上市公司中任选一家公司，并查阅以下相关数据：

(1) 该公司过去 5 年的历史收益率；

(2) 上证指数过去 5 年的历史收益率[提示：可用市盈率倒数，或用"(年底股票指数-上年年底股票指数)/上年年底股票指数"计算上证指数的历史收益率]。

要求：

(1) 设国债利率为 3%，请计算该上市公司的风险溢酬。

(2) 计算该公司的 $\beta$ 值。

(3) 计算该公司股票的期望收益率(股票成本)。

习题参考答案

## 参考文献

1. BODIE Z. KANE A. MARCUS A J. Investments [M]. 5th ed. Boston: McGraw-Hill/Irwin, 2002.
2. COPELAND T E. WESTON J F. Financial theory and corporate policy [M]. 3rd ed. Reading, Massachusetts: Addison-Wesley Publishing Company, 1988.
3. FAMA E F. FRENCHK R. The cross-section of expected stock returns [J]. Journal of Finance, 1992(47): 427—465.
4. MARKOWITZ H M. Portfolio selection [J]. Journal of Finance, 1952(7):77—91.
5. MARKOWITZ H M. Portfolio selection: Efficient diversification of investments [M]. New York: John Wiley & Sons, 1959.
6. ROSS S A. The arbitrage theory of capital asset pricing [J]. Journal of Economic Theory, 1976(13): 341—360.
7. SHARPE W F. Capital Asset prices: A theory of market equilibrium under conditions of risk [J]. Journal of Finance, 1964(19): 425—442.
8. SHARPE W F. Factor models, CAPMs, and the APT [J]. Journal of Portfolio Management, 1984(11): 21—25.
9. 朱叶,王伟.公司财务学[M].上海:上海人民出版社,2003.

# 第四章
# 资本预算的基本技术

**【学习要点】**

1. 为什么净现值法是最不易犯决策错误的资本预算方法。
2. 如何估计自由现金流。
3. 如何度量投资项目的贴现率。

项目(实物资产)投资具有不可逆的特点,即使事后发现投资失误,投资者也很难将此项目变现。因此,在项目投资之前,需对目标项目的未来经营状况进行预测分析,判断该项投资所产生的未来现金性收益是否能够弥补期初的投资,是否能为投资者提供令人满意的投资回报。这样的投资决策分析过程称为资本预算(capital budgeting)。在本书第二章,我们已经介绍过大多数投资决策所遵循的基本原则——净现值法则,在本章我们将介绍净现值法以及其他投资评价方法的基本技术。

## ■ 第一节 传统资本预算方法

除净现值法之外,投资决策中其他常用的评价方法包括获利指数法、回收期法和内含报酬率法。下文,我们将在未来是确定的假设条件下对这些传统资本预算方法进行介绍,并说明为什么净现值法是最不容易犯决策错误的资本预算方法,以及为什么净现值法更有把握给出较优的投资决策。

### 一、资本预算的主要方法

(一)净现值概念和法则

**1. 净现值概念**

净现值(NPV)是指将目标项目在未来存续期间产生的预期现金流,以适当的贴现率贴

现后加总,再减去目标项目期初的投资金额后的差量。即

$$NPV = -CF_0 + \frac{CF_1}{1+r_1} + \cdots + \frac{CF_t}{(1+r_t)^t} + \cdots + \frac{CF_N}{(1+r_N)^N} \qquad (4-1)$$

式中,NPV 表示目标项目的净现值;$CF_0$ 表示目标项目的期初现金流出;$CF_t$ 表示目标项目存续期内第 $t$ 期期末产生的现金净流入预期;$r_t$ 表示第 $t$ 期的贴现率(现实中假设 $r_t=r$),即 $N$ 期的年均贴现率为 $r$;$N$ 表示目标项目预期的存续期限,通常以年为计量单位。

**例 4-1**:天创公司拟投资一个项目,设该项目的存续期为 3 年,期初投资为 2 000 万元,未来 3 年年末的现金净流入分别为 1 200 万元、1 000 万元和 600 万元。又设公司资本成本为 10%,并据此作为该项目的贴现率。根据净现值法则判断该项目是否可以投资。

例 4-1 解析

**2. 净现值法则**

净现值法则是项目投资决策分析中的重要原则。根据净现值法则,在无资本约束的条件下,公司应该接受所有 NPV 大于零或等于零的项目,而拒绝所有 NPV 小于零的项目。

如果目标项目的 NPV 大于零,则表明目标项目产生的预期现金流入不仅可以收回期初投资以及支付资金使用成本(利息和股利),而且可以为投资者创造价值增值。此时,NPV 大于零的项目是可行的,是"好"项目,应该被投资者接受。

如果目标项目的 NPV 等于零,则表明目标项目产生的预期现金流入正好能够收回期初投资以及支付资金使用成本,但不能为投资者带来财富增值。此时,NPV 等于零的项目只是一个保本的投资项目,鉴于保本不易,该项目可以被投资者接受。

如果目标项目的 NPV 小于零,则表明目标项目产生的预期现金流入无法弥补期初投资以及支付资金使用成本,给投资者带来损失。此时,实施该项目后会降低公司的当前市场价值,NPV 小于零的项目被视为"坏"项目,应该被投资者拒绝。

为了最大化公司价值或最大化股东财富,公司在选择目标项目时,应该尽可能地选择正值 NPV 大的项目。

**(二)获利指数法**

获利指数(profitability index,PI)是目标项目的预期现金净流入现值(PV)与目标项目的期初投资($CF_0$)之比,即

$$PI = \frac{PV}{CF_0} \qquad (4-2)$$

获利指数法是指用获利指数来描述和判断目标项目是否可行的一种投资评价方法。获利指数(PI)有大于 1、等于 1 和小于 1 三种情形,当无资本约束时,投资者应该接受所有 PI 大于或等于 1 的目标项目,拒绝 PI 小于 1 的目标项目。

**例 4-2**：承例 4-1，天创公司拟投资一个项目，设该项目的存续期为 3 年，期初投资为 2 000 万元，未来 3 年年末的现金净流入分别为 1 200 万元、1 000 万元和 600 万元。设该项目贴现率为 10%。那么，该项目的获利指数是多少？

例 4-2 解析

可见，获利指数和净现值的机理是一致的。不同之处在于，前者用相对值来描述目标项目的可行性，而后者用绝对值来刻画目标项目的可行性。

在存在资本约束的条件下，投资者只能择其一进行投资。为慎重起见，投资者需分别计算每个备选项目的获利指数和净现值，用以比较。获利指数和净现值在所挑选的项目上可能会发生排序上的差异。

### （三）回收期法

**1. 投资回收期法**

投资回收期（payback period）是指目标项目所产生的现金净流入可以收回目标项目期初投资的最短时间。设 $CF_t$ 为第 $t$ 期期末产生的现金净流入，$CF_0$ 为目标项目的期初投资，则

$$\sum_{t=1}^{N} CF_t = CF_1 + CF_2 + \cdots + CF_N \geqslant CF_0 \tag{4-3}$$

式（4-3）表示，如果该项目经营至 $i$ 期期末（$i \leqslant N$）就能收回期初投资，则该项目的投资回收期为 $i$ 期。如果投资者可以接受的最长投资回收期为 $T$（$T \leqslant N$），那么当目标项目的投资回收期 $i \leqslant T$，就应接受该项目；当目标项目的投资回收期 $i > T$，就应拒绝该项目。

**例 4-3**：假定某项目存续期为 5 年，初始投资为 350 万元，未来 5 年每年年末的现金净流入分别是 100 万元、94 万元、87 万元、99 万元和 165 万元，年贴现率为 10%。又假定该项目可以接受的最长投资回收期为 4 年。那么，在不考虑货币时间价值的情况下是否可以考虑接受该项目？

例 4-3 解析

当存在多个可以接受的目标项目，而又只能选择其中一个时，仅就投资回收期进行判断，投资者应该选择投资回收期最短的那个目标项目。

**2. 贴现投资回收期法**

上文在计算投资回收期时，存在一个缺陷，即仅仅考虑了初始投资额的回收，而未考虑初始投资额的资本成本（比如利息）的偿付问题。为此，可用贴现投资回收期法（discount payback period）来替代投资回收期法。

贴现投资回收期是指目标项目所产生的现金净流入的现值可以收回项目期初投资的最短时间。设平均贴现率为 $r$，$CF_t$ 为第 $t$ 期期末产生的现金净流入，$CF_0$ 为目标项目的期初投资，则

$$\sum_{t=1}^{N} \frac{CF_t}{(1+r)^t} = \frac{CF_1}{1+r} + \frac{CF_2}{(1+r)^2} + \cdots + \frac{CF_N}{(1+r)^N} \geqslant CF_0 \tag{4-4}$$

式（4-4）表示，如果该项目经营至 $i$ 期期末（$i \leqslant N$）就能收回期初投资，则该项目的投资回收期为 $i$ 期。在与投资者可以接受的最长投资回收期 $T$ 比较后，再决定目标项目是否可行。

**例 4-4**：承例 4-3，假定该项目可以接受的最长投资回收期为 4 年，未来 5 年每年年末的现金净流入现值分别是 90.91 万元、77.68 万元、65.36 万元、67.62 万元和 102.45 万元。那么，在考虑期初投资资本成本的情况下是否可以考虑接受该项目？

例 4-4 解析

### （四）内含报酬率法

内含报酬率（internal rate of return，IRR）是指使目标项目 NPV 等于零时的贴现率，是项目投资存续期内的年平均投资回报率，即

$$NPV = -CF_0 + \frac{CF_1}{(1+IRR)} + \frac{CF_2}{(1+IRR)^2} + \cdots + \frac{CF_t}{(1+IRR)^t} + \cdots + \frac{CF_N}{(1+IRR)^N} = 0 \quad (4-5)$$

式中，IRR 表示项目的内含报酬率；$CF_t$ 表示第 $t$ 期期末现金净流入；$N$ 表示第 $N$ 期；$CF_0$ 表示期初投资。

当项目的内含报酬率大于或等于资本成本（也称投资者的期望收益率）时，投资者会接受该项目；当项目的内含报酬率小于资本成本时，投资者则会拒绝该项目。在公司金融实践中，内含报酬率法则备受推崇，常常和净现值法则相提并论。

**例 4-5**：承例 4-3，假设第 5 年年末的现金净流入为 195 万元。试计算该项目的内含报酬率（提示：我们可以通过测试法寻求内含报酬率的所在区间，然后运用内插法计算确切的内含报酬率）。

例 4-5 解析

如果不借助相关应用软件，则项目内含报酬率的测试工作需要多次重复才能完成，工作量较大。所幸的是，我们运用 Excel 等软件，很容易就能够计算出项目的内含报酬率。因此，内含报酬率的计算已经不再是一个问题。

我们通过图 4-1 来描述对应不同贴现率的净现值变化。

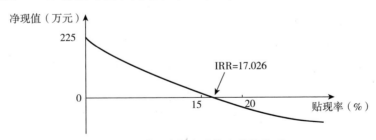

**图 4-1　贴现率与净现值之间的关系**

图 4-1 显示，项目净现值为贴现率的光滑递减函数，此时，内含报酬率和净现值对投资项目的评价具有一致性。若项目的期望收益率低于内含报酬率，则项目的净现值为正；若

期望收益率等于内含报酬率,则项目的净现值为零;若期望收益率高于内含报酬率,则项目的净现值为负。

## 二、资本预算方法的比较和选择

行文于此,读者可能会产生疑惑。既然项目评价指标和评估方法各有四个,那么仅就方法论而言,哪一种是最不易犯决策错误的呢?净现值法无疑更胜一筹。

### (一)贴现投资回收期法和净现值法比较

任何一个贴现投资回收期短于存续期(项目有效期)的项目,其 NPV 应该大于零。因此,在对投资项目进行评价时,贴现投资回收期法和净现值法通常具有一致性,但是,贴现投资回收期法存在一些误区。

误区之一是,不是所有贴现投资回收期短于项目有效期的项目均可被投资者接受。目标项目是否被接受取决于投资者可以接受的最长投资回收期 $T$,只有短于投资回收期 $T$ 的项目才会被考虑。但是,可以接受的最长投资回收期 $T$ 带有浓重的主观性,缺乏市场统一的标准,不具有科学性。

误区之二是,短于最长投资回收期 $T$ 的项目不一定是最优项目。这是因为贴现投资回收期法忽视了贴现投资回收期之后项目产生的现金性收益。此法缺乏长远的眼光,不能从发展的角度看待目标项目的未来投资收益。由此可见,贴现投资回收期法可能会"误杀"好项目,或仅选择了次优项目。

例4-6解析

**例 4-6**:假如投资者须在项目 A 和 B 中择其一进行投资,贴现率为 10%,公司可以接受的最长投资回收期为 2 年。两个项目的存续期以及预计现金流量如表 4-1 所示。请帮投资者做出选择。

表4-1 项目A、B现金流  单位:万元

| 项目 | 时刻0 | 时刻1 | 时刻2 | 时刻3 |
|---|---|---|---|---|
| A | -100 | 70 | 60 | 50 |
| B | -200 | 100 | 110 | 150 |

但在另一方面,贴现投资回收期为人们更好地运用净现值法则提供了一个新的视角。由于净现值仅仅是一个预期值,是不确定、有风险的,因此,未来的时间跨度越大,竞争者介入的可能性越大,盈利的预期(相应的净现值预期)也越不可靠。而项目的贴现投资回收期越短,意味着目标项目可以越早地收回期初投资与相应的资本成本,并且相对比较安全。同时,公司在贴现投资回收期期满之后,也可以根据当时的市场状况决定是继续经营还是停止运作,因此,拥有更大的经营灵活性。而这一点正是投资回收期法则或贴现投资回收期法则在现实中能够被公司用作投资决策分析的辅助工具的主要原因。

### (二)获利指数法与净现值法比较

获利指数和净现值的机理是一致的。但是,在存在资本约束或其他约束条件下,获利指数和净现值在所挑选的项目上会发生排序上的差异。

**例 4-7**：承例 4-6，假如投资者还有一个可供投资的项目 C，三个项目的现金流现值、净现值和获利指数如表 4-2 所示。如果投资者存在资本约束，可用资金只有 200 万元，尝试用获利指数法和净现值法做出分析。

表 4-2 项目 A、B、C 现金流现值、净现值和获利指数

| 项目 | $PV_{10\%}$（万元） | | | | $NPV_{10\%}$（万元） | PI |
|---|---|---|---|---|---|---|
| | 时刻 0 | 时刻 1 | 时刻 2 | 时刻 3 | | |
| A | -100 | 63.6 | 49.6 | 37.6 | 50.8 | 1.51 |
| B | -200 | 90.9 | 90.9 | 112.7 | 94.5 | 1.47 |
| C | -100 | 60 | 35 | 45 | 40 | 1.40 |

例 4-7 解析

### （三）内含报酬率法和净现值法比较

在方法论上，为什么净现值法比内含报酬率法更有把握给出较优的投资决策？

**1. 内含报酬率的内含假设不够稳健**

在现实经济中，未来现金流入的再投资收益率是不确定的。我们在计算项目净现值时，通常假设项目存续期内所获得的现金流入按投资者的要求收益率（即项目资本成本或期望收益率）进行再投资。理由是，目标项目资本成本接近于项目存续期内的再投资收益率，因此，净现值法比较恰当地对目标项目的价值进行了评估。

在计算内含报酬率时，我们假设公司将项目存续期内所获得的现金流量按内含报酬率进行再投资。对盈利性项目而言，内含报酬率远高于项目资本成本，也就是说，内含报酬率常常高于项目存续期内现金流量再投资收益率的合理预期。

**2. 内含报酬率的多解或无解之惑**

在计算项目内含报酬率时，有时会出现多解或无解情况。那么，为什么会出现这种情况呢？这往往和项目现金流的形态特殊有关。比如，当目标项目预计产生的现金流呈现正负交错的情况时，就可能产生多个内含报酬率，导致内含报酬率法则无所适从。

**例 4-8**：假如天创公司拟投资一项目，期望收益率为 12%，存续期为 2 年，目标项目预计现金流如表 4-3 所示。计算该项目的内含报酬率。

表 4-3 天创公司目标项目预计现金流        单位：万元

| 项目 | 时刻 0 | 时刻 1 | 时刻 2 |
|---|---|---|---|
| 现金流 | -100 | 500 | -600 |

例 4-8 解析

如果项目同时符合以下四项假设：公司目前备选项目只有一个；投资者以最低可接受的报酬率（期望收益率）为项目的贴现率；项目的预计现金流只在期初是负的（表示投资），在其他时期内均为正的（表示现金性收益）；项目存续期内每期贴现率都是相同的。那么，项目的内含报酬率只有唯一解。于是，我们就可以据此对例 4-8 出现多种内含报酬率的情形进行

解释：公司项目初期投入了大量资金，在项目结束时，又投入巨资对该项目进行清理，当目标项目预计产生的现金流呈现正负交错的情况时，产生多个内含报酬率也就不可避免。

我们可以借助图4-2了解目标项目贴现率和净现值之间的关系。

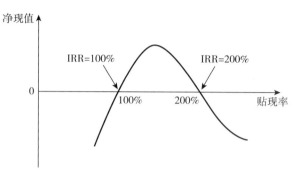

图4-2　多种贴现率条件下贴现率和净现值的关系

图4-2显示，随着贴现率的提高，公司的净现值经历了一起一落（相反的情形也有可能出现）的过程，处于两个内含报酬率之间的净现值为正。因此，当投资项目出现多个内含报酬率时，内含报酬率法则就会失效，唯一的选择就是依靠净现值法则进行决策。对例4-8来说，当项目的期望收益率在100%—200%，投资者应该接受该项目。

在某些现金流形态下，项目的内含报酬率无解。承例4-8，假定将第1年和第2年年底的预计现金流改为300万元和-250万元，则我们无法得到该项目的内含报酬率。

如果将目光转回至净现值法，那么我们就会发现，在给定的贴现率条件下，净现值只有唯一解，不会产生多解或无解之惑。

**3. 内含报酬率法则的适用面不宽**

根据内含报酬率法则：如果项目的内含报酬率大于目标项目资本成本，则应接受该项目；如果项目的内含报酬率小于目标项目资本成本，则应拒绝该项目。但是，相比于净现值法则，此法则的适用面比较窄。

**例4-9**：天创公司有A、B两个项目，贴现率为10%。两个项目的现金流、内含报酬率及净现值如表4-4所示。可以用内含报酬率法则做出判断吗？

表4-4　A、B项目的现金流、内含报酬率和净现值

| 项目 | 现金流（万元） | | IRR | NPV$_{10\%}$（万元） |
| --- | --- | --- | --- | --- |
| | 时刻0 | 时刻1 | | |
| A | -1 200 | 2 000 | 66.67% | 618.18 |
| B | 1 200 | -2 000 | 66.67% | -618.18 |

例4-9解析

**4. 内含报酬率在互斥方案的选择上不可靠**

在资本约束条件下，投资者只能在众多备选方案中选择一种项目或一个项目组，这些项目或项目组称为互斥方案。同时运用内含报酬率法则和净现值法则对目标项目进行投资分析后得出的排序结论，可能会存在差异。

（1）不同规模互斥方案选择

**例 4-10**：天创公司资源有限,只能在 C、D 两个项目中择其一进行投资。C、D 两个项目的预计现金流、内含报酬率以及净现值如表 4-5 所示。试用内含报酬率法则做出分析。

表 4-5　C、D 项目的现金流、内含报酬率和净现值

| 项目 | 现金流（万元） | | IRR | $NPV_{10\%}$（万元） |
|---|---|---|---|---|
| | 时刻 0 | 时刻 1 | | |
| C | −1 200 | 3 000 | 150% | 1 527.3 |
| D | −1 500 | 3 500 | 133% | 1 681.8 |

例 4-10 解析

在不同规模互斥方案选择中,当内含报酬率法则与净现值法则出现悖论时,我们通常以净现值法则为决策依据。

（2）相同规模互斥方案选择

内含报酬率和净现值在互斥方案排序上的差异可能源于现金流入的规模和发生的时间不同。

**例 4-11**：天创公司拟在相同投资规模的两个项目间择其一进行投资,两个项目的预计现金流、内含报酬率以及净现值如表 4-6 所示。请试着分析。

表 4-6　E、F 项目的现金流、内含报酬率和净现值

| 项目 | 现金流（万元） | | | | …… | IRR | $NPV_{10\%}$（万元） |
|---|---|---|---|---|---|---|---|
| | 时刻 0 | 时刻 1 | 时刻 2 | 时刻 3 | 时刻 4 | | |
| E | −1 000 | 550 | 550 | 550 | 0 | — | 30% | 367.77 |
| F | −1 000 | 200 | 200 | 200 | 200 | — | 20% | 1 000 |

由表 4-6 可知,项目 E 的有效期为 3 年,项目 F 的有效期是永续的。用内含报酬率法和净现值法对这两个投资项目进行排序,也出现了两种不同的排序结果。图 4-3 直观地描述了这种悖论。

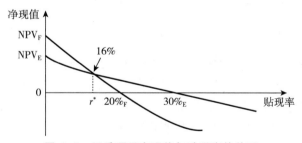

**图 4-3　互斥项目净现值与贴现率的关系**

在图 4-3 中,两条曲线分别表示两个项目的净现值和贴现率之间的关系,曲线与横坐标的交点为项目的内含报酬率。两条曲线相交点对应横坐标上的数值为 16%,该数值是均衡点,也就是两个项目的无差异点。在均衡点的右边,内含报酬率和净现值的方向一致,没有排序差异。在均衡点的左边,则存在排序差异,内含报酬率和净现值的方向相异。由于此项目的资本成本为 10%,小于均衡点 16%,项目 F 具有较高的净现值,能够为股东带来更大的财富,因此应该首选项目 F。

然而,若公司在时刻 1 面临一个增长机会,即拥有投资项目 G 的机会,预计投资金额为 500 万元,那么情况将发生变化。在资本约束的前提下,公司如果选择项目 E,则所产生的 550 万元现金性收益可以帮助公司在时刻 1 同时持有项目 G。如果选择项目 F,就没有足够的现金性收益兼投项目 G,可能就此失去一个好机会。至于是否兼投项目 G,应该视项目 E 和 G 的净现值之和是否大于项目 F 的净现值来判断。

**概念自查 4-1:**

1. 投资回收期法会拒绝净现值大于零的投资项目吗?
2. 对一个独立项目,净现值法和内含报酬率法是否会得出一致的评价?
3. 对互斥方案,为何选择内含报酬率较大的项目可能是一个错误决策?

于是,我们可以得出以下推论:内含报酬率法起作用时,净现值法也起作用;在大多数内含报酬率法不起作用的实例中,净现值法仍可以被很好地运用。但是,在公司金融实践中,公司财务经理偏好内含报酬率法则,原因是他们更加关心报酬率而不是实际收益,内含报酬率对公司金融决策者来说更加容易理解。

## 第二节 自由现金流估算

在介绍和比较传统资本预算方法时,我们假定投资项目未来的预计现金净流入(或现金性收益)和贴现率都是给定的。事实上,预计现金流的估算以及贴现率的测算是资本预算的两大难点。本节介绍未来现金流估算的基本技术。

### 一、现金流何时发生

知识专栏 4-1:
高通公司新项目的资本预算过程

假如投资项目的存续期为 $N$ 年,在项目存续期内,现金流发生的时间主要涉及两个时间点和一个时间段。

(一)投资时刻

对一次性投资项目来说,投资项目的初始投资发生在第 0 年(投资初期),即项目初始投资时刻所发生的现金流出。对需进行多次投资的项目来说,存在多个投资时刻,可以根据投资计划来刻画未来可能存在的多个投资时刻。

(二)存续期内

在目标项目存续期内,每年均会因经营活动而发生现金流入和流出,这些现金流可能发生在每年(期)中的任何时间点上。那么,究竟该如何选择?

根据稳健原则,一般假定目标项目在存续期内产生的现金流均发生在每年(期)年(期)末,俗称"期末假设"。① 在其他条件不变的情况下,"期末假设"所形成的净现值最小,如果"期末假设"产生正值净现值,那么"期初假设""期中假设"等其他假设条件下所形成的净现值必然大于零。

(三)残值变现

目标项目终止或出售时刻一般会产生现金流入,即第 $N$ 年年底项目的残值变现收入。

---

① 也有学者认为,净现值总体上建立在对未来现金流估计的基础之上,其间多少掺杂着投资者的主观判断。因此,除一些非常精细的现金流预测之外,我们假设现金流发生在期初还是期末,通常不是最重要的,对项目投资决策不会造成太大影响。

在实践中,残值变现可以不予考虑。主要理由如下:

第一,根据"沉没成本"原理,资金一旦投入,就成了"沉没成本",它是非决策成本,与决策无关,因此目标项目的预计残值变现大小不应作为决定目标项目取舍的决策依据。

第二,鉴于投资项目的存续期普遍很长,残值变现收入的现值可能很小,因此可以忽略不计。

## 二、如何估算项目现金流

### (一)初始投资和残值变现的估算

投资项目的现金流主要有三类:一是初始投资额,二是项目存续期内每年的现金流入和现金流出,三是项目到期或终止时的变现现金流(或称残值变现收入)。

初始投资是现金流出现值,且与当下有关,因此初始投资额的估算相对容易把握。项目到期时的残值变现收入是估计值。项目残值为非决策成本,且项目存续期通常较长,残值的贴现值较小,因此残值大小对投资决策的影响也不大。可见,初始投资和残值变现的估算不是项目现金流估算的关键,目标项目存续期内每年的现金流入和现金流出的估算才是重点。

### (二)项目存续期内现金流的估算

在公司金融实践中,直接估算投资项目每年预计产生的现金流入和流出难度很大,变通的办法是用自由现金流(free cash flow, FCF)来表示每年预期现金净流量(每年现金流入和现金流出的差额)。在项目存续期内,自由现金流是指投资者获得的、超过正常经营和投资需要的可以自由支配的现金流。它是目标项目在存续期内每年(期)获得的现金流增量,可以理解为投资项目每年(期)新增加的支付能力,也可以理解为现金收付制下项目每年(期)实现的净利润。自由现金流的计算口径有很多,公司自由现金流和股东自由现金流是两种常见的指标。下文,我们将分别介绍这两种自由现金流的计算方法。

**1. 公司自由现金流的估算**

公司自由现金流(free cash flow of firm, FCFF)是指归全体投资者(包括股东和债权人)所有的超过正常经营和投资需要的可以自由支配的现金流。事实上,公司自由现金流的估算应该从预测收益开始。

设某项目为投资成立一家新公司,为了更清晰地理解自由现金流的内涵,在预测的基础上,我们给出该新公司预计资产负债表和预计利润表简表(见表4-7和表4-8)。

表4-7 新公司预计资产负债表简表

| 资产 | 负债和股东权益 |
| --- | --- |
| 净营运资本(WC) | 长期负债($B$) |
| 长期资产(LA) | 股东权益($E$): |
|  | 股本和资本公积(SE) |
|  | 留存收益(RE) |
| 合计($A$=WC+LA) | 合计($B$+SE+RE) |

表 4-8 新公司预计利润表简表

| 一、业务收入（R） |
| --- |
| 减：业务成本 |
| 　　业务税金及附加 |
| 　　营业费用 |
| 　　管理费用 |
| 　　财务费用（未含长期债务的利息支出） |
| 　　折旧（D） |
| 二、息税前收益（EBIT） |
| 减：利息（I） |
| 　　公司所得税（T） |
| 三、净利润（NI） |
| 减：股利（DIV） |
| 四、当年新增留存收益（ΔRE） |

FCFF 按年计算，其基本逻辑是：先将权责发生制下的会计收益 $EBIT(1-t)$ 转换成现金收付制下的现金性收益[即在 $EBIT(1-t)$ 上，加回非现金性费用]，然后减去投资所需资金（包括资本性支出和营运资本投资）。其计算公式为：

$$FCFF = EBIT(1-t) + D - CE - \Delta WC \tag{4-6}$$

式中，$EBIT(1-t)$ 表示税后经营收益，归包括股东和债权人在内的全体投资者共同所有；$D$ 表示年折旧，是最重要的非现金性费用；$CE$ 表示年资本性支出；$\Delta WC$ 表示年净营运资本投资增量。

由式（4-6）可知，自由现金流的计算便是分别计算税后经营收益、非现金性费用（包括折旧和摊销费）、资本性支出和净营运资本投资等变量的过程。这些变量的计算公式分别为：

$$EBIT(1-t) = NI + I(1-t) \tag{4-7}$$

式中，NI 表示年净利润；$I$ 表示年利息费用；$t$ 表示所得税税率。

$$CE = \Delta LA + D^* \tag{4-8}$$

式中，$\Delta LA$ 表示当期长期资产的净增加额；$D^*$ 是累积年折旧额，表示未来维持简单再生产所需投入的资本，它只有在更换固定资产时才发生。

$$\Delta WC = WC_1 - WC_0 \tag{4-9}$$

式中，$WC_1$、$WC_0$ 分别表示期末和期初的净营运资本。在此处，净营运资本是指对流动资产的净投资额。从金额上看，净营运资本等于流动资产减去流动负债。

**例 4-12**：假如天创公司拟进行扩建，初始投资为 350 万元，全部形成固定资产，直线折旧，累计折旧 300 万元，项目有效期 5 年，公司对该项目要求的收益率为 10%。该项目所需其他投资额以及相关财务数据如表 4-9 所示。

表4-9 天创公司投资项目预计现金流量分析表　　单位：万元

| 序号 | 项目 | 时刻0 | 时刻1 | 时刻2 | 时刻3 | 时刻4 | 时刻5 |
|---|---|---|---|---|---|---|---|
| 1 | 销售收入 | | 200 | 200 | 200 | 200 | 200 |
| 2 | 经营成本 | | -50 | -50 | -60 | -60 | -70 |
| 3 | 年折旧 | | -60 | -60 | -60 | -60 | -60 |
| 4 | EBIT | | 90 | 90 | 80 | 80 | 70 |
| 5 | 利息费用 | | -10 | -10 | -10 | -10 | -10 |
| 6 | 残值估计 | | | | | | 80 |
| 7 | 税前利润 | | 80 | 80 | 70 | 70 | 60+30[①] |
| 8 | 所得税(50%) | | -40 | -40 | -35 | -35 | -45 |
| 9 | 净利润 | | 40 | 40 | 35 | 35 | 45 |
| 10 | EBIT$(1-t)$[②] | | 45 | 45 | 40 | 40 | 35 |
| 11 | 投资额(包括营运资本投资) | -350 | | -6[③] | -8 | 4[⑤] | 10 |
| 12 | 每年自由现金流[④] | | 105 | 99 | 92 | 104 | 170[⑥] |
| 13 | NPV(10%) | 72.98 | | | | | |

注：① 项目设备投资共计350万元，共计提折旧300万元，期末设备账面残值50万元。由于残值变现收入估计80万元，因此残值应税收益为80-50=30(万元)，连同当年经营利润(60万元)一并纳税。② 税后经营收益=当年息税前收益(1-所得税税率)。③ 当年营运资本净投资额为6万元。④ 自由现金流=年税后经营收益+年折旧-当年投资净额。⑤ 当年收回先前投入的营运资本投资4万元。⑥ 当年自由现金流=年税后经营收益+年折旧-当年投资净额+残值变现收入。

表4-9显示，第1行至第9行是简化利润表，我们可以据此计算自由现金流。根据现金流发生时刻假设，每年年末，先将当年税后经营收益EBIT$(1-t)$计算出来，然后将非现金性费用(比如年折旧)加回，再减去当年投资净额(资本性支出和净营运资本投资)后即可得到每年的自由现金流。

显然，目标项目未来财务数据的估值将对每年自由现金流的结果产生重要影响，同时，会计处置的不同也将影响自由现金流，比如我们在例4-12中假设按直线折旧法对设备计提折旧，如果该目标项目采用加速折旧法计提折旧，则由于税盾效应，每年的自由现金流就会不同。

如果能够获得一组时间序列预计现金流量表，我们也可以方便地计算出自由现金流。即

$$FCFF = OCF + I(1-t) - CE \tag{4-10}$$

式中，OCF表示经营活动所产生的现金净流量，可直接从现金流量表中读出。

然而，由于各国会计制度存在差异，现金流量表格式和编制原则也存在差异。在这种情况下，现金流量表中的"经营活动所产生的现金净流量"不能被直接采用，而是需要事先进行一定的调整。

**概念自查4-2：**

1. 在估算项目预计现金流时，如何看待沉没成本？
2. 何为"期末假设"？
3. FCFF和FCFE的计算口径有何差别？

知识专栏 4-2：
为何投资评价基于现金性收益而非会计利润？

**2. 股东自由现金流的估算**

股东自由现金流（free cash flow of equity，FCFE）是指仅仅归股东所有的超过正常经营和投资需要的可以自由支配的现金流。由于将债权人排除在外，因此 FCFE 是指在调整利息支付、借款以及偿还债务后剩余的自由现金流，即

$$FCFE = NI + D - CE - \Delta WC + 新借债务额 - 偿还债务额 \qquad (4-11)$$

式中，NI 是净收益，归全体股东所有；$D$ 表示年折旧；CE 表示年资本性支出；$\Delta WC$ 表示年净营运资本投资增量。

## 第三节 贴现率计算和选择

确定贴现率是资本预算的第二个难点。前文已述，贴现率就是一种资本成本。资本成本具有两面性，对投资者来说，资本成本是投入资本的机会成本，是指投资者在同风险投资中可获得的最大的期望收益率。对融资者来说，他们或举债融资，或发新股融资，前者必须支付利息，后者必须发放股息，利息和股息均为融资者使用资本的代价（俗称资本成本或资本使用成本）。下文将分述它们的估算方法。

### 一、普通股成本（股东的期望收益率）

普通股成本是指公司普通股融资所需承担的成本（比如现金股利），或是指股票投资者的期望收益率。发新股和送股是公司增加普通股的主要方式，为便于讨论，我们在计算普通股成本时，不考虑它们在发行费等交易成本上存在的差异。普通股成本的估算办法不少，资本资产定价模型、股利增长模型和债券报酬法是最常见的估算办法。以资本资产定价模型为例，计算普通股成本就是分别估算无风险利率、$\beta$ 值和市场风险溢酬的过程。

#### （一）无风险利率的估算

在现实经济中，我们不难找到无风险资产的替代品，国债或政府债券就是合适的无风险资产。国债通常被视为没有违约风险的资产，其利率可以作为无风险利率。但是，为慎重起见，还需权衡债券期限、收益率形式和通胀水平。

**1. 如何选择国债期限**

按期限分，国债品种众多，我们该选择多长期限的国债利率作为无风险利率呢？理论上讲，应该选择同期国债利率作为无风险利率。也就是说，3 年期投资应该选择 3 年期国债利率，10 年期投资应该选择 10 年期国债利率。

对稳定股东而言，股票投资是一种长期投资，应选择长期国债利率作为无风险利率。在成熟经济体的投资实践中，最常见的做法是选用 10 年期国债利率作为无风险利率。

**2. 如何选择收益率**

平息债券和零息债券是国债的两种形式，通常，期限在 1 年（含 1 年）以下的短期国债采用零息债券形式，而 1 年期以上的国债采用平息债券形式。对平息国债而言，它有票面利率和到期收益率两种收益率，那究竟选择哪一种？

第一，票面利率。尽管中长期国债采用平息债券形式，但是它们在计息期长短、付息方式等方面存在很大差异，致使同风险、同期限国债的票面利率存在差异。因此，以中长期国

债的票面利率为无风险利率是不妥当的,可能会高估或低估真实的无风险利率。

第二,到期收益率。到期收益率是指国债的内含报酬率,即无套利均衡条件下的平均收益率。以上市交易国债为例,同风险、同期限国债的票面利率可能存在较大的差异,但是它们的到期收益率是一致的或存在很小的差异。因此,应该选用上市交易国债的到期收益率为无风险利率。

**例 4-13**:设 2 年期国债票面利率为 8%,面值为 100 元/张,若发行价为 100 元/张,则该国债的到期收益率为多少?

例 4-13 解析

### 3. 如何对待通胀

我们将含通胀的利率称为名义利率,将剔除了通胀的利率称为实际利率。那么,在选用无风险利率时,究竟应该使用名义利率还是实际利率呢?

根据估值原则,贴现率需与现金流匹配。含通胀的现金流应该使用名义利率进行贴现,实际现金流应该使用实际利率进行贴现。名义利率和实际利率存在下列关系:

$$1+r_{名义} = (1+r_{实际})(1+通胀率) \tag{4-12}$$

在实践中,我们通常按含有通胀的名义货币进行财务预测,并据此确定未来现金流。事实上,国债的未来现金流均按含通胀的货币计量,到期收益率其实就是含通胀的无风险利率。因此,无风险利率一般采用名义利率。

值得注意的是,学界和业界对名义利率和实际利率孰优孰劣的争论一直没有停止过。但有一点可以肯定,即当存在恶性通胀等情况时,使用实际现金流和实际利率是明智之举。

### (二) $\beta$ 值的估算

$\beta$ 值是指公司股票收益率对股票市场收益率变动的敏感度,它是公司股票收益率对股票市场收益率的协方差与股票市场收益率(通常用某一股票指数或市场指数收益率表达,比如沪深 300 收益率)方差的比值。

#### 1. 基于未来收益的估算

如果能够获知公司未来股票收益率以及未来市场指数收益率的概率分布,那么我们就可以基于未来收益来估算普通股成本的 $\beta$ 值。

第一,预测期的长度。理论上讲,预测期越长,公司因风险特征的变化所造成的影响就越小,但未来是不确定的。受能力所限,在估计 $\beta$ 值时,大多数机构投资者一般使用未来 5 年的数据,即仅做 5 年的预测。

第二,收益计量的时间间隔。收益可以用年、季表示,也可以用月甚至天表示,但在实践中,它们是有区别的。如果股票交易是活跃的或是连续的,那么收益计量的时间间隔长短就不是问题。如果股票交易不活跃或不连续,那么选择较短的时间间隔来计量收益就不合适了,可能会遇到因没有交易数据或交易数据少而无法估算收益的尴尬。

#### 2. 基于历史收益的估算

事实上,我们不能预知未来,无法获知股票 $i$ 未来收益率($\tilde{r}_i$)和股票市场未来收益率

($\tilde{r}_M$)的概率分布,因此,比较经济可行的做法是,用已经发生的历史收益率数据(假设未来是历史的延续)进行线性回归,估计出$\beta_i$。

公司股票的历史收益率数据和股票市场的历史收益率数据不难获取。事实上,我们可以借助一些大型的数据库(比如 wind 数据库)轻松地获取上市公司股票的历史收益率数据。股票市场的历史收益率也可以借助一些简单易行的办法进行估算。

第一,选取某一股票指数,计算该股票指数的市盈率,然后用其倒数计算股票市场的历史收益率。

第二,运用公式"(年底股票指数－上年年底股票指数)/上年年底股票指数"计算股票市场的历史收益率。

值得注意的是,若未来与过去和现在存在本质区别,那么基于历史收益的$\beta$值估算就不可取。如何判断未来与过去和现在存在本质区别呢?可能的方法是,了解公司未来的经营特征和财务特征是否会发生根本性变化。

### (三)市场风险溢酬的估算

市场风险溢酬是指股票市场期望收益率与无风险利率之间的差额。上文已述,我们无法在当下获知股票市场未来收益率$\tilde{r}_M$的概率分布,因此,几乎无法估算出股票市场的期望收益率$\bar{r}_M$。如果我们以某股票指数为市场组合的替代,那么该股票指数的历史收益率数据就可以用来估计市场组合的风险溢酬($\bar{r}_M - r_f$)。因此,股票市场预期收益率最常见的估算方法是对历史数据进行分析。

**1. 时间跨度选择**

为避免干扰因素的影响,应选择较长历史时间跨度,以真实反映一般投资者的预期收益率水平。比如,在中国,可选择 1990 年以来的历史数据计算股票市场平均收益率;在美国,可选择 1928 年以来的历史数据计算股票市场平均收益率。但是,需要注意一个问题。新兴市场国家或经济体的股票市场历史不长,且早期充斥着投机性,因此,根据全时段历史数据计算出的历史平均收益率往往很高,据此估算的股票市场期望收益率将大大高出一般股票投资者的预期收益率水平,同时高估了市场风险溢酬。

**2. 平均收益率的计算方法**

显然,在计算市场风险溢酬时,股票市场平均收益率的度量是关键。我们可以运用算术平均或几何平均方法计算股票市场平均收益率。那么,究竟哪种方法估计出来的股票市场平均收益率更为妥帖呢?经验显示,若基于历史收益进行估计,则算术平均法更合适。

---

**小案例 4-1:加息加大了股票价格波动**

加息是指一个国家或地区的中央银行提高利息的行为,从而使商业银行对中央银行的借贷成本提高,进而迫使市场利率向上。尽管加息的目的有很多,比如减少货币供应、抑制消费、应对通胀、减缓市场投机等,但是,每次加息都会降低包括股票在内的金融资产的价格。请你根据定价原理,给出加息降低股票价格的基本逻辑。

## 二、债务成本(债权人的期望收益率)

### (一)债务成本的定义

债务成本是指债务人的借款利息(假如不考虑发行费等交易成本),或是指债权人的期望收益率。

**1. 合约收益和违约风险**

本息偿还是债务人的合约义务,因此,债权人所得收益是事前约定的。即便债务人运用所借之款获得巨大成功,债权人也不能对高出合约约定利息之外的任何收益存有非分之想。但是,若债务人经营失败,则债权人很有可能无法完整获取合约所约定的本息,甚至血本无归,只能承受债务人的"违约风险"。

由于存在违约风险,因此债权人的实际收益可能低于合约所约定的收益。又由于债务人有违约的意愿和可能,因此债务人实际承担的成本可能低于合约约定的利息费用。债权人的期望收益率究竟是以实际收益率估算,还是以合约约定的收益率为准呢?

在实践中,常常将合约约定的利率作为债务成本。理由有两个:

第一,尽管债务人存在违约的意愿,也可以违约,但事实上,大多数债务人或债务总体上的违约概率还是较低的。

第二,违约风险的估算很难,故实际收益率难以估算,而合约所约定的收益率较易获取。

值得注意的是,当债权人面临巨大的违约风险时,比如面临经济危机,那么以合约所约定的利率为债务成本的估计值就不恰当了。

**2. 长期债务成本和短期债务成本**

有息债务有长期债务(包括长期银行借款和公司债券)和短期债务(包括短期银行借款、商业票据等)两类。因此,广义的债务成本应该是指各类长期债务和短期债务的加权平均债务成本。

在实践中,债务融资的直接目的是解决资金缺口,满足长期投资或短期投资之需。根据资金合理配置原理,切忌短债长投。因此,为避免违约风险,应该举借长期债务或使用权益资本进行长期投资。鉴于公司债务融资具有多元化的特征,为合理评价公司长期投资的价值,在确定债务成本时,就应剔除短期债务成本,仅考虑长期债务成本。但若公司长期投资项目滚动使用短期债务,那么可将这些短期债务视作长期债务,切忌在计算债务成本时剔除。

### (二)债务成本的估算方法

通常,我们能够使用债务合约所约定的收益来定义债务成本。下文将介绍估算债务成本的主要方法。

**1. 到期收益率法**

到期收益率是指债权人的内含报酬率,它是指在无套利均衡条件下,债务价值和价格相等时的贴现率。即

$$P_0 = \sum_{i=1}^{N} \frac{I}{(1+r_d)^t} + \frac{P}{(1+r_d)^N} \qquad (4-13)$$

式(4-13)是平息债务到期收益率的计算公式,其中 $I$ 是根据约定利率和本金计算出的利息,每期支付;$P$ 是指债务本金;$N$ 是指债务期限;$r_d$ 是指债务到期收益率;$P_0$ 表示债务目前的价格。

该估算方法适用于正在上市交易的公司债券,设债务价格和价值相等,运用内插法或 Excel 计算债务到期收益率。

**2. 比照公司法**

若公司目前没有上市交易的公司债券,可在资本市场上寻找一个或多个比照公司。比照公司需符合两个条件:一个是比照公司的经营特征和财务特征(比如增长率、投资回报率、资本结构等)与目标公司很相像;另一个是比照公司拥有上市交易的公司债券。

选出比照公司之后,先计算出每家比照公司上市交易的公司债券的到期收益率,然后进行加权平均,并将加权平均值作为目标公司的债务成本。

**3. 风险调整法**

风险调整法是通过同期国债利率加上信用风险补偿率来估算债务成本的方法。债务成本可按式(4-14)进行估算:

$$\text{税前债务成本} = \text{同期国债利率} + \text{目标公司信用风险补偿率} \quad (4-14)$$

式(4-14)中,同期国债利率应该换算成同期国债到期收益率,目标公司信用风险补偿率(也称风险溢酬)可使用比照公司法,其计算过程为:

首先,根据信用评级资料确定目标公司的信用等级,并选取同等风险的上市长期债券(在运转良好的资本市场上,这样的债券不止一个);其次,分别计算出这些上市长期债券的到期收益率;再次,将它们分别与同期国债到期收益率进行比较,并计算出信用风险补偿率;最后,计算平均信用风险补偿率。

此方法适用于如下情形:如果目标公司既没有上市长期债券,又没有比照公司,但拥有信用评级资料,那么风险调整法不失为一种好的债务成本估算方法。

**4. 财务比率法**

财务比率法是指通过测度目标公司的关键财务比率,与行业标准或行业内的标杆公司进行比较,推断目标公司的信用等级,然后借助风险调整法确定目标公司债务成本。因此,使用财务比率法的关键有以下几点:

第一,筛选用于评价信用等级的一系列重要财务比率,包括评价盈利性、公司规模和杠杆水平的三类财务指标。

第二,分别计算目标公司的重要财务比率以及所在行业的重要财务比率的均值,即行业均值。

第三,对比行业均值,给出目标公司信用等级的建议。

第四,借用风险调整法计算目标公司的债务成本。

此方法适用于如下情形:目标公司既没有上市长期债券,又没有比照公司,还没有无须加工的信用评级资料。

**5. 非投资级债务成本的估算方法**

对投资级债务而言,其违约风险小,$\beta$ 值很小,可视作零,但是非投资级债务存在较大的违约风险。对违约风险大、信用等级低的非投资级债务而言,其期望收益率和约定到期收益率(承诺收益率)一定存在较大差别,承诺收益率会大大偏离债务成本,因此用承诺收益率来估算非投资级债务成本是不妥的。

(1) 基于违约风险的估算方法

对非投资级债务而言,其违约风险较大,因此,其期望收益率与约定到期收益率会存在不一致性。其期望收益率为:

$$r_d = (1-p)y + p(y-L) = y - pL \tag{4-15}$$

式中,$p$ 表示违约概率;$L$ 表示违约时每 1 元债务投资的预期损失率,$y$ 表示约定到期收益率。

**例 4-14**:设公司发行垃圾债券融资,该债券面值 1 000 元/张,期限 5 年,票面利率为 10%,按 1 000 元/张发行,设该债券信用等级为 B。信用评级公司的资料显示,B 级债券的平均违约率为 15%,一旦违约,损失率为 50%。如何估算该债券的期望收益率?

例 4-14 解析

**小案例 4-2:垃圾债券和 CDS**

某投资者拟购买 A 公司发行的垃圾债券,但摄于违约风险,他准备同时向 B 金融机构购买 CDS(credit default swaps),每年按约定支付保费。CDS 是一种信用违约合同。CDS 为该投资者持有垃圾债券提供了保险,一旦发生支付违约,B 金融机构将保障投资者的本金。可以说,垃圾债券的购销两旺得益于 CDS 的普及。请问,CDS 是否会影响该投资者的期望收益率?

(2) CAPM 模型

我们也可以使用 CAPM 模型来估算非投资级债务成本,具体步骤如下:

第一,估算非投资级债务的 $\beta$ 值。理论上讲,我们可以使用股权 $\beta$ 值的估计方法,来度量债务 $\beta$ 值。但事实上,不少债务(包括银行贷款和公司债券)很少交易或缺乏交易,我们缺乏单个债务的历史回报率数据,因此我们无法基于债务的历史收益率数据来直接估计债务的 $\beta$ 值。若我们能够间接地得到债务的平均 $\beta$ 值①数据,比如 B 级债务的平均 $\beta$ 值为 0.2,那么我们就可以间接地获得同等风险债务的 $\beta$ 值。

第二,结合国债 $\beta$ 值,估算非投资级债务的风险溢酬。比如,非投资级债务的 $\beta$ 值为 0.2,国债的 $\beta$ 值为 0,市场风险溢酬为 5%,那么非投资级债务的期望收益率比国债到期收益率多了 1%[=(0.2-0)×5%]的风险溢酬。

第三,根据 CAPM 模型,估算非投资级债务成本。比如,若国债到期收益率为 2%,那么非投资级债务成本为 3%(=2%+1%)。

**6. 税前和税后债务成本**

债务成本有税前债务成本和税后债务成本之分(以上方法所取得的债务成本均为税前债务成本),我们可以从债务人和债权人角度分别进行解读。

对债务人而言,由于债务成本在税前列支,即在应税收入中予以扣除,债务人的税收支出相应减少,因此利息的省税作用使得债务税后成本远低于税前成本,债务人实际的债务成本应该是税后债务成本。

---

① 在成熟的经济体,债务的平均 $\beta$ 值数据通常由机构投资者或金融服务机构提供。

但对债权人而言,其期望收益率不是税后债务成本,仍旧是税前债务成本。理由是:尽管债务人因支付利息费用而减少了应税收入,但债务人并没有减少利息的实际支付额,他们仍需按债务合约的约定(即税前债务成本)支付给债权人利息,因此债权人的期望收益率仍旧是税前债务成本。

### 三、公司加权平均资本成本(投资者平均期望收益率)

公司既是投资者又是融资者,公司资本的来源通常呈现多元化态势,因此公司的资本成本应该是加权平均资本成本,或可理解为债权人和股东对该公司的平均期望收益率。如何确定权重,以及如何估算公司的加权平均资本成本呢?

(一)权重的测度

在计算公司加权平均资本成本时,权重是指各类资本占总资本的比重。由于各类资本的测度方法不一,因此加权平均资本成本也将因权重测度方法的不同而不同。通常,权重有三种测度方法。

**1. 基于账面价值**

账面价值权重是指以资产负债表中显示的债务资本和权益资本的会计价值(也称账面价值)来测度各类资本在总资本中所占的比重。

由于各类资本的会计价值反映的是过去某一时点的情况,因此账面价值权重相对稳定,据此计算的加权平均资本成本也比较平稳。这是账面价值权重测度方法的主要优点。

若资本市场运转良好,则账面价值就不能公允地反映债权和股权的真实价值。因此,账面价值权重测度方法很可能扭曲公司加权平均资本成本。在公司有着良好的未来预期时,该测度方法将大大低估公司权益资本价值,进而大大低估公司加权平均资本成本;在公司未来预期糟糕时,该测度方法则会高估公司加权平均资本成本。

**2. 基于实际市场价值**

实际市场价值权重是指用当下公司债权和股权的市场价值(在实践中,通常选用市场价格)来测度各类资本在总资本中所占的比重。

公司在未来的获利能力、成长机会以及无形资产的增长上存在差异,这些不同点会反映在公司债权和股权的价格上。如果公司有着良好的未来预期,那么其股票价格将走高,权益资本的权重将提高。显然,实际市场价值权重的优势主要在于,它可以反映公司未来的获利能力、成长机会以及无形资产的增长,更真实地反映公司债权和股权资本的价值,进而公允地揭示公司加权平均资本成本或投资者的平均期望收益率。

在运转良好的资本市场上,由于债权和股权市场价格多变,因此实际市场价值权重具有较大的波动性,据此计算的加权平均资本成本具有相对不稳定性。

**3. 基于目标资本结构**

从理论上讲,目标资本结构是指通过增加或减少债务已无增加公司价值可能时的债务资本占总资本的比重。通俗地说,目标资本结构是指公司最佳的债务资本和权益资本的配置比例。有证据表明,每家公司确实存在目标资本结构,一旦发生偏离,公司会及时进行调整。公司的目标资本结构主要有两个"标杆":一是评级机构给出的与每类信用等级对应的资本结构;二是比照公司的资本结构。

一方面,我们需要用市场价值来刻画目标资本结构,另一方面,一旦偏离目标资本结构,我们需要及时调整资本配置来纠偏。因此,这种权重的测度方式综合了前两种权重的优点。

(二)无杠杆公司的资本成本

无杠杆公司是指采用100%权益融资的公司,权益融资包括发行新股和收益留存两部分,在此类公司中,股东是公司唯一的投资者。因此,无杠杆公司的资本成本就是权益资本成本,权益资本成本就是股东的期望收益率。在公司金融实践中,许多公司利用CAPM模型来估算公司权益资本成本。即

$$r_s = r_f + \beta(\bar{r}_M - r_f) \tag{4-16}$$

由式(4-16)可知,我们需要估算公司股票的$\beta$值、无风险利率和市场风险溢酬。为便于理解,我们特举例说明。

**例4-15**:设天创公司为无杠杆公司,100%权益融资。假如最近4年天创公司股票收益率与标准普尔500指数收益率如表4-10所示。为满足市场供应,2019年,公司准备增加一条生产线。又假设无风险利率为3.5%,市场风险溢酬为9.1%[①]。公司的资本成本是多少?

表4-10 最近4年天创公司股票收益率 单位:%

| 年份 | 天创公司股票收益率 | 标准普尔500指数收益率 |
|---|---|---|
| 1 | -9 | -30 |
| 2 | 4 | -20 |
| 3 | 20 | 10 |
| 4 | 13 | 20 |

例4-15解析

值得注意的是,随着时间的推移,公司所从事的行业可能发生变化,公司的$\beta$值可能随之发生改变。即便公司不改变行业属性,只要公司业务重点、产品结构发生变化,公司的$\beta$值也会发生改变。此外,如果公司引入债务融资,则公司的$\beta$值也会发生改变。

(三)杠杆公司的资本成本

杠杆公司是指非100%权益融资的公司,即公司的资本结构[②]中将包括部分债务资本。因此,我们必须考虑债务融资对公司资本成本的影响,用公司加权平均资本成本($r_{WACC}$)来表示杠杆公司资本成本。又由于此类公司的投资者包括股东和债权人,因此我们可以将杠杆公司的资本成本理解为公司投资者的平均期望收益率。

假定公司部分资金通过举债融资加以解决,借款成本为$r_b$,并按权益成本$r_s$获得权益资本。公司的资本成本应该以加权平均资本成本的方式表达,即

---

① 9.1%能够用于未来期望风险溢酬估计的假设条件是市场组合存在一个标准、稳定的风险溢酬。
② 资本结构是指不同资本在总资本中所占的比重。

$$r_{\text{WACC}} = \frac{S}{S+B} \times r_s + \frac{B}{S+B} \times r_b \tag{4-17}$$

式中,$r_{\text{WACC}}$表示公司加权平均资本成本,是投资者的平均期望收益率;$S$表示权益资本;$B$表示债务资本;$S/(S+B)$表示权益资本在总资本中所占的比重;$B/(S+B)$表示债务资本在总资本中所占的比重。

例 4-16 解析

**例 4-16**:承例 4-15,2019 年,假设天创公司普通股每股市价为 10 元,发行在外的普通股股数为 700 万股,企业负债的市场价值为 3 000 万元,借款年利率为 5%。国债利率为 3.5%,市场风险溢酬为 9.1%。公司所得税税率为 30%,公司股票的 $\beta$ 值为 0.465。试计算公司加权平均资本成本。

### (四)自由现金流与公司资本成本如何匹配

在进行估值时,需使用合适的期望收益率对特定的自由现金流进行贴现,两者相匹配的基本原理为:

第一,股东自由现金流(FCFE)应该与权益资本成本或股东期望收益率或无杠杆公司资本成本匹配。理由是 FCFE 仅归公司股东所有,因此,对应的贴现率应该是权益资本成本或股东期望收益率($r_s$)。

第二,公司自由现金流(FCFF)应该与杠杆公司资本成本或加权平均资本成本匹配。理由是 FCFF 归公司股东和债权人共同所有,因此,对应的贴现率应该是加权平均资本成本或投资者的平均期望收益率($r_{\text{WACC}}$)。鉴于 FCFF 中未含有利息税盾,为此,应该选用税后 $r_{\text{WACC}}$ 对 FCFF 进行贴现来估值。

## 四、项目贴现率

行文于此,我们已经知晓计算贴现率的基本技术,理应可以来估算目标项目的贴现率,并据此进行估值。然而,直接运用 CAPM 模型来计算目标项目的贴现率还是存有难点,比如目标项目是新项目,缺乏可参考的历史数据,不易估算项目的 $\beta$ 值。如何应对?理想的做法是运用比照公司法,即寻找与目标项目同等风险的公司,并用该公司的资本成本作为目标项目的贴现率。

### (一)公司资本成本与项目贴现率之间的关系

公司资本成本是指公司投资者的平均期望收益率。新项目是否可以将持有公司(新项目持有者)的资本成本作为贴现率来进行估价?

如果公司拥有的新项目的风险与公司整体风险一致,比如新项目属于公司现有业务的延伸或拓展,那么我们可以将公司的资本成本作为新项目的贴现率,并据此贴现与公司整体风险一致的新项目的现金流。

如果公司拥有的新项目的风险与公司整体风险差异很大,比如公司属于钢铁行业,而其拥有的新项目为软件开发项目,那么将公司的资本成本作为新项目的贴现率是不合适的,此举会低估新项目的期望收益率;如果该公司拥有的新项目为建立一家零售企业,那么公司的资本成本与新项目的期望收益率也不搭。

从本质上讲,任何新项目的贴现率应该由其自身风险决定,而非由持有公司的风险决定。用持有公司的资本成本来贴现其所持有的所有项目的现金流,或者用持有公司的资本成本作为是否采纳新项目的依据,其结果可能会拒绝一些好项目,而接受一些坏项目。正确的做法是,软件开发项目的贴现率应该以软件企业(相同风险)的资本成本为参照,而零售项目的贴现率应该以零售企业(相同风险)的资本成本为参照。

观察图4-4,甲公司面临三个项目,该如何抉择?我们会得到一些更一般的结论。

项目A的预计收益率为14%,高于12%的公司资本成本,我们很容易接受项目A。但是,项目A真正的贴现率应该是位于其上方的证券市场线上所对应的期望收益率,而非其下方的甲公司资本成本,说明项目A的风险高于甲公司。鉴于项目A位于证券市场线的下方,说明其预计收益率低于期望收益率,是一个"坏"项目,应该拒绝。

项目B的预计收益率为9%,而公司的资本成本为12%,我们很容易拒绝项目B。理由是项目B的预计收益率低于公司资本成本。但是,项目B真正的贴现率不是其上方的甲公司资本成本,而是项目B下方的证券市场线上所对应的期望收益率,说明项目B的风险低于甲公司。鉴于项目B位于证券市场线的上方,说明其预计收益率大于期望收益率,是一个"好"项目,应该接受。

对于项目C,其预计收益率为12%。项目C位于证券市场线上,说明项目的期望收益率为12%。公司的资本成本为12%,说明甲公司与项目C的风险相同。此时,项目的贴现率既可以是证券市场线上所对应的期望收益率,也可以是甲公司的资本成本。

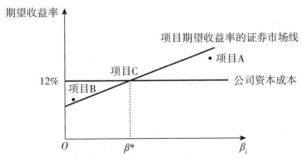

**图4-4 公司资本成本和CAPM模型要求收益率比较**

可见,目标项目的贴现率并不完全等同于持有公司的资本成本。只有当目标项目与持有公司的风险相同时,持有公司的资本成本才可以用作目标项目的贴现率。否则,需寻觅与目标项目具有常规风险的比照公司,然后用比照公司的资本成本作为目标项目的贴现率。

(二) 项目贴现率的选择和计算

在公司金融实践中,公司持有的大多数投资项目的风险与持有公司的风险不相上下,公司资本成本便成了这些常规风险项目的合适贴现率。因此,用持有公司的资本成本作为常规风险项目的贴现率,将大大简化常规风险项目的价值评估工作。

例4-17解析

**例 4-17**：承例 4-15 和 4-16，假设天创公司普通股每股市价为 10 元，发行在外的普通股股数为 700 万股，企业负债的市场价值为 3 000 万元，借款年利率为 5%。国债利率为 3.5%，市场风险溢酬为 9.1%。公司股票的 $\beta$ 值为 0.465。为满足市场供应，2019 年，公司准备增加一条生产线。该生产线投资项目的贴现率是多少？

**概念自查 4-3：**

1. 什么是资本成本？
2. 什么是公司加权平均资本成本？
3. 公司加权平均资本成本是否可以作为项目的贴现率？

若将例 4-17 中新项目风险与公司风险相同的假设条件释放，那么该项目价值应该按照与其自身 $\beta$ 值相适应的贴现率进行估计。

承例 4-17，假如天创公司于 2019 年改投一软件项目，其他条件不变。那么，在确定该项目的期望收益率时，最大的差异性在于项目 $\beta$ 值的估计。通常，该 $\beta$ 值的估计有以下几条路径：

第一，以软件行业平均 $\beta$ 值为新项目 $\beta$ 值的近似。但在多元化经营的状态下，如果软件行业的业务内容庞杂，那么以软件行业平均 $\beta$ 值为新项目 $\beta$ 值的参照不一定站得住脚。

第二，以软件行业平均 $\beta$ 值为基础，并根据经验小幅调高 $\beta$ 值，作为新项目的 $\beta$ 值。这是公司金融实践中普遍运用的方法。其理由是，$\beta$ 值通常由经济周期性、经营风险和财务风险决定，在瞬息万变的现实经济环境下，新项目通常比行业中已有企业承受更大的风险。

知识专栏 4-3：选择贴现率的基本逻辑

## 第四节 资本预算的运用

上文介绍了资本预算的两个难点（自由现金流估算和贴现率计算），下面将介绍净现值法则运用以及等价年度成本法。

### 一、净现值法则运用

在投资决策中，净现值法则是普遍适用的法则，它是最不易犯致命决策错误的法则。它既可以用于静态投资决策分析，又可以用于动态投资决策分析。但是，在动态投资决策分析方面，净现值法则开始显露出力不从心的态势。

**例 4-18**：假如 A 酒店拟加盟万里酒店项目，期限 5 年，相关资料如下：

（1）保证金为 10 万元，一次性收取，合同结束后全额归还（无利息）。

（2）初始加盟费按酒店房间数计算，A 酒店现有房 200 间，每间房加盟费 3 000 元，初始加盟费一次性收取，可视作无形资产，分 5 年平均摊销。

（3）由于使用了万里酒店名称，因此每年需交纳特许经营费，且按营业收入的 10% 计算，加盟后每年年底支付。

（4）A 酒店现租用的房屋约 5 000 平方米，租金为 1 元/平方米/天，全年按 360 天计，每年年底支付租金。

（5）A 酒店每间房定价为 200 元/天，全年入住率约 85%，每间房的客户用品、洗涤费、能源费等约 30 元/天。

(6) 酒店每年年底需支付 30 万元的固定付现成本。

(7) 酒店人工成本约 100 万元/年,每年年底支付。

(8) 酒店运营需投入 50 万元营运资本,初始一次性投资,合同期满后全额收回。

(9) 酒店的员工补贴按营业收入的 5% 计付。

(10) 初始购置固定资产 375 万元,不考虑残值,按平均年限法进行折旧。

(11) 万里酒店集团的 $\beta$ 值(权益)为 1.5,假定 A 酒店和万里酒店集团的杠杆水平一致,均为无债务公司。设无风险利率为 5%,风险溢酬为 8%,所得税税率为 0。

该投资项目的贴现率和净现值分别是多少?

例 4-18 解析

## 二、等价年度成本法

在公司金融实践中,投资者经常会遇到一些常规的投资决策,比如不同使用寿命设备的选择、新旧设备替换决策等。我们可以用静态投资决策分析法对此类投资决策进行分析。根据静态投资决策分析法,我们假设目标项目被采用后,投资者会严格按照当下制订的投资计划执行到底。

### (一) 不同使用寿命设备的选择

我们可以了解一下等价年度成本法。

**例 4-19**:假如天创公司购置设备,现有两种设备可供选择,这两种设备生产完全相同的产品。设备 A 和 B 的寿命、初始投资额以及每年使用成本见表 4-11,投资者要求收益率为 10%。

**表 4-11 设备 A 和 B 的寿命、初始投资额和每年使用成本**　　　　　单位:万元

| 设备 | 时刻 0 | 时刻 1 | 时刻 2 | 时刻 3 | 现值 |
|---|---|---|---|---|---|
| A | 14 | 1 | 1 | 1 | 16.49 |
| B | 10 | 1.3 | 1.3 | 0 | 12.26 |

表 4-11 显示,设备 A 寿命 3 年,3 年内所有支出的现值为 16.49 万元;设备 B 寿命 2 年,2 年内所有支出的现值为 12.26 万元。我们假定 A、B 两种设备生产完全相同的产品,也就是说,我们假定两种设备的产出是一致的,因此我们重点比较它们的现金流出。但是,我们不能因为设备 B 现金流出少而选择该设备,因为设备 B 寿命短于设备 A。那么,如何进行选择?

例 4-19 解析

等价年度成本是指目标项目投资期内,基于该期间现金流出现值的年金,即

$$\sum_{t=1}^{N} \frac{\text{EACF}}{(1+r)^t} = \sum_{t=1}^{N} \frac{\text{CF}_t}{(1+r)^t} + \text{CF}_0 \qquad (4-18)$$

知识专栏 4-4：如何寻找正净现值投资项目？

式中，$CF_t$ 表示第 $t$ 期现金流出量；$CF_0$ 表示初始投资额；$r$ 表示贴现率；EACF 表示年金。

使用等价年度成本法可知，购置设备 A 是较优的选择。但是，如果我们考虑未来的新机遇，比如考虑通胀、考虑技术进步带来的设备价格的下降、考虑新设备的出现带来生产能力的提高等因素，那么设备 B 留给我们的机会好于设备 A，因为它可以提早一年享受到设备价格下降、新设备带来新生产力的好处。也就是说，从动态的角度来看，设备 A 并非一定优于设备 B。

（二）新旧设备替换决策

**例 4-20**：假如天创公司现使用的老设备每年的修理费和残值如表 4-12 所示。现拟购置一台新设备，初始投资为 9 000 元，设备使用寿命为 6 年，每年的修理费预计为 200 元，设备无残值。新老设备所产生的年收入是一样的。假如投资者期望收益率为 10%。公司是应该继续使用老设备，还是购置新设备？

表 4-12 老设备每年的修理费和残值　　　　　　　　　　　　单位：元

| 时刻 | 修理费 | 残值 |
|---|---|---|
| 0 | 0 | 4 000 |
| 1 | 1 000 | 2 500 |
| 2 | 2 000 | 1 500 |
| 3 | 3 000 | 1 000 |
| 4 | 4 000 | 0 |

例 4-20 解析

## 本章小结

1. 项目投资具有不可逆的特点，即便投资者事后发现投资失误，也很难将此项目变现。因此，在项目投资之前，需对目标项目的未来经营状况进行预测分析，判断该项投资所产生的未来现金性收益是否能够弥补期初的投资，是否可以为有关投资者或公司提供令人满意的投资回报。

2. 为什么在公司金融实践中，以现值为基础的内含报酬率法和净现值法被众多公司所采用并广为推崇？那是因为，获利指数法和投资回收期法缺乏较坚实的理论依据，这两个指标与是否最大化股东财富之间的关系不显著。在资本约束条件下，投资回收期最短的项目是首选投资项目，但并不一定是能最大化股东财富的投资项目。同理，获利指数最大的项目也并不是能最大化股东财富的投资项目。如果将内含报酬法和净现值法进行比较，净现值法则更胜一筹。

3. 净现值法建立在对未来现金流和贴现率的预期基础之上，它表明的仅仅是未来投资收益可能的平均水平值。未来存在许多变数，投资项目的实际现金流与预计现金流会出现差异，风险越大，其偏离预期现金流的程度就越大。值得庆幸的是，我们还是能够借助一些分析方法了解可能导致项目陷入困境的主要原因，以及解决这些问题所要付出的代价。

4. 传统的资本预算方法都是静态分析方法，没有考虑项目持有人可以利用未来的新机遇改变投资计划的情形。

5. 投资项目的现金流主要有三类：一是初始投资额，二是项目存续期内每年的现金流入和现金流出，三是项目到期或终止时的变现现金流（或称残值变现收入）。由于初始投资是现金流出现值，项目到期时的残值变现收入通常是估计值,项目存续期越长,该残值的贴现值就越小,对投资决策的影响也就越小。因此,在计算净现值时,主要的贴现对象是目标项目存续期内每年的现金流入和现金流出。

6. 贴现率就是一种资本成本。资本成本具有两面性,对投资者来说,资本成本是投入资本的机会成本,是指投资者在同风险投资中所能获得的最大的期望收益率。对融资者来说,资本成本是资金的使用成本。

## 重要术语

净现值法 获利指数法 内含报酬率法 投资回收期法 互斥方案 自由现金流 资本成本 普通股成本 债务成本 公司加权平均资本成本 项目贴现率 等价年度成本

## 习题

### 简易题

1. 某项目需投资100万元,预计今后3年每年税前现金流入为45万元,公司承担30%的所得税税率,公司要求收益率为10%,不考虑通胀因素。

(1) 计算该项目的净现值。

(2) 计算内含报酬率。

2. 某投资者拟在下面两种投资项目中择其一进行投资:

| 项目 | 现金流(万元) | | | 内含报酬率(%) |
| --- | --- | --- | --- | --- |
| | $C_0$ | $C_1$ | $C_2$ | |
| A | -400 | +250 | +300 | 23 |
| B | -200 | +140 | +179 | 36 |

已知资本成本为9%,该投资者的投资意向是项目B,因为它有较高的内含报酬率。

(1) 请指出该投资者的不妥之处。

(2) 用净现值法提供决策依据。

### 中等难度题

3. 某项目需要60 000元的初始投资(全部形成固定资产),预计资产使用寿命6年,今后6年每年可产生EBIT 6 000元。A公司拟进行投资,设其拥有税收优惠,免征所得税。B公司也有投资意向,其没有税收优惠,须按30%的公司所得税税率纳税。设按直线折旧法进行折旧(不考虑残值),不考虑利息费用。

假设资本成本为10%,通货膨胀忽略不计。

(1) 分别计算A、B公司投资该项目的净现值。

(2) 两家公司的税后现金流的内含报酬率分别为多少?内含报酬率的比较说明公司税率有何影响?

4. 由于生产工艺的改进,某公司可以将现有的两台设备售出一台,两台设备功能相同,但使用时间不同。较新的设备现在可卖得50 000元,其年运营成本为20 000元,但5年后该设备需要花费20 000元大修,此后,它可继续使用至第10年年末,但年运营成本将升至30 000元,10年后最终出售时还可得款7 000元。

老设备现在可卖得40 000元,如果留用需要花费20 000元大修,此后,它可继续使用至第5年年末,年运营成本为30 000元,5年后最终出售时可得款6 000元。

截至目前,两台设备均已完全折旧(即折旧已经全部计提完),公司所得税税率为30%,预估现金流为实际现金流,实际资本成本(贴现率)为10%。该公司应该售出哪台设备?(提示:建议用等价年均成本法进行比较)

5. 某房地产公司的普通股总市值为800万元,其负债总价值为100万元,借款利率为6%。公司股票当前的$\beta$值为1.2,市场组合的期望收益率为9%,国库券到期收益率为3%。

(1) 该公司股票要求的收益率为多少?

(2) 估计该公司的资本成本。

(3) 该公司拓展现有业务时的贴现率是多少?

(4) 假设公司想转型,涉足塑钢制造业,塑钢企业股票的$\beta$值为0.8。请估计新投资所要求的收益率。

6. 丁公司2018年相关资料如下：

（1）公司净资产为10元/股（公司仅发行普通股，没有发行优先股）；

（2）每股净利润（EPS）为1元；

（3）每股股利为0.4元；

（4）目前股票价格为15元/股；

（5）预计未来不增发新股，并保持经营效率和财务政策不变；

（6）国债利率为3%，股票市场平均收益率为9%，丁公司股票与股票市场的相关系数为0.5，丁公司股票标准差为1.96，股票市场标准差为1。

要求：

（1）运用CAPM模型计算该公司股票的资本成本（期望收益率）；

（2）运用股利增长模型计算该公司股票的资本成本。

7. 某公司正在研究一项生产能力扩张计划的可行性，需对资本成本进行估计。相关资料如下：

（1）公司现有长期负债：面值为1 000元/张，票面利率为12%，每半年付息，债券还有5年到期，目前市价为1 051.19元/张（不考虑发行成本）。

（2）公司现有普通股：当年市价为50元/股，最近一次支付的股利为4.19元/股，估计股利的永续增长率为5%，该股票的$\beta$值为1.2。公司不准备增发新股。

（3）资本市场：国债利率为5%，市场组合平均风险溢酬为6%。

（4）公司所得税税率为30%。

要求：

（1）计算公司债务成本。（提示：债务成本用到期收益率表示）

（2）计算公司普通股成本。

（3）假如公司债务资本比重为30%，权益资本比重为70%，计算公司WACC。

8. 某项目产生的预计现金流如下：

单位：万元

| 时刻 | 0 | 1 | 2 | 3 |
|---|---|---|---|---|
| 金额 | −200 | 400 | 500 | 600 |

项目的$\beta$值估计为1.5，市场收益率$r_m$为10%，无风险利率$r_f$为3%。

（1）估计项目的贴现率和现值（对每笔现金流使用相同的贴现率）。

（2）每年年末现金流入中的确定性价值（即剔除风险后的价值）为多少？

**高等难度题**

9. A酒店拟加盟万豪酒店项目，期限10年，相关资料如下：

（1）初始加盟保证金为20万元，一次性收取，合同结束后全额归还（无利息）。

（2）初始加盟费按酒店房间数计算，A酒店现有房150间，每间房加盟费2 000元，初始加盟费一次性收取，可视作无形资产，分10年平均摊销。

（3）由于使用了万豪酒店名称，因此，每年需交纳特许经营费，且按营业收入的20%计算，加盟后每年年底支付。

（4）A酒店现租用的房屋约10 000平方米，租金为2元/平方米/天，全年按365天计，每年年底支付租金。

（5）A酒店每间房定价为100元/天，全年入住率约95%，每间房的客户用品、洗涤费、能源费等约20元/天。

（6）酒店每年年底需支付30万元的固定付现成本。

（7）酒店人工成本约80万元/年，每年年底支付。

（8）酒店运营需投入30万元营运资本，初始一次性投资，合同期满后全额收回。

（9）酒店员工补贴按营业收入的2%计付。

（10）初始购置固定资产500万元，不考虑残值，按平均年限法进行折旧。

（11）万豪酒店集团的$\beta$值（权益）为1.2，假定A酒店和万豪酒店集团的杠杆水平一致，均为无债务公司。设无风险利率为3%，市场风险溢酬为6%，所得税税率为30%。

要求：

（1）计算A酒店加盟万豪酒店后每年的税后利润和自由现金流（可列表）。

（2）计算该项目的贴现率。

(3) 计算该项目的净现值。

10. B公司拟投资一项目,相关资料如下：

(1) 预计该项目需固定资产投资1 500万元,存续期为5年,预计残值为0,采用直线法计提折旧。

(2) 预计付现固定成本(不含折旧)为100万元/年,变动成本为400元/件。

(3) 预计各年销量为10万件,售价为500元/件。

(4) 需投入营运资本400万元,初始一次性投资。

(5) 设B公司为上市公司,公司$\beta$值(权益)为1.2,设该项目和B公司的杠杆水平一致,公司债务：权益为1∶1,风险也一致。

(6) B公司目前的借款平均利率为8%,预计未来借款平均利率将上升至10%。

(7) 设无风险利率为3%,市场组合收益率为7%,所得税税率为30%。

要求：

(1) 计算该项目的贴现率。

(2) 计算该项目的净现值。

习题参考答案

## 参考文献

1. INGEROSLL J E. ROSS S A. Waiting to investment: Investment and uncertainty [J]. Journal of Business, 1992(65): 1—29.

2. MYERS S. Interactions of corporate financing and investment decisions: Imlications for capital budget [J]. Journal of Finance, 1974, 29 (March): 1—25.

3. 罗斯等.公司理财[M].吴世农,等,译.北京：机械工业出版社,2000:149。

4. 中国注册会计师协会.财务成本管理[M].北京：中国财政经济出版社,2013.

5. 朱叶,王伟.公司财务学[M].上海：上海人民出版社,2003.

# 第五章
# 投资风险调整方法

> 【学习要点】
>
> 1. 资本预算复杂性。
> 2. 敏感性分析。
> 3. 情景分析。
> 4. 蒙特卡洛模拟。
> 5. 决策树法。

我们在前文讨论资本预算的基本技术时,假定未来是确定的。但资本预算建立在对未来预测的基础之上,未来充满未知,诸如销量、售价、成本、费用、资本市场的供需关系、项目存续期、通胀、经济前景等因素都会出现非预期变化。因此,若不对未来的不确定性予以充分考虑和估计,那么资本预算就毫无价值可言。本章介绍投资风险调整的基本方法。

## ■ 第一节 投资风险调整的基本分析框架

未来具有不确定性,投资项目的实际现金流会不同程度地背离预期现金流,实际投资收益率也会偏离期望收益率。目标项目的风险越大,其实际现金流和实际收益率偏离预期现金流和预期收益率的程度就越大。因此,为了提高资本预算的可信度,需对风险进行适当调整。在净现值法则下,分子策略(即调整预计现金流 $CF_t$)和分母策略(即调整贴现率 $r$)是两种风险调整的基本分析框架。

### □ 一、分子策略原理

分子策略泛指调整未来预计现金流的方法和对策。狭义上讲,它专指确定性等值法(certainty epuivalents, CEs),是最直接也是理论上最受偏爱的方法之一。此处仅以确定性等值法说明分子策略的原理,广义的分子策略将在本章第二节中进行讨论。

**1. 确定性等值的概念**

项目的预计现金流基于预测,但未来不可知,预计现金流的些许估计偏差可能会严重影响估值结果。因此,将不确定的预计现金流转换成确定性等值不失为一个好主意。若这种做法可行,那么就能消除人们对资本预算的质疑。

由于未来具有不确定性,因此目标项目未来预计的现金流中均含有风险价值。如果我们能够将风险溢酬从未来现金流中分离出来,那么余下的现金流便是确定性等值(等价现金流,certainty-equivalent cash flow)。因此,确定性等值就是不含风险价值的现金流量。现举例说明确定性等值的计算过程。

**例 5-1**:设某项目产生的预计现金流如表 5-1 所示。项目的 $\beta$ 值估计为 1,市场收益率 $r_m$ 为 9%,无风险利率 $r_f$ 为 3%。

表 5-1 项目预计现金流　　　　　　　　　　　　单位:万元

| 年份 | 0 | 1 | 2 | 3 |
|---|---|---|---|---|
| 预计现金流 | -90 | 50 | 60 | 70 |

根据 CAPM 模型,该项目的贴现率为:

$$r = 3\% + 1 \times (9\% - 3\%) = 9\%$$

未来 3 年,每年年末的现金流入(50 万元、60 万元和 70 万元)都含有风险价值,我们先将该项目每年预计的现金流进行贴现,然后分别加上货币的时间价值,即可得到每年对应的确定性等值(见表 5-2)。

表 5-2 项目现金流的确定性等值　　　　　　　　单位:万元

| 年份 | 0 | 1 | 2 | 3 |
|---|---|---|---|---|
| 确定性等值 | -90 | 47.25 | 53.58 | 59.06 |

由表 5-2 可知,第 1 年年底的确定性等值为 47.25 万元(剔除了风险价值 2.75 万元),它由两部分组成:一是第 1 年年底的 50 万元预期现金流的贴现值 45.87 万元,二是按无风险利率计算的一年时间价值 1.38 万元。即

$$47.25 = 50 \div (1 + 9\%) \times (1 + 3\%)$$

**2. 确定性等值的基本原理**

确定性等值的基本原理是,先将现金流量中的风险因素排除在外,然后将确定的现金流量以无风险利率进行贴现,得到风险调整后的净现值(NPV),并据此进行投资评价。根据确定性等值原理,我们可以运用以下基本表达式对目标项目风险进行调整:

$$\text{NPV} = \sum_{t=1}^{n} \frac{\alpha_t \text{CF}_t}{(1 + r_f)^t} - I_0 \tag{5-1}$$

式中,$\alpha_t$ 表示 $t$ 年的风险调整系数,其取值范围为 $[0,1]$;$\text{CF}_t$ 表示 $t$ 年预期现金流入量;$r_f$ 表

示无风险利率。

根据公式(5-1),风险调整的主要步骤为:

第一,将预期现金流入量转换成确定性等值 $\alpha_t CF_t$。根据目标项目的风险大小来确定系数 $\alpha_t$,风险越大,所选系数越小,确定性等值越小。

第二,以无风险利率 $r_f$ 对该确定性现金流入量进行贴现,从而将该项目调整为无风险的净现值。这里的无风险利率是指进行无风险投资所获得的期望收益率。之所以用无风险利率进行贴现,是为了与无风险的确定性等值匹配。

第三,用风险调整后的净现值进行投资评价。若风险调整后的项目净现值大于零,那么该项目无疑是个"好"项目;否则,就是"坏"项目。

值得注意的是,风险调整系数 $\alpha_t$ 的取值带有很强的主观性,因此不易获取确定性等值。

是否有更靠谱的将不确定现金流转换成确定性等值的方法呢?风险收益模型、资本资产定价模型、套利定价模型都不失为比较有效的做法。

一旦确立了确定性等值,我们就可以使用无风险利率对目标项目不同时点的现金流进行贴现。

## 二、分母策略(风险调整贴现率法)原理

分母策略是指通过对贴现率进行风险调整来获得风险调整后的净现值的方法。可用公式表示:

$$NPV = \sum_{t=1}^{n} \frac{CF_t}{(1+RADR)^t} - I_0 \qquad (5-2)$$

式中,RADR 表示风险调整贴现率。目标项目的风险越高,风险调整贴现率也就越大,给定的现金流入量的净现值也就越小。

分母策略的关键在于评估目标项目的风险,并给出一个充分考虑目标项目风险、且较为稳健的贴现率,据此得出一个更易为投资者接受的稳健的净现值。

前文介绍的确定性等值法对风险和时间进行了两次调整,即先将现金流中的风险因素排除在外,然后将确定的现金流以无风险利率进行贴现。而风险调整贴现率是用一个单独的贴现率将风险调整和时间调整结合起来进行,即仅使用单一的风险调整贴现率对预计现金流进行贴现。

在实务中,人们经常使用的是风险调整贴现率法。原因有两个:一是风险调整贴现率相对容易估算;二是它与决策者倾向于用报酬率进行决策的意愿和习惯一致。

值得注意的是,通常不可同时使用分子策略和分母策略。若同时使用确定性等值法和风险调整贴现率法的话,那么目标项目风险就有可能被重复考虑,目标项目净现值也就会被低估。

**概念自查 5-1:**

1. 为什么在价值评估时要将预计现金流转换成确定性等值?
2. 与确定性等值匹配的贴现率是什么?

## 第二节 分子策略

净现值法建立在对未来现金流和贴现率的预期基础之上,净现值是在现有信息条件下

估算出的项目投资收益期望值,它表明的仅仅是未来投资收益可能的平均水平值。未来存在许多变数,投资项目的实际现金流与预期现金流之间会出现差异,风险越大,实际现金流偏离预期现金流的程度就越大。尽管风险形成的机制很复杂,但幸运的是,我们还是能够借助一些分析方法了解可能导致目标项目陷入困境的主要原因,以及解决这些问题所要付出的代价。并且,我们能够据此及早地判断出是否应该拒绝净现值为负值的项目,采取措施应对目标项目的不确定性问题,使目标项目的实际走势尽可能符合先前的预期。本节介绍除确定性等值法以外的其他一些重要的分子策略。

## 一、敏感度分析

敏感度分析(sensitivity analysis)是指在其他经济解释变量保持不变时,第 $i$ 个经济解释变量 $\tilde{X}_i$ 的变动给项目分析对象 $\tilde{Y}$ 造成的影响以及影响程度的一种分析方法。敏感度分析的原则是:在变动幅度相同时,敏感度越大的变量对目标项目的影响力也越大,该变量就必然成为经营中的关键变量。管理层为了使得目标项目现金流的未来走势符合预期,避免出现不利于目标项目的情形,必须尽可能关注、管理和控制敏感度大的变量。敏感度可以表示为:

$$敏感度 = \frac{\partial \overline{Y}}{\partial \overline{X}_i} \tag{5-3}$$

对目标项目而言,敏感度分析就是要找出对项目净现值影响大的变量,并在项目有效期内尽可能控制其变动,力求保持这些变量稳定性的分析方法。这样就可以使目标项目的实际走势尽可能和预期一致。那么,影响净现值的变量究竟有多少,以及如何寻求敏感度大的变量呢?

净现值主要由项目自由现金流和初始投资决定,假定项目存续期内资本性支出(CE)、净营运资本($\Delta$WC)均为零,自由现金流(FCFF)可以用下式表示:

$$FCFF = EBIT(1-t) + D = [Q(p-vc) - D - FC](1-t) + D \tag{5-4}$$

式中,$Q$ 表示销量或业务量;$p$ 表示单位售价;vc 表示单位变动成本;$D$ 表示年折旧;FC 表示不包含折旧的固定成本;$t$ 表示公司所得税税率。

净现值的影响变量由此扩展至销量、售价、变动成本、折旧、税率、固定成本、初始投资等。因此,净现值敏感度分析就是逐一分析每个变量对净现值的影响程度。

> **例 5-2**:假如天创公司对自行车零件项目进行投资,对每个变量的正常估计为:初始投资 10 万元,市场规模为每年 50 万件,公司的市场份额为 10%,单位售价为 2 元/件,单位变动成本为 1 元/件,固定成本为 20 000 元,所得税税率为 50%,投资者要求收益率为 10%。假定该项目有效期为 10 年,按直线法进行折旧,不考虑残值。由于未来存在不确定性,于是公司各变量的变动分为悲观、正常和乐观三种情形,如表 5-3 所示。

表 5-3 各变量的变动及其对净现值的影响

| 经济解释变量 | 悲观估计 | | 正常估计 | | 乐观估计 | |
|---|---|---|---|---|---|---|
| | 变量 | NPV | 变量 | NPV | 变量 | NPV |
| 市场规模① | 45 万件 | 0.7537 万元 | 50 万件 | 2.29 万元 | 55 万件 | 3.826 万元 |
| 市场份额 | 9% | 0.7537 万元 | 10% | 2.29 万元 | 11% | 3.826 万元 |
| 单位售价 | 1.8 元/件 | −0.7825 万元 | 2 元/件 | 2.29 万元 | 2.2 元/件 | 5.362 万元 |
| 单位变动成本 | 1.1 元/件 | 0.7537 万元 | 1 元/件 | 2.29 万元 | 0.9 元/件 | 3.826 万元 |
| 固定成本 | 2.2 万元 | 1.6755 万元 | 2 万元 | 2.29 万元 | 1.8 万元 | 2.904 万元 |
| 折旧 | 1 万元/年 | 2.29 万元 | 1 万元/年 | 2.29 万元 | 1 万元/年 | 2.29 万元 |

注：①市场规模是指市场总需求，它与企业市场份额的积就是预计销售量。

表 5-3 中的第二大栏给出了未来的悲观估计，在其他变量不变的情况下，考察其中一个变量的变动对净现值的影响程度。第四大栏给出了未来的乐观估计，同理，在其他变量不变的情况下，考察其中一个变量的变动对净现值的影响程度。可见，该项目未来的不确定性显现无遗，那么项目净现值对各变量的敏感度究竟如何？以悲观估计为例（见表 5-4）。

表 5-4 净现值对各变量的敏感度

| 经济解释变量 | 悲观估计 | | 变动情况 | | 敏感度① |
|---|---|---|---|---|---|
| | 变量 | NPV | Δ变量 | ΔNPV | |
| 市场规模 | 45 万件 | 0.7537 万元 | −5 万件 | −1.536 万元 | 6.70 |
| 市场份额 | 9% | 0.7537 万元 | −1% | −1.536 万元 | 6.04 |
| 单位售价 | 1.8 元/件 | −0.7825 万元 | −0.2 元/件 | −3.072 万元 | 13.41 |
| 单位变动成本 | 1.1 元/件 | 0.7537 万元 | 0.1 元/件 | −1.536 万元 | 6.70 |
| 固定成本 | 2.2 万元 | 1.6755 万元 | 0.2 万元 | −0.614 万元 | 2.69 |

注：①为便于理解，敏感度按以下口径计算：$\dfrac{\Delta NPV/NPV}{\Delta x/x}$。

由表 5-4 可知，售价的变动对项目净现值的影响最大，当售价降低 1 个百分点，目标项目的净现值将降低 13.41 个百分点。显然，售价可能是导致项目陷入困境的最主要变量。

为此，公司在投入 10 万元初始投资之前，可以根据敏感度分析的结果来判断公司是否能够控制这个变量，以及将为此付出多大的代价。单位售价通常由市场决定，属于不可控因素。因此，为了应对售价下跌的风险，增加销量或者降低生产成本是公司的应对之道。假如追加 1 万元投资能够起到降低能耗和降低劳动成本的效果，即单位变动成本下降 0.1 元/件。那么，在其他变量不变的情况下，项目净现值将净增 0.1×50 000×(1−50%)×6.145①−10 000 = 5 362(元)。这样，可以弥补单位售价下跌约 1.7%②（= 5 362/22 900 × 13.41%）所造成的净现值损失。若上述做法行之有效，那么我们就可以认为投资者能控制住售价这个变量，并确保目标项目的实际走势符合正常估计（预期），正常状态下的项目估值是合适的。

表 5-4 显示，其他变量变动对净现值影响较小，市场规模和单位变动成本的敏感度均为 6.7，市场份额的敏感度为 6.04，固定成本变动对项目净现值的影响最小，其敏感度仅为 2.69。根据表 5-3，除单位售价外，其他变量在三种情形下，目标项目的净现值都大于零，即三种情形都可以接受。

---

① 年贴现率为 10%，期限为 10 年的年金贴现因子。
② 售价下降 1%，意味着净现值下跌 13.41%，即净现值减少约 3070 元（22 900×13.41%）。

然而,敏感度分析方法也存在较大的缺陷,即现实合理性较差。这主要是因为敏感度分析本质上是一个单变量分析,它分析的是在其他经济解释变量保持不变时,某一个变量的个别变动给项目分析对象造成的影响。而在现实中,经济解释变量之间常常存在着密切的内在联系,具有互动或联动效应,当一个变量发生变动时,其他经济解释变量也会存在程度不同的变化。当所有变量都发生变动时,项目分析对象的变化情况是敏感度分析方法所无法反映的。

## 二、情景分析

情景分析(scenario analysis)是一种变异的敏感度分析,它是指从所有经济解释变量同时变动的角度,考察目标项目未来可能发生的变化的一种分析方法。因此,该方法弥补了敏感度分析方法仅仅从单个变量的变动角度考察目标项目净现值的缺陷。该方法对一些可能出现的情景进行考察,每个情景包含各种变量(包括宏观经济因素、产业结构因素及公司因素)的综合影响。这些情景应该反映一个在未来经营中,可能出现的、具有特定含义的经济状态或经济环境,项目实施者可以借助这些情景来分析项目的相应表现。

设 $X_i$ 为第 $i$ 个变量,共 $N$ 个变量,$Y$ 为目标项目的表现,则目标项目的可能变化可用式(5-5)表示:

$$Y = f(X_1, X_2, \cdots, X_N) \tag{5-5}$$

**例 5-3**:承例 5-2,假如未来油价上涨,天创公司未来可能出现正常和乐观两种情景,两种情景出现的概率分别是50%。乐观情景基于拟投资的零件项目可能有更大的盈利空间。由于油价上涨,自行车零件市场将额外获得一定的增长,同时售价和成本也将随油价上涨出现不同程度的上升。公司根据油价上涨这一特定的事件给出该项目收入、成本等变量的估计(如表5-5所示)。

表5-5 油价上涨后项目收入、成本等变量的估计

| 经济解释变量 | 正常情景 | | 乐观情景 | |
| --- | --- | --- | --- | --- |
| | 变量 | NPV | 变量 | NPV[①] |
| 市场规模 | 50万件 | 2.29万元 | 70万件 | 13.96万元 |
| 市场份额 | 10% | 2.29万元 | 10% | 13.96万元 |
| 单位售价 | 2元/件 | 2.29万元 | 2.4元/件 | 13.96万元 |
| 销售收入 | 10万元 | 2.29万元 | 16.8万元 | 13.96万元 |
| 单位变动成本 | 1元/件 | 2.29万元 | 1.1元/件 | 13.96万元 |
| 固定成本 | 2万元 | 2.29万元 | 2.3万元 | 13.96万元 |
| 折旧费 | 1万元/年 | 2.29万元 | 1万元/年 | 13.96万元 |

注:① NPV = {[700 000×10%×(2.4−1.1)−23 000−10 000]×(1−50%)+10 000}×6.145−100 000。

表 5-5 显示,乐观情景下,油价上涨后,引发市场规模、单位售价、销售收入、单位变动成本、固定成本五个变量联动变化,从而形成一个特定的经济状态(情景)。在对乐观情景进行综合分析后,我们能够清晰地看到,该项目较油价上涨前更有发展机会和投资价值,项目净现值估计值由正常情景时的 2.29 万元上升至乐观情景时的 13.96 万元。显然,两种情景下所进行的项目投资均可取。

根据不同情景计算出净现值之后,须对目标项目在多种情景下的期望收益和离散程度进行估计,计算结果见表 5-6。

表 5-6 期望净现值、标准差和变化系数

| 情景 | NPV | 期望 NPV |
|---|---|---|
| 正常情景 | 2.29 万元 | 1.145 万元 |
| 乐观情景 | 13.96 万元 | 6.98 万元 |
| 期望 NPV | | 8.125 万元 |
| NPV 标准差 | | 5.83 |
| 净现值的变化系数 | | 0.718 |

表 5-6 显示,该项目期望净现值为 8.125 万元,标准差为 5.83,净现值的变化系数为 0.718,说明目标项目的特有风险小于该项目持有公司现有资产的平均风险。

情景分析的优点在于:它全面考察了经济解释变量的变动给项目造成的综合影响;而且在考察经济解释变量的变动时,也是从这些变量之间内在、有机的经济联系的角度去认识与确定相应的变动,从而使变动后的经济解释变量组合能体现出一个特定的情景,进而将项目分析对象在此经济状态下的具体表现直观地表达出来。

情景分析也有其局限性:首先,大多数情景分析假设未来的情况可以被清楚地描绘出来,但是在公司金融实践中,未来其实是模糊的、不够清晰的。其次,情景分析时,确定每一个情景下经济解释变量的相应组合是非常困难的。如果变量组合的确定不能正确地体现出各个变量在"好于预期"经济状态下的内在联系,那么情景分析就会丧失原有的经济意义。最后,与敏感度分析能为投资者提供明确的建议相比,情景分析并不能为项目投资决策提供明确的建议。

## 三、盈亏平衡点分析

盈亏平衡点分析(break-even point analysis)考察的经济解释变量只有业务量或销售量一个,即考察什么样的业务量(或销售量)将导致项目开始出现亏损,这个业务量(或销售量)就是盈亏平衡点。因此,盈亏平衡点分析可以给出非常直观的评价。当项目所形成的预计销售量有把握超过盈亏平衡点时,就接受该项目,否则就拒绝该项目。盈亏平衡点分析包括会计盈亏平衡点分析、财务盈亏平衡点分析等。

(一)会计盈亏平衡点分析

会计盈亏平衡点是指会计利润(净利润)为零时的产品销售量或业务量。设 NI 表示净

利润，$p$ 表示单位售价，vc 表示单位变动成本，FC 表示固定成本，$D$ 表示年折旧，$I$ 表示年利息费用，$t$ 表示所得税税率，$Q_A$ 记为会计盈亏平衡点。则当：

$$NI(Q_A) = [(p-vc) \times Q_A - FC - D - I] \times (1-t) = 0$$

会计盈亏平衡点为：

$$Q_A = \frac{FC \times (1-t) + I(1-t) - D \times t + D}{(p-vc)(1-t)} \tag{5-6}$$

**例 5-4**：承例 5-2，假设项目初始投资 10 万元，单位售价为 2 元/件，单位变动成本为 1 元/件，固定成本为 20 000 元，所得税税率为 50%，投资者要求收益率为 10%。项目有效期为 10 年，按直线法进行折旧，不考虑残值。计算会计盈亏平衡点。

例 5-4 解析

可见，在会计盈亏平衡点处，目标项目的经营收入能够支付目标项目的经营成本，并通过折旧的回收将期初的投资也全部收回，同时还可以向债权人支付相应的债务资本成本，但目标项目的经营收入不足以支付投资者的资本机会成本。如果初始投资 10 万元的资本机会成本为 10%，则总资本机会成本为 1 万元，等价年度资本机会成本为 1/6.145① = 0.163（万元）。也就是说，如果在计算会计盈亏平衡点时多考虑 0.163 万元的资本机会成本，那么处于会计盈亏平衡点上的项目事实上是一个亏损项目。

（二）财务盈亏平衡点分析

为了避免会计盈亏平衡点法低估盈亏平衡点的现象，应该基于现值计算盈亏平衡点，这个平衡点称为财务盈亏平衡点。财务盈亏平衡点是指目标项目净现值为零时的产品销售量或业务量。记 $Q_F$ 为财务盈亏平衡点，$(P/A, r, N)$ 为 $N$ 年年金的现值因子，假定项目存续期内资本性支出、净营运资本均为零，FCFF 为年金形态，则当：

$$NPV(Q_F) = \sum_{t=1}^{N} \frac{FCFF}{(1+r)^t} - CF_0 = 0$$

$$\{[Q_F(p-vc) - D - FC](1-t) + D\} \times (P/A, r, N) = CF_0$$

财务盈亏平衡点为：

$$Q_F = \frac{FC \times (1-t) - D \times t + CF_0/(P/A, r, N)}{(p-vc) \times (1-t)} \tag{5-7}$$

**例 5-5**：承例 5-2，假设项目初始投资 10 万元，市场规模为 50 万件，公司的市场份额为 10%，单位售价为 2 元/件，单位变动成本为 1 元/件，固定成本为 20 000 元，所得税税率为 50%，投资者要求收益率为 10%。项目有效期为 10 年，按直线法进行折旧，不考虑残值。计算财务盈亏平衡点。

例 5-5 解析

---

① 6.145 是期限为 10 年，贴现率为 10% 的年金现值因子。

在财务盈亏平衡点处,项目的经营收入不仅可以弥补经营成本、利息费用,同时还可以收回目标项目的期初投资以及资本机会成本。财务盈亏平衡点分析法更稳健,可以避免会计盈亏平衡点分析法低估盈亏平衡点的尴尬。

知识专栏 5-1:
思科公司新技术项目的投资决策

### 四、蒙特卡洛模拟

我们可以运用敏感度分析,观察和测算某一变量的变动对目标项目净现值的影响;我们也可以运用情景分析,观察和测算有限几个变量较为合理的若干个组合变动下的结果。如果我们想观察和测算所有可能组合变动下的结果,那么蒙特卡洛模拟无疑是一种理想的工具。因此,蒙特卡洛模拟不只是考虑了有限的几种情景,而是考虑了无限多种情景。

**例 5-6**:某自行车公司正在考虑投资一种迎合中国年轻消费者偏好的休闲自行车项目,现准备使用蒙特卡洛模拟来规划这一项目的蓝图。

根据蒙特卡洛模拟的思路,该目标项目的模拟过程为:

**步骤一**:针对目标项目建立一个模型,确定该项目净现值与基本变量之间的关系。

休闲自行车项目的现金流模型为:

年净现金流 =(年收入 - 年成本 - 年折旧)(1 - 所得税税率)+ 年折旧

年收入 = 市场规模 × 市场占有率 × 单位售价

年成本 = 市场规模 × 市场份额 × 单位变动成本 + 固定成本

初始投资 = 申报专利成本 + 试销成本 + 生产设备成本

**步骤二**:给出基本变量的概率分布。这是一个工作量巨大、循环往复的过程。

第一,分析师需要模拟出中国休闲自行车的市场规模和概率分布。分析师需要模拟出整个行业休闲自行车市场的预计销售总量,然后根据预测和判断,对下一年度中国休闲自行车市场的销售量做出概率分布预测。若分析师认为下一年度行业销售量和概率分布如表 5-7 所示。

表 5-7 下一年度行业销售量的概率分布

| 概率(%) | 20 | 60 | 20 |
|---|---|---|---|
| 销售量(万辆) | 1.5 | 2.5 | 3.5 |

第二,分析师对目标项目的市场占有率进行预测。经分析后,分析师给出了下一年度目标项目的市场占有率的概率分布,并假设整个行业休闲自行车销售额与该项目市场占有率无关。若分析师认为下一年度目标项目市场占有率的概率分布如表 5-8 所示。

表 5-8 下一年度目标项目市场占有率的概率分布

| 概率(%) | 10 | 20 | 30 | 25 | 10 | 5 |
|---|---|---|---|---|---|---|
| 市场占有率(%) | 2 | 4 | 6 | 8 | 9 | 10 |

第三,预测单位售价的概率分布。分析师认为,从其他竞争对手的定价来看,未来休闲自行车的价格为 1 000 元/辆。分析师还认为,休闲自行车价格与整个市场规模大小有关。经审慎分析后,给出了休闲自行车定价模型:

下一年度休闲自行车价格=800元+0.1元×行业总销售额(单位:万元)±5元

由上式可知,单位售价随行业总销售额而定,且通过"±5元"浮动,来模拟随机变量,即50%的概率出现+5元,50%的概率出现-5元。当下一年度行业销售额达到2 000万元时,休闲自行车的售价将出现两种情形:

情形一:800+0.1×2 000+5=1 005(元)(50%概率)

情形二:800+0.1×2 000-5=995(元)(50%概率)

第四,分析师预测后年整个行业销售额增长率的概率分布。若分析师的预测如表5-9所示。

表5-9 后年行业销售额增长率的概率分布

| 概率(%) | 20 | 60 | 20 |
|---|---|---|---|
| 销售额增长率(%) | 2 | 4 | 6 |

根据下一年度行业销售量的概率分布以及后年行业销售额增长率,分析师就可以计算后年行业销售额的概率分布,并推算后年市场占有率、单位售价的概率分布情况。这个过程可以一直循环下去,模拟出今后各年行业销售额、市场占有率、单位售价三个变量的概率分布。

同理,运用步骤二,分析师也可以完成对成本和投资两类变量概率分布的模拟。

**步骤三**:从关键变量的概率分布中随机选取变量的数值。

根据步骤一所构建的收入模型,下一年度的收入由市场规模、市场占有率和单位售价三个变量决定。假设通过电脑随机抽取样本,即整个行业销售额为1 500万元(即销量为1.5万辆),该公司的市场占有率为4%,单位售价的随机变动量为+5元。那么下一年度休闲自行车的售价为:

下一年度休闲自行车的模拟售价=800+0.1×1 500+5=955(元)。

据此,可以得出下一年度的收入:1.5×4%×955=57.3(万元)。鉴于销售量1.5万辆的概率为20%,市场占有率4%的概率为20%,以及随机价格变动+5的概率为50%,为此收入的这一结果出现的概率仅为2%(=20%×20%×50%)。

我们需要模拟出未来每一年的收入和成本,以及初始投资。通过对模型中每个变量的模拟,我们就可以得到未来每一年的现金流。

**步骤四**:重复多次步骤三,直至获取目标项目净现值具有代表性的概率分布。

步骤三仅给出一种结果,然而,我们需要的是每年各种结果产生的现金流的概率分布。因此,未来现金流的概率分布需不断重复步骤三来实现。事实上,蒙特卡洛模拟的核心是通过大量重复操作来实现预期目标。

借助计算机辅助,我们可以随机获取成千上万个现金流,这些随机获取的现金流数据最终生成未来每一年现金流的分布(见图5-1)。

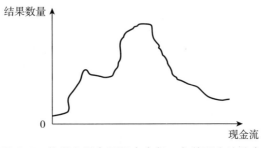

图5-1 休闲自行车项目未来每一年的现金流分布

当我们模拟出休闲自行车项目未来每一年的现金流分布后,我们就可以据此计算该项目的净现值。

**步骤五**:评估目标项目净现值的概率分布,它反映了目标项目的特有风险。

借助步骤四,我们可以得到休闲自行车项目未来每一年的现金流分布,在选定一个合适的资本成本(贴现率)之后,我们就可以计算出该目标项目的净现值。

蒙特卡洛模拟的局限性主要有:不易获得基本变量的概率信息,分析师不容易挑选到合适的分布来描述某个变量,也很难选择该分布的各种参数。

### 五、决策树分析法

事实上,在资本预算实践中,项目持有人往往会根据未来的新机遇,及时对投资项目做出调整,投资者不会机械地执行当下制订的投资计划。由于未来存在不确定性,因此从动态的角度来看,当下的投资项目可能存在多种成长路径,需要我们用动态分析法对项目的有效性进行分析。决策树分析法(decision trees)就是一种传统的动态分析方法,该方法将项目未来可能的成长路径均考虑在内,并作为当前投资决策的依据。决策树分析法首先描述项目可能的成长路径以及发生的概率,然后估算各种成长路径下的净现值,最后结合每种成长路径的联合概率来评估项目的可行性。

决策树分析法是一种用图表或列表的方式列示一个项目产生的现金流序列的方法。因此,运用决策树分析法时,首先要描述项目各种可能的成长路径,即绘制决策树。决策树由若干节点和枝干组成,节点分为决策节点和机会节点两种,相应的枝干分为决策枝干和机会枝干。决策节点用"□"表示,表明此时可以进行决策,选择未来的投资方案。由决策节点延伸出去的枝干是决策枝干,代表在特定投资方案下的投资路径。机会节点用"○"表示,表明此时可以产生多种经营状态。由机会节点延伸出去的枝干称为机会枝干,代表各种可能出现的经营状态,同时在每条机会枝干上还应注明在此经营状态下,所实现的经营业绩以及该经营状态出现的概率。

**例 5-7**:天创公司拟对其一条生产线进行改造,初始投资估计 1 000 万元。假设该生产线有效期为 2 年,投资者要求收益率为 10%,未来两年,该生产线的贡献和概率如图 5-2 所示。

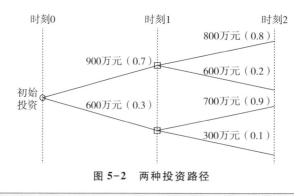

图 5-2 两种投资路径

图 5-2 显示,第 1 年年末的现金流入有 900 万元和 600 万元两种情况,其概率分别为 0.7 和 0.3,第 1 年的两种可能的现金流入预期都不低,这样会诱导投资者第 2 年继续运营,不会终止该项目。第 2 年年末有四种现金流入预期。如果第 1 年年末的现金流入为 900 万元,则第 2 年年末的现金流入有两种可能,分别为 800 万元和 600 万元,其概率分别为 0.8 和 0.2;如果第 1 年年末的现金流入为 600 万元,则第 2 年年末的现金流入有两种可能,分别为 700 万元和 300 万元,其概率分别为 0.9 和 0.1。从投资末梢来看,该项目的成长路径有四条,每条路径的现金流和概率如表 5-10 所示。

表 5-10 项目各成长路径的现金流和概率

| 第 1 年年末 | | 第 2 年年末 | | |
| --- | --- | --- | --- | --- |
| 概率 | 现金流(万元) | 概率 | 现金流(万元) | 联合概率 |
| 0.7 | 900 | 0.8 | 800 | 0.56 |
| | | 0.2 | 600 | 0.14 |
| 0.3 | 600 | 0.9 | 700 | 0.27 |
| | | 0.1 | 300 | 0.03 |

按 10% 进行贴现,目标项目的四条成长路径的净现值分别为:

第 1 条路径:$NPV_1 = 800/1.21 + 900/1.1 - 1\,000 = 479.3$(万元)

第 2 条路径:$NPV_2 = 600/1.21 + 900/1.1 - 1\,000 = 314.0$(万元)

第 3 条路径:$NPV_3 = 700/1.21 + 600/1.1 - 1\,000 = 123.9$(万元)

第 4 条路径:$NPV_4 = 300/1.21 + 600/1.1 - 1\,000 = -206.6$(万元)

根据加权平均法,按决策树分析法得出的项目净现值为:

$$NPV = 479.3 \times 0.56 + 314.0 \times 0.14 + 123.9 \times 0.27 - 206.6 \times 0.03 = 339.6(万元)$$

尽管决策树分析法从动态的角度分析考察了公司在不同时点拥有的选择机会,揭示了当下决策和未来决策之间的关系,有助于投资者发现项目的价值。但是,由于现实世界的复杂性,决策树分析法很难包含项目所有可能的成长路径,并准确识别与分析所有的经营状态,我们对决策树分析法的最终结论依然需要保持一份理智与清醒。

**概念自查 5-2:**

1. 什么是敏感度分析?
2. 情景分析与敏感度分析的主要区别是什么?
3. 会计盈亏平衡点和财务盈亏平衡点的计算基础分别是什么?
4. 为什么说决策树分析法是传统资本预算中的动态分析法?

## 第三节 分母策略

前文已述,分母策略是指通过对贴现率进行风险调整来获得稳健净现值的方法。由于贴现率受诸多因素影响,因此调整贴现率也并非易事。

### 一、贴现率计算和选择的基本原则

任何新项目的价值都应该根据其自身的资本成本来进行估计,也就是说,目标项目的贴现率由其自身风险大小决定。

鉴于目标项目投资者或持有者往往是公司,为此,我们可以根据目标项目风险和公司(新项目持有者)风险之间的关系来选择合适的目标项目贴现率。事实上,目标项目贴现

率与公司(新项目持有者)的资本成本存在以下关系:

第一,若公司拥有的新项目的风险与公司整体风险一致,比如新项目属于公司现有业务的延伸或拓展,那么我们可以将公司的资本成本作为新项目的贴现率,并据此对与公司整体风险一致的新项目的现金流进行贴现。

第二,若公司拥有的新项目的风险与公司整体风险差异很大,比如公司属于食品行业,而其拥有的新项目为网络金融项目,那么公司的资本成本将低估新项目的期望收益率,将其作为新项目的贴现率是不合适的。在这种情况下,网络金融项目的贴现率应该以已有网络金融行业或可比照网络金融企业(相同风险)的资本成本为参照。

## 二、影响贴现率的因素

在估算目标项目贴现率的实践中,我们通常采用比照公司法,即以同等风险公司的资本成本或期望收益率为参照。因此,为了给目标项目找到一个更加合理的贴现率,我们需要研究影响公司期望收益率或资本成本的诸多因素。影响公司资本成本的因素众多,它们或推高资本成本,或压低资本成本。下面介绍影响公司资本成本的主要因素。

**1. 杠杆变化对公司资本成本的影响**

在本书第四章第三节的"贴现率计算和选择"中,我们在计算权益资本成本时,所选用的 $\beta$ 值是公司原先无杠杆条件下的 $\beta$ 值(即没有引入债务融资前的 $\beta$ 值)。那么,当公司的资本结构发生改变时,公司的 $\beta$ 值是否会随着其引入债务融资而有所改变呢?

在 100% 权益融资的公司(即无杠杆公司),公司全部资产的 $\beta$ 值就是公司股票的 $\beta$ 值。在引入债务融资之后,公司全部资产的 $\beta$ 值为:

$$\beta_{\text{公司总资产}} = \frac{S}{S+B} \times \beta_{\text{权益资本}} + \frac{B}{S+B} \times \beta_{\text{债务资本}} \qquad (5-8)$$

式中,$\frac{S}{S+B}$ 表示权益资本占总资本的比重;$\frac{B}{S+B}$ 表示债务资本占总资本的比重。

由于债权人承担的风险小于股东所承担的风险,债的 $\beta$ 值很小。比如,美国大型蓝筹公司的债务 $\beta$ 值一般为 0.1—0.3。因此,分析人员常常将债务的 $\beta$ 值假设为零。若债务的 $\beta$ 值为零,则公司全部资产的 $\beta$ 值为:

$$\beta_{\text{公司总资产}} = \frac{S}{S+B} \times \beta_{\text{权益资本}} \qquad (5-9)$$

将式(5-9)变形为:

$$\beta_{\text{权益资本}} = \left(1 + \frac{B}{S}\right) \times \beta_{\text{公司总资产}} \qquad (5-10)$$

由式(5-10)可知,在公司存在债务融资的情况下,公司全部资产的 $\beta$ 值一定小于权益资本的 $\beta$ 值。因此,债务融资将提升公司股票的 $\beta$ 值,即增加权益资本成本。

因此,我们可以据此得到如下推理:当目标项目的风险与该项目持有公司的风险基本一致时,可将该公司的加权平均资本成本作为目标项目的贴现率。但若目标项目更多地使用了债务资本,那么该目标项目的贴现率通常低于公司加权平均资本成本;反之,则高于公司加权平均资本成本。

行文于此,还是留下一连串的问题。比如,债务融资为什么会引发公司权益资本成本的增加?债务融资是否同时增加了公司加权平均资本成本?所有这些问题,我们会在本书

"资本结构"等相关章节中进行详述。

**2. 利率**

市场利率的变化是影响资本成本最直接和最重要的因素。在利率市场化条件下,利率波动成为常态,对公司资本成本的影响也呈常态化。

一方面,当市场利率上升或下降后,债务成本将直接受到影响。若市场利率上升,则债权人的资本成本就会增加,其期望收益率也将随之提高。因此,债务人的举债成本自然就会上升。

另一方面,市场利率的变化同样会影响权益资本成本。鉴于国债利率与存款利率具有相关性,为此,市场利率上升将推升无风险利率,从而推升权益资本成本,提高股东的期望收益率。

**3. 税率**

投资者的期望收益会因税收政策的调整而变化,税收政策的调整可能涉及公司所得税税率、股利税税率、资本利得税税率、利息税税率等的调整。可见,税率调整对资本成本的影响是多方面的。

如果调整公司所得税税率,那么它将直接影响公司税后债务成本,并间接影响权益资本成本。比如,若调高公司所得税税率,那么税后债务成本将下降,权益资本成本也会有所下降,债权人和股东的期望收益率都将降低。

如果一方面调高股利和利息所得税税率,另一方面调低资本利得税税率,那么会直接或间接影响投资者的投资偏好或取向,并影响他们的期望收益率。

**4. 股利政策**

股利政策是指关于公司股利发放方式和发放数量的政策,不同的股利政策将对公司资本成本产生不同的影响。公司改变或调整股利政策之后,对公司资本成本的影响是多维度的。

第一,股利政策改变后,公司的融资政策可能随之发生改变。如果公司采取高股利政策,那么公司对外部资金的需求可能增加,公司的资本结构可能发生变化,公司杠杆的变化会改变公司整体的风险水平,从而影响投资者期望收益率与公司资本成本。

第二,资本成本与股利政策直接相关。根据永续股利定价模型,股票价值由年金股利($D$)贴现而来,即 $P_0=D/r$。显然,股利与资本成本存在很强的相关性。比如,某公司一贯采用高派现政策,一旦该公司降低派现力度甚至不派现,则公司股东就将调高期望收益率。

**5. 投资决策**

公司投资可能会改变公司现有的风险水平,公司风险水平的预期变化将改变投资者对公司的平均要求收益率。

若公司投资仅限于对现有业务的简单再生产或扩大再生产,那么此类投资并不会改变公司整体的风险水平。此类投资对公司资本成本几乎没有影响。

若公司投资高风险项目,那么公司整体的风险将提升,投资者对公司的平均要求收益率也将提高。

## 三、单一(固定)贴现率的困惑

在讨论投资项目资本预算时,我们使用单一贴现率对目标项目不同时点的现金流进行贴现。但是，由于公司面临的风险始终在变化，因此，前文中关于单一贴现率的假定似乎并不完全靠谱。那么，我们什么时候可以对目标项目使用单一贴现率，以及什么时候不能使用单一贴现率呢？

**1. 可以使用单一贴现率的情形**

由上文可知，如果将目标项目所有含风险价值的现金流转换成确定性等值，那么我们可以将无风险利率作为单一贴现率对目标项目进行估值。但是，对于含风险价值的现金流，我们是否可以使用单一贴现率计算其现值呢？

除确定性等值之外，我们也可以使用单一贴现率（即与目标项目风险匹配的贴现率）对目标项目不同时间点的不确定性现金流进行贴现。如果使用单一贴现率对目标项目不同时点含风险价值的现金流进行贴现，那么我们可以做出如下解读：未来现金流的风险以一个确定的比率积聚，现金流的发生时间越靠前，该现金流积聚的风险越小，而现金流发生的时间越靠后，该现金流积聚的风险越大。通过使用单一贴现率，可以对前期现金流进行较少的扣减，而对后期现金流进行更多的扣减。

事实上，我们既可以使用无风险利率作为单一贴现率对目标项目不同时点的确定性现金流进行贴现，也可以使用与项目同等风险的贴现率对不同时点的不确定性现金流进行贴现。两种方法求得的贴现值应该是一致的。

**例 5-8**：假如天创公司拟投资某项目，项目的存续期为 2 年，投资额为 100 万元，一次性投资。该目标项目每年年底给公司带来 200 万元的现金净流量。无风险利率为 5%，市场风险溢酬为 10%，$\beta$ 值为 0.7。项目存续期内的现金流及现值见表 5-11。

表 5-11　天创公司目标项目现金流及现值　　　　　　　　单位：万元

| 时刻 | 现金流 | 现值（按 12% 贴现） |
| --- | --- | --- |
| 0 | −100 | −100 |
| 1 | 200 | 178.57 |
| 2 | 200 | 159.44 |
|  |  | NPV(12%) = 238.01 |

由表 5-11 可知，净现值根据目标项目的资本成本贴现求得。天创公司目标项目的净现值也可用无风险利率对确定性等值进行贴现求得。天创公司目标项目现金流确定性等值见表 5-12。

表 5-12　天创公司目标项目现金流确定性等值　　　　　　　　单位：万元

| 时刻 | 现金流确定性等值 | 现值（按 5% 贴现） |
| --- | --- | --- |
| 0 | −100 | −100 |
| 1 | 187.50[①] | 178.57 |
| 2 | 175.78 | 159.44 |
|  |  | NPV(12%) = 238.01 |

注：① 187.50 = 200/(1+12%) × (1+5%)。

由表 5-12 可知,时点 1 含风险价值的现金流和确定性等值分别是 200 万元和 187.50 万元,时点 2 含风险价值的现金流和确定性等值分别是 200 万元和 175.78 万元。可见,确定性等值随风险的积聚而逐年降低。通过使用单一贴现率,就能够对前期和后期现金流中的风险进行恰当地扣减。如果目标项目风险不变,则对前期现金流和后期现金流就应该采取单一贴现率进行贴现,而对前期现金流和后期现金流采取由低到高不同的贴现率进行贴现是不恰当的,这会高估后期现金流中的风险价值。

**2. 不能使用单一贴现率的情形**

在现实经济中,确实会出现不能使用单一贴现率对目标项目不同时间点的现金流进行贴现的情形。比如,如果目标项目必须经过试验性生产和市场测试后才能决定是否投资,那么只有试验性生产和市场测试获得成功,目标项目才能正式启动。在这种项目投资案例中,试验性生产和市场测试的风险与目标项目正式投资后的风险是不同的,因此,就需要使用两种不同的贴现率分别对两个阶段的现金流进行贴现。再比如,如果在项目存续期内,持有目标项目公司的风险等级产生变化,那么使用单一贴现率进行贴现也是不妥当的。

**概念自查 5-3:**

1. 什么情况下公司资本成本可以成为公司持有项目的贴现率?
2. 杠杆变化是如何影响权益 $\beta$ 值的?
3. 在对项目进行估值时,什么情况下不能使用单一贴现率?

**例 5-9**:天创公司正在试生产一种新产品,预计投资 10 万元,期限 1 年。如果试生产成功,则投资 1 000 万元建设生产线,进行批量生产,永续经营,生产线预计每年可产生自由现金流 200 万元。成功和失败的概率各为 50%。设公司的资本成本为 10%,无风险利率为 5%。

如果试生产成功,那么时点 1(项目正式投资之时)的净现值为:

$$NPV_1 = -1\,000 + 200/0.1 = 1\,000(万元)$$

如果试生产不成功,那么时点 1 的净现值为:

$$NPV_1 = 0$$

由于成功和失败的概率各为 50%,因此时点 1 项目的加权平均净现值(净现值期望值)为:

$$NPV_1 = 1\,000 \times 50\% + 0 \times 50\% = 500(万元)$$

若用时点 0 来描述该项目的净现值,则我们该如何处理?由条件可知,第 1 年为试生产阶段,若试生产成功,则会在第 1 年年底开始进行项目投资;若试生产失败,则会放弃在第 1 年年底的项目投资。可见,试生产阶段的成功与失败不会影响项目的 $NPV_1$,项目 $NPV_1$ 和 $NPV_0$ 之间的差异仅仅是时间价值。因此,应该按无风险利率进行贴现,即

$$NPV_0 = 500/(1+5\%) = 476.2(万元)$$

可见,如果还是按照 10% 进行贴现,则会高估现金流的风险,低估该项目的净现值。

## 本章小结

1. 未来具有不确定性,投资项目的实际现金流会不同程度地背离预期现金流,实际收益率也会偏离期望收益率。目标项目的风险越大,其实际现金流和预期收益率偏离预期现金流和预期收益率的程度就

越大。因此,为了提高资本预算的可信度,需对风险进行适当调整。在净现值法则下,分子策略(即调整现金流 $CF_t$)和分母策略(即调整贴现率 $r$)是两种风险调整的基本分析框架。

2. 净现值法建立在对未来现金流和贴现率的预期基础之上,净现值是在现有信息条件下计算出的项目投资收益期望值,它表明的仅仅是未来投资收益可能的平均水平值。未来存在许多变数,投资项目的实际现金流与预期现金流会出现差异,风险越大,其偏离预期现金流的程度越大。

3. 尽管风险形成的机制很复杂,但幸运的是,我们还是能够借助一些分析方法了解可能导致目标项目陷入困境的主要原因,以及解决这些问题所要付出的代价。并且,我们能够据此及早地判断是否该拒绝负净现值项目,采取措施解决目标项目的不确定性问题,使目标项目的实际走势尽可能符合先前的预期。

4. 任何新项目的价值都应该根据其自身的资本成本来进行估计,项目的贴现率由其风险决定,而非由持有项目的公司的风险决定。用公司的资本成本来贴现其所持有的所有项目的现金流,或者用公司的资本成本作为是否采纳新项目的依据,其结果可能会拒绝一些好项目,而接受一些坏项目。

5. 由于公司面临的风险始终在变化,因此单一贴现率假定在现实经济中并不完全靠谱。

## 重要术语

分子策略　分母策略　确定性等值　无风险利率　风险调整贴现率　敏感度分析　情景分析　决策树分析　盈亏平衡点分析　蒙特卡洛模拟　项目贴现率　单一贴现率

## 习题

**简易题**

1. A公司正在研究一项生产能力扩张计划的可行性,需对资本成本进行估计。相关资料如下:

(1) 公司现有长期负债:面值1 000元/张,票面利率8%,每年付息一次,债券还有5年到期,目前市价1 000元/张(不考虑发行成本)。

(2) 公司现有普通股:当前市价为50元/股,最近一次支付的股利为4.19元/股,估计股利的永续增长率为5%,该股票的 $\beta$ 值为1.2。公司不准备增发新股。

(3) 资本市场:国债利率为5%,市场组合平均风险溢酬为6%。

(4) 公司所得税税率为30%。

要求:

(1) 计算公司债务成本(提示:债务成本用到期收益率表示)。

(2) 计算普通股成本。

(3) 假如公司债务资本比重为30%,权益资本比重为70%,计算公司WACC。

2. 设某项目产生的预计现金流如下表:

| 时刻 | 0 | 1 | 2 |
|---|---|---|---|
| 金额(万元) | 200 | 500 | 600 |

项目的 $\beta$ 值估计为1.5,市场收益率 $r_m$ 为10%,无风险利率 $r_f$ 为4%。

(1) 估计资本成本和项目的现值(对每笔现金流使用相同的贴现率)。

(2) 每年的确定性等值为多少?

(3) 每年的确定性等值对期望现金流的比值为多少?

(4) 解释比值下降的原因。

**中等难度题**

3. B公司拟投资一存续期为2年的项目,初始投资为30万元,其未来现金流量的分布情况见下表。设贴现率为8%。

| 第一年 | | 第二年 | | |
|---|---|---|---|---|
| 初始概率 | 净现金流量(万元) | 条件概率 | 净现金流量(万元) | 分枝 |
| | | 0.30 | 10 | 1 |
| 0.40 | 20 | 0.40 | 20 | 2 |
| | | 0.30 | 30 | 3 |
| | | 1.00 | | |
| | | 0.40 | 20 | 4 |
| 0.60 | 30 | 0.40 | 30 | 5 |
| | | 0.20 | 40 | 6 |
| 1.00 | | 1.00 | | |

要求：

（1）计算各个分枝（路径）的联合概率。

（2）计算6条路径的净现值。

（3）该项目是否值得投资？

4. C 公司拟引进一项目，投资额为100万元，有效期为4年，采用直线法进行折旧，不考虑残值。公司所得税税率为30%，投资者要求收益率为12%。未来存在不确定性，销售量等变量可能的估值见下表：

| 销售变量 | 不景气 | 正常 | 繁荣 |
|---|---|---|---|
| 销售量（万件） | 40 | 50 | 70 |
| 单位变动成本（元/件） | 6 | 4 | 3 |
| 售价（元/件） | 9 | 10 | 12 |
| 固定成本（万元） | 20 | 20 | 20 |

请对引进项目进行敏感度分析。

5. 假设某投资者投资一项目，投资额为1 000万元，该项目有两种路径，即成功和失败，概率分别为70%和30%。成功时，项目产生的现金流入现值为1 500万元；失败，现金流入现值只有区区300万元。设贴现率为10%。

（1）用决策树分析法分析是否投资该项目。

（2）如果该项目失败，项目持有人能够以800万元的价格出售该项目，那么投资者当下是否会进行投资？

**高等难度题**

6. D 公司相关资料如下表：

| 市场规模（万元） | 110 |
|---|---|
| 市场份额（%） | 10 |
| 单位价格（元/件） | 40 |
| 单位可变成本（元/件） | 30 |
| 固定成本（不含折旧）（万元） | 20 |
| 初始投资额（万元） | 150 |

另设该项目存续期为5年，直线折旧，无残值，要求收益率为10%，所得税税率为30%。

（1）该方案的净现值为多少？

（2）计算该方案的会计盈亏平衡点。

（3）计算该方案的财务盈亏平衡点。

（4）单位可变成本为多大时，该项目达到盈亏平衡。

7. F 公司拟投资一项目，相关资料如下：

（1）预计该项目需固定资产投资1 500万元，存续期为5年，预计残值为100万元，采用直线法进行折旧。

（2）预计付现固定成本（不含折旧）为80万元/年，单位变动成本为360元/件。

（3）预计各年销量为8万件，售价为500元/件。

（4）需投入营运资本500万元，初始一次性投资。

（5）设 F 公司为上市公司，公司 $\beta$ 值（权益）为1.75，设该项目和 F 公司的杠杆水平一致，公司债务与权益之比为1:1，风险也一致。

（6）F 公司目前借款的平均利率为7%，预计未来借款的平均利率将上升至8%。

（7）设无风险利率为3%，市场组合收益率为9.5%，所得税税率为25%。

要求：

（1）计算该项目的贴现率。

（2）计算该项目的净现值。

（3）情景分析法：设目前的估计（即上述对各变量的估计）是最有可能发生的情景，概率为50%。预计初始投资、固定成本（不含折旧）、单位变动成本和单位售价会发生+10%或-10%的变动（也就是说，该项目还会出现最好和最坏两种经济情景），其他因素不变。请分别描述最好和最坏情景,并分别计算净现值。

(4) 利用敏感度分析法,计算该项目净现值对单位售价的敏感度。

8. G公司拟使用蒙特卡洛模拟法来评估投资项目。主要考虑市场需求、单位售价与单位变动成本之差(即贡献毛益)、初始投资额等三个因素。假如这些因素被认定为相互独立的。在分析一种期限为1年的新项目时,G公司预测的概率分布如下:

| 市场需求 | | 单位售价与单位变动成本之差 | | 初始投资额 | |
| --- | --- | --- | --- | --- | --- |
| 概率 | 单位(个) | 概率 | 金额(元) | 概率 | 金额(元) |
| 0.15 | 30 000 | 0.30 | 6 | 0.3 | 200 000 |
| 0.15 | 31 000 | 0.50 | 7 | 0.4 | 210 000 |

(续表)

| 市场需求 | | 单位售价与单位变动成本之差 | | 初始投资额 | |
| --- | --- | --- | --- | --- | --- |
| 概率 | 单位(个) | 概率 | 金额(元) | 概率 | 金额(元) |
| 0.20 | 32 000 | 0.20 | 8 | 0.3 | 220 000 |
| 0.30 | 33 000 | 1.00 | | 1.00 | |
| 0.20 | 34 000 | | | | |
| 1.00 | | | | | |

(1) 用一个随机数目标或其他随机过程通过模拟20次或更多次试验,来确定这三个因素的数值。

(2) 根据每次试验结果计算该项目的内含收益率。

习题参考答案

## 参考文献

1. INGEROSLL J E. ROSS S A. Waiting to investment: Investment and uncertainty [J]. Journal of Business, 1992(65): 1—29.

2. MYERS S. Interactions of corporate financing and investment decisions: Imlications for capital budget [J]. Journal of Finance, 1974, 29 (March): 1—25.

3. 朱叶,王伟.公司财务学[M].上海:上海人民出版社,2003.

# 第六章
# 实物期权和资本预算

> 【学习要点】
>
> 1. 净现值法则的缺陷。
> 2. 实物期权从理念上动摇了净现值法则。
> 3. 实物期权定价为何难于金融期权定价?
> 4. 实物期权对资本预算的影响。

项目在实施过程中可能会出现新机遇,投资者会因此而改变原先的投资计划,也就是说,在任何投资项目上,都嵌入了期权或灵活性,即赋予项目持有人在未来或扩大生产规模或收缩生产规模甚至放弃该项目的权利。然而,传统的资本预算方法主要是静态分析方法,无法刻画和度量这类期权或灵活性。1977年,斯图尔特·迈尔斯(Stewart Myers)首先认识到以实物资产为标的物的期权在项目投资中的应用前景,并用实物期权(real option)这个术语来区别金融期权。实物期权对传统资本预算产生了革命性的影响,目标项目的价值还应该包括嵌入在项目上的实物期权的价值。也就是说,在评估目标项目的价值时,须考虑这些项目在未来可能带来的开发新市场或扩张旧市场的机会。事实上,实物期权在评价投资战略价值以及评价风险投资方面已经得到较广泛的运用。本章将以净现值法则所面临的挑战为切入点,介绍实物期权的特点、估值方法及其对资本预算的影响。

## ■ 第一节 净现值法则面临的挑战

在本书第四章,我们再三强调了净现值法则的权威性和适用性。但是,主观和静态是净现值法则的两个天生缺陷。这些缺陷可能使净现值法则止步于某些投资决策。

## 一、净现值法的贴现对象基于主观预测的现金流量

在公司金融实践中,我们经常可以听到这样的故事,某项目创造了一个盈利神话,某项目遭遇滑铁卢。用公司金融的语言来描述,无非就是项目的实际走势和预期发生了严重背离。究其原因,也许是我们先前所做的预测存在问题,也许是我们没有估计到未来存在的许多新机遇或灵活性。因此,我们必须对目标项目未来存续期内所产生的现金流的主观估计进行反思。

**例 6-1**:天创公司地处东部沿海,它试图利用其在人才、技术上的优势,生产一种特殊产品。目标项目拟投资 1 亿元,项目有效期为 10 年,不考虑残值,所得税税率为 50%,公司期望收益率为 10%。但是,原材料市场在西部地区,特殊产品生产出来以后,其产品市场主要也是西部地区。假如该产品的售价为 50 元/件,不考虑运输成本的原材料成本为 20 元/件,售价与原材料成本之间的价差为 30 元/件。该项目其他变量的估计见表 6-1。

表 6-1 项目变量的估计

| 项目变量 | 时刻 0 | 时刻 1 | 时刻 2 | — | 时刻 6—10 |
|---|---|---|---|---|---|
| 销售量(万件) | 0 | 100 | 100 | — | 100 |
| 价差(元/件) | 30 | 30 | 30 | — | 30 |
| 毛收入(万元) | 0 | 3 000 | 3 000 | — | 3 000 |
| 生产成本①(万元) | 0 | 400 | 400 | — | 400 |
| 运输成本②(万元) | 0 | 200 | 200 | — | 200 |
| 折旧(万元) | 0 | 1 000 | 1 000 | — | 1 000 |
| EBIT(万元) | 0 | 1 400 | 1 400 | — | 1 400 |
| 投资额(万元) | 10 000 | | | | |
| 现金流(万元) | −10 000 | +1 700③ | +1 700 | — | +1 700 |
| 净现值(万元) | +445.76 | | | | |

注:① 每件产品生产成本为 4 元;② 每件产品运输成本为 2 元;③ 年自由现金流=税后经营利润+折旧。

对于表 6-1 中的计算和假设,读者一定存在很多疑虑:一是这些变量的估计值是高估了还是低估了;二是天创公司的技术和人才优势能够持续多少年,如果不能持续多久,那么西部地区无须承担运输成本的同类企业将会对天创公司的盈利空间进行"挤压",行业竞争的加剧将使该项目 30 元/件的价差维持不到 10 年。

如果从第 6 年开始,行业形成了竞争性价差,也就是说,天创公司从第 6 年开始,失去了获得超额利润的能力,转而只能获得行业平均毛收入(价差 20 元/件)。该项目相关变量的变化见表 6-2。

表 6-2 考虑竞争性价差时项目各变量的估计

| 项目变量 | 时刻 0 | 时刻 1 | 时刻 2 | — | 时刻 6—10 |
| --- | --- | --- | --- | --- | --- |
| 销售量(万件) | 0 | 100 | 100 | — | 100 |
| 价差(元/件) | 30 | 30 | 30 | — | 20 |
| 毛收入(万元) | 0 | 3 000 | 3 000 | — | 2 000 |
| 生产成本(万元) | 0 | 400 | 400 | — | 400 |
| 运输成本(万元) | 0 | 200 | 200 | — | 200 |
| 折旧(万元) | 0 | 1 000 | 1 000 | — | 1 000 |
| EBIT(万元) | 0 | 1 400 | 1 400 | — | 400 |
| 投资额(万元) | 10 000 | | | | |
| 现金流(万元) | −10 000 | +1 700 | +1 700 | | +1 200 |
| 净现值(万元) | −731.12 | | | | |

由表 6-2 可知,仅仅考虑价差估值变动,该项目的净现值便降至 −731.12 万元。如果其他变量的估值发生变动,或者我们将竞争性价差形成的时间提前或延后,那么该项目的净现值将是另外一种情形。

事实上,投资者无法充分认知这些变量估值变动的趋势和幅度,各变量的估计常常带有过于主观的成分。因此,我们既然很容易解释为什么某些项目创造了盈利神话,也就不难为众多投资决策失误寻找理由了。

## 二、净现值法是静态方法

总体上讲,净现值法是静态分析方法。[①] 它假定投资项目的实际走势和预先估计是一致的,投资者无须在项目存续期内进行干预。在资本预算实践中,这种以不变应万变的假设是经不起推敲的。事实上,如果在项目执行期间出现了新机遇,则项目持有人不会无动于衷。

**例 6-2**:天创公司准备上一个新项目,设初始投资额为 100 万元(不考虑营运资本投入),有效期为 5 年,采用直线法进行折旧,不考虑残值。该项目生产一种工业胶水,由于目前市场对工业胶水的需求不足,因而产量有限、生产成本偏高。假定公司所得税税率为 40%,投资者期望收益率为 15%。相关变量的估计见表 6-3。

---

① 决策树分析法是特例,它是动态分析方法。但是,在技术上,它无法将项目所有的成长路径都予以充分考虑。

表 6-3 新项目相关变量的估计

| 项目变量 | 时刻 0 | 时刻 1—5 |
|---|---|---|
| 市场规模(万吨) |  | 100 |
| 市场份额(%) |  | 30 |
| 单位售价(元/吨) |  | 20 |
| 单位变动成本(元/吨) |  | 19 |
| 固定成本(万元) |  | 2 |
| 年折旧(万元) |  | 20 |
| EBIT(万元) |  | 8 |
| 投资额(万元) | 100 |  |
| 现金流(万元) | −100 | +24.8 |

由表 6-3 可知,该项目的净现值为:

$$NPV = \{[100 \times 30\% \times (20-19) - 2 - 20] \times (1-40\%) + 20\} \times 3.352 - 100 = -16.87(万元)$$

显然,该项目的净现值为负值,根据净现值法则,应该拒绝该项目。但是,若从第 4 年年初开始,预计市场对工业胶水的需求会突然放大,那么该项目持有人可以利用其先期进入该行业的先发优势,抓住这个扩张的好机会,加大投入。追加投资后,该项目第 4 和第 5 年的相关变量将发生变化,现金流也将发生变化。该项目最后两年相关变量的变动见表 6-4。

表 6-4 考虑扩张机会后项目各变量的估计

| 项目变量 | 时刻 0 | 时刻 1—2 | 时刻 3 | 时刻 4—5 |
|---|---|---|---|---|
| 市场规模(万吨) |  | 100 | 100 | 200 |
| 市场份额(%) |  | 30 | 30 | 30 |
| 单位售价(元/吨) |  | 20 | 20 | 21 |
| 单位变动成本(元/吨) |  | 19 | 19 | 18 |
| 固定成本(万元) |  | 2 | 2 | 2 |
| 年折旧(万元) |  | 20 | 20 | 30[②] |
| EBIT(万元) |  | 8 | 8 | 148 |
| 投资额(万元) | −100 |  | −20[①] |  |
| 现金流(万元) | −100 | +24.8 | +4.8 | 118.8 |

注:① 时刻 3 新投入资本 20 万元,形成固定资产,有效期 2 年,采用直线法进行折旧,不考虑残值;② 30 万元年折旧包括时刻 0 投资形成的固定资产的折旧 20 万元,以及时刻 3 投资形成的固定资产的折旧 10 万元。

由表 6-4 可知,第 3 年年末追加投资 20 万元后,第 4 和第 5 年市场规模、单位售价和单位变动成本均发生了可喜的变化,为此,该项目的净现值为:

$$NPV = \frac{24.8}{(1+15\%)} + \frac{24.8}{(1+15\%)^2} + \frac{4.8}{(1+15\%)^3} + \frac{118.8}{(1+15\%)^4} + \frac{118.8}{(1+15\%)^5} - 100 = +70.46(万元)$$

可见,如果考虑了项目执行期间产生的扩张机遇的话,则该项目便成了一项值得投资的项目。

从例 6-2 可知,任何项目的投资决策不应该只有"立即接受"和"永远拒绝"两种决策行为。鉴于项目在存续期内存在各种新机遇,为此,还有"等一等""看一看"等决策行为。否则,会错过很多有价值的投资项目。

## 三、实物期权的视角

事实上,任何投资项目都嵌入了允许项目持有人在未来改变原先投资计划的期权或灵活性,这种期权或灵活性被称为实物期权。比如,某房地产开发商"拍"得一块土地后,既获得了建造商品住房或建造商业用房的选择权,又获得了当下开发或延迟开发的灵活性。在对嵌有实物期权项目的价值评估上,传统的净现值法已经很难进行合理的估计,甚至会产生误判。基于实物期权的视角,目标项目的价值应该在净现值基础上加上嵌入在项目上的期权的价值,即

$$项目价值 = NPV + 实物期权价值 \tag{6-1}$$

> **例 6-3**:天创公司拥有一项排污技术专利。该公司准备用好这项专利,拟投资生产一种排污产品。估计初始投资为 1 000 万元,该项目每年可带来的现金净流量有两种可能:一种是每年现金净流量有 50% 的概率为 300 万元(即乐观估计),另一种是每年现金净流量有 50% 的概率为 -200 万元(即悲观估计)。设该现金净流量为永续现金流,期望收益率为 10%。
>
> 该项目的净现值期望值为:
>
> $$50\% \times (-1\,000 + 300/0.1) + 50\% \times (-1\,000 - 200/0.1) = -500(万元)$$
>
> 从传统的净现值法则来看,该公司不宜实施这一项目。但当公司坚持投资这个项目后,它就拥有了一份放弃期权,即在项目运营一年后,投资者将可以看到该项目未来的走势,并拥有了据此做进一步决策的权利。
>
> 如果该项目在第一年后的现金净流量一如先前的乐观估计,那么公司将继续经营这一盈利项目;如果项目在第一年后的现金净流量较为悲观,那么公司可以选择放弃这一项目。投资者的放弃权利就是嵌入在项目上的放弃期权。
>
> 如果投资者在第一年年底被迫放弃这一项目,则在不考虑项目残值变现值的情形下(即假设残值为零),该项目的价值为:
>
> $$50\% \times (-1\,000 + 300/0.1) + 50\% \times (-1\,000 - 200/1.1) = +409.1(万元)$$
>
> 显然,一旦项目在第一年年底不尽如人意,那么公司就会选择放弃这一项目(即止损),此举能够免除公司第一年之后每年承担负值的现金净流量(即 -200 万元/年)。基于实物期权的视角,该项目的放弃期权价值为 909.1 万元 [=409.1-(-500)],当下实施该投资项目是可行的。

可见,在估算投资项目的价值时,是否考虑嵌入在项目上的实物期权的价值会出现不一样的估值和决策结果,实物期权理念真真切切地改变了传统的投资观。由于项目持有人拥有放弃、延迟等多种期权或灵活性,因此对净现值小于零的项目,投资者不再只有"永远拒绝"这一种选项。事实上,投资者有延迟投资的选项,也有"立即接受"净现值小于零项目(期权价值可期)的选项。

值得注意的是,实物期权估价非常困难。在介绍实物期权的估价方法以及对资本预算的影响之前,我们在下文先回顾一下金融期权及其估价方法。

**概念自查 6-1:**

1. 为什么净现值小于零的项目仍有投资价值?
2. 如何按实物期权理念来表述项目的价值?

## 第二节　金融期权及其价值评估

实物期权是指以实物资产为标的物的期权,而金融期权是指以金融资产(比如股票、债券、货币等)为标的物的期权。因此,两类期权有着不同的特征和属性。在实践中,目前实物期权的定价方法大都参照金融期权的定价方法。为此,我们在介绍实物期权定价方法之前,必须先了解和掌握金融期权的特点及其定价方法。为便于理解,下文仅以股票期权为例进行说明。

### 一、看涨期权和看跌期权

(一)看涨期权

看涨期权(call option)是指期权购买者有权以某一特定的执行价格(exercise price)在特定的到期日或之前买入一定数量某种金融资产的权利。期权的执行期如果仅有某一特定日期,则这种期权称为欧式看涨期权;如果可在到期日或之前行权,则这种期权称为美式看涨期权。

当股票价格高于股票执行价格时,投资者将会行权,获得股票价格和执行价格之间的差额;当股票价格等于或低于股票执行价格时,投资者无利可图,因此将放弃行权的机会。

**例 6-4**:天创公司股票期权(欧式期权)在芝加哥期货交易所交易,4月2日该期权信息见表6-5。

若投资者按9元报价买入1份7月到期天创公司股票看涨期权(设1份看涨期权可买入的股票数为1股),而到期日股票价格涨至100元/股,试分析该投资者的获利情况。若股票价格低于80元/股呢?

例 6-4 解析

表 6-5　天创公司股票期权的信息　　　　　　单位:元

| 执行价格 | 看涨期权价格 | | 看跌期权价格 | |
|---|---|---|---|---|
| | 7月 | 10月 | 7月 | 10月 |
| 80 | 9 | 11 | 3 | 5 |
| 85 | 7 | 9 | 5 | 7 |
| 90 | 4 | 6 | 8 | 11 |

一般而言,看涨期权的价格随着执行价格的上升而降低。比较表6-5第一栏和第二栏,执行价和到期日看涨期权价格之间存在反向关系。当执行价格升至85元/股时,7月到期的每份看涨期权价格降至7元;当执行价格升至90元/股时,7月到期的每份看涨期权价格更是降至4元。看涨期权价格随着期权到期日的延长而上升。比较表6-5的第二栏和第三栏,尽管到期日看涨期权的价格随着执行价格的上升而降低,但10月到期的看涨期权价格总体上都高于7月到期的看涨期权价格。

(二)看跌期权

看跌期权(put option)是指期权购买者有权以某一特定的执行价格在特定的到期日或之前卖出一定数量某种金融资产的权利。期权的执行期如果仅有某一特定日期,则这种期权称为欧式看跌期权;如果可在到期日或之前行权,则这种期权称为美式看跌期权。

当股票价格低于股票执行价格时,投资者将会行权,获得执行价格和股票价格之间的差额;当股票价格高于或等于股票执行价格时,投资者无利可图,因此将放弃行权的机会。

> **例 6-5**:承例 6-4,若投资者按 5 元报价买入 1 份天创公司欧式股票看跌期权(设 1 份看跌期权可卖出的股票数为 1 股),当股票价格跌至 75 元/股时,试分析该投资者的获利情况。若股价高于 85 元/股呢?

例 6-5 解析

在期权交易的实践中,与看涨期权不同的是,看跌期权的价格随着执行价格的上升而上升。比较表 6-5 第一栏和第四栏,执行价格和到期日看跌期权价格之间存在同向关系。当执行价格升至 85 元/股时,7 月到期的每份看跌期权价格升至 5 元;当执行价格升至 90 元/股时,7 月到期的每份看跌期权价格升至 8 元。和看涨期权相同的是,看跌期权价格随着期权到期日的延长而上升。比较表 6-5 的第四栏和第五栏,10 月到期的看跌期权价格总体上都高于 7 月到期的看跌期权价格。

## 二、欧式看涨—看跌平价关系(put-call parity)

### (一)看涨期权和看跌期权的效应

看涨期权和看跌期权可以用来规避投资风险或满足投机需要,但是其初衷是规避金融资产投资的价格下跌风险。

如果投资者持有一股股票,其担心股价下跌,那么可配上一份该股票的看跌期权(设一份看跌期权可卖出的股票数为 1 股)来对冲风险。凭借这一投资组合,投资者将在享受股票价格上升带来的好处的同时,可以完全避免股票价格下跌带来的损失。

> **例 6-6**:承例 6-4,某投资者购置 1 股天创公司股票,为规避价格风险,他同时花 3 元购入 1 份执行价格为 80 元/股、7 月到期的看跌期权(设 1 份看跌期权可卖出的股票数为 1 股)。如果股票价格上涨并超过每股 80 元,那么尽管投资者的看跌期权价值为 0,但投资者还是可以凭借股票价格上涨获益。如果股票价格下跌并低于每股 80 元,那么投资者可以按执行价格 80 元/股卖出股票,避免股票价格下跌带来的损失。这一投资组合的内涵是购买 1 股天创公司股票并同时购置 1 份天创公司股票看跌期权,该投资组合的避险成本是买入一份看跌期权的购置成本。

如果投资者拥有与某公司股票执行价格的现值相等的银行存款,他暂时不想持有该公司股票,但又担心该公司股票价格上涨,那么,他的投资策略是购买一份股票看涨期权来对冲风险。这样,投资者可以享受股票价格上涨下跌的所有好处,又可以规避股票价格上涨风险。

**例 6-7**：承例 6-4，某投资者拥有与 7 月到期看涨期权的执行价格每股 80 元现值相等的银行存款（即无风险资产），他另花 9 元购买了 1 份执行价格为 80 元/股、7 月到期的看涨期权（设 1 份看涨期权可买入的股票数为 1 股）。如果期权到期日股票价格上涨至每股 80 元以上，那么该投资者将用到期银行存款 80 元购置 1 股天创公司股票。这样，股票价格每涨 1 元，投资者就会获得 1 元额外收益。如果股票价格跌至每股 80 元以下，则看涨期权价值为零，投资者将按兵不动，保全其 80 元的到期银行存款。这一投资组合的内涵是持有与执行价格现值相同的银行存款，购买 1 份天创公司的股票看涨期权，该投资组合的避险成本是买入 1 份看涨期权的购置成本。

### （二）看涨—看跌期权之间的平价关系

显然，以上所提及的两种投资组合中，一种组合是 1 份欧式看涨期权加上金额为执行价格现值的现金，另一种组合是 1 份欧式看跌期权加上 1 单位标的资产（1 股股票）。在期权到期日，若两种投资策略或投资组合所产生的损益是相同的，那么这两个组合在当下也必然有相等的价值（即两个组合是等价的）。

承例 6-4，投资者买入的天创公司股票看涨期权和股票看跌期权的到期日均为 7 月，当公司股票价格在期权到期日超过 80 元/股时，股票价格每上涨 1 元，两种投资组合都可以获得 1 元的额外收益，两种投资组合在期权到期日的损益相同。因此，它们应该是等价的。即

$$股票看涨期权价值 + 执行价格现值 = 股票看跌期权价值 + 股票价格 \tag{6-2}$$

式（6-2）为看涨—看跌期权的欧式平价关系，它反映了股票价格、股票看涨期权、股票看跌期权和执行价格现值之间的关系。其中，"股票看涨期权价值+执行价格现值"是一种投资组合，表示买入股票看涨期权，并将数量为执行价格现值的资金投资于无风险资产（比如短期国债和银行存款）；"股票看跌期权价值+股票价格"是另一种投资组合，表示买入股票看跌期权，并购置股票。"股票看涨期权价值+执行价格现值"和"股票看跌期权价值+股票价格"等价的基础是它们的未来投资损益相同。我们可将式（6-2）进行变换，来求解股票看跌期权价值，即

$$股票看跌期权价值 = 股票看涨期权价值 + 执行价格现值 - 股票价格 \tag{6-3}$$

式（6-3）显示，买入股票看跌期权可以等价地理解为：买入股票看涨期权和将数量为执行价格现值的资金投资于无风险资产，并同时卖出股票。

如果式（6-2）和式（6-3）不成立，则存在套利机会。假设"股票看涨期权价值+执行价格现值"小于"股票看跌期权价值+股票价格"，那么投资者通过在期初购入欧式看涨期权、出售股票和欧式看跌期权，并用相当于执行价格现值的资金进行无风险投资，将获得正的现金流。由于套利力量很强大，市场会很快趋于无套利均衡。

### 三、期权价值的决定

在期权到期日，我们可以知道期权价值（欧式期权价值），比如天创公司 7 月到期的看涨期权执行价格为 80 元/股，期权到期日的股票价格为 100 元/股，则看涨期权价值为 20 元。设到期日看涨期权价值为 $V_0$，$P_s$ 为标的资产价格，$E$ 为期权执行价格，那么到期日期权的理论价值为：

$$V_0 = \max(P_s - E, 0) \tag{6-4}$$

式(6-4)表示,到期日期权价值取($P_s-E$)和零两者中较大的一个值,也就是说,期权价值不可能为负值。

但是,在期权到期日之前,我们只能根据股价走势的预期给出期权价值的区间,以及期权价值的变动趋势。以股票看涨期权为例,期权价值区间的上限是股票价格,下限则是看涨期权立即执行的报酬,即股票价格减去执行价格后的差额。看涨期权价值和股票价格的关系见图 6-1。

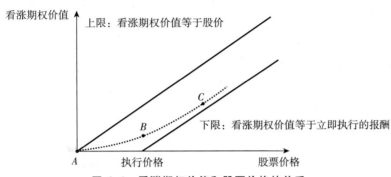

图 6-1 看涨期权价值和股票价格的关系

由图 6-1 可知,左边斜线为看涨期权价值的上限,右边斜线为看涨期权价值的下限(也称看涨期权理论价值线),两条斜线相夹的区间为看涨期权价值的可行集,即看涨期权所有可能的价值都落在这个区间内。

承例 6-4,在通常情况下,花 9 元购买 1 份执行价格为 80 元/股、7 月到期的股票看涨期权意味着在期权到期日,当股票价格低于 80 元/股时,看涨期权价值为零;而当股票价格为 100 元/股时,看涨期权价值为 20 元。它们都落在下限斜线上。但是,在期权到期日之前,为什么看涨期权价值不可能低于下限?或者说为什么不可能落在下限斜线的右边区域内呢?当股票价格为 100 元/股时,1 份看涨期权的理论价值为 20 元。目前 1 份看涨期权价格仅为 9 元,因此,此时存在套利机会[若此时可行权,投资者将套利 100－80－9＝11(元)],套利力量很强大,看涨期权价格会很快从 9 元/份回升至右侧斜线(20 元/份)以上。这个结果对美式期权是正确的,但对欧式期权不一定正确。

看涨期权价值上限是股票价格,也就是说,看涨期权价值不可能超越股票价格。即便是在股票价格等于看涨期权价值的极端情况下,投资者会放弃期权,转而直接持有股票,造成期权价格下跌。因此,期权价值还是不可能超越股票价格。

假设执行价格不变,期权的价值会随着股票价格的上升而增加,图 6-1 中的虚线显示了看涨期权价值变动的趋势和原因。

第一,期权价值与股票价格的变化是同方向的。当股票价格为零时,股票未来的价值也为零,那么该股票看涨期权的价值也为零,如图 6-1 中虚线上的 A 点。而当股票价格逐渐上升时,该股票看涨期权的价值也随之上升,向下限斜线渐渐靠拢,并逐渐和下限斜线平行,如图 6-1 中虚线上的 B 点和 C 点。

第二,期权价值随利率的上升而增加。在购买看涨期权时,投资者仅仅支付了看涨期权价格,在期权到期日时才需按照执行价格支付标的资产价款。利率越高,投资延迟付款就越有利。因此,期权价值随利率的上升而增加。

第三,期权价值与到期日的距离成正相关关系。距到期日越远,期权的市场价值线与理论价值线的距离就越远,反之,两条价值线就离得越近。主要原因有两个:一是在更长的时间里期权可能升值;二是距到期日越远,执行价格的现值就越低。

第四,期权实际价值总会高于下限。以图6-1中的 B 点为例,在 B 点处,股票价格等于执行价格,看涨期权的理论价值为零。在期权到期日之前,我们无法确知到期日的股票价格。如果假设股票价格高于执行价格20元的概率为50%,股票价格低于执行价格20元的概率为50%,那么每股股票价格的期望值为 120×50%+80×50% = 100(元),看涨期权的期望价值为 20×50%+0×50% = 10(元)。也就是说,看涨期权期望价值为正的概率大于零,且不存在负值的看涨期权(因为看涨期权价值最小为零)。因此,看涨期权的实际价值一定高于下限。

第五,期权价值和风险有关。如果股票价格出现大幅波动,那么股票期权价值就较高。见图6-1,风险越大,虚线和下限之间的差额就越大,否则就越小。

由此可见,股票期权价值取决于五大因素,即股票价格、无风险利率、到期日、执行价格和股票的方差。为加深理解,建议读者在看完下文的 B-S 模型后回看以上内容。

### 四、金融期权的定价方法

（一）期权等价物法

**1. 股票看涨期权定价**

由于股票价格随机波动,股票期权的风险随股票价格的波动而变化,因此我们无法找到合适的资本机会成本。传统的定价方法止步于金融期权的估价。20世纪70年代初,费希尔·布莱克(Fischer Black)和迈伦·斯科尔斯(Myron Scholes)提出了新的解决方法,他们通过将普通股投资和借款(即卖空无风险资产)进行组合,构建了一个期权等价物。若该等价物的损益和一份看涨期权的可能损益相同,那么该组合和那份看涨期权是等价的,在无套利均衡条件下,投资者购买这一等价物的成本就可以被视作看涨期权的价值。

**例 6-8**：某投资者年初花费9元购入7月到期的股票看涨期权1份(设1份看涨期权可买入的股票数为1股),执行价格为80元/股。股票年初价格为80元/股,无风险年利率为6%。假如未来半年里,股票价格仅有两种变化,或上涨10%,或下跌10%,则看涨期权的可能损益见表6-6。

表6-6 看涨期权的可能损益    单位:元

| 项目 | 股票价格下跌10% | 股票价格上涨10% |
| --- | --- | --- |
| 一份看涨期权的损益 | 0 | 8 |

投资者构建了一个期权等价物,购入0.5股天创公司股票,同时按无风险利率借入资金34.95[①]元。此项组合投资的损益见表6-7。

表6-7 组合投资的损益    单位:元

| 项目 | 股票价格下跌10% | 股票价格上涨10% |
| --- | --- | --- |
| 买入0.5股股票 | 36 | 44 |
| 偿付借款和利息 | -36 | -36 |
| 总损益 | 0 | 8 |

对比表6-6和表6-7,我们可以发现,看涨期权的可能损益和组合投资(期权等价物)的损益是一样的,这两项投资的价值也相等。于是,看涨期权价值就等于购置这一期权等价物的成本。即

$$\text{看涨期权价值} = 0.5 \times 80 - 34.95 = 5.05(元)$$

---

① $34.95 = 72 \times 0.5/(1+3\%)$。

因此，通过借入资金，购入股票，其收益完全复制了一份看涨期权的收益。复制一份看涨期权所需的股票数量称为避险比率（hedge ratio）。避险比率的简单公式为：

避险比率 = 可能的期权价格变化幅度/可能的股票价格变化幅度 (6-5)

由例6-8，我们可以给出更具一般意义的看涨期权定价公式。设期权的标的股票目前价格为 $S$，1年后价格有涨跌两种情况，即 $S_h$ 和 $S_l$，且 $S_h > S_c > S_l$；$S_c$ 为股票执行价格；引入一个无风险资产 $R$，该无风险资产1年后的价格为 $R(1+r_f)$。

如果股票和无风险资产为均衡定价（即无套利均衡），而且已知期权未来的支付状况，那么我们可以用一定份数的股票（$N_S$）和一定份数的无风险资产（$N_R$）构建一个投资组合来复制期权未来的支付水平（或损益状况），即

$$N_S S_h + N_R R(1+r_f) = S_h - S_c \quad (6-6)$$

$$N_S S_l + N_R R(1+r_f) = 0 \quad (6-7)$$

根据式(6-6)和式(6-7)，可得出：

$$N_S = \frac{S_h - S_c}{S_h - S_l}$$

$$N_R = \frac{-S_l(S_h - S_c)}{R(S_h - S_l)(1+r_f)}$$

也就是说，在这个投资组合中，投资者需买入 $N_S = \dfrac{S_h - S_c}{S_h - S_l}$ 份股票，俗称"避险比率"，我们可以据此理解式(6-5)的来龙去脉，卖空 $N_R = \dfrac{-S_l(S_h - S_c)}{R(S_h - S_l)(1+r_f)}$ 份无风险资产。因此，在无套利均衡条件下，看涨期权的均衡价格为：

$$P = N_S S + N_R R \quad (6-8)$$

式中，$S$ 表示股票的当前价格；$R$ 表示无风险资产；$N_S$ 表示买入的股票份额；$N_R$ 表示卖空的无风险资产份额。

**2. 股票看跌期权定价**

同样，我们可以借助避险比率对股票看跌期权进行估价。

**例6-9**：承例6-8，假如某投资者年初花费3元购入7月到期的股票看跌期权1份（设1份看跌期权可卖出的股份数为1股），执行价格为80元/股。股票年初价格为80元/股，无风险年利率为6%。假如未来半年里，股票价格也仅有两种变化，或上涨10%，或下跌10%，则看跌期权的可能损益见表6-8。

表6-8 看跌期权的可能损益  单位：元

| 项目 | 股票价格下跌10% | 股票价格上涨10% |
| --- | --- | --- |
| 一份看跌期权的损益 | 8 | 0 |

根据避险比率计算公式，看跌期权的避险比率为 8/(88−72) = 0.5（股）。也就是说，投资者卖出0.5股天创公司股票，同时贷出42.72元（= 44/1.03），其收益一定能够复制看跌期权可能的收益。看跌期权价值为 −0.5×80 + 42.72 = 2.72（元）。

也许读者会问，在以上解答中，如果我们知晓股票价格上涨和下跌的概率，那么是否会出现另外一种不一样的期权定价方法？答案是肯定的。下面就介绍这种方法。

## （二）风险中性定价法

### 1. 风险中性定价原理

所谓"风险中性",是指投资者对风险的态度没有差异。在一个所有投资者都是风险中性的世界里,由于风险中性的投资者无须对其所承担的风险要求补偿,因此所有投资者的期望收益率都是无风险利率,期权价值就是期权的期望值按无风险利率贴现后的现值。风险中性定价的基本步骤为：

第一,根据风险中性假说确定股票价格上涨或下跌的概率。结合股票价格上涨和下跌的幅度,确定与投资者风险中性一致的风险中性概率。

第二,确定期权的期望值。根据风险中性概率以及期权相应的未来价值,确定期权的期望值。

第三,计算期权价值。按无风险利率对期权的期望值进行贴现。

**例 6-10**：承例 6-8,设无风险半年利率为 3%,股票价格上涨幅度为 10%,股票价格下跌幅度也为 10%。我们可以计算出在风险中性的世界中,股票价格上涨概率 $p$ 为：

$$p \times 10\% + (1-p) \times (-10\%) = 无风险利率 = 3\%$$

经过计算,上涨概率 $p$ 为 65%。

看涨期权的期望收益为：

$$0.65 \times 8 + 0.35 \times 0 = 5.2(元)$$

这份看涨期权的现值为：

$$5.2/(1+0.03) = 5.05(元)$$

可见,风险中性定价法也得到了同样的估价结果。也就是说,若期权等价物和期权之间不存在套利空间,那么期权等价物法与风险中性法的估价结果一致。

### 2. 为什么期权价值在风险中性世界和现实世界里是一致的

为什么我们可以用风险中性世界里的期权价值来对现实世界里的期权进行定价呢？我们可以通过解构式（6-8）得知其中的逻辑。

由式（6-8）可知,在无套利均衡条件下,期权价值与股票现值、股票价格波动幅度及无风险利率有关。只要股票现值以及股票价格波动幅度是既定的,那么期权价值就是一个确定值。这个确定值与股票价格上涨和下跌的概率无关,也与股票投资者的风险偏好无关。

首先,不同的股票价格上涨或下跌概率反映的是股票价格的不同分布。比如,现实世界认为股票价格上涨 10% 和下跌 10% 的概率各为 50%,俗称"真实概率";而风险中性世界则认为股票价格上涨 10% 以及下跌 10% 的概率分别为 30% 和 70%,俗称"风险中性概率",也就是说"风险中性概率"会相对低估股票价格上涨 10% 的概率。[①] "两个世界"的不同概率反映的只是股票价格的不同分布,即它们的股票期望价格或期望收益或期望收益率不同。但股票价格现值不会由此改变,股票价格的上涨和下跌幅度仍各为 10%。

其次,股票价格已经包含了投资者风险规避等信息。比如,在某一种风险偏好（比如略

---

① 原因是：设投资者厌恶风险,在现实世界里,投资者期望收益率大于无风险利率,风险溢酬大于 0。而在风险中性世界里,投资者期望收益率等于无风险利率,风险溢酬为 0。

微风险规避)下,如果股票价格上涨的概率大于下跌的概率,那么股票的现价就较高。假定股票价格结果分布不变(即上涨和下跌的概率相同),如果投资者高度风险规避,那么股票的现价将会低些。

可见,股票价格波动的概率(期望收益率的波动)以及股票投资者不同的风险偏好都不会改变一个事实,即股票现值、股票价格变动幅度和股权期权都是一个确定值。股票期权价值在风险中性世界和现实世界里是一致的。

### (三) 二叉树法

**1. 欧式看涨期权价值**

二叉树(binomial tree)法①假设在任何时刻,股票价格要么向上变动一个价值,要么向下变动一个价值,其他变动都是不被允许的。因此,限定于这两个可能的股票价格的描绘被称为二叉树。例6-8中的股票价格变动是一个典型的单期二叉树。

上文,我们在介绍用投资组合复制期权损益时,假设股票价格只在未来6个月后变动了一次,即股票价格只发生了一次涨或跌,显然,这不符合股票价格变动的实情。为更逼近现实,我们将时间间隔划分得细一点,将未来6个月分成两个时段,每段间隔3个月,股票价格每3个月变动一次。假设3个月后股票价格有两种情形,那么6个月后股票价格就有3种情形。我们将时间间隔划分得越细,6个月后股票价格将有越多种情形。

**例 6-11**:承例 6-8,投资者年初花费 9 元购入 7 月到期的看涨期权 1 份(设 1 份看涨期权可买入的股票数为 1 股),执行价格为 80 元/股。股票年初价格为 80 元/股,无风险年利率为 6%。第 3 个月月末,股票价格的变化有两种情形,分别为下跌 10% 和上涨 10%。第 6 个月月末,股票价格有 100 元/股、80 元/股和 60 元/股三种。三个时间点股票价格分布见图 6-2。

由图 6-2 可知,这是一个描述股票未来价格变动的两期二叉树。在第 6 个月月末,当股票价格为 100 元/股时,看涨期权的价值为 20 元,可以行权;低于或等于 80 元/股时,看涨期权的价值为 0,不行权。若采用期权等价物法②计算期权价值,则需由下而上逐期进行滚算。

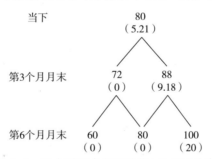

图 6-2 三个时间点股票价格(元/股)分布

首先,计算第 3 个月月末看涨期权价值。当第 6 个月月末股票价格为 100 元/股或 80 元/股时,避险比率为 $20/(100-80)=1.0$。也就是说,投资者要想在第 3 个月月末构建一个期权等价物,须购入 1 股天创公司股票,同时按无风险利率借入资金约 $80/(1+1.5\%)=78.82$(元)。由于第 3 个月月

---

① 这种定价方法首先被夏普(1978年)用作解释期权定价的一种直观方法,后来,Cox et al.(1979)进行了改进和发展。他们证明了二叉树法与布莱克—斯科尔斯模型之间的联系,并为美式期权定价提供了一种简便易行的方法。

② 例 6-11 也可以用风险中性定价法求得,建议读者自行练习。

末的股票价格为88元,因此看涨期权价值为 $88 \times 1 - 78.82 = 9.18$(元)。当第6个月月末的股票价格为80元/股或60元/股时,第3个月月末的看涨期权价值为零,并由于第3个月月末的股票价格低于执行价格80元/股,因此第3个月月末的股票价格为72元/股时,看涨期权价值为零。

然后,计算看涨期权的现时价值。为计算看涨期权的现时价值,我们同样需要计算避险比率。避险比率为 $(9.18-0)/(88-72) = 0.574$(股),也就是说,投资者要想在当下构建一个期权等价物,须购入0.574股天创公司股票,同时借入资金 $72 \times 0.574/1.015 = 40.71$(元)。因此,当现时股票价格为80元/股时,看涨期权的现时价值为 $80 \times 0.574 - 40.71 = 5.21$(元)。

值得注意的是,我们将第3个月月末的股票价格变化假设成了下跌10%和上涨10%。事实上,我们可以借助股票收益率标准差和价格的关系式求出股票上涨和下跌比率,即

$$1+股票上涨率 = u = e^{\sigma\sqrt{h}} \quad (6-9)$$

$$1+股票下跌率 = d = 1/u \quad (6-10)$$

式(6-9)和式(6-10)中,$\sigma$ 表示用连续复利计算的股票年度收益率标准差;$e$ 表示2.71828;$h$ 表示时段长度相对于1年中的比例。

比如,股票年度收益率标准差为0.406,时段为6个月,那么根据式(6-9)和式(6-10),上涨率为33.3%,下跌率为25%。

**2. 美式看跌期权价值**

对欧式期权而言,其行权日为未来约定的某个时点,因此股票价值变化可从树状图的上方一直往下方推至既定的行权日。与欧式期权相反,美式期权的行权日没有约定,因此期权价值只是投资者将再持有一期的期权的价值。

**例6-12**:在未来6个月里,每隔3个月,某公司无红利股票的价格或上升28.57%,或下跌一半,即 $u=1.2857$, $d=0.5$。假如股票初始价格为每股20元,且无风险利率为每期5%,执行价格为每股30元。问美式看跌期权价值为多少?

根据风险中性定价原理,我们可以求出风险中性概率($\pi$),即

$$[1.2857\pi + 0.5(1-\pi)]/1.05 = 1$$

题中的风险中性概率为0.7。

该公司未来两期股票价格变动的路径可参见图6-3。

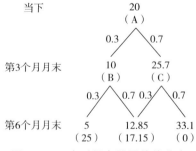

图6-3 三个时间点股票价格分布

在节点C,由于股票价格低于执行价格,因此在此节点行权的价值为4.3元($=30-25.7$)。但是,等一期行权的看跌期权价值为0元和17.15元的期望结果的现值,即

$$(0\times0.7+17.15\times0.3)/1.05=4.9(元)$$

显然,在节点 C 行权的价值较小,暂不行权或等一期行权为上策。

在节点 B,行权的看跌期权价值为 20 元,等一期行权的现值为:

$$(17.15\times0.7+25\times0.3)/1.05=18.58(元)$$

如果与不行权或等一期行权的现值相比,那么我们会选择在节点 B 行权。

在节点 A,以风险中性概率对 4.9 和 20 进行加权,并以无风险利率进行贴现。该值为:

$$(4.9\times0.7+20\times0.3)/1.05=8.98(元)$$

在节点 A,立即行权得出的看跌期权价值为 10 元,高于等一期行权的看跌期权价值,因此应提前行权,等一期是不值得的。

### (四) 布莱克—斯科尔斯定价公式

事实上,股票交易非常活跃,股票价格在很短的时间内就会发生变化,因此,若将未来某一时段无限细分的话,那么用二叉树描述的股票价格变化就会更加符合常理。一旦将时段无限细分,我们就可以得到趋近期权价值的极限值。从严格意义上或从操作层面上讲,我们无法获得将时段无限细分后的二叉树,但我们可以证明,当时段被无限细分后,布莱克—斯科尔斯公式(俗称 B-S 模型)能够给出期权的价格,该公式是欧式期权二叉树定价的极限情况,即

看涨期权价值 = (避险比率×股票价格) - 银行借款 (6-11)

式(6-11)中,避险比率就是正态分布的累积概率密度函数,股票价格就是标的资产价格,银行借款是执行价格按无风险利率贴现求得的现值。因此,式(6-11)可用式(6-12)[①]表示,即

看涨期权价值 $= SN(d_1) - K e^{-rt} N(d_2)$ (6-12)

其中:

$$d_1 = \frac{\ln(S/K) + (r + 0.5\sigma^2)t}{\sigma\sqrt{t}}$$

$$d_2 = d_1 - \sigma\sqrt{t}$$

式(6-12)就是 B-S 模型,$N(d)$ 表示正态分布的累积概率密度函数,$S$ 表示标的股票当前的价格,$r$ 为连续复利的短期无风险利率[②],$t$ 表示有效期的间隔期数,$K$ 表示执行价格,$Ke^{-rt}$ 表示执行价格的现值,$\sigma$ 表示用连续复利计算的股票年度收益率标准差,e 表示 2.71828,ln 表示自然对数。

在计算看涨期权价值时,首先可以借助软件(如 Excel)计算 $d_1$ 和 $d_2$,然后通过查阅累积概率分布图,确定 $N(d_1)$ 和 $N(d_2)$,最后利用 B-S 模型计算看涨期权价值。

对股票期权而言,B-S 模型存在一系列假设条件:对卖空不存在障碍和限制(无成本地卖空);无税环境且市场完善;期权是欧式的;不支付股票红利;股票价格是连续的;无风险

---

[①] 1969 年,财务顾问费希尔·布莱克和麻省理工学院(MIT)的助理教授迈伦·斯科尔斯开始研究期权定价,并于 1970 年 10 月形成了初稿,但投稿无门,先后被著名的《政治经济学》(简称 JPE)等杂志拒绝。1971 年,芝加哥大学的尤金·法马和默顿·米勒意识到此项工作的重要性,他们帮助该文在 1973 年 5 月的《政治经济学》杂志刊出。1973 年稍后时间,罗伯特·莫顿发表了一篇重要且覆盖面更广的后续论文,大大一般化了布莱克—斯科尔斯公式,且给出了模型的由来。1997 年,莫顿和斯科尔斯获得诺贝尔经济学奖。

[②] 在多频复利条件下,如果无风险年利率为 4%,则半年期收益率为 2%。但在连续复利条件下,其等价的连续复利年利率的计算基于 $1\times e^{r\times 1}=1\times(1+4\%)$,求解 r 后,连续复利年利率为 3.92%,连续复利半年期收益率为 1.98%。

**概念自查 6-2：**

1. 什么是期权等价物？在期权定价中有何作用？
2. 什么是风险中性？
3. B-S 模型的基本假设有哪些？

利率已知且固定；股票价格是对数正态分布的；可以按无风险利率借款；行权在瞬间完成；作为标的物的股票参与交易。

当某些假设条件不成立时，对模型做些改动后仍然有效。比如，派发股票红利的欧式看涨期权。① 股票红利现值虽是股票价值的一部分，但已明确归股票持有人所有，因此在利用 B-S 模型计算期权价值时，应该从股票价格中扣除期权到期日前派发的全部红利现值。即

$$看涨期权价值 = S e^{-yt} N(d_1) - K e^{-rt} N(d_2) \tag{6-13}$$

式中，$y$ 是连续红利率②。

读者若仔细观察，将会发现：一年中的时段数越多，用二叉树法所得到的期权价值和用 B-S 模型计算出的结果就越接近。

人物专栏 6-1：迈伦·斯科尔斯（Myron Scholes）与费希尔·布莱克（Fischer Black）

## 第三节　实物期权对资本预算的影响

在了解和熟悉了金融期权相关知识之后，让我们将注意力转回至实物期权及其对资本预算的影响上面。在充分考虑嵌入在目标项目上的实物期权的价值之后，我们才能真正做到对目标项目进行动态分析。

### 一、实物期权的类型

实物期权是指以实物资产为标的物的期权，主要来自三个方面：一是来自项目自身的特性，二是来自柔性的投资策略，三是来自项目持有者所创造的合约。常见的实物期权包括扩张期权（option to expand）、收缩期权（option to contract）、延迟期权（option to defer）、放弃期权（option to abandon）、转换期权（option to switch）等。

#### （一）扩张期权和收缩期权

扩张期权是指项目持有者拥有的在未来的时间内进一步扩大项目投资规模的权利或灵活性，它是一种看涨期权。投资某一目标项目后，在项目存续期内，投资者可以根据市场状况的变化，随时调整投资规模。当市场条件向好时，投资者可以扩大投资规模。比如，为获得先发优势而进行的项目投资，显然，该投资项目的吸引力在于其蕴含有扩张期权。根据扩张期权的理念，该项目投资可被解读为：一方面，投资者为了获得当下的投资收益；另一方面，为了获得未来更大的投资机会。

收缩期权是指项目持有者拥有的在未来的时间内缩小项目投资规模的权利或灵活性，它是一种看跌期权。在项目存续期内，如果项目投资效果不佳，市场需求小、生产成本高，则项目持有者可缩小投资规模。

#### （二）延迟期权

延迟期权是指为了解决当下投资项目所面临的不确定性，项目持有者拥有的推迟对项

---

① B-S 模型还有其他几种情形，建议读者查看投资学或金融工程学中的相关内容。
② 红利率也称股息率，等于每股股利/每股价格。

目进行投资的权利或灵活性,它是一种看涨期权。比如,油田开采项目、房地产开发项目虽然特别有价值,但是这些项目投资额大、周期长,不确定性大,目前可能不是最佳的投资时机,需要待不确定性得到确认或部分确认后再择时投资。

在一个竞争的环境中,当个别投资者相对于其竞争对手在某项目上拥有特殊的优势时,比如某投资者拥有一份为期10年的专利权,我们认为该投资者拥有了一份延迟期权,即可以在专利保护期内择时开发该专利的权利。但值得注意的是,这种专利排他权是延迟期权存在以及有价值的条件,否则,会因为易被同行或竞争对手模仿而失去垄断(独享)收益。

可见,若某项目只能被一个投资者采用(因为法律限制或竞争对手面临的其他准入障碍等),那么这个项目的价值随着时间的推移则会呈现出买进期权(看涨期权)的特征。否则,延迟期权可能一文不值。

（三）放弃期权

放弃期权是指项目的继续经营价值小于放弃价值(项目出售价格)时,项目持有者拥有的放弃继续持有该项目的权利或灵活性,它是一种看跌期权。比如,开发周期长、不确定性很大的制药项目及软件项目通常都有放弃期权的嵌入。

投资某一个项目后,在项目存续期内,投资者可以根据市场的变化,随时放弃该投资项目。放弃期权行权的基本原则是:若目标项目继续经营的价值高于放弃价值,那么投资者将继续持有并经营该目标项目;若目标项目继续经营的价值低于放弃价值,那么投资者应该考虑放弃目标项目。

正是有了放弃期权,上文提及的开发周期长、投资额大、不确定性很大的制药项目或软件项目才有可能得以实施。一旦项目成功,投资者将获益颇丰;但若情形不妙,则投资者即可选择抽身离去来"止损"。

（四）转换期权

转换期权是指项目持有者在未来拥有的可在多项决策之间进行转换的权利或灵活性,它是一种看涨期权。比如,投资可使用多种能源的设备、通用性的生产线之后,投资者将为此获得转换期权,这种期权源于所投设备和生产线的灵活性和多用性。

转换期权增加了项目持有者在项目存续期内的决策灵活性。由于所投资的设备具有通用性,项目持有者可以根据能源价格的变动,灵活地选择成本低廉的能源来满足生产;同样,由于所投资的生产线具有通用性,项目投资者可以用来生产不同的产品。

通常,实物期权可以在项目存续期内任何一个时间点行权,因此,实物期权具有美式期权的属性,除非有特殊规定。如果实物期权只能限定在将来某一时点上行权,则实物期权具有欧式期权的属性。扩张期权、延迟期权、转换期权属于看涨期权(或称买权),放弃期权、收缩期权属于看跌期权(或称卖权)。由于这些期权一旦行权,在相应的时间内会产生现金流,因此它们常常被视为发放红利的美式期权。

> **小案例 6-1：识别实物期权**
>
> 中铁公司在南京的一个地铁项目中曾签署一项谅解备忘录,该备忘录声明,如果"技术条件成熟,经济状况容许……而交通分流不至于使第一条(铁路)枢纽的期望收益受损",双方就将在2015年着手筹划再建一条"直通道路"。载至2030年之前,所有其他公司都将无权进行这种海底通道的建设。你觉得该项目中最有可能嵌入了哪种实物期权?

## 二、实物期权的特点和定价

### (一) B-S模型的假设与实物期权的特点不匹配

根据布莱克—斯科尔斯模型(B-S模型),股票期权价值由股票价格(即标的资产或基础资产价值)、执行价格、期权到期时间、股票价格波动幅度和无风险利率决定。与金融期权相比,实物资产权有以下特点:

第一,标的资产不参与交易。标的资产参与交易是B-S模型的第一个重要假设条件。这一假设对金融期权来说是合理的,因为理论上可以利用标的资产(股票)和无风险借贷构建一个复制资产组合来计算金融期权价值。但是,对实物期权而言,标的资产不参与交易。

第二,资产价格的变化是不连续的。资产价格变化连续是B-S模型的第二个重要假设条件。这一假设对金融期权来说是合理的,在运转良好的金融市场上,金融资产交易活跃,其价格变动可被视为连续的。但是,实物资产通常不存在二级市场或二级市场不活跃,因此,大多数实物资产存在价格跳跃现象。

第三,方差难以在存续期内保持不变。方差已知且在存续期内保持不变的特征适用于以股票为标的物的金融期权(短期期权)。但是,当期权理论应用于长期实物期权时,方差在长时间内难以保持不变,因此,B-S模型的第三个重要假设条件与实物期权的特点不搭。

第四,行权不可能在瞬间完成。行权在瞬间完成的假设适用于金融期权,但B-S模型的第四个重要假设条件在实物期权行权时,就很难成立。理由是,实物期权行权所需时间较长,比如项目扩张期权的行权时间短则数月,长则数年。

实物期权的诸多特点暗含这样的推论,即B-S模型并不能够直接用于实物期权价值估计。

### (二) 实物期权定价的复杂性

实物期权远比金融期权复杂,因此其定价也远比金融期权定价复杂。我们可以从实物期权的难以识别性、随机性、集合性、互为条件性和相关性等方面来理解。

第一,实物期权难以识别。投资项目所含有的实物期权的类型和数量存在差异。比如,专利投资项目和土地开发项目的特点不同,在这些项目上,同时嵌入了多种实物期权,但究竟是哪些实物期权,则往往难以识别。

第二,实物期权的有效期和行权价格具有随机性。实物期权有效期与项目有效期有关,但是实物期权有效期并不像金融期权合约规定的那么具体。事实上,实物期权的有效期无法被固化,投资项目的有效期受新技术替代、竞争者进入等影响很大,一旦投资项目伴随着新技术出现而提前退出市场,则实物期权的有效期将缩短。此外,常识告诉我们,实物期权的执行价格具有随机性,随行就市,是一个随机变量。

第三,实物期权的数量具有集合性。嵌入在目标项目上的实物期权往往不止一个,而是由多个实物期权组成的一个集合。比如,嵌入在土地开发项目上的实物期权可能包含土地价格升值所引发的扩张期权、房地产市场前景尚不明朗下的延迟期权等。

第四,实物期权行权的条件性。尽管嵌入在目标项目上的实物期权是一个期权集合,但是这些期权的行权时间存在先后。如果扩张期权的行权时间先于放弃期权,那么扩张期权和放弃期权都具有价值。如果放弃期权的行权时间先于扩张期权,那么项目持有者一旦行使放弃期权,扩张期权则毫无价值可言。

第五,实物期权具有相关性。由于实物期权行权的时间存在先后,因此实物期权是不可加的。但是,实物期权之间存在相关性,先行权的实物期权会对随后行权的实物期权的价值产生影响。比如,扩张期权行权在先,放弃期权行权在后,那么放弃期权的价值高低必然受扩张期权影响,或者说,放弃期权之前有无扩张期权将对放弃期权价值产生不同的影响。

投资评价实践中,在实物期权可识别的情况下,我们须对实物期权进行估值。至于估值方法,不少国家和地区建议采用看上去不太合适的 B-S 模型和二叉树法。[①]

## 三、实物期权对资本预算的影响

当投资项目的不确定性很大,或者投资项目的价值主要由实物期权价值决定,或者传统的净现值法则无能为力时,用实物期权分析方法对目标项目进行分析就会变得非常合适和需要。下文介绍延迟期权、扩张期权和放弃期权的估值方法,以及实物期权对投资决策的影响。

(一)延迟期权及其对资本预算的影响

**1. 基于 B-S 模型的分析**

假定公司在未来几年里对某项目拥有排他权,比如公司拥有某项保护年限为 10 年的专利,拥有一份为期 3 年的油田租赁合约。这就意味着公司在未来 10 年,对该专利具有独享权,同时,对油田具有 3 年的排他权。由于市场对专利形成的新产品的接受度不可测,未来油价也非常不确定,因此,当下就将专利投入生产或当下就开采油田的话,其净现值很可能为负值。但公司可以将专利延迟投入生产,或者延迟开采油田。也就是说,公司可以等待,在未来 10 年和 3 年内,择时进行投资开发。

为了估算延迟期权价值以及分析延期期权对传统资本预算的影响,我们借助 B-S 模型来加以说明。究竟是否可以使用 B-S 模型来估算延迟期权的价值呢?实践中已有运用,但是,在对延迟期权定价时,标的资产价值、方差、期权的有效期、执行价格等变量的估计非常不易。因此,B-S 模型并不完全适合实物期权定价,在使用时还需稍做调整,或者增加一些假设条件。

第一,关于标的资产价值估算。延迟期权的标的资产价值就是项目现金流入量的现值,但是,目标项目未来现金流量的估计以及贴现可能遇到许多干扰,不确定性很大。延迟期权的标的资产价格估算非常困难。

第二,关于方差计算。项目现金流量以及现值会出现很大的不确定性,部分是由于产品的潜在市场规模或需求不可知,部分是由于新技术的出现、外部竞争者的进入改变了投资项目的成本结构和盈利性。因此,方差应该尽显这些不确定性。事实上,对于投资期长的项目而言,其方差具有易变性,但我们仍将其视为稳定的。

第三,关于执行价格设定。项目投资成本就是延迟期权的执行价格,执行价格是个随机变量,不同时间点的执行价格是不同的。为方便起见,我们假设投资成本保持不变。

---

[①] 由于实物期权的复杂性,其定价问题至今仍未完全解决,因此目前已有的定价方法还是不放入此类教科书为妥。

第四,关于有效期和无风险利率选择。当投资者拥有的排他权利到期时,项目的延迟期权也就随之到期。除受技术进步等因素影响,延迟期权的有效期与投资者拥有的排他权期限通常是一致的。延迟期权定价中所使用的无风险利率应该是期权有效期内的同期国债利率。

第五,关于推迟成本估算。将项目延迟(推迟)至净现值为正时才执行需要付出代价。在延迟期权有效期内,项目持有者对项目具有排他权利,且独享由此带来的所有好处。但随着投资者所拥有的权利的到期日临近,新的竞争者将进入该投资领域,这一领域的好处会很快被其他竞争者分享。因此,每推迟1年行权,意味着延迟期权拥有者独享好处的年份便减少1年。如果现金流量在时间上均匀分布,项目有效期为 $n$ 年,则推迟成本可以写为:

$$年推迟成本 = 1/n$$

---

**例 6-13**:天创公司拥有保护期为 20 年的某药品专利。但是,目前投产的话不仅生产成本高,而且市场规模较小。假定生产药品的初始投资为 500 万元,当下进行投资所获得的现金流量现值为 350 万元。鉴于生产技术与市场是波动的,该项目未来的前景是可观的。假定不考虑新技术的出现和外部竞争者的进入,通过模拟估计的现值年方差为 0.05。

延迟期权定价的已知条件如下:

标的资产价值($S$)= 如果现在就开始生产的项目现金流量现值 = 350(万元)

执行价格($K$)= 生产产品所需的初始投资 = 500(万元)

方差($\sigma^2$)= 0.05

有效期($t$)= 20(年)

年推迟成本($y$)= 1/20

无风险利率($r$)= 7%

基于上述条件,先计算 $d_1$ 和 $d_2$:

$$d_1 = \frac{\ln(S/K) + (r - y + 0.5\sigma^2)t}{\sigma\sqrt{t}} = \frac{\ln(350/500) + (0.07 - 0.05 + 0.5 \times 0.05) \times 20}{0.2236 \times \sqrt{20}} = 0.5433$$

$$d_2 = d_1 - \sigma\sqrt{t} = 0.5433 - 0.2236 \times \sqrt{20} = -0.4567$$

经过查阅累积概率分布表,得 $N(d_1)$ 和 $N(d_2)$ 分别约为 0.7065 和 0.3240。

根据布莱克—斯科尔斯期权定价公式,买进期权价值(看涨期权价值)为:

$$\begin{aligned} & S e^{-yt} N(d_1) - K e^{-rt} N(d_2) \\ & = 350 e^{(-0.05)(20)} \times 0.7065 - 500 e^{(-0.07)(20)} \times 0.3240 \\ & = 51.02 (万元) \end{aligned}$$

该药品项目的净现值为 -150 万元(= -500 + 350),因此,根据净现值法则,应该永远拒绝该项目。但是,由于现金流量现值方差的存在,延迟期权仍然有较高价值,也就是说,该公司不应该轻易放弃该专利,而是值得等待。

---

**2. 基于二叉树法的分析**

作为标的资产,实物资产不参与交易,其价格变动不是连续的,而是跳跃的。因此,用二叉树法来描述实物期权标的资产的价值变化就更为妥帖些。也正是如此,用二叉树法来估计实物期权的价值可能就更靠谱些。下面,我们来看看如何用二叉树法来估计延迟期权价值。

**例 6-14**:天创公司正在对一目标项目进行考察,设该项目的现值为 100 万元,期初投资为 90 万元,未来投资也为 90 万元(可视为目标项目的行权价格)。若当下投资该项目,则该项目的净现值为 10 万元。设年无风险利率为 1.8%。公司预计未来有两种情形:市场疲软和市场景气(见表 6-9)。究竟该何时实施目标项目呢?

表 6-9 市场疲软和市场景气情形下的相关数据      单位:万元

| 变量 | 第 1 年年末 | | 第 2 年年末 | | | |
| --- | --- | --- | --- | --- | --- | --- |
| | 市场疲软 | 市场景气 | 市场疲软 | 市场景气 | 市场疲软 | 市场景气 |
| 自由现金流 | 8 | 12 | 6.4 | 9.6 | 9.6 | 14.4 |
| 项目价值 | 80 | 120 | 64 | 96 | 96 | 144 |

这是一个典型的延迟期权问题,我们可以先使用二叉树来描述目标项目未来价值的可能变化(见图 6-4)。

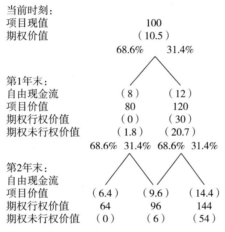

图 6-4 延迟期权二叉树

由图 6-4 可知,目标项目当前价值为 100 万元,在两种情形下,第 1 年年末目标项目价值分为别 80 万元和 120 万元,第 2 年年末目标项目价值分别为 64 万元、96 万元和 144 万元。

由于项目收益由资本利得(项目未来价值与目前价值之差)和投资收益(自由现金流)构成,因此我们可以分别计算出第 1 年两种经济情形下的期望收益率,即

第 1 年市场景气时,目标项目的期望收益率为:
$$(12+120-100)/100 = 32\%$$

第 1 年市场疲软时,目标项目的期望收益率为:
$$(8+80-100)/100 = -12\%$$

设市场景气概率为 $P$,根据风险中性假设,得:
$$32\% \times P + (-12\%) \times (1-P) = 1.8\%$$

可见,市场景气(项目价值上涨)概率为 31.4%,市场疲软(项目价值下跌)概率为 68.6%。

接下来,我们可以判断究竟该目标项目是在当前实施,还是在第 1 年年末或第 2 年年末实施。

若目标项目在第 1 年年末实施,那么根据目标项目价值和行权价格(90 万元),我们可以分别计算出两种经济情形下的期权价值,分别为 0(因为 80<90)和 30 万元(=120-90)。

若目标项目在第 2 年年末实施,已知项目行权价格为 90 万元,那么第 2 年年末目标项目三种可能的期权价值分别为 0(因为 64<90)、6 万元(=96-90)和 54 万元(=144-90)。根据风险中性定价法,可以将它们折算成第 1 年年末的价值。

当第 1 年年末市场景气时,延迟期权价值为:

$$(54×31.4\%+6×68.6\%)/1.018=20.7(万元)$$

当第 1 年年末市场疲软时,延迟期权价值为:

$$(6×31.4\%+0×68.6\%)/1.018=1.85(万元)$$

据此,我们可以做出如下推论:

若第 1 年年末市场疲软,则应该延迟实施该目标项目。理由是:第 2 年年末实施的期权价值(1.85 万元)高于第 1 年年末实施的期权价值(0 万元)。

若第 1 年年末市场景气,则应该在第一年年末实施该目标项目。理由是:第 2 年年末实施的期权价值(20.7 万元)低于第 1 年年末实施的期权价值(30 万元)。

那么,是否应该在当下实施该项目呢?我们可以对当下实施该项目的收益与延迟实施该项目的期权价值进行比较来判断。

若在当下实施该项目,则净现值为 10 万元(=100-90)。

若延迟实施,则延迟期权价值的现值为 10.5 万元[=(30×31.4%+1.85×68.6%)/1.018]。

显然,延迟实施该项目可以带来更多的收益和回报。

### (二)扩张期权及其对资本预算的影响

扩张期权是嵌入在投资项目上的较为常见的实物期权。公司有时会力排众议,对一些不被看好的项目(净现值为负值的项目)进行投资,公司之所以采纳此类项目是为了取得先发优势,在将来有能力投资另一些项目或占有另一部分市场。因此,这个负的净现值可以理解为公司为获得这种扩张期权所支付的价格。比如,公司拟投资一个工业胶水项目。目前工业胶水市场规模较小、生产成本较高。按静态的净现值法进行估计,这是一个亏损项目。然而,业内对工业胶水的市场前景很看好。因此,公司若坚持投资该项目,就可以获得先发优势。一旦市场需求放大后,公司就能抢得先机,扩大工业胶水的投资规模,以期占有更大的市场份额,获得更多的超额利润。

在估计扩张期权价值时,会遇到类似于延迟期权的问题。

第一,拥有扩张期权的公司并没有明确的扩张期权有效期。只要在项目持有者仍保持先发优势,或领先于外部竞争者,或新技术的出现不至于使目标项目退出市场的前提下,项目持有者的扩张期权就没有到期日。因此,扩张期权的有效期是随机的。

第二,执行成本的估计并非一件易事。事实上,投资者在项目投资前,对未来扩张期权的执行价格无法做出合理的估计。因为投资者无法看透市场的未来变化、外部竞争者的实力以及新技术的出现对项目所产生的影响。

**例 6-15**：假定天创公司拟投资一项目，需投资 1 500 万元，该项目预期现金流量的现值为 800 万元。未来 5 年中，假定在任何时间内，该项目投资者均拥有扩大该项目投资的先发优势，设扩张成本为 200 万元。目前扩张的预期现金流量的现值为 1 500 万元，鉴于这一估计有很大的不确定性，方差高达 0.8。

根据题意，扩张期权定价的已知条件如下：

标的资产价值 ($S$) = 1 500 (万元)

执行价格 ($K$) = 200 (万元)

方差 ($\sigma^2$) = 0.8

有效期 ($t$) = 5 (年)

延迟成本 = 0 (没有延迟成本)

无风险利率 ($r$) = 6%

基于上述条件，先计算 $d_1$ 和 $d_2$：

$$d_1 = \frac{\ln(S/K) + (r + 0.5\sigma^2)t}{\sigma\sqrt{t}} = \frac{\ln(1500/200) + (0.06 + 0.5 \times 0.8) \times 5}{0.8944 \times \sqrt{5}} = 2.157$$

$$d_2 = d_1 - \sigma\sqrt{t} = 2.157 - 1.999 = 0.1576$$

经过查阅累积概率分布表，得 $N(d_1)$ 和 $N(d_2)$ 分别约为 0.9842 和 0.5596。

根据布莱克—斯科尔斯期权定价公式，买进期权价值（看涨期权价值）为：

$$SN(d_1) - Ke^{-rt}N(d_2)$$
$$= 1\ 500 \times 0.9842 - 200\ e^{(-0.06)(5)} \times 0.5596$$
$$= 1\ 393.4\ (万元)$$

拥有扩张期权的项目的价值 = -700 + 1 393.4 = 693.4 (万元)

可见，尽管该项目净现值为 -700 万元 (= -1 500 + 800)，但是，由于投资该项目可以得到一份价值很高的扩张期权，该项目的价值仍大于零。因此，该项目是有价值的，值得在当下进行投资。

由此可见，公司利用扩张期权使采纳净现值为负值的项目成为合理化行为，因为这种项目可以为公司开发市场或出售新产品创造更大的机会。扩张期权对那些拥有高收益预期并且自身波动大的行业更具吸引力以及更有价值。

**小案例 6-2：房地产项目中的实物期权**

某房地产开发商用 20 亿元拍到了一块商品房用地，该地块的开发需经过三个阶段，即规划设计、建筑施工及租售。由于未来存在不确定性，比如经济不景气、房地产调控政策及房价下跌等，因此，该地块开发的每个阶段都存在变数或可能性。好在该开发商拥有很多灵活性，也就是本章提及的实物期权。你认为，在该地块开发的每个阶段中，开发商分别拥有哪些实物期权？它们对该项目的存废会产生什么影响？

(三) 放弃期权及其对资本预算的影响

投资于某一个项目后，在项目存续期内，投资者可以根据市场状况的变化，随时放弃该投资项目。假定某项目的有效期为若干年,对目标项目的继续经营价值与放弃价值进行比较,如果前者更高,投资者则应该继续运营该项目;如果前者更低,投资者则应该考虑放弃该项目。

$$拥有放弃期权的净收益 = 0 \quad (如果\ V > L)$$
$$= L - V \quad (如果\ V \leq L)$$

其中,$V$ 表示项目执行到有效期期末的剩余价值(即继续经营价值);$L$ 表示同一项目在同一时点的放弃价值。

我们运用二叉树法对放弃期权价值进行估计。

**例 6-16**:天创公司拟投资一项目。假如项目有效期 5 年,投资总额 520 万元(其中 500 万元为设备投资,20 万元为不构成固定资产的营运资本投资,假定营运资本投资不可回收);年折旧率 20%,按余额递减法计提折旧;预计当年年末(时刻 1)产生的现金净流量为 112 万元,且每年将有 12% 的增长;贴现率和无风险利率均为 12%;项目收益服从年标准差 14% 的随机游走。不考虑其他成本和税收。公司在未来 5 年内,拥有随时放弃该项目的权利,放弃价值为该时点上的固定资产余额。

根据净现值法则,在不考虑放弃期权及残值的情况下,该项目的净现值为:

$$NPV = \frac{112}{(1+12\%)} + \frac{112\times(1+12\%)}{(1+12\%)^2} + \frac{112\times(1+12\%)^2}{(1+12\%)^3} + \frac{112\times(1+12\%)^3}{(1+12\%)^4} + \frac{112\times(1+12\%)^4}{(1+12\%)^5} - 520$$
$$= -20(万元)$$

可见,该项目的净现值对投资者没有吸引力。但是,如果考虑公司持有的放弃期权价值后,情况又会如何呢?可做如下分析:

**步骤一:为该项目构造二叉树**

鉴于项目收益服从年标准差 14% 的随机游走,根据式(6-9)和式(6-10),我们可得到项目下一年度现金净流量的上涨或下降的百分比,分别为上涨 15% 和下降 13%。于是,我们可以得到描述现金净流量变化的二叉树(见图 6-5)。

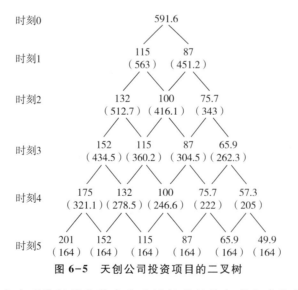

**图 6-5 天创公司投资项目的二叉树**

图 6-5 显示,每个节点上不带括弧的数字表示目标项目的年现金净流量。以时刻 1 上的 115 万元和 87 万元为例,由于该项目时刻 1 的现金净流量为 112 万元,在贴现率为 12% 的情况下,其在时

刻 0 的现值就是 100 万元。又由于项目下一年度现金净流量或上涨 15%，或下降 13%，因此，115 万元和 87 万元便是时刻 0 时的 100 万元现金净流量 1 年后上涨 15% 和下降 13% 后的值。按逐步滚算的方式，我们将逐一算出时刻 2、时刻 3、时刻 4 及时刻 5 每个节点上的值。

**步骤二：计算和比较各时点上的继续经营价值和放弃价值**

根据风险中性假设，我们计算出项目收益上升或下降的概率，即

$$期望收益率 = 15\% \times 上涨概率 + (1 - 上涨概率) \times (-13\%) = 12\%$$

$$上涨概率 = 89\%$$

我们可以按由下到上的顺序来计算和说明图 6-5 中每个节点上带括弧的数字。比如，时刻 5 时带括弧的数字表示项目的残值，时刻 4、3、2、1 时带括弧的数字表示公司继续经营的价值。

根据折旧余额递减法，第 1 年折旧额为 100 万元（=500×20%），第 1 年年末固定资产余额为 400 万元；第 2、3、4、5 年的折旧额分别为 80 万元、64 万元、51 万元和 41 万元；第 2、3、4、5 年年末的固定资产余额分别为 320 万元、256 万元、205 万元和 164 万元。因此，在时刻 5，各节点的固定资产余额（即残值）均为 164 万元。

在时刻 4，以第一个节点上的数字（最左边的数字）计算为例，由于下一年度（时刻 5）的收入有上涨和下降两种可能，上涨情况下的现金净流量为 365 万元（=201+164），其概率为 89%，下降情况下的现金净流量为 316 万元（=152+164），其概率为 11%。因此，它们的贴现值为（365×89%+316×11%）/(1+12%) = 321.1（万元）。该节点意味着：在时刻 4 时（第 4 年年末），放弃该项目仅可获得 205 万元（时刻 4 的固定资产余额）[①]，而继续经营该项目的价值约为 321 万元。因此，在该节点上，公司不应该放弃该项目。如果你将目光移向时刻 4 最右边的节点，该节点则表明，在时刻 4 时（第 4 年年末），放弃该项目可获得 205 万元，高于继续经营该项目的价值 203.8 万元。[②] 因此，在该节点上，公司应放弃该项目。在我们所讨论的这个案例中，这样的节点只出现了一次。

在时刻 3，由于放弃价值 256 万元，均小于时刻 3 上 4 个节点的继续经营价值，因此，不应该放弃该项目。以时刻 3 的第 1 个节点上的数字计算为例，由于时刻 4 的收入有上涨和下降两种可能，上涨情况下的现金流净量为 496.1 万元（=175+321.1），其概率为 89%，下降情况下的现金净流量为 410.5 万元（=132+278.5），其概率为 11%。因此，它们的贴现值为（496.1×89%+410.5×11%）/(1+12%) = 434.5（万元）。该节点意味着在时刻 3（第 3 年年末），放弃该项目仅可获得项目残值 256 万元[③]，而继续经营该项目的价值约为 434.5 万元。因此，不应该放弃该项目。

在时刻 2，由于放弃价值 320 万元，均小于时刻 2 上 3 个节点的继续经营价值，因此，不应该放弃该项目。

在时刻 1，由于放弃价值 400 万元，均小于时刻 1 上 2 个节点的继续经营价值，因此，不应该放弃该项目。

**步骤三：计算放弃期权价值**

最后得到了时刻 0 的现金流入量现值 591.6[④] 万元（即考虑了放弃期权价值后的项目价值），高

---

[①] 根据余额递减法，第 1 年折旧额为 100 万元（=500×20%），第 1 年年末的固定资产余额为 400 万元；第 2、3、4、5 年的折旧额分别为 80 万元、64 万元、51 万元和 41 万元；第 2、3、4、5 年年末的固定资产余额分别为 320 万元、256 万元、205 万元和 164 万元。

[②] 该节点的继续经营价值基于下一年度项目残值与现金净流量确认，即[(65.9+164)×89%+(49.9+164)×11%]/(1+12%) = 203.8（万元）。

[③] 根据余额递减法，第 1 年折旧额为 100 万元（=500×20%），第 1 年年末的残值为 400 万元；第 2、3、4、5 年的折旧额分别为 80 万元、64 万元、51 万元和 41 万元；第 2、3、4、5 年年末的残值分别为 320 万元、256 万元、205 万元和 164 万元。

[④] [(115+563)×89%+(87+451.2)×11%]/(1+12%) = 591.6（万元）

于初始投资额520万元,净现值为71.6万元。显然,正值的净现值一定是放弃期权价值超过了不考虑放弃期权的净现值。由于不考虑放弃期权的净现值为-20万元,因此,该项目的放弃期权价值为71.6+20=91.6(万元)。

**概念自查6-3:**

1. 什么是实物期权?
2. 实物期权有哪些主要类型?与金融期权相比,实物期权有哪些主要特点?
3. 以扩张期权为例说明实物期权是如何对传统的资本预算产生影响的?

放弃期权使得放弃行为合理化,当项目投资收益不能达到预期水平时,公司拥有终止项目的权利。

## 本章小结

1. 项目执行期间可能出现许多新机遇,投资者会因此而改变原先的投资计划,也就是说,投资项目都嵌入了一个允许项目持有人在未来扩大生产规模的期权。然而,传统的资本预算方法主要是静态分析方法,无法反映和计量这种特殊的期权。当公司在评估项目价值时,须考虑在未来时期这些项目所带来的开发新市场或扩张旧市场的机会。实物期权在评价投资战略价值以及评价风险投资方面已经得到运用。

2. 净现值法则自身存在过于主观和静态等缺陷。正是由于存在这些缺陷,净现值法则可能止步于某些投资决策。

3. 项目存续期内产生的各种新机会就是嵌入在实物(项目)上的期权。实物期权是指以实物资产为标的物的期权,主要来自三个方面:一是来自项目自身的特性,二是来自柔性的投资策略,三是来自项目持有人所创造的合约。

4. 实物期权理论源自金融期权理论,我们可以用金融期权价值的估计方法来解释实物期权的价值。

**人物专栏6-2:**
斯图尔特·迈尔斯
(Stewart Myers)

5. 是否考虑实物期权价值以及实物期权价值的高低将对传统资本预算产生重要影响,但是,实物期权定价至今仍是一个"谜",而金融期权定价方法不能直接用于实物期权价值估计,也正是这个原因,在很大程度上阻碍了实物期权在项目投资中的运用。

## 重要术语

实物期权　看涨期权　看跌期权　看涨—看跌平价关系　避险比率　期权等价物　风险中性　二叉树　布莱克—斯科尔斯模型　美式期权　欧式期权　扩张期权　收缩期权　放弃期权　延迟期权　转换期权

## 习题

**简易题**

1. 试从实物期权角度给出下列问题的解读:

(1) 未开发的南海油田的钻井权。目前,开发与生产石油不过是净现值为负值的一项举措(石油的盈亏平衡价格为每桶500元,但现价只有300元)。然而,最长可推迟4年再最终决定是否开采,而开采成本则预计每年增加5%。

(2) 某制鞋厂在需求量低迷时可以关闭,而当需求量上升至一定程度时又可以重新开工。该制鞋厂的关闭与复工成本固定。

(3) 某房地产开发商将通过拍卖得到的一块土地暂时用作停车场,虽然这块土地无论是盖旅馆还是建公寓楼,都是正净现值的投资。

2. 假如某投资者拥有1份1年期看涨期权,按市场价衡量,其标的资产价值为200万元,执行价格为250万元,年标准差为15%,无风险利率为10%。

要求:用布莱克—斯科尔斯模型计算看涨期权的价值。

3. 试从以下项目中识别出最有可能存在的实物期权:

(1) 某公司推迟扩建旗下一个大型工厂。现金流贴现计算表明,该扩建项目的净现值大于0,但公司最高管理层想等产品需求旺盛起来后再进行扩建项目。

(2) 中国电信公司开始了特别针对欧洲市场的数字切换设备的生产。尽管项目净现值为负,但考虑到需要在快速发展且具有盈利潜力的市场中占据有利位置,项目投资依然合理。

(3) 南方航空公司购买了一架喷气式飞机,该机安装有进行客运、货运相互切换的特别设备。

**中等难度题**

4. A公司股票的当前价格为每股12元,该股票1年期美式看涨期权的价格为2元(设1份看涨期权仅可购买1股股票),执行价格为6元/股。

要求:

(1) 你该如何把握这个套利机会?

(2) 若此期权为欧式看涨期权,你又该如何行动?

5. 2019年4月,执行价格为50元/股、8个月期的B公司股票看涨期权的价格为9元(设1份看涨期权仅可购买1股股票)。而当前的股票价格为55元/股,无风险年利率为5%。对同样到期日、同样执行价格的B公司股票看跌期权,你愿支付多高的价格?假设该公司股票期权为欧式期权。

6. C上市公司,其股票2019年3月2日收盘价为30元/股。设有一种以该股票为标的资产的股票看涨期权(设1份看涨期权仅可购买1股股票),执行价格为32元/股,7月到期。4个月后,股票价格有上涨至35元/股或下跌至25元/股两种情形。设该公司不发放现金股利,无风险年利率为6%。

要求:

(1) 利用风险中性原理,计算股票价格上涨和下跌概率。

(2) 计算该看涨期权价值。

7. 2019年8月13日,D公司股票价格为40元/股,以D公司股票为标的资产的股票看涨期权收盘价为3元,该看涨期权的执行价格为39元/股。设该股票看涨期权还有200天到期,D公司股票收益的波动率(标准差)为0.4,无风险利率为6%。

要求:

(1) 运用B-S模型计算该看涨期权价值。

(2) 若认可B-S模型的计算结果,你会如何进行套利?

8. 用二叉树法评估12个月内到期的某公司股票的欧式看涨期权。公司股票现价为每股45元,其收益年标准差为24%。假定无风险年利率为5%,执行价格为每股48元。假定股票价格每6个月上升或下降一次,每3个月发生一次涨跌变动,即一年4次。

要求:

(1) 分别构建二叉树。

(2) 分别计算股票价格上涨和下跌概率。

(3) 分别计算看涨期权的价值。

**高等难度题**

9. 假设E公司对一块油田拥有10年的开采权利,预计石油储量高达2 000万桶,该公司计划每年开采储备的10%。开采成本的现值为20元/桶,石油的现价为40元/桶,石油生产成本的现值为6元/桶。无风险年利率为8%,石油价格变化的年标准差为20%。

要求:

(1) 用传统的资本预算方法估计油田的价值。

(2) 用期权定价模型估计油田的价值(用B-S模型计算)。

(3) 分析两种结果之间的差异。

10. 某航空公司拟开辟一条上海至张家界的旅游航线,决定投入2架支线飞机开始运营,每架飞机的购置成本为2 000万元。公司估计第1年将损失1 000万元,第2年继续亏损500万元,但从第3年开始,现金净流量为1 500万元,并从第4年开始实现年现金净流量2 500万元(假定为永续年金)。设要求收益率为15%。

显然,该公司拥有扩张期权。如果公司CEO准备在第3年年底扩大这条航线的运力,再增加2架支线飞机,每架飞机的购置成本仍为2 000万元,同时,以2架飞机为一组所产生的预期现金流与初始分析中的相同。假设方差为0.4,无风险年利率为4%。

(1) 这份扩张期权的价值为多少?(建议用布莱克—斯科尔斯公式)

(2) 公司是否应该开辟这条航线?

11. G公司拟投资一新项目,该项目能够推出一种新产品,相关资料如下:

(1) 初始投资为100万元。

(2) 该项目预计每年产生12万元的期望现金净流量(设永续现金流量)。

(3) 该产品市场不确定性大,因此,永续年现金净流量有13万元/年和7万元/年两种情况。

(4) 设无风险年利率为6%,期望收益率为12%。

(5) 项目行权价格为100万元。

要求:

(1) 计算不考虑期权的项目净现值。

(2) 若一年后实施该项目(即延迟执行该项目),请计算延迟期权价值。

12. 假如某投资者年初拥有一份期权,收购一家公司,投资额为2 000万元,该期权6个月后到期。投资者愿意出价2 000万元的理由是其估计该公司当前的价值为2 200万元。该公司预计每季度末的现金净流量为500万元,如果投资者购买了该公司,则500万元归投资者所有。又假如每季度末目标公司的价值或者上涨10%,或者下跌5%。无风险年利率为6%。

要求:

(1) 画出二叉树。

(2) 如果当前行权,投资者是否愿意?

习题参考答案

## 参考文献

1. BLACK F. MYRON S. The pricing of options and corporate liabilities [J]. Journal of Political Economy, 1973(81): 637—659.

2. COX J C. ROSS S A. RUBINSTEIN M. Option pricing: A simplified approach [J]. Journal of Financial Economics, 1979(7): 229—263.

3. DIXIT A K. PINDYCK R S. The options approach to capital investment [J]. Harvard Business Review, 1995(73): 105—115.

4. 达莫德伦. 公司财务:理论与实务 [M]. 荆霞等, 译. 北京:中国人民大学出版社, 2001.

5. 赫尔著. 期权、期货和衍生证券 [M]. 张陶伟, 译. 北京:华夏出版社, 1997.

6. 杨春鹏. 实物期权及其应用 [M]. 上海:复旦大学出版社, 2003.

# 第七章
# 长 期 融 资

**【学习要点】**

1. 公司为何进行长期融资?
2. 融资决策能否创造公司价值?
3. 长期融资决策的基本原理。

公司进行长期融资有两大目的:一是筹集资金来实施和推进目标项目,即解决资金缺口,二是为股东创造财富或创造公司价值。尽管资本市场能够提供正值净现值的融资机会不多,但是,创造公司价值依然是公司长期融资决策的目标。债务融资和权益融资是两类长期融资渠道,前者主要包括公司债券、长期银行信贷,后者包括普通股、优先股和留存收益。本章主要介绍普通股、优先股、公司债券的特征,以及长期融资决策如何给公司创造价值。

## ■ 第一节 资本市场有效性

融资决策能否创造公司价值? 对一个融资灵活性较强的公司而言,这个问题更为重要。通常认为,愚弄投资者、降低融资成本(比如发行免税债券)、创造一种新证券(比如发行零息债券)是三种可以创造公司价值的融资策略。然而,以资本市场有效性视角,我们很难找到融资成本低于市场利率的融资渠道。事实上,在运转良好的资本市场上,找到正值净现值的融资机会很不易。这是由于资本市场的有效性造就了相对公平的金融资产价格。如果资本市场是有效的,那么公司在融资时能不能通过愚弄投资者来创造价值呢?

### 一、资本市场有效性

**1. 有效市场的类型**

1953 年,英国统计学家莫里斯·肯德尔(Maurice Kendall)的研究发现,股票和商品的价格是随机游走(random walk)的。也就是说,股票和商品的价格变化相互独立,价格变化是不相关的,今天的价格变化不会给投资者带来未来价格变化的任何信息。在充满竞争的资本市场上,为什么股票价格必须服从随机游走呢?

尤金·法马(Eugene Fama)在1970年提出的有效市场假说解释了这一问题。他认为,在一个证券市场中,如果证券价格完全反映了所有可获得的信息,那么这样的市场就是有效市场(ECM)。根据有关信息融入证券价格的速度和完全程度,法马做了三种"有效"的定义,即弱式、半强式、强式,也可以说做了三种程度的定义。

在弱式有效市场上,今天的证券价格仅仅反映包括证券过去价格在内的所有历史数据所包含的信息。因此,在这个市场上,投资者单单依靠以往的证券价格信息,不可能持续获得超额利润。证券价格将服从随机游走①,同一只证券在不同时间的价格变化有很低的序列相关性(即不相关),即序列相关系数接近零(如果序列相关系数为正数或负数,则说明证券价格变动具有延续性),因此,投资者无法根据证券的历史价格去预测证券未来的价格走势。在弱式有效市场上,尽管个别投资者可以借助股票历史价格变动图在短期内大赚一笔,但从总体上讲,投资者无法利用股票价格的历史变动信息获得超常收益。

在半强式有效市场上,今天的证券价格不仅反映历史价格信息,还反映一切公开信息,包括公司年报、股利公告及金融出版物上的信息等。在这个市场上,由于所有公开信息都完全反映在证券价格之中,因此,投资者不能依靠这些公开信息持续地获得超额利润。比如,投资者不可能从公开出版物中寻找到公司内幕信息,并据此进行交易而屡战屡胜。如果无法利用公开可得信息获得超额利润,那么市场至少是半强式有效的。比如,共同基金经理的业绩总体上无法超越市场指数,这与半强式有效市场的假设是一致的。

在强式有效市场上,今天的证券价格不仅反映所有公开信息,还反映所有内幕信息。在这样的市场上,投资者无法依靠公开信息和内幕信息持续地获得超额利润。假如投资者能够在这个市场上获利,则只能说明他运气太好,反之,则说明他运气太差。

尽管强式有效市场在现实中并不存在,但是,有效市场假说改变了人们对资本市场运作的看法。

**2. 有效市场假说的主要内容**

概括来说,有效市场假说有两个重要内容:一是证券价格总是正确的,价格在投资者进行交易前就已经调整到位。在竞争性的资本市场上,证券价格确实能够反映所有相关的信息,证券价格是公平合理的,投资者无法获得超额利润。证券价格将完全反映市场上的所有可得信息,并以此为资源配置提供准确的信号,金融市场是资源配置的理想场所,融资者无法低成本获得资金。因此,市场参与者应当信任有效市场,无须担心他人因掌握更多的信息而获益,也无须担心自己因掌握的信息不足而吃亏。二是没有"免费的午餐"。证券市场价格无法预测,在考虑风险因素之后,任何人、任何投资机构都无法跑赢大盘。也就是说,假如投资者获得了高收益,那唯一的解释是,他承担了高风险(或高担当)。

**3. 有效市场假说的理论基础**

美国学者安德鲁·施莱弗(Andrei Shleifer)认为,理性、独立的理性偏差和套利是有效市场假说的三个理论基础,它们是市场有效的条件。只要以下三个理论基础中的任何一个

---

① 如果仅仅从股票价格历史变动规律来获取超额利润,那么每个人都能做到,超额利润很快将会在竞争中消失。假定股票价格呈周期性上下波动,精明的投资者会在高点卖出股票,迫使股价下跌,同时,他们会在低点买进股票,从而推升股价,于是,股票价格周期性上下波动的特点将消失,只剩下随机的波动。

站得住脚,有效市场假说就成立。

第一,理性假说是指假定所有投资者都是理性的。当市场发布新信息时,投资者会理性地调整对金融资产价格的估值。比如,公司目前股票价格为10元/股,公司马上会向社会披露一投资项目。根据理性假说,投资者会及时根据这一新投资信息,预测该项目的净现值。如果投资者估计项目净现值约为1元/股,那么投资者会乐意以不低于11元/股出售其持有的股票,股票价格将很快上涨至11元/股。

第二,独立的理性偏差假说是指假设理性偏差可能在整个投资者群体中相互抵消。市场有效性并不要求所有人都是理性的,但要求各种非理性总是能够相互抵消,即非理性乐观的人和非理性悲观的人在数量上大体相当。在信息不对称条件下,投资者的估值会产生偏差。仍以上文提到的投资者对项目净现值的估计为例,投资者有可能乐观地看待这个新项目,也有可能悲观地看待这个新项目。如果投资者预计该项目的净现值将大大好于理性水平,那么他们能够在较高价位(即高于甚至远高于11元/股)出售或接受该公司股票。如果市场被这些投资者占据,那么股价上涨很可能超过市场有效性所预计的水平。同样,投资者也很容易悲观地看待这个新项目,如果市场被这些投资者左右,那么股价下跌很可能超出市场有效性所预计的水平(即低于甚至远低于11元/股)。假如非理性的乐观投资者和非理性的悲观投资者旗鼓相当,那么即便大多数投资者都是非理性的,股价上涨幅度还是很可能与市场有效性预计一致。

第三,套利假说是指专业投资者的理性可以抵消非专业投资者的非理性。非专业投资者的非理性或投机性可能致使股价被推高或打压,大大偏离有效价格。假如专业投资者客观地评估投资对象,清晰地估计股票价格,并按低买高卖行事或套利,那么市场终将被理性的专业投资者所引领,市场仍将有效。

市场有效假说一直备受质疑。追随者们痴迷于有效市场假说,但行为金融学派一直未停止过质疑之声,并坚持认为,在现实经济中,市场有效假说的三个理论基础是不成立的。比如,他们认为,不是所有的投资者都是理性的,至少相当多的投资者是非理性的。投资者会过分重视小样本的结果,比如20世纪90年代,网络股因出现短期巨额收入增长而大受追捧,致使股价高企。这是一种过度反应。最终,股价在投资者意识到这种增长难以为继时暴跌。

## 二、资本市场异常现象

随着有效市场理论研究和观测的日渐深入,人们发现了一些有悖于有效市场假说的市场异象(anomaly)。比如规模效应,即规模较小公司的平均年度收益高出规模较大公司的年度收益许多。对于规模效应,学界有很多解释。可能的解释之一是小公司存在较高的风险,小公司较高的收益是对投资者风险厌恶的额外风险补偿;可能的解释之二是一种巧合或例外,如果观察不同时间段的数据,也许会找到大公司具有较高收益的证据;可能的解释之三是市场无效性;可能的解释之四是投资者行为偏差,投资者并非完全理性,他们存在过度自信和反应不足情形。

显然,对市场异象的研究尚存在不少争论,那么我们究竟应该对有效市场理论持怎样的态度呢?目前,尚缺乏足够的数据证明市场无效,同时,其他新理论(比如行为金融理论)尚不足以完整解释资本市场异常现象。因此,我们没有理由否定和抛弃资本市场有效理论。

## 三、对公司金融的启示

尽管资本市场非常复杂,我们很难看清它,但有效市场理论至少给了我们许多启示。

### (一) 资本市场没有记忆吗

若序列相关系数为零(弱势有效市场),那么证券过去的价格中不包含未来价格的信息。为此,我们应该重新理解某些习以为常的融资理念,比如发行证券的时机选择决策。时机选择决策是指公司的管理者选择发行债券或股票的时间。若管理者认定本公司目前的股票价格被高估,那么他们就会立即发行股票融资。其内在的逻辑是:当股票的发行价高于股票实际价值时,公司溢价增发股票可以为其原有股东创造财富。若公司目前的股票价格被低估,那么公司管理者就会选择等待,待股票价格升高后再考虑发行股票。

然而,资本市场没有记忆,股票价格的变动并没有规律可循。今天股票价格被低估,并不意味着明天股票价格就一定会升高。因此,在有效市场上,期待股票价格上升的融资者可能等来的是股票价格的持续走低或持平。图7-1展示了股票价格对增发新股可能出现的三种调整。

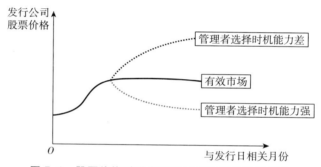

图7-1 股票价格对增发新股可能出现的三种调整

资料来源:罗斯,等.公司理财[M].吴世农,等,译.北京:机械工业出版社,2000:265。

第一种调整:如果公司管理者选择时机的能力差,那么他可能在股价尚未达到最高位时就发行了股票,即增发新股后,股价继续上涨。因此,公司选错了股票发行时机。比如IPO(首次公开发行)溢价现象,新股发行后,股价一路走高。

第二种调整:如果公司管理者具有很强的选择时机能力,那么他会在股价位于最高点时发行股票,增发新股后,股价开始下跌,公司成功选择并抓住了市场机会。蒂姆·洛克伦(Tim Loughfran)和杰·里特(Jay Ritter)的研究发现,在实施IPO之后的5年期间,公司平均收益与没有实施IPO的同类市场资本化规模的公司收益相比,大约低7%。其研究表明,公司管理者在价格被高估时增发了股票,他们成功地选择了市场机会。

第三种调整:如果市场有效,那么融资者可以按目前股价发售股票,股价在增发后没有明显变化。因此,增发新股无须考虑发行时机。

如何解读前两种"异象"呢?已有的实证数据仅仅表明,公司管理者在检验的时间范围内成功地选择了市场机会或者错选了发行时机,据此可以在检验的时间范围内否定市场有效性。然而,如果市场是有效的,那么股价的时间序列变动是不相关的,融资者根本无法知晓股价下一步究竟是涨还是跌。因此,在股价下跌时坐等股价上涨后再发行新股,或者期待在股价居于最高位时发行股票的做法,显然是不足取的。

## (二）市场价格是公平合理的价格吗

在一个有效资本市场内，市场价格吸收了所有相关的信息。因此，除非投资者独享信息，或比其他投资者知道得更多，否则他无法持续获得超额利润。比如，某人擅长利率预测，并根据预测结果进行债券投资，但是他持续获得超额利润的可能性几乎为零。理由是，他不可能比其他人了解更多，债券投资的过程总体上是一个公平交易，运转良好的资本市场几乎消除了所有的套利机会。

有效市场形成了一个公平合理的市场价格，融资者通过诱骗或游说投资者的方式为公司提供增加价值的融资机会变得非常困难。即便向投资者提供创新证券，也只能在一个较短的时间内为公司提供价值增值的融资机会。随着创新证券被广泛应用和模仿，其价值增值的能力很快就会消失。投资者和融资者都应该相信市场价格。

## （三）不应存有财务幻觉

在公司金融实践中，管理者总是希望通过选用特定的会计方法和政策来操纵公司盈余，借此推升股价，为此，会计师备受指责。但是，在有效市场条件下，会计方法和政策的变更不应该、也不会影响股票价格。首先，在有效市场条件下，年度财务报告提供了充足的公开信息，投资者可以使用不同的会计方法测算盈利，了解不同会计方法和政策下利润的差异性。其次，在半强式有效或强式有效市场条件下，市场必须恰当地利用所有公开的会计信息来修复和确定股票的市场价格。

可见，在有效市场条件下，公司运用会计方法和政策的灵活性来操纵盈余和股价只是一种财务幻觉而已。希望利用改变会计方法和政策来愚弄市场的公司一般会发现它们的努力并不能奏效，公司可以在所有的时间内愚弄一部分投资者，或者在一段时间内愚弄所有的投资者，但不可能在所有的时间内愚弄所有的投资者。

## （四）能否找到净现值大于零的融资机会

当融资者在资本市场上进行融资时，他们的感受和实物资产投资者全然不同。他们认为，自己所面对的是一个完善的竞争市场，所有在这个市场上寻找资金的公司或其他融资者都是他们的竞争对手，同时，他们还要面对众多提供资金的投资者。如果融资者获得了正值净现值的融资机会，则证券投资者的投资净现值为负值。在运转良好的资本市场中，这种可能性很小。因此，融资者获得正值净现值的融资机会非常小。

## 四、资本市场有效性之惑

20世纪70年代，有效市场假说开始被学界和业界接受，成为金融实践的重要政策理念。尽管证券投资学大师本杰明·格雷厄姆（Benjamin Graham）教授在20世纪30年代经济大萧条时，留下过"市场是一个投票机而不是一个称重仪"的名言。言下之意，证券市场价格不像"称重仪"那样可以正确地反映价值，市场是一个投票机，投资者是非理性的。但是，他在20世纪60年代功成名就之后，也承认"市场大部分时间是理性的，作为一个整体，金融分析师或基金都不可能跑赢大盘"。他的学生沃伦·巴菲特（Warren Buffett）也认为，"市场在短期内是投票机，但就长期来说，市场是称重仪"。

可以说，有效市场假说的理念对美国金融业的影响巨大。20世纪70年代之后，金融

**概念自查 7-1：**

1. 什么是有效市场假说？
2. 下面哪种现象看起来说明市场并不有效？试解释其是否与市场的弱有效、半强有效或强有效假设相矛盾。
(1) 免税的政府债券比应税的政府债券税前收益低。
(2) CEO们通过收购本公司股票获取骄人的收益。
(3) 目标公司的股价在收购者宣布兼并之前多受追捧。
(4) 利润超出预期的公司股票在利润宣布后的几个月内表现出较高的投资收益。
(5) 风险非常高的股票普遍比安全的股票收益更高。
3. 有效市场假说对公司金融的重要启示有哪些？

衍生品、私募基金等金融创新都是以有效市场假说为基础的。政府和监管部门对有效市场假说深信不疑,他们认为,金融市场具有自我调节机制,因此,金融市场是资本配置的最佳场所。比如,美联储对商业银行放松监管也建立在有效市场假说之上,认为银行的行为是理性的,将阻止其实施任何危害到其生存的行为,但事与愿违。因此,2007年开始的金融危机与基于"有效市场假说"之上的治理理念有直接关系的说法已经被大众接受。

人物专栏 7-1:
尤金·法玛
(Eugene Fama)

## 第二节 权益融资和债务融资

权益融资和债务融资是公司两类长期融资渠道,其中权益融资包括普通股、优先股和留存收益,债务融资包括公司债券和长期银行信贷。本节主要介绍普通股、公司债券和优先股的特点。

### 一、公司资金来源的主要构成

公司有多种获得资金的方式,归纳起来有两大类,即内源资金和外源资金。为直观起见,我们以在上海证券交易所挂牌的上市公司为例(见图7-2)予以说明。

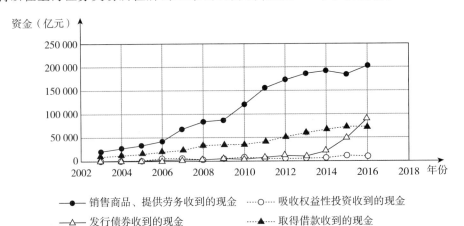

图 7-2 上海证券交易所挂牌的上市公司资金来源

资料来源:CSMAR 数据库。

由图7-2可知,2003—2016年间,在上海证券交易所挂牌的上市公司其资金来源主要有四种,即销售商品、提供劳务收到的现金,吸收权益性投资收到的现金,发行债券收到的现金,以及取得借款收到的现金。其中,销售商品、提供劳务收到的现金属内源融资,其他三种属外源融资。

第一,销售商品、提供劳务收到的现金是这些上市公司最稳定、最主要的资金来源,从图7-2可见,该类资金几乎解决了公司50%的资金需要。对一个处于正常经营的公司来说,如果没有太多的投资机会,那么这类资金就足以确保公司基业长青。但是,如果公司正处于成长阶段抑或面临不少投资机会,那么这类资金在满足正常经营需要后,就无法满足投资之需。于是,外源融资便粉墨登场了。

第二,取得借款收到的现金是这些上市公司最主要的外源资金来源。图7-2显示,这类资金长期占据上市公司资金来源的第二排位,又是高居首位的外源资金。原因主要两个:一个是中国上市公司总体上是一个较为优秀的企业集群,商业银行愿意为上市公司提供信贷;另一个是公司债券在中国发展缓慢。

第三,发行债券渐渐成为这些上市公司重要的外源资金来源。图7-2显示,2014年之前,这些上市公司发行债券的总规模不大,但2014年之后开始发力,2016年,这些上市公司发行债券的总规模已超过银行借款总规模,且呈继续上升趋势,已跃升至外援资金的首位。

第四,发行新股是这些上市公司经常性的外源资金来源。图7-2显示,这类资金占这些上市公司资金来源的末位。在中国,发行新股增资主要有三种情形:一是公司上市融资;二是上市公司定向增发;三是上市公司为配合股权激励而实施的限制性股票激励计划。在过去很长一段时间,中国主板市场每年新上市的公司数量有限,加之上市公司定向增发和限制性股票激励计划的规模也很有限,因此,新股发行居这些上市公司外源资金的末位也就不足为奇了。

可见,公司融资是多元化的。就外源资金融通而言,有间接融资和直接融资之分。中国的融资体系主要是以间接融资为主,长期以来,银行业很强大,银行借款是公司最主要、最常见的外源资金来源。直接融资在中国的历史不长,但有着可期的未来。鉴于银行借款在本书"营运资本"章节中有较多涉略,为此,下文分别介绍直接融资的几种主要方式,以及相关的融资要点。

## 二、普通股

普通股(common stock)是这样一种融资工具:其持有人是公司最终的所有者,通常具有投票权和分享股利的权利,同时须承担相应的最终风险。当公司清算时,普通股股东在股利和剩余资产要求方面都不具有任何特殊优先权。新股发行是公司募集资金的重要手段。

(一)普通股的基本要素

普通股的基本要素由面值、发行价、账面价值、清算价值、额定发行普通股、已发行普通股和股东权利等构成。

**1. 面值**

普通股可以标明面值(par value),它是公司注册资本和额定股份数的商。比如,公司注册资本为2亿元,额定普通股股数为2亿股,那么普通股面值为1元/股。中国普通股的面值为1元/股。普通股可以不标明面值,只注明它在公司总股本中所占比例。无面值普通股淡化了票面价值的概念,与有面值普通股的差别仅表现在形式上。

**2. 发行价**

发行价是指普通股的发行价格,发行价可以高于或等于或低于面值,普通股通常溢价发行,折价发行是特例。由于股东的有限责任仅限于其所投入的资本,因此公司原则上不能以低于面值的价格发行股票。否则,公司股东负有的法定责任就会缺乏足额的资本保障。对无面值普通股而言,由于没有票面金额,因此发行价就比较灵活。在首次公开发行时,通常由投资银行来帮助定价,为避免"破发",发行价常常被定低(即高于面值但低于内在价值),IPO折价现象频发。在美国,近年来出现了一种绕开投资银行的"直接上市"模式,其新股价格采取类似拍卖的定价机制。

### 3. 账面价值和清算价值

普通股的账面价值(book value)是指公司的账面股东权益减去账面优先股权益后除以发行在外的普通股股数。它也称每股净资产,表示用账面值来度量的每股普通股的价值。普通股的清算价值(liquidating value)是指公司撤销或解散时,经清算后每股普通股代表的实际价值。每股清算价值等于清算时的每股账面价值,但由于存在清算成本(包括清算费用以及低价出售资产),因此在扣除清算成本之后,账面价值大多高于清算价值。

### 4. 额定发行普通股和已发行普通股

额定发行普通股(也称法定股份)是指公司章程中规定的额定数量,即在既定公司章程下所能发行的最高数量的普通股。已发行普通股是指已经发行在外的普通股股数。各国公司法对已发行普通股股数是否一定等于额定发行普通股股数有着不同的规定。在一些国家,已发行普通股股数在规定时间内必须等于额定发行普通股股数,否则被视为注册资本金尚未完全到位,公司不得经营。但在另一些国家,已发行普通股股数可以小于额定发行普通股股数,公司拥有未发行的普通股股数为股票期权等股权激励制度的实施提供了灵活性和便利性,否则,实施股票期权激励制度就没有了股票来源。

### 5. 股东权利

公司章程中明确规定,股东拥有投票权(包括选举董事的权利以及股东大会上重大事项的表决权)和剩余索取权(包括获取股利、剩余财产分配权等)。其中,股东投票权是公司内部治理的重要机制或手段。投票权可以由股东自己行使,也可以授权他人代理。

通常,每股股票的权利是相同的,即同股同权。但有些公司同时发行两种或两种以上具有不同投票权的股票。比如,欧洲的伊莱克斯公司,它是具有家族背景的上市公司,为了保持家族控制,公司曾发行过多种不同投票权的股票,即公众投资者持有含有较少投票权甚至没有投票权的股票(股利分配等其他权利照旧),而家族或内部人员持有"嵌入"更多投票权或优先投票权的股票。在海外上市的阿里巴巴、京东、小米等中国公司也采用双重股权结构,同股不同权。

## (二)普通股的募集

股票市场是进行股票发行、交易的市场,它包括一级市场和二级市场。一级市场是股票发行市场,通过股票发放,资金从普通股购买者手里流入普通股发行者手中。这种资金的转移主要通过公开发行、非公开发行和上架发行三种方式实现。

### 1. 公开发行

公开发行(public offering)也称公募,是指面向市场上大量的非特定的投资者公开发行股票的一种方式。我们将第一次公开发行股票称为"首次公开发行"IPO,将以后再次公开发行股票统称为"非首次公开发行"。

(1)首次公开发行

第一,选择心仪的投资银行。

公开发行的特点是普通股发行者通常不是直接把股票出售给一般投资者,而是通过投资银行分散地和小批量地出售给一般投资者。显然,公开发行普通股时,通常要取得"金融助产师"——投资银行——的帮助。

投资银行可以将资金需求方和资金供给方联系在一起,提供咨询、定价、认购发行股票及将股票销售给社会公众等服务。因此,投资银行应该不偏不倚地对待新股发行公司和股票投资者,千万不能扮演向投资者倾销股票的角色。著名的投资银行都会极力维护其品牌,在承揽新股发行业务委托时非常谨慎,只有在其确信委托公司已经向投资者充分地披露信息的情况下才会受理其新股承销业务。新股承销时股市下挫以及新股上市后股价表现糟糕(俗称"破发")是投资银行面临的两大风险,通常财力雄厚和经验丰富的著名投资银行更能抵御风险或渡过难关。

新股发行公司有两种选择投资银行的方式,即竞价出售法(competitive offer)和议价出售法(negotiated offer)。前者以投资银行的出价为依据,即发行公司将股票出售给出价最高的投资银行;后者是指发行公司与投资银行通过谈判确定合作关系。

第二,反复商议和推敲发行价格。

股票发行价格合理与否是普通股发行成功与否的重要标志之一,发行价格直接影响各参与主体的利益。

在公开发行中,首次公开发行的定价过程不易,它通常要进行三次定价:第一次定价发生在发行公司选择投资银行时,比如在美国,发行公司在其他条件相似的情况下,会倾向于选择出价较高的投资银行。第二次定价发生在编制预备的招股说明书时,当投资银行完成调查工作,对发行公司的业务和经营状况有了一个全面的了解后,再次与发行公司谈判协商确定一个合适的发行价格区间。第三次定价发生在证券管理机构批准注册之后,由投资银行与发行公司商讨后确定发行价格,对招股说明书做最后修正。第三次定价一旦确立就具备法律效力。

在这三次定价中,第一次定价可采用拍卖法,使用该方法时,发行人要公布发行条件,由感兴趣的投资银行报出全部买价。该方法有一种变通形式,即投标人标明他们希望支付的价格和希望购买的数量,发行人按出价由高到低的顺序向投标人分配股票,直至将股票分配完。在一个信息完全对称、效率充分的市场上,投资银行的第一次出价应该是合理的,而且能比较客观地反映出市场的实情。而第三次定价可采用市盈率法,市盈率水平一般有某种规定或行业习惯,在测算每股净收益的基础上,利用市盈率公式确定发行价格。

第三,认购与销售新股。

公开发行股票一般由投资银行来承担,投资银行扮演了承销商的角色,它们为公开发行股票的公司提供金融服务。当发行公司股票发行数量巨大时,常有多家投资银行组成承销辛迪加或承销银团来处理整个发行。

包销(firm commitment)是指以低于发行价的价格(通常为固定价格)把公司发行的股票全部买进,再以发行价转售给投资者。承销商由此承担了在销售过程中可能因股价下跌所造成的全部风险,而承销商得到的买卖差价可视为对其所提供的服务及承担的风险的一种补偿。

代销(best-efforts underwriting)是指承销商承诺尽可能多地销售股票,但不保证能完成预定销售目标,任何没有出售的股票均可退还给发行公司。承销商通常按其所销售的股票数量向发行公司收取代销费,不承担股票滞销风险。

备用包销(standard underwriting)是随着股票一级市场的发展而出现的一种新的承销方式。一些公司可以通过"认股权发行"直接向其现有股东发行新的普通股股票,这种方式在美国之外的一些国家很普及。认股权发行可绕开承销商,但发行公司可与投资银行协商签订备用包销合同,该合同可以要求投资银行作为备用认购者买下未能出售的剩余股票,投资银行据此向发行公司收取备用费。

第四,认识和度量发行成本。

天上不会掉"馅饼",天下没有"免费的午餐",新股发行公司须尽力控制发行成本。新股发行成本主要包括三部分,即新股发行公司的管理费、向投资银行支付的承销费用、首次公开发行的折价。

新股发行公司的管理费是指在准备注册说明书和招股说明书时引发的需支付给律师事务所、会计师事务所等其他中介或顾问的费用,还包括支付给证券管理部门的高昂登记注册费及相关的管理和业务费。

投资银行通常以差价的形式从新股发行公司处获得回报,即首先从委托公司处以低于发行价的价格购入股票,然后再以发行价向投资者销售股票,获取差价。这个差价可以用占募集金额一定的百分比来计量。比如,10亿元股票发行的承销费为1%,即承销费为1 000万元。

IPO折价或抑价(underpricing)是指股票IPO的价格低于股票交易第一天的市场收盘价。从本质上讲,它是指发行价被短期低估。当IPO折价现象发生时,由于发行价按低于股票内在价值的价格发行,因此新股发行公司的融资额可能低于预期。尽管IPO折价对公司将来再次股票融资以及对投资银行顺利承销股票都有好处,但公司的权益受到损失也是不争的事实。不受发行公司待见的IPO折价是一个普遍现象,新兴市场国家尤甚。

(2)非首次公开发行

对非首次公开发行来说,有一个做法具有国别差异,即公司老股东是否拥有优先认股权。新股发行可以面向所有投资者,这对非首次公开发行而言,公司老股东没有优先认购新股的权利;新股发行也可以只面向公司原有股东,这对非首次公开发行而言,老股东拥有了优先认购新股的权利。前者称为一般现款发行(general cash offer),后者称为认股权发行(right issue)。美国通常采用一般现款发行,而德国等欧洲国家则偏好认股权发行。

认股权发行事实上赋予了股东认股权证(warrant),即股东在某一段时间内(通常持续几年)拥有的可以按某一特定价格(通常高于认股权证发行时的市价)优先购买新股的相对长期的期权。认股权证是公司为了使得公开发行的股票购销两旺而设置的"诱饵"或"甜点"。通常,认股权证是附权发行的(可理解为老股东"天然"拥有的),有时,公司会直接向投资者出售认股权证。我们仅讨论附权发行的认股权证。

认股权证是否是一项金融期权尚有争议,但它确实具有金融期权的诸多特点:

第一,认股权证本身包含期权条款。首先,规定了认股权证持有者每份认股权证的股票购买股数;其次,明确了交割的价格。

第二,认股权证须指明到期日。除不多见的永久性认股权证之外,认股权证均有到期日。有些认股权证还可以在一段时间以后赎回。

第三,认股权证有可能稀释每股普通股收益。当所有的认股权证被执行之后,公司总股数增加,每股普通股收益将被稀释。

**2. 非公开发行**

非公开发行股票也称私下发行股票,是指仅向一定范围内的潜在投资者发出认购意向邀请的一种新股发行方式。如果一定范围内的投资者已经确定,那么这种非公开发行通常被称为"定向增发"。非公开发行的特点为发行方直接把所发行的股票出售给投资者(私募的对象只能是数量有限的成熟投资者),可以免去投资银行的参与。

非公开发行股票的定价机制比较灵活,国别差异较大。在中国,根据《上市公司证券发行管理办法》(以下简称《管理办法》),对公开增发,"发行价格不低于公告招股意向书前20个交易日公司股票均价或前1个交易日均价",对定向增发,"发行价格不低于定价基准日前20个交易日公司股票均价的90%",基准日是指董事会决议公告日或股东大会决议公告日或发行期首日。显然,目前的《管理办法》只规定了发行价的下限,留下的询价空间其实很大。

事实上,发达经济体和新兴经济体都形成了一个不可小觑的市场,其规模远超上文提及的非公开发行市场,我们称之为私募股权市场。广义的私募股权市场包括非公开发行市场,但远非止于此。私募股权市场对拥有良好盈利模式但刚刚起步的小公司,以及未来发展空间不大的成熟企业(如公用事业企业)和旨在进行重组的公司(比如黑石、KKR等公司)的重要性是不言而喻的,理由是它们无法或无力在公募股权市场上融通资金。可以说,私募股权市场的兴起和繁荣迎合了这些公司的需要,并且私募股权渐渐细分为两个市场:风险资本市场和非风险资本市场。前者为小公司和实施重组的机构供资,而后者为发展空间不大的公司供资。

相对于非风险资本市场,风险资本市场一派繁荣景象。风险资本的供资者众多,主要包括以下几类:第一,资金充裕的国际知名跨国公司;第二,私募投资基金,即由保险公司、退休基金等出资筹建的有限合伙公司和股份公司,其目的是提供投资基金;第三,大公司旗下的风险资本机构;第四,天使投资人。

**3. 上架发行**

公司发行新股进行融资时,每次都需要经历类似于首次公开发行的发行程序,既烦琐,又耗时费力。为了简化证券发行程序,美国证券交易委员会允许打算多次发行新股融资的公司采取上架发行(shelf registration)方式。

所谓上架发行,是指美国证券交易委员会准许大公司将建立在合理融资计划基础上的未来一段时间内(最长两年)拟发售的股票进行注册登记。比如,某美国公司预计未来两年资金需求量很大,约为10亿美元,于是,该公司可以向美国证券交易委员会提交注册说明书,提出发行总规模为10亿美元的新股发行申请,在获得许可之后,公司不必急于发行新股,可以根据公司的需要安排新股发行。在未来两年内,公司无论何时发行新股,只需提交一份简短格式的注册登记书即被允许发售新股。公司也无须像首次公开发行那样马上确定承销商,它可以向证券交易委员会提示未来可能进行合作的承销商,但在新股发行时可以替换或另行添加承销商。

上架发行也有一些门槛条件:首先,公司必须属于投资级公司;其次,在过去一年中公司没有债务违约行为,以及未曾触犯《证券交易法》;最后,公司发行在外的普通股的市值总额必须超过一定规模。

上架发行的成本低于传统的承销发行的成本,但是普通股发行较少运用上架发行,公司债券发行多采用此法。可能的理由是,普通股融资对投资银行的依赖程度较高,在传统的承销发行中,新股发行公司更需要,也更能够得到投资银行的服务。

知识专栏 7-1:
新股发行之谜

## 三、公司债券

公司债券(bond)是公司为融资而组织发行的一种长期债务凭证,公司通过发行公司债券筹措资本。公司债券具有优先求偿权、利息税前列支等特点,因此,较之于股票,公司债券的实际筹资成本相对较低。20世纪70年代以后,公司债券得到了迅猛发展,不断有新型债券面世,其品种之多令人眩晕。

(一) 公司债券的基本要件

公司债券是指到期日在10年或10年以上的长期债务凭证,如果到期日短于10年,则为中期债券(note)。传统公司债券的基本要件包括票面价值、票面利率、到期日、发行价、限制性条款等。

**1. 票面价值**

票面价值是指在公司债券到期日支付给债权人的金额,这个金额也称为面值(face value)或本金(principal)。债券面值常常根据公众偏好确定,可以是100元/张,也可以是1 000元/张。债券面值也是计息的基础。

**2. 票面利率**

票面利率是指公司债券上标明的利率,传统的公司债券都有票面利率,有票面利率的公司债券俗称"平息债券"。20世纪70年代,投资银行为了减轻举债者在债务期内的利息支付压力,发明了债务人在债券有效期内无须支付利息的零息债券,债务人只需在到期日按面值履行支付义务。零息债券折价发行,因此,面值和折价之间的差额是举债者所承担的实际利息成本。零息债券没有票面利率的特点颠覆了传统公司债券的基本要件。

**3. 到期日**

公司债券几乎都标明有到期日,这也是债务人向债权人支付债券本金和利息的最终时刻。但是,英国早期发行的金边债券没有到期日,该债券发行者无须支付本金,但要永远承担利息。

**4. 发行价**

公司债券发行价有溢价、折价和按面值三种,发行价由债券到期日(含到期日)之前所产生的现金流入量和市场利率(可理解为贴现率)决定。对平息债券而言,如果市场利率高于票面利率,则按折价发行;如果市场利率低于票面利率,则按溢价发行;如果市场利率等于票面利率,则按面值发行。零息债券都按折价发行,在实践中,零息债券可按面值一定的百分比发行。

**5. 限制性条款**

由于公司所有者的责任仅仅以出资份额为限,因此公司债券的发行者拥有违约选择权或违约意愿。公司债券发行者可通过举借更多的债务或者通过派发更多的现金股利来增加这种违约期权价值,因此,发放新债及派发红利损害了公司原有债权人的利益。为了规避公司债券发行者的违约风险,公司债券投资者必然在债券合约中设计某些限制性条款,以保全自己的债权,比如在公司债券有效期内规定公司股利发放率上限,或者规定最高的优先债务/公司价值的比率。限制性条款成为公司债券构成要件之一。

(二) 公司债券的种类

公司债券是一种债务合约,定义直白清晰,但种类繁多。因此,想要选对一种合适的债券,融资者会颇费周折。根据公司债券合约的特点,可将它们做如下分类:

**1. 按抵押担保状况进行分类**

(1) 抵押债券

凡以公司特定或全部动产和不动产为抵押品,用以担保按期还本付息的债券称为抵押债券(mortgage bonds)。若按用作抵押的资产再进行细分,抵押债券又有房地产抵押债券、证券担保债券、设备信托证券和其他担保证券四种。

房地产抵押债券是指以土地、房屋等不动产为抵押品而发行的一种公司债券。若公司不能按期还本付息,则债权人有权处理抵押品以资抵偿。在以同一种不动产为抵押品多次发行债券时,可按发行顺序分为第一抵押债券和第二抵押债券,其中第一抵押债券持有人的求偿权优先。

证券担保债券是指以发行人手中持有的证券为担保品而发行的公司债券,也称为担保信托债券(collateral trust bonds)。这些作为担保的证券大多交由受托人保管,但发行公司仍保留担保品所拥有的收益权和选举权。如果借款人将其所持有的子公司股票作为抵押品发行公司债券,那么债券投资者应当对这种抵押物在子公司求偿权顺序中所处的位置予以充分关注。为避免风险,在担保信托债券有效期内,债券投资者会对子公司的举债等融资行为进行限制,保证子公司免受财务危机困扰。

设备信托证券(equipment trust certificates)是一种特种担保证券,指公司为了筹资购买设备并以该设备为抵押品而发行的公司债券。发行公司发债购置设备后,将设备所有权凭证交由受托人管理;发行公司以承租人的身份向受托人租赁该设备,并向受托人分期支付租金,由受托人代为保管以及代为向债权人还本付息;待债务契约中的条款都履行,以及所有债款付清后,该设备所有权才转回发行公司。

其他担保证券是指并无特定的资产或证券为抵押品,而是以发行公司的信用、其他公司的承诺为补充保证而发行的公司债券。这些债券质量的好坏,取决于作为担保的公司所做的补充承诺的可靠程度。

(2)信用债券

信用债券(debenture bonds)是指发行公司不提供任何有形、无形的抵押品,而完全以公司的全部资信做保证而发行的公司债券。尽管此类债券多为信誉好、规模大的公司所发行,其还债能力是可靠的,但此类债券持有人的求偿权排在抵押债券持有人之后。信用债券有高级和低级之分,低级信用债券也称次级信用债券(subordinated debenture bonds),前者风险小、利率也较低,后者则完全相反。抵押债券持有人为公司第一债权人,信用债券持有人为公司一般债权人,次级信用债券持有人的求偿顺序在高级信用债券持有人之后。

(3)资产担保证券

资产担保证券(asset-backed securities)也称资产证券化,是指公司将其部分资产打包,并基于这些资产的现金流来发售的债券。它是以住房抵押贷款、应收账款、汽车贷款等资产为担保的金融产品。假如银行已向房地产公司发放了住房抵押贷款,那么银行之后将根据贷款协议逐年收回本金和利息。银行也可以将该信贷资产分割成若干单位的证券,并出售给市场上的投资者。最早的资产担保证券是住房抵押担保证券,后渐渐发展成包括汽车贷款担保证券、信用卡应收账款担保证券在内的多品种资产担保证券。

资产担保证券不同于先前我们所介绍的公司债券:第一,先前介绍的公司债券都是在资本市场上直接发行的证券,即融资证券化(也称一级证券化);而资产担保证券则是将已存在的信贷资产打包,并分割成若干单位证券后再发售给投资者,也就是二级证券化。第二,资产担保证券的风险主要取决于被证券化资产的质量及其未来现金流的可靠性,而不是原权益人的信用水平。第三,为了保全资产担保证券持有人的利益,将被证券化资产和原权益进行分割,即一旦原权益人破产,被证券化资产不能视作清算资产。同理,资产担保证券持有人对原权益无追索权。

**2. 按利率进行分类**

（1）浮动利率债券

浮动利率债券是相对于固定利率债券而言的，该债券的利率以基础利率为准，加上一个固定溢价予以确认。这个基础利率是指同期政府债券收益率或优惠利率或LIBOR等。通常，当发行者认为发行固定利率债券有困难或成本过高时，浮动利率债券则是较合理的选择对象。大多数浮动利率债券都有回售条款和票面利率上下限。回售条款是指债券持有人可在到期日前将债券回售给发行者，债券持有人可根据利率走势决定是否行权，但不允许在债券有效期的初期行权；票面利率上下限是指票面利率浮动的上限和下限。

（2）零息债券

零息债券是指没有票面利率的债券，它以低于面值的贴现方式发行，即折价发行，到期按面值兑现。这种债券无票面利率，对发行者而言，在债券到期日之前没有付息义务，可以减轻高杠杆（债务）公司的利息支付压力；对投资者而言，可避免利息再投资风险。由于零息债券的期限长，因此此类债券的价格在有效期内受市场利率波动的影响大。

（3）指数债券

指数债券（treasury inflation-protected securities）是指债券本金和利息的到期支付需要根据某种指数变化情况进行调整的一种债券。通胀指数债券是最常见的指数债券，它是通过将利率与通胀率挂钩来保证债券持有人免受因物价上涨而遭受损失的一种公司债券。挂钩的办法通常为"债券利率＝票面利率＋通胀率＋票面利率×通胀率"。这类债券大多在通胀或货币信用紧缩时期发行。1997年，美国财政部首次发行指数债券之后，指数债券才开始为人们所认识和接受。

**3. 按嵌入期权进行分类**

（1）可赎回债券

可赎回债券（callable securities）是指发行公司在公司债券上附加提前赎回或以新换旧条款，允许发行公司选择在到期日之前以某一赎回价格购回全部或部分债券的一种公司债券，该公司债券嵌入了可赎回期权。通常，当市场利率低于债券票面利率，或者说赎回价格低于债券内在价值时，发行公司会动用该条款。由于该条款对债券持有人不利，故投资者常常在债券契约中列明发行公司启动该条款的最短时间要求，一般规定债券发行后5年内不得赎回，或者要求发行者降低债券发行价格或提高赎回价格。显然，对债券发行者而言，发行可赎回债券的成本不可谓不高，但为何仍然乐此不疲呢？原因是他们通过发行可赎回债券后，可以通过启动赎回条款来规避债券契约中的种种不利限制。

（2）可转换债券

可转换债券（convertible securities）是指公司赋予债券持有人按预先确定的比例将所持债券转换为该公司普通股的选择权的一种公司债券，该公司债券嵌入了可转换期权。可转换债券是一种次级债券，常被视为一种投机性证券，其风险较大，利率较低。这是一种混合性债券，兼有债券和股票特征。

（3）偿债基金债券

偿债基金债券（sinking fund securities）是指要求发行公司每年从其利润中提取一定比例存入信托基金，并据此定期偿还本金的一种公司债券。与可赎回债券相比，这种债券对债券持有人有利，提高了债券持有人债权的安全度。偿债基金有两种：一种是必须支付的强制性基金;另一种是由借款人决定的非强制性基金。偿债基金的门槛有高低之分,对于低品质的公司债券而言,要求在有效期内备足足以分期等额赎回所发行的全部公司债券的偿债基金,而高品质的公司债券通常只有较少的偿债基金。偿债基金是考量债券发放公司偿债能力的主要工具。

（4）带认股权证债券

带认股权证债券(bond with attached warrant)是指附有认股权证的一种公司债券,这是为了促进债券顺利发放而设计的一种债券。带认股权证的公司债券有"分离型"与"非分离型"之分,其中"分离型"是指认股权证与公司债券可以分开,债券投资者可以单独转让此权利,该类公司债券相当于同时嵌入了可转让和可转换两种期权;"非分离型"是指认股权证无法与公司债券分开,两者存续期限一致,投资者不得单独转让此权利,该类公司债券其实只嵌入了可转换期权。带认股权证的公司债券还有"现金汇入型"与"抵缴型"之分,其中"现金汇入型"是指当债券投资者行使认股权利时,必须拿出"真金白银"来认购股票;"抵缴型"是指公司债券票面金额本身可按一定比例直接转股,与可转换公司债券相似。

（5）其他含有嵌入期权的债券

事实上,其他含有嵌入期权的债券还有很多,比如双币选择债券(是指持有人在债券到期日有权选择不同货币收回本息的一种公司债券)、回售债券(是指持有人有权在债券到期日之前将债券回售给发行人的一种公司债券)、付息可选债券(是指发行人有权用现金或等面值债券支付利息的一种公司债券)、可延期债券(是指持有人有权延期收回本息的一种公司债券)等。有的债券不止嵌入了一个期权,比如双币可转换债券等。正是在债券中嵌入不同的期权,才使得20世纪70年代以来的债券呈现出千姿百态的发展态势。

（三）公司债券的发行与承销

在发行与承销的市场组织和结构上,债券与股票极其相似,主要差别集中在债券评级和发行合同书两个层面,以及一个偿还环节中。债券发行与承销的市场组织和结构的特色也在于此。关于债券一级市场运作的一般程序以及发行者、投资者和承销商三个主体在市场组织与结构中的地位和功能可参考股票的发行与承销的有关内容,下面主要介绍债券发行与承销的两个不同点。

**1. 债券评级和垃圾债券**

（1）集体困境和债券评级

信息不对称使债券投资者陷入"集体困境",他们普遍面临无法正确识别债券风险的窘境。为了估计不同债券的违约风险,保护投资主体的利益,公司债券通常需要由评级机构进行信用评级。自从穆迪投资者服务公司(Moody's Investors Service)在20世纪初最先将债券评级结果用于商业活动之后,债券评级走过了一百余年的历程,债券评级已经成为当今社会债券投资的风向标之一。可以说,公司债券市场的健康发展离不开有效的债券信用评级。世界上最著名的三大评级机构是标准普尔公司(Standard & Poors Corporation)、穆迪投资者服务公司和惠誉国际信用评级有限公司(Fitch Ratings)[①]。前两家为美资公司,后一家为法资公司。它们的评级系统和标识符较为相似,见表7-1。债券评级能整合发行者、投资者和承销商三个主体的利益。

---

① 21世纪初,惠誉和世界上第四大评级公司达夫-菲尔普斯完成了合并,组建了新的惠誉公司。

表 7-1 三大评估公司的评级系统和标识符

| 穆迪 | 标准普尔 | 惠誉 | 要义 |
| --- | --- | --- | --- |
| Aaa | AAA | AAA | 一流质量,最高安全性 |
| Aa1 | AA+ | AA+ | 优等质量,高质量 |
| Aa2 | AA | AA | |
| Aa3 | AA- | AA- | |
| A1 | A+ | A+ | 中上等质量 |
| A2 | A | A | |
| A3 | A- | A- | |
| Baa1 | BBB+ | BBB+ | 中下等质量 |
| Baa2 | BBB | BBB | |
| Baa3 | BBB- | BBB- | |
| Ba1 | BB+ | BB+ | 低等质量,投机型 |
| Ba2 | BB | BB | |
| Ba3 | BB- | BB- | |
| B1 | B+ | B+ | 高度投机型 |
| B2 | B | B | |
| B3 | B- | B- | |
| | CCC+ | | 风险极大,处境困难 |
| Caa | CCC | CCC | |
| | CCC- | | |
| Ca | CC | CC | 极度投机型 |
| C | C | C | 比上述更具投机性 |
| | C1 | | C1=收入债券,不付利息 |
| | | DDD | 违约 |
| | | DD | |
| | D | D | |

资料来源:法博齐,等.资本市场:机构与工具[M].汪涛,等,译.北京:经济科学出版社,1998:480。

表 7-1 中,"一流""优等"意味着低风险,债券级别越低,风险越大。所评级别列入前四类(即 2B 以上级别)的债券被称为投资级债券,级别未能归入前四类的债券被称为非投资级债券(俗称垃圾债券)。因此,公司债券一级市场可划分为投资级市场和非投资级市场。

(2)垃圾债券成为一种公开市场工具

上文提到,非投资级债券是泛指信用等级在 3B 以下的债券,它有两个判断标准:一是发行之时即被评为非投资级;二是发行之时是投资级,但之后降至非投资级。后者属债券二级市场范畴,早已有之;前者也称初次发行高收益债券(original-issue high yield bonds)或垃圾债券(junk bonds),它始于20世纪70年代的美国,是杠杆收购的重要筹资手段,同时,为20世纪70—80年代美国中小企业的成长提供了重要的资金支持。20世纪90年代开始,随着垃圾债券违约事件的增多,学界和业界开始重新审视垃圾债券。

垃圾债券的发明成为一项影响波及整个金融体系而且具有重大意义的金融创新,它使那些之前不能在公开市场上发行债券的公司有了公开市场的工具。垃圾债券经过多年的发展,其结构已经由单一的定期债券发展成为包括延迟支付债券、升息债券和实物付息债券在内的复杂的公司债券结构。

**2. 设计和确定发行合同书**

设计和确定发行合同书是整个债券发行与承销过程中的第一环节。发行合同书是明晰债券发行人和持有人双方权益的法律文件,由受托人代表债券持有人监督合同条款的履行。受托人是由债券发行人指定的作为债券持有人的法定代表的个人或机构,银行是典型的受托人。受托人代表债券持有人的利益,其职责是在债券发行时保证债券发行的合法性,监督发行人的财务状况与行为,确保发行人全面履行合同义务并在发行人不能履行这些义务时采取适当的行为。

为保护债权人的利益,发行合同书中含有针对发行公司的一系列条款或约定,除一般的约定外,还有许多限制性条款。这些限制性条款可以分成几类,比如限制股东行为的否定性条款,要求公司履行某些责任的肯定性条款等。

否定性条款和肯定性条款的内容视债券的收益与风险而定。否定性条款通常有一般条款和特殊条款。一般条款包括债券清偿条款,即对发行公司追加债务、分派股息、债务比率、抵押、投资方向等所做的一些限制。特殊条款包括交叉违约(cross default)条款,即对有多笔债务的公司,只要公司对其中的一笔违约,就可判定该公司对全部债务违约。肯定性条款包括发行公司营运资本、权益资本应达到的水准。

一旦发生违约事件,债券受托人首先要求发行人改善经营管理,提高财务灵活性;在发行人陷入破产境地时,债券受托人在实施破产清算前,仍会寻求对发行人更为有利的手段,比如实施破产改组而非破产清算。

**(四) 公司债券的价格风险**

在运转良好的债券市场上,公司债券价格对利率变动敏感度(duration)[①]大小为几何?这是一个刻画公司债券价格风险的指标,它反映利率变动对债券价格的影响程度。

**1. 敏感度的测度**

(1) F. R. 麦考利(F. R. Macaulay)敏感度测度法

1938年,麦考利提出了描述债券价格对利率变动的敏感度的简便方法,即

$$D = 1 \times \frac{c_1/(1+y)}{P_0} + 2 \times \frac{c_2/(1+y)^2}{P_0} + \cdots + n \times \frac{(c_n+p_n)/(1+y)^n}{P_0}$$
$$= \sum_{t=1}^{n-1} t \times \frac{c_t/(1+y)^t}{P_0} + n \times \frac{(c_n+P_n)/(1+y)^n}{P_0} \quad (7-1)$$

式中,$c_t$ 表示第 $t$ 年(期)的利息支付额;$y$ 表示债券年到期收益率;$P_0$ 表示公司债券目前的市场价格;$P_n$ 表示公司债券面值。

---

[①] 敏感度也称久期或利率存续期。

仔细阅读式(7-1),你会发现,$\frac{c_1/(1+y)}{P_0}$ 表示投资者花1年时间收回的利息的现值占债券价格(投资额)的比重,$\frac{c_2/(1+y)^2}{P_0}$ 表示投资者花2年时间收回的利息的现值占债券价格的比重,$\frac{(c_n+p_n)/(1+y)^n}{P_0}$ 表示投资者花 $n$ 年时间收回的利息和本金的现值占债券价格的比重。因此,$1\times\frac{c_1/(1+y)}{P_0}+2\times\frac{c_2/(1+y)^2}{P_0}+\cdots+n\times\frac{(c_n+p_n)/(1+y)^n}{P_0}$ 就可以解读为债券投资的平均回收期。

如果公司债券每期所支付的利息相同,即 $c_t=c$,则式(7-1)可简化为:

$$D = n - \left(\frac{c}{P_0 y}\right)\left[n - (1+y)\frac{1-1/(1+y)^n}{y}\right] \tag{7-2}$$

**例 7-1**:天创公司发行2年期公司债券,面值为100元/张,票面利率为10%,每年付息一次,发行价格为100元/张。根据式(7-2)计算该债券的敏感度并做出说明。

例 7-1 解析

由于敏感度可以理解为公司债券的平均回款时间,用来刻画和度量公司债券的回收期,因此,零息债券的敏感度一定等于债券期限,而平息债券的敏感度必定小于债券期限。

(2)劳伦斯·费雪(Lawrence Fisher)和罗曼·维尔(Roman Weil)敏感度测度法

1971年,费雪和维尔提出了更为科学的敏感度测度方法。该方法的最大特点是引入了利率期限结构。麦考利法假设未来利率是水平式变动的。而费雪和维尔则认为,未来利率是垂直型变动的,即未来利率会随不同时期而变。因此,应该使用利率期限结构来计算远期利率,作为未来利率的估计值,敏感度的测度公式应该修正为:

$$D = 1\times\frac{c_1/(1+y_1)}{P_0} + 2\times\frac{c_2/(1+y_1)(1+y_2)}{P_0} + \cdots + n\times\frac{(c_n+p_n)/(1+y_1)\cdots(1+y_n)}{P_0} \tag{7-3}$$

式中,$y_1$ 表示第1年即期利率;$y_2$ 表示第2年远期利率;$y_n$ 表示第 $n$ 年远期利率。

**2. 如何看待债券敏感度**

债券敏感度是债券发行人和债券投资者都非常关注的问题。敏感度的大小直接影响债券持有人的预期投资收益,甚至会影响他们的投资意愿。因此,在融资设计时,债券发行人应该正确看待债券敏感度。

第一,债券敏感度与债券期限有关。由式(7-2)可知,市场利率波动对债券价格的影响程度与债券年限长短直接有关。比如,公司债券长期性特征使得它对利率变动的敏感度远高于中期债券和短期债券。

第二,债券敏感度与还本付息条款有关。在其他条件相同的情况下,一次还本付息债券的敏感度大于分期付息一次还本债券的敏感度。

### 四、优先股

优先股(preferred stock)兼有普通股与公司债券的特点。优先股按股息率(大多为固定股息率)支付股利以及几乎所有优先股都带有偿债基金条款的特点,与公司债券相似,但它无到期日的特点,又趋同于普通股。

#### (一) 优先股的特征

一般说来,优先股的优先性主要表现在优先股持有人先于普通股股东收取股息。1982年以前,美国发行的优先股均为固定股息率优先股(fixed-rate preferred stock),且每季度发放一次。1982年5月美国发行了可调整股息率优先股(adjustable-rate preferred stock),也就是说,优先股股息率在股票存续期内可浮动,且每隔一段时期调整一次,或者通过拍卖方式重新确定股息率。此外,优先股持有人对公司清算的剩余资产的分配排序先于普通股持有人。但是,优先股在剩余控制权方面劣于普通股,优先股股东通常无投票权,仅在某些特殊情况下才具有临时投票权。

公司之所以选择优先股这种融资方式是基于以下某些特征:第一,可减缓公司普通股股价的下降趋势。当普通股的市价低迷时,增发新股会进一步造成股价向下的压力,导致社会对普通股的"消化"能力和接受能力下降,致使公司普通股面临抛售压力。第二,股利支付并非"硬约束"。优先股同普通股一样不存在到期偿债压力,公司不会因为不能履行优先股股利义务而陷于破产境地。第三,较为低廉的融资成本。优先股的资本成本低于普通股的资本成本,公司按票面特定的百分比支付的股息,其支付的股利总量低于普通股股利总量。第四,优先股可以提高公司财务杠杆系数。在正效应下,可使公司普通股收益率提升。

#### (二) 优先股的种类

考虑到跨期、可转换性、复合性及可逆性等因素,优先股的所有权有不同的特点。为此,除以上提及的优先股之外,还包括以下四类:可转换优先股(convertible preferred stock),可赎回优先股(callable preferred stock),累积优先股(cumulative preferred stock)和非累积优先股(non-cumulative preferred stock),以及参加优先股(participating preferred stock)和非参加优先股(non-participating preferred stock)。

**1. 可转换优先股**

可转换优先股是指在规定时间内,优先股股东可以按一定转换比率把优先股换成该公司普通股。这实际上给予了优先股股东选择保留抑或更换剩余索取权和控制权的权利。优先股股东可在公司盈利或盈利预期推升普通股股价上涨,或者需加强对公司控制时行使该权利。

**2. 可赎回优先股**

可赎回优先股是指允许发行公司按发行价加上一定比例的补偿收益溢价赎回的优先股。当公司决定减少权益资本或认定可以发行股息率更低的优先股时,公司就可回购已发行的优先股股票。由于该种优先股赋予发行公司提前赎回的期权,因此一旦优先股被赎回,优先股股东在剩余索取权及控制权上的这些权利就会被剥夺。

**3. 累积优先股和非累积优先股**

尽管优先股发行人有股利支付义务,但有两种特殊情形:一种情形是股利可累积并递延支付。当公司在某一时期所获盈利能以支付优先股股息时,可将股利累积到第二年或以后某一年,在普通股的股息发放之前,连同本年优先股股息一并发放,直至它被全额支付。符合这种特点的优先股就是累积优先股。另一种情形是优先股股东必须放弃股利。当公司能以支付优先股的全部股息时,对所欠股息部分,优先股股东不能要求公司在以后年度补发。符合这种特点的优先股被称为非累积优先股。至于究竟采用哪种情形,则取决于优先股发行条件。

**4. 参加优先股和非参加优先股**

几乎所有优先股股东的收益被限制在一定额度之下,该额度就是优先股面值和股息率之积,但也曾出现过赋予持有人参与超过规定额度以上部分的收益分配权。前者称为非参加优先股,是指持有人只能获取一定股息但不能参加公司额外分红的优先股。后者称为参加优先股,是指持有人除可按规定的股息率优先获取股息外,还可与普通股股东一道来分享公司的剩余收益。按分享公司剩余收益的程度,参加优先股又有无限参加和有限参加优先股两种,无限参加优先股股东可以无限制同普通股股东分享公司的剩余收益,有限参加优先股股东仅在一定限度内与普通股股东分享公司的剩余收益。

(三)优先股存在的理由

优先股兼有债券和普通股的特点,但是优先股的收益率低于普通股,其不高的股利又不能像债券利息费用在税前列支,因此,优先股股利不具有税盾效应,不能从省税中获得好处。既然如此,优先股似乎应该从发达经济体的资本市场中退席了,但事实并非如此。那么,这种融资方式存在的理由究竟是什么呢?

**概念自查 7-2:**

1. 证券的公开发行和非公开发行的区别是什么?
2. IPO 时,股票通常定价过低,可能的解释是什么?
3. 什么是垃圾债券?公司为何需要发行垃圾债券?
4. 为何优先股仍是发达经济体重要的长期融资方式?

在发达经济体,比如美国,其优先股股利的税收政策有两个重要内容:一是发行公司发放的优先股股利不能从应税收入中扣除;二是公司投资优先股所获得的股利可以部分减免所得税,即可以免除 70% 优先股股利收入的联邦所得税,这也是优先股多为公司投资的原因。但是,由此产生的税收优势和税收劣势基本抵消。因此,优先股存在的理由并非仅仅在于税收因素,还在于以下两个因素。

首先,为了避免破产威胁。若发债融资,公司会面临本金和利息支付压力,未付债务会使发行公司直接面临破产威胁。发放优先股融资可避免此尴尬。由于未付优先股股利并非负债,因此优先股股东不能以发行公司不付股利而胁迫公司破产。但是,作为对延期支付股利的补偿,发行人可能被迫赋予优先股持有人一定数量的表决权。

其次,便于转嫁税收劣势。规范的公用事业型公司偏好发行优先股,大部分优先股都是由公用事业型公司发放的。这类公司对下游企业或客户拥有绝对的议价能力,它们可以将发行优先股的税收劣势转嫁给下游企业或客户。

**知识专栏 7-3:**
国际融资

## 第三节 公司长期融资决策原则

解决资金缺口以及创造价值是公司长期融资的两大目标,后一个目标更不易实现。资本市场充满竞争,融资者低成本获得资金的难度很大,也就是说,资本市场为融资者提供正值净现值的融资机会不多。然而,寻求净现值为正值的融资机会仍然是融资决策的依据。因此,净现值法则仍是融资决策的基本原则。

## 一、公司融资结构、差异和偏好

多元化是公司融资的常态,不同公司以及同一家公司不同阶段也会呈现出不同的融资偏好。在原因分析之前,我们以2016年上交所上市公司为例来展示一下它们的融资结构(见图7-3)。

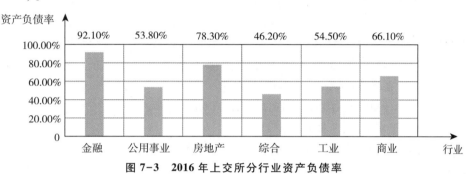

图7-3 2016年上交所分行业资产负债率

资料来源:CSMAR数据库。

图7-3显示,根据2016年上交所上市公司样本得到了6个行业的资本负债率均值,我们可据此做如下解读:

第一,多元化融资是常态。既没有一个行业采取100%权益融资,也没有一个行业采取100%债务融资。

第二,存在融资差异。金融板块的资产负债率最高,房地产板块次之,综合板块最低,公用事业、工业和商业板块居中。

第三,体现了行业属性。行业间的融资结构还是存在很大差异的,其中行业属性是主因之一。金融行业高资产负债率是符合其行业特征的,理由是负债经营是金融行业的重要特征,比如商业银行,存贷款利差是其最主要的利润来源,也就是说,商业银行若不大量吸纳存款(举债),那么银行利润便成了"无源之水"和"无本之木"。

第四,体现了融资偏好。融资偏好是造成行业间资产负债率水平参差的又一主因。融资偏好是指公司对某一类融资渠道情有独钟,比如现金流充裕、盈利稳定且投资机会不多的行业,可能会更青睐债务融资。

行文于此,我们了解到了2016年上交所上市公司的融资结构状况及行业差异,但是,掩藏在融资结构状况以及融资偏好背后的一般逻辑是什么呢?下文,通过分析债务融资对公司价值的影响来做一些说明。

## 二、债务融资能否提升公司价值

公司的融资结构差异体现在杠杆水平上,那么债务融资是否有害抑或能否提升公司价值?若对公司价值有益,那么是如何提升公司价值的呢?

(一)单纯以股权融资的情形

作为讨论该问题的起点,我们从先无杠杆公司(即公司所需资金全部采用权益融资加以解决)说起。

**例 7-2**：一些投资者拥有一个项目,为方便项目融资和运作,特意组建了一家新公司。设项目初始投资为 100 万元,假定有效期为 1 年。当年投资当年产生生产能力,预计年末(时期 1)产生的现金流量为 150 万元(乐观)或 80 万元(悲观),出现这两种情形的概率分别为 50%。设无风险利率为 3%,该项目合理的风险溢酬为 10%。不考虑交易成本和税收。相关数据见表 7-2。

表 7-2 项目的预计现金流  单位:万元

| 时期 0 | 时期 1 | |
|---|---|---|
| | 乐观情形 | 悲观情形 |
| −100 | 150 | 80 |

根据题意,该项目的期望收益率为 13%(= 3%+10%),1 年后的期望现金流为 115 万元(= 150 × 50%+80 × 50%),该项目的净现值为:

$$NPV = -100 + 115/1.13 = 1.77(万元)$$

显然,这是一个净现值大于零的"好"项目。

为实施该项目,新公司需要为该项目融资。若单纯以股权融资(发行股票)为目标项目筹集资金,那么股票投资者愿意为新股支付多少价格?

在无套利情形下,以股票价格度量的融资额等于该项目所产生的现金流的现值,即

$$PV = 115/1.13 = 101.77(万元)$$

于是,新公司通过发行股票(不考虑交易成本),获得了 101.77 万元的权益资金,该公司便成了一家无债务公司(也称无杠杆公司)。由于公司没有债务,在时期 1,无杠杆公司的现金流就是股权(无杠杆股权)的现金流,它们都等于项目的现金流,因此无杠杆股权的预计现金流和回报率见表 7-3。

表 7-3 无杠杆股权的预计现金流和回报率

| 项目 | 时期 0 | 时期 1:现金流 | | 时期 1:回报率 | |
|---|---|---|---|---|---|
| | 初始价值 | 乐观情形 | 悲观情形 | 乐观情形 | 悲观情形 |
| 无杠杆股权 | 101.77 万元 | 150 万元 | 80 万元 | 47.39% | −21.39% |
| 无杠杆公司 | 101.77 万元 | 150 万元 | 80 万元 | 47.39% | −21.39% |

由表 7-3 可知,无杠杆公司的期望收益率为 47.39% × 50%+(−21.39%) × 50% = 13%。无杠杆公司的风险等于项目的风险,股东取得的回报恰好等于其所承担的风险。

### (二)同时以股权和债务融资的情形

如果引入债务融资,那么公司和公司股东的现金流和期望收益率会发生什么变化呢?

**例 7-3**：承例 7-2,假定公司决定改变项目的融资结构,通过举债 50 万元以及发行新股 51.77 万元来为项目融资。设债务是无风险的,年利率为 3%,期限为 1 年,1 年后还本付息总额为 51.5 万元。不考虑交易成本和税收。

公司为项目完成融资之后,便成了一家杠杆公司。由于公司有了债务,因此杠杆公司现金流与股权现金流就不一致了,债权、杠杆股权及杠杆公司的预计现金流与回报率见表7-4。

表7-4 债权和杠杆股权的预计现金流与回报率

| 项目 | 时期0 | 时期1:现金流 | | 时期1:回报率 | | 期望收益率 |
|---|---|---|---|---|---|---|
| | 初始价值 | 乐观情形 | 悲观情形 | 乐观情形 | 悲观情形 | |
| 债权 | 50万元 | 51.5万元 | 51.5万元 | 3% | 3% | 3% |
| 杠杆股权 | 51.77万元 | 98.5万元 | 28.5万元 | 90.264% | -44.948% | 22.66% |
| 杠杆公司 | 101.77万元 | 150万元 | 80万元 | 47.39% | -21.39% | 13% |

由表7-4可知,公司有了债务以后,杠杆股权的风险增加了,其回报率分别为90.264%和-44.948%,为了补偿使用杠杆的风险,公司股东的期望收益率也提高至22.66%。杠杆公司的现金流归股东和债权人共同所有,因此杠杆公司的期望收益率可理解为债权人与股东的平均期望收益率。

对比表7-3和表7-4,你会发现一些比较有意思的现象:

第一,有杠杆公司股东比无杠杆公司股东有着更高的期望收益率。

第二,有杠杆公司和无杠杆公司具有相同的预计现金流。

第三,有杠杆公司和无杠杆公司具有相同的期望收益率。

由于有杠杆公司和无杠杆公司具有相同的预计现金流和期望收益率,因此债务融资似乎没有对公司价值产生影响。然而,若在例7-3中考虑公司所得税,那么会发生什么变化呢?

### (三)债务融资影响公司价值的可能路径

**1. 正面效应**

(1)债务税盾

事实上,在有税环境下,债务融资的最大好处是给公司带来债务税盾效应。由于股利在税后列支,而利息则在税前列支,因此债务融资具有省税作用,即债务税盾效应。用公式表示为:

$$公司每年的债务税盾效应 = r \times B \times t \quad (7-4)$$

式中,$r$表示年利率;$t$表示公司的边际所得税税率;$B$表示公司筹集到的债务资金。

假定公司债务及其税盾效应是永远存在的,债务税盾效应的贴现率就是债务的利率(即债务资金的使用成本,也称资本成本),又假定公司边际所得税税率保持不变,则公司债务税盾效应的现值为:

$$债务税盾效应现值 = \frac{r \times B \times t}{r} = B \times t \quad (7-5)$$

**例7-4**:承例7-3,设公司所得税税率为30%,其他条件不变。

在考虑所得税之后,公司债权、杠杆股权与杠杆公司的预计现金流与回报率就会发生变化,见表7-5。

表 7-5 债权和杠杆股权的预计现金流与回报率

| 项目 | 时期 0 | 时期 1:现金流 | | 时期 1:税盾 | 时期 1:回报率 | | 期望收益率 |
|---|---|---|---|---|---|---|---|
| | 初始价值 | 乐观情形 | 悲观情形 | | 乐观情形 | 悲观情形 | |
| 债权 | 50 万元 | 51.5 万元 | 51.5 万元 | | 3% | 3% | 3% |
| 杠杆股权 | 51.77 万元 | 98.5 万元 | 28.5 万元 | | 90.264% | -44.948% | 22.66% |
| 债务税盾 | | | | 1.5 万元 | 3% | 3% | 3% |
| 杠杆公司 | 151.77 万元 | 150 万元 | 80 万元 | 1.5 万元 | 47.39% | -21.39% | 13% |

由表 7-5 可知,在考虑所得税之后,公司在时期 1 会增加 1.5 万元(=50 × 3%)的债务税盾。根据式 7-5,债务税盾现值为 50 万元(=1.5/3%),杠杆公司价值将增加 50 万元,即

杠杆公司价值 =(150 × 50%+80 × 50%)/1.13+1.5/3% = 151.77(万元)

在其他条件不变的情况下,债务融资会影响公司价值,公司价值从 101.77 万元升值 151.77 万元。

(2) 减少代理冲突

在公司所有权和经营权相分离的情形下,公司管理者与股东之间会发生利益冲突。比如,对拥有大量自由现金流而债务比例又很低的公司而言,其管理者很可能因公司资金充裕而不思进取,公司自由现金流极有可能被管理者当作"免费的午餐"。

为了提高自由现金流的使用效率,减少代理成本,可以通过适当增加公司举债量来实现。由于债务融资具有到期还本付息的硬约束,倘若管理者工作不努力,则公司有可能陷入困境,管理者就将因公司破产而丢掉饭碗。因此,从股东财富最大化的角度来看,债务融资是有正面效应的,可以迫使管理者努力工作,减少代理成本,这在一定程度上会给公司带来好处。

**2. 负面效应**

(1) 增加财务困境成本

财务困境成本是指公司债务融资的风险成本,又称破产成本。就基本内涵而言,财务困境成本包含直接成本和间接成本。

直接成本是指清算或重组的法律成本,管理费用和会计费用也是直接成本中的重要内容。由于在破产前和破产期间的所有阶段中,律师始终介入,对破产阶段律师费用数额之大、发生速度之快,斯蒂芬·罗斯(Stephen Ross)曾戏说"破产之于律师就如同鲜血之于鲨鱼"。在财务困境直接成本的估算上,普遍的看法是直接成本的绝对量很大,然而,就其与公司价值的比例而言,其实很小。

间接成本是指公司处于财务困境时经营所遭受的负面影响,这种影响源于财务困境迫使客户与供应商改变其行为。当公司陷入财务困境时,其客户很可能慑于破产风险而另寻其他卖家,或者作为风险补偿,其客户可能要求公司降低售价。当公司陷入财务困境时,其供应商会担心公司最终面临破产而离它而去,不再继续向其提供部件和服务,迫使陷入困境的公司付出很大的代价向其他供应商寻求帮助。比如,20 世纪 70 年代,美国克莱斯勒公司处于财务困境,其许多供应商受公司破产阴影的影响,担心无法收回货款而纷纷转投

其他汽车制造商。克莱斯勒被迫调整供应链应对,为此付出了巨大的代价。

应该说,间接成本能够被我们观察到,但是其计量很困难。Culter and Summers(1988)的实证研究表明,财务困境间接成本不大。Opler and Titman(1993)的研究表明,杠杆收购融资技巧能够减少财务困境成本。Haugen and Senbet(1978)认为,财务困境只是轻微地影响公司业务经营能力,顾客和雇员只关注公司的存续期。Altman(1989)认为,财务困境间接成本较大,财务困境的直接和间接成本通常高于公司价值的20%。

(2) 新增代理冲突

适当举债可以减缓股东和管理者之间的代理冲突,但是举债引发了新的代理冲突,即债权人与股东之间的冲突。

只要公司拥有债务,股东与债权人之间就会出现利益冲突。当公司陷入财务困境时,他们之间的利益冲突就会被放大,股东被引导去寻求利己的策略,从而损害债权人的利益。

当公司处于破产边缘时,若公司仍有举债能力,那么其股东往往就会表现出"投资过度"的倾向。一旦用债权人的钱投资成功,公司极有可能转危为安,股东是最大的获益者;而一旦投资失败,损失最大的却是债权人。

当公司处于破产边缘时,若公司没有举债能力,那么其股东往往会表现出截然相反的投资倾向,即"投资不足"。理由是,公司没有举债能力,只能由股东自掏腰包进行投资,一旦投资失败,公司将雪上加霜,极有可能走向破产清算,新投资以牺牲股东利益为代价来帮助求偿权在先的债权人。

可见,在公司面临财务困境时,股东极易采取自利策略,这些策略将损害债权人利益。为此,债权人必定会采用债权保全之策,避免财富转移。通常,债权人会通过提高利率和在债务契约中增加保护性条款等方式来保护自己,从而使得公司股东获取债务的成本大大增加。这会引导举债者重新审视债务融资方式,降低财务杠杆比率(即债务比重)。

(3) 降低财务灵活性

从融资角度来看,财务灵活性可以衡量公司债务融资的空间大小。公司的财务灵活性越大,公司利用举债应对突发事件的能力越强。随着公司债务水平的上升,公司的财务灵活性将下降。

首先,每家公司的债务都是有其上限的。事实上,不管是慑于破产威胁,还是为了追求最优化,公司的债务都是有其上限的。在债务上限一定的情况下,债务融资在解决公司资金缺口的同时,可用的举债空间缩小了。

其次,已有债务契约中的诸多限制性条款降低了公司的财务灵活性。公司举债之后,债权人为了避免公司股东转移财富、转嫁损失,他们会通过限制性债务契约来保护其权益不受伤害。比如,规定最高的股利发放率,限制公司再次举债融资,不允许举债公司在债务期内处置资产,规定最低的流动性,等等。正是这种带有诸多限制性条款的债务契约降低了公司融资决策乃至投资决策的灵活性。

(四) 长期融资决策的基本原理

由上文可知,债务融资会对公司价值产生影响,且具有两面性。因此,长期融资决策过程绝不是简单的成本收益比较。幸运的是,资本结构(capital structure)理论为我们进行长期融资决策提供了很好的分析框架。

**1. 资本结构的含义**

资本结构是指公司不同的资本在总资本中所占的比重。公司的资本可以简单地归为债务资本(包括长期银行贷款、公司债券等所有长期债务)和权益资本(即股东权益)两类,因此,资本结构可以用债务资本和权益资本的比例加以描述,即

$$资本结构 = \frac{B}{S} \tag{7-6}$$

式中,$B$ 表示债务资本;$S$ 表示权益资本,包括留存收益(公司内部现金流)和股票融资所形成的资本(股本和资本公积)。

从静态来看,资本结构反映了公司某一时点的融资结构。那么,我们如何评价该资本结构是否达到了最优?或者说什么样的融资能够帮助公司的资本结构实现最优呢?

**2. 基于资本结构的分析框架**

第一,如何判定公司的资本结构是否达到最优?公司融资有两大目标,一是解决资金缺口,二是为公司或股东创造财富。如果举债(加杠杆)仍可以为公司和股东创造财富,那么我们就可以认定该公司目前的资本结构尚未达到最优,此时的资本结构不是目标资本结构。也就是说,当公司价值对加杠杆或去杠杆不敏感时,此时的融资结构或资本结构是最优的。

第二,什么样的融资可以帮助公司的资本结构实现最优?事实上,任何融资都能够帮助公司实现最优的资本结构。长期融资决策过程可以理解为不断追求目标资本结构的过程。当举债有助于公司价值增长时,继续加杠杆能够帮助公司实现最优的资本结构,反之,应该适当去杠杆来实现。

由于资本市场复杂难懂,公司融资还受制于税收、破产、管理者动机、信息等诸多因素,因此长期融资决策是一个复杂的过程。作为融资者,应有的态度是,熟悉影响资本结构的因素,掌握这些因素影响资本结构的路径,以及引发公司价值变动的基本逻辑。

**概念自查 7-3:**
1. 什么是债务税盾效应?
2. 什么是财务困境直接成本和财务困境间接成本?
3. 如何理解债务融资在代理冲突上的两面性?

---

**案例 7-1:青岛啤酒卖"泡沫"**

世界第一大啤酒集团美国 AB(Anherser Busch)公司对青岛啤酒觊觎已久,青啤与 AB 的渊源可以追溯至 20 世纪 90 年代初。当时 AB 曾希望投资并控股青岛啤酒,但由于政策还不允许外资控股国有企业,因此合作未能达成。1993 年,青岛啤酒股份有限公司成立并进入国际资本市场,使 AB 第一次有机会染指青啤。当年 7 月 15 日,"青岛啤酒"(0168.HK)在香港股市挂牌交易,AB 作为战略投资者获定向配售青啤 4 500 万股,占当时青啤总股本的 5%。此后相当长一段时间里,AB 和青啤的关系没有进一步的发展。

2002 年,由于系列连续收购,青啤流动资金严重不足,情急之下时任总裁金志国力排众议做出了一个危险的决定:向 AB 定向增发 3 亿多股 H 股可转债,融资 14 亿港元,以解燃眉之急。根据协议,青啤将分三批向 AB 定向发行这批可转债,三批转股均比 2001 年年底每股净资产溢价 50% 以上,且比协议签署当日 H 股价格分别溢价 30.9%(一、二期)和 24.5%(三期)。如此高的溢价,一般公司都会避而远之,但 AB 不仅照单全收,而且痛快地答应了青啤几乎有点苛刻的另外两个条件:不再增持股份,向青岛市国资委转让部分表决权。双方签订的《战略投资协议》中约定,AB 全部完成转股后,将不再收购更多的 H 股股份。同时,AB 公司 7% 的投票表决权转让给青岛市国资委。表面上看青啤捡了一个大便宜,实际上则面临失去第一把交椅的可能。事实的确如此,2005 年 4 月,原本持有青啤 14 亿港元可转债、预计 7 年后全部完成换股的 AB 公司,突然提前 3 年完成全部换股。这使其所持有的股权比例由最初的 5% 上升到 27%,与青啤第一大股东青岛市国资委所持的股权比例 30.56% 只差 3.56%。

在这种情况下,在支付股改对价后,青岛市国资委第一大股东的地位有可能被 AB 取而代之,市场人士普遍担忧"青岛啤酒"到时将变为"国内龙头的外国啤酒品牌"。为此,虽然将对价由最初的 10 送 1.5 股提高到 10 送 1.79 股加 2.4 元现金,但青岛市国资委通过收购东方资产管理公司名下 2.24% 的青啤股份,并加以巧妙安排,使得青岛市国资委在股改后的股权比例仍能保持 30.56% 不变。青啤安然度过了"控制权旁落"的危机。

资料来源:王凤君,龙丽丽.青啤控股权悬念:AB 相机而动[N].世纪经济观察,2006-01-18;钟鸣.青啤股改高票通过青岛国资委控股地位得保[N].第一财经日报,2006-10-18。

**讨论问题:**

1. 为什么青啤向 AB 集团定向发行可转债,而不直接定向发行股票?请做出可能的解释。
2. 引进战略投资者除融资需要外,青啤是否还有其他理由?
3. 请站在 AB 集团的角度,分析它为什么愿意以较高的价格接受青啤定向发行的可转债?应该如何看待引入境外战略投资者的行为?

## 本章小结

1. 在运转良好的资本市场上,找寻到融资成本低于市场利率的融资渠道实属不易,也就是说,很难找到正值净现值的融资机会。这是由于资本市场的有效性造就了相对公平的金融资产价格。

2. 普通股是这样一种融资工具:其持有人是公司最终的所有者,具有投票权和分享股利的权利,同时,须承担相应的最终风险。当公司清算时,普通股股东在股利和剩余资产要求方面都不具有任何特殊优先权。普通股融资的显性成本是股利,隐性成本是代理成本,相对于债务融资,普通股融资不存在破产成本。新股发行是公司募集资金的重要手段,但是公司宣布发行新股时,股价会下跌,这又是新股发行公司所不愿看到的现象。

3. 公司债券是公司的长期债务凭证,具有优先求偿权、固定利率及利息税前列支等特点,因此较之于股票,公司债券筹资成本低。20 世纪 70 年代以后,公司债券得到了迅猛发展,几乎每天都有新型债券面世,其品种之多令人眩晕。

4. 优先股兼有债券和普通股的特点,而优先股的收益率低于普通股,其不高的股利又不能像债券利息费用那样省税,具有税盾效应。但是,优先股仍然是西方发达资本主义国家公司的主要融资方式。有两点原因:一是可以避免破产威胁,未付优先股股利并非负债,因此,优先股股东不能以发行公司不付股利而胁迫公司破产;二是便于转嫁税收劣势,规范的公用事业型公司偏好优先股,大部分优先股都是由公用事业型公司发放的。

5. 公司在融资决策时,必然会比较各种融资方式的成本和收益,考虑如何在负债和权益资本之间进行权衡,使融资决策的净现值大于零,从而创造公司价值。

## 重要术语

普通股　认股权证　公司债券　债券评级　垃圾债券　优先股　资本市场效率　资本结构　债务税盾效应　财务困境成本　代理成本　直接破产成本　间接破产成本　融资偏好

## 习题

**简易题**

1. A 公司成立于 2000 年，公司创办时，发行了普通股 100 万股，每股面值为 1 元，发行价为 2 元/股。

   （1）请描述出该公司的股东权益。

   （2）1 年后，该公司产生的年利润为 20 万元，股利发放率为 20%。请写出该公司的股东权益。

2. B 公司以认股权发行的方式发行新股，新股认购价为 10 元/股，并按 4:1 配股。假设新股发行前该公司股票在市场上的流通股股数为 2 000 万股，每股的市场价格为 15 元。

   （1）新股发行后的筹资额为多少？

   （2）新股发行后，股票价格可能的变化是什么？

   （3）如果股东不愿意执行认股权，那么公司的总价值是否会下降？

**中等难度题**

3. C 公司将以每股 50 元的价格发行 4 万股普通股（附权发行）。目前公司流通在外的 100 万股股票（附权）的市场价格为 60 元/股。

   （1）计算以每股 50 元购买 1 股新股需要认股权的数量。

   （2）计算认股权的价值。

   （3）计算除权股票（即不考虑认股权的股票）的价值。

4. D 公司拟发行总面值为 1 000 万元的公司债券（假定该债券市场价格和面值相等），该公司债券为公开交易债券，票面利率为 10%。目前，公司年 EBIT 为 600 万元，权益资本为 5 000 万元，所得税税率为 30%。该债券合约规定，若满足以下规定，公司可发行新债券。

   （1）利息倍数（EBIT/I）不低于 5 倍。

   （2）负债/权益的比率不高于 0.6。

   请问该公司是否达到新债券发行要求？

**高等难度题**

5. 任选一只在上海证券交易所或深圳证券交易所公开交易的公司债券，研究该债券合约的条款，指出该公司债券的成本与合约中限制性条款之间的关系。

6. 任选一家在英国发行 GDR 的中国上市公司，你认为这家公司有什么特质？

**值得参考的网站：**

1. 上海证券交易所网站：http://www.sse.com.cn。
2. 深圳证券交易所网站：http://www.szse.cn。
3. 纽约证券交易所网站：http://nyse.nyx.com。
4. 纳斯达克证券交易所网站：http://www.nasdaq.com。
5. 中国证券监督管理委员会网站：http://www.csrc.gov.cn。
6. 美国证券交易委员会网站：http://www.sec.gov。

习题参考答案

## 参考文献

1. ALTMAN E I. A further empirical investigation of the bankruptcy cost question [J]. Journal of Economics, 1989, 39(4): 1067—1089.

2. ASQUITH P. MULLINS D. Equity issues and offerings dilution [J]. Journal of Financial Economics, 1986, 15(3): 61—60.

3. CUTLER D M. SUMMERS L H. The cost conflict resolution and financial distress: Evidence from the Texaco-Pennzoil litigation [J]. Rand Journal of Economics, 1988, 19(2): 157—172.

4. FABOZZI F J. FABOZZI T D. The handbook of fixed income securities [M]. 4th ed. Homewood, III.: Irwin Professional Publishing, 1995.

5. HAUGEN R A. SENBET L W. The insignificance of bankruptcy costs to the theory of optimal capital structure [J]. Journal of Finance, 1978, 33(2): 383—393.

6. KAPLAN S N. The effects of management buyouts on operating performance and value [J]. Journal of Financial Economics, 1989, 24(2): 217—254.

7. OPLER T. TITMAN S. Controlling financial dis-

tress cost in Iob's [J]. Financial Management, 1993, 22(3): 79—90.
8. RITTER J R. The cost of going public [J]. Journal of Financial Economics, 1987, 19(2): 269—281.
9. RITTER J R. The Long-run performance of initial public offerings [J]. Journal of Financial Economics, 1991, 19(March): 3—27.
10. ROCK K. Why new issues are underpriced [J]. Journal of Financial Economics, 1986. 15(3): 187—212.
11. 法博齐,等.投资管理学[M].周刚,等,译.北京:经济科学出版社,1999.
12. 法博齐,等.资本市场:机构与工具[M].汪涛,等,译.北京:经济科学出版社,1998:480.
13. 吉斯特.金融体系中的投资银行[M].郭浩,译.北京:经济科学出版社,1999.
14. 罗斯,等.公司理财[M].吴世农,等,译.北京:机械工业出版社,2010.

# 第八章
# 资 本 结 构

> 【学习要点】
>
> 1. 税收、破产成本等外部因素如何影响公司资本结构？
> 2. 管理者动机、信息不对称等内部因素如何影响资本结构？
> 3. 公司是否存在目标资本结构？
> 4. 长期融资决策对资本预算的影响。

上一章的最后部分，我们介绍了资本结构的概念，并给出了基于目标资本结构的长期融资决策分析框架，即长期融资决策就是一个追求目标资本结构的过程。为了更好地理解长期融资决策过程，我们需要了解两个基本问题：第一，公司是否能够通过改变债务资本和权益资本之间的比率来增加公司价值？第二，如果资本结构确实有这样的影响力，那么是什么因素决定了债务资本和权益资本的最佳比率，从而使得公司价值最大化及资本成本最小化？本章首先介绍经典的资本结构理论，了解究竟有哪些因素左右资本结构，以及最终影响公司价值和资本成本的基本逻辑；其次介绍目标资本结构设计和管理的基本原理；最后介绍长期融资决策对投资决策的影响。

## 第一节 税收、破产成本和资本结构

现代资本结构理论发端于20世纪50年代，一直持续到70年代末。整个研究的轨迹可归纳为以无税MM理论为基础，在逐步释放假设条件后，形成了两大流派：一是研究税收与资本结构关系的"税收学派"，二是研究破产成本与资本结构关系的"破产成本学派"或"财务困境成本学派"。这两大学派最后归于"权衡理论学派"。

### 一、MM理论

弗兰克·莫迪利亚尼(Franco Modigliani)和默顿·米勒(Merton Miller)发表了一系列

关于资本结构的重要文章。自从他们在 1958 年的"资本成本、公司财务和投资"①一文中提出无税 MM 模型以后,他们又在 1963 年的"公司所得税和资本成本:一个修正"②一文中提出了有税 MM 模型。1977 年,米勒在"债和税"③一文中提出了米勒模型。因此,MM 理论是一个统称,它的时间跨度很长。

### (一) 无税 MM 模型

**1. 假设**

第一,所有实物资产归公司所有。

第二,资本市场无摩擦,无税,无交易成本。

第三,公司只能发行两种证券,一种是有风险的股票,另一种是无风险的债券。

第四,个人可以和公司一样按无风险利率进行借贷。

第五,投资者对公司利润和未来现金流的预期都是相同的,即共同期望假设。信息对称,公司内部人员和外部人员可获得相同的信息。

第六,现金流是恒定的(例如净投资为零,或公司没有增长)。

第七,所有公司可以归入几个"相等的风险等级"中的某一类。在各等级中,公司股票的收益与同等级其他公司股票的收益完全比例相等。也就是说,对规模相同的公司而言,其全部期望收益的价格是相等的;对不同规模的公司而言,其股票每 1 元期望收益的价格都是一样的。该假设指出,相同风险等级公司的股票拥有相同的期望收益率和相同的预期收益分配率,因此,相同风险等级的股票相互间完全可以替代。

第八,没有破产成本或财务困境成本。

第九,没有代理成本,公司管理者总是致力于股东财富最大化。

以上假设构建了一个与现实完全不同的世界,本书称之为"米勒世界"。

**2. 命题 1**

命题 1(MM Proposition I)实为公司价值模型,它表示:在"米勒世界"中,任何公司的市场价值与其资本结构无关。不管有无债务,公司价值等于所有资产的期望收益,即息税前收益(earnings before interest and tax,EBIT)除以适用其风险等级的期望收益率。

假设有一个公司 $j$,属于风险等级 $k$,在可预测的未来,每期的息税前收益为 $\overline{\text{EBIT}_j}$④,每期息税前收益具有永续年金特点。该公司负债的市场价值为 $D_j$,股票的市场价值为 $S_j$,所有公开发行的证券价值(即 $j$ 公司的市场价值)为 $V_j$。则根据无税 MM 理论的命题 1,对于风险等级为 $k$ 的公司 $j$ 来说,其市场价值($V_j$)为:

$$V_j = S_j + D_j = \frac{\overline{\text{EBIT}_j}}{\rho_k} \tag{8-1}$$

式中,$\rho_k$ 表示 $k$ 类公司的期望收益率。

式(8-1)表示任何公司的市场价值与其资本结构无关,仅与公司的预期盈利水平和公

---

① MODIGLIANI F. MILLER M H. The cost of capital, corporation finance and the theory of investment[J]. American Economic Review, 1958, 48(3): 261—269.
② MODIGLIANI F. MILLER M H. Corporation income taxes and the cost of capital: A correction[J]. American Economic Review, 1963, 58(3): 433—443.
③ MILLER M H. Debt and taxes[J]. Journal of Finance, 1977, 32(2): 261—275.
④ 当所有的现金流量被假设为恒定时,自由现金流量(FCFF)和税后净利润(即无税环境下的 EBIT)相同。

司所处的风险等级有关,即公司价值由未来预期现金性收入按所处风险等级的期望收益率贴现得到。

为什么式(8-1)在"米勒世界"中一定成立?莫迪利亚尼和米勒用无套利均衡分析方法予以证明。假设公司 A 和 B 的风险等级相同且规模相同,两家公司的期望收益均为 $\overline{X}$,其他信息见表 8-1。

表 8-1 公司 A 和公司 B 的财务信息

| 项目 | 公司 A | 公司 B |
| --- | --- | --- |
| 公司价值 | $V_A$ | $V_B$ |
| 债务价值 | 0 | $D_B$ |
| 利率 | — | $r$ |
| 股票价值 | $S_A$ | $S_B$ |
| 期望收益 | $\overline{X}$ | $\overline{X}$ |

表 8-1 中,公司 A 没有举债,它是无杠杆公司,公司 B 则是杠杆公司。假如某一投资者持有公司 B 发行在外普通股中的部分股票 $\alpha$,那么该投资者的投资组合收益为:

$$Y_B = \alpha(\overline{X} - rD_B) \quad (8\text{-}2)$$

又假如该投资者出售其所持有的公司 B 股票 $\alpha S_B$,同时,按与公司 B 一样的借款利率借入 $\alpha D_B$,然后去购买公司 A 股票,金额为 $\alpha(S_B+D_B)$,持股比率为 $\dfrac{\alpha(S_B+D_B)}{V_A}$。显然,该投资者既购买了公司 A 的股票,又复制或模仿了公司 B 的资本结构或杠杆。此时,投资者新投资组合的收益为:

$$Y_A = \frac{\alpha(S_B + D_B)}{V_A}\overline{X} - rD_B\alpha = \alpha\frac{V_B}{V_A}\overline{X} - r\alpha D_B = \alpha\left(\frac{V_B}{V_A}\overline{X} - rD_B\right) \quad (8\text{-}3)$$

比较式(8-2)和式(8-3),如果 $V_B > V_A$,则有 $Y_A > Y_B$,投资者存在套利机会,公司 B 股东会出售其所持有的公司 B 股票,改持公司 A 股票。于是,公司 B 的股价和公司价值将下降,公司 A 的股价和公司价值将上升,并很快实现无套利均衡,杠杆公司价值和无杠杆公司价值趋于一致,即 $V_B = V_A$。

无税 MM 理论命题 1 说明,在风险相同的情况下,若杠杆公司的债务资本和权益资本的市场价值之和与另一家无杠杆公司的市场价值不同,则存在套利机会。投资者会设法进行套利,从而很快达到无套利均衡。

**例 8-1**:设 L 和 U 两家公司处于同一行业,并且拥有相同的业务和经营风险。这两家公司目前的不均衡价值如表 8-2 所示。

表 8-2 套利条件下两家公司的不均衡价值

| 项目 | 公司 U | 公司 L |
| --- | --- | --- |
| EBIT(元) | 100 000 | 100 000 |
| 应付利息(元) | 0 | 30 000 |
| 净收益(税后)(元) | 100 000 | 70 000 |
| 公司风险等级 | $k$ | $k$ |
| 公司期望收益率 | 10% | 10% |

(续表)

| 项目 | 公司 U | 公司 L |
|---|---|---|
| 公司总价值(元) | 1 000 000 | 1 060 000 |
| 股票收益率($q$) | 10% | 12.5% |
| 股票市场价格($s$)(元) | 1 000 000 | 560 000 |
| 利息率($r$) | — | 6% |
| 债券市场价值($D$)(元) | 0 | 500 000 |
| 普通股股数(股) | 20 000 | 10 000 |

假如某投资者目前拥有10%杠杆公司(L)的股票,预期股票收益率为12.5%。目前,杠杆公司(L)市场价值高于无杠杆公司(U)市场价值,因此,该投资者可以通过以下交易套取利润:

首先,将其目前手中拥有的10%杠杆公司(L)股票全部卖掉,按每股56元计,共得款56 000元;其次,按照杠杆公司(L)总负债10%等值的款项(即50 000元)借款,承诺的利率为6%(即每期承担3 000元利息);最后,以每股50元的价格购买无杠杆公司(U)10%的股票,剩余的6 000元现金则按年利率6%贷出。

投资者的套利过程如表8-3所示。

表8-3 投资者的套利过程                              单位:元

| 项目 | 计算过程 | 金额 |
|---|---|---|
| 投资者原有收益 | 56 000×12.5% | 7 000 |
| 投资者现有收益 | | |
| 其中:投资收益 | 100 000×10% | 10 000 |
| 减:利息费用 | 50 000×6% | 3 000 |
| 加:剩余资金投资收益 | 6 000×6% | 360 |
| 现有收益合计 | | 7360 |

以上交易中,该投资者原来拥有10%杠杆公司(L)的股票。通过套利交易,该投资者改持风险等级相同的无杠杆公司(U)10%的股票。在整个交易中,该投资者通过出售杠杆公司(L)股票以及借款总共获得106 000元的现金,他用其中的100 000元购买了无杠杆公司(U)的股票后,还剩余6 000元。

在不考虑剩余6 000元投资收益的情况下,这部分新的投资组合的预期净收益与原本投资于杠杆公司(L)股票的预期收益是相同的。

如果考虑剩余6 000元投资收益的情况,则新投资组合的预期净收益超过原本投资于杠杆公司(L)股票的预期收益,实现无风险套利360元。这样的套利力量很强大,会很快迫使杠杆公司(L)和无杠杆公司(U)的股票价格回归到均衡点,进而使两家公司价值相等。

**3. 命题2**

命题2(MM Proposition II)为公司权益资本成本模型,表示杠杆公司的权益资本成本等于同一风险等级中某一无杠杆公司的权益资本成本加上根据无杠杆公司的权益资本成本和债务资本成本之差与负债比率确定的风险溢价。

根据无税 MM 理论，每股股票的期望收益率等于同等级内无杠杆公司的权益资本成本 $\rho_k$ 加上一个风险溢价，该风险溢价为负债和权益之比乘以 $\rho_k$ 和 $r$（债务资本成本）之差。公司股票预期收益是该公司负债与权益比率的线性函数：

$$k_j = \rho_k + \frac{D_j}{S_j}(\rho_k - r) \tag{8-4}$$

式(8-4)表示：公司债务增加后，公司权益资本成本将随之上升。当公司债务增加之后，公司可以享受低成本举债带来的利益或好处，同时，公司将承受权益资本成本上升的代价。

式(8-4)证明

于是，我们可以得到公司的加权平均资本成本，即

$$r_{\text{WACC}} = \frac{S_j}{D_j + S_j}\left[\rho_k + \frac{D_j}{S_j}(\rho_k - r)\right] + \frac{D_j}{D_j + S_j}r = \rho_k \tag{8-5}$$

式(8-5)表示：在"米勒世界"里，杠杆公司的加权平均资本成本 $r_{\text{WACC}}$ 等于同一风险等级中无杠杆公司的权益资本成本 $\rho_k$，因此，资本结构与公司加权平均资本成本无关。理由是，债务融资低成本的好处恰好被权益融资成本上升完全抵消。

无税 MM 理论恰恰印证了这样的推论：在完美的资本市场中，金融交易既不创造价值也不减损价值，它只是对风险和收益进行了重新配置。

**4. 启示**

无税 MM 理论为我们展示了一个完美的"米勒世界"，在这个世界中，至少有两处不切合实际的假设：第一，税收被忽略了；第二，未考虑破产成本和代理成本。但是，无税 MM 理论是我们解释资本结构与公司价值之间关系的"原点"，其理论价值不言而喻。无税 MM 理论研究中首次运用了无套利均衡分析方法，被誉为现代微观金融学的发端。

知识专栏 8-1：
资本结构谬论

### （二）有税 MM 模型

**1. 假设**

1963 年，莫迪利亚尼和米勒在"公司所得税和资本成本：一个修正"一文中，对 1958 年"资本成本、公司财务和投资"一文中的一个错误命题进行了修正。他们将无税假设释放后发现，举债会产生税盾效应，公司的价值得以提高。

**2. 命题 1**

命题 1 为公司价值模型。该模型表示，杠杆公司的价值等于同一风险等级中某一无杠杆公司的价值加上债务税盾效应的现值。其公式为：

$$V_L = \frac{\overline{\text{EBIT}}(1 - \tau_c)}{\rho^\tau} + \frac{\tau_c rD}{r} = V_U + \tau_c D \tag{8-6}$$

式中，$\tau_c$ 表示公司所得税税率；$D$ 表示债务总额；$V_U$ 表示没有债务税盾效应的公司现金流量现值，即无杠杆公司的价值；$\rho^\tau$ 表示无杠杆公司的税后期望收益率；$r$ 表示借款利率。杠杆公司的价值为无杠杆公司的价值（$V_U$）与税盾效应（$\tau_c D$）之和。我们可以基于以下推导过程来理解式(8-6)。

在考虑公司所得税后，公司股东和债权人的要求权可表示为：

$$X^\tau = (\overline{\text{EBIT}} - R)(1 - \tau_c) + R = (1 - \tau_c)\overline{\text{EBIT}} + \tau_c R \tag{8-7}$$

式中，$(\overline{\text{EBIT}} - R)(1-\tau_c)$ 表示可供股东分享的净利润，反映了公司股东的要求权；$R$ 为利息

费用,反映了公司债权人的要求权。

由式(8-7)可知,公司股东和债权人的总要求权还可用另一种方式表达,即总要求权由不确定性利润流$(1-\tau_c)\overline{\text{EBIT}}$和确定性税盾$\tau_c R$组成。将不确定性利润流和确定性税盾进行资本化(贴现),我们就可以确定公司的价值。不确定性利润流和确定性税盾应该使用不同的期望收益率进行资本化,那么不确定性利润流和确定性税盾的期望收益率分别是什么呢?

不确定性利润流的期望收益率可以用同风险等级无杠杆公司的税后期望收益率表示:

$$\rho^\tau = \frac{\overline{\text{EBIT}}(1-\tau_c)}{V_U} \tag{8-8}$$

确定性税盾的期望收益率可以用无风险利率(因为有税 MM 理论假定公司债务为无风险债务)表示,且假定该利率是独立于债务规模的一个常量。

于是,我们可以用不同的期望收益率对不确定性利润流和确定性税盾进行贴现。根据永续年金计算公式分别对不确定性利润流和确定性税盾进行贴现,即

$$V_L = \frac{\overline{\text{EBIT}}(1-\tau_c)}{\rho^\tau} + \frac{\tau_c R}{r} = \frac{\overline{\text{EBIT}}(1-\tau_c)}{\rho^\tau} + \frac{\tau_c rD}{r} = V_U + \tau_c D \tag{8-9}$$

式(8-9)意味着,无杠杆公司一旦引入公司所得税后,杠杆公司的价值会超过无杠杆公司的价值,负债越多,两者差异越大。极端地说,当负债为100%时,公司价值达到最大。

> **例 8-2**:承例 8-1,假定公司所得税税率为30%,其他条件不变。
> 无杠杆公司(U)价值计算公式可根据式(8-9)变换得到,即
> 
> $$V_U = \frac{\overline{\text{EBIT}}(1-\tau_c)}{\rho^\tau} = \frac{100000(1-30\%)}{10\%} = 70(万元)$$
> 
> 杠杆公司(L)价值可以根据式(8-7)直接计算,即
> $$V_L = V_U + \tau_c D = 70 + 30\% \times 50 = 85(万元)$$

**3. 命题 2**

命题 2 为公司权益资本成本模型。由于权益资本的风险随财务杠杆提高而增加,因此杠杆公司的权益资本成本等于相同风险等级无杠杆公司的权益资本成本加上一笔风险溢价。其公式为:

$$k_j = \rho^\tau + \frac{(\rho^\tau - r)(1-\tau_c)D_j}{S_j} \tag{8-10}$$

式中,$k_j$ 和 $\rho^\tau$ 分别为杠杆公司和无杠杆公司的权益资本成本。

式(8-10)给出了这样的内在逻辑关系,即公司的权益资本成本会随着债务资本的增加而上升。

于是,我们可以得到公司的加权平均资本成本,即

$$\begin{aligned} r_{\text{WACC}} &= r(1-\tau_c) \times \frac{D}{D+S} + \left[\rho^\tau + \frac{(\rho^\tau - r)(1-\tau_c)D_j}{S_j}\right] \times \frac{S}{D+S} \\ &= \rho^\tau \left(1 - \tau_C \times \frac{D}{D+S}\right) \end{aligned} \tag{8-11}$$

式(8-11)表示,杠杆公司的加权平均资本成本 $r_{WACC}$ 小于相同风险等级无杠杆公司的权益资本成本 $\rho^\tau$。理由是,尽管股东所面临的财务风险会随着杠杆的提高而增加,但因式(8-10)中的 $(1-\tau_e)$ 小于1,税盾效应使权益资本成本上升的幅度低于无税时上升的幅度,因此,低成本举债的好处大于权益资本成本上升的幅度。如图8-1所示,加权平均资本成本 $r_{WACC}$ 与债务呈反向关系。

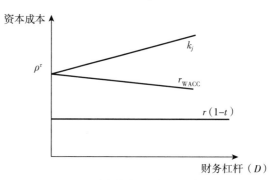

图8-1 财务杠杆与资本成本关系

资料来源:Ross et al.(1999)。

(三) 米勒模型

**1. 假设**

1977年,米勒在"债和税"一文中,提出了一个更加复杂的包括个人所得税在内的模型。此文回击了破产成本学派对其MM理论的质疑,他认为,尽管举债会增加破产成本,但是破产成本学派夸大了破产成本。与公司价值相比,破产成本所占比例很小,是微不足道的。

**2. 命题**

米勒认为,个人所得税的存在会在某种程度上抵消债务的税盾效应,然而,债务的税盾效应不会因此而完全消失。

若其他假设条件与无税和有税MM模型的相同,那么在同时考虑了公司所得税和个人所得税的情况下,无杠杆公司每年真正为股东创造的税后收益为 $\mathrm{EBIT}(1-\tau_c)(1-\tau_e)$。因此,按永续年金模型,无杠杆公司的市场价值表示为:

$$V_U = \frac{\overline{\mathrm{EBIT}}(1-\tau_c)(1-\tau_e)}{\rho^\tau} \quad (8-12)$$

式中,$\tau_c$ 和 $\tau_e$ 分别表示公司所得税税率和个人股票投资收益所得税税率;$\rho^\tau$ 表示权益资本成本。

股票投资收益由两部分构成,即股利和资本利得。这两种不同的收入适用不同的税率,前者适用个人所得税,后者适用资本利得税。为简便起见,我们假定股票投资收益按这两种税率的加权平均税率 $\tau_e$ 征税。式(8-12)意味着无杠杆公司的价值受公司息税前收益(EBIT)、权益资本成本($\rho^\tau$)、个人股票投资收益所得税税率($\tau_e$)和公司所得税税率($\tau_c$)综合影响,其中公司价值与 $\rho^\tau$ 和 $\tau$ 成反比,即个人所得税减少了公司价值。

如果无杠杆公司将债务资本引入,那么公司每年的现金流就会呈现多元性。公司的现金流可以分成属于股东的现金流和属于债权人的现金流。公司每年的现金流可用公式表示为：

$$CF = \overline{(EBIT - R)}(1 - \tau_c)(1 - \tau_e) + R(1 - \tau_d)$$
$$= \overline{EBIT}(1 - \tau_c)(1 - \tau_e) - R(1 - \tau_c)(1 - \tau_e) + R(1 - \tau_d) \quad (8-13)$$

式中，$R$ 表示年利息费用；$\tau_d$ 表示适用于利息收入的个人所得税税率；$\tau_e$ 表示个人股票投资收益所得税税率。公司现金流可用投资者的要求权表述，其中 $(EBIT-R)(1-\tau_c)(1-\tau_e)$ 表示股东的要求权，$R(1-\tau_d)$ 表示债权人的要求权。公司现金流也可以用无杠杆公司不确定的现金流 $\overline{EBIT}(1-\tau_c)(1-\tau_e)$ 和确定的利息流 $[-R(1-\tau_c)(1-\tau_e) + R(1-\tau_d)]$ 来表述。

由于式(8-13)中的两部分现金流均具有永续年金的特征，假定公司经营期限是无限的，那么当 $\tau_c>0$、$\tau_d>0$、$\tau_e>0$，杠杆公司的价值为：

$$\begin{aligned} V_L &= \frac{\overline{EBIT}(1-\tau_c)(1-\tau_e)}{\rho^\tau} - \frac{R(1-\tau_c)(1-\tau_e)}{r} + \frac{R(1-\tau_d)}{r} \\ &= \frac{\overline{EBIT}(1-\tau_c)(1-\tau_e)}{\rho^\tau} - \frac{r \times D \times (1-\tau_c)(1-\tau_e)}{r} + \frac{r \times D \times (1-\tau_d)}{r} \\ &= V_U + \left[1 - \frac{(1-\tau_c)(1-\tau_e)}{1-\tau_d}\right] \times \frac{r \times D \times (1-\tau_d)}{r} \\ &= V_U + \left[1 - \frac{(1-\tau_c)(1-\tau_e)}{1-\tau_d}\right] \times B \end{aligned}$$

(8-14)

式(8-14)为米勒模型的表达式，其中 $B = \frac{r \times D \times (1-\tau_d)}{r}$，表示债务的市场价值。在个人所得税被引入之后，债务杠杆作用产生的收益就是式(8-14)中的第二项。我们可以根据米勒模型做如下分析：

第一，假定在无税环境下，所有的税率均为零，那么 $V_L = V_U$。此时的米勒模型就是无税 MM 模型的表达式。

第二，假定仅仅考虑公司所得税，即 $\tau_e = \tau_d = 0$，则 $V_L = V_U + \tau_c B$。此时的米勒模型就是有税 MM 模型的表达式。

第三，假定个人股票投资收益所得税税率和利息收入个人所得税税率相同，即 $\tau_e = \tau_d$，则 $V_L = V_U + \tau_c B$。此时的米勒模型也是有税 MM 模型的表达式。

第四，假定 $(1-\tau_c)(1-\tau_e) = (1-\tau_d)$，债务融资的好处可能消失，那么 $V_L = V_U$。此时的米勒模型就是无税 MM 模型的表达式。

第五，当 $\tau_e < \tau_d$ 时，公司价值与杠杆呈反向关系。

借助图 8-2，我们可以更直观地来描述在同时引入公司所得税和个人所得税后，资本结构对公司价值的影响。

可见，米勒模型更具一般性，无税 MM 模型和有税 MM 模型仅仅是米勒模型的两个特例而已。

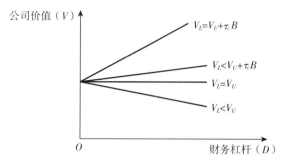

图 8-2 财务杠杆与企业价值的关系

资料来源:Ross et al.(1999)。

**3. 米勒模型中的证券市场均衡**

米勒推出米勒模型的初衷仅仅是为了回应当时学界对 MM 理论的质疑,但获得了意外的收获,即米勒模型理清了在市场经济条件下,均衡利率与个人所得税之间的相互影响是什么。

在无税环境下,公司的债务融资和权益融资之间没有差异,但是将公司所得税(假设个人股票投资收益所得税税率 $\tau_e$ 为零)引入后,作为投资收益(比如股利)分给股东的那部分需要缴纳公司所得税,因此股东实得仅为 $(EBIT-R)(1-\tau_c)$,而作为利息支付给债权人的那部分则全部逃脱了征税(理由是利息税前列支),且产生了省税效应(即债务税盾效应)。公司债务融资和权益融资便产生了差异,公司有足够的动机去发债,并且一直会持续下去,直到债务税盾效应全部被利率的上升所抵消,即利率不得超过 $r_0/(1-\tau_c)$。

图 8-3 表示债务与利率之间的关系。横坐标表示公司对外举债总额($D$),纵坐标表示利率。图中水平线 $r_s(D)$ 为公司债券的供应线,先水平变动、后向上倾斜的曲线 $r_d(D)$ 是公司债券的需求线。

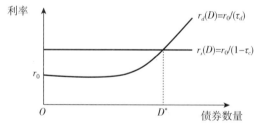

图 8-3 债务与利息率之间的关系

资料来源:Miller(1977)。

如图 8-3 所示,公司债券需求曲线 $r_d(D)$ 在纵坐标上的截距 $r_0$ 表示完全免税债券的均衡利率,比如免交所得税的国债利率(无风险利率)。

第一,基于公司债券投资者的视角。如果公司债券的利率等于无风险利率 $r_0$,那么只有免税投资者才会持有这种公司债券。因此,若想使应税投资者进入公司债券市场,就必须提高公司债券的利率,且必须提高到足够补偿债券投资者利息收入的纳税额。若个人利息收入所得税税率为 $\tau_d$,那么债券利率必须不低于 $r_0/(1-\tau_d)$,否则,应税投资者不会青睐该公司债券,转而改投年利率为 $r_0$ 的免税国债。若个人所得税是按累进制征收的话,则应税投资者的税级越高,其要求的补偿就越大,图中的曲线会慢慢向上倾斜。

第二,基于公司债券发行者的视角。在 $r_0$ 处,公司有巨大的动力去发行公司债券,既可以满足免税投资者的需求,又能够享受低融资成本和税盾效应的双重好处。但是,免税投资者的需求满足之后,公司必须逐步提高利率,以便诱使必须交纳利息收入所得税的投资者购买其债券。先从满足最低税收等级的投资者开始,一旦这类投资者的需求耗尽后,公司会再次提高利率诱使下一个税收等级的投资者购买其债券,直到边际利息支付率提升至 $r_0/(1-\tau_c)$。

图 8-3 中,公司公开发行的债券数量在 $D^*$ 时达到均衡,在这个均衡点上,需求曲线和水平直线相交,这个相交点投射至纵坐标上的点就是均衡利率。当公司将债券利率定在均衡利率 $r_0/(1-\tau_c)$ 以上时,高额的融资成本将迫使公司放弃公司债券融资,转而进行股票融资,公司债券的数量将回归 $D^*$。此时,公司又回到了发行债券和发行股票没有区别的状态。资本市场均衡又建立了起来,资本结构又变成无关状态了。

以上逻辑关系可证明如下:

设 $\tau_e=0$,根据式(8-14),公司债务杠杆所产生的收益为:

$$G = \left[1 - \frac{(1-\tau_c)}{(1-\tau_d)}\right] \times B$$

设无风险免税利率为 $r_0$(比如国债利率),公司有发行无风险债券和发行新股两种融资方式,公司无风险债券不免税。因此,公司债券投资者的要求收益率(也称需求收益率)取决于它们的税收等级,在考虑了利息收入所得税税率之后,公司债券投资者的要求收益率为 $r_0/(1-\tau_d)$。如果公司发行的债券收益率低于此水平,则投资者会选择免税无风险债券。因此,公司会根据不同投资者所处的税收等级,按由低到高的税基顺序确定债券利率,逐级满足不同债券投资者的需要。

情况一:如果公司提供的债券收益率 $r_0/(1-\tau_c)$ 大于债券投资者的要求收益率,即

$$r_0/(1-\tau_c) > r_0/(1-\tau_d)$$

那么,公司可以通过增加杠杆取得收益。因此,公司就有进一步发债的渴望和冲动。

情况二:如果公司提供的债券收益率 $r_0/(1-\tau_c)$ 等于债券投资者的要求收益率,即

$$r_0/(1-\tau_c) = r_0/(1-\tau_d)$$

那么:

$$(1-\tau_c) = (1-\tau_d)$$

公司通过增加杠杆取得的收益为零。此时,实现了米勒均衡,公司发行债券和发行股票是一样的,公司价值与融资决策无关。

情况三:如果公司提供的债券收益率 $r_0/(1-\tau_c)$ 小于债券投资者的要求收益率,即

$$r_0/(1-\tau_c) < r_0/(1-\tau_d)$$

那么,公司通过增加杠杆取得的收益为负值。此时,公司会选择发行新股融资,或赎回未到期的债券。

**4. 启示**

米勒模型对资本结构做了一个更完整的描述,从逻辑上看,该模型没有不合理之处,但是其局限性也在于模型的假设条件不能准确地反映实际市场的运行情况。对米勒模型的批评主要集中在两个领域。

第一,与现实经济不吻合。美国金融经济学家斯蒂芬·罗斯(Stephen Ross)在分析美国 1998 年的税率情况之后认为,如果公司所得税税率为 35%,个人普通收入的所得税税率最高为 39.6%,股利和其他资本利得所适用的个人所得税税率为 20%。那么,依据米勒模型推测,$V_L = V_U + 0.139B$。因为 0.139>0,财务杠杆产生正效益。因此,米勒模型的结论似乎

意味着100%债务融资具有现实可能性(罗斯等,2000)。

第二,债务税盾的作用是有限的。米勒模型缺少一个假设条件,即债务税盾效应是无限的。其实,税盾效应是有限的。随着债务规模的增加,破产风险将如期而至,引发破产成本。因此,从某种意义上讲,资本结构是税盾效应与破产成本均衡后的结果。显然,米勒模型低估了破产成本对公司价值的影响。

人物专栏 8-1:
默顿·米勒
(Merton Miller)

## 二、破产成本理论

破产成本理论放宽了 MM 理论中无财务困境成本的假设,探讨在引入破产成本后,资本结构与加权平均资本成本之间的关系。破产可以有程度不同的两种理解:一是支付性违约,俗称破产清算或改组;二是技术性违约,俗称财务困难。前者是指公司经营现金流量不足以抵偿现有到期债务时而发生的违约事件,后者是指公司不能履行债务契约中的常规条款或普通条款或特殊条款时而发生的违约事件。破产风险影响公司价值的基本逻辑是:由于公司面临破产或财务困难时需要付出巨大的代价或承受巨大的成本,因此,投资者可获得的现金流就会减少,公司将损失一部分资产价值。

(一)直接破产成本和间接破产成本

**1. 直接破产成本**

直接破产成本与破产清算有关,主要包括破产程序中支付给律师、会计师、资产评估师等的费用,破产清算过程中存货的贬值、设备和建筑物的耗损等。由于股东的有限责任仅以其出资额为限,一旦公司破产,股东仅仅损失其对股票的投资额而无须以个人财产补偿公司损失。因此,公司破产后,直接破产成本实际上转嫁给了债权人。尽管直接破产成本的绝对值很大,但是对大公司而言,它相对于公司破产前的市场价值而言则显得较小,因此,直接破产成本不足以成为公司慎用债务融资的紧箍咒。

**2. 间接破产成本**

间接破产成本通常与财务困难有关。财务杠杆的增大并不意味着公司一定会面临财务困难。但是,当举债融资使公司面临财务困境时,举债就是有害的。其有害性主要表现为:

第一,公司利益相关者(比如客户、供应商、员工等)采取一些自利但有损公司利益的短期行为。比如,当供应商和客户发现公司陷入财务困境时,为维护自身利益,往往会采取逃避的行为,供应商可能要求缩短收款期避险甚至停止供货,客户可能要求公司降价以弥补其所承担的额外风险甚至转而寻找其他卖家,员工可能因缺乏工作保障而跳槽等,这些行为将减少市场对公司产品(或商品)的需求,以及增加公司产品(或商品)的生产经营成本。

第二,公司管理者恶意经营或出于财务上的动机实施减少公司总价值的举措。比如,为应对财务困难,减轻支付压力,公司管理者会缩减有价值的投资、削减必要的研究与开发费用,减少股利发放。

第三,资本市场的态度发生变化。一旦公司陷入财务困境,资本市场的态度会发生变化,公司的融资难度将增大,即使能筹集到资金,也必须付出高额的融资成本。

间接破产成本是客观存在的,我们能够观察到这些成本,有时甚至是显而易见的,但要估计它们十分困难。虽然间接破产成本很难估算,但是多数实证研究表明,这部分费用很大,足以成为公司债务融资的掣肘。

(二) 基于财务困境视角的资本成本与资本结构

财务困境危害很大,任何公司都唯恐避之而不及,破产风险是一把高高悬在每家公司头上的"利剑"。[①] 在添加破产风险因素后,资本成本与资本结构之间的关系是否有不一样的走势呢? 我们可以用图 8-4 来描述。

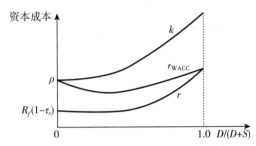

图 8-4　债权人所要求的报酬率和杠杆的关系

假如公司无杠杆,则加权平均资本成本就是同类风险无杠杆公司的期望收益率 $\rho$,公司权益资本成本 $k$ 随着债务的增加而上升。随着公司资本结构中债务水平的上升,破产风险也增加。因此,债权人所要求的报酬率 $r$ 随着杠杆的放大而逐渐提高,导致加权平均资本成本 $r_{\text{WACC}}$ 呈现 U 形状态。公司加杠杆后,加权平均资本成本开始一路向下倾斜,继续加大杠杆后,加权平均资本成本渐渐到达底部,并慢慢向上爬升,当公司 100% 债务融资时,加权平均资本成本等于债务资本成本。

## 三、权衡理论

权衡理论形成于 20 世纪 70 年代,其主要观点是公司的最优资本结构(也称目标资本结构)应该在税盾效应和破产成本之间进行权衡。

(一) 早期权衡理论

早期权衡理论同时考虑了债务税盾效应和破产成本对公司价值的影响。该理论认为,由于债务融资可以产生债务税盾效应,公司可以通过增加债务资本来增加其市场价值。然而,随着杠杆的提高,公司的破产风险也随之增加,公司面临财务困境的概率上升,破产成本的发生致使公司的市场价值下降。因此,存在一个最佳资本结构,在这个杠杆水平下,公司价值达到最大化。

根据早期权衡理论,公司价值为同等风险的无杠杆公司价值加上债务税盾效应的现值,再减去间接破产成本的现值。用公式表示为:

$$V_L = V_U + \text{PVTS} - \text{PVFD} \tag{8-15}$$

式中,PVTS 和 PVFD 分别表示债务税盾效应现值和间接破产成本现值。

财务杠杆与公司价值的关系可以用图 8-5 来描述。

知识专栏 8-2:
"破产风险是债务融资的软肋"的不同语境

---

① Stiglitz(1969) 和 Rubinstein(1973) 已经证明,只要不存在破产成本,负债风险的存在不会对无税 MM 理论和有税 MM 理论的命题产生影响。理由是,公司价值等于投资产生的现金流的贴现值,现金流在风险负债和风险股权之间的分配或分割不会影响公司价值。

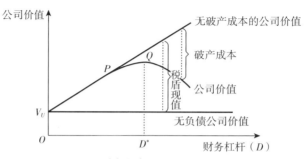

图 8-5 财务杠杆与公司价值的关系

资料来源：罗斯等（2000）。

图 8-5 显示，如果公司为无杠杆公司，则其价值为 $V_U$。随着公司债务资本的出现，公司财务杠杆开始发挥效应，债务税盾效应使公司的价值提高。在公司价值低于 $P$ 点（事实上，不同行业、不同特质的公司，其 $P$ 点的位置是不一样的）时，不发生间接破产成本，公司价值是无杠杆公司价值与债务税盾效应现值之和。但是，当公司价值超过 $P$ 点时，财务杠杆的负面作用开始显现，出现了间接破产成本。公司价值和财务杠杆之间的关系就不再是线性关系了。一开始，由于边际税盾效应大于边际破产成本，公司价值仍有上升空间，因此公司还会继续增加债务资本。当公司价值处于 $Q$ 点时，由于边际税盾效应等于边际破产成本，因此公司价值达到最大化。这时，公司有了最佳资本结构，应该停止加杠杆。过了 $Q$ 点，边际税盾效应小于边际破产成本，若继续举债，公司价值就将一路下行。

权衡理论引入均衡的概念，使资本结构具有了理论上的最优解。由于权衡理论中所涉及的间接破产成本估算起来十分困难，因此在公司金融实践中，寻求最优资本结构几乎是不可能的。然而，在公司设计、管理资本结构时，权衡思想和理念无处不在。

（二）后期权衡理论

后期权衡理论的主要特点是将早期权衡理论中的成本进一步加以拓展，同时引入了代理成本和非债务税盾效应等内容。这是后期权衡理论的重要贡献。

关于非债务税盾效应，我们先从其概念入手。前文所涉及的税盾效应是债务税盾效应，即举债减少了纳税额，公司价值由此增加。但是，不举债也会产生税盾效应，比如当公司拥有数额巨大的折旧或摊销时，会由此减少税前利润，从而产生税盾效应（即省税作用）。这就是"非债务税盾效应"[①]。至于非债务税盾效应与债务融资之间究竟存在怎样的相关性，则存在争议。有学者认为，如果公司税前利润小于零，那么不管是债务税盾效应还是非债务税盾效应都不会起作用。因此，拥有大量折旧、摊销的公司往往会减少其债务融资规模，以避免出现公司税前利润小于零的窘境。也有学者认为，非债务税盾效应与债务融资之间存在一定的正相关性。除现金、应收账款等流动资产之外，几乎所有的有形资产都会产生非债务税盾效应，有形资产可以作为增加债务融资的担保。因此，有形资产较多的公司就能够承受更高水平的负债。同时，为确保正向的税盾效应，公司会想方设法（比如，通过调整会计政策和方法）来维持大于零的税前利润。

代理成本实际上是由利益冲突（比如股东和债权人之间的利益冲突）引起的额外费用。比如，由于信息不对称，举债公司很可能通过发行现金股利或其他手段剥夺债权人的财富，将财富转移给股东。因此，为保全债权，债权人会通过订立债务契约来约束股东的行

---

① 指会计制度上的折旧和投资减免等税收方面的抵税利益。

为。然而,债务契约中的条款对举债公司会有负面影响。一方面,它在一定程度上限制了公司经营的灵活性,公司可能失去一些好机会;另一方面,公司为了遵循债务契约的规定,需进行监督和管束,监督成本也以额外成本的形式影响公司价值。

后期权衡理论认为,将税盾效应拓展至非债务税盾效应后,丰富了税盾效应的内涵。债务融资提升了财务杠杆,增加了破产成本和代理成本,在一定程度上抑制了公司债务融资的冲动。因此,公司价值可以用以下公式表达:

$$V_L = V_U + PVTS - PVFD - PVDC \tag{8-16}$$

式中,PVTS 为税盾(此处税盾包括债务和非债务税盾)效应现值;PVFD 为间接破产成本现值;PVDC 为代理成本现值。

式(8-16)和式(8-15)在说明股东、债权人之间的关系变化及其对公司价值的影响上具有共同性,但是式(8-16)的前提条件更多,除破产成本外,还有代理成本。因此,公司价值在实现最大化的过程中,具有更多的约束条件。

权衡理论长期以来一直局限在破产成本和税盾效应这两个概念的框架里,即仅仅考虑了破产成本、税盾效应等外部因素对公司资本成本和公司价值的影响。20 世纪 70 年代末,信息不对称等新的经济学分析方法被引入资本结构研究,学界和业界开始重视公司管理者动机、信号等内部因素对公司资本结构的影响。

**概念自查 8-1:**

1. 什么是资本结构?
2. 请结合无税 MM 理论解释无套利均衡分析方法。
3. 如果资本市场不存在缺陷,公司会寻求什么样的资本结构?
4. 什么是间接破产成本?为什么间接破产成本很难估算?
5. 如何权衡间接破产成本和债务税盾效应?

知识专栏 8-3:
无套利均衡
分析方法

## 第二节 管理者动机、信息和资本结构

20 世纪 70 年代末,经济学的发展给了资本结构理论全新的研究工具和研究视角。新资本结构理论没有简单地循着原先的研究套路,而是在研究方法上具有创意,引入了代理理论、信息不对称理论等最新的经济学分析方法,并基于管理者动机、信息等内部因素来研究资本结构。以资本结构理论能够解决什么问题进行分类,资本结构理论主要有代理成本理论、新优序融资理论、信号理论、产品/投入市场理论和公司控制权争夺理论等。

### 一、代理成本理论

1976 年,迈克尔·詹森(Michael Jensen)和威廉·麦克林(William Meckling)提出了代理成本理论。他们认为,债务资本和权益资本都存在代理成本问题,资本结构由各方利益冲突引发的代理成本决定。这意味着最优资本结构可以用代理成本进行解释,而不仅仅是税盾效应和破产成本。

(一)代理成本

詹森和麦克林将公司资本划分成三类:由公司管理层持有的内部股权、由公司外部股东持有的外部股权[①]和债务。与这些资本相对应,公司的代理成本可以分成两类:与外部股权资本有关的代理成本 $A_{so}(E)$[②],与债务资本有关的代理成本 $A_b(E)$。[③]

---

① 外部股权相对于由管理层持有的股份,持有这些股份的股东不是公司的管理者。
② 代理成本包括公司所有者的监督费用以及代理人受限制费用和剩余成本之和。就发行新股融资而言,这种融资行为意味着原有股东以股权换取新所有者的资金,新所有者为了保证他们的利益不受原有股东的侵害,必须付出监督费用。
③ 对公司股东而言,债务资本之所以被利用,是由于股东为了获得因自身资源限制而无法得到的有利的投资或投机机会,但是,债权人和股东之间具有代理关系。

**1. 与外部股权资本有关的代理成本**

詹森和麦克林观察到,当公司经理拥有100%公司股票时,公司的所有权和控制权并没有分离。这意味着经理将做出使其利益最大化的决策,即为其行为承担所有成本,并获得全部收益。比如,一家个体业主制企业的业主经理决定捐赠一笔钱,那么作为公司所有者的唯一业主将承担这一行为的所有成本。

(1) 对管理者的激励

一旦经理(内部股东)将公司股票的一部分 $\alpha$ 出售给外部投资者(外部股东),则代理成本将产生于经理(代理人)与外部股东(委托人)之间的利益冲突。该经理将部分股票出售后,其股票份额将下降至 $1-\alpha$,经理将为其行为承担 $1-\alpha$ 的成本。这就给经理一种激励,通过卖掉公司的一部分股票,他在以额外津贴方式(比如由公司为其配置私人飞机)占用大量公司资源时降低了 $\alpha$ 成本,而仅仅承担了 $1-\alpha$ 成本。比如,如果上文提到的个体业主经理将一部分所有权作为外部权益出售给新的所有者(即新股东),那么业主经理的捐赠行为将以牺牲新股东利益来最大化自身利益。

为减少经理自利行为,外部股东愿意在监控和管束经理行为方面花费更多的资源,委托人的监控支出和代理人的管束支出是减缓经理与外部股东冲突的代理成本,但不是全部。委托人的监控支出是指为约束经理行为,由外部股东向经理提供的适当激励(指现金性激励,比如工资、奖金以及股票期权);代理人的管束支出是指为了限制经理行为而应提供给经理的消费资源(指非现金性激励,比如提供优质的办公条件和交通工具)。经理与外部股东的最大冲突在于:当经理的股份下降后,其付出巨大热情和代价去寻求净现值大于零的项目的激情和冲动也会下降。

(2) 剩余成本

代理成本除上文提及的委托人的监控支出和代理人的管束支出之外,还包括剩余成本,即经理的决策可能是次优决策甚至是非优决策,因不能最大化外部股东福利或导致外部股东福利减少而形成的一种成本。比如,对能够为外部股东带来巨大福利,但需承担巨大风险的项目,不愿承担"焦虑成本"的经理通常采取敬而远之的态度,致使外部股东失去一些好的机会。由于人性的弱点,因此大力度的监控和管束也无法消除剩余成本。

詹森和麦克林在1986年的后续研究中指出,债务融资有助于降低与外部股权资本有关的代理成本。理由是债券融资存在刚性支付压力,减少了经理侵占公司自由现金流的意愿,从而缓解了经理和外部股东之间的冲突。因此,债务融资具有一定的代理收益。

**2. 与债务资本有关的代理成本**

债务融资在缓解经理和外部股东之间冲突的同时,产生了新的利益冲突,即公司股东(代理人)和债权人(委托人)之间的冲突。

(1) 对债权人的剥夺:投资过度

在自有资金很少的融资结构(即高杠杆)下,公司股东具有很强的利用债务融资进行投资的冲动,具有投资过度的激励。即便投资成功的概率很低,他们也会乐意为之。理由是:如果投资成功,则股东获得大部分收益,如果投资失败,则债权人将承担大部分损失。比如,公司面临两个不同的投资项目,它们具有相同的系统风险但方差不同,债权人对此一无所知。第一个项目期末产生的现金流为12 000元或18 000元,概率分别为50%;第二个项目期末产生的现金流为8 000元或22 000元,概率分别为50%。两个项目的投资额和预期收益均相同。如果公司只将第一个项目的相关信息告知债权人,且据此向债权人借款20 000元,但最终将资金投向项目二,那么公司的这种行为会损害债权人的利益。因此,为避免道德风险,债权人会采取有效的方法来阻止这种行为。他们愿意用债务契约来限制经理和股东有损债权价值的行为,在债务契约中加入详细的限制性条款,这些条款能够限制经理和股东诸多不利于债权人的行为,从而形成了由债权人对经理和股东进行监控和管束带来的代理成本。

(2) 对债权人的剥夺:投资不足

另一个极端是公司投资不足,也称债务积压(debt overhang),具体表现为股东拒绝投资净现值为正值的项目,这将对债权人和公司总价值造成损害。

当公司面临高杠杆或财务困境时,股东不愿掏钱(比如增发股票)为净现值为正值的新项目投资。理由是,尽管项目净现值大于零,但项目收益大部分归(即大量支付债务利息)债权人,股东只获得少量项目收益。因此,该项目虽然为公司提供了正的净现值,但对股东而言是一个净现值为负值的投资机会。

(3) 两种代理成本

债权人有两种应对之策,一是提高要求收益率,二是与经理和股东签订债务契约来保全债权。因此,债务融资的代理成本主要有两种形式。

第一,公司可能承担更高的利息。债权人有足够的意愿和动机收取更高的报酬来弥补其自身可能被经理和股东侵害的财富或利益。

第二,公司为履行债务契约而承担高昂的执行成本。债务契约在尽量减少经理和股东做出有损公司价值的决策的同时,也阻碍了经理和股东寻求增加公司价值的项目的灵活性和积极性。因此,经理和股东为严格履行债务契约的限制性条款,可能被迫做出次优而非最优的投资决策,造成公司价值受损。

### (二) 外部股权资本代理成本和债务资本代理成本的均衡

在詹森和麦克林构建的模型中,如果公司为无杠杆公司,则公司价值等于经理持有股票和外部股东持有股票的市场价值之和。为了减少外部股权代理成本,可在公司的资本结构中加入一定的杠杆,此时,公司价值等于经理持有股票、外部股东持有股票的市场价值和债务市场价值的总和。如果考虑代理成本,那么某一给定规模的公司的实际价值将由代理成本决定。图 8-6 中,曲线 $A_{so}(E)$ 表示与外部股权资本有关的代理成本,曲线 $A_b(E)$ 表示与债务资本有关的代理成本。总代理成本为 $A_t(E)=A_{so}(E)+A_b(E)$。

图 8-6 显示,横坐标 $E$ 表示外部股权资本和债务资本之比,$E$ 越大,公司财务杠杆越小,反之,则越大。资本结构与代理成本的关系为,财务杠杆与外部股权资本的代理成本成反比,而与债务资本的代理成本成正比。

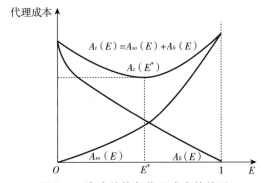

图 8-6 资本结构与代理成本的关系

资料来源:Jensen and Meckling(1976)。

就与外部股权资本有关的全部代理成本 $A_{so}(E)$ 而言,当 $E$ 等于 0 时,由于没有外部股权,经理利用外部股权的动机最小。反之,这种动机会增强,代理成本也将随之上升。因此,与外部股权资本有关的代理成本和 $E$ 成正比。

就与债务资本有关的全部代理成本 $A_b(E)$ 而言,当 $E$ 为 0 时,所有外部资本几乎全部来自债务,此时,经理试图从债权人手中转移财富的动机非常强,代理成本达到最高。反之,公司债务资本越少,经理可以转移的财富就越少,同时,在公司总资本需求不变的情况下,随着经理持股比率的下降,他从债权人手中转移财富的冲动就会随之减小。因此,与债务资本有关的代理成本和 $E$ 成反比。

曲线 $A_t(E)$ 表示外部股权和债务融资的不同组合所形成的代理成本总和。公司最佳资本结构为总代理成本最小时所对应的资本结构 $E^*$,该均衡点下的 $E^*$ 可以通过"存货模型"算出。然而,在现实经济活动中,由于资本结构受制于诸多因素,该均衡点的解几乎是找不到的。

代理成本理论试图解释在信息不对称条件下债权人与股东之间的利益冲突。代理成本理论对资本结构理论的发展起着重要作用,它很好地描述了资本结构与代理成本之间的关系,但是,在应对债权人与股东之间利益冲突的方式和策略上,代理成本理论并没有做出相应的政策建议。

哈里斯和拉维(Harris and Raviv,1990)的研究发现,债权人有权在公司现金匮乏的情况下要求公司强制性破产,来缓和债权人和股东之间的利益冲突。戴蒙德(Diamond,1989)等发现,公司为了建立良好的信用历史,它们会专注于安全的投资项目,从而避免发生资产替代。

蒂特曼(Titman,1984)将代理成本进行了拓展性研究,认为代理成本不应只局限在与债务和权益资本的相关性上。他认为,公司与消费者的冲突以及公司与雇员的冲突也会产生代理成本,比如举债可能加剧这些利益冲突。理由是,举债会引发破产风险,公司消费者尤其是耐用品的消费者会因惧怕得不到公司的未来服务而改变其消费行为,雇员会因面临失业危险而选择稳定的公司,于是,公司可能由此失去许多消费者,或者失去拥有专业技能的人力资本。为此,公司可能会倾向于持有较少负债以降低此类代理成本。

## 二、新优序融资理论

20 世纪 80 年代,迈尔斯和马吉夫(Myers and Majluf,1984)提出了新优序理论(peaking order)。事实上,优序理论最早出现在 20 世纪 60 年代,唐纳森(Donaldson,1961)的研究发现,公司偏好内源融资(除不可避免的资金需求外),排斥外源融资。如果外源融资是不可或缺的话,则优先考虑债务融资,最后才考虑股票融资。这就是融资的优先顺序。这一融资排序的理由是:首先,内部资金可以避免发行成本;其次,债务融资成本低于股票融资成本。

1984 年,迈尔斯和马吉夫首次基于信息不对称理论对融资顺序给出了不同的解释,为区别起见,我们将这一新的解读称为新优序理论。迈尔斯和马吉夫认为,融资成本的大小不足以作为融资排序的依据。

(一)新优序理论的基本要点

第一,相对于外部融资,无论是发行股票还是发行债券,公司更喜欢从内部进行融资,比如增加留存收益或利用折旧回收额。

第二,如果必须进行外部融资,则公司会对其能发行的证券做如下排序:最安全的债券、有些风险的债券、可转换债券、优先股和普通股。显然,普通股融资通常作为最后的融资手段。

第三,公司管理者要比外部投资者更了解公司的盈利状况以及投资机会。

第四,公司管理者代表现有股东的利益,为最大化现有股东利益行事。

第五,信息不对称,即便公司管理者发现了一个非常好的净现值为正的投资机会,他们也无法将这一信息通过适当的方式传递给外部投资者,因为他们的言论不会被相信。

第六,股利政策是黏性的,公司管理者会不惜一切代价去维持稳定的股利支付,不会根据其当前收益的暂时波动来调增或调减现金股利。

### (二) 信息不对称与股票发行

**1. 逆向选择**

信息不对称理论创建者之一乔治·阿克洛夫(George Akerlof)认为,若只有卖方真实了解旧车的质量,拥有关于该车质量的私密信息,那么他急于出售的意愿揭示了车的质量可能不佳。因此,买方只愿意折价购置,高质量车的卖主因害怕车被低估而不愿出售,其最终的结果是,旧车市场出售的车都是低质量和低价格的。这就是著名的"逆向选择"(adverse selection)。

逆向选择同样存在于股票市场。由于信息不对称,投资者对公司所有者急于出售股票持怀疑态度,他们会认为公司所有者试图在"坏消息"被公开之前"离场"。因此,投资者会认为目前股价被高估,他们只愿意折价购买股票。

例8-3解析

**例 8-3**:A 公司股票的价值有 10 元/股、6 元/股两种可能,两种情况的概率各为 50%,股票当前的期望价格为 8 元/股(平均价格)。该公司经理宣布,他将出售一部分股票,并愿意接受比股票价值低 5% 的价格。假设信息不对称,公司经理知晓公司股票的真实价值。拥有信息优势的公司经理和处于信息弱势地位的外部投资者在股票价格的看法上是否趋同?

上例的启示是,逆向选择带来了价格折扣,投资者(新股东)因此而获利,新股东的获利可以理解为公司现有股东的一项成本。

**2. 对发行股票的启示**

当公司宣布发行新股后,股价会因逆向选择问题而出现负面反应,股价会下滑。比如,美国学者的研究发现,宣布发行新股后,公司股价平均下跌约 3%。真正拥有"好消息"的公司也不能例外,因此,在融资时,公司对发行新股所持的态度和做法有:

第一,在股价被高估时发行新股。

第三,在信息不对称程度最低时(比如,在收益宣告后)发行股票。

第三,担心股价被低估而尽可能回避股票融资。

### (三) 为什么举债先于股票发行

根据新优序理论,公司如果寻求外部资金,债券融资的排序在股票融资前面。一般的原则是"先于风险证券而发行安全证券"。迈尔斯和马吉夫认为,举债先于股票发行的好处是基于以下推论。

设公司现有股东知道,公司有一个净现值为 $y$ 的投资机会,资金缺口为 $N$ 元,为此,拟发行股票来解决。但是,公司可能以低于真实价值的价格发行股票。在信息不对称条件下,只有公司经理(内部人)才了解实情。

假定 $N$ 表示按发行价格计算的新股发行额,$N_1$ 表示新发行股票的真实价值,$\Delta N$ 表示股票的溢价或折价数,即 $\Delta N \equiv N_1 - N$。$\Delta N > 0$ 表示新股折价发行(即股票发行价低于股票真实价值),$\Delta N < 0$ 表示新股溢价发行(即股票发行价高于股票真实价值)。则当

$$y \geqslant \Delta N \tag{8-17}$$

从现有股东利益最大化的角度看,该公司经理是否会发行股票并进行投资呢?

**1. 基于新股溢价发行的视角**

当 $\Delta N < 0$,即公司溢价发行股票时,现有股东既可以分享溢价的好处,又可以与新股东分享正净现值的好处。从表象看,公司经理应进行股票融资,并进行项目投资。公司现有股东真能如此顺风顺水吗?

在信息不对称情况下,为了最大化现有股东的财富,公司管理者往往只在股价被高估时发行新股,或者在信息不对称程度最低时发行股票。同时,在信息不对称情况下,外部投资者认为公司往往选择在股票价值被高估时发行新股。于是,公司在发行新股时,股价会因逆向选择问题而出现负面反应,股价可能遭受不可预期的大幅滑落,因此,股价真正被高估的可能性不太大。公司现有股东因股价下跌而受损,受损额可能超过现有股东在项目上所获得的收益。为此,公司现有股东将拒绝发行新股融资,被迫通过发债来为正值净现值的项目融资,除非公司已经耗完"负债能力"。也就是说,除非公司已经发行足够多的债券,使得再发行更多的债券将面对大量的附加成本。因此,在信息不对称情况下,公司现有股东的态度和行为能够有效地促使公司遵循新优序理论。

**2. 基于新股折价发行的视角**

当 $\Delta N > 0$,即公司折价发行股票时,现有股东也将面临两难境地:一是现有股东失去了独享"好项目"的投资收益;二是承担了低发行价所带来的全部融资成本。

显然,新股折价发行对现有股东是有害的,现有股东承担的融资成本会超过其在"好项目"上所获得的收益。因此,公司现有股东宁愿放弃正值净现值的项目,也不愿折价发行股票融资。值得注意的是,如果公司有充足的内部现金流或能够举债融资的话,那么这种正值净现值的投资机会自然不会旁落。

(四)为什么发行低风险债券先于发行高风险债券

由上文可知,在股票被低估时发行股票的成本很大,发行债券也会遇到逆向选择问题,可见,折价发行是有害的。然而,债券价值主要由利率决定,而对公司管理者掌握的私密信息不如股票价值来的敏感,因此,债券被低估的程度应该远低于股票。

对债券而言,债券被低估的程度主要与债券风险大小有关,比如无风险债券的折价 $\Delta N$ 趋于零,小于有风险债券的折价 $\Delta N$。因此,我们就不难理解先于高风险债券发行低风险债券的理由了。

根据以上逻辑关系,迈尔斯给出了以下两个重要结论:

第一,举债先于股票发行。如果公司必须利用外部资金为净现值大于零的项目融资,

则举债融资先于发行新股融资。在举债融资情况下,债权人仅仅以利息的方式对该项目有要求权,现有股东独享项目的剩余要求权。在发行新股融资情况下,新股东和现有股东一起分享该项目的要求权。因此,若项目所需资金必须由发行新股解决,那么为最大化现有股东利益,公司宁可放弃正值净现值的投资项目。

第二,外部融资成本不是融资顺序的唯一决定因素。一般而言,外部融资成本是指管理和承销证券的成本。在信息不对称条件下,新证券定价偏低是现有股东必须承担的另一种成本。当折价发行新股为正值净现值项目融通资金时,公司现有股东可能会遭受净损失(包括折价发行新股的损失和项目净现值被新股东分割的损失)。在这种情况下,公司现有股东将回避发行股票,不惜放弃一个净现值为正值的投资机会。

迈尔斯和马吉夫之后,许多学者循着他们的思路,一方面对他们的模型进行了修正,另一方面推进了该理论的发展。这些学者的主要思想是:

纳拉亚南(Narayanan, 1988)、汉克尔和泽克纳(Heinkel and Zechner, 1990)从另一个角度说明新股发行会造成公司股价下跌,而举债融资则会引起股价上升。他们认为,如果信息不对称仅仅涉及新投资项目的评价,则会出现过度投资行为,包括净现值为负值的项目也可能被接受。同时认为,这种行为基于以下考虑:拥有较低净现值项目的公司从出售高定价的股票中获益,其中包括净现值为负值的项目,从而降低项目的基准。但是,在纳拉亚南的模型中,债务资本被高估的可能性比权益资本小。因此,如果采用债务融资,则公司接受较大负值净现值的可能性将大大降低,债务融资会减少过度投资行为。

布伦南和克劳斯(Brennan and Kraus, 1987)、诺埃(Noe, 1988)以及康斯坦丁尼德斯和格伦迪(Constantinides and Grundy, 1989)等对融资优序理论提出了质疑,他们的模型允许公司有更多的融资选择。他们的研究结论显示,迈尔斯的结论在某些情况下失效。诺埃的模型显示了股票市场对股票发行存在负面影响。康斯坦丁尼德斯和格伦迪的模型包含了更多不同类型的有着不同最优投资水平的公司,他们认为,公司与投资项目是完全分离的,在这种情况下,债券的发行有助于反映公司所属类型的真实信息。

## 三、信号模型

信号模型的主要思路是将迈克尔·斯宾塞(Michael Spence)的信号理论引入资本结构的研究中,研究和探讨如何在信息不对称条件下将资本结构作为信号向市场传递有关公司价值的信息,以此来影响投资者的融资决策。

(一)罗斯信号模型的结论

罗斯(Ross, 1977)首先做出了开创性的研究。他的研究仅仅释放了 MM 理论中关于充分信息的假设,而保留了 MM 理论中的其他假设条件。也就是说,该理论建立在信息灵通的公司经营者与信息不灵通的外部投资者之间存在信息不对称的基础上。罗斯认为,公司经营者在获得有关公司收益真实分配、预期现金流量的信息方面具有垄断性,而外部投资者则处于劣势。当有好的内部消息时,公司经营者会有很强的愿望将这一正面消息传递给外部投资者,从而提升该公司的股票价格。但是,在信息不对称条件下,公司经营者不能简单地声称他们有好消息,理由是他们的描述不可能成为公司向外界传递正面消息的"信号"。

罗斯认为,资本结构可以成为公司向外界传递正面消息的信号,公司经营者可以通过采用不同的杠杆水平向外界传递消息。如果公司采取高杠杆,则外部投资者会将高负债视为较高质量公司的信号,他们会认为该公司未来拥有良好的预期。而低质量的公司都有很高的期望边际破产成本,因此,低质量公司的经营者不会通过举债来仿效高质量公司,此举可能导致低质量公司不堪重负而破产。

### (二) 罗斯信号模型的基本逻辑

罗斯认为,公司经营者是内部人,他们对公司预期现金流量的信息具有垄断性优势,知道自己公司真正的质量。如果动机正确,他们就会对公司未来的发展建立明确的信号。否则,他们会给出虚假信息。

1977年,罗斯运用单期模型对A(好公司)、B(坏公司)两类公司进行了研究。假设在时点1,A类公司的价值($V_{1a}$)大于B类公司的价值($V_{1b}$),即$V_{1a} > V_{1b}$。若市场中存在不确定性,采用风险中性定价,无风险利率为0,那么在时点0,两类公司的价值分别为:

$$V_{0a} = V_{1a}/(1+r) = V_{1a} \qquad (8-18)$$

$$V_{0b} = V_{1b}/(1+r) = V_{1b} \qquad (8-19)$$

式(8-18)和式(8-19)中,$r$表示无风险利率。

在一个价值较高的公司里,可以设计一套以激励为基础的经营者报酬合约,引导经营者为其公司采用较高杠杆作用率的资本结构。为了显示该激励信号过程如何进行,假设公司经营者被限制不能交易其任职公司的股票。这样排除了他们通过发布虚假信息获利的可能性。

在罗斯给出的单期模型中,在时点1,经营者薪酬$M$可以表示为:

$$M = (1+r)\gamma_0 V_0 + \gamma_1 \begin{cases} V_1 & \text{若} V_1 \geq D \\ V_1 - C & \text{若} V_1 < D \end{cases} \qquad (8-20)$$

式中,$\gamma_0$和$\gamma_1$为正权数,$V_0$和$V_1$为公司目前(时点0)和未来(时点1)的价值,$C$为公司一旦发生破产而对经营者的罚金。

根据式(8-20),假定公司在时点0举债$D$。如果$V_1 \geq D$,则经营者薪酬为$M = (1+r)\gamma_0 V_0 + \gamma_1 V_1$。如果$V_1 < D$,则经营者需承担罚金,其薪酬为$M = (1+r)\gamma_0 V_0 + \gamma_1(V_1 - C)$。

如果投资者用负债$D$来判断公司是A(好公司)还是B(坏公司),那么可以用上文的激励方案来构建一个信号均衡。这一信号均衡须满足两个条件:

第一,信号必须是明确的。设$D^*$为B类公司所持有的最大债务水平,否则将面临破产危险。此时,投资者通过观察公司的债务,就能判定该公司是否为A类公司,即$D > D^*$时,投资者认为,该公司属于A类公司;当$D \leq D^*$时,投资者认为,该公司属于B类公司。

第二,经营者必须有一直提供正确信号的动机,即有发布正确信号的激励。

假如好公司(A类公司)的期末价值始终大于坏公司(B类公司)的期末价值,那么A类公司经营者将债务作为公司质量的信号,他可以获得的激励性补偿为:

$$M^A(D) = \begin{cases} \gamma_0 V_{1a} + \gamma_1 V_{1a} & \text{若} D^* < D \leq V_{1a} \\ \gamma_0 V_{1b} + \gamma_1 V_{1a} & \text{若} D \leq D^* \end{cases} \qquad (8-21)$$

根据式(8-21),A类公司经营者发出正确信号所获得的激励性补偿($\gamma_0 V_{1a} + \gamma_1 V_{1a}$)大于发出错误信号所获得的激励性补偿($\gamma_0 V_{1b} + \gamma_1 V_{1a}$),说真话比说谎话的边际报酬要高。显然,A类公司经营者会选择发出正确信号。

同理,B类公司经营者将债务作为公司质量的信号,他可以获得的激励性补偿为:

$$M^B(D) = \begin{cases} \gamma_0 V_{1a} + \gamma_1 (V_{1b} - C) & \text{若 } D^* < D \leq V_{1a} \\ \gamma_0 V_{1b} + \gamma_1 V_{1b} & \text{若 } D \leq D^* \end{cases} \quad (8\text{-}22)$$

根据式(8-22),如果 B 类公司经营者说谎,则他的激励性补偿"$\gamma_0 V_{1a} + \gamma_1(V_{1b}-C)$"与说真话的激励性补偿($\gamma_0 V_{1b} + \gamma_1 V_{1b}$)是不同的。那么,他是否有说谎动机,发布自己为 A 类公司的虚假信号呢?

如果说真话的激励性补偿大于说谎话的激励性补偿,即

$$\gamma_0 V_{1a} + \gamma_1 (V_{1b} - C) < \gamma_0 V_{1b} + \gamma_1 V_{1b} \quad (8\text{-}23)$$

将式(8-23)变换成式(8-24),即

$$\gamma_0 (V_{1a} - V_{1b}) < \gamma_1 C \quad (8\text{-}24)$$

则根据式(8-24),如果 B 类公司经营者发布虚假信号,他获得的边际利得($V_{1a}-V_{1b}$)乘以其所持有的股份 $\gamma_0$ 的积小于发生破产成本 $C$ 乘以股份 $\gamma_1$ 的积,那么经营者将发出正确信号。

该理论暗示公司经营者可以选择财务杠杆,作为向社会公众传递有关公司未来业绩的明确信号的方式。这些信号不能被不成功的公司所模仿,因为不成功的公司没有足够的现金流量来支持。如果没有经营者传递真实信号的动机,那么将不存在信号均衡。

罗斯的分析很简洁,且方法新颖,但是该模型的缺陷在于,没有建立一个公司经营者向外输出虚假信号的机制。这种判断的理由有二:一是尽管罗斯设立了对破产公司经营者进行惩罚的机制,但是在破产和经营不佳之间仍存在一个较大的最敏感的决策区域;二是罗斯对证券持有人的约束条件未做考虑。

信号模型曾被广泛运用于公司金融领域。除罗斯模型外,还有几个颇具影响的模型,即汉克尔模型和利兰—派尔模型等。

汉克尔(Heinkel,1982)模型与罗斯模型类似,但是其假设条件与罗斯模型有所不同,汉克尔放弃了公司各种收益是按照一阶随机占优的假设条件。他假设公司收益的分布基于:高质量公司有较高的超额价值,但存在市值低于面值的较低质量的债务,公司权益价值高。由于高质量公司本身有较高的价值,因此在发行债券的效应上,其研究结果与罗斯的结论一致。汉克尔认为,高质量公司会发行更多的债券,低质量公司若要模仿高质量公司的话,就必须发行低定价的债券,从而减少高定价股票的数量;反之,高质量公司若要模仿低价值公司的话,就必须发行少量的高定价债券和低定价的股票。

利兰和派尔(Leland and Pyle,1977)建立了一个模型,并推导出了均衡条件。他们认为,在信息不对称情况下,为了使项目融资顺畅,融资和投资双方必须通过信号的传递来交流信息,比如投资者将根据项目本身的好坏来做出价值判断。同时认为,在确定投资收益率时,企业最优债务水平是反映投资项目风险大小的一种信号。

### 四、产业组织、公司治理和资本结构

在前文提及的众多资本结构理论中,都没有考虑公司产品竞争、公司治理等因素对公司资本结构的影响。于是,先前介绍的资本结构理论无法解释许多经济现象。比如,为什么公司会采取基于永续竞争战略的财务保守行为?为什么大股东治理的公司治理结构可以改善公司资本结构?因此,公司资本结构决策势必要考虑竞争对手、竞争战略、公司治理结构、投资者和管理者的非理性行为等所产生的影响。

(一)产业组织与资本结构关系的相关论述

运用产业组织理论研究资本结构后,形成了两个主要分支:一是研究资本结构与竞争战略之间的关系;二是研究资本结构与行业特征之间的关系。

**1. 竞争战略与资本结构的关系**

(1)产品竞争战略的影响

布兰德和刘易斯(Brander and Lewis,1986)研究了产品竞争战略对资本结构的影响。他们的研究发现,公司杠杆的提高会诱使股东采取风险较大的战略,寡头垄断者会采取更具攻击性的产品竞争战略来加大风险。于是,为了保证在随后的古诺博弈中采取更具竞争力的战略,公司会选择较高的债务水平。

萨里格(Sarig,1998)认为,债务增强了股东在与供应商交易中的谈判地位。债权人承担着谈判失败的大部分费用,却只能从谈判成功中获得一小部分利润。因此,债权人在一定程度上为股东提供了"与供应商谈判可以失败"的保险。公司的杠杆越高,股东的保险程度也就越大。因此,举债增强了股东在与供应商谈判中议价能力。因此,举债能够增加公司价值。也就是说,只要公司在与供应商的议价中占据优势,那么该公司应该会有高杠杆的资本结构。但是,也有学者提出了相反的观点。他们认为,产品市场竞争过程中必然出现价格战,公司的现金流和利润将随着价格战的延续而减少或降低。因此,在价格战中,财务杠杆较高的公司可能最先陷入财务危机,它的合作伙伴极易为规避自身风险而采取"落井下石"的自利行为,最终将迫使高财务杠杆的公司退出市场。

(2)永续经营战略的影响

津格勒斯(Zingales,1995)等学者的研究发现,公司增长机会与资本结构呈负相关关系,也就是说,公司的财务杠杆越高,公司的增长机会越少。可能的解释是:任何公司都会采取在未来经营中保持竞争优势的战略,在一个充满竞争的行业中,高财务杠杆公司会降低其财务灵活性,其再融资能力因其杠杆过高或债务契约条款限制过严而降低,从而导致公司后续投资能力不足以及在营销战中财务承受力下降。

该理论提供了一些启示:对拥有众多增长机会的公司以及经营现金流、利润急剧下降且身处惨烈竞争环境中的公司而言,应该采取保守的财务政策,即保持较低的财务杠杆,以便能够在未来的经营中握有投资和融资灵活性,立于不败之地,永续经营。

**2. 行业特征与资本结构的关系**

(1)行业特征的影响

鲍文等(Bowen et al.,1982)和布拉德利等(Bradley et al.,1984)的研究发现,资本结构与行业特征有关。不同行业的资本结构存在差异,医药、器械、电子和食品行业的财务杠杆较低,纺织、钢铁、水泥等行业的财务杠杆较高,电话、电力、航空等受政府管制的行业也具有较高的财务杠杆。所有这些行业的资本结构在一定的时间内具有稳定性。

该理论的主要启示在于,资本结构具有浓重的行业色彩。在资本结构决策的灵活性方面,处于不同行业的公司存在差异。因此,从某种意义上讲,低杠杆行业的公司无法仿效高杠杆行业的公司大量举债。

(2)行业竞争状况的影响

这方面的研究发现,行业集中度的高低会对公司资本结构决策产生影响。可能的解释是:在集中度较高的行业中,如果公司因为投资或杠杆收购等导致财务杠杆高企,那么它们极易受到财务杠杆低、现金流量充裕的竞争对手的攻击,比如遭受价格战等。处于高财务杠杆的公司将不堪承受利润和经营现金流双降的损失,并可能就此陷入财务危机。

该理论为采用高财务杠杆的公司提供了一个有益的启示:在一个集中度较高的行业中,如果主要竞争对手之间的经营效率基本一致,那么低财务杠杆可以被视为公司的一项重要竞争优势,采用低财务杠杆的公司往往更具竞争力。

### (二)公司治理与资本结构关系的相关论述

将公司治理引入资本结构的研究后,渐渐形成了两大流派:一派强调公司内部治理机制对资本结构决策的重要性,另一派则强调公司外部治理机制对公司资本结构决策的重要影响和作用。

**1. 内部公司治理机制对资本结构的影响**

这一流派的学者认为,大股东治理、机构投资者、管理者持股以及独立董事制度所形成的公司治理机制对公司资本结构产生了重要影响。

詹森和麦克林等的研究发现,大股东治理有利于改善公司的资本结构(赵蒲和孙爱英,2003)。可能的解释是:一方面,为了保全自身利益,公司大股东有很强的意愿和动力去监督公司管理层;另一方面,大股东对公司管理层的治理比较有效,股权相对集中有利于提高公司的业绩。也有学者认为,尽管大股东治理对公司资本结构会产生重大影响,但是其影响可能是负面的,比如大股东剥夺中小股东的利益,实现自身利益而非全体股东利益最大化。

此外,有学者从机构投资者、管理者持股以及独立董事制度对资本结构的影响角度展开研究,他们发现了一系列颇有意思的结论:一是机构投资者因其持股数量大、专业水准高而比一般股东更有效率地对公司管理层进行监管;二是管理者持股和公司杠杆水平具有显著的相关性;三是独立董事制度对公司融资决策产生了重大影响,他们可以利用其专业的技能、良好的操守对资本结构决策起到正面的影响。

**2. 外部公司治理机制对资本结构的影响**

外部公司治理机制包括公司债权人治理、公司控制权市场、经理人市场等多个方面。

史密斯(Smith,1992)等就公司债权人治理对资本结构的影响进行了研究。他们发现,债权人可以通过制定涉及公司投资、融资、股利分配等方面的限制性债务契约条款,对公司管理者的行为进行有效管束。因此,高财务杠杆更能够鞭策公司管理者努力工作,提高公司业绩。债权人治理有助于提高公司治理的绩效。

20世纪80年代,哈里斯和拉维(Harris and Raviv,1988)等学者开始基于控制权理论对资本结构进行研究。他们认为,资本结构由公司控制权争夺决定。

哈里斯和拉维注重一个在位的公司管理者通过改变他所拥有的股票份额来应对来自外部的接管威胁。公司在位者和竞争者的经营能力存在差异,公司价值由最终的接管结果决定。

假如一个在位管理者 A 持有无杠杆公司原始股份的比重为 $\alpha_0$,其余股份均由散户持有。在位者只要控制公司,就可获得预期价值为 B 的控制收益(指处于控制地位而获得的好处)。公司产生的现金流量价值(不包括 B)取决于管理者的能力。有两种可能的能力水平 1 和 2,对应的现金流量价值记为 $Y_1$ 和 $Y_2$,$Y_1 > Y_2$。在位者的能力水平为 1 的概率为 $p$,为 2 的概率为 $1-p$。公司控制权竞争者 C 参与接管,如果竞争者标购成功并接管公司,那么他也能同样获得控制收益 B。因此,不管是在位者还是竞争者控制该公司,公司对应的现金

流量价值为:

$$Y_A = Y_C = pY_1 + (1-p)Y_2 \tag{8-25}$$

式中,$Y_A$表示在位者控制公司时现金流量的价值,$Y_C$表示竞争者控制公司时现金流量的价值。

在位者与竞争者对股票所有权的选择决定了接管竞争将出现三种情况:

第一种情况是,在位者所持股票份额太少,竞争者接管了公司,尽管竞争者的能力可能低于在位者。这种情况称为外部竞争者标购成功。一旦竞争者标购成功,在位者的收益仅为股票价值,即$\alpha_0 Y_C$,失去了控制收益价值$B$,并将控制收益价值让渡给了竞争者。

第二种情况是,在位者所持股票份额太多,他很轻易地就能够击退竞争者,牢牢把持控制权,尽管其能力可能比不上竞争者。这种情况称为外部竞争者标购失败。一旦竞争者标购失败,在位者不仅获得股票价值,还可以继续获得控制收益价值$B$,即$\alpha_0 Y_A + B$。

不管以上哪一种情况出现,公司仍保持无杠杆资本结构,仅仅是控制权的转移而已。

第三种情况是,在位者在所持股票份额上不占优势,最终的优胜者由公司股东表决产生。这种情况称为"代理权争夺",在这种情况下,最优秀的候选人必定获胜。如果在位者最终能够获胜,那是因为他的能力较强(能力为1)。不管是谁获胜,获胜者获得的收益为$\alpha_0 Y_1 + pB$。由于公司现金流量价值一定是$Y_1$,高于$Y_A$和$Y_C$,因此能力较强的候选人获胜符合投资者最大化公司现金流量价值的愿望。

为此,当竞争者出现时,在位者将重新选定一个持股比例$\alpha$,其目的是最大化其预期收益,即其所持有的股票价值加上保持控制权时所获得的控制收益$B$。为了提升其持股比例,在位者可通过举债进行股票回购来实现。因此,在位者的收益最大化是通过选择决定最佳持股比例$\alpha$的债务水平来完成的。

**概念自查 8-2:**

1. 公司股票价值被低估时,公司经营者认为改变资本结构会比发表声明更有说服力,这是为什么?
2. 什么是代理成本?代理成本如何影响公司价值?

**人物专栏 8-2:**
迈克尔·詹森
(Michael Jensen)

## 第三节 目标资本结构定义、设计和管理

上文讨论了公司资本结构与税收、破产成本、管理者动机、信号等诸多因素的关系,给出了这些因素影响资本结构的路径和逻辑。于是,我们可以得出以下推论,公司所持的资本结构应该是对这些因素进行广义均衡的结果,也就是说,公司存在目标资本结构。在公司金融实践中,情况是否真是如此?

### 一、目标资本结构定义、证据和特点

**1. 目标资本结构的定义**

当资本结构在创造股东价值方面的改进已非常有限时,即公司价值对资本结构的变动不敏感时,此时的资本结构便是目标资本结构。目标资本结构可用利息保障倍数和杠杆率(即债务资本/权益资本)来度量。其中,利息保障倍数表示为:

$$利息保障倍数 = EBIT(或 EBITDA)/I \tag{8-26}$$

式中,EBITDA 是指当期利息前税前折旧摊销前的经营利润,$I$ 是指当期利息费用,$D$ 是指当期折旧费用,$A$ 是指当期摊销费用。在经营利润一定的情况下,利息保障倍数越高,说明公司的杠杆水平越低,反之,则越高。

资本结构受管理者动机、信息等内部因素以及税收、破产成本等外部因素的综合影响,

因此,在实践中,公司目标资本结构可以理解为广义均衡的结果。具体而言:

第一,在构建目标资本结构时,需权衡税盾效应和破产成本对公司价值的影响。比如,在公司初创期,公司经营风险很大,亏损和净现金流为负值是常态,因此,此时采用高杠杆或提高杠杆既无法实现债务税盾效应,又会增加公司的财务风险。在公司成熟期,公司经营风险小,公司拥有充沛的现金流和稳定的利润,因此,此时提高杠杆既无流动性风险,又可以实现债务税盾效应。

第二,在构建目标资本结构时,需考虑如何抑制管理者不良动机,减少代理成本。比如,管理者具有做大的冲动,表现为投资过度,为此,可适当引入债务,利用债务按时还本付息的刚性要求来约束管理者行为,抑制管理者不良动机,减少代理成本和浪费。

第三,在构建目标资本结构时,还要关注引入债务后的两个负面影响:一个负面影响是高杠杆使得公司财务灵活性大大降低,当公司业务恶化时,公司可能被迫通过减少投资、削减研发预算、减少股利支付等手段来应对;另一个负面影响是引发债权人和股东之间的冲突,债权人为了保全债权,会通过提高利率或增加债务契约的限制性条款来对冲风险,从而增加了公司融资成本,降低了公司经营灵活性。

**2. 目标资本结构的证据**

信用评级理念已被广泛接受,理由是它解决了经济生活中存在的"集体困境",比如在信息不对称情形下,投资者不易识别目标公司的信用风险,存在"集体困境",但公司信用评级结果可以成为投资者识别目标公司信用好坏的"风向标"。信用评级结果已经泛化成外部投资者对公司的一致看法和评价。

公司信用评级取决于三大类要素:公司规模、杠杆高低和盈利水平。国外的研究显示,欧美多数大公司(市值在10亿美元以上)的信用等级在A+至BBB-之间,利息保障倍数的区间为5至11倍。在这一区间内,除极端情况外,公司价值对杠杆不太敏感,但公司价值对这一区间之外的杠杆敏感性较强。若利息保障倍数低于5倍,则高杠杆就可能难以维系,业务恶化和代理冲突会抵消债务税盾效应,增加破产概率。若利息保障倍数高于11倍,则低杠杆就会使公司错失大量的债务税盾效应。也就是说,在5至11倍的利息保障倍数区间内,信用等级在A+至BBB-之间的公司在创造股东价值方面的改进已非常有限。

可见,对信用等级处于A+至BBB-之间的欧美大公司而言,5至11倍的利息保障倍数区间可以视为目标资本结构的区间。因此,我们就能够理解以下信用评级公司的调级行为。若公司的利息保障倍数落在这一区间之外,公司就将面临被调级的风险。公司信用评级具有长期稳定性,大多数公司不会轻易进出这个区间,不愿意为此改变外部投资者对公司的看法和评价,因此,公司的目标资本结构不会轻易发生改变,具有相对稳定性。

**3. 目标资本结构的标杆**

每家公司在确立目标资本结构时,需要找到其目标资本结构的标杆。如果存在运转良好的资本市场或存在优质的信用评级机构,那么每家公司可以较容易地找到目标资本结构的标杆。现分述之:

(1) 比照公司

在资本市场上选定一家或若干家财务特征(比如投资回报率等)和经营特征(比如增长率)非常相似的上市公司(也称比照公司)。一般而言,增长率越高,公司对现金的需求就越大,收益率越高,对现金的需求就越小。因此,若公司(拟构建目标资本结构的公司)的这些因素与业内的比照公司比较相似,那么它就可以将比照公司的资本结构作为标杆来构建其目标资本结构,不应该拒绝来自有效资本结构带来的益处。

（2）信用评级

资本结构与信用评级具有相关性,因此,我们可以获得另一种目标资本结构的标杆。具体而言,可以在特定行业中选取某一类投资级公司,比如 AA 或 A 或 BBB,了解和确认这类公司达到此类评级的诸多条件,尤其是利息保障倍数所处的区间。据此,既可以了解某一类投资级公司的目标资本结构,又可以知晓偏离目标资本结构后对信用评级的影响。然后,对号入座,确认拟构建目标资本结构公司的利息保障倍数。

**4. 目标资本结构的特点**

公司目标资本结构应该具有这样的特质:一方面,公司可以享受来自有效资本结构带来的好处;另一方面,适合公司自身的特点,且留有余地。具体而言:

第一,目标资本结构应该为公司留足财务灵活性。财务灵活性是指公司的富余举债能力。如果公司实际利息保障倍数靠近目标利息保障倍数区间的上限,则说明公司拥有富余举债能力。为保持竞争地位,公司会面临技术改造、产品升级、转型、并购等,存在大量的资本性支出预期,因此,公司不能用足杠杆,以确保公司拥有一定的富余举债能力来满足未来之需。

第二,目标资本结构有助于保持公司财务稳健性。公司财务稳健性是指公司承受未来不确定性风险的能力。未来充满不确定性,公司很可能面临业务低迷和行业不景气,合理的目标资本结构能使公司具备承受业务低迷和行业不景气的能力。

值得注意的是,究竟保持多大的财务灵活性以及多强的财务稳健性绝非易事,这是公司在设计和管理资本结构时的重点和难点。

## 二、设计和管理资本结构

资本结构是动态的,融资方式的变化势必会调高或调低公司杠杆。那么,在融资实践中,公司应该如何设计和管理资本结构呢?下面结合公司融资决策予以说明。

**1. 预测资金盈余和短缺**

**例 8-4**：设天创公司目前年收入 10 亿元,其信用等级为 BBB,目标资本结构为 $EBIT/I=5$。该公司有很大的成长空间,未来 6 年需进行大量投资,累计投资约 3.23 亿元,包括资本性支出(CE)和营运资本支出(WC),预计销售增长率将有大幅提升。然而,公司内部资金有限,不足以满足未来巨额投资之需,需利用外部资金。设公司股利发放率为 30% 左右,公司免交所得税。根据测算,公司在按时偿还到期债务本息、严格执行股利政策之后,6 年累计资金缺口预计达 2.61 亿元(见表 8-4)。

表 8-4 未来 6 年预计现金流　　　　　　　　　　　　　　　　　单位:百万元

| 项目 | 第 1 年 | 第 2 年 | 第 3 年 | 第 4 年 | 第 5 年 | 第 6 年 |
| --- | --- | --- | --- | --- | --- | --- |
| EBIT(1−t) | 30 | 40 | 50 | 50 | 60 | 60 |
| 营运资本(增)减 | −8 | −20 | −30 | −20 | −10 | −10 |
| 资本性支出(增)减 | −15 | −50 | −70 | −40 | −20 | −30 |
| FCFF | 7 | −30 | −50 | −10 | 30 | 20 |

(续表)

| 项目 | 第1年 | 第2年 | 第3年 | 第4年 | 第5年 | 第6年 |
|---|---|---|---|---|---|---|
| 已有债务税后利息 | -6 | -4 | -3 | -1 | | |
| 偿还到期债务 | -20 | -50 | -20 | -30 | -20 | -10 |
| 支付现金股利 | -7 | -9 | -11 | -10 | -14 | -13 |
| 资金盈缺 | -26 | -93 | -84 | -51 | -4 | -3 |

表 8-4 显示,在未来 6 年中,预计公司每年都会发生大量的资本性支出和营运资本支出,累计高达 3.23 亿元。公司严格履行债务契约,已有债务按时还本付息,预计第 2 年还本额高达 5 000 万元。此外,公司严格执行股利政策,按年净收益的 30% 左右发放现金股利。在考虑了未来 6 年预计自由现金流之后,公司未来 6 年每年都存在资金缺口,累计高达 2.61 亿元。

**2. 设定目标信用等级**

**例 8-5**:承例 8-4,天创公司着手进行融资安排,以解决巨额资金缺口。为了继续获得资本市场的认可,天创公司决定将其信用等级保持在投资级水平,即把公司信用等级定位在 A 至 BBB 之间。设公司所处行业中,BBB 级公司在正常情况下要求的利息保障倍数不低于 5 倍(最坏经济情况出现时,BBB 级公司要求的利息保障倍数不低于 2 倍)。也就是说,在正常情况下,公司的目标资本结构可以这样来表示,即利息保障倍数一定要高于 5 倍。只有这样,公司才能够在解决资金缺口的同时,拥有一定的财务灵活性和财务稳健性。

**3. 为基本情景确定资本结构**

由例 8-4 可知,天创公司的预期增长率很高,公司实施的积极增长战略推升了其对资金的需求,资本性支出和营运资本支出需求巨大。同时,公司还有两项大额现金支出需求,一是按时偿还到期本息,预计第 2 年高达 5 000 万元,二是严格执行股利政策,预计每年股利发放率为 30% 左右(即每年按税后利润的 30% 向股东支付现金股利)。这两项预期支出进一步推升了公司对资金的需求。

公司未来大额资金缺口可选用三种:一是全部选用举债;二是部分选用发新股,部分选用举债;三是缩减增长计划和资本性支出。显然,在正常经营情况下,第三种方式不可取,它会损害公司竞争力,但可以在无计可施时作为后手。下面,我们以公司正常经营为基本情景来予以说明。

(1)全部选用举债方式

如果我们选用中期借款方式来解决今后 6 年的资金缺口,那么今后 6 年中每年的资金缺口和债务融资安排见表 8-5。

表 8-5 未来 6 年资金缺口和债务融资安排　　单位:百万元

| 项目 | 第1年 | 第2年 | 第3年 | 第4年 | 第5年 | 第6年 |
|---|---|---|---|---|---|---|
| EBIT(1-t) | 30 | 40 | 50 | 50 | 60 | 60 |
| 营运资本增减 | -8 | -20 | -30 | -20 | -10 | -10 |

(续表)

| 项目 | 第1年 | 第2年 | 第3年 | 第4年 | 第5年 | 第6年 |
|---|---|---|---|---|---|---|
| 资本性支出增减 | -15 | -50 | -70 | -40 | -20 | -30 |
| FCFF | 7 | -30 | -50 | -10 | 30 | 20 |
| 已有债务税后利息 | -6 | -4 | -3 | -1 | | |
| 偿还到期债务 | -20 | -50 | -20 | -30 | -20 | -10 |
| 支付现金股利 | -7 | -9 | -11 | -10 | -14 | -13 |
| 资金盈缺 | -26 | -93 | -84 | -51 | -4 | -3 |
| 富余现金(增)减少 | | | | | | |
| 富余现金利息收入 | | | | | | |
| 发行股票 | | | | | | |
| 发行债券(偿还) | 27 | 98 | 94 | 65 | 19 | 20 |
| 新债税后利息费用 | -1 | -5 | -10 | -14 | -15 | -17 |
| 新融资额 | 26 | 93 | 84 | 51 | 4 | 3 |

由表8-5可知，未来6年，公司可以通过逐年举债来解决当年的资金缺口，比如第2年发债融资9 800万元，满足当年9 300万元的资金缺口，并履行新债利息500万元。但是，全部用债务融资来解决资金缺口存在两大问题：

第一，公司的资本结构偏离了目标资本结构。由表8-6可知，公司未来6年中，每年的利息保障倍数均低于最低目标利息保障倍数5倍，公司可能为此付出信用等级被下调的代价。

第二，牺牲了公司的财务灵活性（见表8-6）。由于公司未来6年每年的利息保障倍数均低于最低目标利息保障倍数5倍，因此在未来6年，公司每年都用足杠杆，没有富余举债能力，失去了财务灵活性。

表8-6 债务融资后未来6年利息保障倍数　　　　　　　　　　　　　　　　　单位：倍

| | 第1年 | 第2年 | 第3年 | 第4年 | 第5年 | 第6年 |
|---|---|---|---|---|---|---|
| 利息保障倍数 | 4.29 | 4.44 | 3.85 | 3.33 | 4.00 | 3.53 |

可见，全部选用举债来解决公司资金缺口的做法与先前设定的目标资本结构不符，全部选用举债来解决资金缺口显然不是最优解。

（2）部分选用发新股方式

若公司仅在第1年年初发新股，融资1.25亿元，后几年的资金缺口选用举债方式逐年解决，那么未来6年中每年的资金缺口和资金安排见表8-7。

表8-7 第1年年初发新股后的资金安排　　　　　　　　　　　　　　　　　单位：百万元

| 项目 | 第1年 | 第2年 | 第3年 | 第4年 | 第5年 | 第6年 |
|---|---|---|---|---|---|---|
| EBIT(1-$t$) | 30 | 40 | 50 | 50 | 60 | 60 |
| 营运资本(增)减 | -8 | -20 | -30 | -20 | -10 | -10 |

(续表)

| 项目 | 第1年 | 第2年 | 第3年 | 第4年 | 第5年 | 第6年 |
| --- | --- | --- | --- | --- | --- | --- |
| 资本性支出(增)减 | −15 | −50 | −70 | −40 | −20 | −30 |
| 已有债务税后利息 | −6 | −4 | −3 | −1 | | |
| FCFF | 7 | −30 | −50 | −10 | 30 | 20 |
| 偿还到期债务 | −20 | −50 | −20 | −30 | −20 | −10 |
| 支付现金股利（含新增股份的股利） | −9 | −11 | −13 | −12 | −15 | −15 |
| 资金盈缺 | −28 | −95 | −86 | −53 | −5 | −5 |
| 富余现金(增)减少 | −102 | 95 | 7 | | | |
| 富余现金利息收入 | 5 | | | | | |
| 发行股票 | 125 | | | | | |
| 发行债券(偿还) | | | 83 | 61 | 14 | 14 |
| 新债税后利息费用 | | | | −4 | −8 | −9 | −9 |
| 新融资额 | −28 | −95 | −86 | −53 | −5 | −5 |

表8-7显示，公司在第1年年初发新股融资1.25亿元之后，解决了第1年的资金缺口2 800万元，假定富余现金0.97亿元产生了500万元利息收入，因此，第1年年末富余现金余额为1.02亿元。富余现金可供第2年和第3年使用，由于第2年的资金缺口小于富余现金余额，因此第2年无须对外融资。但第3年开始需陆续使用举债融资来解决资金缺口，由于第3年有前期结余富余资金700万元可用，因此尚需借款8 300万元。第4年开始，公司根据当年资金缺口数逐年通过借款予以解决。

部分选用发新股的资金安排方式是否能够满足目标资本结构的诸多约束条件呢？答案是肯定的(见表8-8)。

表8-8　部分选用发新股后未来6年利息保障倍数　　　　　　　　　　　　　　　单位:倍

| 项目 | 第1年 | 第2年 | 第3年 | 第4年 | 第5年 | 第6年 |
| --- | --- | --- | --- | --- | --- | --- |
| 利息保障倍数 | 30.00 | 10.00 | 7.14 | 5.56 | 6.67 | 6.67 |

第一，公司的利息保障倍数都高于目标资本结构的下限。由表8-8可知，公司未来6年中每年的利息保障倍数均高于5倍，既解决了资金缺口，又优化了资本结构。

第二，公司拥有财务灵活性。未来6年中每年的利息保障倍数均超过5倍，第1年和第2年尤甚。显然，公司具有很强的富余举债能力，符合公司对目标资本结构的构想。显然，这种资金安排方式远胜全部选用举债融资。

**4. 财务稳健性测试**

上文已述，在正常经营情形下，采取部分发新股融资的资本配置策略是上策，那么，这样的资本配置策略是否具有财务稳健性？设天创公司未来6年面临财务困难，预期经营利润减少1半，但公司不缩减未来财务计划，按时还本付息，尽量维持发股利发放率。相关的预期现金流见表8-9。设该公司最坏情况出现时的利息保障倍数不得低于2倍。

表 8-9 不利情形下的资金安排　　　　　　　　单位：百万元

| 项目 | 第 1 年 | 第 2 年 | 第 3 年 | 第 4 年 | 第 5 年 | 第 6 年 |
| --- | --- | --- | --- | --- | --- | --- |
| EBIT(1−t) | 15 | 20 | 25 | 25 | 30 | 30 |
| 营运资本(增)减 | −8 | −20 | −30 | −20 | −10 | −10 |
| 资本性支出(增)减 | −15 | −50 | −70 | −40 | −20 | −30 |
| FCFF | −8 | −50 | −75 | −35 | 0 | −10 |
| 已有债务税后利息 | −6 | −4 | −3 | −1 | | |
| 偿还到期债务 | −20 | −50 | −20 | −30 | −20 | −10 |
| 支付现金股利（含新增股份的股利） | −3 | −4.5 | −5 | −4 | −5 | −4.5 |
| 资金盈缺 | −37 | −108.5 | −103 | −70 | −25 | −24.5 |
| 富余现金(增)减少 | −92 | 92 | | | | |
| 富余现金利息收入 | 4 | | | | | |
| 发行股票 | 125 | | | | | |
| 发行债券(偿还) | | 17.5 | 109 | 81 | 38 | 39.5 |
| 新债税后利息费用 | | −1 | −6 | −11 | −13 | −15 |
| 新融资额 | −37 | −108.5 | −103 | −70 | −25 | −24.5 |

表 8-9 显示，公司在未来预期经营利润减半的不利情形下，为完成高增长的战略构想，采取了如下资金配置方式：第 1 年年初发新股融资 1.25 亿元，之后几年累计举债 2.85 亿元。在这样的资金安排下，未来 6 年中公司每年的预计利息保障倍数见表 8-10。

表 8-10 不利情形下未来 6 年利息保障倍数　　　　　　　　单位：倍

| 项目 | 第 1 年 | 第 2 年 | 第 3 年 | 第 4 年 | 第 5 年 | 第 6 年 |
| --- | --- | --- | --- | --- | --- | --- |
| 利息保障倍数 | 7.50 | 4.00 | 2.78 | 2.08 | 2.31 | 2 |

第一，公司的利息保障倍数都高于目标资本结构的下限。由表 8-10 可知，即便在公司预期经营利润减半的不利情形下，公司通过以上资金安排，仍然能够使得未来 6 年中每年的利息保障倍数均超过最低要求（即 2 倍的利息保障倍数）。

第二，公司具有一定的财务灵活性。公司未来 6 年中每年的利息保障倍数均超过 2 倍，第 1 年和第 2 年远超 2 倍，富余举债能力较强。

此外，公司还有一些应急手段可用，比如缩减未来研发支出、降低股利支付率等来调高利息保障倍数。因此，这样的资本结构还是比较稳健的，能够较好地抵御未来的不确定性。

**5. 目标资本结构的执行和调整**

（1）目标资本结构的执行

由于未来充满未知和不确定性，因此公司选定融资策略后，需采取灵活多变的操作手法来应对未来的具体情况。以例 8-4 为例：

第一，第 1 年按计划发放新股，筹集 1.25 亿元。

第二，若未来的增长计划一如所愿，即公司的实际运营与预设的基本情景契合，那么公司可以按既定的融资计划安排资金。公司的资本结构既未偏离目标资本结构下限,又可以保持一定的财务灵活性和稳健性。

第三,若公司未来的实际运营与预设情景严重背离,那么公司有多种应对手段和路径。为维持目标资本结构,公司既可以在不改变财务计划的情况下,按既定的融资计划安排资金,又可以缩减财务计划,甚至可以降低股利支付率。

(2)目标资本结构的调整

由于融资,公司的资本结构是动态的,并且公司的资本结构常常会偏离目标资本结构,因此,公司对资本结构进行纠偏和调整应该是一种常态。

第一,当公司存在资金缺口时,公司可以使用发新股、举债和削减现金股利等方式来筹集资金。如需调高杠杆,则可以通过举债方式实现。如需调低杠杆,则可以通过发新股或削减现金股利等方式实现。

第二,当公司存在资金盈余时,公司可以将这些富余资金用于股票回购、偿还债务、增加现金股利等。如需调低杠杆,则可以用富余现金偿还债务,甚至提前偿还债务。如需调高杠杆,则可以用富余资金进行股票回购,或提高现金股利发放率。

值得注意的是,切忌在纠偏和调整资本结构过程中向市场释放不良的信号。比如,在运转良好的资本市场上,股利政策具有"黏性"特点,因此,为调低杠杆而降低股利发放水平的草率行为可能释放出错误信号,市场可能将此误读为公司没有良好的未来预期。

**概念自查 8-3:**
1. 什么是目标资本结构?它有哪些主要特点?
2. 目标资本结构的标杆有哪些?

## 第四节 融资决策对投资决策的影响

在结束融资决策讨论之前,我们需要重新审视融资决策和投资决策之间的关系。我们在第四章和第五章关于资本预算的讨论中,是在财务分离原则框架下进行论述的。也就是说,我们假定投资决策可以不考虑融资决策的影响。但是,在公司金融实践中,投资项目的资金融通必然改变公司原有的资本结构,投资项目的价值会因为项目持有人采用不同的融资方式而存在差异。因此,我们对投资项目的价值评估必须考虑来自融资决策的价值贡献。具体的方式有贴现率调整法和现值调整法两种。

### 一、贴现率调整法

贴现率调整法是指为了在投资项目价值评估中考虑融资决策的价值贡献,根据项目的债务融资和权益融资比重的变化来调节加权平均资本成本,并据此来调整项目价值的方法。

(一)加权平均资本成本

如果目标项目的债务融资和权益融资比重(即项目融资结构)和持有项目公司的资本结构大体一致,且目标项目的风险与持有项目公司的风险水平大体相同的话,那么目标项目的贴现率可以参照持有项目公司的加权平均资本成本。

根据无税 MM 理论,在一个无税环境以及市场完善的前提下,公司资本成本与融资决策没有关系,即债权人和股东期望收益率的加权平均值等于公司加权平均资本成本:

$$r_{WACC} = r_D \times \frac{D}{V} + r_S \times \frac{S}{V} \tag{8-27}$$

式中，$r_{WACC}$表示加权平均资本成本；$r_D$表示债务融资成本；$r_S$表示权益融资成本；$S$表示权益资本；$D$表示债务资本；$V$表示市场价值（等于$D$和$S$的总和）；$D/V$和$S/V$分别表示基于市场价值计算的债务和权益资本的比重。

根据有税MM理论，如果考虑公司所得税税率$\tau_C$，则债务融资可以产生债务税盾效应，因此，加权平均资本成本可以用税后加权平均资本成本表示，即

$$税后 r_{WACC} = r_D \times (1 - \tau_C) \times \frac{D}{V} + r_S \times \frac{S}{V} \qquad (8-28)$$

**例 8-6**：假如天创公司拟投资项目的债务融资和权益融资比重（即项目融资结构）和公司资本结构基本一致，公司所得税税率为30%，公司目前有关财务信息见表8-11。求公司加权平均资本成本和税后加权平均资本成本。

表 8-11 天创公司相关财务信息

| 项目 | 数值 |
| --- | --- |
| 债务融资成本 | 8% |
| 权益融资成本 | 10% |
| 债务融资比重 | 30% |
| 权益融资比重 | 70% |

例 8-6 解析

在评估拟投资项目价值时，若我们将上述天创公司的加权平均资本成本作为拟投资项目的贴现率，那么需同时满足两个假设条件：

第一，拟投资项目的经营风险与公司的风险相同，且在项目存续期内保持不变。

第二，公司的资本结构与拟投资项目的资本结构相同，且在项目存续期内保持不变。

必须注意的是，公司的资本结构与拟投资项目的融资结构往往不一致。原因有二：一是公司的资本结构是动态的，任何一次融资都会影响其资本结构；二是拟投资项目的融资结构没有必要与公司的资本结构一致。因此，在公司的资本结构发生变化之后，或者公司的资本结构与拟投资项目的融资结构不一致时，拟投资项目的贴现率就会失去参照。我们该如何应对呢？

### （二）债务比重变动时的加权平均资本成本调整

如果目标项目的债务融资和权益融资之间的比重偏离了公司资本结构，那么就不能简单地使用持有项目公司的加权平均资本成本作为项目贴现率，而是需要对目标项目的贴现率进行适当调整。我们既要考虑债务变动对税盾效应的影响，又要考虑债务变动对股东财务风险的影响。

根据有税MM理论，债务比重的降低会对税后加权平均资本成本产生综合影响。以杠杆（债务比重）下降为例，其基本逻辑是：债务比重下降后，债务融资低成本的好处减少，税盾效应减少，股东财务风险减小，权益资本成本将降低，但税后加权平均资本成本将上升。下面，我们按照有税MM理论框架进行简单推算。

第一，卸载财务杠杆。根据有税MM理论命题2，计算无杠杆时的加权平均资本成本$\rho$，即

$$r_{\text{WACC}} = \rho\left(1 - \tau_C \times \frac{D}{S+D}\right)$$

第二,加载财务杠杆。在新的债务比重下,计算债务资本成本,并根据有税 MM 理论估算权益资本成本。

第三,在新的债务比重下,重新计算税后加权平均资本成本。

**例 8-7**:承例 8-5,假定天创公司拟投资项目的债务融资比重由 30% 下降至 10%。其他条件不变。重新计算税后加权平均资本成本。

例 8-7 解析

## 二、现值调整法

现值调整法(APV)也称为"分子策略",即直接通过对项目现金流量以及现值的调整,来调节融资对项目价值影响的方法。

### (一) 不考虑融资效应的净现值

我们在第四章和第五章讨论净现值法时,同样没有考虑项目融资方式的不同对项目现金流量造成的影响,即不考虑融资的财富效应。也就是说,在目标项目所能创造的财富(价值增值)中,投资决策仅能贡献一部分的价值增值,融资决策也会提供相应的价值贡献。为了能够说明融资效应及其对目标项目价值的影响,我们以不考虑融资效应的目标项目净现值为起点,慢慢展开讨论。

**例 8-8**:假如海达公司为无杠杆公司,它拟投资一项目,该项目的初始投资额预计为 4 000 万元,一次性投入。预计项目有效期为 10 年,不考虑残值。设该项目所需资金全部依赖权益资本,项目融资结构和公司资本结构一致。该项目当年产生效益,每年年底产生的自由现金流为 660 万元。该项目的要求收益率为 10%,即公司股东对公司的期望收益率。

根据净现值计算公式,该项目的净现值为:

$$\text{NPV} = -4\,000 + 660 \times 6.145 = 55.7(\text{万元})$$

显然,该项目是一个盈利不大的项目。在不考虑融资效应的情况下,较低的净现值也许会使得项目持有人——海达公司兴味索然。

### (二) 考虑融资效应的调整净现值(APV)

根据有税 MM 理论,杠杆公司价值等于无杠杆公司价值加上税盾效应现值。因此,如果目标项目的融资结构和公司资本结构基本一致,那么目标项目的投资价值也可以基于有税 MM 理论来推算。

**例 8-9**：承例 8-8，设海达公司的债务资本比重为 50%，权益资本比重为 50%，所得税税率为 30%，借款年利率为 8%。目标项目的融资结构和公司资本结构一致，项目举债 2 000 万元，年借款利率为 8%，借款期限为 10 年，每年年底还本 200 万元，利息每年年底支付一次。权益融资 2 000 万元，其他条件不变。

由例 8-8 和例 8-9 提供的相关信息可知，海达公司和拟投资项目仅融资方式发生了改变，风险等级、经营模式、盈利模式等其他条件未曾发生变化。因此，拟投资项目的价值有两部分组成，即未考虑融资效应的项目价值和债务税盾效应现值。项目调整净现值的核心是计算债务税盾效应现值。

第一，根据债务支付利息的方式，计算未来 10 年每年的利息费用，然后计算每年的税盾效应，最后计算债务税盾效应现值，见表 8-12。

表 8-12　项目税盾效应及其现值　　　　　　　　　单位：万元

| 时刻 | 年初债务余额 | 利息费用 | 税盾效应 | 税盾效应现值 |
|---|---|---|---|---|
| 0 | 2 000 | | | |
| 1 | 1 800 | 160① | 48.0② | 44.4③ |
| 2 | 1 600 | 144 | 43.2 | 37.0 |
| 3 | 1 400 | 128 | 38.4 | 30.5 |
| 4 | 1 200 | 112 | 33.6 | 24.7 |
| 5 | 1 000 | 96 | 28.8 | 19.6 |
| 6 | 800 | 80 | 24.0 | 15.1 |
| 7 | 600 | 64 | 19.2 | 11.2 |
| 8 | 400 | 48 | 14.4 | 7.8 |
| 9 | 200 | 32 | 9.6 | 4.8 |
| 10 | | 16 | 4.8 | 2.2 |
| 合计 | | | | 197.3 |

注：① 160=2 000×8%；② 48=160×30%；③ 44.4=48/(1+8%)。

由表 8-12 可知，该项目的债务税盾效应现值为 197.3 万元，债务税盾效应增加了项目的价值。

第二，计算该项目在完全权益融资（即未考虑债务融资效应）时的价值，即

$$NPV = -4\ 000 + 660 \times 6.145 = 55.7(万元)$$

于是，调整后的净现值为：

$$APV = 未考虑融资效应的净现值 + 债务税盾效应现值 = 55.7 + 197.3 = 253(万元)$$

可见，按价值来源区分，目标项目的价值分别源于投资决策和融资决策。上例中，项目预计创造的价值增值总计为 253 万元，其中 55.7 万元源于投资决策，而 197.3 万元源于融资决策。在考虑融资效应的情况下，该项目成为海达公司不愿割舍的优质投资项目。

**概念自查 8-4：**

1. 现值调整法在评估投资项目价值时，需要考虑的融资效应是指什么？
2. 公司资本结构是固化的还是动态的？

债务归还方式会影响债务税盾效应现值。若上例将还款方式改为每年等额还款，那么债务税盾效应现值将会做怎样的改变？读者可尝试一下。

必须注意的是，在考虑来自融资决策的价值贡献时，不能同时使用贴现调整法和现值调整法，否则，融资效应将被重复考虑。贴现调整法和现值调整法可以得到基本相同的结果或结论。

## 本章小结

1. 资本结构理论经历了现代资本结构理论和新资本结构理论两个发展阶段,历经半个多世纪。现代资本结构理论进一步拓展了影响资本结构的外部因素,比如税收、破产因素等,并且将资本成本的内涵放大,逐步将财务困境成本或破产成本引入资本结构的讨论之中,将融资决策和资本结构选择置于税盾效应和众多成本的均衡之中,将公司外部因素对资本结构影响的研究推向极致。

2. 自无税MM理论问世以来,现代资本结构理论在"放松假设——提出问题——形成理论——再提出问题"的循环中发展,形成了许多流派。新资本结构理论虽然沿袭了现代资本结构理论的大部分假设条件,但是它一反现代资本结构理论将影响资本结构的因素框定在外部因素上,而将视角锁定在信号等内部因素上。同时,使用最新的诸如信息不对称理论等经济学分析方法研究资本结构。

3. 事实上,信息经济学的发展为资本结构研究提供了新的思路,由此形成了基于信息不对称的"新资本结构理论"。该理论有许多流派,并建立了各自的模型,但是,由于模型的假设条件和结构存在差异,因此在解释性和结论方面,新资本结构理论中的各流派在证券发行对股价影响、交易量对股价影响、是否存在融资顺序以及债务水平等方面的认识上存在较大分歧。

4. 众多的文献以及学者们并没有告诉我们最优资本结构究竟如何确定。从逻辑上讲,资本结构受许多因素的影响,公司所持的资本结构应该是对这些因素进行广义均衡的结果,即公司存在目标资本结构。在公司金融实践中,情况大体也是如此。

5. 在公司金融实践中,投资项目的资金融通必然改变资本结构,投资项目的价值会因为项目持有人采用不同的融资方式而存在差异。因此,我们对投资项目的价值评估必须考虑来自融资决策的价值贡献。

## 重要术语

无税MM理论　有税MM理论　破产成本理论　权衡理论　代理成本理论　新优序理论　信号模型　税盾效应　非债务税盾效应　产品/投入市场理论　控制权理论　无风险套利　风险等级　目标资本结构　杠杆公司　无杠杆公司　贴现率调整法　净现值调整法

## 习题

**简易题**

1. 如果将1万元投资于A公司股票,该笔资金中的7 500元通过举债获得,年利率为9%。预期权益投资收益率为15%,在不考虑税收的条件下,假设A公司不采用财务杠杆,请问投资者的收益为多少?

2. 承上题,如果公司所得税税率为50%,那么投资者的收益为多少?

**中等难度题**

3. 现值调整法在评估投资项目价值时,需要考虑融资效应,请问融资效应是指什么?请列举2个实际发生的融资效应。

4. 举例说明以下情况:

(1) 公司以低于市场价格的股价用现款发行的方式(即不附权发行方式)发行新股,将会损害现有股东的利益。

(2) 公司以低于市场价格的股价用认股权发行的方式发行新股,即使新股东不愿意购买老股东手中的认股权,老股东的利益也不会受到损害。(提示:用新优序理论解答)

5. A公司有1 000万股流通股,当前交易价格为每股40元,公司估计股东的期望收益率约为10%。公司还以6%的利率发行有3亿元的长期债券,公司所得税税率为30%。

(1) 该公司的税后WACC为多少?(提示:用有税MM理论解答)

(2) 如果该公司完全没有负债,那么其 WACC 将会高出多少?(提示:假设公司整体的贝塔值 $\beta_A$ 不受资本结构及债务税盾效应的影响)

6. B 公司的债务水平为 100 万元,目前公司的市场价值为 300 万元。假如税前债务利率为 8%,公司所得税税率为 50%,息税前收益 EBIT 是永续的。如果公司采取完全权益融资,股东的要求收益率为 20%。

(1) 该杠杆公司股东的净收益为多少?

(2) 如果公司为无杠杆公司,其价值将是多少?(提示:用有税 MM 理论解答)

7. C 公司是一家完全权益融资的公司,共有 2 500 万股普通股发行在外,每股市价 10 元。现在公司宣称将发行 1.60 亿元的债券,并用所获得的现金回购部分股票,那么:

(1) 这一消息的发布对股票的市场价格有何影响?

(2) 新发的这些债券能回购多少股普通股?

(3) 资本结构变化后公司(包括权益和负债)的市场价值是多少?

(4) 资本结构变化后公司的负债比是多少?

(5) 如果有人获利或受损失,这将是谁?
(提示:用无税 MM 理论解答)

8. 下表为某汽车旅馆连锁公司的账面资产负债表。公司既有以不动产担保的长期债券,又有银行短期借款。已知公司担保债券的利率为 9%,银行短期借款利率为 8%。此外,公司还有 1 000 万股普通股票发行在外,每股市价 90 元,股票的期望收益率为 18%。假设该公司债券的市场价值与其账面价值相等,公司所得税税率为 35%,试计算该公司的 WACC。

**汽车旅馆连锁公司的账面资产负债表**

单位:百万元

| 资产 | 金额 | 负债及所有者权益 | 金额 |
|---|---|---|---|
| 现金及有价证券 | 100 | 应付账款 | 280 |
| 应收账款 | 200 | 短期银行借款 | 120 |
| 存货 | 50 | | |
| 不动产 | 2 100 | 公司担保债券 | 1 800 |
| 其他资产 | 150 | 股东权益 | 400 |
| 合计 | 2 600 | 合计 | 2 600 |

9. D 公司目前没有负债,总价值为 2 000 万元。该公司经营者认为,通过改变资本结构,公司可以获得源于税收方面的净利益(债务税盾效应现值),其数值将等于债务市场价值的 25%。但是,公司同时关心破产成本和代理成本,以及借款过多所引发的借款利率的提高。该公司认为,借款规模在 400 万元以下时,可避免以上所提及的三种成本,但是,当借款规模超过 400 万元后,每增加 400 万元的借款都会导致这三种成本的发生。此外,三种成本将随杠杆的提升而增加。预计在各种债务水平上这三种成本的现值如下:

| 债务(百万元) | 4 | 8 | 12 | 16 | 20 | 24 |
|---|---|---|---|---|---|---|
| 破产成本、代理成本和利率上升的现值(万元) | 0 | 0.4 | 0.8 | 1.2 | 1.7 | 2.0 |

问:该公司是否存在一个最优的资本结构?如果存在,最佳债务水平是多少?

10. G 公司拟为一目标项目融资 2 000 万元,现有举债和发新股两类融资方式。公司经营者认为,市场未真正认识该公司的获利能力,普通股被低估了。你认为公司应该发行什么样的证券(债券或普通股),市场可能会有怎样的反应?若公司经营者认为普通股被高估了,那么你认为该公司又该发行什么样的证券?

11. 考虑一个生产太阳能热水器的项目。已知项目需要投资 1 000 万元,在今后 10 年里,每年等额生成 175 万元的自由现金流。假设资本机会成本为 12%,反映了项目的经营风险。

(1) 假设项目负债融资和权益融资各为 500 万元,负债利率为 8%,公司的边际税率为 35%。负债将在项目的 10 年生命周期内以每年等额付款的方式分期偿还,试计算项目的 APV。

(2) 如果公司在筹集 500 万元的权益资本时,其发行费用为 400 000 元,那么 APV 将会怎样变化?

**高等难度题**

12. F 公司正在考虑收购另一家公司,此收购为横向并购(假定目标公司与收购公司具有同样的风险水平)。目标公司(被收购公司)的负债与权益市值比为1∶1,每年EBIT为3 943 900元。收购公司的负债与权益市值比为3∶7。假定收购公司收购了目标公司后,资本结构保持不变。无风险利率为8%,市场风险溢酬为8.5%,收购公司的权益β值为1.5。公司所得税税率为34%,所有债务都是无风险的,且这两家公司都是零增长型公司。

(1) 目标公司的债务资本成本和权益资本成本为多少?

(2) 目标公司的债务价值和权益价值为多少?

(3) 收购公司所支付的最高价格不应超过多少?

13. H公司正在考虑一项为期4年的项目,以制造一条新的生产线。项目初始投资额为80万元(全部形成固定资产),每年的EBITDA(利息、折旧摊销、税前收益)为40万元。项目折旧年限为4年,直线折旧,不考虑残值。A公司负债率为40%,权益资本成本为20%,公司所得税税率为30%。公司拟按年利率7%借款32万元为该项目筹资,并用发新股方式为该项目筹集另外的48万元资金。

(1) 计算该项目的净现值。

(2) 如果项目债务和权益资本比为3∶7,那么在其他条件不变的情况下,该项目的净现值为多少?

14. M公司正在考虑改变其资本结构,有关资料如下:

(1) 公司目前债务账面价值1 000万元,年利率5%,债务账面价值与市场价值相同;普通股4 000万股,每股价格1元,EBIT 600万元,所有者权益账面价值与市场价值相同。

(2) 公司所得税税率为15%。

(3) 公司将保持现有的资产规模和资产息税前利润率,每年将全部税后净利润分派给股东,因此,公司增长率可视为零。

(4) 公司拟提高杠杆水平,举借新债务,替换老债务,并进行股票回购。现有两种方案:

方案一:举借新债务2 000万元,预计年利率为6%。

方案二:举借新债务3 000万元,预计年利率为7%。

(5) 设无风险年利率为4%,市场风险溢价为5%。

要求:

(1) 计算该公司目前的权益资本成本以及β值。

(2) 计算该公司无负债的权益资本成本。

**值得参考的网站:**

1. 穆迪投资者服务公司网站:http://www.moodys.com。

2. 标准普尔公司网站:http://www.standardandpoors.com。

3. 惠誉国际信用评级有限公司网站:http://www.fitchratings.com。

习题参考答案

# 参考文献

1. ALTMAN E I. A Further empirical investigation of the bankruptcy cost question [J]. Journal of Finance, 1984, 39 (4): 1067—1089.

2. BOWEN R M. DALY L A. HUBER JR C C. Evidence on the existence and determinants inter-industry differences in leverage [J]. Financial Management, 1982(11): 10 —20.

3. BRADLEY M. JARELL G. KIM E H. On the existence of an optimal capital structure: Theory and evidence [J]. Journal of Finance, 1984 (39): 857—878.

4. BRANDER J A. LEWIS T R. Oligopoly and financial structure: The limited liability effect [J]. American Economic Review, 1986 (76): 956—970.

5. BRENNAN M. KRAUS A. Efficient financing under asymmetric information [J]. Journal of Finance, 1987, 42(5): 1225—43.

6. CONSTANTINIDES G M. GRUNDY B D. Optimal investment with stock repurchase and financing as signals [J]. The Review of Financial Studies, 1989, 2(4): 445—465.
7. DIAMOND D. Reputation acquisition in debt markets [J]. Journal of Political Economy, 1989, 97(4): 828—862.
8. DONALDSON G. Corporate debt capacity: A study of corporate debt policy and the determination of corporate debt capacity [R]. Boston: Division of Research, Harvard Graduate School of Business Administration, 1961.
9. HARRIS M. RAVIV A. Capital structure and the informational role of debt [J]. The Journal of Finance, 1990, 45(2): 321—349.
10. HARRIS M. RAVIV A. Corporate control contests and capital structure [J]. The Journal of Financial Economics, 1988, 20(C): 55—86.
11. HEINKEL R. A theory of capital structure relevance under imperfect information [J]. Journal of Finance, 1982, 37(5): 1141—50.
12. HEINKEL R. ZECHNER J. The role of debt and preferred stock as a solution to adverse investment incentives [J]. Journal of Financial and Quantitative Analysis, 1990, 25(1): 1—24.
13. JENSEN M C. MECKLING W H. Theory of the firm: Managerial behavior, agency costs and ownership structure [J]. Journal of Financial Economics, 1976(3): 305—360.
14. JENSEN M C. MECKLING W H. Theory of the firm: managerial behavior, agency costs and ownership structure [J]. Journal of Financial Economics, 1976, 3(4): 305—360.
15. LELAND H. PYLE D H. Informational asymmetries, financial structure, and financial intermediation [J]. Journal of Finance, 1977, 32(2): 371—87.
16. MILLER M H. Debt and taxes [J]. Journal of Finance, 1977, 32(2): 269.
17. MILTON H. ARTUR R. The theory of capital structure [J]. Journal of Finance, 1991, 46(1): 297—355.
18. MODIGILANI F. MILLER M H. The cost of capital, corporation finance and the theory of investment [J]. American Economic Review, 1958, 48(3): 261—297.
19. MODIGLIANI F. MILLER M H. Corporate income taxes and the cost of capital: A correction [J]. American Economic Review, 1963, 53(3): 433—443.
20. MYERS S C. MAJLUF N S. Corporate financing and investment decisions when firms have information that investors do not have [J]. Journal of Financial Economics, 1984, 13(2): 187—221.
21. MYERS S C. The capital structure puzzle [J]. Journal of Finance, 1984(39): 575—592.
22. NARAYANAN M P. Debt versus equity under asymmetric information [J]. Journal of Financial and Quantitative Analysis, 1988, 23(1): 39—51.
23. NOE T H. Capital structure and signaling game equilibria [J]. The Review of Financial Studies, 1988, 1(4): 331—355.
24. ROBERT B. DALY L A. HUBER C. Evidence on the existence and determinants inter-industry differences in leverage [J]. Financial Management, 1982(11): 10—20.
25. ROSS S A. The determination of financial structure: The incentive—signaling approach [J]. Bell Journal of Economics, 1977, 8 (Spring): 23—40.
26. ROSS S A. WESTERFIELD R W. JAFFE J F. Corporate finance [M]. 5th ed. Boston: McGraw-Hill, 1999: 303.
27. RUBINSTEIN M E. A mean-variance synthesis of corporate financial theory [J]. The Journal of Finance, 1973, 28(1): 167—181.
28. SARIG O H. The effect of leverage on bargaining with a corporation [J]. Review of Financial Economics, 1998, 33(1): 1—16.
29. SMITH C W. WATTS R L. The investment opportunity set and corporate financing, dividend

and compensation politics [J]. Journal of Financial Economics, 1992(32): 262—292.
30. SMITH P B. Organizational behaviour and national cultures [J]. British Academy of Management, 1992, 3(1): 39—51.
31. STIGLITZ J. A re-examination of the Modigliani-Miller theorem [J]. American Economic Review, 1969, 59(5): 784—93.
32. TITMAN S. The effect of capital structure on a firm's liquidation decision [J]. Journal of Financial Economics, 1984, 13(1): 137—151.
33. ZINGALES L. What determines the value of corporate votes? [J]. Quarterly Journal of Economics, 1995, 110(4): 1047—1073.
34. 伯克,德马佐.公司理财:第3版[M].姜英兵,译.北京:中国人民大学出版社,2014.
35. 科勒,戈德哈特,威赛尔斯.价值评估:第4版[M].高建,等,译.北京:电子工业出版社,2012.
36. 科普兰,等.金融理论与公司政策:第4版[M].柳永明,等,译.上海:上海财经大学出版社,2007.
37. 卢俊.资本结构理论研究译文集[M].上海:上海三联书店2003.
38. 罗斯,等,公司理财[M].吴世农,等,译.北京:机械工业出版社,2000:324.
39. 麦金森.公司财务理论[M].刘明辉,等,译.大连:东北财经大学出版社,2002:332.
40. 赵蒲,孙爱英.产业竞争、非理性行为、公司治理与最优资本结构[J].经济研究,2003(6):81—89.

# 第九章
# 股利政策

> 【学习要点】
>
> 1. 股利发放方式和支付程序。
> 2. 股利政策的类型。
> 3. 股利政策是否有害?
> 4. 股利政策的"黏性"特征。

公司的自由现金流(FCFF)有多种可能的用途。公司既可以用来投资或留存,等待和捕捉投资机会,增加公司价值;又可以用来派发现金股利或实施股票回购,回馈股东。这些方案的选择由公司的股利政策(dividend policy)决定。所谓"股利政策"就是关于公司股利发放比例及发放方式的公司决策。大千世界,不同公司的股利政策迥异,或者偏好支付现金股利,或者青睐股票回购,或者热衷于再投资。本章介绍股利政策的含义、决定、类型及主要的股利政策理论,从税收、代理成本、信息不对称等多个视角,解释不同股利政策背后的基本逻辑。

## ■ 第一节 股利的发放方式和程序

股利政策通常与投资决策和融资决策结合在一起,比如如果公司是一个成长型企业,那么公司会派发较少的现金股利甚至不派现,将留存更多的自由现金流来满足公司的增长需要。乔布斯时代的苹果公司就采用了这样的做法。股东为什么会愿意接受公司少派现或不派现呢?我们在讨论这些复杂难解的股利政策之前,先讨论股利的发放方式和程序。

### □ 一、股利的发放方式

股利政策由公司董事会制定,交股东会审议通过后方能实施。现金股利(cash dividend)

和股票股利(stock dividend)是两种常见的股利发放方式。

（一）现金股利

现金股利是指以现金支付的股利，它是主要的股利支付方式。公司通常定期发放现金股利，比如发放年度现金股利或中期现金股利。每次股利发放公告中会声明，在约定股权登记日登记在册的所有股东都将获得现金股利。每股派现额（比如10派2，即每股派现0.2元）和股利发放率（比如40%，即按当年净收益的40%派发现金股利）是度量现金股利派发力度的常见指标。

由表9-1可知，中国上市公司派现企业占比从2008年的51.19%上升至2017年的79.23%，且呈逐年上升趋势。

表9-1 2008—2017年中国A股上市公司发放股利情况

| 年份 | 派现企业数（个数） | 派现企业数占比 | 送转股企业数（个数） | 送转股企业数占比 | A股上市公司总数（个数） |
|---|---|---|---|---|---|
| 2008 | 820 | 51.19% | 858 | 53.56% | 1 602 |
| 2009 | 974 | 57.43% | 1 030 | 60.73% | 1 696 |
| 2010 | 1 286 | 63.01% | 1 356 | 66.44% | 2 041 |
| 2011 | 1 590 | 68.53% | 1 633 | 70.39% | 2 320 |
| 2012 | 1 765 | 71.40% | 1 796 | 72.65% | 2 472 |
| 2013 | 1 847 | 74.84% | 1 883 | 76.30% | 2 468 |
| 2014 | 1 922 | 74.15% | 1 976 | 76.23% | 2 592 |
| 2015 | 1 970 | 70.16% | 2 021 | 71.97% | 2 808 |
| 2016 | 2 395 | 78.94% | 2 422 | 79.83% | 3 034 |
| 2017 | 2 747 | 79.23% | 2 781 | 80.21% | 3 467 |

资料来源：wind数据库。

但事实上，不同行业派现情况存在差异（见表9-2），同一行业不同公司派发的现金股利迥异，同一家公司不同时期派发现金股利的力度也不同。

表9-2 2008—2017年中国A股上市公司按行业发放现金股利企业数量情况

| 行业 | 2008年 | 2009年 | 2010年 | 2011年 | 2012年 | 2013年 | 2014年 | 2015年 | 2016年 | 2017年 |
|---|---|---|---|---|---|---|---|---|---|---|
| 房地产 | 63 | 66 | 67 | 72 | 95 | 99 | 95 | 94 | 102 | 112 |
| 能源 | 38 | 39 | 40 | 52 | 50 | 48 | 45 | 29 | 42 | 50 |
| 材料 | 159 | 163 | 224 | 261 | 272 | 281 | 278 | 275 | 348 | 417 |
| 工业 | 212 | 255 | 348 | 433 | 479 | 497 | 537 | 564 | 670 | 749 |
| 可选消费 | 133 | 155 | 207 | 260 | 300 | 308 | 329 | 334 | 404 | 467 |
| 日常消费 | 52 | 68 | 77 | 99 | 108 | 112 | 111 | 111 | 134 | 155 |
| 医疗保障 | 62 | 80 | 104 | 126 | 135 | 148 | 159 | 169 | 203 | 249 |
| 金融 | 29 | 31 | 35 | 43 | 52 | 51 | 54 | 59 | 71 | 78 |
| 信息技术 | 75 | 114 | 175 | 241 | 267 | 290 | 304 | 321 | 408 | 459 |
| 电信服务 | 2 | 2 | 2 | 2 | 3 | 3 | 3 | 3 | 3 | 2 |
| 公用事业 | 37 | 38 | 48 | 48 | 58 | 65 | 64 | 66 | 72 | 74 |

资料来源：wind数据库。

有几类特殊的公司,它们自身的特质决定了其鲜明的派现策略,现分述之。

第一,少量甚至不派发现金股利的公司。对于成长型的公司而言,它们会将更多的利润留存下来用于公司的成长机会,因此,它们会发放很低的现金股利,或者干脆不发。比如,微软公司在2003年以前,一直没有向其股东发放现金股利。对于经营不善的公司而言,为了缓解财务困难,它们也会倾向于不发放现金股利,而是千方百计地守住现金。

第二,派发现金股利意愿和动机比较强烈的公司。成熟型公司利润稳定、现金流充沛,但投资机会减少,它们派发现金股利的力度通常相对较大。未来预期良好的公司也有派发现金股利的意愿,比如苹果公司,一方面高派现释放"好消息",另一方面专注于新投资机会。

第三,连续派发现金股利的公司。在运转良好的成熟资本市场上,现金股利具有连续性和稳定性的特点。也就是说,在公司金融实践中,公司定期发放现金股利,每股股利或股利发放率通常相对稳定,受公司当期盈利性的影响较小,公司轻易不会改变每股股利或股利发放率。但在新兴资本市场上,只有为数不多的上市公司会执行稳定的现金股利,比如在过去10年间,每年都发放现金股利的中国上市公司的比例不太高。

### (二)股票股利

**1. 股票股利的内涵**

股票股利是指公司以增发的股票作为股利,股票股利也称为送股,比如公司按10送1向股东发放股票股利,也就是说,股东每持有10股当前股票,就能获得1股额外的公司股票。在中国,还有一种特殊的股票股利形式,即实施从资本公积转增股本的方案,俗称"转增",比如公司按10转2向股东转增股票,即股东每持有10股当前股票,就可获得2股额外的公司股票。从本质上讲,送股和转增的来源不同,前者是未分配利润,后者是资本公积。由表9-1可知,中国上市公司送转股企业占比从2008年的53.56%上升至2017年的80.21%,且呈逐年上升趋势。由表9-3可知,中国上市公司送转股还存在行业差异。

表9-3 2008—2017年中国A股上市公司按行业送转股企业数量情况

| 行业 | 2008年 | 2009年 | 2010年 | 2011年 | 2012年 | 2013年 | 2014年 | 2015年 | 2016年 | 2017年 |
|---|---|---|---|---|---|---|---|---|---|---|
| 房地产 | 67 | 73 | 76 | 77 | 95 | 101 | 97 | 96 | 103 | 113 |
| 能源 | 38 | 41 | 41 | 53 | 51 | 48 | 46 | 32 | 42 | 50 |
| 材料 | 166 | 172 | 232 | 267 | 279 | 289 | 291 | 281 | 354 | 425 |
| 工业 | 222 | 268 | 365 | 448 | 487 | 506 | 549 | 578 | 675 | 758 |
| 可选消费 | 139 | 160 | 217 | 266 | 304 | 309 | 337 | 341 | 408 | 472 |
| 日常消费 | 54 | 73 | 80 | 102 | 109 | 116 | 112 | 114 | 137 | 155 |
| 医疗保障 | 65 | 87 | 111 | 128 | 139 | 149 | 162 | 175 | 205 | 250 |
| 金融 | 29 | 32 | 36 | 44 | 53 | 51 | 55 | 59 | 71 | 78 |
| 信息技术 | 81 | 121 | 192 | 244 | 272 | 303 | 316 | 334 | 413 | 468 |
| 电信服务 | 2 | 2 | 2 | 2 | 3 | 3 | 3 | 3 | 2 | 3 |
| 公用事业 | 37 | 41 | 48 | 49 | 58 | 66 | 66 | 66 | 73 | 75 |

资料来源:wind数据库。

不管是成熟市场经济体,还是新兴市场经济体,股票股利都是常见的股利发放方式。

我们可以从股票股利与现金股利以及与股票分拆(stock split)的差别中体会股票股利的特点。

现金股利不影响公司的利润和股本,但减少了公司的资产和现金流。和现金股利相比,股票股利不影响公司的利润和资产,股票股利的实质是将公司的留存收益(中国为未分配利润)转作股本(注册资本),因此,股票股利只是增加了公司发行在外的股份数,即增加了公司的股本或注册资本。股票股利实施后,如果不考虑股票股利的信息含量,则股票价格会下降。比如,公司股票数量为100万股,发放股票股利之前的股票价格为10元/股。如果股票股利为总股数的10%,即10送1,那么在其他条件不变的情况下,股票价格将下降10%。

由于担心股票股利会对股价造成较大的负面影响,因此成熟经济体的公司一般都慎用股票股利。但新兴经济体的公司则偏好发放股票股利。比如在中国,近年来,不少上市公司(尤其是创业板上市公司)热衷于实施高送转,10送转20甚至10送转30不再是传说。这引发了证监会的关注,2017年,上交所和深交所相继出台了针对高送转的监管条例。

**2. 与股票分拆的区别**

与股票分拆相比,股票股利增加了公司的股份数和股本(注册资本),但减少了留存收益。股票分拆减少了每股股票面值,增加了公司发行在外的股份数,但没有影响股本和留存收益。在不考虑股票股利和股票分拆所含信息量差异的情况下,股票分拆和股票股利对股票价格的影响是一样的。比如将100万股拆成110万股,这种分拆对股票价格的打压和10送1的股票股利效果是一样的。但是,实施股票股利后,公司股价并不一定会下降。比如,股票股利在减少留存收益的同时,也减少了管理者侵占留存收益所发生的代理成本。这种好消息也许会起到支撑股价的作用。也就是说,股票股利和股票分拆所释放出的信息是不一样的。

## 二、现金股利的特殊形式——股票回购

**1. 股票回购的含义和目的**

股票回购是指公司收回自己发放的股票的过程。股票回购的方式主要有三种:一是公开市场回购,是指公司公开宣布计划在股票市场上购回自己发放的股票;二是股票要约收购,是指公司以高于市场价格的溢价购回指定数目的股票;三是目标定向收购,是指公司直接向大股东洽购。股票回购的目的多种多样,比如阻止股价下滑,阻止恶意并购,避税,调高财务杠杆,等等。

股票回购还可以作为现金股利发放的有效替代方式。事实上,在成熟的市场经济体,股票回购已经成为股利政策的一种重要形式。当公司拥有超额现金留存(大量的多余现金)且缺少投资机会时,公司会以高于市场价格的溢价向股东回购一定数量的股票,变相发放现金股利。比如,苹果公司近年来实施了多起股票回购,回购了数百亿美元的股票。仅就将股票回购用作现金股利的替代而言,有几个益处:

第一,降低股东税负。当资本利得税低于个人所得税时,股票回购比直接发放现金股利更能最大化股东财富。股东从股票回购交易中获得的收益为资本利得,直接获得的现金股利则为个人所得,显然,股票回购降低了股东的税负。

第二,减轻公司未来现金股利的支付的压力。公司会在缺乏投资机会时,进行股票回购,一方面将多余现金返还给股东,另一方面减少股份数,减轻未来现金股利的支付压力。

与现金股利连续性和稳定性的特点不同,股票回购的次数和数量受经济周期的影响大,具有顺周期特点,经济高涨期的股票回购数量远远大于经济衰退期的回购数量。

**2. 股票回购不能替代股利发放**

在完美市场里,现金股利和股票回购对股东财富而言是没有差别的。但在不完美市场里,股票回购无法完全替代现金股利,因为现金股利和股票回购向投资者传递的信息是不同的,股票回购替代现金股利的可能后果是投资者会错读公司的业绩或未来。

(1) 股利发放和公司盈利性

股利尤其是现金股利,比公司账面利润更能反映公司的实际盈利水平。公司可以通过会计灵活性来操纵盈余,但无法操纵股利。比如,在通胀期间,用先进先出法替换后进先出法来估计存货成本,结果必然高估当期利润。因此,在信息不对称情况下,投资者更愿意用现金股利来考量公司的实际盈利能力。如果高额的账面利润没有相应的现金股利支持,那么投资者就会认为公司的盈利质量不佳,甚至还会怀疑公司盈利的真实性。稳定的高派现政策是不易甚至无法被模仿的。只有拥有长期稳定利润流和现金流的公司才可以执行稳定的高派现政策。很难想象一个勉强盈利或者微利的公司能够保持一个稳定的高派现政策。如果勉为其难,其后果是不堪重负,甚至走向破产。

可以想象,公司每股股利的任何变化,都会影响投资者对公司未来盈利性的看法。投资者会更加关注股利发放的变化。增加股利发放通常被理解为公司未来有足够的利润保证,即公司未来有良好的预期。但是,成长型公司可能是个例外,比如微软2003年首次发放现金股利时,其股价不升反降。其可能的解释是,派现也许意味着微软当下和未来的投资机会较先前减少了。

(2) 股票回购和公司未来预期

作为现金股利的一种替代方式,股票回购给投资者的信息常常是负面多于正面。正如前文所提及的,股票回购常常用于某些特殊的时刻。比如,公司积聚了大量闲置资金,通过股票回购返还给股东;为了提高公司资本结构中的债务资本比重,通过举债后进行股票回购实现。显然,这种大量的、不经常的分红并不需要未来足够的盈利来保证。因此,股票回购没有向投资者提供未来盈利预期的信息,充其量提供了因大量闲置资金返还股东后可能减少代理成本以及债务提高后可能减少代理成本的好消息。

股票回购也反映了公司管理层对公司未来预期的态度。由于信息不对称,公司管理层比外部投资者更了解公司实际的股价水平。在公司股票回购过程中,如果管理层将股票返售给公司,则投资者可能认为管理者对公司未来没有信心。此外,高溢价回购可能损害继续持有股票的股东的利益,对继续持有股票的股东而言,其财富会部分转移给出售股票的股东。

## 三、股利的发放程序

股利的发放程序通常包括制定和审议股利分配方案、股利宣布、股权登记、除权除息和股利支付等环节。鉴于股利发放程序存在一定的国别差异,为此,下文以中国实践为指引予以说明。

**1. 决策程序**

董事会依据公司盈利状况和股利政策,制定股利分配计划,然后,提交公司最高权力机构股东大会审议。股东大会审议通过后,由董事会向股东宣布,并在规定的股利发放日按约定的支付方式派发股利。

**2. 信息披露**

董事会必须在关于股利分配计划的股东大会召开后的两个月内完成股利派发,因此,董事会应该在此期间对外发布股利分配公告。一般而言,股利分配公告在股权登记日前三个工作日发布。股利分配公告的内容主要有:

第一,利润分配方案。旨在揭示公司是否公允、合理地兼顾了股东当前利益和公司未来发展之需。

第二,股利分配对象。确认享有股利的股东,凡股权登记日登记在册的股东均有权获得股利。

第三,股利发放方法。按登记的证券交易所的具体规定实施,但每个交易所的规定存在一定差异。

为确保信息充分披露,中国《关于修改上市公司现金分红若干规定的决定》要求上市公司必须在其年报和中期报告中分别披露利润分配预案,在报告期实施的利润分配方案,以及现金股利政策在本报告期的执行情况。此外,还要求上市公司以列表方式披露前三年现金股利的发放数额以及股利发放率(现金股利/净利润),对有盈利但未提出现金股利分配预案的公司,要求其详细说明未分红的原因及留存收益的用途。

**3. 分配程序**

用于派发现金股利的资金由上市公司在股权登记日前划入交易所账户,再由交易所在股权登记日后若干个工作日划入各托管证券经营机构账户,最后,由各托管证券经营机构在股权登记日后某个工作日划入股东资金账户。

股票股利在股权登记日后若干个工作日直接划入股东的证券账户,这些新增股份于划入后的即日起开始上市交易。

**4. 股利支付的重要时点**

按发生的时间先后进行排序,股利支付的重要时点包括股利宣布日、股权登记日、除息日(也称除权日[①])和股利支付日等。

> **例 9-1**:设天创公司在 2018 年 7 月 6 日对外发布《天创公司派发现金股利实施公告》,公告称天创公司 2017 年度利润分配方案已于 2018 年上半年由股东大会审议通过。股利分配方案为:每 10 股派现金股利 2 元(含税),每 10 股送 2 股,转增 1 股。股权登记日为 2018 年 7 月 11 日(收盘价为 20 元/股),除息日为 2018 年 7 月 12 日(开盘价为 12 元/股),现金股利发放日为 2018 年 7 月 16 日。

股利宣布日是指公司董事会将股东大会审议通过的本年度利润分配方案以及股利支付办法予以公告的日子。在股利宣布日,公司对外宣布向所有登记在册的股东按一定的股利发放率和送转比例发放股利的消息。在例 9-1 中,7 月 6 日为股利宣布日,公司对外宣布发放现金股利和股票股利的消息。

---

① 严格来讲,除息是针对现金股利,除权是针对股票股利。

股权登记日是指有权领取本期股利的股东资格登记截止日。在股权登记日,公司确认股东名单,在该登记日后购入股票的股东无权获得本期股利。在例9-1中,7月11日为股权登记日,确认有权获得本期股利的股东名单,只有在7月11日收盘前购入或持有股票的股东才有权获得本期股利,在7月11日后购入股票的股东无权获得本期股利。

除息日是指股利所有者与股票本身分离的日子。除息日也称除权日,除息日之前购买的股票价格中都包含股利,除息日及之后购买的股票价格中不包含股利。在例9-1中,7月12日为除权或除息日,7月12日之前购买的股票价格中均包含股利,除权或除息日(7月12日)及之后购买的股票价格中不包含股利。比如,假定在除权或除息日前1天,股票价格为$(P+2)$元/股,其中2元为每股股票价格中所包含的股利。如果市场是完善的(即无税、无交易成本、信息对称等),那么在除权或除息日,每股股票价格将跌至$P$元。若考虑个人所得税,则除权或除息后的参考价格并非$P$元/股。在中国,除权或除息后的参考价格为:

$$除权或除息后参考价格 = \frac{股权登记日收盘价 - 每股现金股利}{1 + 送股率 + 转增率} \qquad (9-1)$$

以例9-1为例,除权或除息后参考价格为15.23元/股,与除权或除息日实际开盘价16元/股不完全一致。除权或除息日的设定存在国别差异。在中国,除权或除息日定在股权登记日之后的第1天(工作日)。而在美国,除权或除息日定在股权登记日的前2天。

股利支付日为股利发放日,是指公司确定的向股东正式发放股利的日子,它在股权登记日和除息日之后。在例9-1中,7月16日为股利支付日。

**概念自查 9-1:**

1. 股利发放方式有哪些?
2. 什么是股票回购?若股票回购可为投资者带来税收上的好处,为何公司还要支付现金股利?

## 第二节 股利政策类型和决定

股利政策既和融资决策有关,又和投资决策有关,决定公司股利政策的因素众多。由于股利政策、投资决策和融资决策之间会相互影响,因此不同公司以及同一家公司不同时期选用的股利政策可能不同。为了解公司选择股利政策的逻辑,我们需要了解股利政策的类型和决定。

### 一、股利政策类型

**1. 消极股利政策**

消极股利政策也称剩余股利政策,是指公司仅将剩余的税后利润(即满足了经营和投资需要后的剩余)用于发放股利,股利最终派发数量完全取决于盈余剩余,可以理解为一种"被动的剩余"。因此,这种政策被视为消极的股利政策。现以公司资金安排顺序来说明剩余股利政策。

第一,选择和确定投资项目。为最大化公司价值,公司会非常在意收益率超过期望收益率的投资项目,也就是说能够产生正值净现值的投资项目,并极力促成此类项目得以实施。

第二,确定投资项目的资金缺口。通过资本预算框定投资项目所需资金,资金是投资项目能否实施的一个重要约束条件。

第三,筹集投资项目所需资金。公司可以通过留存税后利润,以及举债和发新股来为投资项目筹集资金。

第四,决定发放股利。投资项目所需资金落实后,若税后利润还有剩余,可考虑将剩余盈余(也称自由现金流)用于派发股利。

如果公司投资机会很多,那么盈余剩余就会很少甚至为零。因此,对于成长型公司而言,可以用剩余股利政策来解释它们为何少发甚至不发现金股利。但是,许多学者的研究结果并不支持剩余股利政策。事实上,在成熟的市场经济体,股利政策极具信息量,为展示良好的未来预期,正常经营公司会排斥剩余股利政策,它们的股利政策是稳定的、持续的,受盈利水平高低以及投资机会多寡的影响较小,公司对股利政策的调整是非常审慎的。

**2. 积极股利政策**

积极股利政策是指公司不是消极地根据盈余剩余来派发股利,而是将发放股利视为常态的一种股利支付安排。为严格履行这种股利政策,公司可以不惜通过举债或发新股来派发股利。下文以现金股利为例予以说明。

(1) 持续股利政策

持续股利政策是指股利支付呈线性趋势,尤其是呈向上倾斜趋势特征的股利政策,这是一种积极的股利政策。执行此类股利政策的公司都倾向于"平滑"的股利政策,定期支付的每股股利并非完全盯住股利的最终决定因素——每股税后利润(EPS),即股利政策是"黏性"的。当公司未来盈利有良好的预期时,公司会考虑调整股利政策,逐渐地调高每股股利,直到达到一个新的每股股利的均衡水平。当公司面临暂时亏损时,公司不会马上调低每股股利,相反,公司会试图保持一个正常的股利发放水平。只有当公司确认无法再恢复到原来的盈利水平时,公司才会考虑调低每股股利,并进行全面调整。

在成熟的资本市场(比如美国、英国等发达经济体的股票市场)上,股利具有连续性和稳定性的特点,即股利发放水平通常是一个相对稳定的值,受公司当前盈利性的影响较小。在信息不对称的资本市场上,股利政策可视为反映公司未来预期的一个重要信号,稳定和持续的股利政策给投资者带来正效用,投资者愿意为此支付溢价。因此,公司轻易不会改变股利发放水平。

(2) 固定股利支付率政策

固定股利支付率政策是指公司确定一个股利占税后利润的比率,并按该比率派发股利的股利政策。根据该政策,每年股利水平盯住当年盈利水平。由于未来存在不确定性,因此每年实际派发的每股股利会随公司业绩好坏呈现上下波动。

这种股利政策最大的缺陷是股东各年实际获得的每股股利存在波动性,投资者可能不太愿意为此类股票支付溢价。因此,在其他条件相同的情况下,执行持续股利政策的公司其股价可能会高于执行固定股利支付率政策的公司的股价。

(3) 固定股利加额外股利政策

在这种股利政策下,固定股利可以理解为正常情况下公司向股东支付的期望股利,而额外股利是指在固定股利之外向股东支付的一种非经常性的股利,公司通常只有在业绩好的年份才发放额外股利。

这种股利政策适用于盈利起伏波动的公司:一方面,通过发放相对较低的固定股利,可以确保股利支付的持续和稳定,符合股利政策"黏性"特点;另一方面,股东可以在业绩好的年份分享额外的收益。由于这种额外股利不是股东的期望股利,因此额外股利能够向外界传递出公司未来预期的积极信号。

## 二、完美市场环境中的股利政策决定

如果市场是完美的,那么股利政策是否有高低之分呢?答案是没有。在完美的资本市场中,无须考虑税收和交易成本,公司的投资和债务政策不受股利政策影响,因此,公司总价值不会因为这种财富转移而受到损失,股东总财富也不会因为财富转移而发生变化。股利政策与公司价值或股东财富无关。现分述之。

第一,在公司有足够的现金来支付股利的情况下,股利支付可以理解为仅仅通过减少公司现金[①]来实现。按照会计复式记账法的原理,公司现金减少的同时,股东权益也等额减少。也就是说,在支付股利之前,拟用于派发股利的现金以股东对公司资产的要求权形式存在,在支付股利之后,股东取得了现金,但等额减少了对公司的现金要求权。因此,股利支付是一种财富转移,即把股东对公司的现金要求权转化为股东手中持有的现金。支付现金股利之后,股东总财富没有发生变化。

第二,在公司没有足够的现金来支付股利的情况下,公司可以通过发新股来增加资金,然后据此支付现金股利。比如,公司为无杠杆公司,发行在外的普通股为10亿股,市场价格为12元/股,总价值为120亿元。现宣布发放现金股利2元/股,总共20亿元。公司准备发行2亿股新股,发行价为10元/股[②],共筹集20亿元资金。公司原有股东所持股票的总价值由原来的120亿元变成100亿元,即因股价下跌而损失了20亿元,但是,原有股东的总财富没有变化,其获得的20亿元现金股利正好弥补了股价下跌损失。派现后,公司的价值仍为120亿元,等于新股东所持股票价值(20亿元)和原有股东所持股票价值(100亿元)之和。

## 三、不完美市场环境中的股利政策决定

如果市场是不完美的,那么股利政策是否能分出高下呢?答案是肯定的。事实上,资本市场是存在缺陷的,需要考虑税负、信息不对称、管理者动机、交易成本等因素。因此,在不完美市场环境中,不同股利政策对公司价值和公司股东财富的影响是不一样的,股利政策是否可行最终还是取决于其能否最大化股东财富或最大化公司价值。

### (一)税差效应

股利和资本利得是投资者的两种投资收益,前者需缴纳股利所得税;后者需缴纳资本利得税。通常,股利和资本利得适用的税率存在差异,或者说存在税负不对称情形,比如中国现行税制规定,股利需缴纳个人所得税,资本利得无须缴纳个人所得税。因此,在究竟是取得股利还是获取资本利得上,股东会倍感纠结。

税负不对称使得投资者产生了对某种特定股利政策的偏好,即产生了税差(tax difference, TD)效应。如果对股利征收的所得税高于资本利得税,那么股东会倾向于获取资本利得而非股利,股东就会偏好低股利政策,反之,股东就会推崇高股利政策。

---

[①] 是指货币资金,包括库存现金和各种银行存款。
[②] 在发行新股筹集支付股利的资金时,新股发行价必须低于股利宣布前的价格(含息价格),否则,投资者不会认购被高估的股票。该发行价格可以理解为除权或除息后的价格。

根据税差效应,当股利所得税税率超过资本利得税税率时,公司会倾向于采取低股利政策,将现金留存下来用于公司的成长需要或用于股票回购。但是,税差的缩小将会大大削弱税差效应。

### (二) 税级效应

受累进制计税、税收减免等多重影响,投资者所处的税收等级存在差异。比如,公司股东(自然人)获益颇丰,根据累进制计税,其所处税收等级高。为寻求最大的税后收益,处于不同税收等级的投资者就会根据自身的税收等级给出其对某一特定股利政策的偏好。这就是税级效应,也称"委托人效应"。

若处于低税收等级的投资者占上风,那么公司就会倾向于实施高股利政策。事实上,处于低税收等级的投资者通常有三类:

第一,享受税收减免的个人投资者。比如,中国个人所得税法规定,个人持有上市公司股份 1 年以上者,其所获股利免税,持有 B 股或海外股(包括 H 股)的外籍个人,暂免征股利税。出于对未来股利不确定性的考虑,他们会偏好高股利政策。

第二,享受税收减免的机构投资者。比如保险基金,在美国,由于保险基金的股利收入和资本利得均无须交纳所得税,因此为对冲股利派发的不确定性,他们也会要求公司发放更多的现金股利。

第三,享受税收减免的公司投资者。比如在美国,公司所获得的股利收入中,至少有 70% 的股利收入是免税的,而资本利得则需全额纳税,因此,公司投资者会投资于高股利政策的公司。

因此,税级效应使得股利政策的税差效应部分甚至全部失效。从而我们就能够找到在股利所得税税率大于资本利得税税率的情况下,公司为何仍照例派发现金股利的部分理由了。

### (三) 代理成本效应

所有权和经营权分离是现代企业的一大特征,在信息不对称条件下,两权分离会导致股东与公司经营者之间的利益冲突。股东非常在意经营者是否留有大量的自由现金流,担心经营者侵占自由现金流(经营者有将自由现金流视作"免费午餐"的冲动),或者担心经营者做出一些低效甚至无效的投资(经营者有"做大"的动机)。

为了减少代理成本,并保持健康而审慎的投资策略,对存有大量自由现金流且缺乏投资机会的公司,其股东强烈偏好高股利政策,排斥低股利政策。这种股利政策减少了没有投资机会的现金留存,股东可以享受低现金留存(即高股利政策)带来的种种好处。

### (四) 信号传递效应

在成熟的资本市场,"好公司"的股利政策具有稳定、持续的特点,即股利政策是"黏性"的。其中的基本逻辑是,由于信息不对称,外部投资者(外部人)与公司经营者(内部人)相比,他们对公司情况知之甚少,无法识别"好公司"和"坏公司"。因此,"好公司"可以通过实施"黏性"的股利政策("坏公司"无法模仿)向外传递公司的正面信息,便于外部投资者将其与"坏公司"区别开来。

显然,股利政策具有信号效应,股利政策的变化可能反映了公司未来盈利预期的变化。公司经营者可以通过调高股利发放水平将公司未来良好预期的信息传递给外部投资者。股利水平提高表明公司经营者对公司未来有良好的预期,而股利水平降低表明公司经营者对公司前景有不好的预期。

### （五）追随者效应

不同的投资者是根据其纳税条件来选择股利政策的。若40%的投资者偏好高股利政策，60%的投资者推崇低股利政策，而市场上只有20%的公司采用高股利政策，那么，实施高股利政策的公司供给不足，高股利公司的股价将上涨，而低股利公司的股价将下跌。由于部分高股利政策追随者的需求没有得到满足，因此预计有一批实施低股利政策的公司将改用高股利政策，这既满足了投资者的需求，又可以从股价上涨中获益。

然而，一旦40%的公司发放高股利，则没有公司能够从改变股利政策中受益，也无法通过改变股利政策来影响其市场价值。

### （六）股利政策可能的启示

在业界和学界，股利政策是个难题，我们对它的认识还留有空白。但我们在以下情形上能够达成共识：

第一，无论有无个人所得税，公司都应该尽可能地避免通过取消正值净现值的项目来发放股利。这种优先满足投资机会的股利政策就是"剩余股利政策"。

第二，在效率不高的资本市场中，由于股利政策的信号效应不强，股价对股利政策不敏感，因此公司应该尽可能地避免通过发行新股筹集资金来发放股利。否则，公司将为此承担相应的交易成本。

> **概念自查 9-2：**
> 1. 股利政策的主要类型有哪些？
> 2. 股利政策主要受哪些因素影响？
> 3. 若你是一位CFO，你将建议董事会采取何种股利政策？公司所处的行业会影响你的决策吗？

## ■ 第三节 税收和股利政策

从20世纪50年代开始，欧美学界开始对公司选择股利政策的行为进行理论解读。在无税MM股利政策理论诞生之前，"一鸟在手"（bird in hand，BIH）理论已流行了很久，并成为当时解释股利政策的重要理论。但是，无税MM股利政策理论的诞生，为股利政策理论的研究提供了全新的方法和思路。同时，学界也开始了长达几十年的股利政策之争。本节介绍基于税收的重要股利政策理论，揭示税收影响股利政策的基本逻辑。

### 一、"一鸟在手"理论

该理论认为，在风险厌恶型投资者看来，现时派发的股利是确定的，而留存收益再投资所带来的资本利得因股价波动而具有不确定性，因此，投资者将偏好确定的现时股利而非不确定的未来资本利得。故有"宁要手中一只鸟，不要林中一群鸟"之说。"一鸟在手"理论是流行最广、持续时间最长的股利政策理论。最重要的代表人物是约翰·林特纳（John Lintner）、麦伦·戈登（Myron Gordon）等，下面通过戈登[Gordon(1962,1963)]的论述来介绍"一鸟在手"理论的基本要点。

#### （一）假设

1962年，戈登将"一鸟在手"理论推向了极致，他利用股票定价模型论证了股利政策和

公司价值之间的关系。他提出了一系列假设条件,包括:

第一,内源资金(即公司的留存收益)是公司扩大再生产的唯一财源;

第二,公司的留存收益回报率($r$)保持不变,不存在再投资风险;

第三,公司的资本成本(贴现率$k$)保持不变;

第四,公司永续经营;

第五,无税环境;

第六,公司股利增长率($g$)保持不变;

第七,公司的资本成本($k$)与股利增长率($rb$)的关系不变,即$k>rb$;

第八,公司的股利发放率($1-b$)永恒不变,即留存比率($b$)保持不变。

(二) 模型

根据以上假设,在第一期期末每股股利($D_1$)或第一期期末每股净利润($E_1$)已知情况下,可推导出股票的定价公式,即股利持续增长模型(也称戈登模型):

$$PV = \frac{D_1}{k-g} = \frac{D_1}{k-rb} = \frac{E_1(1-b)}{k-rb} \qquad (9-2)$$

在式(9-2)中,$D_1$表示第一期期末每股股利,$k$表示资本成本,$g$表示股利增长率,$r$表示留存收益回报率,$b$表示留存比率,$E_1$表示第一期期末每股净利润。如果无限期持有股票,则$rb$正好等于股利增长率$g$。由于公司不是从外部获得新资本,而是用留存收益进行再投资,并不断循环进行。因此,戈登模型是永续稳定增长模型的特例。

如果该模型的假设条件都成立,当$r=k$时,则股利政策与股票价格无关。由于未来存在不确定性,戈登在1963年的文章中修改了1962年文章中的第三条假设,即资本成本会发生变动,且$k_{t+1}>k_t$。他发现,投资者将更注重眼前收益,"宁要手中一只鸟,不要林中两只或一群鸟"。当股利发放水平下降时,投资者会认为公司把更多的留存收益进行不确定性投资,因此,他们会相应地提高要求收益率或期望收益率(即贴现率),股票价格将随之下降。

(三) 结论

"一鸟在手"理论认为股利政策对公司价值有影响,该理论有两个重要结论:一是股票价格与股利发放率成正比,高股利政策有助于公司价值的提高;二是资本成本与股利发放率成反比,低股利政策会提高贴现率,据此贴现得到的公司价值将降低。因此,根据"一鸟在手"理论,为了最大化股东财富,公司在制定股利政策时,必须采用高股利政策。

但是,该理论很难解释投资者在收到现金股利后又购买公司新发行的普通股的现象。戈登的观点建立在高风险投资政策与低市场价之间的因果关系上。股票价格下跌究竟是留存收益再投资造成的,还是低股利政策造成的呢?显然,戈登并没有解释清楚,他将投资决策、股利政策和股票价格之间的相互影响混在了一起。因此,股利政策信号理论的创始人S.巴塔恰亚(S. Bhattacharya)将"一鸟在手"理论称为"手中鸟谬误"。

## 二、无税MM股利无关论

1961年,米勒和莫迪利亚尼提出了著名的股利政策与公司价值无关论。为了避免投资决策、融资决策和股利政策的相互影响,他们在股利政策和投资决策、融资决策分离的假设下(即在给定的投资决策、融资决策条件下),研究股利政策和公司价值之间的关系。该理论认为在严格的假设条件下,股利政策不会对公司价值产生影响,同时,公司的权益资本成本与股利政策无关。

（一）假设

第一,完美市场假设。资本市场上任何投资者都无法大到足以通过其自身交易操纵证券价格,无交易成本,无税环境。

第二,理性行为假设。每个投资者都是个人财富最大化的追求者,财富增加是通过现金股利还是通过资本利得来实现是没有什么差别的。

第三,完全的确定性假设。信息对称,投资者对未来投资机会和利润完全有把握,具有共同的期望。

第四,分离假设。公司投资决策事前已经确定,不会随着股利政策的变化而改变,即投资决策与股利政策之间不相关。

（二）非成长型公司股利政策

基于以上假设,可以推断出:同一风险等级下,在任何一个给定的资本市场间隔期(比如1年)内,每股股票价格与每股股票的报酬率总是一致的,即 $\rho(t)$ 相等。平均报酬率 $\rho$ 的计算公式为:

$$\rho = \frac{d_j(t) + P_j(t+1) - P_j(t)}{P_j(t)} \tag{9-3}$$

式中,$d_j(t)$ 表示第 $j$ 家公司在 $t$ 期的每股股利;$P_j(t+1)$ 表示第 $j$ 家公司在 $t+1$ 期期初的每股价格;$P_j(t)$ 表示第 $j$ 家公司在 $t$ 期期初的每股价格。

如果用公司每股股票价值来表示公司价值,则可以用公式表示为:

$$P_j(t) = \frac{d_j(t) + P_j(t+1)}{1+\rho}$$

同理,我们得出:

$$P_j(t+1) = \frac{d_j(t+1) + P_j(t+2)}{1+\rho} \tag{9-4}$$

如果用公司全部股票价值来衡量或反映公司价值,则可用式(9-5)表示,即

$$V_j(t) = n(t)P_j(t) = \frac{D_j(t) + n(t)P_j(t+1)}{1+\rho} \tag{9-5}$$

式中,$V_j(t)$ 表示第 $j$ 家公司在 $t$ 期期初的公司价值;$n(t)$ 表示在 $t$ 期的发行在外的普通股股数;$D_j(t)$ 表示第 $j$ 家公司在 $t$ 期的股利总量;$P_j(t)$ 表示第 $j$ 家公司在 $t$ 期期初的股票价格。

假如公司为无杠杆公司,在股利政策与投资决策和融资决策分离的前提下,当期利润 $X(t)$ 和发行新股是该公司仅有的两条资金来源渠道,股利支付 $D(t)$ 以及投资性支出 $I(t)$ 则是两条主要的支出渠道。为了同时满足股利发放以及投资需要,公司在 $t$ 期内除权后以每股价格 $P_j(t+1)$ 发行数量为 $m(t+1)$ 的新股,如果 $t$ 期的留存收益可以满足部分投资需要,那么新股发行规模为:

$$m(t+1) \times P(t+1) = I(t) - [X(t) - D(t)] \tag{9-6}$$

将式(9-6)代入式(9-5),得式(9-7),即

$$V_j(t) = \frac{X(t) - I(t) + [n(t) + m(t+1)] P_j(t+1)}{1+\rho}$$

$$= \frac{V_j(t+1) - I(t) + X(t)}{1+\rho} \tag{9-7}$$

同理,我们可以得出 $t+1$ 期期初的公司价值,即

$$V_j(t+1) = \frac{V_j(t+2) - I(t+1) + X(t+1)}{1+\rho} \tag{9-8}$$

将式(9-8)代入式(9-7),并将这个过程一直持续下去。当 $t$ 趋于无穷大时,未来股价的现值非常小,可以忽略不计,因此,公司价值的近似值为:

$$V(0) = \sum_{t=0}^{\infty} \frac{X(t+1) - I(t+1)}{(1+\rho)^{t+1}} \tag{9-9}$$

式(9-9)显示,股利并没有作为影响公司价值的因素予以考虑。由此,无税 MM 股利政策理论得出如下结论:在一个理性和完美资本市场的理想经济环境中,公司价值仅仅取决于公司的投资决策、盈利能力和风险水平,而与利润如何在股利和留存收益之间分配无关。

(三)成长型公司股利政策

如果考虑实际经济生活中公司不断增长的情况,设公司每期新增投资为 $I(t)$,投资收益率为常数 $r(t)$,所有新项目的风险水平与现有项目相同,即各期的贴现率相等,则可推出此类公司的现金净流量:

时期 1: $X(1) - I(1)$

时期 2: $X(1) + r(1)I(1) - I(2)$

时期 3: $X(1) + r(1)I(1) + r(2)I(2) - I(3)$

……

时期 $n$: $X(1) + \sum_{t=1}^{n-1} r(t)I(t) - I(n)$

根据式(9-9),成长型公司价值的现值为:

$$V(0) = \frac{X(1) - I(1)}{(1+\rho)} + \frac{X(1) + r(1)I(1) - I(2)}{(1+\rho)^2} + \cdots + \frac{X(1) + \sum_{t=1}^{n-1} r(t)I(t) - I(n)}{(1+\rho)^n}$$

经整理后可得到以下简式:

$$V(0) = \frac{X(1)}{\rho} + \sum_{t=1}^{n} \frac{I(t)[r(t) - \rho]}{(1+\rho)^t} \tag{9-10}$$

式中,第一项表示无新投资情况下公司价值的现值;第二项表示新投资所带来的公司价值增值的现值,新投资价值增值的现值取决于投资规模($I$)以及平均投资收益率($r$)与期望收益率($\rho$)的差异水平。式(9-10)也显示,在无税环境、信息对称、股利政策与投资决策和融资决策分离等条件下,股利政策与公司价值无关。

无税 MM 股利政策理论也暗示,任何时候都不能为了提高股利发放水平而放弃正值净现值的项目。在股利政策与投资决策和融资决策分离的前提下,高股利政策无助于公司价值增长,但是,放弃正值净现值的项目则会导致公司价值下降。

无税 MM 股利政策理论具有开创性的意义,它是研究股利政策的原点或起点。该理论

推出之后，人们循着无税 MM 股利政策理论进行研究。无税 MM 股利政策理论的严格假设条件成为后续研究的主要内容和线索。

### 三、税差理论

无税 MM 股利政策理论的假设条件中至少有一项违背常理，即无税假设。学界首先选择释放无税假设。由于股利与税后利润的分配有关，因此公司所得税与股利政策无关。但当引入个人所得税后，情况发生了变化。由于股利和资本利得适用不同的所得税税率，实际税负不同，存在税差，因此投资者可以通过选择合适的股利政策来实现其税后收益的最大化。法勒和塞尔文（Farrar and Selwyn, 1967）最先进行税差理论研究，该理论也是著名的股利政策有害论。

（一）假设

1967 年，法勒和塞尔文提出了第一个税差模型，该模型仅仅放宽了无税 MM 股利政策理论中的无税假设，即

第一，有税环境，即同时考虑公司所得税和个人所得税的影响；
第二，公司将净利润作为股利全部发放给股东；
第三，资本利得税税率低于股利所得税税率。

（二）模型

法勒和塞尔文认为，如果公司将净利润全部以股利形式发给股东，那么第 $i$ 个股东获取的税后股利所得总额为：

$$Y_i^d = [(\text{EBIT} - rB_c)(1 - \tau_c) - rB_{pi}](1 - \tau_{pi}) \tag{9-11}$$

式中，EBIT 表示公司每期（年）息税前收益；$r$ 表示借款利率（假设个人可以和公司一样以同样的利率借款）；$B_c$ 表示公司债务水平；$\tau_c$ 表示公司所得税税率；$B_{pi}$ 表示第 $i$ 个股东的个人债务（可以理解为股东为进行股票投资而举借的债务）；$rB_{pi}$ 表示第 $i$ 个股东举借债务所需承担的每期（年）利息；$\tau_{pi}$ 表示第 $i$ 个股东的股利所得税税率；（EBIT-$rB_c$）表示公司的税前利润。

在法勒和塞尔文设定的假设条件下，净利润（EBIT-$rB_c$）(1-$\tau_c$) 全部以股利形式发放后，股价下跌幅度为（EBIT-$rB_c$）(1-$\tau_c$)，资本利得总额等于股利总额。因此，如果公司不决定发放股利，全部资本利得可以通过投资者立即抛售股票实现，那么，第 $i$ 个股东获得的税后资本利得总额为：

$$\begin{aligned} Y_i^q &= (\text{EBIT} - rB_c)(1 - \tau_c)(1 - \tau_{qi}) - rB_{pi}(1 - \tau_{pi}) \\ &= [(\text{EBIT} - rB_c)(1 - \tau_c) - rB_{pi}](1 - \tau_{qi}) + rB_{pi}(\tau_{pi} - \tau_{qi}) \end{aligned} \tag{9-12}$$

式中，$\tau_{qi}$ 表示第 $i$ 个股东的资本利得税税率。

将式（9-11）和式（9-12）进行比较，得：

$$\frac{Y_i^q}{Y_i^d} = \frac{[(\text{EBIT} - rB_c)(1 - \tau_c) - rB_{pi}](1 - \tau_{qi}) + rB_{pi}(\tau_{pi} - \tau_{qi})}{[(\text{EBIT} - rB_c)(1 - \tau_c) - rB_{pi}](1 - \tau_{pi})} \tag{9-13}$$

由式（9-13）可知，当 $\tau_{pi} > \tau_{qi}$ 时，无论 EBIT 的取值是否为正数，也无论利率和债务的大小如何，两种税后所得的比率必大于 1。也就是说，税后资本利得必大于税后股利所得。因此，相对于股利所得，股东偏好资本利得。高股利政策有害成了该理论的主要观点。

之后,布伦南(Brennan,1970)、布莱克和斯科尔斯(Black and Scholes,1974)、米勒和斯科尔斯(Miller and Scholes,1982)发展了税差理论。布伦南将法勒和塞尔文的研究扩展到了一般均衡,更有说服力,又能保持一样的结论。布莱克、米勒和斯科尔斯又对布伦南的模型进行了实证研究,认为股票市场上的主要投资者并不需要支付过高的股利收入税,同时,税法的漏洞可能致使股利的实际所得税为零。因此,他们驳斥了税差理论。

(三) 结 论

税差理论的结论有两个:一是股票价格与股利发放率成反比;二是权益资本成本与股利发放率成正比。因此,按照税差理论,公司在制定股利政策时,必须采取低股利政策,这样才能使公司价值最大化以及股东财富最大化。但是,该理论没有办法解释现实经济中公司仍大量派发股利的现象,而下文的追随者效应理论则对此做出了很好的解释。

## 四、追随者效应理论

追随者效应理论从股东边际所得税出发,认为每个投资者所处的税收等级不同,有的适用高边际税率,而有的则适用低边际税率。因此,他们对待股利的态度就会不一样,处于高税级的股东偏好低股利政策,处于低税级的股东偏好高股利政策。

当投资者对高股利政策公司的需求比例大于执行高股利政策公司的比例时,则意味着市场上执行高股利政策的公司供给不足。按照供求理论,执行高股利政策的公司其股价将上涨,越来越多的公司会将其股利政策改为高股利政策,这样既满足了投资者需求,又可以从股价上涨中获益。市场很快会达到一个动态的平衡,执行高股利政策的公司吸引住了一批追随者,这些追随者处于低税级,而执行低股利政策的公司吸引住了另外一批追随者,他们处于高税级。因此,股利政策是中性的,它与公司价值没有关系,但与股利政策的供需有关。

该理论的雏形最早出现在米勒和莫迪利亚尼(Miller and Modigliani,1961)的无税 MM 股利政策理论中,在 20 世纪 70 年代得到了迅速发展。埃尔顿和格鲁勃(Elton and Gruber,1970)首先对追随者效应进行了系统研究,布莱克和斯科尔斯(Black and Scholes,1974)、佩蒂特(Pettit,1977)、利真伯格和拉马瓦斯(Litzenberger and Ramaswamy,1979,1980,1982)、凯莱(Kalay,1982)先后做出了重要贡献。他们对该理论进行了检验,现介绍其中的两个研究。

(一) 除息日股价行为测试法

埃尔顿和格鲁勃在"股东边际税率和追随者效应"一文(Elton and Gruber,1970)中,运用 1966 年 4 月至 1967 年 3 月所有在纽约证券交易所上市的公司样本数据,发现随着股利收益率的不断上升,投资者的边际税率逐渐降低。他们试图通过观测除息日后股价下跌幅度来衡量追随者效应。

他们认为,股东在公司除息日前面临两种选择:一是在除息日之前按含息价格出售其所持股票,但就此失去了获取股利的权利;二是在除息日之后出售其所持股票,但在获得了股利的同时承受了股价随之下跌的损失。在无税环境下,每股股价在除息日的下跌额等于宣布的每股股利,但是,在有税环境下,由于股利所得税率高于资本利得税税率,因此,每股股价在除息日的下跌额小于宣布的每股股利。如果没有套利机会,投资者在除息日前后

出售股票所得到的收益应该相等,即

$$P_B - \tau_q(P_B - P_c) = P_A - \tau_q(P_A - P_c) + D(1 - \tau_p) \quad (9-14)$$

式中,$P_B$表示除息日前的股票价格;$\tau_q$表示资本利得税税率;$P_c$表示当初股票购买价格;$P_A$表示除息日后的股票价格;$D$表示每股股利;$\tau_p$表示股利所得税税率。

将式(9-14)进行变换,得:

$$\frac{P_B - P_A}{D} = \frac{1 - \tau_p}{1 - \tau_q} \quad (9-15)$$

式(9-15)的左边表示除息日股票价格平均下跌幅度占每股股利的比率。在无税环境下,除息日股价下跌额等于每股股利;在有税环境下,$\tau_p$越小,除息日股价下跌额占每股股利的比率就越大,反之则越小。

埃尔顿和格鲁勃通过观察发现,如果投资者拥有高股利收益率,那么$(P_B - P_A)/D$就会变大,投资者所处的税收等级较低;如果投资者拥有低股利收益率,那么$(P_B - P_A)/D$就会变小,投资者所处的税收等级较高,即投资者所拥有的股利收益率和其边际税率呈负相关关系。

## (二) CAPM 法

1974 年,布莱克和斯科尔斯首先用 CAPM 模型研究股利政策与税收的关系。为了反映股利政策变化对股利收益率的影响,他们在传统的 CAPM 模型中增加了股利变量,运用 CAPM 模型研究股利收益率(股利政策)与股票收益率(股票期望收益率)之间的关系。

通常来说,如果股利所得税税率大于资本利得税税率,那么投资者对股利支付率越高的股票,要求的收益率也就越高。但布莱克和斯科尔斯认为,在已知风险水平的条件下,资本利得税税率低于股利所得税税率的假设并不完全适用于处于不同税收等级的投资者。一些低税收等级的投资者可能会偏好高股利政策,比如享有部分股利免税(比如股利的80%免税)好处的公司。同理,另一些高税收等级的投资者可能偏好低股利政策。可见,不同的投资者可能发生追随者效应。如果公司改变股利政策,那么一些股东会退出,但偏好新股利政策的另一些股东会加入进来。因此,股利政策是中性的,对单个公司的价值没有影响。

**概念自查 9-3:**

1. 股利无关论的主要假设条件是什么?税收如何影响投资者的收益?
2. 股利有关论可以细分为有害论和有益论,请以一鸟在手理论和税差理论为例分别说明它们的主要思想?

为此,他们利用年度数据,用修正的 CAPM 模型(增加股利变量)来验证股利政策对股票期望收益率没有影响的假说:

$$E(R_i) = r_0 + \beta_i [E(R_M) - r_0] + r_1(DY_i - DY_M)/DY_M + \varepsilon_i \quad (9-16)$$

式中,$E(R_i)$表示股票$i$的期望收益率;$r_0$表示无风险利率;$\beta_i$表示股票$i$的$\beta$系数;$E(R_M)$表示市场组合的期望收益率;$r_1$表示股利影响系数;$DY_i$表示股票$i$的股利收益率;$DY_M$表示市场组合的股利收益率;$\varepsilon_i$表示随机误差项。

从式(9-16)可知,如果$r_1$显著不等于零,那么我们就拒绝股利政策对股票期望收益率没有影响的零假设。

**人物专栏 9-1:**
约翰·林特纳
(John Lintner)

该理论的研究结论为,$r_1$在 1936—1966 年整个期间或期间的任何时间段内,都并不显著不等于零($t$检验低于其 95%的置信度下的显著水平),也就是说,股利收益率(股利政策)与股票收益率之间不存在明显的统计关系。尽管布莱克和斯科尔斯的研究结论并不满意,但是他们开创性的研究极具价值。之后,利真伯格等学者发现股利收益率(股利政策)与股票收益率之间存在明显的统计关系,高股利政策股票的期望收益率高于低股利政策股票的期望收益率,以补偿股利高税负的损失。

## 第四节　管理者动机、信息不对称、非理性与股利政策

从 20 世纪 70 年代开始,随着新的经济学分析方法的引入,股利政策研究得到了发展,并且也越来越具有现实解释功能,代理成本理论和股利信号模型是两种主要的现代股利政策模型。

### 一、股利政策的代理成本理论

在无税 MM 股利政策理论中,有一个潜在假设,即公司经营者与股东之间的利益完全一致。但是,在现实经济中,两权分离致使公司经营者与股东之间会产生利益冲突。股利政策的代理成本理论就是释放了无税 MM 股利政策理论中的关于经营者和股东利益一致的假设而发展起来的。公司股东、债权人及公司经营者是三个不同的利益群体,他们既受公司股利政策的影响,同时又从不同的方面对公司的股利政策施加影响。因此,三类群体的动机以及他们之间的利益冲突是该理论的基础和出发点。代理成本理论的代表人物及其观点如下。

(一) 迈克尔·约瑟夫(Michael Rozeff)的股利政策理论

1982 年,约瑟夫首先将代理成本理论应用于股利政策研究。他认为,一方面,股利支付能够降低代理成本;另一方面,股利支付可能增加交易成本。

第一,发放现金股利能够有效地降低代理成本。发放现金股利减少了公司经营者对自由现金流的可支配量,减少了经营者谋求私利的"免费午餐"。同时,发放现金股利减少了公司可用现金,为满足新投资所需资金,公司必然通过举债或发新股方式融通资金。由于公司进入资本市场之后,须接受更严格的审查和监管(比如,证券监管部门对股票发行严格审查,事实上起到了对公司经营者监督的作用),因此,高股利政策显然减少了或缓解了管理者与所有者之间的冲突,降低了相关的代理成本。

第二,股利支付可能增加交易成本。股利支付减少了公司可用现金,为了不放弃正值净现值的项目,公司必须进入资本市场,通过举债、发新股等外部融资方式进行资金融通,公司由此承担了外部融资成本(此处所指的交易成本是公司举债或发新股的成本)。

公司在制定和选用股利政策时,应该在代理成本和交易成本之间进行权衡,使得总成本最小。也就是说,总成本最低时的股利政策是最优的。约瑟夫对样本数据进行回归分析后所得到的结果支持了他的推论(见图 9-1)。

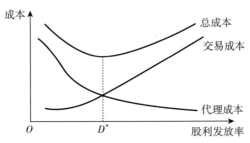

**图 9-1　代理成本和股利发放率的关系**

由图 9-1 可知,代理成本随着股利发放率的提高而减少,交易成本则与股利发放率有正相关关系。$D^*$ 为最佳股利发放率,意味着执行该股利政策的总成本最低。

但是,约瑟夫承认,外部融资的效果可能并不理想,理由有两点:一是外部融资会产生新的"代理冲突",即公司与新资本供给者的冲突;二是公司未来现金流量存在波动性,波动性越大的公司,其外部融资就越频繁,所承担的交易成本也就越多。为此,公司可能被迫采取低股利政策。

### (二) 弗兰克·伊斯特布鲁克(Frank Easterbrook)的股利政策理论

1984 年,伊斯特布鲁克的研究发现,在现代公司制企业中,经营者与股东会产生利益冲突。股东要求设计一套机制,减少代理成本,确保经营者按照"股东至上"原则来管理公司。他认为,与股东有关的代理成本主要有两种:一是监督成本,即股东监督经营者行为所承担的监督成本;二是与风险有关的代理成本,即经营者不愿为追求高收益项目而承受高风险,致使股东丧失优良的投资机会。伊斯特布鲁克认为,应该为股东设计一套机制,即把发放股利和外部融资有机地结合起来,此举可减少代理成本,引导经营者按照"股东至上"原则来管理公司。

第一,外部融资具有良好的治理效果。伊斯特布鲁克认为,一方面,发放现金股利减少了经营者侵占留存收益所带来的代理成本,同时,发放现金股利能够相对提高公司债务比重,债权人侵害股东利益的意愿下降,减缓了债权人和股东之间的代理冲突。另一方面,发放现金股利减少了公司内部资金,促使公司不断通过资本市场进行融资。如果公司持续在资本市场上进行融资,则上文提及的两类代理成本的负面影响就显得微不足道了。如果发新股融资,则投资银行等中介机构就将参与其中,它们对经营者的有效监督远胜于股东对经营者的监督效果。如果举债融资,则可以调高债务对权益的比重,还本付息压力(即硬约束)会让公司经营者正视风险,力求最大化股东财富。

第二,股利政策的治理效果相对下降。如果公司能够不断地接受资本市场的监督,那么股利政策的治理效果就会降低。比如,成长型公司通常少发甚至不发股利,但由于不断增长的投资机会使这类公司经常活跃于资本市场,或者举债融资,或者发新股融资,它们不断接受资本市场的监督。因此,通过发放股利来降低代理成本就显得不那么重要了。

### (三) 艾夫·凯莱(Avner Kalay)的股利政策理论

1982 年,凯莱最先从契约角度研究股利政策。他认为,公司股东和债权人会产生利益冲突,股东控制公司,能够选择合适的投资和融资政策来最大化其财富。他们有两条途径从债权人手中转移财富:一是通过减少投资或消耗现有资产来支付股利,二是通过举债履行股利政策。减少投资和增加债务比重都将增加债权人风险及损害债权人利益,为保全债权,债权人会制定债务契约,通过制定限制性条款,以直接股利约束或间接股利约束形式来限制此类股利支付。

直接股利约束是指在债务契约条款中,明确规定的股利约束条件,比如公司股利发放率不得超过 50% 等。直接股利约束对所有形式的股利都进行限制,公司当期税后净收益一旦为负值,则当期不得支付股利。

间接股利约束是指在债务契约条款中,并没有明确规定的股利约束条件,比如公司应该维持的最低净资产规模和流动比率等,一旦规定了最低净资产规模和流动比率,也就降低了现金股利的发放空间。

可见,股利发放受债务契约中直接或间接股利约束条款的限制,此举可以有效阻止股东侵占债权人利益的行为。但也有学者认为,债务的违约概率其实很低,而债务契约的相关条款降低股利政策灵活性的证据是实实在在的。比如,当公司用于正常经营需要的现金明显多于债务契约要求的现金最低限额时,如果不重新修订债务契约中诸如股利发放率等条款,就可能发生逆向财富转移现象,即债权人侵占股东利益。

(四)拉斐尔·拉·波塔(Rafel La Porta)的股利政策理论

2000年,波塔等学者从公司治理角度研究股利政策。他们通过对代理成本与股东权益保护的相关性研究来分析股利政策,为此,建立了结果模型(outcome model)和替代模型(substitute model)两个股利代理模型。

结果模型认为,股利发放是保护股东权益的有效方式。公司小股东可以利用他们享有的法律权利迫使公司发放现金股利,从而阻止公司经营者侵占留存收益的动机。在其他条件相同的情况下,对小股东的权益保护得越好,公司的股利发放率也就越高。在重视小股东权益保护的国家或地区,若公司拥有正值净现值的投资机会,那么就可以采用低股利、高投资的政策。比如,成长型公司普遍执行低股利政策,股东对将来获得更高股利有信心。

替代模型认为,股利发放可以作为保护股东权益的一种替代品。公司对资本市场的依赖程度越来越大,资本市场也对公司提出了更高的要求。比如,要求公司拥有高效的公司治理结构等。发放股利减少了公司经营者谋取私利的"免费午餐",是换取资本市场"好感"的有效途径。因此,股利可以作为保护股东权益的一种替代品。在其他条件相同的情况下,在不重视股东权益保护的国家或地区,由于发放现金股利能够确立公司的信誉,以及释放公司未来拥有良好预期的信号,因此公司常常通过高股利政策来求得资本市场的好感。即便是对于拥有良好投资机会又急需资金的公司而言,它们也不惜为了树立良好的信誉,求得资本市场的好感,而被迫执行高股利政策。比如,在股东权益法律环境较差的国家或地区,会出现成长型公司执行高股利政策的奇怪现象。

## 二、股利政策的股利信号模型

股利信号模型的雏形始见于20世纪五六十年代,20世纪70年代末开始,该理论得到了迅速发展。该理论释放了MM股利政策理论中的信息对称假设,认为信息是不对称的,公司经营者比外部投资者更了解公司。如果公司经营者预计未来业绩良好,有不错的预期,那么他们会想办法将这一信息传递给外界。该理论认为,股利政策是一种可靠的信号,当公司未来有良好的预期时,公司可以通过增发股利将这一信息传递给外部投资者。

股利信号模型所依据的思想是:将信息传递给公司外部投资者不是无成本的。如果信息传递是无成本的话,那么"坏"公司就可以模仿"好"公司的股利政策,于是会混淆信息。因此,任何股利信号模型均建立在克服无成本缺陷,尽力创建一个有成本的信号机制上。在这种机制下,只有"好"公司才能够承担得起高昂的成本,而"坏"公司会不堪重负,它们无法模仿"好"公司的股利政策。

1979年,巴塔恰亚(Bhattacharya)发表了"不完美信息、股利政策和'一鸟在手'谬误"(Bhattacharya,1979)一文,创建了一个与罗斯的资本结构信号模型相近的模型。他认为,一个公司可以将增加股利支付视作向外部传递利好消息的一种信号,超预期的股利支付常常意味着公司拥有可观的未来预期现金流,足以支付股利及到期债务,良好的未来预期将拉升公司股票价格,增加股东财富。但他同时认为,高股利政策会引发交易成本(包括举债和发新股的融资成本,以及股利的税负)。

巴塔恰亚的股利信号模型有以下假设条件:

第一,公司资产可以产生永续的现金流;

第二,公司现有资产所产生的现金流都能够理性地进行再投资;

第三,股利政策由公司经营者决定,公司经营者的目标与股东一致;

第四,信息不对称,只有公司经营者知道现金流分布信息;

第五,风险中性;

第六,期限为一年。

在该文中,$X$ 为公司从新项目(永久性投资)上获得的不确定性的期末现金流,$1-\alpha$ 为现金股利的个人所得税税率,资本利得不征税,$D$ 为新增发的股利,$V(D)$ 为因新增发股利而增加的公司清算价值。

若 $X$ 大于 $D$,那么公司现有股东将获得税后股利 $\alpha D$。由于 $(X-D)$ 可以用于公司再投资,因此公司进行再投资需要从外部筹集的资金可以节省 $(X-D)$。若 $X$ 小于 $D$,那么公司支付的股利仍为 $D$。由于需筹集资金发放股利,因此资金不足部分 $(D-X)$ 将给现有股东带来 $(1+\beta)(D-X)$ 成本。$\beta$ 为外部融资的成本。公司现有股东的新增价值函数为:

$$E(D) = \frac{V(D) + \alpha D + \int_D^X (X-D)f(X)d(X) + \int_X^D (1+\beta)(D-X)f(X)d(X)}{1+r}$$

$$= \frac{V(D) + M - (1-\alpha)D + \beta \int_X^D F(X)d(X)}{1+r} \tag{9-17}$$

式中,$f(X)$ 和 $F(X)$ 是 $X$ 在区间 $(\underline{X}, \overline{X})$ 上的分布函数;$M$ 为现金流的平均值;$r$ 为贴现率。式(9-17)的含义是,股东新增价值是清算价值与预期现金流之和,再减去股利税以及弥补现金流缺口所产生的相关成本之后的余额。

又假设 $[0,t]$ 为投资项目的现金流分布,现金流均值为 $t/2$。每个公司的现金流水平 $(t)$ 存在差异,投资者并不能区别 $t$ 的大小。因此,经营者通过股利支付向外界传递信息以帮助投资者区分 $t$,并使股东的价值最大化,即

$$\max E(D) = \max \left[ \frac{t}{2} + V(D) - (1-\alpha)D - \frac{\beta D^2}{2t} \right] / (1+r) \tag{9-18}$$

对 $D$ 求导,得:

$$V(D^*) - (1-\alpha) - \frac{\beta D^*}{t} = 0 \tag{9-19}$$

由式(9-19)可知,$V(D^*)$ 表示增发股利的边际收益,是指单位股利变动所带来的清算价值的变动,$(1-\alpha) + \frac{\beta D^*}{t}$ 表示增发股利的边际成本,是边际税率和弥补现金流缺口所产生的相关成本之和。

当 $V(D^*)$ 与股利信号显示的价值一致时,达到均衡。此时,业绩差的公司(即"坏"公司)不能模仿业绩好的公司(即"好"公司)运用股利信号。"坏"公司传递这种信息的成本相当大,它们必须为支付现金股利而筹集外部资金,从而承担额外的成本。此外,它们还会承担因愚弄市场而招致公司股票价格大幅下降的成本。

巴塔恰亚创建了第一个股利信号模型之后,股利信号模型渐渐分成两支:一些学者致力于实证研究,大量的实证研究结果都表明股利公告向市场传递了信息;另一些学者循着巴塔恰亚的研究思路,建立了一系列股利信号模型。尽管每个股利政策理论的细节不同,但是每种理论或模型的基本思想是一致的。在信息不对称条件下,股利支付是较便宜的且能可靠地将公司之间的盈利差异传递给外界的一种方式。

> **小案例 9-1:格力电器(000651)的高派现**
>
> 格力电器是中国家电行业的龙头企业之一,其拥有充沛的利润流和现金流。2012—2016 年,已累计分红约 364 亿元,每年分红数分别为 30 亿元、45.1 亿元、90.2 亿元、90.2 亿元以及 108.2 亿元,成为中国的"现金牛"公司。你认为格力电器的现金股利政策是否具有信号效应?若格力电器今后减少现金股利派发力度,公司是否会有负面影响?

## 三、行为学派

用行为科学对股利政策进行研究具有革命性意义。从 20 世纪 80 年代开始,米勒、H. M. 谢弗林(H. M. Shefrin)、M. 斯塔特曼(M. Statman)等学者首先将行为科学引入股利政策研究。其中,代表性的观点有理性预期理论、自我控制理论和后悔厌恶理论。

### (一)理性预期理论

1981 年,米勒首先将理性预期概念应用于股利政策研究。该理论认为,无论何种决策、无论市场对经营者行为做出何种反应,都不只取决于行为本身,更取决于投资者对经营者决策的未来绩效的预期。股利宣布之后,投资者通常会根据对公司内部若干因素以及外界宏观经济环境、行业景气程度、政府政策可能的变化等其他因素的分析,对股利支付水平和支付方式做出种种预测。

当公司真正宣布发放股利时,投资者会将它与预期进行比较。如果两者一致,则即便宣布的股利高于前些年的水平,股价也不会发生变化;如果宣布的股利高于或低于预期水平,则投资者会重新估计公司以及股票价值,揣摩、推断股利出乎预料变动的含义。投资者可能会把出乎其预料的股利政策作为预测公司未来收益变动的线索。因此,若公司宣布的股利与投资者的预期不一致,那么股票价格就很可能发生变化。

### (二)自我控制理论

1984 年,谢弗林和斯塔特曼提出了自我控制理论。该理论基于行为理论,从行为学角度来解释人们为什么偏好现金股利。该理论认为,人类的行为不可能是完全理性的,即便造成不良后果,人们还是不能自我控制。有两点理由:一方面,人们对未来有长期规划;另一方面,人们又有着满足当前需求的渴望。这种冲突要求他们通过自我控制对当前的短期行为进行自我否定,以符合长期发展需要。

实现自我控制的方法有两个:一是运用个体自身的意志力修正当前的行为动机,达到自我否定;二是以外在的规划抵制来自某种短期行为的诱惑。因此,对投资者来说,假定将未来需要使用的资金在当前购买股票,同时规定供其当前消费的资金来源仅限于收到的现金股利,又假定出售股票极为不便,且交易成本高昂。对于缺乏自我控制能力的人来说,这种规则限制了其当前消费所能动用的资金,大大降低了因意志力薄弱带来的高消费。因此,股利政策为投资者提供了一种外在的约束机制。比如,年轻人难以自我控制消费,为了迫使自己增加储蓄,他们会选择低股利政策的股票投资组合。

**概念自查 9-4:**

1. 追随者效应属于股利有害论还是股利有益论,为什么?
2. 股利政策能够传递出什么信息?请用实际事例说明。
3. 你认为股利政策是一种融资决策还是投资决策?
4. 与增加股利相比,公司更加不愿意削减股利,可能的原因是什么?
5. 调高股利发放水平是否可能成为一种负面的财务信号?请予以解释。

### (三)后悔厌恶理论

后悔厌恶理论在 1980 年有了雏形,1982 年成型。该理论认为,在不确定条件下,投资者在做出决策时,会将当下的情形和他们过去遇到过的但尚未尝试过的情形进行对比。如果投资者认识到以前遇到过的但尚未尝试过的机会将使他们处于更好的境地,那么他就会后悔;相反,如果投资者从选择当下的机会中得到了最好的结果,那么他就会有一种满足感。该理论的核心内容有:

第一,胁迫情形下采取行动所引起的后悔比非胁迫情形下的要轻微;

第二,未付诸行动所引起的后悔比错误行动所引起的后悔要轻微;

第三,如果个体需对行动的最终结果承担责任的话,则引起的后悔比无须承担责任的情形要来得强烈。

该理论的结论是,投资者一般都属于后悔厌恶型,他们偏好现金股利,并从高派现中获得满足感。因此,出售股票通常会引起投资者更大的后悔。

## 第五节 股利政策决定的现实分析

上文介绍了重要的股利政策理论,这些理论揭示了税收、管理者动机、信号等因素是如何通过股利政策来影响企业价值的。事实上,股利政策与投资决策有关。比如,当公司经营者看好未来时,受限于融资约束,他们需要在追求增长机会和派发现金股利之间进行权衡。这时,若公司经营者严格履行股利政策,那么公司有可能被迫取消或终止投资项目;若公司力保投资项目,那么公司可能以削减现金股利为代价。股利政策又与融资决策有关。比如,为了保证稳定的股利政策,即便在现金不足时也要通过举债或发新股的方式,筹足资金来履行。显然,在现实世界里,股利政策决定复杂难懂,受诸多因素影响。现分述之。

### 一、法律规定的限制

在制定和选用股利政策时,不应触碰已有的法律法规,应该清楚股利政策适用的法律边界,否则,会付出惨痛的代价。

第一,资本保全规定。资本保全规定是指公司不能动用资本发放股利的规定。资本有两种定义,一是仅指资本金(股本),二是指包括资本金(股本)和资本公积(超缴资本)在内的资本。资本保全规定中所涉及资本主要是指资本金。

第二,超额累积留存收益限制。超额累积留存收益是指累积留存收益超过了公司未来投资之需,超额部分必须以股利形式回馈股东。比如,在发达国家或地区,由于股利所得税税率高于资本利得税税率,公司持有超额累积留存收益的目的可能是帮助股东规避高股利税负。因此,公司超额累积留存收益的这种用意一旦被查实,将被加征惩罚性税收。

第三,无力偿债限制。为保全债权人的债权,禁止无偿债能力的公司支付现金股利。无力偿债的含义较广,既包括财务困难,比如无力偿还到期债务,又包括"资不抵债",比如公司负债超过资产的公允价值。无力偿债还包括因履行股利支付而失去偿债能力。

第四,净利润限制。一般来说,根据"多盈利多发股利,不盈利不发股利"的原则,公司年度净利润必须为正以及以前年度亏损得以足额弥补后,才能发放股利。在发达国家或地区,鉴于股利政策有很强的信号效应,公司不会轻易降低股利发放水平或停止发放股利,哪怕借钱也要发。因此,在股利政策实践中,"多盈利多发股利,不盈利不发股利"的原则并不完全适用。

第五,利润分配限制。利润分配限制不具有普遍性。在中国,公司利润分配的法定顺序为:计提法定盈余公积金(法定盈余公积金达到注册资本的50%时,才可停止计提)、计提任意盈余公积金、支付股利。因此,股利支付在利润分配的法定顺序中处于最末位置。

## 二、公司的控制权

派发高现金股利之后,公司对外部资金需求将增大,发新股融资的可能性大增,在新股不附权发行(即老股东没有优先认购权)的情况下,公司控制权可能被稀释。因此,拥有控制权的股东会偏好低股利政策,将更多利润留下来用于未来投资,以最大化其财富。

这个道理适用于几乎所有国家和所有行业:股权松散的公司通常采用高股利政策;股权集中度高的公司通常采用低股利政策,比如私人公司或大股东控股的公司很少甚至不发股利。

## 三、公司的财务特征

公司的财务特征可以用增长率、收益稳定性、流动性等财务指标表述,公司股利政策深受公司财务特征的影响。

在年轻的行业中,公司具有成长性,拥有超常增长率,资本性支出和营运资本支出巨大,当前盈利性差但拥有良好的未来。因此,此类公司一方面急需大量资本,另一方面需保持一定的流动性,以备不测之需。于是,我们就不难为成长型公司为何采取低股利政策甚至零股利政策找到注释了。

在成熟的行业中,公司收益稳定、现金流充沛,但缺乏投资机会。因此,仰仗超强的流动性和稳定的利润流,它们会实施高股利政策,将大部分利润作为股利回报给股东。

## 四、财务灵活性

财务灵活性是指公司的举债能力。主要表现在以下几个方面:一是债务融资渠道的多寡,二是借款时间的快慢,三是举债成本的高低。如果公司举债渠道众多,能迅速地以较低成本筹借到款项,那么该公司的财务灵活性就强。财务灵活性可以衡量公司对不确定性的耐受程度,灵活性越强,公司承受不确定性的能力越强,就越有底气实施高股利政策。

### 五、债务契约的相关条款

债权人为了保全债权,会与借款公司签订债务契约,并设置限制性条款来维持公司的清偿能力和流动性。比如,规定公司在债务期内必须履行的最低留存收益比例,这一限制性条款直接影响了公司的股利发放率。如果债务契约中的相关条款要求公司保持很高的留存收益比例,那么为了严格履行债务契约的限制性条款,公司在债务期内只能实施低股利政策。

### 六、国别差异

由于各国的融资体制存在差异,即便是在成熟的市场经济体,也存在直接融资和间接融资两种截然不同的融资体制。因此,公司在制定和选用股利政策时,必然要虑及所处的融资体制。

在发达国家和地区,英国公司支付的股利最高,北美公司支付的股利一般高于欧洲(除英国)或日本的公司。公司总部在发展中国家的公司,即使它们支付股利,通常也是非常低的。有很多因素影响这一股利发放模式,融资体制的差异是其中的一个重要因素。英国、美国等国家的公司大多依赖证券市场融通资金,普遍采用直接融资;而德国、日本等国家的公司依赖中介机构融通资金,大多采用间接融资。融资体制的差异性决定了股利政策的国别差异。

### 七、行业特征

行业特征对股利政策的制定和选用影响很大。在成熟的行业中,公司盈利稳定、现金流充沛,但投资机会相对较少,因此,该行业中的公司倾向于将其利润中的大部分作为股利。相对年轻的行业则相反,它们成长空间大,投资机会多,因此,该行业中的公司会将大部分利润进行留存,仅派发少量甚至不派发现金股利。在资产密集型行业中,公司执行高股利政策。在受管制的行业中,公司支付更高的股利,比如公用事业公司几乎在每个国家都支付高股利。

可见,对股利发放影响最大的行业特征因素包括工业增长率水平、资本投资需求、盈利性、收益稳定性等。也就是说,一个行业的平均股利发放率与它的投资机会多少等呈负相关关系。因此,拥有许多增长机会的成长型公司选择零股利或低股利政策也就不足为怪了。但是,随着这些公司的成熟,股利发放率也将提高。

### 八、股利政策的"黏性"特征

股利政策是否具有信号效应大大地影响公司股利政策的制定和选用。在成熟的市场经济体,"好"公司都倾向于"平滑"的股利政策,股利政策的波动性同股利的最终决定因素——公司利润的波动性相比要小得多,即股利政策是"黏性"的。其原因是股利政策具有信号效应,任何股利政策的调整都被视为公司向市场释放其未来预期变化的信息。因此,为避免市场误读,公司轻易不会调整股利政策,尤其不会下调股利发放水平。只有当公司未来盈利的持续增长有良好的预期时,公司才会逐渐调高每股股利的发放水平。但是,当公司面临亏损或盈利不佳时,公司不会马上调低股利发放率,相反,会继续试图保持一个正常的每股股利发放水平。只有当公司确实无法达到原来的盈利预期或陷入财务困境时,公司才会考虑调低股利发放率,并进行全面调整。

在新兴的市场经济体,由于股利政策的信号效应较弱,因此无论公司业绩和预期怎样,公司普遍采用低股利政策,甚至有公司长期扮演"铁公鸡"角色。

## 九、股东的避税要求

公司股利政策的制定和选用还受股东避税要求的影响。若股东(投资者)需要交纳高额的股利所得税,那么投资者就会降低对高股利的需求,为此,公司将加大留存收益的比例。可见,为满足股东减少税负的意愿,公司可能少发甚至不发股利,即通过延迟支付股利的方式规避当下的高税负。

国外学者对股利政策与税收的关系进行了大量的实证研究。就截面研究而言,运用CAPM模型检验了投资者是否对高股利政策比对低股利政策有更高的税前要求收益率。许多检验证明了股利收益与股票投资回报之间呈正相关关系,但是,究竟是源于哪个因素,则无统一说法。就时序研究而言,重点研究了股票除息日公司股票价格的平均变化情况。持有即将除息股票的投资者将面临两种选择:一是将含息的股票出售而获得资本利得;二是直接获得股息,并以较低的价格出售股票,这种决策取决于股票的预期价格。实证检验证明,在除息日,股票价格的跌幅明显低于股息。但也有学者认为,如果考虑了交易成本,上述的结论并非完全合理。就免税交易者而言,如果股票除息后的跌幅低于股息,则其会在除息日前购入股票套利,且无须承担风险。

## 十、交易成本或资本市场效率的高低

股票交易成本对股利政策的影响主要表现在股票交易需要承担支付给经纪人的佣金等。在一个新兴市场经济体的资本市场上,股票投资者通常承受较高的交易费用,因此,他们需要一个较高的要求收益率。投资者通常认为,现金股利是一种低成本的现金回报方式,高现金股利政策能够满足其寻求平衡的心态。从这个意义上说,在投资者需要承担高额交易费用的相对不发达的资本市场上,公司应该采取高股利政策;而在高流动性且低交易成本的运转良好的资本市场上,公司应该采取低股利政策。随着股票交易成本的逐渐降低以及高收益投资基金的愈加盛行,股利发放率理应逐渐降低,但事实并非如此。

现实世界的情况有时并不能完全用以上逻辑判断来推测,比如即便是在运转良好且交易成本较低的美国资本市场上,公司为了保持较为稳定的股利政策,股利发放率也并没有因此而降低。在美国,金融制度已较过去大大改善,也更有效率了,资本市场能够提供更好的投资机会和更灵活的支付方式。然而,总体上讲,股利政策并没有发生质的变化,公司仍按相近的总利润比例(近似于50%)支付股利。

## 十一、股权结构的差异

**概念自查 9-5：**

1. 股利政策主要受哪些因素影响？
2. 若你是一位 CFO，你将建议董事会采取何种股利政策？公司所处的行业会影响你的决策吗？
3. 针对以下公司，你认为应该选用一个低的、中的还是高的股利政策？
（1）有很多投资机会的成长型公司。
（2）流动性佳、融资灵活性强的公司。
（3）经营风险高、盈利不确定性大的公司。
（4）股权集中度较高、股东大多为高收入者的公司。

一个长期不变的股利支付规律是：私人或股权集中的公司几乎不发股利，拥有控制权的股东会偏好低股利政策，将更多的利润留存下来，以最大化其财富。而股权分散的公司通常将其利润的一部分作为股利发放给投资者。即使不考虑诸如增长率、资产特征等其他一些因素，股权结构仍然对现行股利政策有很大的影响。几乎在每个国家、每个行业，股权分散的公司通常采用高股利政策，而股权集中的公司通常采用低股利政策。

信息不对称程度较低且股权集中的公司，它们的决策权较集中在少数人手中，并且各决策人之间的信息传递快捷而可信，相对来说，它们对股利作为一种信号的需求较小。比如，美国、英国、加拿大等国家的公司几乎完全依赖于证券市场融资，这些公司的股权结构表现为分散化的特点，因此，它们多采取高股利政策。相反，德国、日本等国家的公司，它们的主要融资渠道是间接融资，其股权集中度较高，因此，它们往往采取低股利政策。私人或股权集中的公司甚至不发股利。

所有权与经营权的分离程度也是影响公司股利政策的重要因素。股权结构分散程度决定了公司所有权与经营权的分散程度，也决定了公司代理成本的高低。随着公司股权的扩散，管理者持股比例下降，其享有的股利将随之减少。因此，他们通过"投资"的方式从公司闲置现金流量中获得收益的动机较强，同时，由于代理成本的增加，公司股东要求公司将股利政策作为传递管理者行为的信息的需求就较大。

## 本章小结

1. 股利政策是关于公司股利发放比例以及发放方式的公司决策。但是，股利政策决定是一个颇受争议的话题，为此，形成了很多理论。股利政策理论源于无税 MM 股利政策理论，该理论认为，在完美资本市场条件下，公司价值与公司的获利能力和公司所处的风险等级有关，而与公司的股利政策无关。随着经济学新的分析方法的引入，股利政策理论得到了发展，并且也越来越具有现实解释功能。

2. 股利政策既和融资决策有关，又和投资决策有关，决定公司股利政策的因素众多。由于股利政策、投资决策和融资决策会相互影响，因此为了独立地分析股利政策决定，早期的理论都是在给定的投资决策和融资决策下展开讨论的。

3. 股利政策通常与投资决策和融资决策结合在一起，比如如果公司未来被一致看好，那么公司将执行低股利政策，留存更多的利润用以满足公司的增长机会。否则，将失去投资机会。

4. 和资本结构研究一样，股利政策也是公司金融领域中一个需要用精确理论模型来分析的重要领域，而且它已经成为现代金融研究中被较为透彻研究的领域之一。尽管如此，目前还是有一些问题不能得到解释。

5. 股利政策是公司重要的利益分配政策，也是一种重要的融资方式。在现实世界中，决定公司股利政策的因素众多。在无税 MM 股利政策理论诞生之前，"一鸟在手"理论已流行了很久，成为解释股利政策的重要理论。但是，无税 MM 股利政策理论的诞生，为股利政策理论的研究提供了全新的方法和思路，即无套利均衡分析方法。

## 重要术语

股利政策　股票回购　股票分拆　"一鸟在手"理论　无税 MM 股利政策理论　税差理论　追随者效应　代理成本理论　股利信号模型　理性预期理论　自我控制理论　后悔厌恶理论

## 习题

**简易题**

1. 在上海证券交易所找一家定期发放股利的公司。

（1）公司每隔多长时间定期发放一次股利？

（2）股利的数额为多少？

（3）你必须在哪一天登记你的股票以领取股利？

（4）股利在多少星期后支付？

2. A 公司预计，在未来 5 年里，公司净收益和资本性支出见下表：

单位：万元

| 项目 | 时刻 1 | 时刻 2 | 时刻 3 | 时刻 4 | 时刻 5 |
|---|---|---|---|---|---|
| 净收益 | 300 | 200 | 250 | 250 | 200 |
| 资本性支出 | 100 | 120 | 200 | 150 | 180 |

公司目前流通在外的普通股股数为 110 万股，现金股利为 1 元/股。

（1）若采取剩余股利政策，则公司的每股股利为多少？

（2）若保持目前的股利发放水平，试确定公司每年的外部融资额。

（3）若现金股利发放率为 60%，试确定公司每年的外部融资额。

（4）以上三种股利政策下，哪种政策可使 5 年累计股利总额最大？

**中等难度题**

3. B 公司过去 5 年每股净收益见下表：

单位：元

| 项目 | 时刻 1 | 时刻 2 | 时刻 3 | 时刻 4 | 时刻 5 |
|---|---|---|---|---|---|
| EPS | 2 | 2.3 | 2.4 | 2.5 | 2 |

（1）若股利固定发放率为 50%，请确定每年每股股利。

（2）若固定股利为每年 0.5 元/股，另支付额外股利使股利发放率达到 50%，请确定每年每股股利。

（3）若每年股利发放率介于 40%—60%，平均股利发放率为 50%，请确定每年每股股利。

（4）以上三种股利政策的含义分别是什么？

4. C 公司刚刚宣布每季度的定期股利为每股 1 元。

（1）什么时候股价会下跌作为派发股利的反应，是公告日、除息日，还是股利支付日？

（2）假设不存在税收，股价可能下跌多少？

（3）假设所有投资者的股利所得税税率均为 10%，而资本利得税税率为零，那么股价可能下跌多少？

5. D 公司 5 月 26 日宣布向股东支付 30% 的股票股利，登记日为 5 月 28 日，股票市场价格为 60 元/股。设你拥有 1 万股股票，请根据以下情景回答：

（1）若你在 5 月 26 日之前出售所持股票，每股价格为多少？

（2）支付股票股利之后，你将拥有多少股股票？

（3）若你在 5 月 29 日出售所持股票，每股价格为多少？

6. E 公司 2018 年 12 月 31 日股东权益见下表：

单位：元

| 普通股股本(每股面值 1 元，200 万股) | 2 000 000 |
|---|---|
| 资本公积(超缴资本) | 1 000 000 |
| 留存收益 | 3 000 000 |
| 股东权益总额 | 6 000 000 |

设公司 2018 年税后净收益为 50 万元，现金股利发放率为 40%，12 月 31 日股价为 10 元/股。

（1）若2018年不发放股票股利，2018年每股净收益和每股现金股利分别是多少？

（2）若12月31日宣布发放5%的股票股利，请重新编制股东权益结构表。

（3）若2018年发放5%的股票股利，2018年每股净收益和每股现金股利分别是多少？

（4）若不考虑股利政策的信号效应，5%的股票股利发放之后，股票价格将是多少？

7．假定某人持有G公司股票100股，1年后的现在，现金股利为2元/股，该公司股东的要求收益率为8%。又假定2年后的现在，公司破产，清算价格为10元/股。

（1）该公司股票的现时价格是多少？

（2）如果该公司第2年仍能发放每股1元的现金股利，并一直持续下去，则该公司股票的现时价格又是多少？

8．假如M公司与N公司处于同一风险等级。M公司希望1年后股价达到10元/股，公司发放现金股利为1元/股。N公司不发股利，现在的股价已经达到10元/股，其股东希望1年后资本利得达到4元/股。假定股利所得税税率为20%，资本利得不征税。

（1）M公司股票的现时价格为多少？

（2）如果资本利得也按20%征税，则M公司股票的现时价格为多少？

9．H公司去年执行每季度递增10%的股利政策。该公司宣布将在下季度将股利由1元/股增加至1.1元/股。此股利政策宣布后将会产生什么样的价格反应？

**高等难度题**

10．设K公司要求预测公司近5年来可用于回购股票和支付股利的现金流量。在预测过程中做如下假设：

（1）EBIT在未来5年中预计将在2018年水平上每年递增10%，2018年BEIT为200万元；

（2）资本性支出和折旧预计在2018年水平上每年递增5%，2018年资本性支出和折旧分别为100万元和20万元；

（3）2018年收入为400万元，每年递增4%；

（4）营运资本占收入的比重预计将保持在2018年水平，2018年营运资本占收入的比重为5%；

（5）资本性支出和折旧靠举债筹集资金的比例将下降至20%；

（6）公司所得税税率为30%。

要求：

未来第1年，该公司将有多少现金可用来支付股利或进行股票回购？

习题参考答案

# 参考文献

1. BHATTACHARYA S. Imperfect information, dividend policy, and "the bird in the hand" fallacy [J]. Bell Journal of Economics, 1979, 10(1): 259—270.

2. BLACK F. SCHOLES M. The effects of dividend yield and dividend policy on common stock prices and returns [J]. Journal of Financial Economics, 1974, 1(1): 1—22.

3. BRENNAN M J. Taxes, market valuation and corporate financial policy [J]. National Tax Journal, 1970(23): 417—427.

4. EASTERBROOK F H. Two agency-cost explanation of dividends [J]. American Economics Review, 1984, 74(4): 650—659.

5. ELTON E J. GRUBER M J. Marginal stockholder tax rates and the clientele effect [J]. Review of Economics and Statistics, 1970, 52(1): 68—74.

6. FARRAR D. SELWYN L. Taxes, corporate financial policy and return to investors [J]. National Taxes Journal, 1967(December): 444—454.

7. GORDON M J. Optimal investment and financing policy [J]. Journal of Finance, 1963, 18(2): 264—272.

8. GORDON M J. The investment, financing and valuation of the corporate [M]. Homewood, Illinois: Richard D. Irwin, 1962.

9. KALAY A. Stockholder-bondholder conflict and dividend constraints [J]. Journal of Financial Economics, 1982, 10(2): 211—233.
10. LINTNER J. Distribution of income of corporations among dividends, retained earning and taxes [J]. American Economics Review, 1956(46): 97—113.
11. LITZENBERGER R H. RAMASWAMY K. Dividends, short selling restrictions, tax-induced investor clienteles and market equilibrium [J]. Journal of Finance, 1980, 35(2): 469—482.
12. LITZENBERGER R H. RAMASWAMY K. The effect of personal taxes and dividends on capital asset prices: Theory and empirical evidence [J]. Journal of Financial Economics, 1979, 7(2): 163—195.
13. LITZENBERGER R H. RAMASWAMY K. The effects of dividends on common stock prices tax effects or information effects? [J]. Journal of Finance, 1982, 37(2): 429—443.
14. MILLER M H. MODIGLIANI F. Dividend policy, growth and the valuation of shares [J]. Journal of Business, 1961, 34(4): 411—433.
15. MILLER M H. SCHOLES M S. Dividends and taxes: Some empirical evidence [J]. Journal of Political Economy, 1982(90): 1118—1141.
16. PETTIT R R. Taxes, transactions costs and the clientele effect of dividends [J]. Journal of Financial Economics, 1977, 5(3): 419—436.
17. PORTA R L, LOPEZ-DE-SILANES F. SHLEIFER A. VISHNY R W. Agency problems and dividend policies around the world [J]. Journal of Finance, 2000, 55(1): 1—33.
18. ROZEFF M S. How companies set their dividend-payout ratios [J]. Chase Financial Quarterly, 1982(Winter): 69—83.
19. 李常青.股利政策理论与实证研究[M].北京:中国人民大学出版社,2001.

# 第十章
# 短期财务计划和短期融资

> **【学习要点】**
>
> 1. 营运资本及其政策含义。
> 2. 短期资金缺口的估算方法。
> 3. 自发融资。
> 4. 协议融资。
> 5. 短期融资基本原则。

营运资本(operating capital)是公司正常运作不可或缺的。营运资本是指对流动资产的投资额[①],现金、应收账款、存货等是营运资本的资金占用形态,应付账款、短期借款等是营运资本的主要资金来源。公司需要投入多少营运资本?如何筹集营运资本?如何合理配置各种流动资产?如何提高流动资产的效率?这些短期财务决策构成了营运资本管理的主要内容,营运资本管理是与长期投资决策、长期融资决策同样重要的公司金融领域。本章介绍公司营运资本的安排和筹集,第十一章将介绍如何合理配置流动资产及如何提高流动资产效率。

## ■ 第一节 营运资本和营运资本政策

短期财务计划在很大程度上与公司营运资本政策有关,营运资本政策是指公司对其所持有的流动资产的态度及与其相关的融资政策。本节首先介绍公司营运资本的相关概念,然后讨论对短期财务计划具有决定性影响的营运资本政策,最后介绍制订短期财务计划的重要方法。

---

① 公司运营需要投入营运资本及进行资本性支出,两者缺一不可,营运资本投资形成流动资产,资本性支出形成长期资产。

## 一、营运资本

### (一) 营运资本的定义

营运资本是指对流动资产的投资额,流动资产主要由现金(货币资金)、应收账款和存货构成。净营运资本(即营运资本净额)是指流动资产减去流动负债(主要包括应付账款)后的余额,或者说是公司对流动资产的净投资。从数字关系上看,净营运资本可以用表 10-1 描述。

表 10-1 净营运资本

| 资产 | 负债和股东权益 |
| --- | --- |
| 净营运资本(流动资产−流动负债) | 长期负债 |
| 长期资产 | 股东权益 |

### (二) 营运资本的"前世今生"

营运资本最早出现在大多数行业与农业生产周期密切关联的时期。比如,早期的纱厂必须在棉花收摘季节进足棉花,然后陆续将棉花投入生产,进行纺纱。如果棉花用完,则必须等到下一年深秋再备足货源。因此,为了使生产不间断,最佳的棉花采购量应该恰好够用 1 年(见图 10-1)。

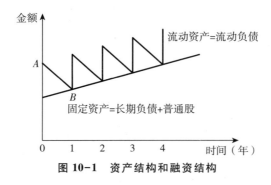

**图 10-1 资产结构和融资结构**

由图 10-1 可知,如果纱锭非常畅销,没有产品库存,且采用现销方式销售产品,那么在棉花收摘期,纱厂的营运资本(主要为存货)将达到最高点(见图 10-1 中的 A 点),而在下一个棉花收获季节来临之前,营运资本将降至最低点(接近于零,见图 10-1 中的 B 点)。如此循环往复。于是,公司可以向银行借入不长于 1 年的短期借款或使用其他短期债务购进棉花、支付人工成本和其他费用,待产品出售之后,用销售回款归还短期借款本息和其他短期债务。可见,在工业或加工行业与农业生产周期密切关联的时期,营运资本从高到低进行循环,同时,生产周期和短期融资周期一致,营运资本全部可以通过短期融资方式筹集,而长期资产(比如固定资产)所需资金则通过长期融资方式予以解决。

伴随着工业化,工业同农业的联系渐渐减弱,工业生产或加工周期与农业生产周期脱钩,专业化分工使得加工企业可以随时向农产品经销商补货。因此,公司营运资本虽然还是从高到低进行循环,但起伏不大,比较平稳,并且,为安全起见,公司各类流动资产不可能下降到零,即任何时期总有一定金额的流动资产存在,这种流动资产称为永久性流动资产(见图 10-2)。

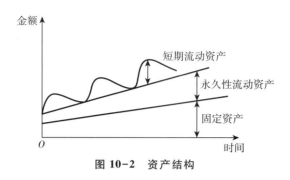

图 10-2 资产结构

由图 10-2 可知,公司的经营活动需要资金,既要将资金投资于厂房、设备等固定资产,又必须将资金投放在应收账款、存货等流动资产上。大多数公司对资产的需求呈波浪式变化。首先,从总体上讲,公司对所有资产的需求随着公司业务的增加而增长;其次,公司对流动资产的需求还带有季节性的特点,具有波动性;最后,面对公司的成长,经营者无法预知公司对流动资产的需求变动,因此,为了保证经营活动的正常有序、连续经营,公司必须对部分流动资产(比如,出于安全考虑而持有的现金和存货,它们是超出公司正常经营需要的流动资产,其数量和金额被固化)进行永久性投资,于是,流动资产就有了临时性流动资产和永久性流动资产之分。

(三)营运资金的匹配原则

至于公司各类资产所需资金的筹集,目前尚无权威的理论分析。在公司金融实践中,通常的做法是,根据资产和负债的期限匹配程度来决定融资方式,即短期资金需求应该由短期债务融资来支持,长期资金需求应该由长期债务融资来提供(见图 10-3)。

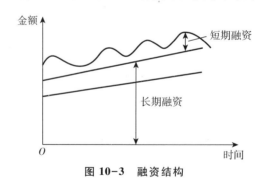

图 10-3 融资结构

由图 10-3 可知,公司对各类资金的需求随着业务的拓展而增加,临时性流动资产所需资金通过短期融资予以解决,永久性流动资产和固定资产的资金缺口则依赖长期负债和权益资本来弥合。

(四)经营周期和营运资本投资额

**1. 经营周期**

经营周期是指从公司起初购买存货(原材料、商品)到卖出产品(或商品)收回现金,这期间的平均时间长度。因此,经营周期也称现金流程。以制造企业为例,现金在生产经营中的流转过程为:

第一,公司在接到客户订单后,用现金采购原材料(在赊购条件下,原材料款可以延迟支付),现金被原材料存货替换。

第二，为了履约，公司将原材料投入生产，同时也欠下了应付工资与应付费用。

第三，产品完工后，前期投入的要素被产品存货所替代。这期间可能需要支付到期的应付工资与应付费用。

第四，当产品出售后，产品存货又转换成应收账款。在应收账款到期前，先期购入的原材料欠款可能到期，整个经营过程所发生的销售费用、管理费用和应交税金也可能需要支付。这时，公司可能处于融资渴望期或饥渴期。

第五，应收账款到期后，公司回收资金。

以上经营活动构成了公司整个现金流程体系。若公司永续经营，则这个现金流程就会循环往复。

可见，公司的经营周期主要由采购、生产、销售等环节组成，这些环节都需要占用营运资本，经营周期越长，占用的营运资本就越多。因此，控制营运资本投资额的关键在于缩短经营周期。缩短经营周期就是缩短营运资本的周转时间，减少每一轮营运资本的占用期，增加每年营运资本的周转次数。缩短经营周期可以产生两种效应：

第一，由于每年营运资本的周转次数增加，相同金额的营运资本可以相应地增加效益。如将营运资本的占用期从3个月压缩到1个月，即从每年周转4次提高到12次。在不增加资本的前提下，公司每年可以多创造收益。

第二，由于周期缩短，相同规模的业务所占用的营运资本减少，全年营运资本平均占用额将下降，同时，节省了筹资成本。

经营周期具有行业特征，比如零售商和快餐店通常采用现金交易，其经营周期一般很短，甚至出现负值，这意味着公司在向其供应商支付货款之前，就已经从其客户处收回现金，而建筑公司的经营周期一般很长。图10-4是中国上市公司2012—2017年流动资产占总资产的均值。由图10-4可知，不同行业营运资本投入的比例不同，房地产业超过80%，电力、热力、燃气及水生产和供应行业则不足15%。

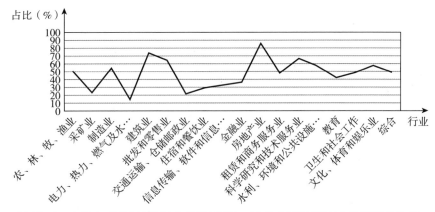

图10-4 中国上市公司（按行业分类）2012—2017年流动资产占总资产的均值。

资料来源：根据wind数据库整理。

**2. 营运资本投资额的测度和调整**

对制造企业来说，其短期经营活动按顺序主要包括购买原材料、支付购货款、生产产品、销售产品、收款等。因此，一方面，我们可以基于企业短期经营过程中所需投入的料、工、费以及企业所采取的短期经营政策来估算企业所需投入的营运资本；另一方面，可以从延长应付账款赊账期、降低原材料和产成品的库存期、缩短产品生产过程、缩短应收账款赊销期等方面入手，来缩短经营周期。

**例 10-1**：假定天创公司预测的 2020 年全年销售收入及其产品相关成本如下所示。假定不考虑销售费用、管理费用和财务费用，直接原材料在开工时一次性投入，直接人工和变动制造费用在生产过程中逐步发生，固定费用在销售过程中一次性发生。

销售收入　　　　　　　2 000 000 元
直接原材料成本　　　　　500 000 元
直接人工成本　　　　　　400 000 元
变动制造费用　　　　　　300 000 元
固定费用　　　　　　　　300 000 元

由表 10-2 可知，天创公司直接原材料仓储平均时间为 5 周，产品加工过程平均时间为 4 周，产成品仓储平均时间为 5 周，产品销售变现平均时间（销售赊账期）为 8 周，天创公司各种付款期为：原材料 5 周（指原材料采购后 5 周才支付货款），直接人工 1 周（直接人工发生后 1 周才支付工资），变动制造费用 5 周（指变动制造费用发生后 5 周才付款），固定费用 4 周（指固定费用发生后 4 周才付款）。

表 10-2　天创公司经营周期和营运资本　　　　　　　单位：周

| 项目 | 直接原材料 | 直接人工 | 变动制造费用 | 固定费用 |
|---|---|---|---|---|
| 直接原材料 | 5 | | | |
| 在产品： | | | | |
| 　直接原材料 | 4① | | | |
| 　直接人工 | | 2② | | |
| 　制造费用 | | | 2③ | |
| 产成品 | 5 | 5 | 5 | |
| 应收销货款 | 8 | 8 | 8 | 8 |
| 小计 | 22 | 15 | 15 | 8 |
| 减：付款期 | 5 | 1 | 5 | 4 |
| 营运资本占用周期 | 17 | 14 | 10 | 4 |
| 各项目全年占用额如下： | | | | |
| 原材料（17 周）： | 17/52×500 000＝163 461（元） | | | |
| 直接人工（14 周）： | 14/52×400 000＝107 692（元） | | | |
| 变动费用（10 周）： | 10/52×300 000＝57 692（元） | | | |
| 固定费用（4 周）： | 4/52×300 000＝23 077（元） | | | |
| 合计 | 351 922（元） | | | |

注：① 假直接原材料在开工时一次性投入，因此，所有直接原材料在生产过程中停留 4 周；② 假定直接人工在生产过程中逐步发生，因此，直接人工在生产过程中停留的平均时间约 2 周；③ 变动制造费用同注释②。

由表10-2可知,直接原材料的变现轨迹为:用现金购入原材料,将原材料投入生产、加工成产品,然后采用赊销方式销售这些产品。在这一过程中,现金性资产首先变成直接原材料,直接原材料投入生产后,成为产品的一部分,当产品出售后,它变成了应收账款的一部分,最后,公司收回现金。可见,直接原材料周转一次的时间为22周。鉴于直接原材料采用赊购方式采购,5周之后付款,因此,原材料实际周转一次的时间为17周(=22-5)。为实现200万元的销售收入,全年需要累计投入50万元的原材料,但是,由于原材料周转一次仅需17周,因此,在原材料上只需投入约16.35万元(=17/52×500 000)就能够满足销售目标对直接原材料投入的要求。由表10-2可知,直接人工、变动制造费用、固定费用可以用同样的思路分析所需投入的营运资本,投入额分别为10.77万元、5.77万元和2.3万元。

显然,天创公司为实现年销售收入2 000 000元,总共需投入营运资本351 922元,营运资本占销售收入的百分比为17.6%。

如果公司拟将营运资本投资额压缩至281 700元,那么,只能采取两项措施应对:一是缩短经营周期,降低营运资本占销售收入的百分比;二是压缩销售收入。

措施一:如果天创公司将原材料周转期从17周压缩到约9.697周,原材料投资仅需93 239元(=9.697/52×500 000),则全年营运资本投资额为281 700元,比原来减少70 222元,占销售收入的百分比由原来的17.6%降低到14%。这样,用281 700元的营运资本仍可以实现2 000 000元的年销售收入。这是一种积极的应对之举。

措施二:如果天创公司经营周期已经相当紧凑,无法再压缩,那么,按照原营运资本占销售收入的百分比(17.6%)计算,若营运资本减少到281 700元,则全年销售收入应相应减少到1 600 568元。这是一种消极的做法。

因此,通过减少销售收入来压缩营运资本投资额的做法不可取,而在不减少预期销售收入的前提下,通过缩短公司经营周期的做法才是积极的。公司可以采取紧缩的收款政策或争取更为宽松的付款条件等方式来缩短经营周期,争取以较少的营运资本实现预期销售目标。

(五)营运资本在信息传递上的缺陷

公司既定的营运资本反映了公司在流动资产上的投资规模以及资金缺口。但是,营运资本在信息传递上存在缺陷,主要表现在以下两个方面:

第一,无法将营运资本结构变动后有意义的信息传递出来。如果公司现金大幅减少,其存货则会相应地大幅增加,存货因销售而减少的同时,应收账款将相应增加。因此,对正常经营的公司而言,营运资本总量的变化很小,但是营运资本的构成会发生很大变化。一旦营运资本的结构发生变化,公司流动资产的风险性和流动性也将随之发生很大变化。不幸的是,营运资本数量稳定性的特点不利于有意义的信息传递。

第二,信息使用者可能误读被高估的营运资本。如果应收账款管理不力或整个信用环境恶化,公司在老账收不回来的同时又不断形成新的挂账,那么公司的应收账款将越积越多。如果公司销售不畅或市场萎缩,那么将会抬高公司的存货,尤其是产品存货。显然,以上情形所增加的营运资本并不意味着公司未来有良好的成长预期,此时,营运资本很可能误导信息使用者。

相比较而言,现金在信息表达和传递上可以避免这种缺陷,投资者通过现金流,可以对公司的支付能力、偿债能力及公司对融资的需求情况做出较为可靠的判断。因此,我们就不难理解,为什么西方发达经济体在20世纪80年代以后纷纷废弃基于营运资本的财务状况变动表,而采纳基于现金流的现金流量表。

## 二、营运资本政策

营运资本政策主要涉及流动资产持有规模以及短期融资方式选择,因此,营运资本政策将对公司各种流动资产持有规模及其融资策略产生重要影响。

### (一) 流动资产持有规模

**1. 流动资产持有规模的基本逻辑**

流动资产持有规模是一个不易回答的命题。在公司金融实践中,流动资产持有规模受公司销售预期和持有意愿的影响最大。

第一,流动资产持有规模与销售预期有关。流动资产与销售预期具有较强的正相关关系,当公司未来有良好的销售预期时,公司将会持有更多的现金,储备更多的存货,保持较高的应收账款,因此,公司自然就会持有较多的流动资产。

第二,流动资产持有规模与持有意愿有关。为实现某一个目标,公司可以主动将流动资产调整至其乐意看到的某个规模,此时,流动资产持有规模取决于公司的持有意愿。比如,为了刺激销售、扩大市场占有率、增加利润,公司可以向购货者提供更加宽松的信用条件,提高折扣比例。此举在增加公司销售收入的同时将提升平均应收账款余额,公司流动资产也将相应增加。再比如,如果公司经营者厌恶风险,那么他们会持有较多的现金、有价证券等来提高即期支付能力以及应对不测之需,或者通过扩大流动资产持有规模来提升其短期偿债能力。

**2. 营运资本政策关于流动资产持有规模的表述**

在理想状态下,公司各项流动资产的持有规模可以根据成本—收益原则或净现值法则予以确定,公司可以持有一个理想的流动资产规模。

第一,公司根据正常经营和安全储备需要持有数量合适的现金(泛指货币资金),为了获得更高的投资收益,将超过正常经营和安全储备需要的现金投向有价证券(也称现金等价物或现金蓄水池),需要现金时,可以出售有价证券,但需要承担交易成本。

第二,在信用环境良好的前提下,如果不改变信用政策,公司应收账款仅仅与销售收入有关。如果放宽信用条件,则会增加应收账款,同时,会刺激销售、增加利润,但也要为此承担机会成本、坏账费用等。

第三,公司可以根据储存成本和采购成本之和最小化来决定最佳的存货规模。比如,增加原材料储备有两个相悖的效应:一方面,储存成本增加了;另一方面,原材料采购成本因采购次数降低而减少。储存成本与采购成本之和最小时的原材料持有规模是理想的持有规模。

在理想状态下,公司可以保持一个合理的流动资产规模。但是,在现实经济中,公司流动资产持有规模常常超过或低于理想水平。究其原因,与公司经营者采取的营运资本政策有关。营运资本政策关于流动资产持有规模的表述为:

第一,风险型营运资本政策要求公司持有较低的流动资产规模。

第二,保守型营运资本政策要求公司持有较高的流动资产规模。

表10-3列示了三种流动资产持有规模以及相应的报酬率,从中可以看出公司流动资产持有规模受营运资本政策影响的基本逻辑。

表 10-3  报酬率对比表  单位:百万元

| 项目 | 保守型 | 理想型 | 风险型 |
| --- | --- | --- | --- |
| 销售收入 | 200 | 200 | 200 |
| EBIT | 20 | 20 | 20 |
| 流动资产 | 60 | 50 | 40 |
| 固定资产 | 50 | 50 | 50 |
| 资产总额 | 110 | 100 | 90 |
| 资产利润率 | 18.2% | 20% | 22.2% |

表10-3中,我们将流动资产持有规模高于理想水平的公司称为保守型公司,而将流动资产持有规模低于理想水平的公司称为风险型公司。在一定销售规模下,保守型公司持有的流动资产规模高于风险型公司。在不考虑流动资产质量的前提下,较高规模的流动资产意味着公司有较强的短期债务保障程度,但是,较高规模流动资产降低了公司的资产效率,因而资产利润率降至18.2%。反之,较低规模的流动资产意味着公司短期债务保障程度较弱,风险较大,但资产利润率因资产效率提高而增至22.2%。

因此,偏好风险的公司经营者会选择持有较低规模流动资产的营运资本政策,而厌恶风险的公司经营者会选择持有较高规模流动资产的营运资本政策。

值得注意的是,以上分析是将流动资产作为一个整体看待的。实际情况要复杂得多,因为不同类别的流动资产对风险与报酬的影响存在差别。比如,持有现金比保持同等数额的存货与应收账款具有更高的流动性及更强的支付能力。

(二) 融资策略

**1. 选择短期融资与长期融资的基本逻辑**

在理想状态下,流动资产的融资方式主要取决于流动资产与流动负债的比例(即流动比率)。在发达国家,流动资产与流动负债的行业平均比率有一定共识。比如,美国行业平均流动比率大约为2∶1,也就是说,1元流动资产,其中0.5元需通过流动负债来解决,另外0.5元则需通过长期借款或股东权益予以解决。

在公司金融实践中,公司融资策略除受流动比率约束外,还受制于诸如融资灵活性、融资成本等其他诸多因素。因此,营运资本融资策略也是一个难以回答的命题。但有一点是可以肯定的,即公司短期负债比重越高,表明其营运资本融资策略越带有风险性。理由是短期负债的还款压力大,尤其在市场银根趋紧时,短期负债较难展期。然而短期负债具有灵活性的特点,公司可以根据季节性或周期性资金需求,筹集相应期限的债务。

**2. 营运资本政策关于融资策略的表述**

在理想状态下,公司可以保持一个合理的流动资产与流动负债比率。但是,在现实经济中,公司流动资产与流动负债之比经常超过或低于行业平均水平。究其原因,与公司经营者采取的营运资本政策有关。营运资本政策关于融资策略的表述为:

第一,风险型营运资本政策主张用更多的流动负债来解决流动资产所需资金,即崇尚短期融资。

第二,保守型营运资本政策主张用更多的长期融资(包括长期借款、公司债券和发新股)来解决流动资产所需资金,即崇尚长期融资。

表10-4列示了三类公司的融资选择及不同的报酬率,从中可以看出公司融资策略受营运资本政策影响的基本逻辑。

表10-4 利润率对比表　　　　　　　　　　　　　　单位:百万元

| 项目 | 保守型 | 理想型 | 风险型 |
| --- | --- | --- | --- |
| 流动资产 | 100 | 100 | 100 |
| 固定资产 | 100 | 100 | 100 |
| 合计 | 200 | 200 | 200 |
| 短期借款(5%) | — | 50 | 100 |
| 长期借款(10%) | 100 | 50 | — |
| 流动比率 | ∞ | 2∶1 | 1∶1 |
| 息税前收益(EBIT) | 25 | 25 | 25 |
| 减:利息费用 | 10 | 7.5 | 5 |
| 应税收益 | 15 | 17.5 | 20 |
| 减:所得税(50%) | 7.5 | 8.75 | 10 |
| 税后净利润 | 7.5 | 8.75 | 10 |
| 资产利润 | 3.75% | 4.37% | 5% |

由表10-4可知,保守型公司流动资产所需资金全部来自长期借款,而风险型公司流动资产所需资金则全部来自短期借款。

由于风险型公司的流动比率仅为1∶1,远低于理想状态下的2∶1,因此,风险型公司承受的流动性风险较大,短期债务保障程度不够。又由于风险型公司短期借款利息费用较少,其500万元的利息费用远低于其他两类公司的利息费用,因此,公司的资产利润率上升至5%。值得注意的是,受市场利率波动的影响大,短期借款利率忽高忽低,利息费用时多时少,因而资产利润率波动也大。因此,偏好风险的公司经营者会选择用更多的流动负债与流动资产进行匹配的营运资本政策。

保守型公司流动资产所需资金全部(大部)依赖长期借款,尽管长期借款的利息成本较高,但长期借款利率受市场利率波动的影响不大。尽管资产利润率水平降至3.75%,但公司税后净利润稳定。此外,保守型公司可以专注于改进长期业绩,不像风险型公司那样,需要频繁筹款来回奔波。因此,厌恶风险的公司经营者会选择用较少的流动负债与流动资产进行匹配的营运资本政策。

(三)营运资本政策的完整含义

可见,完整的营运资本政策由融资政策和流动资产投资政策组成。保守型公司推崇长期筹资,尽量避免短期筹资,且保持较多流动资产;风险型公司主张短期筹资,尽量避免长期筹资,且保持最低要求的流动资产。现将三类公司的融资偏好和流动资产投资态度进行比较,见表10-5。

表 10-5　综合利润率对比表　　　　　　　　　　　　　单位：百万元

| 项目 | 保守型<br>（全部长期借款<br>大额流动资产） | 理想型 | 风险型<br>（全部短期借款<br>小额流动资产） |
| --- | --- | --- | --- |
| 流动资产 | 60 | 50 | 40 |
| 固定资产 | 50 | 50 | 50 |
| 资产总额 | 110 | 100 | 90 |
| 短期借款（5%） | — | 25 | 45 |
| 长期借款（10%） | 55 | 25 | — |
| 借款总额<br>（负债占资产比率50%） | 55 | 50 | 45 |
| 股东权益 | 55 | 50 | 45 |
| 负债与权益合计 | 110 | 100 | 90 |
| 销售收入 | 200 | 200 | 200 |
| 息税前收益（EBIT） | 20 | 20 | 20 |
| 减：利息费用 | 5.5 | 3.75 | 2.25 |
| 应税收益 | 14.5 | 16.25 | 17.75 |
| 减：所得税（50%） | 7.25 | 8.13 | 8.88 |
| 税后净利润 | 7.25 | 8.13 | 8.88 |
| 净资产收益率 | 13.2% | 16.3% | 19.7% |
| 流动比率 | ∞① | 2:1 | 0.89:1 |

注：①流动比率在理论上为无穷大，但实际上，由于公司多少有一些"自发性"负债，因此，其流动比率不可能无穷大。

第一，风险型营运资本政策。表 10-5 中，风险型公司持有的流动资产较少，资产总额也较少，短期借款规模超过了流动资产所需的资金总量，由于短期借款利息费用较低，因此，应税收益相对较高，净资产收益率达到 19.7%，比保守型公司的净资产收益率高出近 50%。但是，由于风险型公司的流动比率低得惊人，不足"1"，因此，公司短期债务保障程度较低，一旦有风吹草动，公司的处境就有可能变糟。

第二，保守型营运资本政策。保守型公司持有高出风险型公司 2 000 万元的流动资产，在固定资产规模相同的情形下，公司总资产规模也大于风险型公司。保守型公司用长期借款解决流动资产所需资金，赢得了较高的短期债务保障程度，同时也承担了较高的利息费用，净资产收益率仅为 13.2%。

在公司金融实践中，公司不可能采用以上两种极端的营运资本政策，公司的营运资本政策大多介于保守型和风险型这两种极端营运资本政策之间。

**概念自查 10-1：**

1. 净营运资本和营运资本有何区别？
2. 如何减少营运资本投资额？
3. 营运资本是如何影响公司价值的？
4. 流动资产持有规模增加后，是否意味着与流动资产有关的风险会降低？
5. 如果公司目前的应收账款周转率为 4，假如公司运用短期借款筹集资金，投资于存货，那么，公司的营运资本和净营运资本将会发生什么变化？

# 第二节　短期预测和短期融资

公司经营者会根据短期财务计划，来选择合适的营运资本政策。短期财务计划包括预测短期融资需求，给出相应的融资政策，以及确定资金筹集方法。现分述之。

## 一、预测短期融资需求

### (一) 预测短期融资需求的方法

预测短期融资需求是短期财务计划的第一环节,其目的有两个:一是确定每期的资金缺口(或溢余),二是明确资金缺口是临时性的还是永久性的。预测短期融资需求的方法不少,其中现金预算是不可多得的方法。现金预算是指反映预算期内公司现金流转状况的预算,预算期通常在1年以内。现金收入预算、现金支出预算、现金溢余或缺口预算、融资计划构成了现金预算的主要内容。

编制现金预算常用的方法有三种:现金收支法、调整净收益法和估计资产负债表法。为了说明现金预算的编制过程,我们用现金收支法对公司未来现金流入、现金流出进行估计,进而确定公司现金缺口或溢余,并制订相应的融资计划。该方法的基本要领为:

第一,根据本期销售预算等资料,确定本期营业现金流入和其他现金流入。

第二,根据本期各项费用预算资料,确定本期营业现金流出和其他现金流出。

第三,确定本期现金结余的最低存量,以此推算出本期现金的缺口或溢余数,缺口部分应想办法筹资来弥补,多余现金可用于归还借款或进行投资等。

**例 10-2**:天创公司拟对 2020 年第一季度进行现金预算。公司 2019 年 12 月 31 日的资产负债表见表 10-6。公司 2019 年年末收到大量订单,2019 年 11—12 月各月实际销售收入,以及 2020 年 1—4 月各月预计销售收入(根据订单推算)见表 10-7。假定公司收款的习惯为:当月收回 20% 货款,次月收回 70% 货款,第三个月收回 10% 货款。当月购买原材料数额等于次月预计销售收入的 90%,且购货款于次月支付。预计 2020 年 1、2、3 月份的工资分别为 1 500 万元、2 000 万元和 1 600 万元。销售费用、管理费用、税金等预计每月支出 1 000 万元。公司最低现金余额要求为 5 000 万元。若出现资金缺口,建议全部采用半年期短期借款予以解决。

表 10-6 天创公司 2019 年 12 月 31 日资产负债表　　　　　　　　单位:百万元

| 资产 | 金额 | 负债和股东权益 | 金额 |
| --- | --- | --- | --- |
| 现金 | 50 | 应付账款 | 350 |
| 应收账款 | 530 | 应计费用 | 212 |
| 存货 | 545 | 短期银行借款 | 400 |
|  |  | 长期负债 | 450 |
| 固定资产净值 | 1 836 | 股本 | 110 |
|  |  | 留存收益 | 1 439 |
| 资产合计 | 2 961 | 负债和股东权益 | 2 961 |

表 10-7 2019 年 11—12 月以及 2020 年 1—4 月各月预计销售收入　　　单位:百万元

| 时间 | 2019.11 | 2019.12 | 2020.1 | 2020.2 | 2020.3 | 2020.4 |
| --- | --- | --- | --- | --- | --- | --- |
| 销售收入 | 500 | 600 | 600 | 1 000 | 650 | 750 |

## （二）现金流入预算

现金流入主要包括销售商品、提供劳务所收到的现金以及其他现金收入。销售商品、提供劳务所收到的现金在收款习惯上具有相对稳定性，因此，在分清现销与赊销之后，以历史数据描述公司过去的收款习惯，将收款习惯作为现金流入预测的依据，并考虑季节变化和顾客的变更，以及影响公司收款的其他因素（例如销售退回、销售折让及顾客可能享受的现金折扣、信用政策）的变化。最后，我们可结合销售收入预测数来逐月估计销售商品、提供劳务所收到的现金。其他现金收入主要是指固定资产的处置收入、投资收益、利息收入等。这些现金收入在时间上、数量上很不稳定，一般采用逐项估计的方法进行预测。现将例10-2的现金流入预算列示如下，见表10-8：

表10-8 现金流入预算  单位：百万元

| 项目 | 2019.11 | 2019.12 | 2020.1 | 2020.2 | 2020.3 | 2020.4 |
| --- | --- | --- | --- | --- | --- | --- |
| 期初应收账款 |  |  | 530 | 540 | 860 | 620 |
| 销售收入 | 500 | 600 | 600 | 1 000 | 650 | 750 |
| 销售收入变现： |  |  |  |  |  |  |
| 当月20% | 100 | 120 | 120 | 200 | 130 | 150 |
| 次月70% |  | 350 | 420 | 420 | 700 | 455 |
| 第三个月10% |  |  | 50 | 60 | 60 | 100 |
| 现金流入合计 |  |  | 590 | 680 | 890 | 705 |
| 期末应收账款① |  | 530 | 540 | 860 | 620 | 665 |

注：① 期末应收账款=期初应收账款+本期销售收入-本期销售收入变现额。

由表10-8可知，每个月的销售收入跨3个月变现，比如2020年1月的现金流入分别来自2019年11月销售收入的10%、2019年12月销售收入的70%，以及2020年1月销售收入预测数的20%。公司2020年1—4月各月现金流入分别为59 000万元、68 000万元、89 000万元、70 500万元。在例10-2中，我们假定公司没有其他现金收入，比如租金收入、固定资产处置收入、股利和利息收入及专利权收入等。尽管这些现金收入并非经常发生，但是，一旦存在就必须列入现金流入预算之中。

## （三）现金流出预算

现金流出主要包括原材料采购支出、人工工资支出以及制造费用、销售费用、管理费用、税金等其他现金支出。原材料采购支出主要取决于采购数量与市场价格，同时，原材料采购支出还受销售折扣和折让以及现金折扣的影响，因此，公司可以结合其以往的付款习惯对原材料采购支出进行估计。人工工资支出一般比较容易确定，因为在正常的计时工资情况下，如果没有大的人员变动，则工资水平不会发生大的变动，各期的工资支出不会有太大的差别。因此，我们可以根据上期工资支出数进行预测。其他现金支出，如制造费用、销售费用和管理费用，这些费用大部分为非现金性费用，也就是说，这些费用中只有一部分需动用现金支付，因此，可直接在编制制造费用、销售费用、管理费用预算表时梳理出现金支出部分，以此为现金流出预算的基础。现将例10-2的现金流出预算列示如下，见表10-9。

表 10-9 现金流出预算　　　　　　　　　　　　　　　　　　单位：百万元

| 项目 | 2019.11 | 2019.12 | 2020.1 | 2020.2 | 2020.3 | 2020.4 |
|---|---|---|---|---|---|---|
| 销售收入 | 500 | 600 | 600 | 1 000 | 650 | 750 |
| 原材料购买量(按次月销售额的90%购置) | 540 | 540 | 900 | 585 | 675 | |
| 原材料款支付(于次月支付) | | 540 | 540 | 900 | 585 | 675 |
| 人工工资 | | | 15 | 20 | 16 | |
| 其他费用① | | | 10 | 10 | 10 | |
| 现金流出合计 | | | 565 | 930 | 611 | |

注：①其他费用包括销售费用、管理费用和税金等。

由表10-9可知，公司现金流出主要涉及原材料款支付、人工工资支付和其他费用支付，原材料款隔月支付，其他费用当月发生、当月支付。比如，2020年1月发生的原材料款支付是指支付2019年12月购入的原材料款，计54 000万元，加上支付的人工工资和其他费用，2020年1月预计现金流出共计56 500万元，同理，我们可以分别得到2020年2月和2020年3月的现金流出。因此，2020年1—3月预计现金流出分别为56 500万元、93 000万元和61 100万元。

### （四）现金溢余或缺口预算

现金流入和现金流出预算编制完成之后，公司可以结合期初现金余额来匡算公司是否存在资金缺口。现将例10-2的现金溢余或缺口列示如下，见表10-10。

表 10-10 现金溢余或缺口预算　　　　　　　　　　　　　　　单位：百万元

| 项目 | 2019.12 | 2020.1 | 2020.2 | 2020.3 | 2020.4 |
|---|---|---|---|---|---|
| 现金流入总计 | | 590 | 680 | 890 | 705 |
| 现金流出总计 | | 565 | 930 | 611 | |
| 当期现金变动 | | 25 | -250 | 279 | |
| 期初现金 | | 50① | 75 | 50 | |
| 最低现金余额要求 | | 50 | 50 | 50 | |
| 短期借款(半年期) | | | 225 | | |
| 期末现金 | | 75② | 50 | 329 | |

注：① 来自2019年年底资产负债表中的年末余额；② 期末现金＝期初现金＋当期现金变动＋短期借款。

由表10-10可知，2020年1月，当月现金净流量预计为2 500万元，由于期初现金尚留有5 000万元，因此公司在1月份无须融资。2020年2月，当月现金净流量预计为-25 000万元，如果不借款，则公司期初现金不足以抵消当期负值的现金净流量以及保持最低现金余额要求，因此，公司需借入22 500万元半年期借款，期末留有5 000万元现金余额。2020年3月，当月现金净流量预计为27 900万元，加之期初尚有5 000万元现金余额可用，因此，3月份无须融资。

## 二、确定融资政策

例10-2中,2020年2月的资金缺口为22 500万元。那么,在解决该资金缺口时,上述资金配置方式是否合理呢?根据匹配原则,短期资金需求应该由短期融资来支持,长期资金需求应该由长期融资予以解决。

### (一)永久性营运资本配置原则

永久性营运资本是指公司为维持正常运营而必须投资于其流动资产的投资额,只要公司持续经营,就始终需要投入这一营运资本。此类营运资本具有长期投资特征,应该用长期融资方式予以解决。例10-2中的资金缺口显然不属于永久性营运资本。

### (二)临时性营运资本配置原则

临时性营运资本是指短期资产的实际投资水平与永久性营运资本投资额之间的差额。临时性营运资本表示公司短期资金需求,公司应该用短期融资方式来配置这部分营运资本。例10-2中的资金缺口显然属于临时性营运资本,采用短期借款方式来解决资金缺口的做法是合理的。

### (三)营运资本融资政策选择

匹配原则的运用是为了尽量降低公司的利息成本和交易成本。如果公司的营运资本融资政策偏离了匹配原则,那么,其融资政策必然介于激进型融资政策和保守型融资政策之间。

激进型融资政策是指部分或全部使用短期债务为临时性和永久性营运资本融资的策略,在极端情况下,公司的固定资产也使用短期资金来投资。然而,这种政策存在两个缺陷:一是借款次数增加,增加了融资的交易成本;二是公司每次借款都将以贷款时的市场利率计息,在利率市场化情形下,公司将承受利率风险。

保守型融资政策是指公司部分使用甚至全部使用长期债务来满足短期资金需求的策略。这种政策的优势在于降低了融资风险,但公司很可能将承担较高的借款利率。

在实践中,极端保守或极端激进的融资政策是不存在的,几乎所有公司的营运资本融资政策介于两种极端融资政策之间。

公司一旦确立了其营运资本融资政策,便进入了具体融资方式选择环节或阶段。下文主要介绍短期融资方式,长期融资可参见本书第七章的"长期融资"。

## 三、安排短期融资

短期融资是泛指融资期限在1年以内的融资,主要包括两类融资渠道:一是自发融资或自发负债,包括应付账款和应计费用融资方式;二是短期协议融资,包括货币市场上的有担保和无担保短期借款、商业票据等按正规方式进行安排的融资方式。本节介绍短期融资之道。

### (一) 自发融资

自发融资①主要是指一家公司接受另一家公司所提供的商业信用(trade credit),公司通过购置产品和劳务来接受供应商提供的商业信用,商业信用接受者(以下简称"受信者")可以在给定的商业信用期限内占用供应商的资金。比如,在例10-2中,天创公司于2020年1月购置90 000万元原材料,销货方给了"$n/30$"的付款条件。可以解读为,天创公司在购货的同时自发获得了一笔额度为90 000万元、期限为30天的商业信用。在例10-2中,我们假设天创公司十分理性,它用足了信用条件,在购货后的第30天支付货款,且无须承担利息费用。商业信用是公司非常重要的短期融资手段,在美国,公司流动负债中大约有30%是其接受的商业信用。因此,只要赊销方式仍然是主要的现代销售方式,接受商业信用仍将是公司主要的、首选的短期融资方式。

自发融资之所以成为公司主要的、首选的短期融资方式,主要是基于融资成本考虑。一般而言,受信者无须承担利息费用,也就是说,自发融资是一种没有融资成本的短期融资工具。因此,任何理性的公司都希望用足商业信用,并希望争取更长的商业信用期限。但值得注意的是,在两种特定的情形下,自发融资也可能发生成本。

第一,延迟付款所遭受的惩罚。如果产品或劳务的购买者接受的是无现金折扣的信用条件(比如"$n/30$""$n/60$"等),那么,只要他们在规定的信用期限内付款,就无须承担任何融资成本。为此,在没有现金折扣的信用条件下,在信用期限的最后一天付款将成为理性的受信者的共同选择。但是,如果受信者延迟付款,则会受到业内的"惩罚",即受信者将来自发融资的条件会变得更加苛刻,其信用"污点"可能会影响其信用等级,融资灵活性将大大降低。

第二,放弃现金折扣的机会成本。如果产品和劳务的购买者接受的是有现金折扣的信用条件,那么,自发融资者会面临机会成本。受信者可以选择提前付款,以便获得现金折扣,但是,他们放弃了更长时间占用授信者资金的机会。受信者也可以选择在信用期限最后一天付款,为的是尽可能长地占用授信者提供的商业信用,但是,他们失去了享受现金折扣的机会。设现金折扣信用条件为"$1/10, n/45$",发票金额为10万元。如果受信者选择在第45天付款,则相对于第10天付款可延长使用35天的商业信用,但放弃了1%的现金折扣。正因为放弃了该现金折扣,受信者实际上相当于借入本金为9.9万元、期限为35天、利息为0.1万元的借款。该商业信用的年化成本(APR)为:

$$APR = \frac{折扣比率}{100\% - 折扣比率} \times \frac{365}{总信用期限 - 现金折扣期}$$

$$= \frac{1\%}{100\% - 1\%} \times \frac{365}{45 - 10} = 10.5\%$$

可见,选择在第45天付款,相当于向银行借入本金为9.9万元、期限为35天、年利率高达10.5%的短期借款。公司如果选择在信用期限的最后一天付款而放弃现金折扣的话,则其承受自发融资的机会成本会随着现金折扣比率的提高而上升,但是,自发融资机会成本与总信用期限和现金折扣期之差成反向关系。

---

① 自发融资通常泛指无息负债,包括应付账款、应付工资、应付税金、应付股利、应付利息等。

> **小案例 10-1：戴尔公司的应付账款和应收账款倒挂**
>
> 戴尔公司是一家世界著名的个人电脑制造商，直销是戴尔公司的标志性销售模式。直销的好处有很多，既可以节省间接销售模式所发生的中介费，又可以减少存货（可根据顾客下达的订单备货，无须囤积存货），还可以大大降低应收账款。与此同时，戴尔公司对其供应商普遍采取了赊购政策，形成了大量的应付账款。于是，出现了一个有趣的"倒挂"现象，即戴尔公司的应收账款和存货较低，而应付账款较高，其净营运资本（即流动资产减去流动负债后的差额）为负值。你认为，戴尔公司净营运资本为负值的主要好处是什么？

### （二）商业票据

商业票据（commercial paper, CP）是指一些规模较大、信誉良好的工商企业和金融企业在货币市场上使用的一种短期借款方式。商业票据是一种无违约风险、高度变现的短期期票，因此，只有那些信誉好、规模大的大公司才具有发行商业票据的特质。在美国，发行商业票据的资格认定非常严格，只有为数不多大型的、著名的最高信用等级的公司才有资格发行，从而保证了商业票据极低的违约率。事实上，商业票据鲜有违约事件发生。

商业票据始于 19 世纪初，是大型工商企业（比如铁路公司、烟草公司等）的短期融资工具。20 世纪 20 年代，汽车等大型耐用消费品的出现刺激了个人消费贷款需求，也催生了消费金融公司（比如通用汽车金融服务公司）的出现，它们发行商业票据融资，以满足消费者的资金需要。

商业票据的期限长短不等，最长一般为 270 天，期限长短往往基于票据发行者的特征和在发行方式上的差异。商业票据可以直接出售，也可以间接出售。大的工商企业一般通过投资银行间接出售商业票据，票据期限通常为 30—180 天，其购买者多为保险公司、银行信托部门、养老金等机构投资者，此类商业票据被称为经纪商票据（dealer paper）。大的金融企业直接将商业票据出售给投资者，并根据投资者的需要确定票据的到期日（1—270 天）和金额，此类商业票据被称为直接票据（direct paper）。目前，绝大多数公司采用直接出售，它们主要将商业票据出售给大型金融机构和银行控股公司，商业票据的利率、到期日、金额等内容由发行人和购买者通过协议方式约定。直接出售可以节省 0.1%—0.125% 的交易承销佣金，但是无法获得交易商提供的诸如定价、做市、法律咨询等一些有效服务。然而，对初次或偶尔进入商业票据发行市场的公司来说，与获得的有效服务相比，其承受这部分佣金可能是必须且值得的。

在实际操作中，发行人常常以从商业银行获得的信贷限额支持（发行人须向商业银行偿付一定的费用才能获得这种信贷限额支持，相当于获得了一份贷款期权）来发行商业票据，此举为商业票据的无违约风险特性提供了"保险"。特别是当发行人遭遇现金流困境或信贷市场出现紧缩时，商业银行的信贷限额支持增强了发行人的支付能力，是商业票据购销两旺的保障。长期以来，商业票据被誉为大公司的一种低成本的借钱机器，大公司常常连续、滚动地使用商业票据进行融资，将商业票据融资作为一种永久性资金来源。

为了保证商业票据的质量，商业票据均须由一家或多家信用评级机构进行评级。比如，穆迪公司有两类基本的商业信用评级——"优等"和"非优等"。其中，优等分为 P-1、P-2 和 P-3 三个等级，只有第一级和第二级的商业票据才能在货币市场上有比较好的表现。出售最低等级的商业票据是非常困难的,尤其是在经济处于低谷时。同时,级别越高,融资成本越低。标准普尔公司和惠誉公司也有类似的做法。因此,几乎所有商业票据都有信用评级,且大多由穆迪、标准普尔进行评级。

商业票据的成本包括佣金和利息,其中利息是该种融资方式的主要成本。由于商业票据按贴现值发行,因此,商业票据的年实际借款成本可以用式(10-1)换算,即

$$\mathrm{APR} = \left(\frac{rPf}{P-rPf}\right)\left(\frac{1}{f}\right) = \frac{r}{1-rf} \tag{10-1}$$

式中,$r$ 表示票据票面利率;$P$ 表示票面值;$f$ 表示按一年比例表示的借款期限。

> **例 10-3**:设 A 公司发行商业票据,票面总计 100 万元,期限为 50 天,票面利率为 5%。计算年实际借款成本。
>
> 该公司发行的商业票据的年实际借款成本是多少?

例 10-3 解析

知识专栏 10-1:
商业票据评级
和"滑铁卢"

尽管商业票据的实际利率大于票面利率,但是由于商业票据具有无违约风险的特性,因此,商业票据的融资成本一般低于商业银行同期短期借款成本。这种融资方式仅仅适用于那些具有超强实力的公司,一般公司不易取得。因此,商业票据仅仅被视为短期银行借款的一种补充。

### (三) 无担保短期银行贷款

无担保短期银行贷款(unsecured loans)是指不以具体的某项资产为担保的短期银行借款。这类短期借款的主要形式有:信用限额、周转信贷协议、特定交易贷款和过桥贷款。无担保短期银行贷款具有"自我清偿"的特点,如果不考虑道德风险,借款人会将这些借款资金全部投资于流动资产,变现能力较强的流动资产能够在一年内或一个经营周期内产生足够的现金流来偿还借款。

**1. 信用限额**

信用限额(line of credit)是指银行和借款人之间达成的非正式协议,协议规定了在未来约定的一段时间内银行赋予借款人无担保银行贷款的最高信用限额,借款人可以在双方约定的时间内,在约定的最高限额下随时向银行借款。

信用限额的数量根据借款人的信誉和需要量来确定,银行通常以信函的方式告知借款人将为其提供的最高信用限额,借款人在约定的时间内可以随时向银行借入信用限额内的款项。如果借款人没有用足信用限额,那么,他必须对信用限额中未使用部分支付承诺费(承诺费可以理解为存贷利差)。信用限额的期限通常不超过一年,为了阻止借款人将短期借款用于长期投资,避免道德风险发生,银行可能会在协议中增加清理条款,即要求借款人在一年内清账一段时间,比如 40 天,这意味着借款人一年内必须有连续 40 天不欠银行短期债务。由于信用限额协议是非正式的,因此如果借款人的信用恶化,则银行在法律上没有义务继续向其提供资金,可以单方面终止贷款协议。信用限额每年调整一次,银行会就借款公司在过去一年的经营业绩来确定来年的信用限额。

由于信用限额并不构成银行向公司提供信用的法律义务,以及银行可以动用清理条

款,因此对融资者而言,信用限额的缺点也是显而易见的。

**2. 周转信贷协议**

周转信贷协议(revolving credit agreement)是银行和借款人之间达成的正式协议,即银行在未来约定的一段时间内给予借款人的最高信用限额是正式的、法律上的承诺,并且该信用限额是可循环的或可周转的。协议一旦生效,只要借款人的借款要求不超过约定的信用限额,银行都应当予以满足。在周转信贷协议到期日之前,借款人可以循环使用周转信贷协议中约定的信用限额。借款人除支付借款利息外,还须对信用限额中未使用的信用承担承诺费。

假如 A 公司和银行签订了周转信贷协议,根据协议内容,信用限额为 10 万元,期限为 1 年[①],年利率为 10%,承诺费按 0.2% 计算。A 公司在 1 年内可以循环使用 10 万元的信用限额。如果 A 公司年初借入资金 10 万元,第 5 个月月末归还一半,则从第 6 个月月初开始至周转信贷协议到期日之前,A 公司还可以借入最高额度为 5 万元的款项。但若借款人最终未动用 5 万元的借款额度,那么在借款人所借入的 10 万元借款中,其应承担两笔利息费用,一笔为借款金额为 5 万元、期限为 1 年的借款利息(即 0.5 万元),另一笔为借款金额为 5 万元、期限为 5 个月的借款利息$[5×5×10\%/12=0.21(万元)]$。此外,借款人还需承担信用额度为 5 万元、期限为 7 个月的承诺费$[5×7×0.2\%/12=0.006(万元)]$。如果借款人从第 4 个月月初开始借入 10 万元,等到周转信贷协议到期日归还所借款项,则借款人需承担前 3 个月的承诺费以及后 9 个月的利息费用。

周转信贷协议具有很强的融资灵活性,可以满足那些对未来现金需求不太明确的公司的融资需要。融资者只需承担比利息费用低得多的承诺费便可获得银行贷款的"期权",大大节约了融资成本。

**3. 特定交易贷款**

特定交易贷款(trading loan)是指仅仅为某一具体目的进行的短期融资。比如,为满足季节性生产而向银行申请的短期借款。由于周转信贷协议、信用限额用于公司经常性的短期资金需求,因此对于非经常性的短期资金需求而言,如果用周转信贷协议、信用限额来解决此类资金需求,则会增加融资成本。由于这种交易贷款是偶尔发生的,其资金需要也是短暂的,因此适合依照信用限额或周转信贷协议借款。在审核交易贷款申请时,银行要对借款企业的信用状况和偿还借款的能力进行个别的评估,非常看重借款人创造现金流量的能力,并据此确定贷款的数量、期限和利率。

**4. 过桥贷款**

过桥贷款(bridge loan)是一种特殊的短期银行借款,是一种过渡性贷款,通常用于"弥补断层",直到公司能够安排长期融资。比如,在实施并购时,收购公司可以使用过桥贷款来增持目标公司股票,待获取对目标公司的控制权后,收购公司可以获得以目标公司为抵押物的长期银行借款。

过桥贷款期限短,一般不超过 1 年,利率较高,通常采用贴现贷款,即银行在发放贷款时已经扣除利息。

---

[①] 为了计算方便,我们将 1 年期借款视作短期借款。

### 5. 无担保短期银行贷款的成本

影响无担保短期银行贷款实际成本的因素有很多,包括贷款利率、补偿性存款余额要求、承诺费等。对这些因素的分析有助于借款人进行有效的短期融资决策。

(1) 贷款利率

商业银行短期贷款的名义利率大多由借贷双方协商确定。通常,银行用基准利率或用向其最大的、最有信誉的客户所收取的利率作为标志性利率(基准利率),然后根据特定借款人的信誉、借款数量、借款人和银行之间当下和未来的关系,以及银行进行信用调查和处理贷款业务过程中发生的成本大小来调整贷款利率。因此,我们可以预知,银行通常向信誉差的公司提供较高利率的信贷,小额贷款的利率高于大额贷款的利率,等等。

但是,由于商业银行之间竞争异常激烈,同时还要面对来自票据市场的竞争压力。因此,无担保短期银行贷款所收取的利率必然受此影响。比如,为了取得竞争优势,银行会采取薄利多销的政策,于是,银行对信誉最好的客户所提供的优惠利率甚至低于基准利率,对信誉稍差的客户提供的利率以优惠利率为基准,再加上一定的基点。如果仅仅考虑利息费用,那么年实际借款成本的计算公式为:

$$\text{APR} = \left(\frac{\text{借款利息}}{\text{借款取得的可用现金}}\right)\left(\frac{1}{f}\right) \quad (10-2)$$

式中,$f$ 表示未清偿的借款的期限与 1 年相比的比例。

(2) 补偿性存款余额要求

补偿性存款余额(compensating balance)要求是指商业银行要求借款人在银行中保持最低的无息存款余额。补偿性存款余额要求降低了借款人的实际借款额,比如借款人借入 100 万元,如果补偿性存款余额要求为 10%,那么借款人实际可用借款额仅为 90 万元,但必须承担本金为 100 万元的借款利息。银行在获取本金为 100 万元贷款的利息收入的同时,却无须为该贷款的补偿性存款余额支付存款利息。

为什么银行有补偿性存款余额要求?银行设置补偿性存款余额要求的目的是补偿银行经营贷款所付出的代价,包括经营贷款需要付出的所有成本。因此,合理的补偿性存款余额应该表述为,补偿性存款余额的利息收入(即补偿性存款余额与贷款利率的积)恰好补偿银行经营贷款所付出的全部成本时所要求的补偿性存款余额,即

$$B = \frac{C \times 360}{i \times n} \quad (10-3)$$

式中,$B$ 表示补偿性存款余额;$C$ 表示银行经营贷款需要付出的所有成本;360 表示 1 年取 360 天;$i$ 表示银行贷款年利率;$n$ 表示贷款期限(用贷款天数表示)。

一般而言,补偿性存款余额通常为借款规模的 10%—20%。至于具体比例,还需根据信贷市场的竞争程度以及信贷双方的协议内容而定。

不管补偿性存款余额的比重为多少,补偿性存款余额要求增加了借款人的融资成本。考虑了补偿性存款余额要求之后的年实际借款成本为:

$$\text{APR} = \left(\frac{i \times f \times P}{P - B}\right)\left(\frac{1}{f}\right) \quad (10-4)$$

式中,$P$ 表示借款金额;$B$ 表示补偿性存款余额;$i$ 表示银行贷款年利率;$f$ 表示未清偿的借款的期限与 1 年相比的比例。

如果补偿性存款余额可以获得存款利息,则借款人的借款成本就会降低,此时的年实

际借款成本可表示为：

$$APR = \left(\frac{i \times f \times P - r \times f \times B}{P - B}\right)\left(\frac{1}{f}\right) \qquad (10-5)$$

式中，r 表示补偿性存款余额的存款年利率。

**例 10-4**：假设 A 公司通过周转信贷协议获得一笔资金，计 100 万元，期限半年，年利率为 10%，承诺费为 0.5%，补偿性存款余额要求为 10%，存款年利率为 8%。如果 A 公司在初始全额借入，到期偿还，融资成本是多少？

例 10-4 解析

随着银行业竞争的加剧以及票据市场的发展，商业银行为了取得竞争优势，会放弃补偿性存款余额的要求。

（3）承诺费

在周转信贷协议中，承诺费是一笔经常发生的融资成本。其大小将影响公司的融资成本，在考虑了承诺费之后，年实际借款成本为：

$$APR = \left(\frac{i \times f \times (P - F) - r \times f \times B}{P - B}\right)\left(\frac{1}{f}\right) + \frac{c \times t \times F}{P - B}\left(\frac{1}{t}\right) \qquad (10-6)$$

式中，c 表示承诺费费率；F 表示未使用的信用限额部分；t 表示未使用的信用限额的期限与 1 年相比的比例。

**例 10-5**：承例 10-4，假如公司在初始仅借入 50 万元，到期偿还，另外 40 万元信用限额未用，则该公司的年实际借款成本是多少？

例 10-5 解析

（四）有担保短期银行贷款

为了降低贷款风险，银行会要求借款人提供相应的抵押品，短期银行贷款的抵押品包括借款公司持有的应收账款和存货。

**1. 应收账款抵押融资**

（1）应收账款抵押借款

在信用环境良好的国家或地区，应收账款是变现能力很强的一种流动资产，俗称"速动资产"。因此，它是一种非常理想的短期银行贷款抵押品。目前，中国的商业银行也开始审慎地开展此类业务，比如乘用车细分行业的龙头企业宇通客车（600066），在 2017 年通过应收账款抵押方式，借入约 5.5 亿元的短期银行借款。

应收账款抵押借款以借款公司向银行提出抵押贷款申请为起点，以用应收账款变现资金归还贷款本息为终点。整个借款过程主要由以下步骤组成（见图 10-5）。

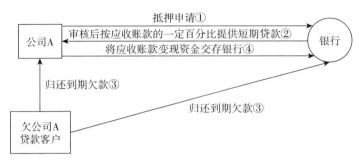

图 10-5　应收账款抵押融资程序

第一，借款人将其持有的应收账款作为抵押品向银行申请抵押贷款。银行收到用作抵押的应收账款后，会对应收账款质量进行分析，剔除质量低下、不宜作为抵押的应收账款。应收账款质量越好，银行按指定应收账款面值进行贷款的百分比就越高。信用等级较低客户的应收账款常常遭银行拒绝。此外，银行还非常关注抵押品的规模效应。如果作为抵押品的应收账款规模较小，那么银行处理它们的单位成本就较高。因此，银行常常拒绝笔数多、每笔金额又较小的应收账款抵押贷款申请，此时，银行不再将注意力仅仅放在考察应收账款本身的质量好坏上。

第二，银行在对应收账款逐笔审核或"批量"审核之后，决定对借款人实施贷款的额度。一般来说，贷款额度根据应收账款面值的一定百分比确定，该百分比的大小主要取决于应收账款平均账龄的长短以及质量的好坏。应收账款平均账龄越长，贴现息就越大，百分比就越低，贷款额度也就越少。如果应收账款质量良好，且进行逐笔审核，则银行一般按应收账款面值的50%—80%放款。如果仅对应收账款进行批量审核，则有可能发现不了单笔应收账款可能存在的瑕疵。因此，这类抵押贷款的百分比较低，甚至只有面值的25%。一旦银行决定按应收账款面值一定的百分比放款，则借款人须向银行提交相关的应收账款清单，清单上应列有应收账款的欠款单位、金额等重要信息。

第三，借款人归还到期欠款。借款人还款的方式有"通知"和"不通知"两种。通知方式是指借款人须通知其欠款单位（借款人的客户），将应收账款抵押事实告知其客户。因此，当应收账款到期时，借款人的客户会将款项直接付给银行。银行收到这笔款项后，扣除贷款本息，将余额存入借款人的存款账户。不通知方式是指借款人无须告知其客户应收账款已经被抵押的事实，这样，当应收账款到期时，借款人直接从其客户处收取货款，然后再由其将这笔款项交付给银行。银行收到这笔款项后，扣除贷款本息，将余额存入借款人的存款账户。在不通知方式下，借款人可能截流其客户的到期货款，给银行造成风险。尽管借款人愿意采用不通知方式，但是银行为了自身的安全，有权选择通知方式。

在应收账款抵押借款中，由于应收账款的所有权没有让渡给银行，因此银行始终保留对贷款的追索权。也就是说，一旦借款人和其客户发生债务纠纷致使其不能履行到期短期借款支付，银行仍具有向借款人追回贷款本息的权利。

（2）应收账款保理

从广义上讲，应收账款保理（factoring）属于应收账款抵押借款范畴，应收账款保理也称应收账款让售。为避免歧义，此处的应收账款保理专指公司将应收账款出售给金融机构获得资金的一种融资方式。应收账款一旦出售，意味着购入应收账款的银行或其他金融机构失去了对让售应收账款公司的追索权。与应收账款抵押借款相比，中国商业银行较早就开始受理应收账款保理业务，最早可追溯到2000年。目前，中国商业银行愿意与实力较强的行业龙头企业开展此类业务。比如,宇通客车在2017年发生了几笔应收账款保理,既有应收账款国外保理,又有应收账款国内保理,总计41.51亿元,其中最大的一笔应收账款国内保理高达31.4亿元。此举可以大大改善公司的流动资金周转,减轻短期资金压力。

应收账款保理的程序见图10-6。

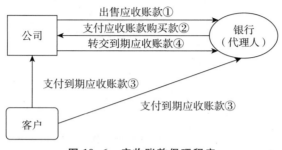

**图10-6　应收账款保理程序**

第一,公司向银行提出让售应收账款的申请。由银行的信用部门对应收账款的质量进行审核,据此做出拒绝或接受的决定。银行和公司之间发生的应收账款买卖可以通过合同来约定。应收账款保理与应收账款抵押借款的最大不同是,应收账款的所有权由借款公司手中转移到了银行或其他金融机构手中。因此,银行或其他金融机构在购买应收账款时应该格外小心。

第二,银行对应收账款定价。对高质量的应收账款,银行或其他金融机构仅仅赚取应收账款贴现息和佣金。一般而言,金融机构在购入应收账款之后不会立刻付款给让售公司,而是等到应收账款到期日或平均到期日才支付。如果金融机构在应收账款到期日之前预付给让售公司,则让售公司需承担这笔预付款的利息。鉴于银行会承担信用风险以及处理应收账款的成本,因此,佣金一般不低于应收账款面值的1%。佣金大小与单笔应收账款的规模、应收账款的出售总额和应收账款的质量有关。比如,公司将200万元应收账款出售给银行,佣金率为2%,贷款月利率为1%,这些应收账款平均期限为1个月。那么,银行买入应收账款之后,如果随即将196万元(已扣除贴现息2万元和佣金2万元)支付给让售公司,则让出售公司还需承担1.96万元($=196\times 1\%$)的利息费用。但是,对于质量较低的应收账款,银行购置价格可以通过协商的办法予以确定。

第三,银行收取应收账款到期款。在通知方式下,由于让售公司已经告诉其客户关于应收账款已经出售的事实,因此,让售公司的客户在应收账款到期日会将款项直接支付给银行。在不通知方式下,由于让售公司的客户并不知道关于应收账款已经出售的消息,因此,他们还是将到期款项支付给让售公司,然后再由让售公司背书后交给银行。

应收账款保理对让售公司来说有许多益处,比如筹集了资金,改变了公司流动资产结构,避免了持有应收账款所需要承担的坏账费用、催账费用等。

**2. 存货抵押借款**

存货是流动资产的重要项目,它也具有较强的流动性,也适合作为短期银行贷款的抵押物。存货抵押有三种主要方式,即信托收据、栈单筹资和一揽子留置权。

(1) 信托收据

信托收据(trust receipt)是一种存货抵押借款方式。根据银行和借款人订立的信托收据借款协议,银行按照存货抵押物价值的一定百分比向借款人实施贷款,借款人替银行托管用于抵押借款的指定存货,借款人(托管人)用销售这些抵押物所获得的现金来归还欠银行的贷款本息。信托收据适用于经营大件耐用商品的零售企业,比如汽车经销商、大型家具经销商。信托收据的运作程序主要包括以下步骤(见图10-7)。

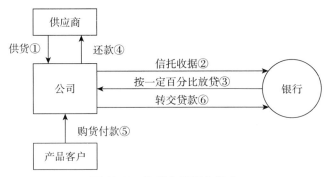

图10-7 信托收据运作程序

第一,供应商采用赊销方式向购货公司供货。为了按时还款,保全信用,购货公司会以信托收据方式向银行或金融机构借款,以偿付到期货款或用来调头寸。

第二,购货公司与银行或金融机构签订一份信托收据,该信托收据规定了对存货的处置方式。由于此类抵押物为指定抵押物,因此银行须对抵押物进行具体确认后,才能交由公司托管,并按其所接受的抵押物价值的一定百分比发放贷款。

第三,购货公司偿还供应商应付货款。

第四,购货公司归还到期借款。当购货公司将托管的存货出售之后,须将所得款项转交银行,银行扣除贷款本息之后,余额转入公司的存款账户。公司的客户在提货时,须经银行同意。为了监督借款人是否及时将销售所得款项转给银行,银行会定期审查、核对借款人手中托管的存货,以防止借款人截流抵押物销售款。

(2)栈单筹资

栈单筹资(warehouse receipt)是指借款公司将贷款抵押物存入公共仓库或隔离在借款公司的仓库中,并将从仓库中所获得的栈单(收据)交由银行申请贷款的一种融资方式。栈单筹资适用于小型制造企业,其运作程序见图10-8。

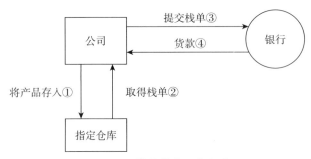

图10-8 栈单筹资运作程序

第一,借款公司将抵押物(产品)存入一家公共仓库或指定仓库内。鉴于公共仓库费用高、运输不便等原因,借款公司也可以将抵押物存入其厂内的指定仓库内(该仓库由独立经营的仓储公司管理)。

第二,仓储公司或公共仓库向借款公司签发一张栈单(仓库收据)作为其对存入仓库中的特定抵押物拥有的所有权。栈单有可转让和不可转让之分。可转让栈单是指抵押物在储存期间的所有权可以背书转让的栈单;不可转让栈单是指银行对抵押物拥有唯一发言权的栈单,对不可转让栈单,因销售而发放抵押物的授权须由银行采用书面形式告知仓储公司或公共仓库。绝大多数的栈单是不可转让的。

第三,借款公司将栈单提交银行,银行据此向其发放贷款。银行依据仓储公司认定的栈单质量来决定贷款规模,通常按抵押物价值一定的百分比实施贷款。

第四,借款公司规还到期借款。借款公司将抵押物出售之后,须将所得款项及时转交银行,银行扣除贷款本息之后,余额转入借款公司的存款账户。客户在提货时,须经银行书面同意。

(3) 一揽子留置权

与上文介绍的存货抵押借款方式不同,一揽子留置权(floating lien)是指无须特定(指定)抵押物的抵押借款方式。在这种抵押借款中,银行取得对借款公司抵押物的一揽子留置权,一旦借款公司违约,银行就可以对借款公司所有抵押物进行处置。银行关心的是抵押物的实际价值,并不关心抵押物的具体品类,只要能保证抵押物的价值不变,借款公司在借款期内就可以替换抵押物。

在实施一揽子留置权时,银行其实很难对此类贷款进行有效控制,信用不佳的借款公司更难对付。也正因为如此,为了避免贷款风险,银行常常按抵押物价值较低的一个百分比实施贷款。

## 四、短期融资原则

短期融资是公司营运资本或流动资产的重要资金来源,短期融资决策取决于短期融资成本、融资可行性、融资灵活性以及短期融资和长期融资之间的关系。

(一) 成本性原则

用最低的成本获得短期资金是短期融资的最重要原则。为了寻求低成本的短期融资方式,公司可以在以下诸多方面寻求突破:

第一,在同时期选择成本最低的短期融资方式。在众多的短期融资方式中,自发融资的成本最低。如果仅从账面成本来考察,则商业信用是无成本的融资方式。因此,公司一方面应该用足商业信用,另一方面应该提高自身的信用等级,争取获得更多的商业信用。

第二,选择合适的融资时机。各种短期融资方式之间的成本差异会随着时间的推移而变化,并不是固定不变的。比如,由于商业票据属于无违约风险、高度变现的短期期票,因此,商业票据的融资成本低于无担保短期银行贷款。但是,如果商业银行面临的竞争环境十分激烈,同时受到票据市场的挤压,则商业银行向信誉良好的公司也可能提供利率低于商业票据利率的贷款。

(二) 可行性原则

可行性是指短期融资的可得性,这是融资方式选择的重要约束条件。在所有的短期融资方式中,自发融资是成本最低的融资方式,但是公司的购货数量、业绩和过去的信用历史将决定其是否能够获得商业信用以及能够获得多少。因此,商业信用对公司来说是有限的,并不能满足公司所有的短期资金需求。所以,从融资成本角度出发,应该选择次低融资成本的短期融资方式。

总体来讲,融资的可行性与公司的还款能力和盈利能力有关。如果公司具有超强的实

**概念自查 10-2：**

1. 什么是匹配原则？
2. 如何预测公司未来的资金需求？
3. 如何理解商业信用是一种自发融资？
4. 发行商业票据融资的约束条件有哪些？为什么？
5. 公司为什么会按照较高的利率从银行借款而不发行商业票据？
6. 请比较信用限额和周转信贷协议的区别。

力，则公司短期融资的空间较大，融资的灵活性较强，公司融资的可行性大。但是，用单一融资方式来解决公司短期资金需求既没有可能，也没有必要。正是由于短期融资受可得性的影响，公司的流动负债结构呈现出多样化的态势，既有商业信用（应付账款），又有短期借款，还有商业票据等。

### （三）灵活性原则

融资灵活性与公司在短时间内获取短期资金的能力有关。公司融资灵活性的大小与信用限额的剩余数量、公司流动资产所受到的约束、公司的盈利能力等有关。

如果公司已和银行签订了周转信贷协议或信用限额协议，公司目前尚未用足信用限额，则公司的融资灵活性较大，运用短期借款方式获取资金是比较容易的。

如果公司已将其应收账款和存货的大部分抵押给了银行，则公司的融资灵活性下降，因为可抵押资产减少会对公司未来的融资灵活性产生负面影响。

如果公司的盈利能力强，则公司创造现金流量的能力强，其支付能力也强。因此，一旦公司有良好的经营业绩，其融资灵活性就会提高。

## 本章小结

1. 短期财务计划是关于公司营运资本安排和筹集的计划。营运资本是指对流动资产的投资额，公司所投入的营运资本取决于公司经营过程的时间长短。经营过程的时间跨度越大，所投入的营运资本也就越多。营运资本既可以通过短期融资方式筹集，又可以通过长期融资方式筹集。

2. 营运资本政策主要涉及流动资产持有规模以及短期融资方式选择，营运资本政策将对公司流动资产管理和短期融资行为产生重要影响。

3. 短期融资的目的是获得进行流动资产投资的资金，但流动资产的资金来源并不仅限于短期资金，其中永久性流动资产的资金需求可通过长期融资解决，临时性流动资产的资金缺口则可通过短期融资解决。

4. 短期融资包括自发融资和短期协议融资。自发融资是无成本的融资方式，因此，应该用足这种融资方式；短期协议融资包括货币市场上的有担保和无担保短期借款、商业票据等按正规方式进行安排的融资方式。在信用环境良好的情况下，应收账款和存货抵押融资是常见的短期融资方式。

5. 短期融资决策取决于短期融资成本、融资可行性、融资灵活性以及短期融资和长期融资之间的关系。就融资成本而言，商业信用无融资成本，因此，在用足信用条件的同时，公司还应该提高自身的信用等级以获得更多的商业信用。就融资可行性而言，由于商业信用对公司来说是有限的，并不能满足公司所有的短期资金需求。因此，从融资成本角度出发，应该选择次低融资成本的短期融资方式。就融资灵活性而言，融资灵活性与公司在短时间内获取短期资金的能力有关。公司融资灵活性的大小和信用限额的剩余数量、公司流动资产所受到的约束、公司的盈利能力等有关。

## 重要术语

营运资本 净营运资本 流动资产 短期融资 长期融资 现金预算 现金流入 现金流出 自发融资 协议融资 商业票据 应收账款抵押融资 应收账款保理 栈单筹资 信托收据 一揽子留置权 短期融资策略 成本性 可得性

## 习题

**简易题**

1. 如果你是财务经理,你将如何在应收账款抵押借款与应收账款保理之间进行选择?

2. 通常可以根据什么来确定一项借款是抵押还是非抵押?

3. 设A公司为无杠杆公司,目前销售收入为300万元,息税前销售利润率为10%。为维持销售规模,公司需要的资产为:固定资产100万元,流动资产50万元。

(1) 计算该公司总资产周转率和税前资产利润率。

(2) 若公司的流动资产持有规模增加20万元,请计算在该流动资产规模上的税前资产收益率。

(3) 在回答第二个问题时,你对销售收入是否做了假设?

**中等难度题**

4. B公司按销售条件"3/15, $n/60$"购买原材料,但公司通常在收到货物30天后支付货款。为此,公司CEO询问CFO原委,CFO解释说商业信用的成本仅为3%,而银行贷款成本高达10%。

(1) 你同意公司CFO的答复吗?

(2) 不利用现金折扣的机会成本究竟有多大?

(3) 在利用有折扣商业信用时,你的建议是什么?

5. C公司拟借入期限为半年、金额为10万元的借款。有几种备选方案:

方案一:取得年利率为8%的贷款,补偿性存款余额要求为20%;

方案二:发行半年期商业票据,面值10万元,按90%折价发行,票面年利率为7.5%;

方案三:取得年利率为10.5%的贷款,没有补偿性存款余额要求。

要求:按实际借款利率决定哪种方案更优。

6. D公司需要为存货进行临时性融资,目标融资额为100万元,期限半年。公司拟采取的融资方案有:

方案一:用栈单筹资方式从一家银行获得存货抵押借款,借款年利率为10%,按存货价值的80%提供贷款,存货抵押物价值为100万元。半年的仓储成本为2万元。剩下的20万元资金缺口通过改变销售条件来实现,即用"$n/40$"来取代原先的"$3/10, n/30$"。

方案二:采用一揽子留置权向银行抵押借款,借款年利率为12%,银行按存货抵押物价值的100%进行贷款。

问:你认为哪种融资方式的总成本较低?

**高等难度题**

7. E公司现金余额要求为2万元,4月底的现金余额为3万元,销售收入情况见下表:

| 月份 | 实际销售收入(万元) | 月份 | 预计销售收入(万元) |
| --- | --- | --- | --- |
| 1 | 40 | 5 | 80 |
| 2 | 50 | 6 | 80 |
| 3 | 70 | 7 | 90 |
| 4 | 50 | 8 | 70 |

其他信息如下:

(1) 应收账款的收款习惯为:当月50%,次月20%,第三个月30%;

(2) 制造费用占销售收入的60%,费用当月支付;

(3) 管理费用和销售费用占销售收入的5%,费用当月支付;

(4) 利息支付:发行在外的20万元债券的半年利息在7月支付(票面利率10%);

(5) 股利支付:每年6月宣布且在当月发放,计10万元;

(6) 5月购置30万元设备;

(7) 6月支付1万元税金;

(8) 原材料按当月销售收入的70%购入,货款当月支付。

要求:

(1) 请编制E公司的现金预算,给出5、6、7三个月的现金流入和流出。

(2) 请确定这段时间内是否需要借款,如果需要,请确定借款的时间和数量。

**值得参考的网站：**

1. 中国人民银行网站（提供《短期融资券管理办法》等融资方面的管理条例和法规）：http://www.pbc.gov.cn。

2. 穆迪投资者服务公司网站（提供商业票据评级等业务）：http://www.moodys.com。

习题参考答案

## 参考文献

1. FABOZZI F. MASONSON L N. Corporate cash management techniques and analysis [M]. Homewood, III.: Dow Jones-Irwin, 1985.
2. KALLBERG J G. PARKINSON K. Corporate liquidity: Management and measurement [M]. Burr Ridge, IL: Irwin/McGraw Hill, 1996.
3. 爱默瑞,等.公司财务管理：下册[M].荆新,译.北京：中国人民大学出版社,2000.
4. 范霍恩,等.现代企业财务管理[M].郭谘,等,译.北京：经济科学出版社,1998.
5. 陆廷纲,等.中外企业财务[M].上海：复旦大学出版社,1996.
6. 周忠惠,等.财务管理[M].上海：上海三联出版社,1995.

# 第十一章
# 流动资产管理

> 【学习要点】
>
> 1. 现金收款管理和付款管理。
> 2. 有价证券的定义和种类。
> 3. 如何用有价证券对现金存量进行有效管理?
> 4. 如何用商业信用政策来调节应收账款。
> 5. 如何进行商业信用管理?

流动资产是公司最具流动性或最具变现能力的资产类别,主要包括现金、有价证券、应收账款、存货等,因此,其管理要求不同于长期资产。流动资产管理有两个基本要求:一是要求公司保持最佳的流动资产投资水平,二是要求保持和提高流动资产的流动性。在完美资本市场假设条件下,流动资产的存量多寡及流动性强弱不会影响公司价值。但是,市场是不完美的,较低的流动资产存量和较弱的流动性增加了公司的风险,甚至可能引发破产成本。因此,流动资产的存量和流动性是影响公司价值的重要因素,流动资产的有效管理将有助于提升公司价值。本章将介绍现金、有价证券、应收账款等几个最重要的流动资产项目的管理内容。

## ■ 第一节 现金和有价证券管理

现金(cash)是指公司持有的货币资金,包括公司持有的通货(cash in hand)和各类银行存款(cash in bank)。广义上讲,现金还包括有价证券,有价证券可视为现金等价物,此处的现金专指狭义的现金。现金管理有两个基本内容,即现金流量管理和现金存量管理。其中,现金流量管理是指公司如何有效地利用现金,包括如何设法加快现金回笼的速度以及如何尽可能长地占用交易对手的商业信用;现金存量管理试图解决公司究竟持有多少现金为最佳这一棘手问题,合理的现金存量是公司对交易成本和利息损失进行均衡的结果。

## 一、现金流量管理

现金流量管理是指如何有效地进行现金收款和付款管理。收款管理的主要目标是加快现金回笼的速度,公司可以将提前回笼的现金进行一夜或几天回购来获益。付款管理的主要目标是在不违约的情况下推迟现金支付,公司可以通过此举更长时间地占用交易对手的商业信用。

### (一) 收款管理

**1. 收账浮存**

应收账款到期日并不是应收账款变现日,事实上,在票据支付到实际收到现金之间存在一个延迟或时间间隔,对收款方来说,这个时间间隔被称为收账浮存(collection float)。收账浮存包括邮寄浮存(mail float)、加工浮存(processing float)和变现浮存(availability float)。以支票结算方式为例(见图11-1),收账浮存包括三部分:一是客户寄出支票,公司收到支票所花的时间;二是公司收到支票后内部处理支票以及将其存入银行所花的时间;三是公司将资金存入银行、银行入账所花的时间。因此,在开出支票到结清支票款项之间存在一个时间差。

图 11-1 收账浮存

如果公司是付款方,则这个浮存被称为支付浮存。它是指公司购买存货后向供应商发出付款指令与现金实际流出公司之间的时间间隔。浮存对公司的影响是否积极,取决于公司取得的是浮存收益还是浮存损失。当公司是收款方时,由于它处于整个收账浮存的末端,因此,在款项未真正收到之前无法使用这笔结算资金,它将承担浮存成本。浮存成本主要包括机会成本和借款成本,前者是指由收账浮存引发的机会成本,后者是指公司在应收账款变现日之前举借短期资金的成本。收账浮存的时间跨度越大,收款公司所承受的浮存成本也就越大。反之,当公司是付款方时,它在开出支票之后至款项结清之前实际占用了这笔结算资金,此时它获得了浮存收益。因此,收账浮存对收款方是"有害的",收款管理就是尽可能地缩短收账浮存,使收款公司尽早使用资金并获益。

**2. 如何缩短收账浮存**

由于变现浮存取决于银行效率,因此收款方只能采用缩短邮寄浮存和加工浮存的方法来优化收款过程。传统的方法有:

(1) 设立银行专用信箱

设立银行专用信箱(lockbox system)的目的是缩短加工浮存。公司可在客户比较集中的地区向当地邮局租用专用信箱,在开列账单时要求其客户将支票邮寄至专用信箱中;同时,授权其开户银行使用这个邮箱来收取邮寄支票。开户银行派专人每天数次收取邮件,及时处理支票,并直接转入收款公司的银行存款账户。

银行专用信箱的优点是缩短了加工浮存,即缩短了公司收到支票与将支票提交银行之间的时间间隔;缺点是增加了收款成本。决定是否采用银行专用信箱的原则是简单比较设置银行专用信箱所增加的成本和提前获得可用资金所带来的边际收入,如果收入大于成本,则接受此法,否则不予考虑。

(2) 集中银行制

采用集中银行制(concentration banking)是为了缩短邮寄浮存和加工浮存。在集中银行制下,公司根据需要在全国设立一些收款中心,要求处于某一特定地理区域内的客户将支票邮寄给该地区的收款中心,然后由收款中心存入其在当地的开户银行。当各收款中心的存款数超过公司规定的最低存款余额要求[①]时,超过最低存款余额要求以上的资金必须划转至公司所在地的中心银行。

集中银行制的优点在于:第一,就近邮寄支票及处理支票的做法大大缩短了支票邮寄时间和处理时间;第二,增强了对公司现金流入和流出的控制;第三,减少了闲置资金,各地收款中心在当地银行中超过最低存款余额要求以上部分都转入中心银行集中管理;第四,便于中心银行将集中的闲置资金进行有效的短期投资。缺点在于增加了公司的资金转移成本和设立收款中心的成本。

近年来,随着电子资金划拨系统的使用以及结算方式的优化,收账浮存可以被压缩至很低的水平了。比如,利用电子收账系统,资金可于支付当日自动从付款方的银行账户转至收款方的银行账户。不过,缩短收账浮存的所有方法都是有成本的,至于公司最终会选择何种方法,还需权衡一下成本和收益后定夺。

### (二) 付款管理

付款管理的目标是在不违约的前提下尽可能延迟现金支付,也就是说,尽可能将付款时间往后移或尽量减少现金闲置的时间,即拉长付款浮存。付款人可以利用银行结算系统和邮政系统的低效率,尽量延迟实际支付时间,比如付款人开出支票后,低效的银行结算系统和邮政系统延长了变现浮存和邮寄浮存,或者说延长了支票的最终结算时间,付款人会从更长时间占用交易对手的商业信用中获益。然而,积极的付款管理主要包括用足净浮存、选择合理的结算方式等。

**1. 用足净浮存**

公司账面现金余额可能大于或小于其在银行中实际的存款余额,两种余额的差额被称为净浮存(net float)。若公司账面现金余额小于其在银行中实际的存款余额,则这种差额是由未达账项造成的。比如,从支票开出到该支票最终被银行结算之间存在一段时间,公司一经开出支票,就确认现金减少,但是银行对支票的结算时间在公司开出支票之后,公司在银行中的存款只有等到银行结算后才被确认减少。因此,在某一时刻便会出现公司账面现金余额小于其银行存款余额的现象。邮寄浮存、加工浮存及变现浮存越长,付款人利用净浮存获益的机会就越多。如果能够估计净浮存的金额以及浮存的长度,那么公司就可以将相应的银行存款进行短期投资,获得净浮存收益。

**2. 选择合理的结算方式**

选择合理结算方式的目的也是尽可能将付款时间往后移,尽可能长地占用收款人提供的商业信用。结算方式可以分成票据结算和非票据结算两大类。以中国国内结算方式为例,票据结算包括支票结算、银行本票结算、银行汇票结算和商业汇票结算;非票据结算包

---

① 最低存款余额要求是指公司为了补偿银行所提供的服务而被要求在银行中保持最低无息存款余额。

括委托收款结算、托收承付结算、汇款结算和信用卡结算等。

就票据结算而言,支票、银行本票和银行汇票均为即期票据,银行见票即付,而商业汇票是远期票据,商业票据持有人只有在票据到期日才能向付款人索取头寸。因此,如果从延迟付款的角度选择结算方式,商业汇票结算方式是付款人的首选。

就非票据结算而言,如果付款人能够任意选择非票据结算方式,那么其通常会挑选托收承付结算方式。一般来说,托收承付是结算环节最多、结算时间最长的结算方式,从最大限度以及尽可能长地占用收款人商业信用的角度看,托收承付结算是最优非票据结算方式。

**3. 零余额账户**

零余额账户(zero balance account)是指付款公司始终保持子账户余额为零的一种公司支票账户体系,付款公司利用该体系的目的是减少现金闲置时间。在美国,许多大银行都提供零余额账户系统,一些公司通过建立子余额账户来满足公司的支付活动。在这一系统下,公司同时在一个银行设立主支付账户和子账户,每个工作日,在所有支票被结算之后,银行自动从主账户向子账户划拨足够的资金以弥补子账户的负值余额,同时,子账户将正值余额转入主账户中,保持子账户零余额。也就是说,当公司开出支票时,公司的子账户余额为零;当公司对支票进行支付时,资金就会自动从主账户划转到子账户上。因此,除主账户之外,所有其他子账户每天都保持零余额。该做法一方面,可以加强对现金支付时间的控制,减少现金在子账户上的闲置时间,保证资金在需要支付时支付;另一方面,可以消除各子账户中的闲置资金余额,将这些资金集中起来使用,产生更大的收益。

## 二、现金存量管理

### (一) 公司持有现金的动机和逻辑

根据凯恩斯的观点,公司持有现金出于以下三个动机,即交易性动机、安全性动机和投机性动机。如果未来现金流入和流出非常确定,也就是说,现金流入和流出仅仅在时间和数量上存在不平衡,那么,持有现金的目的只是满足交易性需要。但是,在现实经济中,现金流入和流出具有不确定性,持有现金的目的便扩展至安全性需要。由于未来投机机会无法预料,因此公司持有现金大多是出于交易性动机和安全性动机。

在发达的货币市场上,公司可以借助有价证券进行现金存量管理,即将暂时不用的现金投资于有价证券,需要现金时再通过出售有价证券来增加支付能力。如果公司持有的现金余额过多,则公司将失去将富余现金投资于有价证券获益的机会,有价证券收益率越高,持有现金余额的机会成本也就越高。但是,持有较多现金可以省却出售有价证券变现的交易成本。因此,现金存量管理就是确立一个为满足交易性和安全性需要而应该维持的现金余额的过程,在这个现金余额水平上,公司持有现金的机会成本和出售有价证券变现的交易成本之和最小化。

表11-1是2012—2017年中国上市公司按行业分类的现金资产比率(即现金资产与总资产的比率)。由表11-1可知,中国上市公司的现金存量不低,且不同行业之间差异很大,电力、热力、燃气及水生产和供应业的现金资产比率最低,文化、体育和娱乐业的现金资产比率最高。由于中国缺乏真正意义上的有价证券,因此中国上市公司大多将富余现金(即超过交易性动机和安全性动机以上部分)以银行存款或理财产品等方式持有。

表 11-1　2012—2017 年中国上市公司按行业分类的现金资产比率　　　　单位:%

| 行业 | 2017 年 | 2016 年 | 2015 年 | 2014 年 | 2013 年 | 2012 年 |
|---|---|---|---|---|---|---|
| 金融 | 12.37 | 14.09 | 14.46 | 16.94 | 17.42 | 19.07 |
| 制造业 | 13.67 | 14.17 | 13.70 | 12.85 | 13.17 | 14.59 |
| 采矿业 | 8.09 | 6.71 | 5.48 | 4.25 | 3.80 | 4.46 |
| 房地产业 | 11.59 | 12.56 | 10.79 | 10.42 | 11.11 | 12.54 |
| 建筑业 | 14.25 | 16.51 | 15.03 | 12.89 | 13.80 | 15.03 |
| 电力、热力、燃气及水生产和供应业 | 5.01 | 5.32 | 5.76 | 5.47 | 5.03 | 4.90 |
| 交通运输、仓储和邮政业 | 9.94 | 9.32 | 9.61 | 10.08 | 9.96 | 10.88 |
| 批发和零售业 | 13.46 | 15.36 | 15.03 | 15.47 | 17.27 | 18.77 |
| 信息传输、软件和信息技术服务业 | 14.52 | 14.25 | 13.70 | 12.48 | 12.40 | 12.22 |
| 租赁和商务服务业 | 10.18 | 9.87 | 12.72 | 9.44 | 12.17 | 14.29 |
| 文化、体育和娱乐业 | 23.62 | 24.28 | 26.04 | 25.84 | 28.43 | 32.24 |
| 水利、环境和公共设施管理业 | 11.99 | 12.83 | 14.35 | 15.37 | 14.24 | 17.23 |
| 农、林、牧、渔业 | 8.98 | 19.41 | 10.89 | 13.24 | 13.55 | 16.36 |
| 综合 | 10.82 | 11.19 | 9.65 | 9.27 | 9.74 | 19.60 |
| 住宿和餐饮业 | 18.81 | 12.23 | 16.74 | 19.81 | 10.89 | 15.48 |
| 科学研究和技术服务业 | 18.42 | 18.95 | 19.05 | 18.38 | 28.77 | 31.43 |
| 卫生和社会工作 | 14.82 | 16.70 | 19.20 | 29.02 | 30.80 | 28.93 |
| 教育 | 22.42 | 23.21 | 20.06 | 25.25 | 17.73 | 15.01 |

资料来源:根据 wind 数据库整理。

#### (二) 有价证券

有价证券是指无违约风险、高度变现的短期期票,因此,有价证券常常被视为现金等价物,是现金的"蓄水池",也是重要的短期投资对象。在发达的货币市场上,有价证券主要包括以下几种:

**1. 短期国库券**

短期国库券(treasury bill)是指期限在 1 年以内的国债,它是货币市场上最重要的短期证券。以美国为例,短期国库券主要有 91 天期、182 天期、270 天期和 360 天期四种。美国财政部每周以拍卖方式销售期限为 91 天期、182 天期的短期国库券,每月以拍卖方式销售 270 天期、360 天期短期国库券。短期国库券起售点较高,面值从 1 万美元至 100 万美元不等,无票面利率,折价出售,一级市场购销两旺,二级市场活跃且交易成本很低。

**2. 商业票据**

商业票据(commercial paper)是有实力的金融企业和工商企业签发的无担保短期期票。商业票据可以直接发行,也可以间接发行。金融企业通常直接将商业票据出售给投资者,而工商企业则通过投资银行等金融中介将商业票据出售给投资者,金融中介会严格审核发行者的信用,以保证该短期期票真正具备无违约风险的特质。商业票据通常以折价方式出售。起售点很高,以美国为例,通常为 10 万美元。商业票据期限一般为 30—270 天。

商业票据缺乏活跃的二级市场,且鲜有发行者进行回购,因此,其投资者一般持有至到期日。正是由于商业票据缺乏活跃的二级市场,加上发行公司多少存在信用风险,因此商业票据的利率通常高于同期国债利率。但是,由于各国对商业票据设定了较高的发行门槛,只有规模大、实力强的公司才可以发行,因此真正的违约事件非常少。

### 3. 回购协议①

回购协议(repurchase agreement, RP)是指短期证券经纪商将短期证券(通常是短期国库券)出售给投资者,并同意在将来特定的时间内以约定的价格从投资者手中回购这些短期证券。从回购协议的出售方来看,回购协议是一种短期融资手段;从回购协议的购买方来看,回购协议是一种短期投资工具。回购协议的期限很短,从隔夜到几天或几周不等。近年来,国外回购协议市场已经包括 1—3 个月(甚至更长时间)的交易。

由于回购价格较高,因此投资者在证券持有期内相当于获得了一个既定的收益,而且在持有期上具有相当大的灵活性。回购协议是安全可靠的,投资者在投资该短期证券的同时获得了抵押品,由于这些抵押品通常是流动性强的短期证券(比如短期国库券),因此投资回购协议几乎不存在价格风险。② 由于回购协议的期限很短,因此回购协议没有二级市场或转手交易市场。

### 4. 大面额存单

大面额存单(CDs)是指商业银行或储蓄机构在既定的时间内按固定或变动的利率付息的一种大面额可转让的定期存单。以美国为例,大面额存单的面值一般为 10 万—1 000 万美元,期限不等,但一般不低于 30 天,不超过 4 个月,大面额存单的利率高于短期国库券和回购协议的利率。大面额存单有活跃的二级市场,可以转手交易。大面额存单的风险大小和签发银行的质量有关,其风险总体上与商业票据的风险大小相当。

在 1960 年之前,已经有商业银行为吸引存款而发行大面额存单,但很少以转让形式发行。大面额存单的标志性事件是,1961 年 2 月,花旗银行发行了大面额存单,政府证券经销商也积极配合,同意建立大面额存单的二级市场。

大面额存单吸引了大量的公司投资者,他们拥有充足的流动性或拥有超额现金流。在美国,70%—80%的大面额存单由公司投资者购买并持有。通过投资大面额存单,公司既保持了流动性,又可以确保本金的安全性。通过向公司投资者出售大面额存单,银行吸引了大量的公司存款。可以想见,有了大面额存单,商业银行就可以对短期资金承诺有竞争力的利率,其存款就不会出现大幅下滑。因此,大面额存单是商业银行管理其流动性的一种重要创新方式。

对投资者来说,大面额存单的利率可以与发行者协商而定。但必须注意的是,大面额

---

① 回购协议的创新之处在于,在回购协议出现之前,市场上的短期证券无法满足所有投资者的需要,同样,融资工具也无法满足所有短期融资者的需要。比如,投资者想在非常短的时间内(比如 2 天)投资短期证券,可能的路径是:购买 2 天期的国债,但市场不提供 2 天期的国债;购买长期国债,持有 2 天后变现,但投资者须承担价格风险。因此,为期 2 天的回购协议解决了这一难题,也为投资者提供了一种非常恰当的短期投资工具。

② 美国曾经出现过回购协议金融诈骗案。1985 年,一家小型的政府证券经销商 ESM 涉嫌金融欺诈被美国联邦监管当局查处。按正常程序操作,ESM 出售回购协议的同时,应该将抵押品交由第三方保存。但是,ESM 向许多不同的投资者承诺相同的证券,也就是说,ESM 出售给投资者的回购协议没有足够的抵押品。此事件发生后,美国加强了对政府证券经销商的监管,于 1986 年出台了《政府证券法》。

存单的利率水平主要由当前货币市场条件、其他有价证券的收益率、发行者的特点(比如风险性)等决定。比如,由于违约风险相对较低等,相较于小银行,大银行通常可以按照较低的利率发行大面额存单。在实际操作中,大面额存单的利率通常是比较灵活的。比如,为了吸引存款或笼络大客户,发行者常常按高于其发布的利率或高于其他银行发布的利率出售大面额存单。

### 5. 银行承兑汇票[①]

银行承兑汇票(banker's acceptance)是指由银行承兑的商业汇票,该商业汇票是贸易结算中由收款公司持有的票据,意味着收款公司拥有在未来某一约定时间向付款公司收款的权利,如果付款公司不能履行义务,则承兑银行必须为此"埋单"。

以国际贸易中的远期信用证结算为例。应进口商要求,进口商的银行(进口地行)向出口商开出信用证,授权出口商到进口地行领取按货物销售价格标价的远期汇票,然后出口商按一定折扣将该汇票交由出口商的银行(出口地行)进行贴现。其过程主要包括:

第一,出口商收到信用证,经审核无误后备货发运,且委托出口地行将汇票及货运单据交进口地行。

第二,进口地行收到该汇票之后,会在上面加盖"已承兑"章并签署汇票,进口地行(承税银行)会将已承兑汇票交还给出口地行,再由出口地行将银行承兑汇票转交出口商。

第三,当银行承兑汇票到期时,进口商应该付款给承兑银行,再由承兑银行划转给出口地行。如果出口商之前将银行承兑汇票向出口地行贴现,那么出口地行是最终的收款行。如果出口商将银行承兑汇票持有至到期,那么出口地行还需向出口商结汇。

银行承兑汇票的面值取决于原始交易,但在整批银行承兑汇票交易中,面值多为10万—50万美元。因此,大型承兑交易需要分成若干张面值为50万美元的承兑汇票,小型承兑交易则常常将若干承兑交易组合成大型、单一的承兑汇票。银行承兑汇票一般在6个月以内,以30天、60天和90天最为常见;银行承兑汇票的信用很好,利率稍高于同期短期国库券利率;拥有活跃的二级市场,银行承兑汇票持有人可以通过贴现方式出售其所持有的汇票。

### 6. 有价证券投资的基本理念

在成熟市场国家,有价证券还包括政府机构证券、短期市政债券等。公司会将暂时不用的现金投资于有价证券。尽管以上各种有价证券具有无违约风险、高度变现的特点,但是公司在对非国债有价证券进行投资时,必须权衡相对较高的违约和流动性风险。

尽管有价证券是无违约风险、高度变现的短期期票的总称或集合,但是各种有价证券存在个体差异。那么,在进行有价证券投资或构建投资组合时,如何看待这种差异呢?

第一,在投资组合中,各种有价证券的关系是紧密联系且可以相互替代的。实证研究表明,各种有价证券的收益率具有很强的相关性,其利率波动基本同步,差异不大。也就是说,从长期来看,货币市场利率对有价证券的影响基本一致,有价证券之间的差异不大。因此,在构建投资组合时,可以将这些有价证券作为无风险资产,它们之间具有替代性。

第二,从短期来看,有价证券之间的利率差异可能被放大。比如,当公司发行大面额商

---

[①] 银行承兑汇票早在12世纪就已出现,主要服务于欧洲金融国际贸易。在美国,1913年联邦储备系统确立之后,为确立纽约国际贸易和金融中心的市场地位,美国联邦储备系统准备建立一种以美元为基础的承兑市场。20世纪60年代之后,银行承兑汇票摆脱了单一结算工具的角色,开始成为重要的货币市场工具。目前,外国银行(包括承兑汇票的发行银行)和非银行金融机构是美国银行承兑汇票市场的最重要投资者,对他们来说,银行承兑汇票是一种安全且流动性强的短期投资工具。

业票据时,相对于短期国库券等其他有价证券的利率,该商业票据的利率可能会稍高。因此,投资者可以利用这种利率差异获益,通过卖出低利率的短期国库券,买入高利率的商业票据的方式来调整其投资组合。但从无套利均衡角度来看,投资者的购买行为将引发商业票据利率下降,而短期国库券利率上升,各种有价证券的利率水平很快会恢复到正常水平。

> **小案例 11-1:宇通客车的投资理财**
>
> 宇通客车(600066)是乘用车细分行业的一家龙头企业,该公司 2017 年年报显示,2016 年和 2017 年投资活动的现金流出分别为 88 亿元和 135 亿元,其中投资理财支出分别约为 78 亿元和 127 亿元。可见,宇通客车保留了大量的"现金和现金等价物"。请给出可能的理由。

(三)最佳现金余额的理论模型

如果公司持有现金的目的仅仅是满足其交易性需要的话,那么我们可以利用前人建立的一些模型来理解最佳现金余额。这些模型的基本思想是通过权衡持有现金的机会成本和出售有价证券变现的交易成本得出最佳现金余额的理论值。下面介绍两种确定最佳现金余额的模型。

**1. 存货模型**

该模型由鲍莫尔(Baumol,1952)创建。存货模型有两个重要假设:一是假设公司未来现金需求是确定的,且现金支出非常稳定;二是假设公司将多余的现金全部投资于有价证券,待需要现金时,再将有价证券的变现加以补充,有价证券的预期收益率以及每次出售有价证券变现的交易成本都是固定的。

以一年为例,假定公司未来一年中现金总需求量($T$)是已知的,公司首先出售价值为 $Q$ 的有价证券,将所得现金作为其活期存款(设无利息收入)。随着公司将现金逐步投入使用,现金余额逐渐趋向于零,此时,公司通过再次出售价值为 $Q$ 的有价证券补足所需现金。如此循环往复。因此,存货模型下的现金余额呈现锯齿状(见图 11-2)。

图 11-2 现金持有量和时间的关系

设公司初始现金持有量为 $Q$,公司将多余现金全部投资于有价证券(年期望收益率为 $i$)。当公司将此现金存量渐渐用尽后,随即将有价证券变现补足至 $Q$。因此,公司年均现金持有量约为 $Q/2$。$Q$ 越大,出售有价证券变现的次数($n$)就越少。在每次交易成本($b$)和机会成本(有价证券年期望收益率 $i$)假定不变,以及假定全年现金总需求量($T$)已知的情况下,我们可以得出为满足交易性需要所持有的现金的年成本。该年成本由持有现金的机会成本和出售有价证券变现的交易成本组成,即

$$持有现金的成本 = \frac{Q}{2} \times i + \frac{T}{Q} \times b \tag{11-1}$$

当 $\left(\frac{Q}{2} \times i + \frac{T}{Q} \times b\right)$ 趋于最小时，对 $Q$ 求导后，得：

$$\left(\frac{Q}{2} \times i + \frac{T}{Q} \times b\right)' = 0$$

整理后得最佳现金持有量：

$$Q = \sqrt{\frac{2 \times b \times T}{i}} \tag{11-2}$$

**例 11-1**：设天创公司全年现金总需求量为 360 万元，公司将多余现金全部投资于有价证券，年期望收益率为 10%，每次出售有价证券变现的交易成本为 1 000 元。天创公司的最佳现金余额是多少？成本如何？

例 11-1 解析

这个模型的缺陷源于其严格的假设条件，在现实中，这些假设条件不成立。首先，公司未来的现金需求是不确定的，是随机的；其次，现金有一个安全量，不可能等到现金用尽后再通过出售有价证券来补足；最后，每次出售有价证券变现的交易成本是不固定的，它与出售有价证券的数量和价值有关。

**2. 随机模型**

随机模型由米勒和奥尔（Miller and Orr, 1968）创建。该模型假设公司未来的现金流是不确定的，因此，最佳现金余额应该是一个区间（见图 11-3）。随机模型的目标是寻求最佳现金余额的上限和下限。

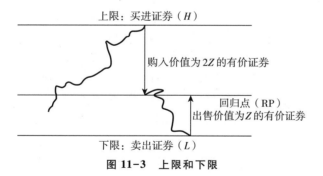

**图 11-3　上限和下限**

图 11-3 显示，上限（$H$）和下限（$L$）的跨度是指交易成本和机会成本最小时的最佳现金余额的区间，上限与下限之间的间距为 $3Z$。随着现金余额的增加，当它达到上限时，公司将投资价值为 $2Z$ 的有价证券，此时，现金余额将回落至回归点（return point, RP）。反之，当公司现金余额降至下限时，公司将出售价值为 $Z$ 的有价证券来补充现金余额，此时，现金余额将爬升至回归点。

设公司最佳现金余额区间的下限为 $L$，每次有价证券变现的交易成本为 $b$，某一时间单位（通常指 1 天）里净现金流量（现金流入减去现金流出）的标准差为 $\sigma$，有价证券预期收益率为 $i$（如果一个时间单位为 1 天，则 $i$ 表示日预期收益率），则期望总成本最小时的

$Z$ 为：

$$Z = \sqrt[3]{\frac{3 \times b \times \sigma^2}{4i}} \tag{11-3}$$

由式(11-3)可知，交易成本和现金流量的不确定性越大，$Z$ 值就越大，上限和下限之间的间距也就越大；而有价证券期望收益率越大，$Z$ 值就越小，上限和下限之间的间距也就越小。在 $Z$ 值确认的前提下，我们可以分别测定回归点、现金余额上限和平均现金余额。

回归点为：

$$RP = L + Z \tag{11-4}$$

现金余额上限（$H$）为：

$$H = 3RP - 2L = 3 \times Z + L \tag{11-5}$$

平均现金余额为：

$$平均现金余额 = L + \frac{4}{3} \times Z \tag{11-6}$$

例11-2解析

**例 11-2**：承例 11-1，如果将多余现金全部投资于有价证券，年期望收益率为 10%，每次出售有价证券变现的交易成本为 1 000 元，公司每天的净现金流量存在较大波动，其标准差（$\sigma$）为 1.5 万元/天，公司现金余额的下限为 16 万元。试计算该公司的现金余额上限及平均现金余额。

### （四）现金管理异象

与 10 年前及 20 年前相比，公司目前持有的现金成倍增加，甚至出现囤积现金的财务异象，公司持有的现金远远超过其未偿付的短期债务。库存模型以及随机模型已经无法解释这一财务异象。其主要原因有：

第一，流动性需要被放大。进入 21 世纪后，已发生数起金融危机。在金融危机期间，短期信贷市场遭到破坏，许多依赖短期信贷的公司无法正常开展业务，陷入困境，即便现金余额充足的公司也惶惶不可终日。危机过后，可谓"尸横遍野"。出于对缺乏流动性的恐惧，越来越多的公司防患于未然，愿意持有更多的现金，大有过犹不及之势。

第二，公司从重资产向轻资产转型。近 10 年来，成熟经济体国家的公司面临转型，越来越多的公司从重资产向轻资产转型，低资本性支出及高现金流是轻资产公司的特征，这些公司持有大量的现金。

第三，短期证券无法满足现金管理需要。新兴经济体国家的短期证券品种少、规模小，尚不足以满足公司现金管理的需要，公司无法将暂时不用的现金有效地投资于有价证券。公司持有过量现金实属无奈之举。

**概念自查 11-1：**

1. 什么是收账浮存？减少浮存的手段有哪些？
2. 现金付款管理的目的是在不违约的情况下尽可能将付款时间往后移，为何说商业汇票结算是付款人最佳的选择？
3. 什么是补偿性存款余额要求？
4. 库存模型和随机模型的区别有哪些？

## ■ 第二节　应收账款管理

在赊销方式下，公司在向购买者销售商品或提供劳务时，同时向购买者提供了信用。公司向买方公司提供商业信用，向消费者提供消费信用（消费信用不在我们讨论之列）。

公司一旦向买方公司提供商业信用,其账面上便形成了应收账款,因此,商业信用管理就是应收账款管理。公司应收账款主要由商业信用政策决定,商业信用政策有四项内容,即信用分析、确定销售条件、应收账款监督和收账(催账)政策。应收账款管理围绕着这些商业信用政策内容展开。

## 一、信用分析

由于应收账款存在坏账风险,因此不是所有申请商业信用的客户都可以得到卖方的授信。在为客户确定销售条件之前,公司需要对其信用状况进行分析。为了保证应收账款具有良好的流动性,对首次授信对象进行的信用分析尤为重要。信用分析是指授信者对商业信用受信者的信用进行分析,评价其信用可靠程度,然后为其量身定做一个销售条件。信用分析有三个步骤。

(一)取得授信对象的相关信息

对授信对象(买方)信用好坏的判断建立在相关信息上,包括授信对象的财务报表、信用评级机构提供的评级资料及银行提供的信息源等。

**1. 财务报表**

通过财务报表获得授信对象的相关信息是最经济的,也是较为理想的信息源,该信息源可以显示授信对象的盈利能力和长短期还债能力等。为了保证信息的公允性,这些信息应该源自授信对象经过外部审计后的财务报表。然而,不是所有公司的财务报表都须经外部审计,因此,商业信用的提供方没有权力要求受信公司必须提供经外部审计的财务报表。也正是这个原因,授信者无法对受信者提供的未经外部审计的财务报表的真实性、公允性进行鉴定。这是此类信息源最大的缺陷。

**2. 信用评级和信用报告**

从各类信用评级机构获取授信对象的信息也不失为一种好方法,但这类信息是有偿使用的,获取这类信息需要花费一些费用,如美国的邓白氏(Dun&Bradstreet)评级机构[①]提供的商业信用评级和商业信用报告。该机构为其报告的订阅者提供了许多公司的商业信用评级,评级资料为财务分析者(或信息使用者)提供了各类公司的商业信用评价;还提供了各类公司的商业信用报告,报告内容包括公司的发展、高级管理层的简介、经营业务的性质、过去的信用历史及是否存在信用污点等。

**3. 银行提供信息**

对特定受信公司进行信用分析的信息源还可来自其开户银行。比如,美国大多数银行都设有信用管理部门,该部门以信用安全为目标,而信贷部门则以盈利为目标。在与客户的长期交往中,银行信用管理部门掌握了诸如客户平均现金余额、贷款历史等信息。这些银行的信用管理部门可以满足信用分析者查询相关公司的信用历史、了解公司过去是否存在信用污点的需要。尽管这些信息是关于公司在接受银行信贷方面的信用历史,但是授信者还是可以据此间接地对受信者的商业信用进行推断。在美国,银行在提供此类信息时,必须有相应的职业准则,也就是说,它们以遵循美国银行家协会(American Bankers Associa-

---

[①] 邓白氏公司仅提供商业信用评级、咨询等服务,至于公司信用评级则是穆迪、标准普尔、惠誉等公司的主要业务。

tion）的准则为前提来满足信息使用者的要求。

#### 4. 授信对象商业信用历史

如果授信对象是授信公司的老客户，那么授信公司可以查阅授信对象过去的商业信用历史来判断。比如，了解授信对象是否存在过拖欠款项的情况。尽管历史不一定会重演，但是通过对授信对象过去商业信用的了解，我们可以简单估计其现在违约的概率和意愿。

由于信息的搜集以及信用分析的每一步都需要花费成本，因此对规模较小、违约风险很低的公司进行信用评价可能得不偿失，对于知根知底、无违约记录的老客户，可以不进行信用分析。但是，对于新客户（即第一次授信的对象），授信公司必须进行信用分析，以免承受信用风险。

### （二）分析授信对象的信用

#### 1. 信用分析程序

相关资料搜集完毕之后，须对授信对象的信用状况进行评价。分析授信对象信用的流程见图11-4。对初次提出商业信用申请的买方，应该全过程对其进行信用分析；对已经有过多次信用交往的买方，则不必从头开始进行信用分析。

图11-4显示了成熟经济体（国家或地区）有关商业信用分析的基本路径：

第一，授信者根据信用评级机构的信用评级和信用报告对授信对象的商业信用进行分析。

如果授信对象有故意隐瞒信息、商业信用级别很低等不利消息或情形，那么授信者就不值得对其进行更深入的信用分析和调查，应该拒绝对商业信用申请者的授信。如果相关信息对授信对象有利，那么授信者就有信心保全其可能提供的商业信用。此时，授信者会欣然接受受信者的商业信用申请。

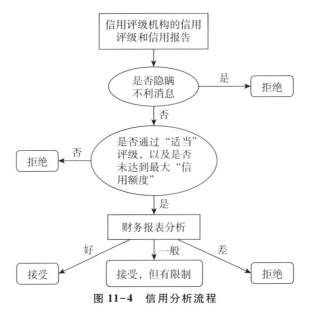

图 11-4 信用分析流程

第二，如果信用评级机构关于受信者的信用评级和信用报告尚不足以让授信者完全信服，则其不会向受信者提供最大商业额度。授信者还须借助财务报表等其他信息源，对受信者的商业信用做进一步分析。

第三，授信者会运用财务报表分析方法，对受信者的流动性和即期付款能力进行评价，既要用到诸如速动比率、流动比率、应收账款周转率、存货周转率、资产负债率等定量指标来描述，又要用到公司和管理层的品德等定性指标来评判。如果受信者信用良好，没有违约的可能性，则授信者愿意提供最大信用额度；如果受信者信用一般，有不按时还款的可能性，则授信者愿意在提供最大信用额度的同时附带限制条件；如果受信者信用差，很有可能不按时还款，则授信者就应该拒绝授信。

**2. 信用评级**

一旦信息搜集完毕，授信者将面临是否提供商业信用的艰难决策。许多授信者使用传统的、主观的信用 5Cs 方法来评定授信对象的信用等级。

信用 5Cs 是指品德（character）、能力（capacity）、资本（capital）、担保（colateral）和条件（condition）等。其中，品德是指授信对象履行债务的意愿，能力是指授信对象偿还债务的能力，资本是指授信对象拥有的资本金，担保是指授信对象无力偿债时的保护性资产，条件是指授信对象所面临的一般经营环境。授信者须将这些信用特征与客户过去的信用历史联系起来分析。

有些授信者会使用严格的数量化方法来评定授信对象的信用等级。比如，信用卡公司建立了信用评级模型，通过对客户所有观测得到的特征进行研究，找出它们与违约债务之间的关系。运用这种方法，可以对客户的各项特征进行数量化的评分，然后根据总评分做出信用决策，确认哪些客户值得提供信用以及哪些客户不值得提供信用。

**（三）授信的原则**

**1. 基本原则**

在信用分析之后，授信公司将决定是否向信用申请者提供商业信用。授信的基本原则为：

第一，初次销售对象的授信原则。如果是初次销售，则首先需要认定是否给予商业信用，为此，需对授信对象的信用进行全面分析。然后，根据信用分析的结果，确定信用限额和信用期限。一般而言，如果授信对象的信用良好，则信用限额高，信用期限长；反之，则信用限额低，信用期限短。

第二，重复销售对象的授信原则。如果是重复销售，则对授信对象的信用分析不必从头再来。由于之前已经提供过信用限额和信用期限，因此只要根据授信对象信用等级的变化及购买量的变化等来修改信用限额和信用期限即可。如果授信对象信用等级提高，则表明其支付能力及还款能力提高。如果授信对象购买量上升，则表明其预期销售、预期盈利能力提高。因此，当授信对象的信用等级提高或购买量上升时，公司可以对此类授信对象进一步放宽信用限额，延长信用期限。

**2. 例外法则**

在现实经济生活中，很多授信决策无须经过复杂的分析过程。授信者乐意提供商业信用的情形有：

第一，授信者具有相对成本优势。如果授信者具有良好的信用管理水平，那么其在应收账款上的坏账损失、催账费用及机会成本就相对较低。对于具有成本优势的授信者而言，其更愿意对外提供商业信用。

第二，授信者能够利用垄断力量。如果授信者的产品具有垄断性，则该产品的最终消费者的议价能力就很弱，授信者处于强势地位，能够保证其应收账款具有较高的质量，其愿意提供商业信用。

第三,授信者寻求最低税负。如果授信者销售大型产品,那么其愿意提供长期商业信用。理由是大型产品多为分期付款,授信者的收入分期实现,其税负由此实现了递延,税负净现值较低。

第四,授信者的产品质量较难检测。如果授信者的产品尚未建立起良好的信誉或足够的信任度,那么购买者客观上需要使用一段时间之后来检测该产品的质量以决定是否付款。因此,为了促销或保证足够的销售额,授信者愿意对外提供商业信用。

第五,授信者在信用管理中追求规模效应。如果目前公司的应收账款尚未达到最佳规模,那么授信者愿意提供信用,以实现最佳的应收账款存量,并实现公司价值最大化。

## 二、确定销售条件

一旦决定向买方提供商业信用,就需要为其量身定做一个销售条件(terms of sale)。销售条件是指公司对外提供的商业信用条件,包括信用期限、现金折扣等。比如,公司提供的信用条件为"n/30",这是无现金折扣信用条件,表示允许商品或劳务购买者从开具发票日起有30天的付款期限,即可以在第1—30天的任何一天付款。再比如,公司提供的信用条件为"1/10,n/45",这是有现金折扣的信用条件。该信用条件给了购买者两种选择:一是如果在第1—10天付款,则购买者就可以享受1%的现金折扣,即只需支付99%的货款;二是如果在第11—45天付款,则购买者不能获得现金折扣,需全额付清货款。

### (一)设置信用期限的原则

信用期限(credit period)是公司商业信用的授信期限,如"n/30"信用条件中的30天商业信用期限,又如"n/90"信用条件中的90天商业信用期限等。公司在设置商业信用期限时,必须考虑以下几个因素:

第一,购买者违约的可能性。如果购买者处于高风险行业或之前存在信用污点或正陷入财务困境,那么对此类客户会执行相当苛刻的信用期限,甚至不提供商业信用。

第二,购买者购买金额的大小。如果购买者的购买金额很大,或者购买者是公司的主要客户,则信用期限可以相对长一些,否则,相对短一些。

第三,商品是否易保存。如果商品不易保存,且变现能力很差,那么应该给客户提供比较有限的信用期限。

第四,购买者议价能力的大小。如果购买者议价能力很强或者当下为买方市场,那么只能被迫向购买者提供较长的信用期限,否则,可以缩短信用期限。

第五,信用环境的好坏。如果整个社会的信用环境良好,那么授信者为购买者提供宽松信用期限的意愿就会很强烈;如果整个社会信用环境恶化,那么授信者只愿意提供较短的信用期限,甚至不愿提供商业信用。

信用期限改变之后,可能引发多方面的相应变化。首先,延长信用期限会刺激销售,卖方的销售收入和利润都会不同程度地增加。其次,延长信用期限会提升应收账款余额。究其原因,一是应收账款余额会随着销售额的增加而增加,二是应收账款余额会随着应收账款周转期限的延长而增加。应收账款余额增加后,公司坏账费用、机会成本也随之增加。因此,确定信用期限是一个棘手的问题,它受诸多因素影响。

### (二) 确定现金折扣的原则

现金折扣(cash discount)是信用条件中的一个特殊条款。为了鼓励客户早付货款,卖方会设定一个折扣期限,如果购买者在该折扣期限内付款,则可以享受现金折扣。比如,"2/10,$n$/30"信用条件中,折扣期限为10天,折扣率为2%。该现金折扣意味着,只要购买者在第1—10天的任何一天付款,就可以享受2%的现金折扣,也就是说,购买者只需支付98%的货款。

现金折扣可以加快应收账款的回收速度,这是设计现金折扣的基本用意。但是,卖方在采用现金折扣进行交易时,一定要慎重权衡折扣成本与相关收益。只有当加速收回应收账款所获得的收益超过折扣成本时,现金折扣才是加快应收账款回收速度的有效政策。

### (三) 设计和管理销售条件

**1. 应收账款存量与销售条件之间的关系**

公司应收账款存量(余额)与销售收入水平、应收账款管理水平及销售条件的宽松程度有关。

第一,应收账款存量与销售收入水平具有正向关系,销售收入越多,应收账款存量就越大;销售收入滑落后,应收账款存量也将萎缩。

第二,应收账款存量与公司应收账款管理水平具有反向关系。如果公司应收账款管理水平较差,其结果是老账收不回来,又不断形成新的挂账,则应收账款就会越积越多。因此,应收账款存量的多寡是销售收入水平和应收账款管理水平的综合反映。

第三,应收账款存量与卖方提供的销售条件松紧有关。卖方提供的销售条件越宽松,应收账款存量就越大,反之亦然。改变销售条件会使得应收账款存量在短期内大幅度地增加或者减少。比如,公司全年销售收入为1 200万元,销售条件为"$n$/30"。若买方在第30天付款,那么公司应收账款1个月周转一次,1年周转12次,公司年均应收账款为100万元(= 1 200/12)。若公司的销售条件改为"$n$/60",公司全年销售收入不变,买方在第60天付款,那么公司的应收账款1年周转6次,年均应收账款提升至200万元,整整翻了一番。因此,作为一种管理工具或手段,卖方可以通过设计和管理销售条件,人为地调节应收账款存量,来实现公司既定的目标。

**2. 如何设计和管理销售条件**

上文关于销售条件与应收账款存量之间存在的关系引出了以下重要话题:究竟如何设计销售条件,以及是否需要调整销售条件?

不同的销售条件或者改变销售条件可能影响公司销售,同时也可能影响公司坏账费用、机会成本、催账费用等。以设计信用期限为例,宽松的信用期限会刺激销售,同时,至少可能增加与提供宽松信用期限有关的两项成本:一是应收账款存量会因销售条件的放宽而增加,客户违约而造成的损失也将由此增加,该方面的成本通常用坏账费用表示;二是公司所持有的现金会随着应收账款存量的增加而减少,这些减少的现金失去了在货物出售后至客户付款前这段时间内进行短期投资的机会,因此第二项成本就是投资于应收账款增量上的资金的机会成本。

由此可见,设计和管理销售条件的办法就是权衡宽松(或放松)、严格(或收紧)销售条件下的成本和收益。可用式(11-7)表示:

$$\Delta Y = \Delta NI - \Delta OC - \Delta BC \tag{11-7}$$

式中，$\Delta Y$ 表示净收益；$\Delta NI$ 表示增量净利润；$\Delta OC$ 表示增量机会成本；$\Delta BC$ 表示增量坏账费用。

如果放宽销售条件后所带来的增量收益超过其潜在增量成本，那么就产生了净收益，公司应该采用更为宽松的销售条件，该销售条件下的应收账款余额就是最合理的应收账款持有规模。

**例 11-3**：天创公司向外提供的销售条件是"$n/30$"，目前的年赊销收入为 1 200 万元，销售利润率为 20%，应收账款坏账率为 1%（按年末应收账款余额计算），固定成本为 500 万元。现拟放宽销售条件，将销售条件改为"$n/60$"，此举预计销售收入将增加 10%。假设新增销售不增加固定成本，应收账款坏账率保持不变。设期望收益率为 10%，1 年以 360 天计。是否放宽销售条件见下面的分析。

在现有销售条件下，若购买者都在第 30 天付款，那么，

$$公司现有应收账款的周转率 = \frac{360}{30} = 12（次/年）$$

$$公司目前年均应收账款 = \frac{1\,200}{12} = 100（万元）$$

放宽销售条件后，若购买者都在第 60 天付款，那么，

$$公司放宽销售条件后应收账款的周转率 = \frac{360}{60} = 6（次/年）$$

$$公司放宽销售条件后年均应收账款 = \frac{1\,200 + 1\,200 \times 10\%}{6} = 220（万元）$$

是否放宽销售条件可以运用增量分析法来确定，放宽销售条件后的增量成本和增量收益见表 11-2。

表 11-2 增量分析表　　　　　　　　　　　　　　　　　　　　　　　单位：万元

| 项目 | 金额和计算过程 |
| --- | --- |
| 销售收入增量 | 120（= 1200×10%） |
| 利润增量 | 74（= 120×61.7%） |
| 应收账款增量 | 120（= 220-100） |
| 机会成本 | 8.8[=(200×80% + 20×38.3% - 100×80%)×10%] |
| 坏账增量 | 1.2（= 220×1% - 100×1%） |

由表 11-2 可知，根据销售收入预计增长率（10%），公司销售收入预计共增长 120 万元。由于假设新增销售不增加固定成本，因此新增销售仅增加变动成本。鉴于变动成本率为 38.3%（= 80% - 500/1 200），为此，新增销售收入的利润率为 61.7%（= 1-38.3%）。

销售条件放宽后，公司应收账款共增加 120 万元[= 1 200(1+10%)/6 - 1 200/12]，其中 100 万元（= 1 200/6 - 1 200/12）是指在现有销售收入下，仅仅因为放宽销售条件后所增加的应收账款，而另外 20 万元（= 1 200×10%/6）应收账款由新增销售收入带来，我们可以根据固定成本率和变动成本率计

算出对这两部分应收账款的投资额。由于公司现有利润率为20%,因此在现有销售收入下,仅仅因为放宽销售条件后所增加的应收账款投资额为100×80%。由于公司放宽销售条件后新增销售不增加固定成本,因此在新增销售收入所形成的应收账款上的投资额仅为变动成本,即20×38.3%。将这些投资额乘以期望收益率后,便可以得出机会成本。坏账增量的计算相对简单,它是按预计应收账款计提的坏账减去按现有应收账款计提的坏账后的差额。于是,我们可以根据增量收益和增量成本来权衡是否放宽销售条件。

$$增量净收益 = 74 - 8.8 - 1.2 = 64(万元)$$

可见,放宽销售条件会产生正的净收益,因此,根据计算结果,在给定的特定条件下,放宽销售条件是可取的,公司应该保持更高的应收账款水平。

值得注意的是,只有在信用环境比较良好的情况下来讨论这个命题才是有意义的。如果整个社会信用环境非常糟糕,那么采用严格的信用条件将是所有公司的最优选择。

**小案例11-2:为什么宇通客车的应收账款逐年增加?**

宇通客车历年的现金流量表显示,该公司2013—2017年的经营性应收项目逐年增加,每年分别增加约12亿元、45.4亿元、14.4亿元、47亿元及31.7亿元。通常,经营性应收项目的增减与信用政策改变、销量变化及应收账款管理水平有关。请查阅该公司相关年报,给出可能的原因。

## 三、应收账款监督

在任何情况下,应收账款监督可以对应收账款是否存在恶化迹象进行预警,便于授信者及时采取一些措施来防患于未然,或者阻止应收账款进一步恶化;也可以提早发现应收账款质量有所改善的迹象,促使公司采取更宽松的信用条件来刺激销售、增加利润。应收账款监督的方法主要有账龄分析法、应收账款平均账龄法、收款率法和应收账款余额百分比法。

### (一)账龄分析法

账龄分析法是指将公司的应收账款按账龄的长短分成几类,通常按0—30天、31—60天、61—90天、90天以上四种账龄将账面应收账款余额分成四类。

公司应收账款的账龄长短一般取决于其对外提供的信用条件、客户的付款习惯等。如果信用条件相对宽松、客户又偏好在信用期限的最后一天付款,则公司应收账款的账龄会反映这些特点,账龄会相应拉长。反之,应收账款的账龄会缩短。这些都是正常情况,账龄的长短并不说明应收账款质量的好坏。

但是,如果账龄超过了信用期限,那么说明该部分应收账款不能如期收回,授信者应该特别关注这部分应收账款。比如,公司对外提供的信用条件为"$n/60$",与此同时,公司应收账款余额的账龄大多在60天以上。在信用条件、客户付款习惯及最近销售状况没有明显变化的情况下,这说明公司应收账款的质量有恶化的迹象。究其原因,可能是信用环境恶化所致,也可能是公司信用管理水平不佳引发。一方面,授信者应该加紧回收此类应收账款;另一方面,授信者今后应该降低对拖欠款项公司的授信。

（二）应收账款平均账龄法

应收账款平均账龄法是指通过应收账款账龄的长短来判断应收账款流动性的方法。应收账款平均账龄是指当下公司尚未收回的应收账款的平均账龄,它有两种算法:一是使用加权平均法计算出所有个别未收回应收账款的平均账龄,权重为个别应收账款在所有应收账款中所占的比重;二是利用账龄表,先分别算出四类不同账龄应收账款的平均账龄,然后再根据加权平均法计算出应收账款的平均账龄,权重为不同账龄应收账款在所有应收账款中所占的比重。

公司应收账款平均账龄的长短也取决于其对外提供的信用条件、客户的付款习惯等。同样,这些因素对公司应收账款平均账龄产生影响,平均账龄的长短也并不说明应收账款质量的好坏。在这些因素保持不变的情况下,如果公司应收账款平均账龄过长,则说明公司应收账款的质量有恶化的迹象。

（三）收款率法

收款率是指销售所形成的应收账款在收款期限内每月收回的销售款占销售收入的比重。收款率法是用实际收款率与预期收款率进行比较,来判断应收账款变现或流动性是否高于预期的方法。

**例 11-4**：假定天创公司当月的销售收入为 100 万元。根据以往的收款习惯,当月收回 20%,第二个月收回 60%,第三个月收回 20%。实际收款情况见表 11-3。

表 11-3 收款率表

| 月份 | 实际收款率 |
| --- | --- |
| 销售当月 | 30% |
| 第二个月 | 65% |
| 第三个月 | 5% |

由表 11-3 可知,公司在三个月内将应收账款全部收回,前两个月较高的收款率意味着公司的收款速度高于预期或以往的收款习惯,表明公司应收账款的流动性较高,周转期缩短,变现能力加强。

（四）应收账款余额百分比法

应收账款余额百分比法是指根据应收账款余额百分比是否小于预期来判断公司应收账款流动性大小或质量好坏的方法。应收账款余额百分比是指在销售当月的月末以及接下来的每个月月末,尚未收回的销售收入的百分比。

**例 11-5**：承例 11-4，当月销售 100 万元，销售收入分 3 个月收回。预期销售当月月底应收账款余额百分比为 80%，第二个月月底为 20%，第三个月月底为 0。在实际收款率已知的情况下，实际应收账款余额百分比见表 11-4。

表 11-4 应收账款余额百分比

| 月份 | 应收账款余额百分比 |
| --- | --- |
| 销售当月月底 | 70% |
| 第二个月月底 | 5% |
| 第三个月月底 | 0% |

由表 11-4 可知，销售当月月底，应收账款余额百分比小于预期，表明第一个月应收账款实际回款数占 30%，比预期回款数多了 10%。第二个月月底的应收账款余额百分比也小于预期，表明截至第二个月月底，尚有 5% 应收账款未收回，低于预期 20%。这表明公司的应收账款质量较高。反之，则表明公司可能向信用不佳的客户提供了信用，或者表明公司应收账款管理水平较差。

### 四、收账（催账）政策

催账是指向拖欠货款的客户追款。公司的授信对象有很多类别，信用好的授信对象会按时付款，信用差的授信对象则常常欠账不还，这是两种极端情况。大多数客户介于这两种极端情况之间。

逾期应收账款的催账程序或步骤往往视应收账款数量、逾期时间长短等因素而定。一般而言，逾期应收账款的催讨包括以下步骤：

第一，发函催促。当应收账款逾期若干天之后，授信者可以友好地提醒受信者。如果提醒未果，则可以信函的方式催讨。

第二，电话催讨。在发函仍未取得效果之后，授信者可以通过电话方式与对方沟通。如果受信者确实存在支付困难的话，则授信者可以考虑让受信者先履行一部分支付义务，剩余欠款留待日后支付。

第三，上门拜访。应收账款的收款专管员可以上门拜访，请求对方付款。

如果以上三个步骤不足以促使受信者支付逾期货款，则授信者往往可以诉诸法律或寻求独立收款机构的帮助。在一个法制健全的国家或地区，如果授信者诉诸法律，那么他会获得有利的判决结果；如果寻求独立收款机构的帮助，那么也能取得较好的效果。但是，授信者会承担相应的费用。

值得注意的是，应收账款管理是一个世界性难题，逾期应收账款催讨的难度大具有普遍性。收款人在催账过程中，可能会承受巨大的损失或承担一定的费用，整个社会的信用环境越差，收款人承受的成本或损失就越大。因此，催账决策应该基于净现值法则。催账程序的选择乃至是否诉诸法律，取决于催账是否能产生正值的净现值。如果催账所产生的现金流入小于催账成本，则应该放弃催账。

**概念自查 11-2：**
1. 如何解读销售条件 "1/15, n/60"？
2. 卖方为什么要向买方提供商业信用？
3. 在确定商业信用政策时，我们应该关注哪些重要的因素？
4. 信用分析中的信用 5Cs 是什么？

## 本章小结

1. 流动资产是公司最具流动性或最具变现能力的资产类别，主要包括现金、有价证券、应收账款、存货等，因此，其管理要求不同于长期资产。流动资产管理有两个要求：一是要求公司保持最佳的流动资产投资水平,二是要求保持和提高流动资产的流动性。

2. 在完美资本市场假设条件下,流动资产的存量多寡以及流动性强弱不会影响公司价值。但是,市场是不完美的,较低的流动资产存量和较弱的流动性增加了公司的风险,甚至可能引发破产成本。因此,流动资产的存量和流动性将成为影响公司价值的重要因素,流动资产的有效管理将有助于提升公司价值。

3. 狭义的现金是指公司持有的货币资金,包括公司持有的通货和各类银行存款。公司持有现金出于以下三个动机,即交易性动机、安全性动机和投机性动机。由于大多数公司并没有为投机需要而持有现金,因此现金管理仅仅与交易性动机和安全性动机有关。现金管理有现金流量管理和现金存量管理两个要求。

4. 公司向外销售商品或提供劳务时,如果允许购买者延后一段时间付款,则我们可以认为销售方向购买方提供了商业信用。公司一旦提供商业信用,便形成了账面应收账款。因此,商业信用管理就是应收账款管理。公司向其他公司提供商业信用,向消费者提供消费信用。公司的应收账款由商业信用政策决定,商业信用政策有四个内容,即信用分析、确定销售条件、应收账款监督和收账(催账)政策。应收账款管理围绕着这些信用政策内容展开。

5. 在信用环境良好的情况下,公司应收账款余额较高不意味着信用管理水平低下,也就是说,应收账款的多少并不说明问题,需通过成本收益分析来判定。

## 重要术语

现金　浮存　有价证券　商业票据　大面额存单　短期国库券　回购协议　银行承兑汇票　票据结算　非票据结算　专用信箱　现金存量库存模型　现金存量随机模型　商业信用　应收账款政策　信用条件　信用分析　催账　应收账款监督

## 习题

**简易题**

1. A公司对信用较好客户给出的信用条件为"$2/15, n/60$"。若客户选择第60天支付货款,那么其机会成本是多少?

2. B公司的现金管理很有特点,其通常做法是,在年初准备10万元现金,用完后再备足10万元。假定H公司的现金支出很平稳,该公司平均持有的现金为多少?

**中等难度题**

3. 目前,C公司要求其客户平均在5天内将付款支票寄达公司总部,公司随后处理这些支票,平均花费2天。设目前该公司平均每天收款100万元。为提高效率,公司开始评估设立专用信箱的可行性。据估计,这一制度引入后,客户邮寄支票的平均时间将缩短至3天,公司处理支票的时间将缩短至1天。

(1) 引入这一制度后,公司可减少多少现金余额?

(2) 设短期投资的收益率为3%,现行制度每年的机会成本有多大?

(3) 若租用专用信箱的年费用为5万元,你认为引入这一制度是否可行?

4. D公司是一家大型连锁商业企业,拥有50家分店,每家分店平均每天向公司总部寄送5万元支票,公司总部处理后转交银行,整个收账浮存期平均为8天。为提高效率,公司总部拟采用电子结算系统,公司收账浮存期将被彻底消除。

(1) 此举将减少多少现金余额?

(2) 若短期投资年回报率为5%,可获利多少?

（3）若电子结算系统的汇款成本为5元/笔，汇款数为3 000笔/家/年，那么采用电子结算系统是否经济？

5. E公司的销售条件为"n/50"，根据收账历史进行估算，公司平均收账期为60天。设公司产品售价为100元/件，销售利润率为20%，所得税税率为10%。最近，公司CFO对公司坏账风险感到担忧，他认为公司的订单可以分为三类：

| 项目 | 低风险订单 | 中度风险订单 | 高风险订单 |
| --- | --- | --- | --- |
| 坏账率 | 5% | 10% | 25% |
| 各类订单的比例 | 20% | 45% | 35% |

（1）若新订单累计金额为200万元，CFO认为应该拒绝高风险订单。你是否同意？

（2）若分析和评价订单风险的成本为2元/件，你认为是否应该拒绝中度风险订单？

6. F公司预计年度赊销额为960 000元，应收账款平均收账期为30天。成本占销售收入的80%。公司拟修改其信用政策，有以下两种信用政策可资参考：

| 信用政策 | 信用期限 | 年度赊销额 | 坏账率 |
| --- | --- | --- | --- |
| A | 45天 | 1 120 000元 | 2% |
| B | 60天 | 1 320 000元 | 3% |

假设原坏账率为2%（按应收账款百分比法计算，其中应收账款以平均应收账款为准），公司投资机会的报酬率为20%，固定成本为200 000元，新增销售无须增加固定成本。

要求：根据以上条件，公司应使用何种信用政策？

**高等难度题**

7. 设G公司的年累计赊销额为2 400万元，销售利润率为10%，平均收账期为2个月，坏账率为1%（设按销售收入计）。为保证应收账款质量，公司专门设立收款部门，每年运转费用为15万元。公司CFO认为，若增加收款部门人员，可将平均收账期降至1.5个月，坏账率降至0.8%。但收款部门的运转费用将翻番。设资本机会成本为15%。

（1）公司的这一做法是否值得？

（2）若资本机会成本为10%，你又会如何评价公司的这一想法？

8. 设H公司为中国一家上市公司，目前有富余现金，准备进行有价证券投资（短期投资）。

（1）请给出中国目前可进行此类投资的渠道。

（2）请根据投资收益给出你的投资建议。

值得参考的网站：
美国邓白氏商业信息服务机构网站：http://www.dnb.com。

习题参考答案

# 参考文献

1. BAUMOL W. The transactions demand for cash: An inventory theoretic approach [J]. Quarterly Journal of Economics, 1952, 66(4): 545—556.

2. HILL N C. SARTORIS W L. Short-term financial management [M]. New York: Macmillan Publishing Company, 1992.

3. MILLER M H. ORR D. The demand for money by firms: Extensions of analytic results [J]. Journal of Finance, 1968, 23(5): 735—759.

4. SARTORIS W L. HILL N C. Evaluating credit policy alternatives: A present value framework [J]. Journal of Financial Research, 1981, 4(1): 81—89.

5. 范霍恩，等.现代企业财务管理[M].郭浩，等，译.北京：经济科学出版社，1998.

6. 范霍恩.财务管理与政策[M].刘志远，等，译.大连：东北财经大学出版社，2000.

# 第十二章
# 会计报表分析

**【学习要点】**

1. 会计信息是否决策有用？
2. 为什么要剔除会计信息中的噪音？
3. 比率分析法的缺陷及其弥补方法。
4. 如何用总量分析法来评价公司盈利质量？
5. 为何要进行会计报表重构？
6. 传统杜邦分析法的缺陷和改进。

会计报表分析①是公司金融的重要工具或手段之一。公司融资决策、投资决策和资产管理的目标是在风险一定的情况下，以最小的成本融资，实现预期的投资收益及提高资产的使用效率。会计报表分析为我们提供了"后视镜"：一方面，可以借此进一步评价融资决策、投资决策及资产管理的合理性；另一方面，可以作为财务规划和公司估值的逻辑起点。本章主要介绍会计信息的阅读与理解、会计分析、财务分析方法及会计报表分析在决策中的运用。

## ■ 第一节 会计信息的阅读与理解

在会计报表分析的框架中，读懂和读好会计信息是会计报表分析的起点。由于绝大部分会计信息使用者是外部人，包括证券分析师、信用评级机构、商业银行等，因此他们所能接触到的会计报表属于外部会计报表②。外部会计报表是公司对外公开的会计信息的载

---

① 会计报表分析与财务分析是不同的，后者运用所有的财务资料进行分析，财务资料由会计资料与非会计资料两部分组成。因此，会计报表分析仅仅是财务分析的主要内容而已。

② 外部会计报表指资产负债表、损益表、现金流量表及其附表。由于信息不对称，内部报表不在我们的讨论之列。由于篇幅的限制，相关的资产负债表、损益表和现金流量表可参见上市公司年报。

体,绝大部分会计信息使用者只能据此来了解公司的财务状况、盈利能力及流动性。

## 一、资产负债表和损益表的阅读与理解

### (一) 资产负债表和损益表的结构

资产负债表(balance sheet)反映公司在过去某一时点上的财务状况。要理解资产负债表的信息含量,可以以该表的结构为切入点进行分析。完整的资产负债表由表首、表身和表尾构成。表首由报表名称、编制单位、编制年月及货币计量单位等要件构成。表身是资产、负债、股东权益(所有者权益)等总括会计信息的载体,其格式有T字形和报告式两种,表明某公司在过去某一时间点上的财务状况。表尾是资产负债表的重要内容之一,通常包括会计政策与方法、明细资料、变动幅度比较大的项目的原因说明、重大事件和关联交易等几大类信息,它在会计信息使用者阅读与理解资产负债表的过程中起着重要作用。上市公司是社会公众企业,根据信息充分披露的相关要求,其表尾的篇幅和信息量最大。对会计信息使用者而言,表尾的重要性不言而喻。

损益表(income statement)反映过去一段时间内公司的盈亏情况。损益表也由表首、表身和表尾组成。就表身而言,它有多步式和单步式两种具体列示形式。工商企业采用多步式来列示其信息,而金融企业,如银行等则采用单步式来列示其信息。就会计信息使用者而言,多步式的损益表能为其提供更多的盈亏信息,如总利润信息和利润结构信息。就损益表的表尾而言,除"明细资料""变动幅度较大的项目的原因说明"两大信息源之外,其他信息源与资产负债表共享。[①]

### (二) 资产负债表和损益表的信息数量特征

资产负债表的信息数量特征是指资产负债表能为会计信息使用者提供的会计信息的类别及详略程度。从会计信息类别来看,资产负债表的表身提供了资产、负债和股东权益(所有者权益)三方面的总括数据,表尾则提供了大量的补充数据和资料,这些补充资料和数据尽管不能出现在表身中,但对进一步理解表身数据背后的经济意义有着重要的辅助作用。

损益表的表身为会计信息使用者提供了公司过去一段时间内收入、成本费用和盈利(或亏损)三方面的总括信息,表尾除"明细资料""变动幅度较大的项目的原因说明"两大信息源之外,其他信息源与资产负债表共享,会计信息使用者可以据此进一步理解公司盈利的驱动性因素以及公司价值增加的源泉。

由于表尾的信息量巨大,因此为便于读者理解,下文以上市公司为例分述资产负债表和损益表表尾的五大信息源。

第一,会计政策和方法。会计政策和方法是指公司会计信息在生成和制作过程中所选择的会计政策和方法。会计信息使用者可以据此了解公司会计政策和方法的变化及变更(包括会计制度的变化以及管理人员选择会计政策的变化)对会计报表可能产生的影响,并据此了解会计报表中可能存在的客观粉饰行为。比如,在通胀情形下,如果公司执意用先进先出法(FIFO)替换后进先出法(LIFO)来对存货进行计价,那么公司的当期已销产品

---

① 原因在于,资产负债表和损益表的记账基础是一致的。

成本被低估,当期利润被高估,期末存货被高估。再比如,公司用加速折旧法替代直线折旧法,将高估当期折旧费用,低估当期利润,低估当期固定资产净值。

第二,明细资料。明细资料是对表身总括资料的细化。会计信息使用者可以据此了解总括数据背后更多的信息含量和经济意义。比如,货币资金的明细资料可以使会计信息使用者了解公司货币资金的结构。货币资金有现金、银行存款和其他货币资金三类,如果货币资金中的其他货币资金比重很小,则意味着公司货币资金几乎不存在约束,公司有较强的即期支付能力。再比如,公司应收账款的明细资料(通常按账龄长短进行了分类)可以使会计信息使用者了解公司应收账款的质量,若公司大部分应收账款的账龄很短,则说明公司应收账款变现能力强,坏账可能性小。

第三,变动幅度较大的项目的原因说明。它是指同一项目相邻两个时间点(损益表为相邻两个时间段)的数据存在较大变化(比如变动幅度超过30%)时,公司须说明变动的原因。此类信息源有助于会计信息使用者了解相关项目数据变化背后的经济行为。比如,年末应收账款余额远远超过年初余额的原因有很多,就正常原因而言,销售条件的放宽以及销售量的增加都可能导致应收账款的增长;就非正常原因而言,老账未收回,又不断形成新的挂账,公司的应收账款就会越积越多。如果不将原因予以告示,则会计信息使用者将无法辨别。

第四,重要事项。重要事项是指公司在过去一段时间内所发生的足以对其将来产生重要影响的事件,包括公司利润分配方案(或预案)、高层变更、会计师事务所更替、资产重组、担保等。重要事项一旦发生,可能对公司财务状况、盈利能力产生潜在影响。比如,若公司因对外担保而卷入诉讼案件的话,那么它将面临一笔或有负债,这对公司的资产负债状况起着潜在影响。一旦被担保者败诉,担保公司的或有负债将变成真实负债。

> **小案例 12-1:利润分配预案是否可以在年报披露之前公布?**
> 
> 2015—2017年,中国不少上市公司(尤其是创业板上市公司)热衷"高送转",它们会通过利润分配预案"广而告之"。由于当时监管未及时跟上,有些上市公司在披露财务报告之前就急于发布利润分配预案。你认为,这些公司为何急于发布利润分配预案?会有哪些不良后果?

第五,关联交易。关联交易可以帮助会计信息使用者了解公司的关联企业,以及与关联企业发生的交易,包括交易的价格和交易的数量,进而了解公司是否通过不正当交易价格对公司的资产状况、盈利水平进行粉饰。比如,若公司采用高于市场价格的交易价格向关联企业销售货物,那么公司便实现了利润转移。因此,会计信息使用者通过对关联交易信息的阅读,可以了解公司是否存在盈余操纵行为。

(三)资产负债表和损益表的信息质量特征

就信息质量特征而言,资产负债表提供的会计信息应该具备可靠性和相关性的特征。由于损益表和资产负债表的记账基础一致,均为权责发生制,因此损益表的质量特征与资产负债表的质量特征相似。

所谓"可靠性"是指会计信息具有可核性、真实性和中立性,公司的信誉、规模、法制环境等对会计信息可靠程度的影响颇大。通常,新兴市场经济体的会计信息可靠性稍差,对投资者保护力度较弱的国家的会计信息可靠性也令人担忧。会计信息可靠性是最基本的信息质量特征,很难想象,充斥虚假会计信息的资产负债表和损益表能对会计信息使用者有何用处。

所谓"相关性"是指会计信息具有预测价值、反馈价值和及时性,它是一种更高境界的会计信息质量特征,也是会计信息使用者当下期盼的一种理想状态下的会计信息质量特征。相关性强调会计信息决策有用,也就是说,在会计信息可靠性得到保证的前提下,公司披露的信息不求面面俱到,主要向会计信息使用者提供决策有用的会计信息,甚至可以去除一些细枝末节、决策无用的会计信息。

### 二、现金流量表阅读与理解

（一）现金流量表的结构

现金流量表(cash flow statement)反映公司在过去一段时间内现金的来龙去脉,它由表首、表身和表尾组成。以中国为例,现金流量表的表身反映了在一定时期内,公司经营活动、投资活动和融资活动所产生的现金流量,包括现金流入和现金流出。其中,经营活动最重要的现金流入是销售商品、提供劳务所收到的现金,最重要的现金流出是购买商品、接受劳务所支付的现金,现金净流量(经营活动所产生的现金流入与现金流出之差)可以被视作现金收付制下的净利润。从处于正常经营阶段的公司来看,经营活动所产生的现金净流量应该总体上大于零。但是,公司经营活动的现金净流量大于零并不意味着当期一定有账面盈余,反之亦然。投资活动和融资活动所产生的现金净流量是否大于零则并无多大的经济意义,这是由这两类活动的现金流量特点所决定的。就投资活动而言,一次性的大量的现金流发生在"流出",如果以后不再进行投资,则投资之后公司将连续多期获得现金"流入";就融资活动而言,公司的现金流量特征恰好与投资活动相反。

由于现金流量表的记账基础不同于资产负债表和损益表,因此它有独立的表尾资料。现金流量表的表尾资料由三部分组成,其中第二部分信息对会计信息使用者尤为重要,它揭示了公司经营活动所产生的现金净流量与年净利润之间的关系。

（二）现金流量表的信息含量

现金流量表是揭示公司现金流的重要和有效载体。

第一,揭示了一段时间内现金的来龙去脉(其中现金是指货币资金和现金等价物),即公司在经营活动、投资活动和融资活动中各自的现金流入和现金流出情况。读者可以据此了解公司的经营活动是否顺畅,是否能创造财富;了解公司是否有新增投资,是否可持续;了解公司是否具有融资灵活性。

第二,给出了一个与损益表不同的盈利指标,即经营活动所产生的现金净流量(CFO)。读者可以据此了解公司当期的盈利质量,若公司当期净利润(NI)大于CFO,那么表明公司当期新增支付能力小于当期利润,说明当期的盈利质量低。

第三,揭示了账面净利润(NI)与经营活动所产生的现金净流量(CFO)之间的关系。NI是权责发生制下形成的净利润,CFO可以理解为现金收付制下形成的净利润。从长期看,NI总量和CFO总量应该相等,但就某一年份而言,它们之间不相等。在中国,现金流量表的表尾揭示了它们之间的关系,即CFO＝NI±调整项。

现金流量表是会计信息使用者对会计信息数量和质量要求提高的产物。在现金流量

**概念自查 12-1：**

1. 选取一份你熟悉的上市公司的最新年报，熟悉三大报表的结构。
2. 请从资产负债表和损益表的表尾中找到五大信息源的披露位置。
3. 请找出现金流量表表尾的披露位置。

表尚未推出之前，投资者和债权人往往存在一些困惑。比如，一方面，公司显示出不错的账面净利润；另一方面，公司因缺乏支付能力而无法清偿到期债务以及无力支付现金股利。在这种情况下，会计信息使用者要求公司必须披露其支付能力的信息，现金流量表是迎合这种诉求的最好的载体。

## 第二节　会计分析

尽管会计报表是反映公司经营状况、盈利能力和现金流量的载体，但是，由于会计信息在生成过程中受诸多因素影响，因此会计信息会出现一些噪音。从这个意义上讲，在使用会计信息进行分析之前，应该进行会计分析，了解会计信息噪音的生成原因，并尽最大可能剔除这些噪音。

### 一、会计信息的复杂性

尽管会计信息使用者试图读懂会计信息，但是会计信息在生成过程中受许多因素影响，不可避免地会出现一些噪音，妨碍了会计信息使用者对会计信息的解读。那么，这些噪音主要源于何处呢？

（一）统一会计准则的误区

对会计信息使用者来说，统一的会计准则显然非常重要。一方面，它使得不同公司的会计信息有了可比性；另一方面，它可以限制公司管理人员对其会计信息进行恣意粉饰。

但是，统一的会计准则也有其自身的误区：首先，统一的会计准则并不能消除会计信息失真现象。比如，在公司研发费用的会计处理上，不少国家的会计准则都要求将当期发生的研发费用计入当期费用，这种会计处置低估了当期利润。事实上，就研发费用而言，它们是为获得公司未来收益而发生的。因此，将研发费用资本化，分期摊销才是更合理的会计处置方式。其次，会计准则统一性提高后，会计灵活性在某种程度上会降低，严格统一的会计准则可能使得公司管理者无法选择最合理的会计方法和政策来更贴切、更恰如其分地反映公司的真实状况。在这种情况下，公司管理者为了取得预计的会计结果，可能被迫调整经营业务甚至做假。

（二）管理人员选择会计政策的误区

会计灵活性[①]为公司管理者提供了能够贴切反映公司经营状况、盈利性的空间，可以说，会计准则越先进和合理，会计灵活性也就越大。然而，会计灵活性具有双刃剑的特性。公司管理者会出于不同的目的而错用甚至滥用会计灵活性，造成会计信息混乱。

第一，改变资本市场的"态度"。资本市场对公司的盈利性具有很高的要求，比如在中国，如果上市公司前三年的平均净资产收益率（ROE）低于规定的比率（10%），那么它就失去了在资本市场上进行配股的权利。因此，为了改变资本市场的"态度"，公司管理者可以

---

① 会计灵活性是指在会计处置上具有多种选择。

利用其在信息不对称中所处的有利位置,巧妙地运用会计灵活性策略来降低成本、抬高利润,"博取"资本市场对公司的好感。

第二,追求管理报酬。通常,公司管理者的薪酬激励制度与公司的绩效挂钩,而绩效又多半以利润的大小来衡量。因此,公司管理者为了在其任期内获得更多的报酬,他们可能会采取高估利润、低估成本的会计政策和方法,以实现公司利润最大化。

第三,迎合债务契约的要求。公司一旦举债,债权人会在债务契约中通过设置常规条款、普通条款和特殊条款,对债务人在举债期内的流动性、资产处置等进行约定。由于债务人违反约定的代价巨大,因此公司管理层为了在债务期内力保流动性等方面的约定,他们会选择有利于这些约定保全的会计政策和方法。

### (三)外部审计的误区

外部审计是鉴定会计报表诚信性的有效方式,它在确保公司管理者一定时期内运用会计政策和方法的一贯性,以及确保其会计评估的合理性方面非常有效。应该说,外部审计限制了公司为了完成一定的目标而对会计报表进行恣意粉饰的行为,提高了会计信息的质量。但是,即便是在不考虑注册会计师职业道德的前提下,外部审计也存在一定的误区,可能就此降低会计报表的质量。比如,审计人员可能会对某些会计准则表现出强烈的反感,理由是公司根据这些会计准则制作的会计信息可能给外部审计带来很大的麻烦,既费时又费钱。在每次会计准则修改过程中,外部审计的这些看法和意见可能会被采纳,从而改变或删除那些会计准则。可以想象,若依据这些会计准则形成的会计信息对投资者很重要,那么变更甚至删除这些会计准则可能无法保证相关会计信息公允和合理。

## 二、会计信息质量的评价

评价公司是否缺乏会计灵活性,以及评价公司所选择的会计政策和方法是否恰当,是会计信息质量评价的主要内容。会计信息质量的评价基于以下五个步骤。

### (一)评价公司的会计估计

每个公司所处的行业有其自身的特殊性,公司在行业中有其竞争策略和定位,因此,每个公司均有着不同的风险。比如,利息和信贷风险是商业银行的主要风险,库存不确定性是工商企业的主要风险。

评价公司所选择的会计政策和方法是否合理的关键在于,评价公司对不确定性事件(比如贷款损失、存货跌价、坏账等)所采取的会计计量方法的合理与否。不同的会计计量方法将影响公司所披露的利润和资产,因此,会计报表分析者必须充分了解被分析公司所采用的会计计量方法,知晓这些会计计量方法可能对被分析公司的利润、资产所造成的影响,以及这种影响是否合乎情理。比如,在商业银行业,贷款损失准备的计提就是一个重要的会计计量方法问题,其估算值的高低将影响利润表现。

### (二)评价公司的会计灵活性

公司在生成会计报表的过程中,不同行业的公司管理者在重要的会计政策和方法的选择上存在差异,于是,不同行业的公司在会计灵活性上存在差异。比如,研究和开发是众多高科技公司的立身之本,但是它们在研发费用处置上的会计灵活性不大。在美国,研发费用全部作为当期费用处理,于是,公司当期利润被低估。再比如,就商业银行而言,在贷款损失准备的计提比率和计提方式上,银行具有相对大的会计灵活性,有利于银行公允地估计贷款损失。不同行业的公司在会计灵活性方面除存在差异之外,还存在较多的共性,比如在存货计价方法、折旧政策、商誉减值和摊销政策、养老金政策等方面的会计处置上,不同的公司具有相同的会计灵活性。

如果公司管理者在确定公司会计政策和方法时没有会计灵活性,那么会计数据会存在某些缺陷和瑕疵,也就失去了最恰当反映公司财务状况、盈利能力的可能性。然而,会计灵活性是一把双刃剑。会计灵活性为公司管理者提供了操纵盈余的空间,因此,即便公司管理者在会计处置上具有充分的会计灵活性,也不能保证这些公司的会计数据就一定更加公允以及更具价值。

### (三) 评价公司的会计策略

会计灵活性为公司管理层采取适当的会计政策和方法提供了可能,在评价公司所选择的会计政策和方法(即会计策略)是否恰当时,通常从以下几方面进行考察。

第一,将公司的会计政策和方法与行业要求进行比较,来考察公司所选择的会计政策和方法合理与否。比如,一个公司的主营业务成本较行业平均水平要高,一种解释是该公司使用了一种当下不流行的存货计价方法,从而高估了成本;另一种解释是该公司的成本较高。如果公司的高成本是源于前者,那么可能是因为该公司出于竞争策略上的考虑,故意压低当期利润。

第二,考察公司管理层有无利用会计灵活性进行盈余管理的动机。在多种情况下,公司管理者会利用盈余管理来操纵公司利润。比如,当公司利润低于配股所需的最低盈利要求时,公司管理层为了获得配股机会,会采取低估成本或高估利润的会计政策和方法,即通过盈余管理来改变资本市场的"态度"。再比如,当公司处于违反债务契约中的股利发放率条款边缘时,它会选择高估当期利润的会计政策和方法,这样既保持了原有的股利发放水平,又保证了公司的股利发放率不高于债务契约中约定的股利发放率。

第三,考察公司是否改变了会计政策和方法以及改变的理由。公司一旦改变会计政策和方法,就造成了会计政策和方法的不连续性,其直接结果将造成公司账面利润和账面资产的变化。因此,了解公司会计政策和方法是否有所改变、改变的理由以及由此造成的影响是非常重要的。

第四,考察公司为了达到一定的会计目的是否进行了相应的结构调整。公司为了实现更高的每股净利润这一会计目标,可能改变融资习惯。由于债务融资具有税盾效应、融资成本较低等特点,同时,举债融资后,没有增加公司股份数,因此是否改变融资习惯必然以能否提升每股净利润为目标。此举的代价是公司加大了杠杆,增加了财务风险。

### (四) 评价公司的会计信息披露质量

通常,每一个国家的会计制度都对会计信息披露的最低限度提出了要求,因此,公司管理者有较大的会计信息披露选择权。评价会计信息披露质量应该从以下两方面入手:

**1. 会计信息披露数量的评价**

从数量要求来看,公司披露的会计信息应该具有以下特征:

第一,公司披露了充分的会计信息。这些会计信息能够帮助会计信息使用者对公司的经营策略和经济效果进行评价,否则,可能曲解被分析公司的竞争地位以及面临的竞争劣势。

第二,会计报表是会计信息的主要载体。会计报表由表首、表身和表尾(也称脚注或注释)组成,不同公司的表首和表身信息量并不存在差异,但是表尾信息的翔实程度存在较大差异。因此,评价表尾信息披露的充足性和有效性构成了会计信息披露数量评价的主要内容。比如,公司改变其会计政策和方法时,应在表尾进行解释和说明。

第三,会计信息揭示了公司当前的经营状况。公司会计报表有助于分析者了解公司经营变化的幕后原因。比如,净资产收益率的下降究竟是成本税收的增加、资产结构的变化、资产效率的降低还是资本结构的变化所致?如果我们能够从现有的会计资料中探源,那么这种会计信息对揭示公司当前的经营状况就非常有效。

**2. 会计信息披露质量的评价**

会计信息披露的质量要求表现为会计信息具有可靠性和相关性的质量特征。可靠性是指会计信息的忠实表达、可核性和中立性,而相关性①是指会计信息应该具有预测价值、反馈价值和及时性等特点。

从可靠性的内涵来看,忠实表达、可核性和中立性是可靠性的三个重要因素。忠实表达是指一项会计计量或叙述,与其所要表达的现象或状况应该一致或吻合。要实现忠实表达,必须选用正确的计量方法或计量制度。如果所选用的计量方法不恰当,那么不管会计人员如何准确无误地计量,所得出的结果仍然不恰当。强调忠实表达旨在减少计量方法的偏差,它使信息更能公允地表达公司经济活动的真实情况,从而使会计信息可靠。然而,一项业务在时过境迁后的"忠实表达"就会遭到非议,比如一项设备在购买时的计价确实能做到"忠实表达",但几年以后该设备的价值究竟为几何,以及究竟如何"忠实表达"则很难使人信服。可核性是指具有相同背景的不同个体,分别采取同一种计量方法,对同一事项加以计量,就能得出相同的结果。可核性能够确保会计人员不掺杂个人偏见,正确地使用其所选择的方法加以计量。但是,由于对某些会计业务的计量还有赖于会计人员的判断,因此可核性②的困难在于如何将计量主体和客体进行连接。中立性是指在选用或实施各种准则时,应当关注会计信息的相关性和可靠性,而不应在乎所选准则对特定利益者的影响。也就是说,会计人员不能为了达到预期结果,随意歪曲会计信息或选择不适当的会计准则反映会计信息。

从相关性的内涵来看,会计信息首先应具有可预测性,会计信息使用者可以根据预测的可能结果做出最佳判断,因此,预测价值是相关性的第一个核心因素,具有决定和改变决策的作用。但是,会计信息的可预测性有两大困惑:一是缺乏一个经过检验的、标准化的投资决策模型,致使决策者不知道何种会计信息决策有用;二是公司无法完整地提供与决策直接有关的会计信息。反馈价值是相关性的第二个核心因素,它是指能够将过去决策所产生的实际结果反馈给决策者,决策者可以将其与当初决策时的预期结果进行比较,作为将来相同或相似决策的参考。鉴于预测价值存在诸多难点,为此,反馈价值被称为相关性的最重要因素。及时性是相关性的第三个核心因素,它是指会计信息在失去影响决策能力之前能够被提供给会计信息使用者。

**(五)确定潜在的危机**

会计信息质量分析的常用方法是寻找会计信息质量存在问题的危机信号。为了理解

---

① 在相关性的界定问题上存在分歧,此处的定义采用美国财务会计准则委员会的看法。
② 该概念的界定存在多种说法,在美国,美国会计学会、会计准则委员会、美国财务会计准则委员会等机构均有自己的定义。

如何确定潜在的危机,我们以常见的危机信号为例予以说明。

### 1. 表尾中存在未加注释的会计变化

表尾中存在未加注释的会计变化是一个危机信号。若在表尾中存在未加注释的会计变化,那么会计信息使用者就应该慎用相关会计信息。

首先,由于公司未在其会计报表中披露其会计政策和方法的变化,因此信息使用者无法正确解读经"粉饰"后的会计信息,只能猜测种种可能性,进而曲解被分析公司的经营状况和盈利性。因此,在表尾中存在未加注释的会计变化会损害信息使用者的利益。

其次,在表尾中存在未加注释的会计变化的背后往往藏有猫腻。在新兴资本市场上,这种计谋更容易被某些上市公司"滥用"。

### 2. 引起销售增长的其他项目的非正常增长

引起销售增长的应收账款的非正常增长及库存的非正常增长是两种常见的危机信号。

首先,引起销售增长的应收账款的非正常增长传递出的信号颇为"杂乱"。它既可能与公司管理层故意放松信用政策有关,又可能与公司人为"塞满"销售渠道以"虚增"当期收入有关。如果公司管理者过度放松信用政策,那么公司在随后的日子里将面临更多的由于客户违约而被迫注销应收账款的局面,坏账费用、催账费用及机会成本将随之快速增长。

其次,引起销售增长的库存的非正常增长传递出的信号也不清晰。如果存货增加是源于产成品的增加,那么很有可能意味着公司产品的销售量将下降,即公司随后可能被迫降价销售以减少账面库存价值。如果是源于半成品的增加,那么通常伴随着一条好消息,表明管理层预期销售增加。如果是源于原材料的增加,那么可能表明生产和采购的效率低,将导致销售成本增加。

### 3. 公司披露的账面收益与其他收益之间不匹配

公司披露的账面净利润(NI)与经营活动所产生的现金净流量(CFO)之间的差距拉大,以及账面收益(会计利润)与应税收益之间的差距拉大是两个需要加以关注的问题,两类收益的不匹配增加了会计信息使用者"甄别"个中缘由的难度。

首先,在一致性原则下,公司披露的账面净利润与经营活动所产生的现金净流量之间的关系通常是稳定的。若公司披露的账面净利润与经营活动所产生的现金净流量之间的差距拉大,那么折旧和摊销方法、销售政策及信用政策的变化都是诱因。至于究竟何为主因,目的何在,以及影响有多大,则不易确认。

其次,在公司披露的会计利润与应税收益之间的差距拉大时,其背后通常有"故事"。若公司应税收益远大于会计利润时,则很可能是公司在当期预提了大量费用所致,并就此产生了大量的递延所得税资产。至于为何在当期预提了大量费用,不排除公司管理者有盈余操纵的嫌疑。

### 4. 未预计到的大量资产注销

未预计到的大量资产注销同样不易解读。这种情形有多种解释:一是公司管理层因未能充分估计经营环境的变化所造成的资产注销;二是公司管理层因缺乏现金流而将公司部分资产予以变现,增加公司支付能力;三是将不适合公司未来整体发展规划的部分产业、部门和子公司出售;四是将先前不恰当的投资项目出售。显然,有些未预计到的大量资产注销有助于公司未来的发展,也能最大化股东财富,但有些是公司正处于困境而做出的无奈之举。

---

**概念自查 12-2:**

1. 为什么公司经营者有粉饰会计报表的动机?
2. 什么是会计灵活性?请分别列出两种能够暂时提升或降低公司会计利润的会计政策和方法。
3. 公司当期拥有不菲的会计利润,但却不能偿还到期债务或不能履行现金股利政策,你认为可能的原因是什么?

知识专栏 12-1:
独立审计报告

## 第三节 财务分析方法

基于会计报表的财务分析主要有两种方法:比率分析法和现金流量分析法。前者是一种非常接近用户的分析方法,如果有行业标准可供参考,则这种方法是一种非常有效的、经济实用的方法;后者在为会计信息使用者把握公司流动性以及支付能力方面提供了很好的支持。在这两种方法的基础上,又衍生出了其他一些方法,比如趋势分析法、综合分析法等。

### 一、比率分析法

比率分析法是指用财务比率来描述公司财务状况、盈利能力以及流动性的一种财务分析方法。它是最直观、最接近用户的分析方法。财务比率是指由会计数据形成的比值,如果按照会计信息使用者的分析目的进行分类,则财务比率可以分成偿债能力测试比率、盈利能力测试比率、市场号召力测试比率等几大类。

(一)偿债能力评价

公司偿债能力由公司债务保障程度、资产效率和支付能力等组成,因此,公司偿债能力评价可理解为对公司债务保障程度、资产效率和支付能力等方面的综合评价。

**1. 债务保障程度比率及其运用**

(1) 短期债务保障程度

短期债务是指公司的流动负债,流动资产是其保障。流动资产超过流动负债越多,短期债权人就会觉得越安全。因此,反映短期债务保障程度的重要比率为:

$$流动比率 = 流动资产/流动负债 \quad (12-1)$$
$$速动比率 = 速动资产/流动负债 \quad (12-2)$$

在式(12-1)和式(12-2)中,分子、分母的会计数据均直接取自资产负债表,速动资产表示变现能力极强的资产,其计算口径为流动资产减去存货和待摊费用。

流动比率越高,说明公司短期债务保障程度越高,短期债权人越安全,但公司流动资产的效率就越低。一般而言,我们期望流动比率至少应该大于1。在美国,流动比率的行业平均标准值为2,这是短期债权人与短期债务人长期均衡的结果。有时候,流动比率的绝对值并不一定说明问题。如果一家公司拥有超强的融资灵活性,那么较低的流动比率未必就是一个坏信号。但如果一家运转良好公司的流动比率低于1,则至少可以说明该公司此时此刻的流动性有些异常。

如果公司存货占流动资产的比重过高的话,则短期债权人还会要求用公司的速动比率来评价其债权的安全性。速动比率也是反映公司短期债务保障程度高低的另一个重要比率,同样在美国,速动比率的行业平均标准值为1。

值得注意的是,由于流动资产和流动负债的结构多变,因此短期债务保障比率常常会被误读。现仅以流动比率为例予以说明。设公司目前流动资产和流动负债分别为2 000万元和1 000万元,公司的流动比率为2。

误区一:公司是否可用当下的流动比率来描述未来的状况?如果公司用100万元现金

支付应付账款,那么公司的流动比率将超过 2。显然,公司当下 2 倍的流动比率是静态的,未必代表公司未来的状况。

误区二:流动比率是否能够真实反映公司流动性？如果公司用 100 万元现金购置 100 万元存货,那么公司的流动比率保持不变。然而,公司流动资产的结构发生了变化,其流动资产的总体流动性下降了。因此,流动比率保持不变并不意味着公司流动性保持不变。

误区三:流动比率是否会高估或低估公司短期债务保障程度？如果存货以历史成本计价,那么公司按市场价销售产品后,存货的减少金额将低于应收账款或现金的增加金额,公司的流动比率将提高。显然,此时流动比率低估了公司目前的短期债务保障程度。

（2）长期债务保障程度

由于几乎所有长期债务都有利息支付义务,因此长期债权人除要求债务人归还本金之外,还有索取利息的要求。为此,长期债务保障程度有两个层面的内容,一是本金保障程度,二是利息保障程度,即

$$资产负债率 = 负债总额/资产总额 \qquad (12-3)$$

$$利息倍数 = 息税前收益/本年利息 \qquad (12-4)$$

在式(12-3)中,分子、分母的会计数据均直接取自资产负债表。在式(12-4)中,分子、分母数据均取自损益表。息税前收益(EBIT)等于税后利润加上当年利息和公司所得税。

资产负债率是度量本金保障程度的重要比率,也是同类比率中使用频率最高的比率。但不同的国家在该比率高低的认同上存在差异,在美国,非金融企业的资产负债率一般不超过 50%。如果超过 60%,则被认为突破了警戒线,公司通过举债融资将变得非常困难。就公司而言,资产负债率的高低取决于其资本结构与公司价值之间的关系。[①]

资产负债率还有另外两个表述:一是负债权益比[②];二是权益乘数[③]。

利息倍数(time interest earned ratio)是度量利息保障程度的重要比率,该比例越高,对长期债权人而言就越安全。利息倍数也可以表述为现金对利息的倍数(cash coverage ratio)。其表达式为:现金对利息的倍数 = (EBIT+折旧)/利息。

然而,对债权人来说,债务保障程度的高低并不意味着一切,不同类型公司的债务保障程度的经济意义不尽相同,从某种意义上来说,债务保障程度的高低只有在公司破产时才会对债权人有所差别。

**2. 资产效率比率及其运用**

在实际操作中,债务保障程度的高低只有在公司破产时才具有真正意义上的差别。因此,从这个意义上来说,资产效率和支付能力对考察公司偿债能力更具有意义。

（1）流动资产效率

流动资产效率的评价和考察可以归结为重点考察应收账款和存货的效率,理由是应收账款和存货是流动资产中流动性相对最弱的资产项目,并且这两个项目是流动资产的主体部分。如果这些项目具有较高的流动性,那么可以推断公司流动资产整体具有较高的流动性。考察应收账款和存货效率的常用比率为:

$$应收账款周转率 = 年赊销净额/年均应收账款 \qquad (12-5)$$

$$存货周转率 = 年销货成本/年均存货 \qquad (12-6)$$

---

[①] 读者可以回顾本书第八章的相关内容。
[②] 负债权益比 = 总负债/总权益
[③] 权益乘数 = 总资产/总权益 = 1+负债权益比 = 1/(1-资产负债率)

式(12-5)中,年赊销净额等于年赊销额减去销售折扣和折让,年均应收账款等于应收账款年初余额和年末余额的算术平均数(假定应收账款在年内没有大幅波动的情况发生)。式(12-6)中,年均存货等于存货年初余额和年末余额的算术平均数(假定存货在年内没有大幅波动的情况发生)。

应收账款周转率(receivables turnover)显示公司在一年内或一个经营周期内,应收账款周转的次数,该比率越高,说明公司应收账款的变现时间越短。如果会计信息中没有披露年赊销额,那么会计信息使用者只能用年销售收入替代,但是这将高估该比率。应收账款周转速度还可以用应收账款周转天数(days' sales in receivables)[①]表示。

存货周转率(inventory turnover)显示公司在一年内或一个经营周期内存货周转的次数,同样,该比率越高,说明公司存货的变现时间越短。只要不是因关门歇业而出清存货,则存货周转率越高,表示存货管理效率越高。然而,该比率存在方法论上的缺陷,理由是该比率分子表示已销商品或产品的成本,而分母既包括库存商品或产品,又包括库存在产品、半成品和原材料。因此,分子和分母的内涵并不一致。存货周转速度还可以用存货周转天数(days' sales in inventory)[②]表示。

(2) 长期资产效率

长期资产效率是指公司所有资产的效率或流动性,理由是公司账面上的流动资产具有相对稳定性,即具有长期性的特征。最常用的比率为总资产周转率(total asset turnover):

$$总资产周转率 = 年销售收入/年均总资产 \quad (12-7)$$

式(12-7)中,年均总资产是资产年初余额和年末余额的算术平均数。总资产周转率是重要的"全景图"比率,显示在一年内或一个经营周期内,公司总资产的平均周转速度。该比例越高,说明公司总资产的周转速度越快。

**3. 支付能力比率及其运用**

短期债务和长期债务期满的清偿取决于公司的支付能力,公司的支付能力有即期和远期支付能力之分。长期债务支付能力强弱的考量应该基于公司远期支付能力,而非即期支付能力,但远期支付能力的评价有赖于预期财务数据。此处的支付能力仅指即期支付能力。常见的即期支付能力比率为:

$$\Delta 现金/\Delta 流动负债 \quad (12-8)$$

$$销售商品、提供劳务所收到的现金/年销售收入 \quad (12-9)$$

$$购买商品、接受劳务所支付的现金/年销售成本 \quad (12-10)$$

在式(12-8)中,"$\Delta$ 现金"表示公司现金的变动情况,"$\Delta$ 流动负债"表示公司流动负债的变动情况。在不考虑比值为负数的情况下,该比率有大于1、等于1和小于1三种可能。如果该比率大于1,则表明公司新增支付能力大于新增短期债务,因此,从静态角度来看,该比率大于1意味着公司的支付能力较强。但是,该比率存在缺陷,尤其在该比率为负数时缺乏解释力。

在式(12-9)中,分子是现金收付制下的收入,该会计数据取自现金流量表,分母是权责发生制下的收入,此会计数据取自损益表。该比率也有三种情形。当该比率大于1时,表明公司除将当年的应收账款收回外,还将逾期应收账款收回,因此,支付能力也同时增强。当该比率小于1时,表明公司没有将以前的应收账款收回,同时又形成了新的挂账。

---

① 应收账款周转天数 = 365/应收账款周转率。
② 存货周转天数 = 365/存货周转率。

在式(12-10)中,分子是现金收付制下的成本,该会计数据取自现金流量表,分母是权责发生制下的成本,此会计数据取自损益表。如果该比率大于1,则表明公司除将本期购货款清偿外,还归还了以前的欠款,公司表现出了较强的支付能力。如果该比率小于1,则表明公司的支付能力可能存在问题。

**4. 影响偿债能力的其他因素**

我们在计算上述衡量公司偿债能力的诸多关键比率时,所有数据均直接取自资产负债表、损益表和现金流量表,但是,还有一些因素也会对公司偿债能力产生很大影响,尽管这些因素没有被量化,且不易量化。因此,我们在评价公司偿债能力时,应该重点予以关注。通常,我们可以从会计报表的表尾资料(即附注)中搜集到这些因素。

(1) 公司融资灵活性

公司融资灵活性是指公司的富余举债能力大小,事实上,公司在融资灵活性上是存在差异的。分析者可以重点关注公司的可动用贷款数量、可变现长期资产数量、信用历史等。若公司目前拥有数量不菲的可动用贷款、可变现长期资产,以及有着良好的信用历史,那么这些有利因素就会增强公司的偿债能力。

(2) 表外负债

在经营过程中,有些公司会发生租赁业务,租赁有经营租赁和融资租赁之分。通常来说,融资租赁所形成的负债(应付租赁款)反映在资产负债表中,而经营租赁所形成的负债则在表外处置。因此,对于有经营租赁业务的公司来说,现有的偿债能力比率并不能公允地反映其真实的偿债能力。可见,分析者唯有充分估计公司的表外负债数量,才能客观评价公司的偿债能力。

(3) 或有负债

若公司向外提供担保或卷入未决诉讼案件,那么公司就担负了一笔或有负债。一旦被认定应承担担保责任或被判决败诉,则公司的或有负债就将变成真实负债。因此,或有负债会降低公司潜在的偿债能力。

## (二) 盈利能力评价

通常,损益表反映了公司的盈亏情况,但是,仅仅基于损益表的盈利能力评价不足取。公司的盈利能力还应该更多地关注盈利质量,现金流量表为我们了解公司的盈利质量提供了可能。

**1. 传统盈利能力指标及其运用**

公司的财务总目标有多种说法,利润最大化、股东财富最大化和企业价值最大化是三种主要的说法,其中股东财富最大化的说法在股份公司这一现代企业制度占优的国度里被广为推崇,俗称"股东至上"。我们的分析也基于这种财务目标。

净资产收益率(return on equity,ROE)表示每一单位货币的股东权益所能带来的收益,因此,该比率是最能表达股东财富是否最大化的指标。该比率的表达式为:

$$净资产收益率 = 年净利润/年均股东权益 \qquad (12-11)$$

式(12-11)中,分子的会计数据取自损益表,而分母的会计数据取自资产负债表,是股东权益年初余额和年末余额的算术平均数。

净资产收益率可以全面反映公司的经营活动,是综合性最强的盈利性指标。对公司尤其是上市公司而言,净资产收益率是一个约束力很强的指标。在中国,上市公司配股的门槛条件之一是公司前三年平均净资产收益率大于10%,且每年的净资产收益率不低于6%,

否则,将失去配股权。

资产利润率(return on assets,ROA)表示一单位货币资产所能带来的收益,它是综合性仅次于净资产收益率的盈利性指标。该比率的传统表达式为:

$$资产利润率 = 年净利润/年均资产 \qquad (12-12)$$

尽管式(12-12)是一个被广泛使用的传统比率,但是该比率分子和分母之间不对称,分母包括公司股东和债权人所拥有的资产,而分子仅仅是股东可得的收益。也正因如此,可将分子的内涵扩大,将年净利润扩大为扣息前的利润,用公式表示为:

$$资产利润率(扣息前) = [年净利润 + 利息费用(1-税率)]/年均资产 \qquad (12-13)$$

然而,式(12-13)在某些情况下也会出现偏差,比如公司或多或少存在无须计息的债务。因此,将公司所有的资产作为资产利润率的分母会低估该比率。为此,建议使用以下比率:

$$资产利润率 = [年净利润 + 利息费用(1-税率)]/(年均股东权益 + 年均有息债务)$$
$$(12-14)$$

在综合性方面,资产利润率是仅次于净资产收益率的重要比率。该指标对金融企业,尤其是商业银行具有较强的约束力。在分业经营条件下,按照国外大商业银行的盈利要求,如果资产利润率低于1%,则往往被认为盈利未能达标或者被认为盈利性不够。

销售利润率(return on sales,ROS)是指每实现一单位货币的销售收入所产生的利润。该比率的表达式为:

$$销售利润率 = 年净利润/年销售收入 \qquad (12-15)$$

净资产收益率、资产利润率和销售利润率三个用来衡量公司盈利能力的比率具有内在逻辑关系,它们在会计报表分析中被广泛运用。

**2. 盈利原因分析**

净资产收益率、资产利润率和销售利润率三个盈利性比率的高低显示了公司盈利水平的高低,但是,这仅仅是盈利分析的一部分内容。完整的盈利分析还包括盈利原因分析以及盈利质量分析。如果借助传统的杜邦分析框架(见图12-1)进行分析,我们将可以清晰地看到,成本、税收、资产结构、资产效率和资本结构等是影响公司盈利大小的几个重要因素。

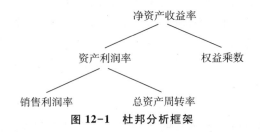

图 12-1 杜邦分析框架

由图12-1可知,传统的杜邦分析框架提供了两个恒等式,即

$$净资产收益率 = 资产利润率 \times 权益乘数 \qquad (12-16)$$
$$净资产收益率 = 销售利润率 \times 总资产周转率 \times 权益乘数 \qquad (12-17)$$

式(12-17)中,权益乘数 = 1/(1-资产负债率)。我们可以从式(12-17)中得出这样的结论:影响公司净资产收益率的因素有三类,通过对这些因素背后的经济含义进行分析,分析者可以了解公司盈利增长或减少的原因所在以及可能存在的问题。

**(1) 价格、成本和税收分析**

就价格、成本和税收而言,我们可以以销售利润率的变化为切入点进行分析。销售利润率的高低取决于销售价格溢价水平、成本水平及税收环境。

第一,就销售价格溢价而言,公司的产品或服务在市场上应该得到的价格溢价将决定公司的销售收入水平,进而影响公司的利润。价格溢价受竞争程度和产品独特程度的影响很大,如果公司具有垄断优势,或者公司努力追求产品差异,那么公司就能够获得较高的价格溢价。

第二,就成本而言,采购和生产的效率、不同的竞争策略、不同的销售方式等将决定公司的成本水平。如果公司的采购成本较低,生产效率高于竞争对手,那么公司的销售成本将处于低水平。如果公司为了实施竞争策略而采取必要的行动,那么公司的成本水平尤其是营业费用水平将有较大提高。如果公司以零售和分销方式向客户提供全套服务,那么这种销售方式将比批发或直销方式提供更优质、更周全的售后服务,也将为此花费更多的销售费用和营业费用。

第三,就公司税收环境而言,税收政策的变化、税收条件的宽松与否将直接影响公司的税后利润。如果公司的税收政策发生变化,那么公司的税后利润将发生较大波动。比如,公司现在尚处于免税阶段,那么在其他条件不变的情况下,公司一旦不能享受免税政策,公司的税费将迅速增长,税后利润将大幅减少。如果公司采取税收递延的避税策略,那么公司当期成本将被高估,账面资产和账面利润都将被低估,公司销售利润率将随之下降,但是,资产周转率会因账面资产被低估而上升。

**(2) 资产效率和资产结构分析**

就资产效率而言,我们可以以总资产周转率的变化为切入点进行分析。总资产周转率对单个资产效率和资产结构的变化很敏感。

第一,基于资产效率的分析。由于长期资产(除长期投资①)具有定期摊销的特点,这些资产的变现能力(或变现时间)通常是确定的,但某些流动资产项目的变现能力是不确定的。因此,所谓资产效率影响公司总资产周转率,可以理解为流动资产效率的高低对公司总资产周转率所造成的影响。鉴于应收账款和存货的变现能力直接决定流动资产的整体变现能力,为此,只要应收账款和存货拥有较强的变现能力,我们就可以认为公司流动资产的整体变现能力较强,它对总资产周转率起着正向作用。

第二,基于资产结构的分析。就资产结构而言,在总资产规模一定的情况下,公司流动资产的比重越高,公司的总资产周转率将越快。因此,我们应首先观察、对比公司流动资产与长期资产或与总资产的比例关系,进而判断资产结构的差异及变化对总资产周转率的影响程度。

**(3) 杠杆分析**

就杠杆而言,我们可以以权益乘数的变化为切入点进行分析。权益乘数提高对净资产收益率具有正效应。权益乘数可以用资产负债率来理解,如果资产负债率提高,或者说公司资本结构中的债务资本比重增加,那么公司的权益乘数就会放大,从而提高公司的净资产收益率。因此,高资产负债率并非一无是处,由此就引出了一个话题,即应该如何看待公司的债务。②

---

① 在发达的资本市场上,长期投资的内涵主要是指股票投资和债权投资,由于存在发达的二级市场,因此其变现能力较强。
② 关于这个话题,读者可以通过回顾本书第八章中的相关内容来体会。

**例 12-1**：A 公司最近三年的一些重要财务指标见表 12-1。

表 12-1  A 公司最近三年的重要财务指标表

| 指标 | 2016 年 | 2017 年 | 2018 年 |
| --- | --- | --- | --- |
| 流动比率 | 4.2 | 2.6 | 1.8 |
| 速动比率 | 2.1 | 1.0 | 0.6 |
| 资产负债率 | 23% | 33% | 47% |
| 存货周转率（次/年） | 8.7 | 5.4 | 3.5 |
| 平均收账期（天） | 33 | 36 | 49 |
| 总资产周转率（次/年） | 3.2 | 2.6 | 1.9 |
| 资产利润率 | 7.4% | 3.8% | 2.8% |
| 销售利润率 | 2.34% | 1.47% | 1.5% |
| 净资产收益率 | 9.7% | 5.7% | 5.4% |

由表 12-1 可知，A 公司最近三年盈利性指标均呈逐年下降趋势。根据杜邦分析框架，我们可以分别得到 2016 年、2017 年、2018 年净资产收益率等财务比率，见表 12-2。

表 12-2  A 公司最近三年的净资产收益率表

| 年份 | 净资产收益率 | 销售利润率 | 总资产周转率（次/年） | 权益乘数 |
| --- | --- | --- | --- | --- |
| 2016 | 9.7% | 2.34% | 3.2 | 1.29 |
| 2017 | 5.7% | 1.47% | 2.6 | 1.49 |
| 2018 | 5.4% | 1.50% | 1.9 | 1.89 |

表 12-2 显示，与其他财务比率不同，权益乘数呈逐年上升趋势。因此，权益乘数对公司净资产收益率具有正效应。但是，总资产周转率和销售利润率对净资产收益率具有负效应，其中总资产周转率的负效应更大。尽管我们无法从例 12-1 所提供的有限资料中深究净资产收益率逐年下降的具体原因，但是我们还是可以得到这样的结论：净资产收益率一路走低的现象不是公司资产效率降低所致，就是公司长期资产比重提高所为。

### 3. 盈利质量评价

公司盈利质量分析是盈利分析的又一个重要内容。盈利质量分析可以从净利润（NI）与经营活动所产生的现金净流量（CFO）的关系，以及净利润信息的质量展开分析。

（1）基于经营活动所产生的现金净流量的视角

从净利润与经营活动所产生的现金净流量之间的关系来看，如果净利润远高于公司同期经营活动所产生的现金净流量，那么我们就可以认为公司当年的盈利质量不高，理由是公司不能新增与账面净利润一样多的支付能力。如果不考虑外源资金融通，则公司在按时支付股利、偿还到期债务等方面可能存在问题。至于盈利质量的测度比率，我们只要对传统的盈利性财务比率加以修改，就可以得到用来评价公司盈利质量的比率。它们分别是：

净资产收益率 = 经营活动所产生的现金净流量 / 年均股东权益　　　（12-18）
资产利润率 = 经营活动所产生的现金净流量 / 年均总资产　　　　（12-19）
销售利润率 = 经营活动所产生的现金净流量 / 年销售收入　　　　（12-20）

式（12-18）、式（12-19）和式（12-20）的分母取值与传统盈利性财务比率的取值无异，但是，分子的会计数据取自现金流量表。显然，从计算口径来看，这些比率与传统比率的差异在于分子的取值不同。

由于净利润和经营活动所产生的现金净流量的记账基础不同，因此这两类比率在相同的时间内不可能完全一致，也正是由于这两类比率之间存在差异，使得我们能够利用这种差异来了解公司的盈利质量。比如，如果权责发生制下的净资产收益率为15%，而现金收付制下的净资产收益率仅为8%，那么我们可以这样解读：公司账面盈利水平较高，但是盈利质量不够理想，如果公司当期不借助于外源资金融通，则可能存在一定的支付困难。

（2）基于净利润信息的视角

从净利润信息的质量来看，公司管理层客观的粉饰行为[①]将影响净利润信息的质量和可读性。面对会计灵活性较大的会计制度，管理者会自觉或不自觉地进行盈余操纵，以达到低估或高估公司利润的目的。因此，如果公司频繁出现未加注释的会计变化、提高利润的业务、引起销售增长的应收账款或存货的非正常增长等情形，那么公司的盈利质量往往可能存在较大的问题。

### （三）市场号召力分析

对上市公司而言，财务比率还涉及公司市场号召力，即公司在股票市场上的地位。通常，在一个运转良好的股票市场上，可以用一定的财务比率来描述公司的市场号召力。市盈率、市净率、股利发放率、股利实得率等是常用的几个比率。

市盈率（price-to-earnings ratio，P/E）是每股市价与每股净利润（EPS）的比率，反映投资者对每1元净利润所愿意支付的价格。在一个相对成熟的股票市场中，该比率越高，说明公司未来成长的潜力越大，公众对该股票的评价越高。但是，在一个充斥投机成分的股票市场中，股票价格常常被扭曲，公司通常表现为高市盈率。因此，在这样的投机市场中，用市盈率来衡量公司的市场号召力往往失灵。读者在解释这种市盈率时应该格外谨慎，小心误读。

市净率（market-to-book ratio，P/B）是指每股市场价值与每股账面价值（也称每股净资产）的比率，反映公司投资的市场价值是否超过投资成本。如果该比率大于1，则说明公司总体上能够为股东创造价值。

股利发放率是指每股普通股股利与每股净利润的百分比，反映公司股东从每股净利润中所能分得的部分。就单个投资者而言，这一比率较能体现出当前的投资收益。在公司金融实践中，股利发放率的高低取决于公司的股利政策。持续稳定的股利政策对长期投资者来说颇具吸引力。

股息实得率是指每股股利与市价之比，是衡量普通股股东当期投资收益率的重要指标。在分析和评价股票投资者的投资收益时，建议分母采用投资时的股票市场价格。对准备投资的股票进行投资分析时，以当前价格为妥。这样做既是为了揭示投资该股票可能获得的股息收益率，也是为了表明出售或放弃投资该股票的机会成本。当公司普遍采用低股

---

① 人为的粉饰行为以及造成的后果不在我们讨论之列。

利政策时,其股利发放率和股息实得率对股票投资者而言,可能失去其应有的作用,或者说失灵。

（四）综合分析方法

比率分析方法存在三大缺陷：比率是静态的反映,比率之间缺乏内在逻辑性,以及缺乏标准或标杆。就目前而言,这些缺陷可以通过使用一些方法①予以克服。其中,时间序列分析方法可以克服比率不能反映动态的缺陷,杜邦分析法是克服比率之间缺乏内在逻辑性的有效方法。

**1. 时间序列分析**

在计算财务比率时,许多财务比率所需的部分数据甚至全部会计数据直接取自资产负债表。由于资产负债表是静态报表,它仅仅反映公司在某一时间点上的财务状况。因此,这些财务比率也带有资产负债表的缺陷。为了克服这种缺陷,可以引入时间序列分析的理念,用动态的眼光分析这些比率。从趋势来看,比率向好是值得肯定的,比率恶化不一定是坏事,但一定是值得深入探究的。

> **例 12-2**：承例 12-1,设 A 公司销售收入稳定,公司资产负债率呈逐年上升趋势,那么,负债的增加究竟主要由短期负债增加所致,还是主要由长期负债增加所致？
>
> 由表 12-1 可知,A 公司存货周转率逐年下降,平均收账期逐年延长,在销售收入稳定的前提下,存货周转速度的放慢将增加存货余额,应收账款收账期的延长也会增加应收账款余额。于是,我们可以得出对 A 公司流动资产存量变动的基本判断,即流动资产存量逐年上升。A 公司流动比率和速动比率均逐年下降,在销售收入稳定以及流动资产存量呈逐年上升的情况下,短期债务保障比率纷纷下降意味着 A 公司流动负债的增长速度超过了流动资产的增长速度。因此,我们的基本判断是,短期债务增长过快是 A 公司资产负债率逐年上升的主要原因。

**2. 传统杜邦分析**

传统的杜邦分析法由美国杜邦公司创立并首先使用,它是在研究了各种财务比率之间的内在逻辑性的基础上,试图对公司的财务状况、盈利能力进行综合评价的方法。杜邦公司认为,公司的财务活动和财务指标是一个大系统,它们是相互联系和相互影响的,必须结合起来研究。

第一,杜邦分析框架的主要内涵。公司的财务总目标是追求股东财富最大化,净资产收益率是反映财务总目标完成情况的最合适的财务比率。因此,净资产收益率是杜邦分析框架的中心,它是一个综合性极强、极具代表性的财务比率。由于杜邦分析法强调财务比率之间的相关性,因此可通过分解净资产收益率来寻找具有相关性的其他财务比率。在对净资产收益率进行分解后,可以得到两个重要的财务比率,即资产利润率和权益乘数,对资产利润率再进行分解,可以得到销售利润率和总资产周转率。因此,基本的杜邦分析框架由这些分属不同类型但又具有相关性的财务比率组成（见表 12-1）。

第二,杜邦分析法的主要思路。分析者可以通过研究这些财务比率的相关性,揭示公

---

① 可以采用趋势分析法解决比率不能反映动态的缺陷,建立行业标准为比率分析提供参考依据。

司的盈利能力及其成因。在实际操作中,首先运用横向和纵向比较的方法衡量公司的总目标是否实现。如果净资产收益率超过行业标准或公司以前的平均水平,则可以通过分析比较其他财务比率的实现情况,寻找公司存在的不足之处。如果公司没有实现总目标,那么也可以通过分析比较其他比率,确定主要原因所在。因此,这种比较分析最终归结为比较分析公司的销售利润率、总资产周转率和权益乘数。

销售利润率的比较和分析应该基于公司销售收入、成本和税收环境,也就是说,造成销售利润率波动的原因是销售溢价能力、追求低成本的策略和能力、公司面临的税收政策以及调整税收政策的影响。

总资产周转率的比较和分析应该基于公司资产结构差异以及资产效率,探究总资产周转率波动的具体原因,比如公司资产结构的变化以及资产结构的特殊性都会对公司特有的总资产周转率造成影响,应收账款、存货等周转速度加快或放缓也会直接影响总资产周转率。

权益乘数的比较和分析应该基于公司资本结构的变迁和固有的特点,比如与成长型公司相比,成熟公司的权益乘数相对较高。再比如,适度的负债或适当地提高负债水平可以提高权益乘数,只要风险可控,不失为一种有益的做法。

在全面了解公司财务整体情况以及成因方面,传统的杜邦分析法比其他综合分析法更能起到其应有的作用。但是,值得注意的是,该方法通常用来进行横向或纵向比较,因此,在财务比率的计算上,应该注意偶然因素或会计政策方面的变化和差异,避免比率的不可比性。

## 二、现金流量分析法

现金流量分析法是以公司现金流量为分析对象,进而获取公司支付能力、盈利质量等方面信息的一种会计报表分析法。总量分析法和结构分析法是现金流量分析法的两种主要方式。

### (一)现金流量的特征

一般来说,公司同时运用两种报表格式反映其现金流量,这两种报表格式分别是直接格式和间接格式,它们的不同点在于经营活动所产生的现金流量的列示方式存在差异。在直接格式中,运转良好公司的经营活动所产生的现金流入和流出是直接报告的,现金净流量就是现金流入和现金流出之差;在间接格式中,公司经营活动所产生的现金净流量是通过税后利润调整过来的(见下文表12-3)。由于间接格式将现金流量表与损益表和资产负债表联系在了一起,因此这种格式深受会计信息使用者的青睐。根据信息披露要求,公司须同时披露两种格式的现金流量表。比如,在中国,现金流量表的表身按直接格式披露,而间接格式的现金流量表主体部分则在表尾披露。

在经营活动所产生的现金流量中,现金流入和现金流出具有经常性和持续性的特点。在现金流入中,销售商品、提供劳务所收到的现金是最主要的现金流;在现金流出中,购买商品、接受劳务所支付的现金是最主要的现金流。现金流入与现金流出的差量,即现金净流量可以视作公司在现金收付制下实现的净利润,表示公司新增的支付能力。从一个较长时间段来看,运转良好公司的经营活动所产生的现金净流量应该大于零。

投资活动所产生的现金流量的特征为一次性、大量的现金流发生在流出,而流入则是少量的、持续性的。因此,在不进行追加投资的情况下,公司投资活动所产生的现金净流量在出现负数后,会连续几年产生正的现金净流量。从这个意义上讲,投资活动所产生的现金净流量不一定非要大于零。

与投资活动相反,融资活动所产生的现金流量的特征为一次性、大量的现金流发生在流入,而流出则是少量的、持续性的。在不考虑追加融资的情形下,公司融资活动所产生的现金净流量一旦出现正值后,今后几年将连续出现负值的现金净流量。因此,融资活动所产生的现金净流量是否大于零也无实质性意义。

(二)总量分析法

总量分析法是一种主要的现金流量分析法,分析者能够借此了解公司的支付能力以及可能存在的问题。基本思路和步骤如下:

**1. 对经营活动的动态现金流进行分析**

就经营活动所产生的现金流量来说,分析者将逐一回答以下问题:公司内部现金流量产生能力有多强?经营活动所产生的现金净流量是否为负数?如果是负数,是不是因为公司无利润可言,还是正处于成长过程中?公司的流动资金正常管理是否存在困难?

**例12-3**:假如 A 公司 2018 年现金流量表中表尾资料见表 12-3。

表 12-3 A 公司现金流量表附表　　　　　　　　　　　　　单位:元

| | |
|---|---|
| 净利润(NI) | 150 000 000 |
| 加:固定资产折旧 | 540 000 |
| 无形资产及其他资产摊销 | 600 000 |
| 处置固定资产、无形资产及其他长期资产的损失 | 100 000 |
| 财务费用 | 200 000 |
| 投资损失(减收益) | −250 000 |
| 存货的减少(减增加) | 3 400 000 |
| 经营性应收项目的减少(减增加) | −49 000 000 |
| 经营性应付项目的增加(减减少) | −58 000 000 |
| 预提费用的增加(减减少) | −100 000 |
| 增值税增加净额(减减少) | −410 000 |
| 其他 | −1 400 000 |
| 经营活动所产生的现金净流量(CFO) | 45 680 000 |

第一,分析公司内部产生现金流量的能力。由表 12-3 可知,A 公司 2018 年度净利润为 1.5 亿元,同时,新增加的支付能力(CFO)约为 4 600 万元,远大于零,说明公司当年能产生内部现金流量。但是,该公司当年内部产生现金流量(CFO)的能力远远低于同年账面净利润(NI),表明该公司当年盈利质量不理想。

第二,流动资金投资前的原因分析。事实上,造成净利润和现金净流量出现较大背离主要归因于两类因素的作用,即流动资金投资前的因素和流动资金投资后的因素。为了明确究竟何类因素是主因,可先计算流动资金投资前的经营活动所产生的现金净流量,即以净利润为基础,加减除流动资金之外的项目(包括折旧、摊销、处置资产损失、财务费用、投资损失)后得到的金额。如果公司从客户手中得到的现金大于其费用,则公司应该获得稳定的正值的经营活动现金净流量,否则,公司只能得到负值的经营活动现金净流量。由表12-3可知,A公司2018年度流动资金投资前的现金净流量为15 119万元,该数值与净利润非常接近,说明造成净利润和经营活动所产生的现金净流量之间出现巨大差异,是因为公司流动资金投资存在一些值得商榷的问题。

第三,流动资金投资后的原因分析。公司或多或少会进行一些流动资金投资,由此形成了一些流动资金项目的净投资,比如经营性应收账款的净投资、经营性应付账款的净投资以及存货的净投资。这些流动资金的净投资是由公司信用政策、付款政策、增长策略以及行业特点所决定的。如果公司为促销而采用宽松的信用政策,则公司的应收账款周转时间或变现时间会拉长,公司当期的经营活动现金净流量将减少,否则将增加。由表12-3可知,A公司2018年度经营性应收项目增加4 900万元,可能与公司信用政策的变化有关系,因此,可从公司信用政策入手进行研究,最有可能的原因是公司放松了当年的信用政策,致使当年新增4 900万元的经营性应收款。如果公司调整付款政策,集中清理经营性应付款,则其经营活动所产生的现金净流量将大幅度减少。由表12-3可知,A公司2018年度经营性应付项目减少5 800万元,我们可以从公司的付款政策中寻求答案,可能是公司加大清理前期所欠货款所致。如果公司预计未来的销售将增加,那么公司就应该储备更多的存货,以满足即将到来的销售增长的需要。因此,公司增长策略、行业特点以及信用政策将对公司经营活动所产生的现金净流量产生重要影响,从而造成净利润与同期经营活动所产生的现金净流量的不一致。

### 2. 分析与长期投资有关的现金流

就投资活动所产生的现金流量来说,所要逐一回答的问题有:公司因追求成长而投入了多少现金?是否符合公司的整体经营策略?所需资金主要通过外源还是内源资金加以解决?扣除投资之后,公司是否还有现金盈余,如果有,是否为长期趋势?

公司经营活动所产生的现金净流量存在正值和负值两种可能(等于零几乎不存在,因此,等于零的情形不予考虑)。如果为正值,则公司将拥有使用内源资金进行长期投资的机会,反之,公司只能依赖外源资金来满足长期投资之需,公司进行长期投资的灵活性将大大降低。尽管公司使用内源资金的成本可能因有"免费午餐"[①]之嫌而大于外源资金的成本,然而,当公司完全依赖资本市场进行融通时,在充满投资风险的情况下,如果公司管理层不能说服资本市场参与者的话,那么公司将面临"无米之炊"的窘境,投资活动将变得非常困难。

### 3. 分析与融资活动有关的现金流

就融资活动所产生的现金流量来说,所要逐一回答的问题有:在支付现金股利时,主要运用外源还是内源资金?如果不得不运用外源资金来支付股利,则这种股利政策是否可持

---

[①] 国外研究认为,内源资金没有还款的压力,因此,企业管理层在使用这些资金时的态度比较随意,可能会更多地进行一些无利润的投资。

续？公司的外源资金融通主要通过哪种渠道？是否符合公司的整体经营风险策略？

将满足投资后的自由现金流与公司股利支付额相比较，若支付股利后的现金净流量为负值的话，则公司支付股利所需要的部分资金将依赖于外源资金。如果公司常常运用外源资金履行其股利支付义务，那么这种做法并非长久之计。公司很可能迫不得已调低其股利发放率，并承受由此带来的负面影响。如果支付股利后的现金净流量为正值，那么公司可以据此偿还债务[①]并进行回购。

总量分析法需逐一回答的问题似乎较多，但是，分析人员在实际操作中，应该重点关注以下现金流：第一，观测公司流动资金投资前经营活动所产生的现金净流量，看看公司是否能够创造出经营活动的现金盈余；第二，观测流动资金投资后经营活动所产生的现金净流量，评价公司在流动资金管理方面的作为；第三，观测股利支付前的现金流，评价公司投资的灵活性；第四，观测股利支付后的现金流，评价公司股利政策是否可持续；第五，观测外源资金融通后的现金流，评价公司财务政策的可持续性。这种评价应该是动态的。

### （三）结构分析法

结构分析法是指将一组时间序列现金流量表改造成现金流入结构表、现金流出结构表和现金净流量结构表，并据此评价被分析公司支付能力的一种分析方法。通过对三组时间序列现金流量进行趋势分析，可以了解公司现金流入、现金流出及现金净流量的变化，进而了解公司支付能力的变化。结构分析法包括现金流入结构分析、现金流出结构分析和现金净流量结构分析三部分。

**1. 现金流入结构分析**

建立现金流入结构表，揭示公司经营活动、投资活动和融资活动三类活动所产生的现金流入占总流入的比重，引入趋势分析方法，展示公司现金流入的变化态势。分析者可以据此了解到公司经营活动所产生的现金流入的变化，即公司支付能力的变化。比如，经营活动所产生的现金流入所占比重逐年提高，而融资活动所产生的现金流入所占比重逐年下降，则说明公司内源资金的产生能力增强，同时，对举债和发新股等外源融资的需求降低。

**2. 现金流出结构分析**

建立现金流出结构表，反映经营活动、投资活动和融资活动三类活动所产生的现金流出占总流出的比重，引入趋势分析方法，展示公司现金流出的变化态势。分析者可以据此了解到公司经营活动所产生的现金流出的变化。比如，公司经营活动所产生的现金流出所占比重逐年下降，而融资活动所产生的现金流出所占比重逐年上升，则说明公司内源资金的产生能力增强，同时，增强了对外清偿所欠资金的力度。

**3. 现金净流量结构分析**

建立现金净流量结构表，反映其背后的经济含义。由于现金净流量为零的可能性较小，我们在现金净流量分析时可以剔除这种情况，仅仅考虑大于零或小于零两种情形。从静态来看，公司三类活动的现金净流量的搭配可能出现 8 种类型（见表 12-4），每种类型均有其经济含义，每家公司都可以在这 8 种类型中找到其位置。

---

[①] 作为债务人的企业，它们在现金支付程序上依次为：经营活动所需资金支出、投资所需支出、支付股利、偿还债务。这一顺序与债权人的期望完全相反。

表 12-4 现金净流量搭配

| 类型 | 经营活动现金净流量 | 投资活动现金净流量 | 融资活动现金净流量 | 经济含义 |
|---|---|---|---|---|
| 1 | + | + | + | 公司内源资金的产生能力很强,外源资金也很充分,但是富余的资金缺乏投资机会 |
| 2 | + | + | − | 公司内源资金的产生能力强,对外源资金的需求下降,也可以认为公司目前存在较大的还款压力 |
| 3 | + | − | − | 公司存在投资机会,同时面临还款压力,公司内源资金充分,能够满足其投资和还款的资金需求 |
| 4 | + | − | + | 公司拥有内源资金,同时公司具有较大的投资机会,除内源资金外,还需要大量的外源资金来满足其投资之需 |
| 5 | − | − | − | 公司缺乏内源资金,同时存在还款压力,值得庆幸的是,公司还有投资机会 |
| 6 | − | + | + | 公司经营活动的资金缺口较大,需要通过投资所得以及外源资金融通才能解决 |
| 7 | − | + | − | 公司可能处于较为糟糕的境地,它可能面临双重困难,一是经营活动存在资金缺口,二是存在还款压力,公司为了应付这一情况,有变卖资产增加支付能力之嫌 |
| 8 | − | − | + | 公司经营活动和投资活动均存在资金缺口,需要外源资金来解决,成长型公司的财务特征比较符合这种情况 |

**概念自查 12-3：**

1. 如果你是公司 CFO,你会建议采用什么财务比率来判断公司是否过度举债?
2. 若需要评估公司股票的风险,你认为哪些财务比率相对比较有效?
3. 提高公司存货周转率或应收账款周转率是否会同时提高公司盈利水平?

但是,值得注意的是,现金净流量结构分析不能仅仅局限于静态分析,何况我们的确无法完全正确地穷尽每一种类型可能隐含的所有经济含义。因此,正确的分析方法应该是动态分析,应该从这 8 种类型的逻辑关系中寻求答案。比如,如果一家公司去年的现金净流量结构属于第一种类型,但是,今年变成第七种或第五种,很显然,这种逻辑关系的背后可能意味着公司经营上的某种不和谐,分析者应该特别关注这种不和谐背后的"故事"。

## 第四节 会计报表重构和杜邦分析法改进

我们在上文基于外部会计报表进行了讨论,鉴于外部会计报表所提供的信息具有通用性的特点,没有顾及特定会计信息使用者(比如公司价值评估者)的需求,为此,需对外部会计报表进行重构,以满足特定会计信息使用者的需求。

### 一、会计报表重构的目的

公司在其财务报告中会报告资产利润率(ROA)、净资产收益率(ROE)等重要财务指标,其中资产利润率反映每一单位货币资产(包括经营资产和非经营资产)的盈利能力(包括经营利润和非经营利润),净资产收益率反映每一单位货币净资产的盈利能力(包括经营利润和非经营利润)。事实上,公司活动可分为经营活动和非经营活动两大类。以制造业为例,经营活动是指销售商品、提供劳务等经营活动以及与此有关的生产性资产投资活动,它是公司最主要的、最经常性的活动;而非经营活动主要包括公司金融活动,比如公司的理财活动。因此,资产收益率、净资产收益率等指标并不能客观公允地刻画和表达公司经营活动的贡献。也就是说,非经营活动会使得这些重要财务指标产生偏差,会计信息使用者可能就此无法正确评估公司经营业绩以及公司价值。现以公司最重要的非经营活动——金融活动为例予以说明。

第一,金融资产对公司经营业绩指标的干扰。金融活动包括投资活动和融资活动,其中投资活动仅指公司富余资金的利用,比如债权性投资,由此形成一定数量的金融资产。显然,金融资产是公司对富余资金的一种临时性持有和处置方式,而非经营性"投资",即与公司经营无直接关系。金融资产可以获得相应的收益,比如利息收入、投资收益、公允价值变动收益等,但这些收益与公司经营业绩无关。因此,不区分经营资产和金融资产,经营资产与经营损益就无法匹配,公司资产利润率、净资产收益率等重要财务指标就不能作为反映公司经营绩效的衡量指标。

第二,金融负债对公司经营业绩指标的干扰。融资活动是指为支持公司发展而进行的筹资活动,比如向银行举借短期资金、发行债券等,由此形成一定数量的金融负债。公司需要为金融负债承担相应的利息费用,并且金融负债的数量和金融负债的杠杆作用会对公司净利润产生影响。也就是说,若不区分金融负债和经营负债,我们就无法剔除金融负债杠杆作用的影响,即公司资产利润率、净资产收益率、经营活动所产生的现金净流量等重要财务指标就不独立于公司财务杠杆。

可见,为正确评估公司经营业绩,我们需要将公司经营业绩单独分离出来,由此得到的经营业绩指标才能独立于财务杠杆,才能集中反映公司的经营业绩。

## 二、资产负债表重构

区分经营资产和非经营资产、经营负债和非经营负债是资产负债表重构的关键。

经营资产是指为生产、销售产品(商品)和提供劳务而配置的资产,非经营资产主要是指利用富余资金进行临时性投资所涉及的资产。经营负债是指自发负债(也称无息债务),非经营负债(也称金融负债)俗称"有息负债"。根据这一定义,我们可将资产负债表做如下重构(见表12-5):

表12-5 资产负债表重构

| 资产 | 经营资产(OA) | 非经营资产(NOA) | 负债和股东权益 | 经营负债(OL) | 非经营负债($D$) |
|---|---|---|---|---|---|
| 流动资产: | | | 流动负债: | | |
| 货币资金 | | 1.全部列为经营或非经营资产<br>2.根据行业或企业历史平均的货币资金/销售收入百分比以及本期销售收入,推算经营活动所需的货币资金金额,多余的计入非经营资产 | 短期借款 | | 短期借款 |

(续表)

| 资产 | 经营资产(OA) | 非经营资产(NOA) | 负债和股东权益 | 经营负债(OL) | 非经营负债(D) |
|---|---|---|---|---|---|
| 交易性金融资产 | | 交易性金融资产 | 交易性金融负债 | | 交易性金融负债 |
| 应收票据 | 无息应收票据 | 计息的应收票据 | 应付票据 | 无息应付票据 | 计息的应付票据 |
| 应收账款 | 应收账款 | | 应付账款 | 应付账款 | |
| 预付账款 | 预付账款 | | 预收账款 | 预收账款 | |
| 应收利息 | 经营性资产投资形成的应收利息 | 短期债权投资形成的应收利息 | 应付职工薪酬 | 应付职工薪酬 | |
| 应收股利 | 经营性资产投资形成的应收股利 | 短期权益性投资形成的应收股利 | 应交税费 | 应交税费 | |
| 其他应收款 | 其他应收款 | | 应付利息 | | 应付利息 |
| 存货 | 存货 | | 应付股利 | 普通股应付股利 | 优先股应付股利 |
| 一年内到期的非流动资产 | 一年内到期的非流动资产 | | 其他应收款 | 其他应收款 | |
| 其他流动资产 | 若附注或其他披露中无所指,可判为经营资产 | | 一年内到期的非流动负债 | | 一年内到期的非流动负债 |
| **流动资产合计** | | | 其他流动负债 | | 若附注或其他披露中无所指,可判为经营负债 |
| | | | **流动负债合计** | | |
| 长期资产: | | | 长期负债: | | |
| 可供出售金融资产 | | 可供出售金融资产 | 长期借款 | | 长期借款 |
| 持有至到期投资 | | 持有至到期投资 | 应付债券 | | 应付债券 |
| 长期应收款 | 长期应收款 | | 长期应付款 | 经营租赁形成的长期应付款 | 融资租赁形成的长期应付款 |
| 长期股权投资 | 长期权益投资 | | 专项应付款 | 专项应付款 | |
| 固定资产 | 固定资产 | | 预计负债 | 预计负债 | |
| 在建工程 | 在建工程 | | 递延所得税负债 | 递延所得税负债 | |
| 固定资产清理 | 固定资产清理 | | 其他非流动负债 | 若附注或其他披露中无所指,可判为经营负债 | |
| 无形资产 | 无形资产 | | **长期负债合计** | | |
| 开发支出 | 开发支出 | | **负债合计** | | |

(续表)

| 资产 | 经营资产(OA) | 非经营资产(NOA) | 负债和股东权益 | 经营负债(OL) | 非经营负债(D) |
|---|---|---|---|---|---|
| 商誉 | 商誉 | | 股东权益： | | |
| 长期待摊费用 | 长期待摊费用 | | 股本 | | |
| 递延所得税资产 | 递延所得税资产 | | 资本公积 | | |
| 其他非流动资产 | 若附注或其他披露无所指，可判为经营资产 | | 减：库存股 | | |
| 长期资产合计 | | | 盈余公积 | | |
| | | | 未分配利润 | | |
| | | | 股东权益合计 | | |
| | | | 其中：优先股 | | 从普通股股东的视角看，可判优先股为金融负债 |
| 资产总计 | | | 负债和股东权益总计 | | |

根据表12-5，我们可以得到几个重要的关系式：

$$资产 = 经营资产(OA) + 非经营资产(NOA)$$
$$= 经营负债(OL) + 非经营负债(D) + 股东权益(E) \quad (12-21)$$

整理后，可得式(12-22)，即

$$净经营资产(OA-OL) = 净负债(D-NOA) + 股东权益 \quad (12-22)$$

## 三、损益表重构

区分经营损益和非经营损益是损益表重构的关键。经营损益与公司经营活动有关，由经营资产带来。非经营损益主要包括金融损益和营业外收支，金融损益是金融负债利息和金融资产收益之差，主要包括财务费用、公允价值变动损益、投资损益、资产价值损失等。根据这一定义，我们可将损益表做如下重构(见表12-6)：

表12-6 损益表重构

| 会计利润表 | 备注 | 损益表重构 |
|---|---|---|
| 一、营业收入 | | 一、营业收入 |
| 减：营业成本 | | 减：营业成本 |
| 营业税金及附加 | | 营业税金及附加 |
| 销售费用 | | 销售费用 |
| 管理费用 | | 管理费用 |

(续表)

| 会计利润表 | 备注 | 损益表重构 |
|---|---|---|
| 财务费用 | 全部作为非经营损益 | 资产减值准备 |
| 资产减值准备 | 金融资产减值准备为非经营损益 | 加:公允价值变动收益(减损失) |
| 加:公允价值变动收益(减损失) | 金融资产价值变动形成的损益为非经营损益 | 投资收益(减损失) |
| 投资收益(减损失) | 金融资产投资损益为非经营损益 | 二、息税前经营利润(EBIT) |
| 二、营业利润 | | 减:经营利润所得税 |
| 加:营业外收入 | 全部计入非经营损益 | 三、税后经营利润 |
| 减:营业外支出 | 全部计入非经营损益 | 非经营损益: |
| 三、利润总额 | | 加:公允价值变动收益 |
| 减:所得税费用 | | 投资收益 |
| 四、净利润 | | 营业外收入 |
| | | 减:资产减值准备 |
| | | 营业外支出 |
| | | 四、非经营损益 |
| | | 减:非经营损益所得税 |
| | | 五、税后非经营收益 |
| | | 六、给所有投资者的总收益<br>(税后经营收益+税后非经营收益) |
| | | 减:税后利息费用 |
| | | 七、净利润 |

根据表12-6,若所有收入的税率统一,那么我们可以得到以下重要的关系式:

$$\text{净利润} = \text{税后经营损益} + \text{税后非经营损益} - \text{税后利息费用}$$
$$= \text{给所有投资者的总收益} - \text{税后利息费用} \quad (12-23)$$

## 四、现金流量表重构

在传统的现金流量表中,尽管按经营活动、投资活动和融资活动分开列示现金流的来龙去脉,但是在经营活动所列示的现金流量中,并未包括为满足公司经营之需而进行的固定资产投资及其他资本性支出。因此,区分经营现金流量和非经营现金流量是现金流量表重构的关键。

经营现金流量是指公司因销售商品、提供劳务以及与此有关的生产性资产投资活动所产生的现金流量,金融活动现金流量是指公司因筹资活动和富余现金利用而产生的现金流量。根据以上定义,我们可将现金流量表做如下重构(见表12-7):

表 12-7 现金流量表重构

| 项目 | 备注 |
|---|---|
| 一、经营活动现金流量 | |
| 税后经营利润 | |
| 加:折旧和摊销(DA) | |
| 减:营运资本净增加额(WC) | 经营性流动资产-经营性流动负债 |
| 资本性支出(CE) | 经营性长期资产增加额 |
| =自由现金流(FCFF) | 若自由现金流为正数,则它代表公司经营活动的全部成果,公司可以用来偿还到期债务、支付股利、进行股票回购、购买金融资产。若自由现金流为负数,则意味着公司经营活动存在资金缺口,需进行融资,或出售金融资产或举借资金或发行股票 |
| 二、金融活动现金流量 | |
| 1.债务现金流量($B$) | |
| 税后利息费用 | |
| 减:净负债增加 | |
| =债务现金流量 | 包括支付利息、偿还到期债务、举借资金、购买或出售债务类金融资产 |
| 2.股权现金流量($E$) | |
| 股利分配 | |
| 减:股权资本净增加 | |
| =股权现金流量 | 包括股利分配、股票发行和股票回购 |
| 融资现金流量(1+2) | 债务现金流量与股权现金流量之和 |

根据表 12-7,我们可以得到以下重要的关系式:

$$\text{FCFF} = \text{EBIT}(1-t) + \text{DA} - \Delta\text{WC} - \text{CE} = B + E \qquad (12\text{-}24)$$

式(12-24)中,FCFF 表示公司自由现金流,EBIT(1-$t$)表示税后经营利润,DA 表示折旧与摊销,$\Delta$WC 表示营运资本净增加额,CE 表示资本性支出,$B$ 表示债务现金流量,$E$ 表示股权现金流量。

## 五、杜邦分析法改进

**1. 净资产收益率重构**

在传统的损益表中,净利润包含了经营损益和非经营损益。根据重构后的损益表,我们可以将净利润做如下拆分:

$$\text{净利润} = \text{税后经营利润} + \text{税后非经营收益} - \text{税后利息费用} \qquad (12\text{-}25)$$

若适用同样的所得税税率,那么净利润又可以表示为:

净利润＝利息前税前经营利润(1-所得税税率)+税前非经营收益(1-所得税税率)-
　　　　利息费用(1-所得税税率)　　　　　　　　　　　　　　　　　　　(12-26)

在式(12-26)两边同时除以股东权益或净资产,则式(12-26)将变为式(12-27),即
净资产收益率(ROE)＝税后经营利润/股权权益+税后非经营收益/股东权益-
　　　　税后利息费用/股东权益　　　　　　　　　　　　　　　　　　　(12-27)

为便于讨论,我们假设税前非经营收益为零,那么,式(12-27)可做如下表达,即

$$ROE=\frac{税后经营利润}{净经营资产}\times\frac{净经营资产}{股东权益}-\frac{税后利息费用}{净负债}\times\frac{净负债}{股东权益} \quad (12-28)$$

### 2. 杜邦分析法改进框架和解读

(1) 基本改进框架

由式(12-28)可知,净资产收益率(ROE)由净经营资产利润率、税后利息率及净财务杠杆决定。因此,我们可以得到杜邦分析法的改进框架(见图12-2)。

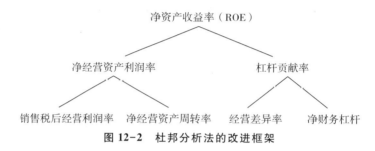

图 12-2　杜邦分析法的改进框架

图12-2中,杠杆贡献率是指"(净经营资产利润率-税后利息率)×净财务杠杆",经营差异率是指"(净经营资产利润率-税后利息率)",可以理解为每借入1元债务资本投资于净经营资产所产生的净收益偿还税后利息后的剩余部分。因此,杜邦分析法的改进框架有助于分析者分别从经营活动(基于净经营资产利润率)和金融活动(基于杠杆贡献率)两个维度,来解读它们对公司净资产收益率的贡献、影响以及偏离目标的原因。

(2) 基本解读

第一,总览。从杜邦分析框架来看,净资产收益率受销售税后经营利润率、净经营资产周转率、经营差异率和净财务杠杆综合影响。显然,将净资产收益率做这样的重新解构,有助于分析者明晰来自经营活动的影响及来自金融活动的影响。

第二,基于经营活动的分析维度。若探究销售税后经营利润率的影响,则可以从销售收入、销售成本、税收三个视角切入,看看究竟是什么具体经营性因素起主导作用。若探究净经营资产周转率的影响,则可以分别从存货管理、应收账款管理、长期经营资产管理、短期和长期经营负债管理角度进行分析,看看究竟是哪些具体经营性因素影响了净经营资产周转率。

第三,基于金融活动的分析维度。若探究经营差异率的影响,则可以通过分析、评价公司金融活动的适当性来实现,比如评价短期债务政策、长期债务政策是否合理,衡量公司借款规模的合理性以及相应的风险。若探究净财务杠杆的影响,则可以从资本结构政策和留存收益政策进行分析,衡量权益资本与净债务的配置是否合理,否是存在财务风险。

**概念自查 12-4:**

1. 会计报表重构有哪些主要理由?
2. 什么是净经营资产?
3. 杜邦分析改进框架有何特点?

**案例 12-1：乐视网所得税与盈亏疑云**

近年来，乐视网经营举步维艰，且深陷财务质疑之中。冰冻三尺，非一日之寒，其财务报表有何征兆？对比其 2015 年和 2016 年的财务报表，包括合并报表和母公司报表，不难发现乐视网的多项数据令人咋舌。一方面，其所得税费用数据持续为负，即使在 2015 年度合并利润总额为正时也是如此；另一方面，被报表使用者最为看重的指标"合并归属于母公司所有者的净利润"持续为正，即使 2016 年度合并净利润出现亏损，合并归属于母公司所有者的净利润仍稳定在 5 亿元以上的水平（见表 12-8），使经营情况看上去没有那么糟糕。

2015—2016 年度，乐视网的合并利润表所得税费用为什么持续为负？

2015—2016 年度，乐视网的合并利润表所发生的所得税费用分别为 1.62 亿元和 1.53 亿元，递延所得税费用分别为 -3.05 亿元和 -2.60 亿元，正负相抵后所得税费用分别为 -1.43 亿元和 -1.07 亿元。乐视网因递延所得税资产冲减所得税费用超过所发生的所得税费用，因而出现所得税费用持续为负的情况。所得税征收以税法为准，按税法确定的应税所得而非以会计利润为基础计算的本年度应交所得税是企业所发生的所得税费用，递延所得税则负责对所得税费用进行调节。

集团内企业有的盈利、有的亏损，而当亏损总额超过盈利规模时，不排除所得税费用调节后为负，而本年度应交所得税仍为正。

表 12-8 合并利润表数据摘要       单位：亿元

| 合并利润表数据 | 2016 年度 | 2015 年度 |
| --- | --- | --- |
| 利润总额 | -3.29 | 0.74 |
| 所得税费用 | -1.07 | -1.43 |
| 净利润 | -2.22 | 2.17 |
| 归属于母公司所有者的净利润 | 5.55 | 5.73 |

2015—2016 年度，乐视网的合并利润表中净利润为负，但其归属于母公司所有者的净利润为何为正？

2015—2016 年度，乐视网合并利润表净利润分别为 2.17 亿元和 -2.22 亿元，而母公司利润表净利润分别为 6.22 亿元和 10.72 亿元（见表 12-9），两者相抵后可发现，乐视网子公司的净利润分别为 -4.05 亿元和 -12.89 亿元，少数股东损益分别为 -3.56 亿元和 -7.77 亿元。

因此，尽管 2016 年度合并利润表净利润出现了 2.22 亿元的亏损，但由于子公司净利润出现的 12.89 亿元的亏损主要由少数股东损益承担，少数股东损益的亏损承担额 7.77 亿元超过了合并利润表总的亏损额 2.22 亿元，因此归属于母公司所有者的净利润反而出现了 5.55 亿元的盈利。

表 12-9 母公司利润表数据摘要       单位：亿元

| 母公司利润表数据 | 2016 年度 | 2015 年度 |
| --- | --- | --- |
| 利润总额 | 11.56 | 6.95 |
| 所得税费用 | 0.84 | 0.73 |
| 净利润 | 10.72 | 6.22 |

乐视网的子公司应如何反映在合并报表中？乐视网归属于母公司所有者的净利润是否有粉饰嫌疑？

合并报表时,子公司的资产、负债、收入和费用全额合并,而股东权益和净利润按照持股比例合并的全额计为归属于母公司所有者的权益(其他为少数股东权益)和归属于母公司所有者的净利润(其他为少数股东损益)。因此,乐视网在合并报表中计入了子公司亏损所形成的全部递延所得税资产和所得税费用(冲减),而在计算归属于母公司所有者的净利润时,却只计算了持股比例部分应当承担的亏损额。

引人注目的是,乐视网旗下的子公司中,只有4家不是全资子公司,分别是乐视致新、乐视电子商务、乐视云计算和乐视文化发展,而这4家全部都是亏损的。

乐视致新2016年度亏损6.36亿元,乐视网持有其58.55%的股权；乐视电子商务2016年度亏损7.37亿元,乐视网持有其30%的股权+40%的委托表决权；乐视云计算2016年度亏损1 761.99万元,乐视网持有其50%的股权；乐视网文化发展2016年度亏损28.99万元,乐视网持有其51%的股权。乐视网以持股30%到60%之间不等的比例来实现对亏损子公司的控制,例如尽管乐视网只持有乐视电子商务30%的股权,由于乐视控股将其持有的40%的股份投票权全权委托给乐视网,使得乐视网实际上协议控制乐视电子商务。事实上,合并利润中毕竟只有30%是属于乐视网的,因此7.3亿元的亏损额中,2.2亿元归属于乐视网,而余下的5.1亿元都属于少数股东。不排除公司通过关联交易将盈利放入全资子公司,将亏损转移到持股比例低的子公司,从而按较低的比例合并子公司亏损,按100%最高的比例合并子公司盈利,投资者最为关注的合并归属于母公司所有者的净利润由此得到粉饰。

资料来源：改编自刘华.对比财务报表,探究乐视所得税与盈亏"疑云"![N].中国会计报,2018-01-12.

讨论问题：

1. 会计数据看似"诡异",你如何看待会计灵活性？
2. 作为会计信息使用者,我们该如何看待公司的账面利润？
3. 你还相信会计信息决策有用吗？

# 本章小结

1. 会计报表分析是公司金融的重要工具之一,可以为公司金融活动提供重要的决策依据。会计报表分析框架通常有"操作层面"和"理论层面"两种不同的理解。

2. 在会计报表分析的框架中,会计信息的阅读与理解是一个重要的内容,会计信息的阅读技巧和能力将关系到会计信息使用者是否能对投资对象进行恰如其分的评价。尽管读懂、读好会计信息非常重要,但是由于信息不对称,存在内部人和外部人。因此,会计信息是非常复杂的,还是有读不懂、读不透的会计信息存在。

3. 由于会计信息在生成过程中受很多因素影响,致使会计信息出现一些噪音。从这个意义上讲,在使用会计信息进行分析之前,应该进行会计分析,尽可能剔除这些"噪音"。但是,这个过程非常困难。

4. 比率分析法和现金流量分析法是会计报表分析的两种基本方法。前者是一种非常接近用户的方法,但是该方法有一些缺陷,比如缺乏动态、不能展示各比率之间的联系、需要行业标准辅助等。如果有行业标准可供参考,则该方法是一种非常有效的、实用的方法。后者为分析者在把握公司支付能力等方面提供了很好的支持,分析者可以据此了解公司支付能力和盈利质量。

5. 鉴于外部财务报表所提供的信息具有通用性的特点,未顾及特定信息使用者(比如公司价值评估者)的需求,为此,需对外部财务报表进行重构,以满足特定会计信息使用者的需求。

## 重要术语

财务分析　资产负债表　损益表　现金流量表　财务资料　会计分析　比率分析法　现金流量法　杜邦分析法　总量分析法　结构分析法　会计报表重构　经营资产　非经营资产　经营负债　非经营资产　净经营资产利润率　杠杆贡献率

## 习题

### 简易题

1. A 公司长期负债与权益的比率为 50%,股东权益为 2 000 万元,流动资产为 500 万元,流动比率为 1.8,请计算该公司负债与长期资本的比率。

2. B 公司销售利润率为 5%,资产周转率为 2.5。

(1) 计算公司的资产利润率(ROA)。

(2) 若公司负债与权益的比率为 100%,EBIT 为 50 万元,利息费用为 2 万元,所得税税率为 20%,请计算公司股东权益收益率(ROE)。

### 中等难度题

3. C 公司 2018 年财务数据如下:

**2018 年 12 月 31 日资产负债表**　　　　单位:元

| 资产 | 期初 | 期末 | 负债和股东权益 | 期初 | 期末 |
|---|---|---|---|---|---|
| 现金 | 810 000 | 1 000 000 | 应付票据 | 3 300 000 | 4 000 000 |
| 应收账款 | ? | 5 000 000 | 应付账款 | 1 300 000 | 2 000 000 |
| 存货 | 6 490 000 | 7 000 000 | 应付工资 | 1 300 000 | 2 000 000 |
| 流动资产 | ? | 13 000 000 | 流动负债 | 5 900 000 | 8 000 000 |
| 固定资产净值 | ? | 12 000 000 | 长期债券 | 15 300 000 | 7 000 000 |
|  |  |  | 普通股 | 6 000 000 | 6 000 000 |
|  |  |  | 留存收益 | 2 600 000 | 4 000 000 |
| **资产合计** | 29 800 000 | 25 000 000 | **负债和股东权益合计** | 29 800 000 | 25 000 000 |

**2018 年损益表**　　　　单位:元

| 销售净额: |  |
|---|---|
| 赊销 | 16 000 000 |
| 现销 | 4 000 000 |
| 小计 | 20 000 000 |
| 减:成本 |  |
| 销售成本 | 12 000 000 |
| 销售和管理费用 | 2 200 000 |

(续表)

| 销售净额： | |
|---|---|
| 折旧 | 1 400 000 |
| 利息 | 1 200 000 |
| **EBT** | 3 200 000 |
| 减：所得税 | 1 200 000 |
| **EAT** | 2 000 000 |
| 加：上年末留存收益 | 2 600 000 |
| **小计** | 4 600 000 |
| 减：股利 | 600 000 |
| **年末留存收益** | 4 000 000 |

2016年、2017年数据及行业标准值如下：

| 项目 | 2016年 | 2017年 | 行业标准 | 2018年 |
|---|---|---|---|---|
| 流动比率 | 2.5 | 2.0 | 2.2 | |
| 速动比率 | 1.0 | 0.9 | 1.1 | |
| 应收账款周转率（次/年） | 5 | 4.5 | 5 | |
| 存货周转率（次/年） | 4 | 3 | 4.1 | |
| 长期负债与总资本比率 | 35% | 64% | 35% | |
| 销售利润率 | 17% | 15% | 15% | |
| ROE | 15% | 20% | 20% | |
| ROA | 15% | 12% | 12% | |
| 总资产周转率（次/年） | 0.9 | 0.8 | 1.0 | |
| 利息倍数 | 5.5 | 4.5 | 5.8 | |

（1）根据有关资料完成资产负债表和上表中2018年一栏的数据。

（2）利用2016年、2017年、2018年有关比率，分析、评价该公司盈利情况。

（3）当你处于以下情况时，指出你对哪个比率最感兴趣，并做出你的决定：公司希望以现行利率10%要求银行提供一笔6个月期限的贷款，用来支付先前的货物欠款。

4. D公司2018年现金流量表中经营活动所产生的现金流量有关数据如下：

**现金流量表**

单位：元

| 净利润 | 150 000 000 |
|---|---|
| 加：固定资产折旧 | 540 000 |
| 无形资产及其他资产摊销 | 600 000 |
| 处置固定资产、无形资产及其他长期资产的损失 | 100 000 |

（续表）

| | |
|---|---|
| 财务费用 | 200 000 |
| 投资损失（减收益） | (250 000) |
| 存货的减少（减增加） | 3 400 000 |
| 经营性应收项目的减少（减增加） | (49 000 000) |
| 经营性应付项目的增加（减减少） | (58 000 000) |
| 预提费用的增加（减减少） | (100 000) |
| 增值税增加净额（减减少） | (410 000) |
| 其他 | (1 400 000) |
| **经营活动产生的现金净流量** | 45 680 000 |

（1）请分析 D 公司在流动资金管理上是否存在问题。

（2）根据上述资料，请从会计分析的角度分析 CFO 与 NI 存在较大差异的可能原因。

**高等难度题**

5. 从上海证券交易所或深圳证券交易所网站上任选一家上市公司，完成下列各项任务：

（1）阅读该公司上年度会计年报，熟悉会计报表的结构，并指出该公司上年度变化很大的几个会计项目。

（2）计算该公司最近三年主要的盈利性比率、偿债能力比率和市场号召力比率。

（3）观察该公司近三年 ROE 比率的变化，并用传统杜邦分析法给出 ROE 变化的主要原因？

（4）重构该公司的资产负债表和损益表。

（5）计算该公司经营资产、净经营资产以及经营利润。

**值得参考的网站：**

1. 美国财务会计准则委员会网站：http://www.fasb.org。

2. 国际会计准则委员会网站：http://www.iasc.org.uk。

习题参考答案

# 参考文献

1. ALTMAN E I. Financial ratios, discriminant analysis and the prediction of corporate bankruptcy [J]. Journal of Finance, 1968, 23(4): 589—609.

2. CHEN K H. SHIMERDA A. An empirical analysis of useful financial ratios [J]. Financial Management, 1981, 10(1): 51—60.

3. FRASER L M. Understanding financial statements [M]. 4th ed. Englewood Cliffs, NJ: Prentice Hall, 1995.

4. GOMBOLA M J. KETZ J E. Financial ratio patterns in retail and manufacturing organizations [J]. Financial Management, 1983, 12(2): 45—56.

5. HELFERT E A. Techniques of financial analysis [M]. 9th ed. Burr Ridge, IL: Irwin, 1997.

6. STONE B K. The payments-pattern approach to the forecasting of accounts receivable [J]. Financial Management, 1976, 5(3): 65—82.

7. 郭惠云,等.公司财务分析[M].上海：上海财经大学出版社,1997.

8. 帕利普,等.经营透视[M].李延钰,等,译.大连：东北财经大学出版社,1998.

9. 中华人民共和国财政部.2006 会计准则[M].北京：经济科学出版社,2006.

10. 中华人民共和国财政部.2006 会计准则——应用指南[M].北京：经济科学出版社,2006.

# 第十三章
# 公司财务规划

**【学习要点】**

1. 财务规划的目的。
2. 财务规划的主要内容。
3. 财务规划的基本逻辑。
4. 销售百分比法。

财务规划是为公司未来发展、变化所制定的蓝图。它通常是指公司的长期财务计划，一般为公司经营战略预算。规划的时间跨度通常为2—5年，规划的对象是整个公司的财务计划，包括公司所有项目的资本预算、公司内部每个经营单位的投资计划等。广义的财务规划是指全面预算，即以最大化公司价值为目标，通过对市场需求的研究和预测，以销售预测为起点，进而进行生产、成本和现金收支等方面的预算，最后编制预计财务报表的一种预算体系。财务规划的重要性源于以下三点：一是财务规划包括了公司财务目标和评价指标，二是财务规划可以确认公司融资和投资之间的交互作用，三是财务规划可以估计公司未来可能发生的变化以及可能出现的突发事件。

## ■ 第一节 公司财务目标

公司财务目标是实现股东财富最大化或公司价值最大化，那么，用什么指标来描述和表示公司财务目标呢？美国金融学家斯蒂芬·罗斯（Stephen Ross）认为，用销售收入增长率描述公司财务目标最具普遍性，即

$$g = \frac{\Delta S}{S_0} \tag{13-1}$$

式中，$g$ 表示销售收入增长率；$\Delta S$ 表示销售收入的变动额；$S_0$ 表示基年销售收入。

> **小案例 13-1：销售增长率与利润增长率是否是一回事？**
>
> 公司的销售增长率与其利润增长率往往不同，销售增长率可能大于利润增长率，也可能小于利润增长率。因此，两者不能混为一谈。现有 A、B 两家公司，A 是轻资产公司，B 是重资产公司，假定两家的销售增长率相同。你认为，两家的销售利润率谁更高？

尽管学界和业界对能否用销售收入增长率来刻画和表述公司财务目标尚存在分歧，但是我们在本书中还是沿用这一观点。

## 一、稳定持续增长模型

为了使销售收入增长率具有唯一性，我们须做出如下假设：第一，公司资产随销售收入成正比例增长；第二，净利润与销售收入之比是一个常数；第三，公司股利政策稳定；第四，公司发行在外普通股股数不变；第五，债务资本与权益资本比率不变。

根据以上一系列假设条件，公司按既定的股利发放率发放股利后，将余下的税后利润进行留存，由此增加了权益，为保持负债与权益的比率稳定，公司需新增一定数量的负债，因此，公司销售收入增长率可以理解为在没有增加杠杆（也可将目前杠杆水平理解为最佳资本结构）的情况下，公司可达到的最高增长率，可用式（13-2）表示：

$$g = \frac{\text{ROS} \times (1-d) \times \left(1 + \dfrac{D}{E}\right)}{\text{TOS} - \left[\text{ROS} \times (1-d) \times \left(1 + \dfrac{D}{E}\right)\right]} \quad (13\text{-}2)$$

式中，ROS 表示销售利润率；$d$ 表示股利发放率；TOS 表示资产与销售收入比；$D/E$ 表示债务与权益比。

式（13-2）的推导过程为：假如公司在未来 1 年内增加销售收入 $\Delta S$，根据资产与销售收入成正比的假设，公司将增加资产 $\text{TOS} \times \Delta S$。在公司发行在外普通股股数不变的假设下，增加资产所需筹集的部分资金来自留存收益而非发放新股。也就是说，权益资本增加额 ($\Delta E$) 全部来自下一年的留存收益，即

$$\Delta E = S_1 \times \text{ROS} \times (1-d) \quad (13\text{-}3)$$

式中，$S_1$ 表示下一年预计销售收入，设增长率为 $g$，则 $S_1 = S_0(1+g)$；$S_1 \times \text{ROS}$ 表示下一年预计净利润。

在债务资本与权益资本比率不变的假设下，增加资产所需筹集的另一部分资金来自举债。债务资本增加额 ($\Delta D$) 为：

$$\Delta D = S_1 \times \text{ROS} \times (1-d) \times \frac{D}{E} \quad (13\text{-}4)$$

那么，新增的资本性支出为：

$$\text{TOS} \times \Delta S = S_1 \times \text{ROS} \times (1-d) + S_1 \times \text{ROS} \times (1-d) \times \frac{D}{E} \quad (13\text{-}5)$$

将 $S_1 = S_0(1+g)$ 代入式（13-5），整理后得：

$$\text{TOS} \times \Delta S = S_0(1+g) \times \text{ROS} \times (1-d) + S_0(1+g) \times \text{ROS} \times (1-d) \times \frac{D}{E} \quad (13\text{-}6)$$

在式(13-6)两边同除以 $S_0$,得:

$$\text{TOS} \times g = (1+g) \times \text{ROS} \times (1-d) + (1+g) \times \text{ROS} \times (1-d) \times \frac{D}{E} \quad (13-7)$$

将式(13-7)整理后,便可得到式(13-2)。

显然,稳定持续增长模型是指在不耗尽公司财务资源的情况下,即在不增加权益融资(即发新股融资)并保持当前经营效率(销售利润率和资产/销售收入)和财务政策(杠杆水平和股利发放率)的条件下,公司销售所能增长的最大比率。

**例 13-1**:天创公司拟制定未来 5 年的财务目标,该公司相关财务数据见表 13-1。

表 13-1 相关财务数据

| 初始值和变量 | 数值 |
| --- | --- |
| 初始权益资本($E_0$) | 1 000 万元 |
| 初始负债($D_0$) | 600 万元 |
| 基年销售收入($S_0$) | 4 000 万元 |
| 股利发放率($d$)目标值 | 30% |
| 销售利润率(ROS)目标值 | 5% |
| 负债/股东权益比率($D/E$)目标值 | 60% |
| 资产/销售收入比率(TOS)目标值 | 40% |

根据式(13-2),该公司可持续增长率为:

$$g = \frac{5\% \times (1-30\%) \times (1+60\%)}{40\% - [5\% \times (1-30\%) \times (1+60\%)]} = 15.1\%$$

该公司销售增长率为 16.28%,它意味着,股东权益将增长 16.28%,可达到 1 162.8 万元,负债将增长 16.28%,可达到 697.7 万元。在稳态平衡状态下,我们可以根据 16.28% 的销售增长率计算出其他变量的数值。

## 二、变化增长模型

公司通常根据未来的经济状况、行业的发展前景、公司的竞争地位、产品的生命周期等对销售收入进行预测,然后测算未来的增长率。由于销售收入增长率受制于很多因素,未来具有很大的不确定性,发行新股或增加债务、降低或提高股利发放率、降低或提高销售利润率、降低或提高资产效率等都会对销售增长率产生影响。因此,销售增长率一定不是一个固定的比率。为此,下文引用美国著名学者范霍恩(范霍恩和瓦霍维奇,1998)的变化增长模型予以说明。

范霍恩放松了稳定持续增长模型的假设,他认为,股东权益与销售收入不同步增长,公司可以发放普通股融资。据此,他给出了下一年度销售收入增长率的模型,即

$$g = \left[\frac{(E_0 + \text{New}E - \text{Div})\left(1+\dfrac{D}{E}\right)\left(\dfrac{S}{A}\right)}{1 - \text{ROS}\left(1+\dfrac{D}{E}\right)\left(\dfrac{S}{A}\right)}\right]\left(\frac{1}{S_0}\right) - 1 \qquad (13-8)$$

式中，NewE 表示新股发行所增加的权益资本；Div 表示发放的现金股利；S/A 表示资产周转率，是 A/S（即 TOS）的倒数。

**例 13-2**：天创公司拟制定未来 5 年的财务目标，该公司相关财务数据见表 13-2。

表 13-2　相关财务数据

| 初始值和变量 | 数值 |
| --- | --- |
| 初始权益资本（$E_0$） | 1 000 万元 |
| 新股发行（NewE） | 0 万元 |
| 初始负债（$D_0$） | 600 万元 |
| 基年销售收入（$S_0$） | 4 000 万元 |
| 股利发放率（d）目标值 | 30% |
| 现金股利发放目标额 | 60 万元 |
| 销售利润率（ROS）目标值 | 5% |
| 负债/股东权益比率（D/E）目标值 | 50% |
| 销售收入/资产比率（S/A）目标值 | 2.5 |

根据式（13-8），公司下一年的销售增长率为：

$$g_1 = \left[\frac{(1\,000+0-60)\times(1+60\%)\times(2.5)}{1-5\%\times(1+60\%)\times(2.5)}\right]\left(\frac{1}{4\,000}\right) - 1 = 17.5\%$$

若负债/股东权益比率为 45%，其他指标保持不变，那么公司下一年的销售增长率为：

$$g_1 = \left[\frac{(1\,000+0-60)\times(1+45\%)\times(2.5)}{1-5\%\times(1+45\%)\times(2.5)}\right]\left(\frac{1}{4\,000}\right) - 1 = 4.04\%$$

若假设负债/股东权益比率保持 45%，其他指标保持不变，那么第一年年底，股东权益和销售收入将增加，即

$$S_1 = 4\,000\times(1+4.04\%) = 4\,161.6(\text{万元})$$
$$E_1 = 4\,000\times(1+4.04\%)\times5\% - 60 + 1\,000 = 1\,148.1(\text{万元})$$

在变化的环境中，公司第二年的销售增长率为：

$$g_2 = \left[\frac{(1\,148.1+0-60)\times(1+45\%)\times(2.5)}{1-5\%\times(1+45\%)\times(2.5)}\right]\left(\frac{1}{4\,161.6}\right) - 1 = 15.8\%$$

在变化的环境中，公司销售增长率不是一个常数，某一年较低的增长率并不意味着下一年的增长率也低。

可见,财务目标(销售增长率)的制定并非易事,为了制定既有效又切实可行的财务目标,应该提供不同情形下的多个备选财务规划。公司的财务目标可以大致分为激进型、稳健型和紧缩型三种。

激进型财务目标表现为较高的销售收入增长率,意味着公司在未来存在很多投资机会,公司需要投入巨额资本,不断推出新产品,扩大市场份额。公司将大量使用外部融资方式筹集资金,同时会增加留存收益。公司将面临巨大的经营风险和财务风险。激进型财务目标主要出现在经济繁荣期。

稳健型财务目标表现为较平稳的销售收入增长率,意味着未来市场发展平稳,公司的资本性支出和净营运资本支出视市场规模的变化而定,公司将据此筹集必要的资金。

紧缩型财务目标表现为较低的销售收入增长率,意味着公司未来的投资机会不多,市场规模萎缩,公司将被迫暂缓推出新产品,减少项目投资,资本投入仅仅维持在最低的要求上。紧缩型财务目标主要出现在经济萧条期。

**概念自查 13-1:**

1. 为什么公司需要编制财务规划?
2. 为什么可以用销售收入增长率来刻画和描述公司财务目标?

## 第二节 经营现金流预测和投资规划

在未来销售收入增长率明确之后,需要做两件事情:一是据此预测公司经营现金流。公司经营现金流是公司内源资金,它越充裕,公司的资本性支出、营运资本投资、现金股利支付就越有保障,对外部融资的需求就越小。二是预测与未来销售收入增长率匹配的营运资本投资和资本性支出。通过权衡未来经营现金流和未来投资需求,为融资规划提供决策依据。

### 一、经营现金流预测

**1. 定义和测度**

公司经营现金流是指公司经营活动所产生的现金净流量,它是公司的内源资金,即不通过向外发行证券所能获得的资金来源。经营现金流是公司最主要的、最稳定的现金流。经营现金流越充裕,资本性支出、营运资本投资、现金股利支付就越有保障。

通常,可以根据现金流量表来推算经营现金流(CFO),即

$$CFO = (EBIT - I)(1 - \tau_c) + NCC - \Delta WC$$
$$= [Q(p - vc) - FC - D - I](1 - \tau_c) + NCC - \Delta WC \qquad (13-9)$$

式中,EBIT 表示利息前税前收益;$Q$ 表示预计销量;$p$ 表示销售单价;vc 表示单位变动成本;FC 表示不包含年折旧和利息费用的固定成本;$\tau_c$ 表示公司所得税税率;$D$ 表示年折旧;NCC 表示现金性费用(包括折旧,摊销等);$I$ 表示年利息费用;$\Delta WC$ 表示净营运资本变动额。

**2. 预测经营现金流**

可见,经营现金流预测的关键在于下一年度的销售收入预测,以及随销售收入变动的成本预测。如果我们能够预测下一年度的销量,并确知成本占销售收入的比重,那么我们就能够根据式(13-9)推算公司下一年度的经营现金流。

(1)销售收入预测

销售收入预测是一件重要但又很艰难的工作,它是公司财务规划和公司估值的起点。"自上而下"以及"自下而上"是两种重要的收入预测方法。

第一,"自上而下"的收入预测。所谓"自上而下"的收入预测是指通过预测市场总量,确定公司市场份额,然后预测价格来预测收入的一种方法。这种预测方法更适合成熟行业中的公司。主要理由是,成熟行业的市场总量增长缓慢,且与GDP增长贴合度较高。其主要步骤有:

- 步骤一:对市场总量进行专业预测。预测相关产品和服务的市场总量并非易事,市场总量与经济增长、行业增长空间、购买力、消费行为等密切相关。
- 步骤二:研究和预测竞争对手的竞争策略和市场份额。逐一研究以下问题:主要竞争对手有哪几个?它们提供的产品和服务各有什么特点,是否具有品牌和差异化优势?目前其市场份额是多少,是否具备进一步扩大市场份额的能力?
- 步骤三:预测公司的市场份额。逐一研究以下问题:公司目前的市场份额是多少?公司未来的定位是什么?公司的增长目标和增长能力是什么?公司能否提供获取市场份额所需要的产品和服务?其他竞争对手是否具有能替代自己在市场中位置的产品和服务?

第二,"自下而上"的收入预测。所谓"自下而上"的收入预测是指在公司已有客户需求的基础上,根据客户流失率及潜在新客户来预测收入的一种方法。这种预测方法比较适合市场总量不确定的新行业。其主要步骤有:

- 步骤一:研究和预测客户的需求。逐一研究以下问题:客户的收入状况?客户的预计购买量?
- 步骤二:估计客户流失率。逐一研究以下问题:是否存在客户流失状况?客户流失的速度?
- 步骤三:预测潜在新客户。逐一研究以下问题:公司会吸引多少新客户?这些新客户会带来多少新增收入?

(2)销售收入与资产负债表和损益表中各项目之间的关系

销售收入是一个重要的驱动因素,它几乎与资产负债表和损益表中的所有项目都存在直接或间接的关系。下面通过例子来说明,并据此预测经营现金流。

**例 13-3**:天创公司 2018 年 12 月 31 日资产负债表如表 13-3 所示。其中,长期抵押借款年初数和年末数相同。

表 13-3 天创公司资产负债表

2018 年 12 月 31 日

单位:元

| 资产 | 金额 | 负债与股东权益 | 金额 |
| --- | --- | --- | --- |
| 现金 | 10 000 | 应付账款 | 50 000 |
| 应收账款 | 90 000 | 应付税金 | 30 000 |
| 存货 | 100 000 | 长期抵押借款 | 70 000 |
| 固定资产原值 | 200 000 | 股本 | 100 000 |
| 减:累计折旧 | 50 000 | 留存收益 | 100 000 |
| 固定资产净值 | 150 000 | | |
| 资产合计 | 350 000 | 负债与股东权益合计 | 350 000 |

天创公司资产负债表中大多资产项目都与销售收入直接有关（假如视作呈线性关系），尽管固定资产与销售收入之间的关系弱一些，但销售收入仍是固定资产的驱动因素（假如也视作呈线性关系）。在负债与股东权益方面，应付账款和应付税金也会随销售收入的增加而增加，但抵押借款和普通股股本不会自动地与销售收入同步增长，若有变动，则需另行计算。公司的盈余若不全部分配给股东，则留存收益也会随销售收入的增加而增加，但不会随销售收入的增加而成比例增加，因而也需另行计算。这样，可以得出天创公司的销售百分比表（见表13-4）。

**表13-4 天创公司销售百分比表**

2018年12月31日

| 资产 | 占销售收入百分比 | 负债与股东权益 | 占销售收入百分比 |
|---|---|---|---|
| 现金 | 2% | 应付账款 | 10% |
| 应收账款 | 18% | 应付税金 | 6% |
| 存货 | 20% | 长期抵押借款 | 无关 |
| 固定资产原值 | 40% | 股本 | 无关 |
| 固定资产（净值） | 30% | 留存收益 | 无关 |
| 合计 | 70% | 合计 | 16% |

注：假定2018年销售收入为500 000元，表中各项目的数字均按照各项目年末余额与销售收入500 000元相除而得。"无关"是指该项目不随销售收入的变动而变动或不成比例变动。

假定天创公司2018年销售收入为500 000元，税前利润占销售收入的比重为10%，即50 000元；成本占销售收入的比重为90%，即450 000元，其中折旧按照固定资产原值的10%计提，计20 000元，利息按年初长期抵押借款的10%计息，计7 000元；所得税税率为30%，股利发放率为税后净利润的50%。公司2018年损益表见表13-5。

**表13-5 天创公司损益表**

2018年　　　　　　　　　　　　　　　　　　　　　　　　　　　　　单位：元

| 项目 | 金额 |
|---|---|
| 收入 | 500 000 |
| 减：成本（不含折旧和利息费用） | 423 000 |
| 折旧（按固定资产原值的10%计提） | 20 000 |
| EBIT | 57 000 |
| 减：利息（按年初长期抵押借款的10%计息） | 7 000 |
| 税前利润 | 50 000 |
| 所得税 | 15 000 |
| 净利润 | 35 000 |

假如天创公司管理层制定了财务目标,即销售收入和利润在接下来的2年时间内每年都增长10%。假设2019年股利发放率仍然是税后净利润的50%,折旧的计提方式和比例不变,计息债务总规模和年利率不变,税率不变,长期抵押借款数不变。天创公司2019年和2020年经营现金流预测情况见表13-6。

表13-6 天创公司2019年和2020年预计收入、利润和预计经营现金流    单位:元

| 项目 | 2018年 | 2019年 | 2020年 |
| --- | --- | --- | --- |
| 收入 | 500 000 | 550 000 | 605 000 |
| 税前利润 | 50 000 | 55 000 | 60 500 |
| 所得税 | 15 000 | 16 500 | 18 150 |
| 净利润 | 35 000 | 38 500 | 42 350 |
| 经营现金流(CFO) | 55 000 | 60 500 | 66 550 |

由表13-6可知,天创公司为了实现财务目标,根据式(13-9)计算,2019年和2020年预计经营现金流分别为60 500元[=38 500+200 000×(1+10%)×10%]和66 550元[=42 350+200 000×(1+10%)$^2$×10%]。

## 二、投资规划

**1. 定义和测度**

如果未来经营业务快速增长,公司将增加净营运资本①投入以及增加固定资产投资。由于销售收入与资产负债表中的许多项目存在相关性,因此我们可以借助这种相关程度不一的关系来预测未来净营运资本和固定资产的投资规划。

通常而言,销售收入与现金、应收账款、存货等流动资产项目都存在正相关关系,同时,销售收入与应付账款、短期借款等流动负债项目大体也都存在正相关关系。因此,伴随着销售收入的增加,净营运资本的投资额为:

$$\Delta WC = \frac{SA_0}{S_0} \times S_1 - \frac{SL_0}{S_0} \times S_1 \tag{13-10}$$

式中,$SA_0$ 表示基年度流动资产;$S_0$ 表示基年度销售收入;$\frac{SA_0}{S_0}$ 表示基年度流动资产与基年度销售收入之比;$S_1$ 表示下一年度销售收入;$SL_0$ 表示基年度流动负债;$\frac{SL_0}{S_0}$ 表示基年度流动负债与基年度销售收入之比。

固定资产与销售收入存在一定的相关性,但不是正相关关系。如果预计销售收入增长幅度很大,公司产量也将有大幅增加,那么当现有设备的生产能力无法满足急速增长的产

---

① 净营运资本是指公司流动资产与流动负债之间的差额。

**概念自查 13-2：**

1. 什么是经营现金流，它是如何进行测度的？
2. 如何测度净营运资本的投资额？

量时，就需要添置新设备，增加固定资产投资。此时，固定资产与销售收入有关。如果现有设备的生产能力能够满足产量的有限增长，那么就无须对固定资产进行追加投资。此时，固定资产与销售收入无关。

### 2.投资预测

**例 13-4：** 由例 13-3 可知，天创公司销售收入预计以 10% 的速度递增，于是需要对净营运资本和固定资产进行追加投资以支撑其经营业务的快速增长。由表 13-4 可知，天创公司流动资产与销售收入的比例、流动负债与销售收入的比例、固定资产与销售收入的比例既定。也就是说，假定这些资产和负债都与销售收入成正比例关系。销售收入每增加 1 元，公司的现金将增加 0.02 元，应收账款将增加 0.18 元，存货将增加 0.2 元，固定资产将增加 0.3 元；同时，应付账款将增加 0.1 元，应交税金将增加 0.06 元。因此，我们可以根据销售收入的增幅推算出净营运资本和固定资产的投资额（见表 13-7）。

表 13-7 天创公司净营运资本和固定资产投资额　　　　单位：元

| 项目 | 2018 年 | 2019 年 | 2020 年 |
| --- | --- | --- | --- |
| 净营运资本 | 120 000 | 132 000 | 145 200 |
| 固定资产原值 | 200 000 | 220 000 | 242 000 |
| 现金股利 | 17 500 | 19 250 | 21 175 |

由表 13-7 可知，为了满足 2019 年销售收入增长 10%，净营运资本须维持在 132 000 元的（=0.4×500 000×1.1−0.18×500 000×1.1）水平上，根据式（13-10）计算，净营运资本需增加投入 12 000 元；固定资产原值须维持在 220 000 元的水平上，即较 2018 年增加投入 20 000 元。根据已知条件，2020 年销售收入较 2018 年增长 21%[=$(1+10\%)^2-1$]，因此净营运资本须维持在 145 200 元（=0.4×500 000×$1.1^2$−0.18×500 000×$1.1^2$）的水平上，较 2018 年增加投入 25 200 元；固定资产较 2018 年增加投入 42 000 元。

## 第三节　融资规划

资金缺口预测是融资规划的重要内容，也是公司合理筹集资金不可回避的一个基础环节。资金缺口预测通常使用的方法是销售百分比法。① 其主要思路是，在销售预测及现有资产负债表的基础上，通过研究公司销售收入与资产负债表各项目之间的关系，来确定公司的资金缺口。前文已述，资产负债表项目与销售收入存在相关性实际上是一个经济假设，即假定公司资产负债表的大部分项目同销售收入都保持一定的百分比关系。如果预测期的销售收入已知，就可测算出公司的资金缺口或需要量。

---

① 对公司资金需求量影响最大的一个变量是销售收入，因而销售预测是资金需要量预测的可靠起点。销售预测已有许多专著做了介绍，读者可以参见这类书籍，本章不再赘述。

## 一、资金缺口预测

**1. 定义和测度**

在预测出未来经营现金流以及明确未来投资规划之后,公司就可以估算未来的资金缺口。公司资金缺口可用以下公式估算:

$$\text{EF} = \frac{A}{S_0}(\Delta S) - \frac{L}{S_0}(\Delta S) - S_1 \times m \times b \tag{13-11}$$

式中,$A$ 表示与当期销售收入成正相关关系的当期资产;$L$ 表示与当期销售收入成正相关关系的当期负债;$S_0$ 表示当期销售收入;$S_1$ 表示下一期预期销售收入;$\Delta S$ 表示销售收入预计增量;$m$ 表示税后利润占销售收入的百分比;$b$ 表示留存收益占净利润的百分比。

显然,该资金缺口可以通过减少现金股利或增加留存收益解决一部分,但是,从长远来看,更多的资金缺口需要用发行新股或长期举债等外部融资方式解决,除非公司拥有充沛的富余现金(比如苹果公司,其经营现金流充裕,足以满足未来营运资本投资及资本性支出的需要,对外部融资的需求很低)。因此,对大多数公司而言,长期融资计划多少会影响公司的股利政策和资本结构政策。

**2. 资金缺口预测方法**

> **例 13-5**:承例 13-3,天创公司 2018 年年末资产负债表各项目与 2018 年销售收入之间的关系已在表 13-4 中列示。表 13-4 显示,销售收入每增加 1 元,全部资产将增加 0.7 元,负债也将自发增加 0.16 元。也就是说,如果长期抵押借款、股本和留存收益与销售收入完全无关,那么在新增的 0.7 元资产中,约 0.54 元资产的资金缺口需要向外界筹集。但事实上,留存收益与销售收入并非完全无关,留存收益中当年利润留存与当年销售收入有关,因此,如果考虑当年利润留存,那么向外筹集的资金数将少于 0.54 元。
>
> 根据式(13-11)和表 13-4、表 13-6 的相关资料,我们可以分别估算出 2019 年和 2020 年天创公司的资金缺口,见表 13-8。
>
> 由表 13-8 可知,2019 年销售收入为 550 000 元,较 2018 年增长 10%,新增资产 35 000 元、新增自发负债 8 000 元以及新增留存收益 19 250 元可以抵充筹资额。因此,尚有 7 750 元的资金缺口必须向外界筹集。2020 年销售收入为 605 000 元,较 2018 年增长 21%,新增资产 73 500 元、新增自发负债 16 800 元及新增留存收益 21 175 元都可以弥补资金缺口,资金缺口拉大至 35 525 元(没有考虑 2019 年留存收益 19 250 元)。至于资金缺口的弥补,则可以通过举借长期负债或增发新股等长期融资方式予以解决。如果资金缺口全部通过长期负债方式予以解决,则在未来两年内,公司需要再分别借入 7 750 元和 35 525 元。
>
> 表 13-8 天创公司资金缺口预测 单位:元
>
> | 项目 | 2019 年 | 2020 年 |
> | --- | --- | --- |
> | 资产增加数 $\left[\frac{A}{S_0}(\Delta S)\right]$ | 35 000 | 73 500 |
> | 负债增加数 $\left[\frac{L}{S_0}(\Delta S)\right]$ | 8 000 | 16 800 |
> | 当年留存收益($S_1 \times m \times b$) | 19 250 | 21 175 |
> | 预计资金缺口 | 7 750 | 35 525 |

销售百分比法的优点是简单易行,其预测结果可以作为筹资的参考依据。但这种方法建立在一系列运营假设基础之上,即假定有关资产与负债同销售收入成正比例增长,两者呈线性关系,而实际上这种关系可能只在中短期(比如未来3—5年)内成立,长期内一旦客观形势发生变化,两者之间的关系就不确定了。

## 二、长期融资政策

资金缺口测算出来之后,资金筹集则由公司的融资政策决定。外部融资也称外源资金融通,泛指利润留存之外的一切融资手段,包括短期银行信贷、商业信用、长期银行信贷、公司债券和股票等。融资成本和融资风险的权衡是公司融资决策的重要内容,除此之外,外部融资的种种约束将对融资决策产生重要影响,这需要在进行财务规划时予以充分考虑。

**1. 增长率和融资政策**

外部融资和内部融资是公司的两大融资渠道,公司一旦确定了资金缺口,融资方式的选择便成为公司面临的下一个问题。公司融资政策和融资决策应该充分考虑各种融资方式对增长率的贡献。

我们在本章的一开始提出了财务目标的概念,并且用销售收入增长率模型[见式(13-2)]来刻画公司的财务目标。在现实经济中,现金股利发放率、资产负债率、销售利润率和资产销售率等指标会发生变化,它们的波动将直接影响销售收入增长率。其中,现金股利发放率与销售收入增长率呈负向关系,降低现金股利发放率,提高留存收益率将有助于提升销售收入增长率;资产负债率与销售收入增长率呈正向关系,负债增加后,在不考虑财务风险的情况下,也能提升销售收入增长率;销售利润率与销售收入增长率呈正向关系,销售利润率的提高能够增加公司的内部资金,支持销售增长率提升;资产销售率与销售收入增长率呈负向关系,资产销售率下降后,可以相对减少投资,或者在投资额不变的情况下增加销售额,销售收入增长率得以提升。

以例13-3为例,对天创公司而言,未来两年的资金缺口既可以举债筹集,又可以发新股筹集。从财务目标和融资政策的关系来看,在不考虑其他因素变动的情形下,举债更有助于实现销售收入的预期增长。但是,举债融资有来自公司内部和外部的诸多约束。因此,资金缺口究竟是全部通过举债筹集还是部分通过举债筹集,需要经过充分权衡后才能定夺。

**2. 公司外部约束**

公司外部约束是指公司作为债务人受债务契约条款的约束。债权人为了保全债权,往往在债务契约中以普通条款、常规条款和特殊条款三类条款的形式约束债务人。

普通条款对公司的流动性、短期债务保障程度和长期债务保障程度进行约定。比如,在债务期内,要求债务人的流动比率和速动比率分别不得低于2和1,同时,资产负债率不得超过50%,目的是保障债务人在债务期内保持一定的流动性和支付能力,确保债权人的债权安全。

常规条款对公司的资产处置进行限制和约定。债权人常常要求债务人在债务期内不得进行票据贴现、变卖固定资产等,目的是保全债权,减少因债务人破产而带来的更大损失。

特殊条款的内容没有定论,通常由债务人和债权人商定。有些特殊条款对债务人非常不利,比如要求债务人在债务期内的股利发放率不得超过30%。也就是说,债权人降低了债务人执行股利政策的空间,这种条款已经变相地赋予了债权人参与债务人经营管理的部分权限。

从以上三类条款的内涵可以看出,公司融资除需权衡融资成本和融资风险之外,还得考虑融资的可得性,在没有债务契约相关条款的约束下,债务融资不失为一种合理的常用融资方式,但是,在一系列条款的约束下可能变得不可行。

**3. 公司内部约束**

公司在进行长期外源资金融通时,利益相关方都会要求融资方提供预计财务报表,目的是借此评价融资者未来的财务能力。因此,公司在实现预期财务目标时给自己设定了约束条件,这些约束通常集中在债务保障程度方面。

就资产负债率而言,其高低实际上反映了公司财务杠杆的高低。该比率越高,公司的财务风险越大,杠杆效应也越大;反之,公司的财务风险越小,杠杆效应也越小。那么,公司应该接受什么样的资产负债率水平呢?这似乎很难回答。其实,信用评级公司、商业银行、证券分析师等都很在乎公司的资产负债率水平。一旦公司的杠杆增大,他们对公司的看法和态度就可能发生变化,比如信用评级公司可能据此下调公司信用等级,证券分析师可能据此发出投资警示。由于资产负债率是衡量公司长期债务保障程度的重要指标,因此为了求得资本市场的"好感",公司会很自律地控制资产负债率水平。

就短期债务而言,流动资产是其保障,理由是短期债务(流动负债)是流动资产的主要资金来源,衡量短期债务保障程度的主要比率为流动比率和速动比率。长期以来,短期债权人和债务人在流动比率究竟应为多少上争论不休,流动比率的高低直接影响到短期债权人的安全性和短期债务人的流动资产效率。在美国,流动比率的行业平均标准值为2,这也是短期债权人与债务人长期均衡的结果。如果公司存货占流动资产的比重较高,那么短期债权人往往希望计量公司的速动比率,同样在美国,该比率的行业平均标准值为1。因此,公司在维持或提高短期债务保障程度方面的自律行为也必须反映在其预计财务报表中。

显然,为了求得公司各利益相关方和资本市场的"好感",公司会非常自律地控制其债务水平。因此,公司债务融资的空间在一定程度上将会被压缩。

概念自查13-3:
1. 在不考虑外部融资的前提下,如何估算公司的资金缺口?
2. 公司的融资约束主要有哪些?

## 第四节 编制预计财务报表

财务预算是财务规划顺序中最靠后的规划内容,包括现金预算、预计资产负债表编制和预计损益表编制。预计财务报表是反映公司未来财务状况、盈利能力及现金流量的载体。经营者可以据此制定公司目标,公司诸多利益相关方(比如银行等债权人)可以借助预计财务报表评价公司未来的偿债能力和盈利能力等。

### 一、预计资产负债表

预计资产负债表反映了公司在该预算期结束时,各有关资产、负债和股东权益的预计执行结果。为了进行对比分析,可将有关资产、负债和股东权益的期初数和期末数一并列示。

使用销售百分比法来编制预计资产负债表简便易行，编制预计资产负债表与预测资金缺口具有相同的基础，即都建立在对销售收入与资产负债表各项目之间相关关系的研究基础之上。其主要思路是：研究公司销售收入与资产负债表各项目之间的关系，得出资产负债表的百分比表，然后结合预计销售收入来推算预计资产负债表的各项目。

**例 13-6**：承例 13-3。根据天创公司 2018 年年底资产负债表和 2018 年销售收入可以得到用百分比来表示的资产负债表，见表 13-4。假定未来两年销售收入按 10% 的速度递增，销售收入增加所引发的资金缺口用举债或发新股方式予以解决。

假设销售百分比具有稳定性，那么，我们可以根据 2019 年和 2020 年预计销售收入首先推算出 2019 年和 2020 年预计资产负债表中各项资产的预测值，比如 2019 年现金余额为 550 000×2% = 11 000（元）。依此类推，可以得到其他资产项目的预测值，流动负债也可按以上方法推算。但是，由于长期抵押借款、股本、留存收益与销售收入不存在线性关系，因此这些项目需要另行计算。首先，公司的抵押借款与销售收入没有任何关系，其大小取决于抵押物的数量和价值。由于未来两年未涉及抵押物的变化，因此如果未来资金缺口不通过增加抵押借款的方式解决，则预期的抵押借款余额仍为 70 000 元。其次，就股本而言，它受新股发行或注册资本变化的影响，而不受销售收入的影响。因此，在注册资本未见变化及没有增发新股或未发生股票回购的情况下，预计资产负债表中的股本也将保持不变。最后，留存收益由两部分构成，一部分是上年度留下来的尚未用完的留存收益（即以前年度的累计留存收益），另一部分是本年新实现的留存收益。对于预计资产负债表中的留存收益，它是本期资产负债表期末留存收益和预算期新实现的留存收益之和。由于该公司税前利润占销售收入的百分比为 10%，因此未来两年预计税后利润分别为 38 500 元和 42 350 元，同时，由于股利发放率为 50%，未来两年预计新实现的留存收益分别为 19 250 元和 21 175 元。

为此，我们可以得到未来两年预计资产负债表，分别见表 13-9 和表 13-10。借助于预计资产负债表，投资者可以对公司未来两年的财务状况有个总括的了解。

**表 13-9 天创公司预计资产负债表**
2019 年 12 月 31 日 　　　　　　　　　　　　　　　　　　　　　　　单位：元

| 资产 | 金额 | 负债与股东权益 | 金额 |
| --- | --- | --- | --- |
| 现金 | 11 000 | 应付账款 | 55 000 |
| 应收账款 | 99 000 | 应付税金 | 33 000 |
| 存货 | 110 000 | 抵押借款 | 70 000 |
|  |  | 公司债券① | 7 750 |
| 固定资产（净值） | 165 000 | 股本 | 100 000 |
|  |  | 留存收益： |  |
|  |  | 　往年累计留存收益 | 100 000 |
|  |  | 　当年留存收益 | 19 250 |
| 合计 | 385 000 | 合计 | 385 000 |

注：①假设公司债券与公司业务量呈线性关系。

表 13-9 中,考虑到 2019 年的资金缺口为 7 750 元,我们假定该资金缺口全部采用发行公司债券的方式进行筹集,公司的资产负债率将由原来的 42.9% 上升至 43.1%。如果资金缺口全部采用发行新股(假定按面值发行)的方式进行筹集,则股本将增加 7 750 元。如果停发现金股利,则不存在资金缺口,无须向外融通资金。

表 13-10 天创公司预计资产负债表

2020 年 12 月 31 日　　　　　　　　　　　　　　　　　　　　　　　　　　　　单位:元

| 资产 | 金额 | 负债与股东权益 | 金额 |
| --- | --- | --- | --- |
| 现金 | 12 100 | 应付账款 | 60 500 |
| 应收账款 | 108 900 | 应付税金 | 36 300 |
| 存货 | 121 000 | 抵押借款<br>公司债券 | 70 000<br>16 275 |
| 固定资产(净值) | 181 500 | 股本<br>留存收益:<br>　往年累计留存收益<br>　当年留存收益 | 100 000<br><br>119 250<br>21 175 |
| 合计 | 423 500 | 合计 | 423 500 |

表 13-10 中,往年累计留存收益由 2018 年以前累计留存收益 100 000 元和 2019 年留存收益 19 250 元组成。资金缺口 16 275 元假定也全部通过发行公司债券予以筹集,公司的资产负债率将由原来的 42.9% 上升至 43.2%。

如前所述,销售百分比法较为简洁,然而,这种方法建立在一系列假设的基础之上,有些假设似乎与现实的距离较远。比如,尽管固定资产与销售收入有关,但是不存在线性关系,在设备的设计生产能力之下,增加产量并不意味着需要新添设备,也就是说,销量的增加并不意味着固定资产必须增加。

## 二、预计损益表

损益表提供收入、成本费用和盈利等三大信息。预计损益表反映预算期内,公司收入、成本费用及预计的盈亏情况。

使用销售百分比法来编制预计损益表简便易行。由于销售收入与损益表的成本项目之间存在直接和间接的关系,因此该方法给出了损益表的各项成本与销售收入呈线性关系的基本假设。利用这一假设,我们可以根据历史数据来预测未来,但是,在历史数据的使用方面,业界和学界存在分歧,没有统一的说法,可以使用上年的相关数据,也可以使用前几年的平均数。因此,由此形成的预计损益表多少带有一定的主观性。为了介绍该方法的运用,现举例说明。

**例 13-7**：承例 13-3，假定天创公司 2018 年的损益表见表 13-11，全年销售收入为 500 000 元，预计年销售收入按 10% 增长。

表 13-11　天创公司 2018 年损益表

| 项目 | 金额（元） | 百分比（%） |
| --- | --- | --- |
| 销售收入 | 500 000 | 100.0 |
| 销售成本 | 400 000 | 80.0 |
| 毛利 | 100 000 | 20.0 |
| 折旧费 | 20 000 | 4.0 |
| 销售费用 | 3 000 | 0.6 |
| 管理费用 | 20 000 | 4.0 |
| EBIT | 57 000 | 11.4 |
| 利息费用 | 7 000 | 1.4 |
| 税前收益 | 50 000 | 10.0 |
| 所得税（30%） | 15 000 | 3.0 |
| 税后收益 | 35 000 | 7.0 |
| 股利 | 17 500 | 3.5 |
| 留存收益 | 17 500 | 3.5 |

表 13-11 中，百分比一栏根据各项成本与销售收入的关系计算，事实上，尽管各项成本并非都与销售收入呈线性关系，比如各项成本均可分为固定成本和变动成本，固定成本和销售收入无关。但是，销售百分比法认可这种关系。股利和留存收益与销售收入部分相关，它们更多地与公司的股利政策有关，带有主观性。在例 13-3 中，由于假定股利政策不变，因此股利和留存收益与销售收入的关系也可视为线性关系。

根据公司已发生的各项成本与销售收入的关系，可以求出预计销售收入所对应的各项成本。于是，假定公司计息债务规模、股利发放率保持不变，年利润增长率为 10%。我们可以得出天创公司 2019 年和 2020 年预计损益表，见表 13-12。

表 13-12　天创公司 2019 年和 2020 年预计损益表　　　　　　　　　　单位：元

| 项目 | 2019 年 | 2020 年 |
| --- | --- | --- |
| 销售收入 | 550 000 | 605 000 |
| 销售成本 | 440 000 | 484 000 |
| 毛利 | 110 000 | 121 000 |
| 折旧费 | 22 000 | 24 200 |
| 销售费用 | 3 300 | 3 630 |
| 管理费用 | 22 000 | 24 200 |
| EBIT | 62 700 | 68 970 |
| 利息费用 | 7 700 | 8 470 |

(续表)

| 项目 | 2019 年 | 2020 年 |
|---|---|---|
| 税前收益 | 55 000 | 60 500 |
| 所得税(30%) | 16 500 | 18 150 |
| 税后收益 | 38 500 | 42 350 |
| 股利 | 19 250 | 21 175 |
| 留存收益 | 19 250 | 21 175 |

表 13-12 显示，预计损益表展示了公司未来两年盈利前景的概览，投资者可以借此大体预知公司未来两年各类成本费用的规模、盈利空间以及利润留存状况。在例 13-3 中，我们在预测未来两年成本收益时，假定未来的资金缺口大部分由发行新股予以解决。然而，如果公司销售规模扩张后的资金缺口全部通过举债予以满足，那么利息费用和销售收入之间的正相关关系就不能维持。

承例 13-3，假如资金缺口全部通过举债予以满足，又假定 10% 年利率保持不变，那么 2019 年将多发生利息费用 7 750×10% = 775(元)，而 2020 年将多发生利息费用 35 525×10% = 3 552.5(元)。未来两年的税前利润将分别下降 775 元和 3 552.5 元，未来两年的税后利润将分别下降 542.5 元和 2 486.8 元。如果公司销售规模扩张后的资金缺口全部通过发行新股予以满足，那么在计息债务规模不变的情况下，这一融资行为对损益表没有影响。

该方法比较简洁，但是，由于公司经营环境的变数较多，导致未来的成本水平可能与历史数据相差较大。因此，在实际运用中，必须与其他方法，比如逐项预算法配合使用。逐项预算法不强调历史数据，而更注重影响损益表的各项成本的未来有关信息，利用这些信息，用发展变化的眼光，逐项预测损益表的成本和费用。具体的做法是：如果损益表中的成本项目占销售收入的百分比变动较小或者预测难度较大，则采用销售百分比法；如果损益表中的成本项目占销售收入的百分比变动较大且绝对值较大，则采用逐项预算法。

**概念自查 13-4：**
1. 什么是销售百分比法？它有哪些基本假设？
2. 用销售百分比法编制预计资本负债表和预计损益表的基本逻辑是什么？

## 本章小结

1. 财务规划通常是指公司的长期财务计划，规划的时间跨度一般为 2—5 年，规划的对象是整个公司的财务计划，包括公司所有项目的资本预算、公司内部每个经营单位的投资计划等。广义的财务规划是指全面预算，即以最大化公司价值为目标，通过对市场需求的研究和预测，以销售预测为起点，进而进行生产、成本和现金收支等方面的预算，最后编制预计财务报表的一种预算体系。

2. 财务规划的重要性源于以下三点：一是财务规划包括了公司财务目标和评价指标，二是财务规划可以确认公司融资和投资之间的交互作用，三是财务规划可以估计公司可能发生的变化以及可能出现的突发事件。

3. 销售百分比法可以用于预测资金缺口、辅助编制预计资产负债表和预计损益表。该方法建立在资产负债表、损益表与销售收入相关性的基础上，通过资产负债表中各项目占全年销售收入的百分比来预测预计销售条件下的资金缺口，并确认在预计销售条件下的资产、负债水平以及成本收益水平。

4. 销售百分比法的预测结果可以作为筹资的参考依据,但是,资产负债表、损益表与销售收入相关性实际上是一个假设,事实上,不是所有资产负债表项目和损益表项目都与销售收入呈正相关关系。也就是说,这种方法是假定有关资产负债表项目以及损益表项目同销售收入成正比例增长,两者呈线性关系,而实际上这种关系只能在短期内成立。如果据此进行长期预测,则一旦客观形势发生变化,两者将不再呈线性关系。

5. 财务规划对于公司决策来说颇具意义。然而,基于未来预测的财务规划争议较大,有正面的,也有负面的。

## 重要术语

财务规划　销售百分比法　预计资产负债表　预计损益表　销售收入增长率　财务目标　外部融资　内部融资　经营现金流　资金缺口　全面预算　投资规划　融资规划

## 习题

**简易题**

1. 若 A 公司的股利发放率为 40%,ROE 为 10%,公司仅用留存收益进行新增投资,那么,该公司的增长率为多少?

2. B 公司根据当年历史财务数据得到了存货与销售收入的比率,该比率约为 5%。该公司进行销售预测,预计明年销售收入为 1 亿元,销售增长率为 10%。

（1）该公司明年的平均存货大约是多少?

（2）存货增长了多少?

**中等难度题**

3. C 公司由于找不到正值净现值的项目,所以,今后不打算投资新项目。目前相关财务指标见下表:

| 指标 | 比率 |
|---|---|
| 销售利润率 | 11% |
| 资产与销售收入比 | 140% |
| 负债与权益比 | 100% |
| 股利发放率 | 40% |

（1）公司稳定可持续增长率为多少?

（2）这样的增长率是否可持续?

4. D 公司是一家无杠杆公司,股利发放率为 20%,目前资产总额为 2 000 万元,全年销售收入为 5 000 万元,销售利润率为 5%,股东权益收益率为 10%,留存收益比例为 80%。

（1）公司稳定可持续增长率为多少?

（2）如果股利发放率降至 10%,则公司增长率为多少?

5. E 公司资产负债表和损益表如下。假定公司资产与销售收入成正比例变动。

**资产负债表**　　　　　　　单位:万元

| 项目 | 2017年12月31日 | 2018年12月31日 | 项目 | 2017年12月31日 | 2018年12月31日 |
|---|---|---|---|---|---|
| 资产 | 3 000 | 4 000 | 负债 | 1 000 | 1 000 |
|  |  |  | 股东权益 | 2 000 | 3 000 |
| 总计 | 3 000 | 4 000 | 总计 | 3 000 | 4 000 |

**2018 年损益表**　　　　　单位:万元

| 项目 | 金额 |
|---|---|
| 销售收入 | 10 000 |
| 销售成本 | 9 000 |
| 税前收益 | 1 000 |
| 所得税(40%) | 400 |
| 净利润 | 600 |

（1）假定公司的股利发放率维持在 80% 的水平上。在销售收入增长 10% 的计划下,公司 2019 年预计需向外筹集多少资金?

（2）如果公司不发放现金股利,那么资金缺口为多大？

**高等难度题**

6.任选一家在上交所和深交所挂牌的上市公司，查询其最近三年的财务报告，根据财务规划的要求做如下预测。

（1）预测该公司未来增长率。

（2）预测未来两年为维持该增长率所需要的资产支持。

（3）预测未来两年的资金缺口。

习题参考答案

## 参考文献

1. KALLBERG J G. PARKINSON K. Corporate liquidity：Management and measurement. Burr Ridge，IL：Irwin/McGraw Hill，1996.
2. LEE C F. Financial analysis and planning：Theory and application. Reading，Mass.：Addison-Wesley，1995.
3. 范霍恩，瓦霍维奇.现代企业财务管理：第10版[M].郭浩，等，译.北京：经济科学出版社，1998.
4. 汉克尔，等.现金流量与证券分析[M].张凯，等，译.北京：华夏出版社，2001.

# 第十四章
# 并　　购[①]

**【学习要点】**

1. 并购的类型和动因。
2. 并购的主要流程。
3. 杠杆收购和管理层收购。
4. 并购中的金融创新。
5. 如何解读并购行为。
6. 反收购策略。

从第一次并购潮算起,并购已有一百多年的历史。以美国为例,第一次并购潮出现在1895—1904年间,以横向并购为主,产生了一批包括美国钢铁、美孚石油在内的大型公司。第二次并购潮出现在1922—1929年间,以纵向并购为主,美国的汽车制造业、石油工业、冶金业及食品工业完成了产业集中。第三次并购潮出现在1946—1964年间,以混合并购为主,出现了一批竞争力强、兼营多种业务的集团。第四次并购潮出现在1974—1985年间,以杠杆并购为主,并购规模达到了前所未有的水平。20世纪90年代中期以来,全世界迎来了更大规模、更大范围的并购浪潮。当今世界,并购活动正向更深、更广的领域发展。在中国,并购已成为一种常见的公司行为,wind统计数据显示,2013—2017年间,中国并购数量达1.49万起,累计标的金额高达6.97万亿元。

## ■ 第一节　并购的类型和动因

并购的根本动因是追求利润和迫于竞争压力。收购方(也称猎手公司)和被收购方(也称目标公司或猎物公司)之间的并购活动是一个追逐利润的过程,获取协同效应是并

---

[①] 并购(merger and acquisition)是兼并与收购的简称。从并购是否跨行业来看,并购可以分为横向并购、纵向并购和混合并购三种;从并购策略、方式来看,并购可以分为直接收购、间接收购、杠杆收购、善意收购和恶意收购等。

购双方的目标(KKR、黑石集团等财务投资者主导的并购除外);并购中介机构(如投资银行)受高额佣金的驱使,会极力促成并购的达成。因此,并购是一个多方博弈和均衡的过程。

## 一、并购的类型和特征

并购有不同的分类方式,按并购方式出现的时间先后进行分类,并购可以分为横向并购(horizontal merger)、纵向并购(vertical merger)、混合并购(conglomerate merger)和杠杆收购(leverage buyout,LBO)四种方式。每种并购方式出现的背景、理论依据以及特点都存在差异。

### (一)横向并购

横向并购是指同一行业经营同样业务的两家公司之间发生的兼并收购,比如日本东京银行和三菱银行并购案、美国通用汽车收购韩国大宇汽车案、中国美的集团2018年收购小天鹅案等。横向并购的主要目的是追求规模经济,美国现代工业雏形的形成得益于19世纪末和20世纪初的横向并购。由图14-1可知,以追求规模经济为目的的横向并购是中国2013—2017年间最重要的并购方式,交易数量和交易金额均居首位。

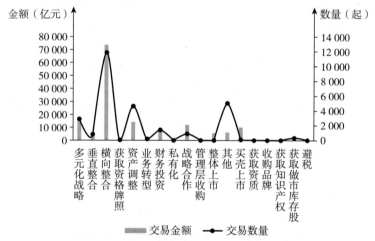

图14-1 2013—2017年中国并购交易类型分布

资料来源:根据wind数据库整理。

然而,在鼓励竞争、反对垄断的国家和地区,横向并购最早也最易受到政府的管制。横向并购减少了行业内竞争企业的数量,容易诱使行业内企业进行合谋,共同牟取垄断利益,有损行业健康发展,为此,政府会对此类并购案进行严格审查。美国反垄断法(1914年的克莱顿法)的出台及之后多次修订(1976年哈特—斯科特—罗迪诺反垄断法修正案以及1982年制定的司法部合并指导原则等)与20世纪初出现以及之后大行其道的横向并购直接有关。

### (二)纵向并购

纵向并购是指处于同一产业链的不同生产经营阶段的公司间的并购,表现为下游企业收购上游企业或下游企业收购上游企业。比如,炼油公司收购石油开采公司、汽车制造公司收购汽车销售公司等。显然,纵向并购具有这样的特征,即收购方或者向原材料的源头扩张(收购上游企业),或者向最终产品的用户延伸(收购下游企业)。纵向并购的主要目的是实现纵向一体化。一方面,纵向一体化可以避免在与上游企业或下游企业议价的过程中处于不利地位;另一方面,纵向一体化可以减少与上游企业或与下游企业交流和协调生产经营的成本,有利于信息更有效地流动,有助于改进生产计划和存货计划等。

纵向并购也会产生垄断。当一体化公司在生产经营的某个阶段的市场份额足够大时,很可能产生垄断,处于其他生产经营阶段的非一体化公司将可能受到其供应商或消费者的歧视和排斥。比如,石油供应商可以通过纵向一体化实行价格歧视,对最终产品(汽油、柴油等)市场实行掠夺性定价来压榨那些非一体化的炼油公司。因此,纵向并购也易被政府管制。以美国为例,1914年之后美国反垄断法的多次修订都不同程度地对纵向并购进行了约束。

(三) 混合并购

混合并购是指没有业务关联的公司之间的结合,也称为"纯粹混合并购"。比如,烟草巨头菲利普·莫里斯(Philip Morris)公司收购卡夫食品(Kraft Foods)案、联合利华(Unilever)收购世界第二大冰激凌生产商本·杰瑞(BEN & JERRY'S)公司案等。从广义上讲,混合并购还包括产品扩张型并购、地域市场扩张型并购。产品扩张型并购是指从事相关经营活动的公司之间的并购。地域市场扩张型并购是指在不重叠地理区域内从事经营活动的公司之间的并购。混合并购的主要目的是实现多元化经营,降低经营风险,改善资源配置。

混合并购完成后,收购方控制了不同行业中的一系列经营活动,这些经营活动要求混合型公司在研发、生产、营销等专属管理职能上具有不同的技能。混合型公司除要求管理者有执行一般管理职能的经验和能力外,还要求其具备执行特殊管理职能的经验和能力。可见,混合并购对公司管理者提出了更高的要求。不幸的是,管理者常常不擅长其不熟悉领域的工作。因此,通过混合并购实现多元化经营的意愿可能因管理者转型困难而事与愿违。比如,美国20世纪五六十年代的混合并购潮退去后,原来被寄予厚望的一大批质地不错的目标公司的价值被严重低估,为之后兴起的杠杆收购提供了大量的投资机会。

(四) 杠杆收购

杠杆收购是指一些投资者通过大量举债(即大量借用杠杆),收购价值被低估的目标公司尤其是社会公众企业(上市公司)的股票或资产的一种收购方式,常被用于恶意收购。它与普通并购有几点不同:一是以套利为目的,有金融收购之称;二是大量使用夹层债务;三是将目标公司私有化,一旦完成对上市公司的收购,上市公司将转为非上市公司;四是通常不产生协同效应。此类收购通常由投资银行等财务顾问来安排有关交易,财务顾问要求收购方成立一家空壳公司,并以此为猎手公司来收购目标公司。如果杠杆收购由目标公司的管理者推动或参与,那么此类收购又称为管理层收购(manager buyout,MBO)。

20世纪80年代,伴随着投资银行的崛起,杠杆收购在西方开始风靡。投资银行为实施杠杆收购者提供了周到的融资安排和服务。杠杆收购所需资金由三部分组成:10%—20%资金由股权资本解决;20%—30%资金通过发行垃圾债券(junk bonds)等"夹层资金"(mezzanine money)予以筹集;50%—60%资金通过向银行申请抵押借款(即高级债务)获得,这些债务由目标公司的资产做保证,并通常在10年内分期偿还。杠杆收购结束后,收购方会面临巨额的还本付息压力,这些债务一般通过安排目标公司上市或重新上市,或者出售目标公司进行套现等来偿还。

## 二、并购的动因

任何一种并购方式的兴衰都不会是无缘无故的,实现规模经济、追求多元化经营或纵向一体化等单一的解释不足以完整诠释并购的动因。事实上,并购的具体动因多种多样(详见图 14-1),下面将分述几种主要的动因。

### (一)追求协同效应

并购的协同效应[①]就是"1+1>2",横向和纵向并购都有此效应。用现金净流量来衡量,并购的协同效应可能来自收入上升或成本下降等。

**1. 收入上升**

收入上升是指并购能够产生比两个单一的公司更大的经营成果或更多的经营收入,增加的收入来自营销、战略或市场垄断等方面。

第一,并购可以改进营销手段。凭借收购方或目标公司在营销上的优势,通过改进没有效果的广告投放、改善目前低效的营销网络等可以产生更多的经营收入。比如,1987 年美国烟草巨头菲利普·莫里斯公司收购通用食品公司后,就充分利用了其在塑造"万宝路"香烟中获得的经验及其在市场营销方面的专长,成功地推出了"低脂肪"食品。

第二,并购可以避免直接投资带来的经营风险。并购有助于收购方迅速进入一个全新的行业,且承受较小的经营风险。比如,宝洁公司最初收购查明造纸公司时,将其视作进入新行业的"桥头堡",而后开发出了一组高度相关的纸产品,即一次性婴儿纸尿布、女性卫生纸巾等产品。此举获得了成功,且没有造成纸制品供需失衡。

第三,并购可以形成一定的集中度,有助于减缓过度竞争。如果公司因实施并购而使得行业有了一定的集中度,那么会遏制行业内通过降价等手段进行的无序竞争。因此,在集中度较高的行业内,所有公司均能从稳中有升的产品价格中受益。

**2. 成本下降**

成本下降是指并购可能比两个单个公司更有效、更经济,通过并购,公司可以在许多方面减少成本或支出。

第一,并购降低了交易费用。并购把两个或两个以上公司之间的市场交易关系转置为同一公司内部的交易关系,并购后形成的新公司以新的组织形式参与外部市场交易,因此,并购将大幅度降低公司管理费用、销售费用、研究开发费用等。分摊到单位产品上的折旧费用、管理费用、销售费用必然有所减少。降低交易费用的意愿在横向并购和纵向并购中体现得更加充分。

第二,并购实现了资源互补。用足现有资源、实现资源互补是并购的一个具体动因,也是协同效应的来源之一。不同的公司在技术、市场、专利、产品、管理及企业文化等方面各有所长,通过并购,可以实现互补效应。比如,1988 年,菲利普·莫里斯公司以 130 亿美元收购了世界第二大软包装食品公司——卡夫食品公司后,利用卡夫公司在包装及食品保鲜方面的专长和通用食品公司(1987 年被菲利普·莫里斯公司收购)的良好分销渠道,大大降低了销售费用。

---

① 所谓"协同效应",是指公司合并过后的总体效益大于两个独立公司效益的算术和。协同效应有经营协同效应和财务协同效应之分。

### 3. 协同效应确认

并购产生的协同效应有多种确认方法,比较直观的方法是,并购后公司的价值与两个单一公司价值之和的差额即为并购产生的协同效应,可用公式表示为:

$$P = V_{AB} - (V_A + V_B) \tag{14-1}$$

式中,$P$ 表示协同效应;$V_{AB}$ 表示公司合并后的市场价值;$V_A$、$V_B$ 分别表示公司 A 和公司 B 的市场价值。

按照贴现现金流量法(可参见本章第二节的相关内容)进行价值评估,并购产生的协同效应又可用以下模型确认:

$$P = \sum_{t=1}^{n} \frac{\Delta CF_t}{(1+r)^t} \tag{14-2}$$

式中,$\Delta CF_t$ 表示公司完成并购后第 $t$ 期所产生的现金净流量与两个单一公司第 $t$ 期所产生的现金净流量①之和之间的差额;$n$ 表示公司的存续期;$r$ 表示公司现金净流量应该承担的风险调整贴现率,被认为是目标公司(被收购公司)的期望收益率。

### 4. 并购协同效应的误区

我们在谈论并购协同效应的同时,也不能否认关于并购协同效应存在的认识误区。这对并购双方以及诸多利益相关方充分认识并购的协同效应有好处。

寻求收益上升或增长是并购的一个重要理由,但是,不能将收益上升或增长简单地视同并购协同效应。比如,当市盈率高的公司完成对市盈率低的公司的收购时,会使刚完成合并公司的每股税后利润(EPS)高于合并前收购公司的 EPS。这就是所谓并购收益上升或增长的魔法,俗称"皮靴效应",它将给公司投资者带来一种幻觉。如果市场"精明"或有效的话,那么会将合并后 EPS 的增长视作一种虚假的增长。如果市场是"愚蠢"的话,那么可能会将合并后 EPS 的增长视作一种真实的增长,它可能会被收购方利用,并作为愚弄投资者的筹码。

知识专栏 14-1:
协同效应消失了

### (二) 避税

由并购产生的税负利得主要有三种:一是获取经营亏损所形成的税收抵免,二是获得更大的税盾效应动用的举债能力,三是降低总税负。

第一,合理避税。尽管税法存在较大的国别差异,但并购在避税方面存在同质化倾向。比如,许多国家的税法中有亏损递延条款②,当盈利公司并购亏损公司后,递延条款降低了公司的应税利润,从而达到合理避税的目的。

第二,并购放大了债务税盾效应。从广义上讲,并购能够实现多元化效应、规模经济效应或纵向一体化效应,从这个意义上讲,成功的并购增强了公司的融资灵活性,公司可以承担更多的债务,从而可以创造出更多的债务税盾效应。

第三,并购递延和减轻了税负。公司的自由现金流具有多种用途,可以偿还债务,也可以支付股利、回购股票及收购另外一家公司的股份。与支付股利相比,并购可以使收购方股东规避或递延他们本应缴纳的个人所得税或资本利得税,同时,收购方从目标公司处获

---

① 现金净流量=税后经营利润+折旧。
② 比如,美国联邦税法允许时盈时亏的公司通过向前追溯 3 年以及向后结转 5 年的方式平衡其各年税负。中国的税法也有类似条款。

得的股利可能免交或部分减免公司所得税（比如，在美国，从目标公司获得的 70% 股利可以免交公司所得税）。

### （三）为冗资寻求出路

当公司拥有巨额现金且缺乏内部资本性支出需求和外部盈利投资机会时，公司应该为这笔冗资寻找一条出路。

第一，并购满足公司管理层"做大"的动机。事实上，冗资可选择的出路有很多，比如向股东派发特别股利、投资有价证券、进行股票回购或并购等。雄心勃勃的公司管理层不会选择派发特别股利或进行股票回购，他们有"做大"的冲动，因此，他们偏好并购，收购其他公司股票，重新配置公司资本，进行资产调整和业务转型。

第二，避免招致被收购的威胁。如果拥有巨额冗资的公司选择持有这些现金而非投资或分发给股东，那么它可能会成为被其他公司（攻击者）觊觎的目标公司。攻击者的并购动机是试图通过并购控制目标公司充沛的现金流，并进行有效配置。因此，如果控制权市场运转良好，拥有冗资的公司会急于为冗资寻找出路，以避免成为猎物公司（目标公司）。

### （四）获取资格牌照和资质

公司在向新的经营领域寻求发展机会时，会碰到一些进入壁垒，比如有效进入需具备的技术水准，有效进入所需的销售渠道，以及资格牌照和资质等。显然，这些壁垒很难通过直接投资或新建公司在短期内予以克服或解决。然而，并购可能会有效地突破这些壁垒，并且可以避免直接投资或新建公司带来的因生产能力增加而造成行业供需关系失衡，从而避免引发过度竞争的不利局面。比如，2003 年复星收购南钢股份案。由于钢铁行业受政府控制和管制，新建钢铁公司存在许多壁垒，因此复星系的三家关联企业与南钢股份的控股方南钢集团成立了一家合资公司，复星系的三家关联企业累计拥有合资公司 60% 的股份，南钢集团拥有合资公司 40% 的股份，并且南钢集团以其持有的南钢股份国有股作为出资方式注入合资公司。当合资公司注册资本全部到位后，复星通过间接持股的方式成为南钢股份的大股东。复星通过并购绕过了行业壁垒，成功地进入了钢铁行业。

### （五）消除低效率或无效率

如果公司低效率或无效率，那么公司在如何通过削减成本、增加收入来提高利润上将无所作为，公司价值被低估。尽管改善管理、消除低效率的途径并不只有并购这一条，但是并购被视为消除低效率唯一简单可行的途径。支持这一结论的主要理由是：低效率或无效率公司的管理者不会自己解聘自己，也不愿主动远离公司权力中心，但是，并购后目标公司的管理层能够被轻易地替换掉。因此，为最大化公司价值，目标公司股东愿意通过代价昂贵的并购来引入高效率。

但是，学界在并购是否能够消除低效率上存在分歧。有学者认为，并购后能够看到目标公司管理上的起色，目标公司会重现生机；也有学者认为，通过并购向目标公司输出高效管理的做法不会有明显效果。

### （六）管理者寻求私利

公司管理者为了显示自己的能力及追求高收入，常常具有扩张和"做大"的动机。在不少并购案中，收购公司的并购决策更多地建立在管理者的雄心而非理性的经济分析之上。因此，受管理者私利驱使的并购常常以不能最大化股东财富或最大化公司价值为代价。

公司可以扮演猎手公司，与此同时也可能是其他公司觊觎的对象，成为潜在的猎物公司。因此，管理者寻求私利的另一个表现是，为了保住自己的位置和权利，会不恰当地去并购其他公司来壮大自己，以抵御潜在猎手公司的攻击。

### （七）多元化经营

任何公司和产品都有其生命周期，处于成熟期和衰退期中的公司需要考虑自身的战略转移。资金过剩的公司可以通过并购吸纳行业周期不同、相关性不高的公司，或者收购不同行业的公司来实现多元化经营。众多事例证明，并购能够使得收购公司迅速撤出老产业转而进入新产业，开辟新天地。比如，1980年包玉刚以溢价7亿多港币争购九龙仓案。当时，该收购案的前景不被看好。但是，包氏收购九龙仓的真正用意是舍舟登陆，此举成就了其后来在香港地产、酒店业和货仓业上的地位，并幸运地躲过了后来航运业长期的低谷期。

值得注意的是，基于多元化的动因一直备受质疑。基于多元化理念的并购可以平抑公司年度业绩的剧烈波动，起到分散风险的效果，但是分散风险不应该是并购的目的。如果仅仅出于分散风险考虑，股东自己就可以通过分投几家非正相关关系的公司，构建投资组合来取得同样的效果，这种做法操作更简单、成本更低、效率更高。因此，很难想象公司会采用高溢价收购的方式来分散风险。

**概念自查 14-1：**
1. 并购的动因有哪些？
2. 什么是并购的协同效应？

## 第二节 并购的基本流程

并购是一项极其复杂的交易。该交易过程涉及经济、政治、法律等诸多方面。公司并购往往是在其财务顾问——投资银行的积极参与下进行的，投资银行在并购的接洽方式、出价策略、支付方式及融资安排等方面提供必要的服务。下文介绍并购的基本流程及相关的公司金融问题。

### 一、物色并购目标

目标公司（被收购公司）的搜寻并不是一件容易的事情，除非公司自愿要求被收购，或者某公司有意洽售其子公司、部门或某业务。一般情况下，收购方及其财务顾问——投资银行需积极主动地获取信息。具体而言，先从外部取得资料做初步分析，然后进行实际接触，在取得相关资料后，再做进一步分析评估。

#### （一）目标公司选择原则

选择目标公司的原则往往基于并购动因，这些选择原则可以从商业、财务等多方面加以理解。

第一，收购方的商业目的存在差异，其所选择的并购标准就不尽相同。如果并购旨在扩大市场份额，那么收购方和被收购方为同业关系，或者收购方的业务须与被收购方的业务相关；如果收购方致力于获得营运上的协同效应，则其关注的焦点在于被收购方的业务、优势及与收购方的协调和配合上；如果收购方想通过业务多样化来降低经营风险，则收购方的经营领域与被收购方的业务相关程度越低越好。

在商业因素中还要虑及目标公司管理层与职工对并购所持的态度。如果目标公司的管理层与职工持不合作的态度,则并购成功的概率会下降。即便并购成功,收购方吞下的也可能是一颗产生不了预期效果的苦果。为此,对目标公司管理层的善意和笼络,对目标公司员工的妥善安置是公司并购成功的重要因素。

第二,并购常常使收购方承受大量的债务,尤其是现金收购和承债式收购,因此,收购方会非常在意目标公司的债务水平或杠杆水平。通常,高杠杆的目标公司不是合适的收购标的。比如,一些贷款/存款比率高、偏好高财务杠杆的激进商业银行通常收购高权益资本比率、低盈利的保守商业银行以收到平衡效果。

第三,目标公司的规模是收购方在并购前非常关注的问题,也是在确定选择标准时应该考虑的重要因素。如果目标公司规模过大,则收购方在并购时所承担的经营风险和财务风险会增大,尽管"小鱼吃大鱼"的现象在并购业务中不在少数。如果目标公司规模过小,则收购方所付出的相对成本就较高,因为收购方在选择和评估目标公司时,所耗费的成本是固定的,与公司规模大小无关。因此,收购方会设定目标公司规模的下限,并会同其财务顾问就收购价格及目标公司的主营业务收入、资产、负债、资本、市场份额、盈利能力、员工数量、市场分散化程度、经营领域宽度等方面进行衡量和评估。

### (二) 并购可能性分析

目标公司被收购的可能性大小由目标公司自身条件好坏、要约价格高低及收购公司(要约人)承受力大小决定。

第一,目标公司自身条件分析。目标公司自身条件主要包括四个方面:一是目标公司的股权结构。目标公司的股权越分散,遭遇收购的可能性就越大,但收购成本也就越高。二是大股东的控制权。如果目标公司大股东的控制权不稳定,则易给收购方找到可乘之机。三是目标公司的潜力。如果目标公司的发展空间和盈利潜力巨大,则它们易吸引众多的"掘金者"。四是目标公司的股价。如果一家目标公司的股票市值被低估,则它将可能成为收购者尤其是套利者的首选目标。

第二,要约人和要约价格分析。对要约人而言,并购可能性的大小取决于其是否有能力吞下猎物。尽管20世纪80年代流行的杠杆收购已经使"小鱼吃大鱼"成为现实,要约人在收购过程中所需要的巨额资金已不再是并购中最大的难题。然而,如果目标公司股东的心理价位高于要约人所能承受的要约价格,则收购成本就会加大,要约人的债务压力就会增强,其发动收购的意愿将降低。在欧美国家中,要约人以昂贵的要约价格实施并购之后,最终因债务压力导致破产的案例屡见不鲜。

### (三) 审查与财务评价

一旦选定目标公司后,为了进行合理定价以及了解产生协同效应的机会和障碍,收购方应该对目标公司进行审查与财务评价。审查的重点一般包括公司法律、财务等诸多方面。

**1. 法律方面的审查**

并购具有法律风险,收购方可能被拖入持久的官司之中。一方面,收购案一旦触犯了相关法律,目标公司通过诉诸法律就能轻易瓦解收购方的收购行为,收购方前期的收购成本将打水漂;另一方面,若目标公司有尚未了结的诉讼,则收购方在完成收购后将陷入法律纠纷。因此,收购方需在并购前对目标公司进行法律方面的审查。

第一,审查目标公司章程中的条款,尤其要对诸如并购或资产出售时须经过百分之几以上股东同意方可进行的条款或规定加以特别关注。

第二,审查目标公司的主要财产清单,了解其所有权使用限制和重置价格,并了解目标公司投资情况及其财产投保的范围。

第三,审查目标公司的债务契约。收购方应该着力审查目标公司所涉及的一切债务契约,注意其偿还期限、利率以及债权人对其是否有苛刻的限制性条款。

第四,审查目标公司与外界的其他书面契约。在审查中,应该特别留意在目标公司控制权发生改变或转移后这些契约是否继续有效。

第五,除详细审查目标公司对外的有关契约、凭证、公司法律文件外,还应该对目标公司过去的诉讼案件加以了解,确认是否存在尚未了结的案件。

**2. 财务方面的审查**

在财务审查上,最主要的是确认目标公司所提供的财务报表是否公允地反映了该公司当下的财务状况,谨防目标公司提供虚假的或错误的财务报表。通过财务审查,可以发现一些可疑或不实之处。在财务审查中应该特别注意以下事项:

首先,审查资产。确认应收账款是否计提了适当的坏账准备,是否对逾期应收账款有足够的估计,是否为固定资产计提了充足的折旧;确认存货是否存在因减税而被低估或因人为调高利润而被高估等情况;确认长期投资是否有投资损失或减值损失的可能等。

其次,审查债务。确认是否存在未记录的债务,进而要求目标公司开立证明,对未列债务承担责任;确认公司表外负债和或有负债的数额。

最后,审查收益。核实收入的确认是否合理,费用、成本的列支是否符合规定,以确保收益的真实性。

在整个财务审查中,最重要的是去除目标公司对财务报表进行的客观和人为粉饰,尽可能展现一个真实的目标公司。但值得注意的是,人为粉饰行为并不易被察觉和识别。

**3. 财务评价**

为了最大限度地避免对一家缺乏亮点的公司错误地发出收购指令,或者为了避免对一家有吸引力的公司支付过高的价格,对目标公司进行财务评价就显得特别重要。

对目标公司的财务评价应该注意两个问题:一是目标公司的价值究竟如何估计?二是收购风险在哪里?为了回应这两个问题,学者们构建了许多有价值的模型,其中最主要的有阿尔弗雷德·拉巴波特(Alfred Rappaport)的贴现现金流量法(DFC)。目前,大多数有收购意图的猎手公司及其财务顾问经常使用贴现现金流量技术(可参见下文的相关内容)对目标公司进行价值评估。[①] 中国的金融从业者也不例外。

## 二、目标公司估价

目标公司的估价方法和收购方出价策略有关。收购方将会同其财务顾问在仔细评估的基础上确定目标公司的价值区间,给出收购方可以接受的最高价格。在对目标公司进行评估、确定其内在价值的过程中,第一步也是最重要的工作是分析和了解目标公司的产品和服务、运作、财务、市场,以及在同行业中的竞争地位和发展前景。

---

[①] 但是,也有学者对该方法大加鞭挞,保罗·巴伦(Paul Baron)将该方法视为最不受欢迎的方法。其观点可参见他的一本小册子:《怎样为盈利公司定价》,经济科学出版社,2001年11月。

## (一) 目标公司的估价基础

目标公司估价应该建立在着重分析目标公司所在行业的特征及公司竞争力的基础上。

第一,考察目标公司的特质。目标公司的特质由以下几个方面组成:近年来运营状况,所有权变更情况,目前股东构成和股东权益结构,股东权益收益率,公司在历史上曾经发生的业务变更情况,公司目前主要产品及服务对象,客户及供应商的情况,公司过去及未来的财务状况、盈利状况、流动性和组织结构,过去和现在的投资及融资情况,公司在行业中的地位,公司的竞争战略和优劣,等等。收集目标公司信息的渠道有很多,其中实地走访目标公司这一直接接触形式为众多收购方及其财务顾问所重视。

第二,考察目标公司所在的行业。根据宏观经济景气度对行业的影响程度进行划分,行业可以分为周期性行业、防卫性行业和成长性行业等。在对目标公司所在行业进行考察时,应该关注行业的特征。行业的特征包括:所属行业和市场的定义,市场的规模和属性,市场增长情况,市场的演化趋势,市场进入的障碍,行业内的竞争者和新近的并购活动,竞争者的地理分布,法律、环保等外部监督情况。[①] 行业的特征决定了行业的前景(包括行业集中度、发展空间等),行业前景越被看好,行业内的目标公司也越易成为猎物公司。

第三,考察目标公司在行业中的竞争地位。目标公司在行业中的竞争地位信息包括公司的竞争战略、市场占有率、增长策略、分支机构的地理布局情况、营销策略、潜在的机会等。在其他情况相似的前提下,目标公司的规模、增长率、利润率和财务杠杆率是决定其在行业中竞争地位的关键指标,也是评估目标公司价值的主要依据。

## (二) 估价方法

估价方法多种多样,有些适用于上市公司,有些则适用于非上市公司,或者两者皆可。尽管就这些方法在适用性方面的争论由来已久,但是为大家所普遍接受的方法有收益法(income approach)、市场比较法(market comparison approach)和资产基础法(asset-based approach)[②]。

**1. 贴现现金流量法**

收益法是指基于公司预期收益的估价方法,在对收益进行不同界定的基础上衍生出多种具体方法,主要有市盈率法(P/E ratio model)、市净率法(P/B ratio model)、股利法(dividend model)和贴现现金流量法(discounted cash flow model),其中以贴现现金流量法最为常见。绝大多数文献表明,贴现现金流量法是当下最科学、最成熟的公司价值评估方法,该方法适用于上市或非上市公司的价值评估。

贴现现金流量法从净现金流(也即是说,该方法将预期收益界定为预期净现金流)和风险角度来考察目标公司的价值。在风险一定的情况下,被评估公司未来能产生的净现金流入越多,公司的价值就会获得越高的评价。贴现现金流量法由多个环节组成,首先预测目标公司未来各年的自由现金流(FCFF),然后估算出资本成本,最后用资本成本作为贴现率计算出未来现金流的现值,进行累加后即可得出公司的价值。现分述之。

---

① 每个国家行业信息来源的渠道在数量和质量上存在很大差异。在美国,这类的信息来源渠道较多,重要的载体有各咨询公司编写的杂志、报告,投资银行所做的研究报告,各行业商会提供的信息和报告,等等。

② 在我国,资产基础法也是一种重要的和主流的估价方法,限于篇幅,此处不做展开。

（1）选定预测期间以及估算预测期间各年自由现金流

根据公司永续经营假设，公司的经营期是永续的，没有尽头的。为了方便估值，可将这一永续经营期人为分成两个阶段：第一阶段为预测期间，第二阶段为预测期间之后（也称后续期）。预测期间的长短没有定数，受能力所限，通常为5—10年。分析评估人员往往在有限的预测期间内，预测目标公司投资者（包括债权人和股东）每年可以得到的自由现金流。

那么，预测期间究竟应该有多长？根据竞争性均衡假设，竞争会限制公司连续创造超常利润的增长机会，人们无法指望一个公司连续将超常利润年复一年地扩展到新的项目上去。因此，在竞争足够激烈时，大多数公司的收益率将逐年衰减，渐渐逼近行业平均水平。我们将超常利润消失或收益率开始进入稳定状态的时点称为"终年"。预测期间的长短和"终年"有关，"终年"是预测期间的终点。比如，如果"终年"为第5年年末，则预测期间为5年。

**例 14-1**：假设 A 公司拟收购 B 公司，两家公司在收购前的相关财务资料见表 14-1。

表 14-1　A 公司收购 B 公司前两家公司的相关财务资料

| 项目 | A 公司 | B 公司 |
|---|---|---|
| 每股净收益（元/股） | 6 | 4 |
| 每股市价（元/股） | 30 | 16 |
| 税后利润（万元） | 240 | 40 |
| 息税前收益（万元） | 343 | 57 |
| 发行在外普通股股数（万股） | 40 | 10 |
| 债务（万元） | — | 30 |
| 市盈率 | 5 | 4 |
| 自由现金流（万元） | — | 20 |

在 A 公司看来，是否对 B 公司实施收购应该基于对其的估值。估算 B 公司预测期间是第一步，根据竞争性均衡假设，若 B 公司的"终年"发生在第 5 年年底，那么预测期间可确定为 5 年。又假定在预测期间内，B 公司每年年末的自由现金流分别为 20 万元、20 万元、20 万元、20 万元、10 万元。值得一提的是，在公司金融实践中，预测期间每年的预计销售收入、预计成本费用、预期自由现金流不易估算。通常，为增强预测期间估算的逻辑和可信度，分析评估人员往往不惜动用宏观环境分析、行业分析和企业分析等分析手段来估算预测期间的长度，以及预测期间各年的收入、成本、自由现金流等。

（2）确定后续期（即预测"终年"后）各年自由现金流

由于未来充满未知，因此逐年预测后续期各年自由现金流既不可行，也没有必要。通常，投资者更关心影响后续期各年自由现金流的一些驱动性因素，比如增长率、投资回报率等。若假设竞争性均衡后公司没有了增长，那么可根据简化了的假设进行预测，即假设"终年"的自由现金流等于"终年"之后各年的自由现金流预测值。若假设竞争性均衡后公司仍有增长，那么"终年"之后各年的自由现金流可在"终年"自由现金流的基础上按照一个固定比率增长。从长期趋势来看，这个固定年增长率可以用行业平均年增长率，甚至用年均 GDP（国内生产总值）增长率来表示，但很少有公司的盈利增长率会一直跑赢 GDP 增长率。因此,对后续期各年自由现金流的估算,增长率、投资回报率等若干驱动性指标的评估至关重要。

> **例 14-2**:承例 14-1,若"终年"为第 5 年年底,那么后续期的长度为 $(n-5)$ 年。假如竞争性均衡后 B 公司没有了增长,那么"终年"以后各年的自由现金流可参照"终年"自由现金流进行估算,即后续期每年年底自由现金流等于"终年"自由现金流(10 万元)。

(3) 测定目标公司的资本成本

在贴现现金流量法中,若收购方与目标公司的风险水平一致,同时,收购资金的结构与收购公司的资本结构基本一致,那么将预测期间各年自由现金流和"终年"之后各年自由现金流进行贴现所使用的贴现率通常是收购公司的加权平均资本成本。① 若收购方和目标公司的风险水平不相同,同时,收购资金的结构与收购公司的资本结构也不一致,那么就不宜将收购公司的加权平均资本成本用作贴现率。

> **例 14-3**:承例 14-1,假如 A 公司的加权平均资本成本为 10%,A 公司和 B 公司的风险水平基本一致,且收购资金的结构与 A 公司资本结构基本一致,那么我们可将 10% 视作贴现率。否则,需另行计算加权平均资本成本(参见本书第四章第三节"贴现率计算和选择"的方法)。

(4) 估算目标公司预测期末的终值

目标公司的自由现金流人为地被分为两部分,即预测期间各年自由现金流以及"终年"之后(后续期)各年自由现金流。目标公司价值其实就是这两部分现金流的贴现值,因此,首先需要将"终年"之后各年自由现金流贴现至"终年"。该贴现值称为公司预测期末的终值。

如果假设从"终年"开始,公司每年的自由现金流保持不变,那么公司预测期末的终值为"终年"之后各年自由现金流的贴现值,即

$$S = \sum_{t=1}^{n} \frac{R}{(1+k)^t} \quad (14-3)$$

式中,$S$ 为预测期末公司价值;$R$ 为"终年"之后第 $t$ 年的自由现金流;$k$ 为投资者的期望收益率,通常以加权平均资本成本表示。当 $n \to \infty$ 时,式(14-3)可转变为:

$$S = \frac{R}{k} \quad (14-4)$$

如果假设从"终年"开始,公司每年预期的自由现金流以一个固定的比率增长,那么公司预测期期末的终值为"终年"之后各年自由现金流的贴现值,即

$$S = \sum_{t=1}^{n} \frac{R_0(1+g)^t}{(1+k)^t} \quad (14-5)$$

式中,$R_0$ 为"终年"自由现金流。当 $k>g$,$n \to \infty$ 时,式(14-5)可以转换为:

$$S = \frac{R_0(1+g)}{k-g} \quad (14-6)$$

---

① 参见本书第四章第三节和第八章第四节中的相关内容。

**例 14-4**：承例 14-1，由于假设 B 公司"终年"之后没有增长，且"终年"的自由现金流为 10 万元，贴现率为 10%，因此，预测期末的终值为：

$$S = \frac{10}{10\%} = 100（万元）$$

（5）计算目标公司价值

将预测期间的自由现金流以及预测期期末的终值分别进行贴现，加总后就可以得到目标公司价值的估计值。如果扣除目标公司债务的当前市场价值，那么我们就可以得到目标公司股东权益价值的估计值。

**例 14-5**：承例 14-1，根据相关假设，B 公司的股东权益价值（即扣除负债后的价值）估计值为：

$$P = \frac{\frac{10}{10\%}}{(1+10\%)^5} + 20 \times \frac{(1+10\%)^4 - 1}{(1+10\%)^4 \times 10\%} + \frac{10}{(1+10\%)^5} - 30$$
$$= 62.1 + 63.4 + 6.2 - 30$$
$$= 101.7（万元）$$

值得注意的是，公司价值等于经营性资产价值与非经营性资产价值之和。通常，贴现现金流量法评估的只是公司经营性资产的价值，而不包括非经营性资产（主要包括公司的富余现金以及金融资产）。但是，后者也是公司价值的一部分，它们也应该予以确定、评估和入值，其中富余现金的价值可以直接以面值估算，金融资产具有运转良好的二级市场，其价值可以参照市场价格进行估算。

该方法存在两大难点：目标公司未来现金流的预测，以及加权平均资本成本的估算。这些难点在资本市场运转良好和经济环境稳定时期相对比较容易克服。

**2. 市场比较法**

市场比较法是指以二级市场上交易的同类股票为参照物，来评估目标公司价值的一种方法。市场比较法可以细分为可比公司法（comparable company method）、可比收购法（comparable acquisition method）和可比首次公开招股法（comparable IPO method）三类，每一类的评估依据有所不同。可比公司法以交易活跃的同类公司股票价格与相关财务数据为依据，计算出一些主要的财务比率，比如股东权益和公司价值比率等，然后用这些比率作为资本乘数来估计非上市公司和交易比较活跃的上市公司的价值。可比收购法是从类似的收购事件中获得有用的财务数据来求出一些相应的收购价格乘数，比如股东权益和收购价格比率，据此推测目标公司价值。可比首次公开招股法是收集其他上市公司上市前后的财务数据和上市之初的股价表现，计算出一些乘数，来预测即将上市的公司的价值。

市场比较法的评估机制由四个环节组成，现以可比公司法为例分述市场比较法评估机制的四个环节。

（1）选择参照公司

参照公司应该在经营上和财务上与被评估公司具有相似之处，这是选择参照公司的基本原则。如果在实务中难以寻找到与被评估公司具有相似特征的参照公司，那么分析评估人员可选出一组参照公司,其中的一部分公司在财务上与被评估公司相似,而另一部分公司则在经营上与被评估公司具有可比性。这种变通的方法具有很强的实用性。

**例14-6**:承例14-1,在股票市场中,假定财务特征和经营特征与B公司相像的公司仅有两家,它们的财务资料见表14-2。

表14-2 财务特征和经营特征与B公司相像的两家公司的财务资料

| 项目 | 甲公司 | 乙公司 |
| --- | --- | --- |
| 息税前收益(万元/年) | 38 | 30 |
| 债务(万元) | 40 | 50 |
| 发行在外普通股股数(万股) | 18 | 10 |
| 每股价格(元/股) | 10 | 14 |

(2) 选择乘数

将公司价值与业绩之间的关系选作资本乘数,常见的资本乘数有总资本对息税前收益的比率、总资本对息税前现金净流量的比率、市盈率、价格对现金净流量的比率等。其中,价格是指公司股权的市场价值(即参照公司的普通股每股股价乘以公司发行在外的普通股股数),总资本是指股权市场价值加上债务的账面价值,业绩既可以是账面盈利(权责发生制下的利润),又可以是现金净流量(现金收付制下的利润,比如自由现金流等)。在实务中,究竟选用哪些乘数应该视被评估公司所处的行业与财务特征而定。

**例14-7**:在例14-6中,甲、乙两家参照公司的盈利水平分别为38万元/年和30万元/年,股票市值分别为180万元和140万元,总资本分别为220万元(=180+40)和190万元(=140+50)。为方便起见,我们仅用总资本对息税前收益的比率作为乘数,它们分别为5.8[=(10×18+40)/38]和6.3[=(14×10+50)/30]。

(3) 运用乘数计算被评估公司的多种可能价值

选定乘数之后,我们将该乘数与目标公司经调整后的对应财务数据相乘后就可得出目标公司的一个市场估计值。根据多个乘数可以得出目标公司一组市场估计值,这些估计值越接近,说明评估的准确度越高,反之亦然。值得注意的是,用市盈率、价格对现金净流量的比率等乘数得出的目标公司的估值是股东权益市场价值的估计值,而用总资本对息税前收益的比率、总资本对息税前现金净流量的比率等乘数得出的是包括目标公司股权和债权在内的总资本的估计值。

**例14-8**:在例14-6中,我们可以根据甲参照公司的总资本乘数5.8,得出甲参照公司价值的一个估计值,即

57×5.8 = 330.6(万元)

同理,可以根据乙参照公司的总资本乘数6.3,得出乙参照公司价值的另一个估计值,即

57×6.3 = 359.1(万元)

### (4) 对公司价值的估计值进行加权平均

运用各个乘数得出的公司价值估计值是不同的,为客观起见,分析评估人员应该对公司的多个估值赋予不同的权重,至于权重的分配则要视乘数对公司价值影响的大小而定,然后,使用加权平均法推算目标公司价值。

**例14-9**:在例14-6中,设甲参照公司价值的估计值更为可信,其权重为2,乙参照公司价值的估计值可信度差些,其权重为1。那么,B公司价值的加权平均估计值为:

$$\frac{330.6\times2+359.1\times1}{2+1}=340.1(万元)$$

因此,B公司股东权益的价值为:

$340.1-30=310.1(万元)$

知识专栏14-2:贴现现金流量法(DCF)

与贴现现金流量法相比,市场比较法技术含量不高,理论色彩较淡。在实践中,通常同时使用这两种方法,一方面是为了相互佐证,另一方面是为了提供一个更合理的估值区间。

## 三、出价策略

总体上讲,收购方的出价应该基于目标公司价值。但是,是否获得控股权、目标公司股东出售意愿、政府介入等也是一些重要的影响因素。图14-2是中国2015—2017年间并购交易方式分布,从中可以看到,市场化(比如要约收购、协议收购)和非市场化(比如国有股权行政划拨)的交易方式兼具。在不同的交易方式中,收购方的出价逻辑并非完全一致。下文以市场化交易方式为例予以说明。

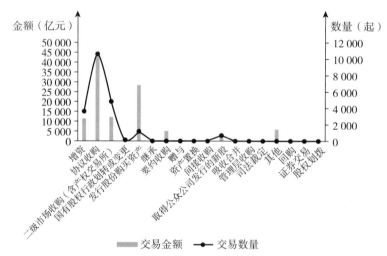

图14-2 2015—2017年中国并购交易方式分布

资料来源:根据wind数据库整理。

### (一)价格上下限

对股价被低估的目标公司[①]而言,收购方出价的下限是目标公司的现行股价,而出价

---

① 除恶意收购等原因之外,收购方主观上一般不会将股价被高估的公司视作其目标公司,因此,我们在此不讨论这类公司。

的上限则为该目标公司的内在价值。理论上讲,收购方的出价有三种,即高于价格上限、在价格上下限区域内和低于价格下限。要约价格高于上限意味着收购方溢价收购(价格高于价值),溢价的大小由并购协同效应的强弱决定。预计并购协同效应越大,溢价水平越高。由于收购方相信公司在并购后能够实现远大于和远多于并购前的增长速度和增长机会,因此溢价收购在现实经济中大行其道。然而,收购方的出价还是应该以不超出目标公司内在价值为妥,否则,其股价可能会出现持续性的滑落。作为收购方的财务顾问,投资银行应该提醒其客户,出价不要贸然超出上限。

(二) 首次出价

收购方合理的收购价格介于目标公司现行股价和内在价值之间,但是,在出价之前,应视价格上限和下限的落差而定。该落差越大,出价的余地就越大,并购成交的可能性也越高。最终的成交价格究竟处在上下限中的哪一个水平,则由并购双方谈判决定。出价越接近上限,目标公司股东分配到的增值部分(出价与下限之差)就越多,收购方股东的所得(上限与出价之差)就越少。因此,从理论上讲,收购方股东希望出价越低越好。但是,首次出价不宜过低,这基于以下考虑:

第一,首次出价的确定是目标公司股东和收购方股东博弈的结果。如果收购方出价过低,那么目标公司股东会惜售,甚至进行反收购予以回击,比如启动"毒丸计划"等,从而大大增加收购方的收购成本。

第二,过低的出价会导致其他公司伺机而入,参与收购,增加了竞争度。其他公司的竞购会抬高收购价格,从而加大收购方的收购成本。

第三,较低的出价不易软化目标公司董事会,会被人认为"缺乏善意",引起目标公司股东的反感,影响顺利收购。

(三) 协商和修正价格

收购价格的形成和确立是双方不断协商的结果,收购方常常组成一个谈判小组,通过与目标公司不断谈判协商达到目的。公司收购价格的协商如同一般买卖的价格协商,目标公司股东总是希望高价出售其所持股票,而收购方则希望低价收购股份。为此,双方在协商中应该相互达成妥协,以便找到一个双方都能够接受的公平合理的价格。在确定最终收购价格时,不但要考虑目标公司的估值结果,还要考虑影响收购价格的其他一些因素。为了便于协商,双方应该明确谈判的要点,可以要求投资银行等中介机构提供谈判目标以及要约价格的上下限。要约价格的上下限是双方进行价格协商的依据。

上文已述,收购方会根据其对目标公司的估值,并结合其他一些因素,定出其最高可以接受的出价。如果收购价格超出此限度,则收购方将放弃收购。然而,在并购实践中,公司收购价格的上限并不一定是目标公司的内在价值,收购价格可以高于目标公司的内在价值。比如,当收购方的收购价格高于目标公司的内在价值时,超出目标公司内在价值以上部分可以理解为目标公司股东出让控制权所获得的额外报偿,这是目标公司股东受让其股份的直接动因。不可否认的是,收购方会由此承担风险。收购方之所以愿意以较大的"溢价"从目标公司股东手中收购股份,往往是基于收购方接管的良好预期,即并购后可产生更大的获利能力和成长空间。比如,可口可乐曾经青睐中国汇源,当时口可乐179亿港元的出价不低。业内人士普遍认为,可口可乐的目的是花高溢价购买中国市场的一个战略支点,因为果汁在中国饮料市场四大主力(碳酸饮料、果汁、水和茶)中具有最大的发展空间。

收购方在收购价格协商中,应该对目标公司被接管后可能会出现的诸多问题提出一揽子处理方案。比如,原目标公司员工的去留问题、债务问题和税务问题等。这些问题是否能够得到妥善处理将直接影响收购方的出价。在日本松下收购美国米高梅公司的案例中,双方的谈判价从每股 80 美元回落至每股 60 美元后成交,其中松下承诺完全保持米高梅原经营模式的高姿态起了巨大作用。再比如,2016 年中国圆通速递借壳大杨创世时,圆通速递为了获得一个干净的"壳",要求大杨创世将其资产、负债、员工全部置出,为此,圆通速递向大杨创世支付了超过 12 亿元作为对价。

值得注意的是,在并购双方的博弈过程中,目标公司在协商期内会充分利用各种因素,加大各自谈判的筹码,形成一个有利于自己的收购价格。比如,在协商期内,若整个产业或整个经营情况变好,那么目标公司股东就不会考虑降价。

---

**小案例 14-1:谁来为巨额并购商誉减值买单?**

在并购实践中,收购方的收购溢价是根据并购协同效应现值来确定的,只有当并购协同效应现值高于并购溢价时,收购价格才是合理的。收购结束后,收购溢价被作为收购方的"商誉"处理。由于未来不确定,并购协同效应现值其实不易估计,因此并购完成后,收购方会对该商誉进行减值测试。比如,目标公司在 3 年业绩承诺期是否完成了业绩承诺?若未完成,公司将计提商誉减值,直接影响当期收益。2014 年以来,中国上市公司并购商誉减值损失大幅增加。以创业板为例,2014 年商誉减值仅为 2.4 亿元,而 2016 年商誉减值则高达 20.4 亿元。2018 年,上市公司出现了更大规模的商誉减值潮。你认为这是谁之过?最应该由谁来买单?

---

### (四)支付工具的选择

收购方可以用现金、股票(即换股)、债券或以上工具的混合形式作为支付手段受让目标公司的股权。其中,换股是指收购方通过定向增发新股将目标公司股东持有的股票置换掉,换股成功后,目标公司股东将变为收购方股东。

**1. 原则**

并购支付工具的选择是并购成功与否的重要因素之一。选择合理的支付工具应该以目标公司股东和管理层的要求、收购方资本结构的特点等为依据。

第一,收购方资本结构的特点。合理的资本结构能够在不增加资本的前提下,给公司带来财富增值。如果收购方长期债务的比重过高,则收购方会考虑以普通股为支付手段来调低其杠杆水平;反之,如果长期债务的比重过低,则收购方会以债务类有价证券为支付手段来调高其杠杆水平。

第二,目标公司股东的要求。目标公司股东或董事会是否愿意出让股份和控制权是收购方选择支付工具的另一个重要依据。如果目标公司股东或董事会愿意出让其股份和控制权,那么收购方将选择现金、债券类有价证券作为支付手段;反之,普通股为首选支付手段。

第三,税负。在大多数国家或地区中,使用不同的支付工具时,目标公司股东所承担的税负是不一样的。在现金收购下,目标公司股东因实现了资本利得而须承担资本利得税;在换股收购下,目标公司股东的税负得到了递延。因此,如果目标公司股东不愿在当下承担资本利得税,那么收购方就应该以股票为支付手段;反之,则以现金为支付手段。

第四,收购方股东的要求。支付方式的差异会影响收购方股东的控股权及每股净收益。如果收购方股东不希望其控股权和每股净收益遭稀释的话,那么他们会阻挠以换股方式取得目标公司;反之,收购支付方式的选择空间较大。

第五,证券市场的消化能力。如果债券市场低迷,那么收购方只能通过现金或股票方式取得目标公司;如果市场对有价证券有足够的消化能力,那么收购方既可以选择现金支付手段,又可以选择股票等有价证券作为支付手段。

第六,并购风险大小。如果并购后实现协同效应的概率很大,那么为独享并购后的协同效应,收购方愿意选用现金或债券类有价证券作为支付手段。如果并购后的协同效应不明朗,那么为分摊风险,收购方更愿意选用换股方式。

**2. 现金支付方式及其适用情形**

现金支付方式是指收购方支付给目标公司股东一定数额的现金以达到收购目的的一种支付方式,收购方借此取得目标公司的所有权和控制权。一旦目标公司股东收到收购方支付的现金,就失去了对原公司的所有权。对收购方而言,以现金收购目标公司,收购方股东的权益不会被"稀释"。

现金支付方式可以加快并购的速度,使有敌意情绪的目标公司董事会和管理层措手不及,无法获取充分时间进行反收购布防。这也是现金支付方式多见于恶意收购的原因。比如1988年,菲利普·莫里斯公司收购卡夫食品公司,以129亿美元成交。20世纪80年代后期流行的垃圾债券为收购方筹集巨额资金提供了便利,使标的大的现金收购成为可能。同时,与收购方竞购的对手公司或潜在对手公司也因一时难以筹集大量的现金而无法与收购方抗衡。就目标公司而言,现金不存在变现的问题,而有价证券的变现能力存在较大的不确定性。有时,目标公司股东对现金收购并不领情,原因主要有两个:一是提早了其纳税时间。世界上绝大多数国家都奉行这样的税务准则,即公司股票的出售是一项应税事件。在目标公司股东实现资本利得的情况下,应该缴纳资本利得税。因此,在目标公司股东眼里,现金收购使得资本利得提前得到了确认,提早了其纳税时间。二是放弃了股权和控制权。目标公司股东收取现金而放弃了股权,他们不能再拥有并购后公司的股东权益。比如,对被一个大家族控制大量股份的公司来说,现金收购往往不能有效地诱使他们出让股权和控制权。

**3. 普通股支付方式及其适用情形**

普通股支付方式是指收购方通过定向增发公司普通股,以新发行的股票替换目标公司股东所持股份的一种支付方式。与现金收购相比,普通股收购不需要支付大量现金,因而不影响收购方的现金状况;同时,并购完成后,目标公司的股东并未失去其所有权,只是这种所有权转移到了并购后的公司内,他们成为并购后公司的新股东。比如,2018年,美的集团通过换股的方式,吸收兼并了洗衣机细分市场的龙头企业——小天鹅股份有限公司(上市公司),并购完成后,小天鹅退市,其股东成为美的集团新股东。收购方通过换股扩大了规模,完成并购后的公司所有者由收购方和原目标公司的股东共同组成,但是收购方的股东应该在经营控制权上占主导地位。就收购方股东而言,以普通股为支付手段虽然会稀释股权并使并购后的每股净收益(EPS)出现回落,但是却无须另外融资,由此减少了融资成本,降低了财务风险。换股收购还有一个有趣的规律,即市盈率高的公司并购市盈率低的公司之后,公司每股净收益可能会高于收购方并购前的每股净收益。① 美国国际电报电话公司(ITT)在20世纪60年代后期就玩过这一游戏。

---

**例 14-10**:承例 14-1,假定 A 公司以换股收购 B 公司,并购双方就换股率达成一致。两种主要的换股率见表 14-3。

表 14-3 换股率

| 项目 | A 公司 | B 公司 | 换股率 |
| --- | --- | --- | --- |
| 以并购双方的每股税后净收益(EPS)为基础 | 6 元/股 | 4 元/股 | 2/3 |
| 以并购双方的每股市价为基础 | 30 元/股 | 16 元/股 | 8/15 |

由表 14-3 可知,如果以并购前每股税后净收益为换股率,则意味着 B 公司 1 股股票相当于 0.667 股 A 公司股票。因此,若 100% 收购 B 公司股权,则 A 公司需定向增发新股的数量为:

$$100\,000 \times \frac{2}{3} = 66\,667(股)$$

如果以并购前每股股价为换股率,则意味着 B 公司 1 股股票相当于 0.533 股 A 公司股票。因此,若 100% 收购 B 公司股权,则 A 公司需定向增发新股的数量为:

$$100\,000 \times \frac{8}{15} = 53\,334(股)$$

---

上例中,两种换股率得出的新股发行数量存在差异,至于哪一种换股率更合适,并购双方会存在分歧。通常,如果资本市场运转良好,则采用以双方股价为基础的换股率;反之则采用以双方每股净收益为基础的换股率。在换股实践中,根据换股率得出的换股水平通常仅仅是并购双方谈判的依据,绝非执行标准。普通股作为支付工具同样存在缺陷:

第一,耗时费力。比如,在美国,收购方为并购而增发的普通股受证券交易委员会监督,完成发行的法定手续至少耗时两个月以上。

第二,手续烦琐。比如,在美国,上市公司为并购而增发的普通股数量超过已发行股票数量的 18.5% 时,须获得其股东批准,否则,证券交易所有权将其摘牌。

第三,收购成本不易把握。在以股价为换股率的换股收购中,股价波动使得收购方不能锁定其收购成本。

第四,收购风险较难预计。换股收购常常会招来风险套利者。一旦收购消息释放,套利者就会追捧目标公司股票,目标公司的股价将被推升,套利者可以据此换得更多的收购公司股票,并购完成之后,套利者的抛售压力又可能造成收购公司的股价大幅滑落。

---

① 在美国,这种效应被戏称为"皮靴效应"。当鞋带一头伸长时,另一头则会缩短,但鞋带长度并没有因此改变。"皮靴效应"意味着公司并购之初不会发生实质性变化,协同效应尚未显现,并购之初公司价值等于其未并购前两家独立公司价值之和。该有趣规律其实是一种"魔幻"。

**小案例 14-2：美的集团吸收合并小天鹅**

2018年10月24日，美的集团与小天鹅双双发布公告，计划实施换股吸收合并方案，即美的集团向小天鹅股东定向增发股票，置换其所持的小天鹅股份，吸收合并完成后，小天鹅股东转为美的集团股东，小天鹅公司将被注销，不复存在。在此之前，美的集团是家电行业的龙头企业，小天鹅是洗衣机细分行业的龙头企业。

美的集团本次换股价格为定价基准日前20日均价，即42.04元/股，而小天鹅A股和B股的换股价格分别是50.91元/股（以定价基准日前20日均价为基础，加上10%溢价）和48.41港元/股，溢价率分别是10%和30%。据此，美的集团与小天鹅A股和B股的换股率分别是1∶1.2111和1∶1.0007，即每1股小天鹅A股股票可换得1.2111股美的集团股票，每1股小天鹅B股股票可换得1.0007股美的集团股票。同年11月21日，小天鹅发布公告，根据美的集团提议，在本次换股吸收兼并经中国证监会核准后正式实施之前，小天鹅进行最后一次现金分红，10股派现40元，即每股分红4元。如果你是小天鹅股东，你是如何看待本次换股的？

换股收购多见于善意收购。当收购方和目标公司规模、实力旗鼓相当时，换股收购的可能性较大。1992年，美国纽约化学银行（Chemical Bank）定向发售15.7亿美元新股收购汉诺威制造商银行（Manufacturers Hanover Bank）就是一例。收购方往往在其股价高涨时发动并购，因为以股价为换股率时，收购方可以利用股价优势，以定向增发较少的本公司股票来替换目标公司的股份。

**4. 优先股支付方式及其适用情形**

优先股支付方式是指收购方以优先股为支付工具以达到收购目的的一种支付方式。在并购实践中，支付可转换优先股最为常见。就收购方而言，使用优先股作为支付工具不挤占营运资金，而且优先股转换成普通股的执行价格通常高出普通股当前市价。因此，优先股是一种成本低、效率高的支付工具。

然而，优先股作为一种支付工具，现在已经较少为收购方所使用。优先股收购在20世纪80年代早期较为流行，当时存在的合理性是基于这样的情形：普通股的价格低迷，普通股的市场消化能力较差，同时，作为杠杆收购基础的垃圾债券市场尚未发展成收购的主要融资场所。

**5. 综合证券支付方式及其适用情形**

综合证券支付方式是指收购方对目标公司提出收购要约时，同时使用现金、股票、认股权证、可转换债券等支付工具以达到收购目的的一种支付方式。

这种组合支付工具对并购双方都有好处。从收购方角度来看：公司债券的融资成本较低；发行认股权证可以延期支付股利；发行可转换债券能以较低的利率和较宽松的契约条件获得资金，且债转股的执行价格高于股票当前市价。从目标公司角度来看，公司债券的利息可以免税，且可与认股权证或可转换债券结合起来，形成一个有效的投资组合；认股权证比股票便宜，认购款项可延期支付。但在使用综合证券支付时，应该正视该方式的风险，其风险主要源自支付工具搭配不合理。

**概念自查 14-2：**

1. 请描述并购的基本流程。

2. 换股和现金收购的不同点主要有哪些？

## 第三节 杠杆收购

20世纪80年代,出现了一种新的并购方式——杠杆收购。这种并购方式对企业界和金融界影响巨大,它不仅引发了美国第四次并购浪潮,而且在并购机制、融资安排等多方面颇具新意。这种并购方式使"小鱼吃大鱼"成为现实。

### 一、杠杆收购的特征和基本流程

(一) 杠杆收购的特征

杠杆收购是指一小群投资者主要通过大量举债(借用杠杆)收购上市公司的一种并购方式。在杠杆收购中,债务融资通常占收购标的50%以上,且多以目标公司资产为担保。杠杆收购有其独特之处,主要表现为:

第一,高杠杆的资本结构。使用债务杠杆进行并购的公司,其资本结构呈倒三角状,在倒三角形的顶端,是对公司资产有最高级求偿权的银行借款,约占收购资金的60%;中间层是包括垃圾债券在内的夹层债券①,约占收购资金的30%。这些债务通常在10年之内通过目标公司经营产生的现金流或出售目标公司资产来偿还。另外10%的收购资金是投资者的自有资金。

第二,收购主体为专门从事并购的专业机构和财务投资者。非杠杆收购由并购双方管理层基于各自公司的需求直接达成交易;而杠杆收购的发起者主要是专门从事并购业务的专业机构和财务投资者,比如KKR、黑石集团等,它们被称为"门口的野蛮人"。

第三,以套利为目的。杠杆收购常常以将上市公司转为非上市公司进行套利为目的,而不是追求协同效应。目标公司退市后,通过调整或整合,减少目标公司经营成本,改变其市场策略,力图增加其利润和现金流量。当调整后的目标公司达到收购方的要求时,收购方可能出售该公司或将该公司重新安排上市,以获取最大的收益。

(二) 杠杆收购的基本流程

杠杆收购是一项复杂的交易,它需要投资银行、目标公司管理层和其他专业机构参与其中。一般而言,成功的杠杆收购交易须具备的几个基本条件为:目标公司价值被低估;目标公司经营及现金流量比较稳定;目标公司杠杆水平较低;目标公司资产的变现能力强;目标公司管理层有较高的管理技能;投资银行等中介机构积极参与,提供专业服务。以美国为例,杠杆收购的基本流程主要由以下几个阶段组成:

第一阶段,收购团筹集和安排并购资金。一小群投资者组成收购团②,其成员通常也包括目标公司现职最高管理层。一旦目标公司的现职管理层进入收购团,杠杆收购就变成了管理层收购(MBO)。比如,1988年美国著名的食品烟草商纳贝斯克(RJR Nabisco)公司的CEO联络一小群投资者成立收购团举牌收购。通常的做法是,由该收购团发起成立一家空壳公司,作为进行收购的法律实体,并且,收购团提供10%的资金作为新设公司的权益

---

① 夹层债券也称次级债券,是泛指高收益、高风险且求偿权次于高级债务的债券。
② 在美国,最有名的收购团成员为KKR、黑石集团,它们在20世纪80年代曾发起过一系列惊心动魄的杠杆收购案。

资本。空壳公司收购目标公司股票,并以空壳公司名义发行夹层债券筹集资金。如果成功取得目标公司控制权,则收购团所需资金的另外 50%—60%通过以目标公司资产为抵押向商业银行申请抵押借款予以筹集,该抵押贷款由数家甚至数十家商业银行组成的银团提供,也可由包销公司或风险投资公司等提供。为了使收购顺利,收购团还需设计一套针对目标公司管理人员(不包括董事)的激励体系。

第二阶段,收购团举牌收购目标公司。一旦收购团向价值被低估的目标公司举牌收购,通常就会遭到其他收购团的竞购,报价争夺将极为惨烈,最后的赢家通常将为此付出沉重的代价。比如,1988 年,KKR 以每股 109 美元的报价赢得了纳贝斯克公司,这一报价远高于并购前纳贝斯克公司每股 56 美元的市价。

第三阶段,收购团积极整合目标公司。由于资本结构中债务占了绝对比重,采用杠杆收购的公司承受着巨大的债务压力,加之杠杆收购具有高风险的特性,债务资本的供给者均要求以较高的利率作为补偿,收购方极有可能被债务压垮。因此,在完成杠杆收购后,收购方可能会启用新的管理人员,变卖目标公司的一部分资产、部门和子公司。经营的核心思想是迅速提高目标公司的销售收入和净利润,增加其现金流,从而提升债务偿还的能力和速度,实现股东财富最大化。

第四阶段,收购团伺机套利退出。待时机成熟时,收购团有两种退出机制:一是公开招股上市。如果收购后的公司能够做大做强,那么收购团会考虑将该公司重新变成上市公司。此举为现有股东提供了流动性,每个杠杆收购投资者可以通过二级市场以其投资额的几倍甚至几十倍套现离场。二是私下出售给其他买家。将通过杠杆收购所获公司再出售是实现股权投资套现的另一条途径,特别是在股市萧条致使杠杆收购所获公司不能重新安排上市的情况下,方便、快捷的私下出售套现不失为一种很好的替代手段。

## 二、杠杆收购的融资体系

科学的融资体系设计是杠杆收购取得最初成功的基础条件之一。在杠杆收购融资体系的设计和构建上,投资银行和其他金融中介机构共同打造了多层次的杠杆收购融资体系,并为这个体系创新出了许多新的融资工具。

### (一)融资体系的特征

尽管每次杠杆收购的融资体系在具体构建上存在差异,但是杠杆收购的融资体系还是有其共性的。

第一,杠杆收购的融资渠道多元化。主要的融资工具有高级债务、夹层债券和股权资本等。高级债务约占收购所需资金的 50%—60%,多为商业银行提供的银团贷款,也可以是保险公司等其他金融机构提供的资金;夹层债券是杠杆收购融资体系中内容和形式最为丰富的一族,包括垃圾债券、从属债券、延迟支付债券等;股权资本仅占收购所需资金的 10%,这些资金由杠杆收购团提供。

第二,债务所占比例极高。在杠杆收购的融资体系中,债务所占比重大,而以普通股形式表现的股权资本所占比重小。尽管这个结构并不确定,且事实上随债券市场景气程度、整个经济和信贷的繁荣程度、投资者对风险的态度的变化而不断改变,但是债务资本仍是融资体系的主体部分。20 世纪 80 年代末,在中型规模(0.5 亿美元左右)的杠杆收购中,债务资金高达95%左右;到90年代初,债务所占比重虽有所下降,但仍约占收购标的的80%。

第三,融资体系的财务风险大。由于债务规模大、比重高是杠杆收购融资体系的特征,因此完成杠杆收购后的公司财务杠杆系数高,还债压力大。在西方,通过杠杆收购后因不堪债务重压而申请破产的公司不在少数。正是杠杆收购融资体系存在巨大的财务风险,许多收购方为了规避风险,被迫适当提高了股权资本比重。

第四,创新融资工具的大量使用。为了减缓还债压力,也为了便于筹足收购所需资金,在杠杆收购融资体系中,收购方使用了大量的创新融资工具,如垃圾债券、从属债券、延迟支付债券等。这些创新融资工具的使用体现了投资银行的专业性。

### (二) 杠杆收购融资体系的构建

杠杆收购是走向私有化的途径之一,但是需要筹集大量的收购资金。为此,新的融资工具相继产生,它们大多数由投资银行打造,并为杠杆收购构建了独特的融资体系(见表14-4)。

**1. 高级债务层**

高级债务即一级(高级)银行贷款,是杠杆收购融资体系中的上层融资工具(见表14-4)。高级债务在融资结构中所占比例颇高,20世纪80年代高达50%—60%。其供资者多为商业银行,其他非银行金融机构如保险公司等也常常介入。高级债务之所以冠名"高级",在于其供资方所面临的财务风险最低。一旦受信者破产清算,商业银行等主要供资方对受信者收购得来的资产享有优先求偿权;而且,商业银行等主要供资方对贷款额度的确立均持审慎的态度。供资方风险低,其要求收益率也较低,高级债务的供资方所能获得的收益率一般在杠杆收购融资体系中居末位。

大规模杠杆收购所需高级贷款的力度大,因此,为分散贷款风险,高级贷款采用银团贷款形式。高级贷款主要供资者的商业银行以三种方式参与杠杆收购的供资:第一,充当收购方高级贷款牵头行(leader bank)。牵头行负责协商贷款条件,起草相关法律文件,吸引其他商业银行加入银团,承担供资职责等。杠杆收购者及其财务顾问均愿意寻找著名的商业银行担任高级贷款牵头人。他们可以借助这些著名商业银行的资信,提高杠杆收购的资信度和成功率,吸引其他金融机构一起参与供资。第二,充当高级贷款参与行。参与行认购银团贷款中一定比例的份额,并据此向杠杆收购者贷款。第三,购买其他银行转售的高级贷款。这种参与方式是商业银行介入不深、风险最低的杠杆收购参与方式。

表14-4 杠杆收购融资体系的内容

| 层次 | 债权人/投资者 | 贷款/证券 |
|---|---|---|
| 高级债务层 | 商业银行<br>保险公司 | 抵押贷款 |
| 夹层债务层 | 保险公司<br>养老金基金<br>风险投资企业 | 优先从属债券<br>次级从属票据<br>递延支付债券<br>垃圾债券 |

(续表)

| 层次 | 债权人/投资者 | 贷款/证券 |
|---|---|---|
| 股权资本层 | 专事杠杆收购的有限责任公司<br>保险公司<br>投资银行<br>风险资本<br>私人投资者<br>目标公司经理人员 | 优先股<br>普通股 |

不管商业银行以何种方式参与对杠杆收购者的供资,它在提供高级银行贷款时应该遵循以下规则:第一,按基准利率计息;第二,贷款期不超过7年;第三,设定贷款限额;第四,有相关的担保和质押。

**2. 夹层债务层**

夹层(次级)债务是指位于第二层次的债务融资工具,包括优先从属债券、次级从属债券和垃圾债券等。它们是杠杆收购融资体系中内容形式最丰富的一族。之所以被冠以"夹层"或"次级",是因为此类供资者的求偿权居中,即低于高级债权人、高于股东。

为了能够顺利获得夹层资金,收购团会事前获得投资者的承诺。根据事前承诺,如果收购团成功地发盘收购了目标公司某一特定比例的股票,那么投资者就必须购买某一特定数量的夹层债券(包括垃圾债券)。作为对投资者事前承诺的回报,不管收购团最终是否发盘收购抑或是否成功收购,投资者都可以为其承诺的资金获得0.5%—1%的承诺补偿费。

夹层债券既可以私募,也可以公开募集。私募常由少数投资机构如保险公司、养老金基金及其他投资者私下认购。由于所购债券期限长、流动性差,私募债券持有者一般会得到比公募债券持有者更高的利息。同样,发行者在销售此类夹层债券时,多赠以无表决权的普通股来吸引投资者。公募则通过高风险债券市场完成资金募集,在公开发行过程中,投资银行提供自始至终的服务。投资银行在公开市场上扮演着做市商的角色,使债券流动性较私募大大提高。因为债券流动性较高,公募夹层债券购买者所承担的风险较私募夹层债券购买者承担的风险要小,因此发行者不必以赠送股权为诱饵。

1977年,美国雷曼兄弟公司发行了第一笔垃圾债券,随后德雷克塞尔投资银行很快成为行业领头人。不幸的是,20世纪80年代末和20世纪90年代初,包括德雷克塞尔投资银行在内的一批投资银行因金融丑闻而倒闭。从20世纪80年代开始,垃圾债券在债券融资方面扮演了重要角色,截至1985年,垃圾债券的份额已接近20%。尽管垃圾债券发展迅猛,但事实上,与并购有关的垃圾债券发行总额并非如人们想象中的那么大。

**3. 股权资本层**

股权资本是杠杆收购融资体系中居最下层的融资工具,包括优先股和普通股。这一层面的资金最少,约占收购资金的10%。由于股权资本证券的求偿权在夹层债务之后,因此优先股和普通股是整个融资体系中风险最高、潜在收益最大的一类证券。在杠杆收购中,股权资本证券一般不向其他投资者直接出售,而只供应给收购团中的成员,比如投资银行、目标公司管理层、专事杠杆收购的投资公司等。因此,在很多情况下,杠杆收购后公司的控股权会落在充任发起人的投资银行、专事杠杆收购的投资公司或目标公司管理层手中。

**4. 融资的创新**

若按以上杠杆收购融资体系安排杠杆收购资金,那么收购方合并资产负债表上的资产负债率将会非常高。为此,投资银行在实际操作中进行了创新,比如发明了表外工具。就杠杆收购而言,表外工具可以使杠杆收购中形成的高债务暂时不在收购方合并资产负债表上列示。表外工具的机制是:投资银行想办法绕开这一规则,和收购方一道共同持有目标公司的股份或目标公司的控股公司股份,从而使收购方在完成收购时对目标公司或其控股公司的持股比例低于50%或低于报表合并准则所规定的比例。这样,目标公司或其控股公司的报表无须并入收购方的会计报表。待经营一段时间并清偿杠杆收购所欠下的一部分债务后,收购方再设法从投资银行手中按约定价格赎回股权,并将债务表内化。

很显然,在收购方将所欠债务置于表外的同时,通常由投资银行暂时接管目标公司或其控股公司的大部分股权。为避免日后纠纷,收购团与投资银行事前订有合约,即在收购后的若干年内,收购团有权按约定价格赎回股权。如果收购团不赎回,则投资银行有权按约定价格将股份回售给收购团。为了弥补投资银行所承担的风险及补偿其所提供的服务,收购团将按约定价格溢价赎回股权以保证投资银行实现一定的收益。

**概念自查 14-3:**
1. 什么是杠杆收购?
2. 成熟市场经济体杠杆收购的主要特点有哪些?

## 第四节 并购理论

前文已述,并购已有一百多年历史。现在,并购已经成为公司重要的金融行为。学界对公司并购的目的、动因及逻辑的解释一直未曾停止。本节将介绍一些成熟的并购理论。

### 一、效率理论

效率理论认为,并购能够产生协同效应。这种效应来自高效的管理,或者来自其他形式的协同效应。

**1. 管理协同效应理论**

管理协同效应理论认为,在现实经济中,公司效率总是存在差异的。有些公司的效率高于行业平均水平,有些公司则低于行业平均水平,其潜力未曾发挥出来。在这种情形下,为了充分利用过剩的管理能力,拥有高效率管理团队的公司自然有了收购低效率公司的冲动。当目标公司的效率被提升至收购公司的效率时,不仅能够最大化股东财富,实现管理层私人收益,还会带来更多的社会效益。

管理协同效应理论是横向并购的理论基础。该理论的基本假设条件为:与目标公司具有相似经营模式的"好"公司最有可能成为潜在的收购者,它们更容易判断目标公司的经营状况,更懂得改善目标公司业绩的路径;收购公司拥有高效率的管理层,即拥有一支高效率的管理团队;收购公司的管理能力超出了公司日常管理需要,即拥有额外的、高效的管理资源;收购公司的高效管理资源不具有可分性,即收购公司的管理资源是一个整体,不能够将过剩管理能力或人力资源出售。

**2. 无效率管理理论**

无效率管理理论认为,如果目标公司的管理层无能,或者根本就是一个没有效率、不称职的管理团队,那么通过并购,任何有效率的收购方管理团队都将提供更有效的管理,会做得更好。其结果是,目标公司股东实现价值最大化,收购方也能获得相应的回报。

显然,无效率管理理论是混合并购的理论基础。该理论假设目标公司的股东无力更换其无效率的管理层,因此,需借助并购市场(或称控制权市场),用高昂的代价来更换无效率的管理层。但是,无效率管理理论不能作为并购的一般性解释。理由是,很少有将替换不称职的管理者作为唯一理由的并购案例发生。事实上,大量的并购案例显示,许多目标公司的管理者并没有因公司被收购而遭到解职,相反,在大多数情况下,目标公司所有高级管理人员都被保留了下来。

**3. 经营协同效应理论**

经营协同效应理论认为,如果行业中存在规模经济,那么经营水平尚未达到规模经济潜在要求的公司,就可以通过并购实现规模经济的要求,收购方可以借此摊薄成本,提升利润率。横向和纵向并购都能够实现规模经济。

值得注意的是,规模效应常常不具有可分性。比如,某制造企业花1亿元购买了1台生产能力为年产1 000万件产品的机器设备,但目前该产品的市场规模很小,每年仅需生产50万件。因此,该设备未能实现规模经济,设备成本未能被足够摊薄。由于该设备是一个整体,其形成的生产能力不具有可分性,因此不能因为生产不足而将该设备的一部分出售。但基于规模经济的并购可以消化这部分剩余的生产能力。

任何公司在投入要素时,有些要素给予了足够的投入,但未充分利用,而有些则投入不足。因此,通过并购,收购公司和目标公司能够在生产、市场营销、研发等方面互为补充,实现规模经济。

**4. 多元化经营理论**

多元化经营理论认为,多元化经营可以降低经营风险,"不要将所有鸡蛋放在一个篮子里"说的就是这个道理。并购是公司实现多元化经营的捷径,公司的经营领域可以迅速得以扩展。

公司通过对广告、研发等的长期投入,积累了大量的声誉资本,比如公司拥有一批稳定和忠实的顾客、供应商及雇员。公司通过在人员培训等方面的大量投入,积累了关于公司管理者和雇员的大量的专属资源,比如管理者与雇员之间建立起了良好的协作关系、雇员有了特定工作的经验等,但这些人力资源具有专属性。因此,一旦公司因经营不善而破产,公司的声誉资本、特定的人力资源就会随着公司的清算而消失。

因此,多元化经营的目的是分散风险,降低公司破产概率,保全声誉资本和人力资源,以及在税收等方面寻求好处。

**5. 财务协同效应理论**

财务协同效应理论认为,传统的并购理论,比如管理协同效应理论、无效率管理理论等无法合理解释混合并购。该理论认为,由于公司外部融资的交易成本较高,股利所得税税率也高于资本利得税税率。因此,当收购公司拥有较大现金流量但边际利润率较低,而目标公司仅拥有较小现金流量但边际利润率较高时,并购可以使公司从边际利润率低的生产活动向边际利润率高的生产活动转移。也就是说,并购形成了一个内部市场,可以将通常属于资本市场的资金配置功能内部化,从而提高公司资金配置的效率。提高资金配置效率是财务协同效应的价值源泉。

威廉姆斯(Williams, 1998)、韦斯顿和贾维恩(Weston and Jawien, 1999)的研究发现,在一个多元化的企业集团中,现金流量不会被产生这些资金的部门自动留存,而是按照收益前景进行配置。因此,从资金配置角度来看,一个多元化企业集团相当于一个内部资本市场,提高了资金配置效率。

## 二、信息理论

在信息不对称条件下,并购可以使目标公司的价值得以发现,并购本身还可以作为反映目标公司未来预期的信号。

**1. 信息假说**

信息假说认为,并购具有这样的效应:目标公司的股票会在收购过程中被重新估价。多德和鲁贝克(Dodd and Ruback, 1977)、布雷德利(Bradley, 1980)认为,并购会传递出目标公司股票价值被低估的信息,于是,市场就会对这些股票进行重新估价。另有学者认为,并购会刺激目标公司的管理层更加勤勉,贯彻和实施更加有效的战略,提升公司价值。也就是说,在并购之外,无须其他外部动力就可以促使目标公司价值被重估。

也有学者质疑这种假说的有效性。他们认为,在一项不成功的并购中,目标公司股票价格上涨只是因为市场预期该公司会随后被其他公司收购。只有当收购公司拥有适用于目标公司的某些资源,或者收购公司和目标公司的资源结合在一起时,目标公司股票价值的重估才会发生。

**2. 信号理论**

信号理论认为,并购可以成为一种有效的信号,在信息不对称条件下,它会向市场传递目标公司未来预期的信息。若目标公司拥有尚未被发现或认识的额外价值,或者有着良好的预期,那么并购就意味着目标公司的额外价值和未来良好预期被发现,并通过并购将目标公司的这些信息传递给外部市场。

值得注意的是,并购传递出的信号可能被误读。比如,当收购公司用换股的方式实施并购时,市场可能的解读是收购公司的股票价值目前可能被高估。

## 三、代理理论

公司面临诸多代理问题,比如股东和管理者之间的代理冲突、股东和债权人之间的代理冲突等。根据代理理论,并购对公司具有接管威胁,因此,对管理者的自利行为可以起到一定的约束作用。同时,并购是管理者实现自我扩张(也称"做大")的一种手段,这种基于管理者"做大"的并购并不能够最大化股东财富,因此,并购有时是代理问题的一种表现形式。

**1. 代理权争夺理论**

代理权争夺理论认为,当公司的内部治理手段不能有效抑制管理者自利行为,无法最大化股东财富时,控制权市场是解决代理问题的一种非常重要的外部治理手段。并购事实上就是代理权争夺,目标公司一旦被收购,外部管理者将实现对目标公司的控制,目标公司现有管理者和董事会将被更替。

对股权较为分散的公司而言,收购公司可以更加轻而易举地完成对目标公司的代理权更替。因此,受接管威胁,目标公司管理者不敢懈怠。

**2. 管理主义理论**

穆勒(Mueller, 1969)提出了管理主义理论。该理论认为,公司管理者具有做大的动机,即有扩张公司规模的冲动。理由是,在管理者薪酬制度设计中,管理者的薪酬与公司规模有关联。比如,公司的行业地位与规模、杠杆水平及盈利水平有关,公司规模扩大时对公司行业地位的提升有正向作用。因此,如果管理者的薪酬是公司规模的函数,那么管理者会偏好并购或其他项目投资,即便净现值小于零也在所不惜。

显然,按管理主义理论来理解,并购并不能解决代理问题,恰恰相反,并购是代理问题的另一种表现形式,它加大了公司的代理冲突。

**3. 自大假说**

罗尔(Roll,1986)提出了自大假说。该理论认为,如果没有协同效应或其他接管收益,估价的平均值将接近于目标公司当前的市场价值。从逻辑上讲,只有当目标公司估价极高时,才会有并购协同效应和接管溢价,此时,公司会提出报价,有收购要求。不幸的是,公司管理者在评估并购机会时会犯过于乐观的毛病,会过分夸大并购协同效应和接管溢价,对接管溢价产生误判,于是,并购结果可想而知。但是,公司管理者非但不能从过去的错误中汲取教训,还继续自以为是。

在并购案中,真正有溢价或接管效益的案例并不多,那么,为什么还有那么多的收购者趋之若鹜呢?该理论给出的解释是:一部分毫无接管价值的并购是收购公司管理层自大的结果,他们自以为是地认为存在接管收益。

> **概念自查 14-4:**
> 1. 在大家看好并购协同效应的情况下,并购结果也常令人失望。请用合适的并购理论解释这一现象。
> 2. 并购消息披露后,目标公司股价为何会提升?

## ■ 第五节 反收购布防

反收购布防源于并购双方的利益争斗。目标公司进行反收购布防的原因多种多样,比较主要的原因有三个:一是迫使收购者提高报价,二是回击恶意收购者的攻击,三是保住目标公司管理者的饭碗。反收购布防旨在降低目标公司对收购者的吸引力,或者增加收购难度以降低收购者的兴趣。鉴于收购方可以采取通知或不通知管理层而直接向目标公司发出要约收购,目标公司可以进行两类反收购布防:一类是专门用于目标公司遭受攻击后的布防,即举牌后的反收购布防;另一类是用于目标公司遭受攻击前的防御,即举牌前的反收购布防,旨在阻止潜在的并购。

### □ 一、举牌后的反收购布防

举牌后的反收购布防是指目标公司在收购方举牌之后采取抵御措施,其目的是击退收购者的攻击或增加其收购成本。

**(一) 诉诸法律**

诉诸法律是目标公司为了阻止公开举牌收购,以举牌者违反法律尤其是反垄断法为由提起的诉讼。目标公司提起诉讼最常见的理由为公开举牌手续不完备、收购要约的公开内容不充分、违反反垄断法等。

诉诸法律常常是目标公司遭到收购方公开举牌后采取的最基本应对措施。在美国,一旦提起诉讼,举牌者不得继续执行收购要约,而须经联邦贸易委员会和反垄断机构裁决后,再决定是否收购目标公司。因此,目标公司可以借此争取时间,及时进行下一步的反收购布防。1993 年,延中股份诉深圳宝安集团是中国第一起诉诸法律进行反收购布防的案例。宝安集团及其关联企业在 1993 年 9 月 29 日仅持有延中股份 4.56% 的股票,到 9 月 30 日通过在二级市场增持,将持股比重增至15.98%。为此,延中股份一方面调动资金谋划反击,另一方面以宝安集团违反证券交易管理条例为由向证券监督部门提出申述,要求对宝安集团上海分公司购股过程的合法性进行调查。尽管在证券监管部门调解下,延中股份最后接受了被收购的事实,放弃了反收购,但它是中国首起利用"诉诸法律"进行的反收购案。

### (二)资产重组

公司重组包括资产重组和财务重组。资产重组是指购进或出售公司的资产、部门、子公司的行为,比如出售"皇冠明珠"、施行"焦土政策"等。

第一,出售"皇冠明珠"。公司的"皇冠明珠"是指具有超强竞争力、盈利颇丰及未来能够带来充足现金流的资产、业务或部门。比如,具有盈利潜力但目前被低估的资产;发展前景广阔,在短期内能够形成较高市场份额的专利或业务;具有超强竞争力的业务或部门等。显然,有些收购者是直奔"皇冠明珠"而来的。一旦目标公司遭受恶意收购而无力招架时,它们可能采取出售"皇冠明珠"的方法,使收购者对目标公司立刻失去兴趣。值得注意的是,采取此策略时,应尽力保持出售价高于市场价。

第二,施行"焦土政策"。该策略是指目标公司以自残为代价阻止恶意收购者的进攻。比如,大量举债购入一些收购者不想拥有的资产,大量购入可能引起收购者违反反垄断法的资产,大量购入一些无利可图的资产等。目标公司施行"焦土政策"后,收购者得到的可能是一副烂摊子,或者就此陷入违反反垄断法的诉讼中。因此,收购者可能会知难而退。由于"焦土政策"可能损害目标公司股东和债权人利益,因此很多国家禁止使用该反收购策略。

### (三)财务重组

财务重组是指改变公司财务要求权的行为,比如资本结构重组等。一旦目标公司遭到举牌,目标公司管理层通常可以采取两种财务重组的方式阻击举牌者:

第一,定向增发股票。目标公司采取向友好的第三方定向增发股票的方式,以稀释收购者持有的目标公司股份,迫使收购者为实现控股目的而继续出资增持目标公司股票,大大提高了其收购成本和难度。

第二,定向股票回购。定向股票回购是指目标公司通过私下协商方式从单个股东或某些股东手中溢价回购其持有的大量股份,目的是消除大股东的恶意收购威胁。在美国,定向股票回购也称"绿色邮件"(green mail)。"绿色邮件"意指敲诈,目标公司大股东扮演"绿色邮件"邮递员的角色。他们凭借所拥有的表决权攫取公司资源,或者以举牌相威胁迫使公司以高溢价定向回购其所持有的股票。

## 二、举牌前的反收购布防

举牌前的反收购布防是指目标公司预先设计好反收购策略,此举会抬高收购成本或使收购方失去对目标公司的兴趣。

### (一)"拒鲨"条款

"拒鲨"(shark-repellent)条款是指在公司章程中设置反收购条款,它是一种重要的反收购布防计谋。通常,目标公司管理者会向其股东游说,促使他们同意在公司章程中增设或修改"拒鲨"条款。"拒鲨"条款一般会对以并购、收购要约或撤换董事会成员等形式进行的公司控制权转移施加新的条件。"拒鲨"条款有三种主要形式：

第一，绝对多数条款。绝对多数条款是指目标公司在面临被收购威胁时，把赞成接管所需股份数由简单多数提高到至少 2/3 的比例。有时，绝对多数条款甚至要求所有涉及控制权变动的交易都必须获得 90% 的已发行股份的赞成。此举会增加收购方接管的难度。

第二，订立公平价格条款。订立公平价格条款是指目标公司的股票必须都得到公平价格，或者说收购方应该对目标公司所有股东支付同样的价格。通常，收购方可以采用高溢价吸引那些急于想更换管理层的股东，在短期内吸足筹码，实现其操控目标公司的目的，而公平价格条款可以打碎收购方的这种企图。

第三，董事会分批改选。董事会分批改选是指将目标公司董事会分成若干组，每年选举时仅改选一组或只能更换部分董事，这样，全部更换董事就必须经历一段较长的时期，推迟了目标公司控制权的实际转移。即便举牌者已经得手，他在短期内也无法获得对目标公司绝对的控制权。比如，在当年盛大网络举牌新浪时，新浪董事会共有 9 名成员，设有补偿委员会（3 人）、审计委员会（3 人）和股份管理委员会（3 人）。董事会的 9 名董事共分为三期，任期 3 年且任期交错，每年只有一期董事任职期满，进行新的董事选举。因此，如果收购方盛大网络不能重组新浪董事会和管理层，则哪怕它有再多的股份，也等于没有收购，因为没办法实施改组和展开新的战略。

（二）毒丸计划

毒丸（poison pills）计划的目的是使那些想攻击目标公司的收购者"中毒"。毒丸计划一般由董事会实施，无须得到股东批准。自 1982 年毒丸计划首次使用以来，其形式不断被翻新。现就曾经出现过的主要毒丸计划逐一进行介绍。

第一，优先股计划。根据该计划，一旦收购者购入目标公司有表决权的股份超过某一比例（比如 40%），目标公司优先股股东就可以行使两项特别权：一是他们有权要求目标公司以大股东在过去一年购买公司普通股或优先股所支付的最高价格进行现金回购；二是一旦收购者举牌成功，优先股可以转换成公司有表决权的证券。

第二，外翻转计划（flip-over）。根据该计划，在未来一段时间内（比如 10 年内），目标公司股东有权以远高于当下市场价格的执行价购入其所在公司的普通股或优先股。如果目标公司遭到举牌，则其股东的这种权利翻转为允许目标公司股票持有者以极大的折扣价格或极低的价格购入合并公司的股票，从而起到稀释恶意收购者股权的作用。

第三，内翻转计划（flip-in）。根据该计划，在收购者持有目标公司的股份超过某一比例或达到某一界限（比如 25%—50%）时，目标公司的认股权持有人可以以极低的价格购买目标公司的股票，而收购者的认股权则无效。此举可以将收购者所持股份稀释，迫使收购者继续增持目标公司股票，使收购者蒙受巨大损失。2005 年，在盛大网络闪电收购 19.5% 新浪股份成为新浪第一大股东之后，新浪利用内翻转计划粉碎了盛大网络获取控制权的收购意图，迫使盛大网络在 2006 年抛售 17% 新浪股份，这场收购遂以失败而告终。

毒丸计划所受争议最大。反对者认为，毒丸计划保护了管理者的职位，但无法最大化股东财富。支持者认为，毒丸计划虽然不能杜绝所有的恶意收购，但是目标公司董事会能够为其股东争得一个公允价格。

（三）寻求外界支持

面对举牌者的攻击，目标公司可以寻求友好公司的支持和保护，以抗击举牌者的恶意

并购,迫使其放弃收购念头。常见的有两种形式:

第一,"白护卫"。目标公司将友好公司作为其"白护卫",并事前与"白护卫"签订协议。根据该协议,当目标公司遭受举牌时,"白护卫"可以以极低的价格购买目标公司有表决权的股票。但同时,"白护卫"必须做出一些承诺。比如,保证较长时间持有其低价购入的目标公司股票;在目标公司再次遭受举牌而其董事会不予反对的情况下,"白护卫"才能出售持有的目标公司股票;"白护卫"承诺不对目标公司发起收购等。

第二,"白衣骑士"。"白衣骑士"也是目标公司的友好公司,它被目标公司视为"侠客"。"白衣骑士"事前承诺,如果目标公司遭受举牌,则其将以较高价格参与竞购,以对付举牌者的收购要约。"白衣骑士"的出现会使得收购价格水涨船高,增加收购者的收购成本,吓退举牌者。

### (四)保护公司成员利益策略

保护公司成员利益策略是指按照控制权变动条款对失去工作的管理人员和员工进行补偿的策略。实施这一策略需在雇佣合同中增加保护管理人员和员工利益的条款。其中,"金降落伞"条款(golden parachute)保护公司最高管理人员的利益,最高管理人员以下几级的管理人员享受比"金降落伞"条款稍为逊色的保证,"锡降落伞"条款(tin parachute)则保护普通员工的利益。

"金降落伞"条款规定,一旦目标公司遭受举牌而导致公司最高管理人员被解职,公司将为其提供丰厚的安置费、股票期权和额外津贴作为补偿。20世纪80年代中期,《财富》500强公司中大约有25%的公司在雇佣合同中对最高管理人员使用了"金降落伞"条款。但是,由于"金降落伞"条款的适用对象有限,因此很难对恶意收购形成真正的障碍。

"锡降落伞"条款规定,一旦目标公司遭受举牌而导致公司普通员工被解雇,员工可以根据其工龄长短,领取数周至数月不等的工资。尽管"锡降落伞"条款补偿的单位金额远不如"金降落伞"条款的补偿额,但是由于"锡降落伞"条款的受众多,因此其补偿总额不可小觑。有时,"锡降落伞"条款更能阻止恶意收购者的攻击。

## 三、反收购布防的理论分析

对反收购布防是否有利于目标公司股东的争议从来没有停止过。从最大化股东财富或最大化公司价值的角度进行理论分析,我们不难发现这些争论的实质。

反收购布防的支持者认为,举牌者的攻击会让单个股东倍感压力,在举牌者以较低的要约价格收购单个股东所持股份时,单个股东的压力更大。在此压力下,单个股东出售股份的行为可能损害其他股东的利益。因此,消除这种压力既对目标公司股东有利,又能使公司的资产得到最佳配置。如果目标公司缺乏消除这种压力更有效的其他制度安排,那么反收购布防不失为一种可以接受的补救措施或制度安排。在这种机制下,所有股东都能够理性地出售其所持有的目标公司股份。为保证股东能够真实地表达其意愿,还应该严禁举牌者在收购成功后对不愿出让股份的股东进行惩罚。反收购布防可以争取时间让潜在的收购者加入竞购行列,从而促成目标公司的竞卖局面,目标公司股东最终可以获得最高的出售价格。

反收购布防的反对者认为,反收购布防机制存在两大缺陷:一是反收购布防可能使目标公司股东失去获得最高出售价格的机会。反收购布防提高了举牌者的收购成本,可能就此打消了要约者寻找收购目标的动力,或者削弱了潜在收购者对目标公司的兴趣,不愿参与竞买。二是反收购布防反映了目标公司管理层与股东之间的利益冲突。在控制权存在变动的情形下,目标公司管理层为了保住其职位,与目标公司股东的冲突会加剧。如果举牌者能够为目标公司股东带来更多的利益,那么目标公司股东和管理层之间的契约关系很有可能因遭到举牌者的攻击而被破坏。对于这种结局,股东也许乐见其成,但目标公司管理层极不愿意看到这一幕,因此,从某种意义上讲,反收购布防可以理解为管理层为了保住其饭碗而采取的消极行为。为此,我们就不难理解"金降落伞""拒鲨"等反收购策略的良苦用心。这些反收购策略有两个功效:一方面,对恶意收购进行限制,保住目标公司管理层的职位;另一方面,保全和稳固目标公司股东与管理层之间的契约关系。

**概念自查 14-5:**

1. 请列举三例说明管理者如何借助反收购策略谋取私利。
2. 如果你是公司的一位股东,在什么情况下会希望公司被收购?

---

### 案例 14-1:宝能系举牌万科股份

2015 年 11 月底至 12 月初,万科 A(000002.SZ)股票大涨揭秘——宝能系大举买入,将华润甩出一大截,成为万科第一大股东。

2015 年 12 月 6 日,万科发布公告称,公司于 12 月 4 日收到深圳市钜盛华股份有限公司(以下简称"钜盛华")的《详式权益变动报告书》。截至 2015 年 12 月 4 日,钜盛华通过资管计划在深圳证券交易所证券交易系统集中竞价交易买入万科公司 A 股股票 5.49 亿股,占公司总股本的 4.969%。

本次权益变动后,钜盛华及其一致行动人前海人寿合计持有万科 A 股股票 22.11 亿股,占万科现在总股本的 20.008%,为万科第一大股东。钜盛华及前海人寿均为宝能系旗下公司。这已是宝能系 2015 年第四次举牌万科。

对于股权分散的万科而言,"野蛮人"登堂入室,一场激烈的股权争夺再次升级。万科在公告中已直言,虽然第一大股东发生变更,但公司目前仍不存在控股股东和实际控制人。

**第一大股东二次易主**

万科股票大涨成为资本市场关注的焦点,房贷利息抵税的消息只是表面,宝能系争夺第一大股东才是真正的原因。

2015 年 12 月 1 日至 2 日,万科 A 股股票连续两日涨停,此后几日依然呈现上涨态势。12 月 1 日至 4 日短短 4 个交易日内,万科 A 股的股价从 14.99 元/股上涨到了 18.98 元/股,涨幅高达 26.6%。这个股价也创下了 2008 年以来的新高,万科的市值上涨至 2 095 亿元。

《第一财经日报》记者查询深交所信息发现,万科 A 在 12 月 2 日期间登上了深交所的龙虎榜。数据显示,12 月 1 日至 2 日,有两个机构专用席位以及西南证券股份有限公司深圳滨河大道证券营业部、中国国际金融有限公司深圳福华一路证券营业部、申银万国证券股份有限公司上海东川路证券营业部在大举买入万科 A 股,净买入金额分别为 25.7 亿元、7.9 亿元、35.1 亿元、15.4 亿元和 4.1 亿元,共计 88.2 亿元。

从万科的公告来看,上述交易的背后应该就是宝能系旗下的钜盛华。按照 12 月 1 日至 4 日的万科 A 股均价 17 元计算,宝能系此次增持耗资逾 90 亿元。

此番增持之后,宝能系以 20.008%持股超越华润,成为万科第一大股东。

这并不是宝能系第一次超越华润。此前,宝能系于 2015 年 7 月至 8 月间通过旗下的前海人寿、钜盛华连续 3 次举牌万科,并在 8 月 26 日以 0.15 个百分点的微弱优势力压华润,坐上了万科第一大股东宝座。

不过,宝能系在这个位子上仅坐了一周,华润便迅速出击将"宝座"夺回。市场预计,万科的股权争夺将会升级。果不其然,宝能系在两个月后再次突袭,不惜高价接盘。

而华润似乎还未做出反应。截至2015年9月30日,华润持有万科15.23%股份。2015年12月2日,万科因股票连续两日涨停发布了公告,称华润在12月1日、12月2日并未买卖万科股票。

**地产进入"野蛮人"时代?**

万科董事会主席王石早些时候已经公开承认宝能系为"野蛮人"。

据《第一财经日报》记者了解,宝能系在前三次举牌万科时,都未事先与万科董事会或管理层进行过沟通。虽然宝能系旗下的前海人寿一直表示对万科仅为财务投资,但从上述做法来看,恐难言善意。

有不愿透露姓名的券商分析师就曾对《第一财经日报》记者表示,宝能系应该是想获得万科的控制权,如果仅仅是战略投资,完全可以像中国平安入股碧桂园那样。

万科在公告中也表示了较为强势的态度。万科称,公司股权结构分散,不存在控股股东和实际控制人。根据《中华人民共和国公司法》《上市公司收购管理办法》及《深圳证券交易所股票上市规则》等相关法律法规对控股股东、实际控制人的定义和关于拥有上市公司控制权认定的相关规定,公司认为第一大股东虽然发生变更,但公司目前仍不存在控股股东和实际控制人。

可以预见的是,面对宝能系的强势进攻,万科管理层的神经再一次紧绷。拉拢中小投资者"用脚投票"、推动华润增持万科、继续回购计划等,这些都可能是抵御之策。

但宝能系在资本市场一向凶猛,对于万科这块"大肥肉",或许不会轻易放手。

事实上,宝能系举牌万科只是近年来险资攻城略地的冰山一角。出于对稳定投资收益的需求,地产企业股票成为险资较好的投资选择。从2014年开始,生命人寿接连举牌金地集团,到2014年9月底已成为金地集团的第一大股东,持股高达29.9%。2015年4月1日,中国平安入股碧桂园,共斥资62.95亿港元持股9.9%,成为碧桂园第二大股东。

资料来源:吴斯丹.宝能系砸巨资再夺第一大股东、万科称无实际控制人[N].第一财经日报,2015-12-07.

**讨论问题:**

1. 在增持万科股份时,宝能系是如何利用杠杆的?这与成熟市场国家的杠杆收购有何区别?
2. 面对宝能系的"恶意"收购,万科可以使用哪些反收购策略?
3. 若宝能系收购万科是基于"股东至上"原则,请分析此举可为宝能系股东带来哪些价值增值或可能的价值增值。
4. 如何看待险资频频投资地产股?
5. 几年后回看该事件,它带给我们的启示有哪些?

# 本章小结

1. 以美国为例,并购活动已经持续一百多年,前后经历了五次并购潮。第一次并购潮出现在1895—1904年间,以横向并购为主。第二次并购潮出现在1922—1929年间,以纵向并购为主。第三次并购潮出现在1946—1964年间,以混合并购为主。第四次并购潮出现在1974—1985年间,以杠杆收购为主,并购规模达到了前所未有的水平,产业结构调整开始波及一些新兴的部门。20世纪90年代中期以来,更大规模的第五次并购潮出现了。当今世界,尽管没有哪一种并购方式占主导地位,但并购活动正在向更深、更广的领域发展。

2. 并购的最根本动因是追求利润和迫于竞争压力,并购活动必然是一个并购双方追逐利润的过程,并购中介机构(如投资银行)受高额佣金的驱使,会极力促成并购的成功。但就单个并购案而言,其具体的并购动因有其特点,比如追求协同效应、避税、寻求冗资出路、获取资格牌照和资质、消降低效率或无效率、管理者寻求私利、多元化经营等。

3. 并购交易过程很复杂,涉及经济、政治和法律等诸多方面。收购方通常将投资银行选作其财务顾问,参与并购的整个过程,在并购的接洽策略、出价策略、支付方式以及融资安排等方面提供必要的服务。

4. 杠杆收购的出现改变了先前并购的理念,在企业界和金融界产生了巨大影响,使得"小鱼吃大鱼"成为现实。杠杆收购对并购机制、资本结构、金融活动等多方面产生了影响。杠杆收购为并购活动带来了革命性的变化。

5. 目标公司进行反收购布防的原因多种多样,比较集中的原因有三个:一是迫使收购者提高报价,二是回击恶意并购者的攻击,三是保住目标公司管理者的饭碗。反收购布防旨在减少目标公司对收购者的吸引力或增加收购难度以降低收购者对收购要约的兴趣。目标公司可以进行两类反收购布防:一类是专门用于目标公司遭受收购攻击后的布防;另一类则是用于目标公司遭受攻击前的防御,旨在阻止潜在的并购。

## 重要术语

并购  收购方  目标公司  猎物公司  猎手公司  横向并购  纵向并购  混合并购  杠杆收购  换股率  贴现现金流量法  市场比较法  投资银行  协同效应  多元化  夹层债券  高级债务  反收购布防

## 习题

**简易题**

1. A公司是一家质地优良的目标公司,目前市值为10亿元。若某收购公司溢价10%收购A公司100%股权,其出价是多少?溢价部分如何处理?

2. B公司拟100%收购一家目标公司,该目标公司的市值为20亿元。假如与该目标公司具有相同财务特征和经营特征的参照公司的市值为25亿元。从目标公司股东的视角看,他们愿意接受的最低价格是多少?

**中等难度题**

3. C公司和D公司的相关财务资料见下表:

C公司收购D公司前的相关财务资料

| 项目 | C公司 | D公司 |
| --- | --- | --- |
| 税后利润(万元) | 300 | 50 |
| 发行在外普通股股数(万股) | 100 | 10 |
| 市盈率 | 20 | 10 |

(1) 若C公司收购D公司,换股率为1:1,那么C公司需向D公司股东定向增发多少股股票?公司合并过后最初的每股净收益为多少?

(2) 若按双方并购前股价作为换股率,并购双方会有异议吗?

4. E公司拟收购F公司,两家公司在收购前的相关财务资料见下表:

E公司收购F公司前的相关财务资料

| 项目 | E公司 | F公司 |
| --- | --- | --- |
| 税后利润(万元) | 240 | 20 |
| 发行在外普通股股数(万股) | 60 | 10 |
| 市盈率 | 5 | 8 |

假如F公司目前的每股净收益为2元,将每年永续增长4%,F公司的资本成本为12.5%。

(1) F公司的价值为多少?

(2) 如果E公司为F公司每股发行在外的股票支付14元,则这一收购的净现值为多少?

(3) 如果E公司以每股净收益为换股率换取F公司发行在外的全部股票,那么E公司需定向增发多少股?

(4) 如果这一方式可取,则应该选择现金收购还是换股收购?

5. G公司拟通过横向并购方式收购H公司。H公司为无杠杆公司,目前H公司年税后现金净流量为1 000万元。由于存在协同效应,G公司收购H公司后,H公司预计今后5年每年税后净现金流以年均10%的固定增长率增长,每年年底达到预期值。设从第5年开始,H公司每年的税后净现金流与第5年税后现金流一致。G公司和H公司永续经营,资本机会成本为12%。

（1）请制表列示H公司未来每年预期税后现金流。

（2）若100%现金收购H公司,你认为G公司愿意支付的最高价格是多少?

6. 某投资公司目前持有上市公司K 20%股份,另80%股份被公众股东持有,K公司总股份为1 000万股,该投资公司拟通过杠杆收购方式将K公司进行私有化。设K公司预计未来每年EBIT为9 000万元,股票目前价格为30元/股,现有公众股东愿意让售股份的条件是溢价50%。为此,该投资公司对收购资金做如下安排:

| 债务等级 | 金额 | 期限 | 利率 |
| --- | --- | --- | --- |
| 高级债务 | 按80%收购成本计 | 5年 | 10% |
| 次级债务 | 按20%收购成本计 | 5年 | 12% |

（1）若需100%收购K公司公众股东持有的股份,则总收购成本为多少?

（2）若高级债务每年付息一次、每年偿还20%本金,次级债务每年付息一次、一次还本,那么未来5年中,每年的EBIT是否可覆盖每年需偿还的债务利息和本金?

**高等难度题**

7. 有意发起收购的公司是否总能发现目标公司?如果可能的话,为何其他竞争对手没有如此独到的眼光?

8. 公司存在多重代理问题,鉴于杠杆收购常被用于恶意收购,为此,你是否认为杠杆收购的兴起可以在一定程度上抑制公司的代理问题?

9. 请查阅最近5年中国上市公司并购案,从中选出两例,并回答如下问题:

（1）收购方的并购动因分别是什么?

（2）收购方的支付方式分别是什么?

（3）若为现金收购,其主要融资渠道是什么?

**值得参考的网站:**

1. 中国国际金融有限公司网站:http://www.cicc.com.cn。

2. 摩根士丹利公司网站:http://www.morganstanley.com。

3. 美林证券网站:http://www.ml.com。

习题参考答案

# 参考文献

1. ALEXANDER G J. BENSON P G. KAMPMEYER J M. Investigating the valuation effects of announcements of voluntary selloffs [J]. Journal of Finance, 1984, 39(2): 503—517.

2. BETKER B L. An empirical examination of pre-packaged bankruptcy [J]. Financial Management, 1995, 24(1): 3—18.

3. BRADLEY M. Interfirm tender offers and the market for corporate control [J]. Journal of Business, 1980, 53(4): 345—376.

4. DODD P. RUBACK R. Tender offers and stockholder returns: An empirical analysis [J]. Journal of Financial Economics, 1977, 5(3): 351—373.

5. FRANKS J R. HARRIS R S. Shareholder wealth effects of corporate takeover: The UK experience [J]. Journal of Financial Economics, 1989, 23(2): 225—249.

6. MUELLER D C. A theory of conglomerate mergers [J]. Quarterly Journal of Economics, 1969, 83(4): 643—659.

7. RAPPAPORT A. Creating shareholder value: The new standard for business performance [J]. New York: Free Press, 1986.

8. ROLL R. The hubris hypothesis of corporate take-

overs [J]. Journal of Business, 1986, 59(2): 197—216.

9. STEIN J M. CHEW D H. The revolution in corporate finance. New York: Basil Blackwell, 1986.

10. WESTON J F. JAWIEN P S. Perspectives on mergers and restructuring [J]. Business Economics January 1999, 34(1): 29—33.

11. WILLIAMS J R. Renewable advantage: Crafting strategy through economic time. New York: Free Press, 1998.

12. 黄亚钧,等.资产重组与并购[M].台北:五南图书出版有限公司 2002.

13. 吉斯特.金融体系中的投资银行[M].郭浩,译.北京:经济科学出版社,1998.

14. 威斯通,等.兼并、重组与公司控制[M].唐旭,等,译.北京:经济科学出版社,1998.

# 第十五章
# 公司治理

> 【学习要点】
>
> 1. 第一代代理问题及其表现形式。
> 2. 第二代代理问题及其表现形式。
> 3. 公司治理机制及其效果。
> 4. 管理层的薪酬激励是高了还是低了?

在投资决策、融资决策、资产管理、并购等活动中,净现值法则始终贯穿其中。如果公司真正能够按照净现值法则进行投资决策、融资决策及资产管理,那么公司就会真正信守"股东至上"理念。然而,公司存有两大冲突:一是股东和公司管理者之间的冲突,二是控股股东和非控股股东之间的冲突。如果公司管理者或控股股东顾及其自身利益最大化,那么将以牺牲全体股东利益或非控股股东利益为代价。例如,安然、世通公司等丑闻事件事实上就是被"自私"的管理层给害了,这些事件给其股东和其他利益相关者造成了极大的伤害。因此,公司必须进行有效治理,保护全体所有者利益,尽可能使公司管理者和控股股东的行为符合全体股东的意愿。

## ■ 第一节 第一代代理问题

早在1932年,伯利和米恩斯(Berle and Means,1932)就对美国公司所有权和经营权两权分离后所产生的公司治理问题进行了研究,他们发现,股权分散会导致公司管理者大量滥用剩余控制权。显然,公司治理的动因在于保护外部投资者利益不受掌握控制权的内部人员的侵害,使得外部投资者的投资得到公平的回报。公司治理与股东财富、公司资源分配、公司理财与评估、资本市场发展及经济增长有着很大的关联。学界将股东和公司管理者之间的冲突称为第一代代理问题。公司股东和管理者的冲突几乎发生在投资决策、融资决策、资产管理等所有公司金融领域。因此,在讨论公司治理时,有必要先对第一代代理问题的主要表现进行梳理。

## 一、公司制企业的弱点

我们在本书开头,曾对公司制企业流行的原因进行了分析,并列举了公司制企业的种种优点。但是,公司制企业的最大弱点在于公司股东和管理者之间的利益冲突。由于公司的所有权和经营权相分离,因此股东(委托人)必须通过选举产生公司董事,再由董事组成的董事会来聘用管理者(代理人),管理者代表股东行使公司经营权,董事会受托监督管理者并保护股东利益。在所有权和经营权高度分离的情况下,股东与管理者之间的冲突在所难免。

### (一)剩余控制权

如果公司所有者和管理者之间能够签订一份完备的合同,对管理者所面临的未来可能出现的任何情况应该采取的态度和行为都进行详细约定,那么双方在资源分配、决策权等方面将不会存在争议,也就不会发生代理冲突。然而,未来是不确定的,资本支出的边界是模糊的,许多花费往往会超出先前制定的预算,因此,订立完备合同是不可行的,必然有未被合同约定的剩余控制权,公司所有者和管理者在一些不确定事件的决策权上必将存在争议。比如,研究开发支出、营销开支、培训与人才开发等常常超出预算甚至不在预算范围之内,这些资本支出或投资对公司经营至关重要,但是,这些支出何时发生、发生额为多少又具有不确定性。若公司所有者在这些剩余控制权的争夺中处于下风,则管理者就将获得这些支出的决策权(即剩余控制权)。

### (二)所有者和管理者之间的冲突

公司管理者一旦拥有了剩余控制权,他们就可以根据自己的判断分配和处置股东的资本。在处置股东资本的过程中,不排除管理者给自己订立高额额外津贴的可能性,或者成立一家属于管理者的公司,采用不正当划拨价格将其任职公司的现金和其他财富转移至其私有公司中;也不排除管理者为了谋取自身利益,承揽一些净现值为负值的项目,损害股东利益;或者为了一己私利进行反收购,使其私人利益能够永远延续下去。在这种情况下,公司所有者会质疑自己是否得到了公正的对待及是否获得了公平的回报,于是,代理冲突便产生了。美国金融学家詹森(Jensen,1986)认为,自由现金流(FCFF)[①]越多的公司,其代理问题就越发突出。在一些成熟行业中,公司内部产生的现金流入超过了经营和所有有利可图的投资机会所需要的现金流出,形成了大量的自由现金流。拥有超额自由现金流的公司管理者很有可能将自由现金流视为"免费午餐",比如为扩大管理者声望而进行一些无利可图的并购,而此举将大大损害股东利益。

尽管股东、董事会可以对管理者行为进行监督,但是在很多情况下,公司所有者处于弱势地位。首先,分散的股东没有足够的动机和力量来独立监督管理者行为。由于监督所带来的收益由全体股东分享,但监督所发生的巨额成本则由单一股东独立承担,因此"搭便车"现象及巨额的监督成本会打消股东独立监督管理者行为的动机和积极性。其次,董事会可能受到管理者操纵。如果与管理者关系非同一般的一群董事掌控了董事会,那么董事

---

[①] 自由现金流是指公司内部所产生的现金在满足了正常经营需要及可获利的投资需要后的现金留存,自由现金流可用于公司短期财务责任、发放现金股利。自由现金流是一个非常有趣的研究对象,有学者认为,自由现金流越多,代理问题越突出;也有些学者认为,自由现金流越多,被收购的威胁越大。

会就无法真正履行受托责任,即无法替股东监督管理者行为,也保护不了股东的利益。大凡丑闻缠身的公司,其管理者与董事的关系都很暧昧。

## 二、公司金融活动中的第一代代理问题

公司所有者和管理者的利益冲突几乎发生在所有公司金融活动中。比如,为了追求好的"政绩",管理者乐意投资回收期短的项目,宁愿牺牲回收期长但净现值更可观的项目;为了避免还款压力,他们选择性地放弃举债,宁愿削减研发支出或减少股利支付;为了粉饰账面利润,对有助于抬升会计利润的做法乐此不疲。因此,公司所有者和管理者的利益冲突会导致公司的投资决策、融资决策、资产管理的目标不再是最大化股东财富或最大化公司价值。

### (一)消极懈怠

消极懈怠也称不作为或卸责。通常,管理者的消极懈怠表现在多个方面。比如,缺乏监督下属的热情,在选择低成本供应商或重新安排员工等事项上不作为,在本职工作上投入的精力太少,或者专注于一些与管理公司无关或无关紧要的活动。

管理者非常关心其自身的未来,他们不会满足于固定的报酬。如果没有基于股票的激励制度,没有额外红利(bonus),管理者就有可能消极怠工。更为严峻的是,他们从事寻求新项目等类似创造性活动的激情将会下降,这对公司股东来说可能是致命的。正如詹森所描述的那样,管理者可能尽量避免寻求新项目,因为这些投资活动会给管理者带来很大的困扰,他们需要为此付出巨大努力去学习新技术,同时承担新项目的高风险。显然,管理者很可能不会找寻和从事这些耗时费力但对股东非常有利的新项目,以避免承担高昂的学习成本和焦虑成本。

### (二)自我交易

当管理者获得了剩余控制权之后,他们可能会通过各种各样的自我交易行为来为自己谋取私人利益。他们可能为自己量身打造一套激励制度,除获取很高的额外津贴或额外收益之外,还享受其他非现金性特权。比如,公司 CEO 可以自由支配一架价值数千万美元的喷气式飞机,或者享有装修奢华的办公室,举办高规格的公司会议,享受度假胜地的休闲旅游,享受超额的娱乐支出等。

更有甚者,管理者可能成立一家属于自己的公司,运用权力以不合理的划拨价格(转移价格)将其任职公司的财富转入其私人公司(尤恩等,2005)。比如,以低于市场价格的划拨价格从管理者任职的公司购置商品或劳务,管理者任职公司的利润便转给了管理者的私人公司;或者以高于市场价格的划拨价格向管理者任职的公司出售商品或劳务,也能达到同样的效果。相较于其他代理问题,自我交易行为更容易被发现和证实。

---

**小案例 15-1:"高送转"配合管理层减持**

2018 年年初,A 上市公司实施了"限制性股权激励计划",该公司高管层按市场价格的 50% 购得了相应的股份,共计 400 万股。假如 2018 年 5 月 2 日,禁售期结束,即公司高管可以减持其年初获得的激励性股票。2018 年 4 月 25 日,该公司发布了"10 送转 20"的 2017 年利润分配预案,此举产生了公告效应,即该公司股价有明显的上涨。你认为,此举是否存在推升股价配合公司高管减持股份之嫌疑?

### (三）过度投资和营造王国

詹森(Jensen,1988)、安德雷德(Andrade et al.,2001)等学者的研究发现,一些公司管理者出于私利,会从事自己喜欢的项目,此举常常以损害股东利益为代价。比如,在20世纪70年代,美国的真实利率上升,致使石油期货价格预期升幅减少,购买石油的代价大大低于开采石油的成本,但令人不可思议的是,石油行业中的不少公司CEO仍热衷于在石油开采上投入巨资。为什么公司管理者有"过度投资"的情结呢？

大公司的管理者享有很高的社会地位和声誉,比如苹果公司和微软公司的CEO受人尊敬。因此,公司管理者往往有通过扩大其所在公司的规模来提升其社会地位和声誉的动机和冲动,以满足其成就感。为此,公司管理者可能沉迷于并购或多元化经营,而不在乎这些投资项目的净现值是否为负值,于是滥用公司的自由现金流,花费高额的代价实施并购,损害了股东的利益。比如,20世纪80年代,福特汽车公司自由现金流高达150亿美元,公司最高管理层首先想到的是如何成立金融服务公司、飞机公司或进行其他多元化经营,而不是考虑如何有效地将这些自由现金流回馈给股东或进行再投资(尤恩等,2005)。

### (四）逃避风险

为避免在经理人市场上名声扫地,公司管理者不愿从事甚至不愿找寻高风险、高收益的项目。公司管理者逃避风险的原因有两个:一是激励不足,二是人性弱点。

一方面,在没有额外红利、股票期权的薪酬体制下,仅凭固定薪酬,公司所有者很难激励管理者寻求和从事高风险、高收益的项目;另一方面,公司管理者不愿从事超过其风险承受力的项目,以避免承担高昂的学习成本和焦虑成本。事实上,即便高风险项目投资成功,他们也无权分享高风险项目的巨额收益,充其量分得一杯羹而已,然而,一旦项目失败,他们将承担巨大的责任,甚至面临被解雇的危险。

可见,管理者愿意从事安全的或者与其所获得的报酬相匹配的项目,而排斥风险大但收益也巨大的项目。遗憾的是,管理者逃避风险的态度无助于实现股东财富或公司价值最大化。

### (五）滥用反收购策略

并购市场(控制权市场)可以敦促和激励管理者努力工作,稍有懈怠,其所在公司就有可能成为猎物公司。一旦公司被收购,损失最大的是管理者,管理者极有可能被猎手公司解雇,而股东则可能因新进入者拥有良好销售渠道、超强无形资产、优良技术等而受益。也就是说,股东会因平庸的原管理者被解雇而受益。

公司管理者为了保全其在公司中的长期地位,他们非常反感其所服务的公司被对手公司收购,甚至不惜滥用反收购策略来阻止对股东来说颇有吸引力的收购提议,相反会借助反收购市场进行反收购布防。比如,管理者可以设置"毒丸"。"毒丸"的埋设增加了收购方的收购成本,可以有效阻止外界收购。这一反收购策略常常被怀有私心的管理者滥用,令绩效差、价值被严重低估的公司继续惨淡经营。此举虽保全了管理者的位置,但却损害了股东的利益。为此,在美国,"毒丸"因易于被滥用而曾经受到监管部门的限制。再比如,日本经理人设计了交叉持股的股权结构,在这一复杂的股权结构中,一些股票享有双重投票权,从而使得外部人很难获得控制权(梯若尔,2007)。

### (六) 垂涎自由现金流

公司管理者愿意保留充沛的自由现金流,除以上提及的一些原因,还有以下几个原因:一是可以怀着轻松随意的心态使用自由现金流。管理者可以避免因举债或发行新股而受到资本市场的审查和监督,还可以避免还本付息压力或支付红利压力。因此,使用自由现金流进行的投资常常是不够用心的或不能最大化股东财富的。二是追求管理绩效奖励。管理者的绩效往往与公司规模的扩大及收益的增加挂钩,通过较少派发甚至不派发现金股利的做法,公司一方面能够最大限度地保留自由现金流,增加公司股东权益,另一方面可借此增加公司的资产规模。公司规模扩大后,管理者可能获得更多的管理绩效奖励,但此举无助于最大化股东财富。

可见,以上种种代理问题的核心是股东与管理者之间的利益冲突。20 世纪末至 21 世纪初,公司管理者的不良行为及公司面临的道德风险,重新引起了学界和业界对问题重重的公司治理的担忧。公司缺乏透明度①、公司高层管理者报酬大幅增长②、会计造假③等现象成了热议的对象。如果公司管理者得到了恰当的激励或受到了有效的监督,那么是否可以减缓或减少代理问题呢?公司治理的实践表明,设计有效的公司治理机制能够收到一定的效果。

**概念自查 15-1:**
1. 什么是剩余控制权?
2. 第一代代理问题的主要表现有哪些?
3. 请分别举例说明公司投资和融资决策中可能发生的代理问题。

## 第二节 第二代代理问题

在公司股权结构比较分散的美国之外,亚洲、欧洲不少国家的公司有着独特的股权结构,普遍存在控股股东或实际控制人,因此,这些国家的公司就很有可能出现拥有控制权的股东剥夺没有控制权的股东,或者大股东压榨小股东的情形。学界将此类冲突称为第二代代理问题,或者将此类代理问题形象地称为剥夺问题。

### 一、现金流权和控制权

如果按照现金流权(cash flow rights)来定义股东的所有权,那么公司股东只能按现金流权的一定比率来分享公司利益,或者说,股东只能按其出资比例分享公司利益。在这种情况下,公司的现金流权和控制权是匹配的,任何股东不会获得超过现金流权的控制权,股东之间(包括大股东和小股东之间)也就不会发生冲突。

事实上,有两类公司的控制者:一类是拥有控股权的大股东,其持股数超过 51%,他们是公司的实际控制者;另一类是拥有实际控制权的小股东,尽管持股数不多,但他们是公司的实际控制者。不管是大股东控制还是小股东控制,这两类公司的共同特征是,公司现金

---

① 公司高层管理者的报酬、拥有的期权及额外收益不为外界所知。通用电气公司前 CEO 杰克·韦尔奇的退休收益一直不为人所知,人们在其离婚时才略知一二。

② 从 20 世纪末开始,美国公司高层管理者得到的奖金和股票期权越来越多,收入成倍增长。比如,1997 年,美国有 20 位 CEO 的年报酬超过 2 500 万美元。旅行者集团和可口可乐公司 CEO 的年报酬分别高达 2.3 亿美元和 1.11 亿美元。而且,他们的报酬与其工作绩效极不成比例,即便在业绩不好的年份,他们也照样能够获得高额的报酬。比如,2002 年,业绩糟糕的时代华纳 CEO 仍旧赚得盆满钵满。

③ 在美国,从 20 世纪末开始出现的会计造假现象影响深远,世通、安然、安达信等的破产无一例外与会计丑闻有关。此外,这一时期会计造假的特点是投资者、交易伙伴、分析师、会计师积极配合。

流权和控制权实现分离,即控制权大于现金流权。在现金流权和控制权两权分离情形下,控制股东与非控制股东之间就必然会发生冲突。

(一) 大股东控制

大股东(控股股东)主要是指显赫的家族(如墨西哥的家族企业)、国家(如中国和新加坡的国有企业)、商业银行(如德国由银行控股的公司)、权益股东(如美国由分散的权益股东控股的公司)。

在大股东控制的公司中,现金流权和控制权分离度不高,甚至能够实现形式上的匹配,但是,大股东存在私人利益,存在最大化自身利益的动机。因此,在所有权分散化程度不高的公司中,大股东(控股股东)往往更能有效地控制董事会及管理者,按照自己的意愿和设想制定公司战略,并使得公司按照大股东的意愿和设想进行运作,满足大股东利益最大化,损害或侵占弱小股东的利益。

显然,在实际运作中,大股东拥有的控制权大于现金流权,公司现金流权和控制权实现了一定程度的分离,大股东剥夺小股东问题便有了生长的土壤。但从逻辑上讲,由于大股东的现金流权比重很高,因此大股东会优先选择其私人利益与股东正常利益之和最大化的决策,不会选择将自己置于险境的决策。也就是说,大股东的最优决策对公司全体股东来说,可能仅为次优决策,但通常不会是非优决策。

尽管许多国家的公司治理制度正在向以资本为基础的治理制度转变,资本市场的发展减弱了家族、国家及商业银行对公司的控制,但是在新兴经济体和一些发达经济体,家族和国家对公司的控制还是占有重要位置。大股东和小股东在资源分配、决策权等方面会存在争议,通常大股东拥有充分话语权,公司小股东的各项能力均处于下风。因此,大股东将最终获得这些决策权。

(二) 小股东控制

在小股东控制的公司中,实际控制人是小股东,即现金流权不大甚至很小的股东。在这类公司中,实际控制人的控制权远大于其现金流权,现金流权和控制权实现高度分离。小股东控制可以通过构建复杂的股权结构来实现,主要有以下三种:

第一,构建双重股权结构。通过构建双重股权结构,或者通过特殊的制度安排,实现小股东控制。在双重股权结构安排下,公司发行具有不同表决权的两类股票,持有者同股不同权。比如,公司创始股东持有的股票的表决权与普通投资者持有的股票的表决权是5∶1,或者公司创始股东持有的股票有表决权,而普通投资者持有的股票仅有收益权但没有表决权。在这种股权结构下,一方面,公司规模越来越大;另一方面,特定股东仍牢牢握有公司控制权。在美国,我们也能够看到双重股权结构现象。比如,为保持控制权,众多报业公司的股东家族做了这种制度安排,其理由是新闻的真实和客观是不容干涉的,所以要通过设置双重股权结构来避免报业公司被资本操控。之后,双重股权结构作为公司发起人追求权力、实现小群体目的的一种手段,在高科技企业中流行起来。2017年,搜狐分拆搜狗在美国成功上市,由于搜狗具有AB股架构,其中1股B股的投票权相当于10股A股的投票权。因此,其创始股东搜狐通过持有更多B股,一方面做大了搜狗,另一方面也未失去对搜狗的控制,实现了小股东控股。

第二,构建金字塔股权结构。金字塔股权结构(pyramid structure)是指多层次、多链条的纵向股权结构,其形状似金字塔。公司终极控制者位于金字塔股权结构的顶端,由其控股第一层级公司,再由第一层级公司控股第二层级公司,第二层级公司再控股第三层级公司,层层递推,一直延续到目标公司。也就是说,终极控制者通过控制金字塔中间层级的公司,向下发散出一张可观的网络,最终,只需花小钱就能够控制处于金字塔最末端或最底层的目标公司。比如,A 公司持有 B 公司 51% 股份,B 公司持有 C 公司 51% 股份,那么,A 控制 B,B 控制 C,A 就控制了 C,控制权为 51%,但其现金流权仅为 26%(51%×51%),控制权远大于现金流权。

通过构建金字塔式股权结构实现小股东控制的公司,在亚洲比比皆是。比如,和记黄埔是中国香港著名的上市公司,由李嘉诚家族实际控制。从 1999 年的股权结构来看,李嘉诚家族对和记黄埔仅有 15.4% 的现金流权,但通过构建金字塔式的股权结构,最终的实际控制权高达 43.9%(La Porta et al.,1999)。显然,李嘉诚家族是和记黄埔的实际控制者。这种金字塔式的股权结构使得投资者凭借较小的投资就可以获得较大的控制权。

第三,构建交叉持股股权结构。交叉持股(intersect holdings)也称互相持股,是指在不同公司之间互相持股。通过交叉持股,可以产生少数股权控制结构(controlling-minority structure)或小股东控制结构。假设集团内部 n 家公司相互持股,用 $S_{ij}$ 表示第 j 家公司持有第 i 家公司的股份比例,用 $S_i$ 表示控制者直接持有第 i 家公司的股份比例。那么,对于第 i 家公司,为获得控制权,终极控制者只需保持或持有的股份为:

$$S_i + \sum_{j=1}^{n} S_{ij} > 0.5 \quad (15-1)$$

终极控制者持有的股份满足式(15-1),就实现了对第 i 家公司的小股东控制。① 终极控制者只要对每家公司都采取这种策略,就能够对整个企业集团实现小股东控制。

一旦获得超过现金流权的控制权,那么拥有控制权的股东也就拥有了建立在其他股东利益基础之上的私人利益(其他股东按照平均分摊原则无法得到的利益)。一方面,他的利益与非控股股东的利益存在一致的地方;另一方面,他可以从控制公司的过程中获得非控股股东无法得到的利益。

## 二、公司控制者的私人利益

公司控制者的目标不是公司全体股东利益最大化,而是其所控制的所有资源的利益最大化,即其私人利益与股东正常利益之和最大化。这种追求私人利益的动机将会影响控制者的行为。

(一)非最优决策

公司控制者的利益由两部分组成:一是所有股东都能够得到的正常利益(按现金流权的大小分配),二是公司控制者的私人利益。因此,公司控制者会倾向于选择利益(正常利益和私人利益)总和最大化的项目,而非能够使得公司全体股东财富最大化的项目。

设有 A、B 两个备选投资项目,公司控制者对公司的现金流权为 $\alpha$。项目 A 的预计价值为 $V_A$,其中包括控制者的私人利益 $P_A$ 及现金流价值 $F_A$(全体股东正常利益,$V_A - P_A$)。项目 B 的预计价值为 $V_B$,其中包括控制者的私人利益 $P_B$ 及现金流价值 $F_B$(全体股东正常利益,$V_B - P_B$)。

---

① 在此处,我们假定对第 i 家公司实现控制的前提是,实际控制者和关联方的持股比例之和须大于 50%。

如果选择项目 A，那么公司控制者的利益为：
$$\alpha(V_A - P_A) + P_A \quad (15-2)$$
如果选择项目 B，那么，公司控制者的利益为：
$$\alpha(V_B - P_B) + P_B \quad (15-3)$$
设 $[\alpha(V_A-P_A)+P_A] > [\alpha(V_B-P_B)+P_B]$，则有：
$$V_B - V_A < \Delta P(1 - \alpha)/\alpha \quad (15-4)$$
式中，$\Delta P = P_A - P_B$。

由式（15-4）可知，当 $\Delta P > 0$ 时，对所有股东来说，B 项目具有更大的价值，但是，由于项目 A 中包含更大的私人利益，公司控制者会选择项目 A，而放弃能够最大化所有股东利益的项目 B。更为可怕的是，$\alpha$ 越小，公司控制者越会义无反顾地选择私人利益更大的项目，做出次优或无效率的投资决策。

（二）偏好对外扩张

根据自由现金流假说，公司控制者不愿将公司自由现金流作为现金股利分配给股东，而更愿意进行投资，有"做大"的动机，比如热衷于收购兼并等。

设公司拥有自由现金流 $C$，公司控制者对公司的现金流权为 $\alpha$。公司控制者可以将自由现金流以现金股利方式分配给股东，也可以用自由现金流进行投资，投资价值为 $V$，其中包括所有股东参与分配的现金流价值 $F$（即全体股东正常收益）以及公司控制者的私人利益 $P$。

公司控制者面临两种选择：一是参与分配公司自由现金流，即 $\alpha C$；二是追求投资收益，即 $\alpha(V-P)+P$。

设 $[\alpha(V-P)+P] > \alpha C$，则有：
$$V > C - P(1 - \alpha)/\alpha \quad (15-5)$$

由式（15-5）可知，只要自由现金流 $C$ 介于 $[V, V+P(1-\alpha)/\alpha]$ 区间之内，那么，为最大化控制者的利益，公司控制者就不会将自由现金流以现金股利方式分配给股东。

显然，这个区间的大小主要由公司控制者的私人利益和持股比例决定，私人利益越大或控制者持股比例越小，该区间也就越大，公司控制者不分红的意愿就越大。因此，我们就不难理解，为什么公司控制者的持股比例越低，他们越不愿意分红，更愿意选择保留盈余，伺机进行投资。

（三）控制权非理性转移

在一个运转良好的控制权市场上，公司控制权会以一个合适的价格让渡到效率最高、最具竞争力的控制者手里，公司全体股东财富最大化目标就可得以实现。然而，如果存在控制者私人利益，那么公司控制者就有可能阻挠将公司控制权转移给最具竞争价值的人，或者为了私人利益将公司控制权转移到低效率的人手中。

**例 15-1**：设由现有控制者控制的公司价值为 1 000 万元，其中股东正常利益 950 万元，控制者私人利益 50 万元。若将控制权转移给更有效率的潜在控制者来控制的话，则公司价值将提升至 1 200 万元，原控制者可获得的私人利益为 10 万元。假如公司现有控制者对公司的现金流权为 10%。试计算说明现有控制者是否同意转达控制权。

例 15-1 解析

我们可以从上例得到更具一般意义的结论。设公司现有控制者 X，另有一个潜在控制者 Y。在不考虑私人利益的情况下，潜在控制者更具效率和竞争力，因此，由现有控制者控股的公司价值将小于由潜在控制者控制的公司价值。

事实上，公司存在控制者的私人利益。设由现有控制者 X 控制的公司价值 $V_X$，包括私人利益 $P_X$ 和现金流权价值 $F_X$（即 $V_X-P_X$）。潜在控制者 Y 控制的公司价值 $V_Y$，包括私人利益 $P_Y$ 和现金流权价值 $F_Y$（即 $V_Y-P_Y$）。假如公司控制者对公司的现金流权为 $\alpha$。

当 $\alpha(V_Y-P_Y)+P_Y>\alpha(V_X-P_X)+P_X$ 时，则有：

$$P_Y - P_X > (V_X - V_Y)\alpha/(1 - \alpha) \tag{15-6}$$

以及
$$P_X - P_Y < (V_Y - V_X)\alpha/(1 - \alpha) \tag{15-7}$$

式(15-6)显示，只要该不等式成立，即便 $V_X>V_Y$，公司控制权也会从现有控制者手中转移至低效的潜在控制者手中。式(15-7)显示，只要该不等式成立，即便 $V_X<V_Y$，公司控制权也不可能从现有控制者手中转移至高效的潜在控制者手中。

**概念自查 15-2：**

1. 什么是现金流权和控制权？什么情况下两权会分离？
2. 如何通过构建金字塔股权结构来实现小股东控制？
3. 如何通过构建交叉持股股权结构来实现小股东控制？

## 第三节　公司治理机制

如何减缓或减少这些代理问题？20 世纪 50 年代以来，各种监管措施、激励方案纷纷出现在公司金融实践中，但是，所有公司治理机制仅仅能够减缓或减少代理问题，而无法从根本上解决。本节将介绍董事会监督、股票期权激励制度、大股东治理、股票跨国上市、债权人监督、公司控制权市场的接管威胁和累积投票机制等几种常见的公司治理机制。

### 一、董事会监督

对大型公司来说，对管理者的监管可以委托公司董事会来执行，董事会制度是最常见的公司治理机制。董事会由公司股东选出，除公司重大事项仍须交由公司最高权力机构——股东大会表决通过外，其他事项交董事会决定，董事会代表广大股东的利益，行使受托责任。如果董事会监管有效，那么就能够有效减少代理问题。比如，为了使管理者公允地披露会计信息，董事会可以聘请独立审计公司对公司财务报表进行审计，审计师根据审计结果出具审计报告。如果发现了问题，则审计师会要求改变财务报表的假设或程序，公司管理者一般都会积极予以配合。否则，审计师会出具保留意见审计报告或拒绝发表意见审计报告或否定意见审计报告。再比如，公司在进行资产重组之前，为履行受托责任，董事会将聘请知名财务顾问对重组可能带来的影响做出专业判断，最后，根据财务顾问的专业意见做出慎重决策。然而，董事会监督的有效性一直备受质疑，这是因为：

第一，虽然董事会为了监管管理者的行为花费了大量的财力、精力，但是监管的边际收益是递减的，不能从根本上阻止管理者的利己行为。也就是说，董事会花费的代价再高，还是无法消除或减少某些代理问题的。比如，如果公司管理者故意隐瞒某些事实，或者不积极配合审计，或者存在大量会计造假，董事会有时确实无能为力。一旦外部审计师据此出具保留意见审计报告或拒绝发表意见审计报告或否定意见审计报告（问题公司的精明管理者也有可能设法逃过审计师的审查），或者管理者造假的真相被揭露后，公司股价和股东信心会双双受挫，董事会的监督有效性将会受到极大质疑，这样的例子不在少数。

第二,董事会独立性不够。在美国,由于大型公司股权非常分散,公司最高管理者常常会选择与公司管理层关系密切的董事会成员。这种做法有董事会被管理者操纵的嫌疑。保持董事会的独立性刻不容缓,它关系到投资者的投资信心。

为提高董事会的独立性和监管的有效性,美国曾对公司董事会制度进行过数次大的改革,比如要求董事会下设若干独立的委员会(比如设置薪酬、审计、聘任等若干独立的委员会),为确保下设各委员会的独立性,引入回避制度和独立董事制度等。再比如,公司CEO不得成为薪酬委员会的委员,独立董事在各委员会中占多数。

> **小案例15-2:独立董事"逆淘汰"**
>
> 为提高董事会的独立性,B上市公司引入了独立董事制度,且独立董事在董事会成员中的比例为40%,符合中国关于强制性引入独立董事的相关规定(比如,独立董事占比不低于1/3等)。独立董事具有受托责任,需对公司发生的重要事件及其可能后果发表独立见解。现恰逢独立董事第一任期届满,蹊跷的是,平时敢说"不"的独立董事,大多没有得到连任。这一现象被称为"逆淘汰"。你是如何看待B公司独立董事逆淘汰的?

董事会制度在不同国家间有很大差异。在德国,董事会被要求兼顾诸如员工、顾客、供应商、债权人等公司相关者的利益,即"相关利益者至上",而非仅仅"股东至上"。在日本,大多数公司的董事会由内部人员控制,并主要为公司所属的株式会社的利益服务。

## 二、股票期权激励制度

在公司实践中,尽管公司管理者努力工作,谨慎投资,提供专业服务,为公司创造丰厚的现金流和利润流,但是,由于公司管理者不持有公司股份或只持有少量股份,因此他们并不能借此获得更多好处或利益。詹森在20世纪90年代曾经证实,在美国,股东财富每增加1 000美元,公司管理者的所得仅仅增加约3美元,管理者的所得对股东财富的变化不敏感(尤恩等,2005),管理者显然激励不足,从而产生严重的代理问题。尽管詹森的判断在学界存在争议,但是因管理者激励不足而产生的代理问题确实是有目共睹的。为此,越来越多的公司向其管理者提供激励合同,大多数激励合同与公司的业绩挂钩。

常见的激励合同是股票期权激励合同。根据股票期权激励合同,公司管理者的报酬至少包括两部分,即固定年薪(基础年薪)和按约定价格在未来购买一定数量公司股票的股票期权。有些公司的管理者还可以获得从超常利润(即高出行业平均利润以上部分)中按一定百分比提取的年度红利。

股票期权激励制度始见于20世纪50年代的美国。最早使用这一制度的是美国辉瑞制药公司,但是,辉瑞制药公司使用这一制度的初衷并非为了激励管理者,而是为了避税。中国也有不少上市公司(比如中国平安)实行股票期权激励制度。所有权和经营权分离后出现了严重的代理问题,迫使美国许多公司的所有者重新审视两权分离。由于两权合一可以避免或消除代理问题,而股票期权激励制度可以实现与家族企业或"夫妻店"不一样的"两权合一"。根据新"两权合一"的基本逻辑,公司管理者除为获得当下的固定薪酬而付出劳动之外,也为自己是该公司潜在的所有者(股东)而辛勤付出,按最大化股东财富的原则行事。因此,股票期权激励制度被渐渐用来解决第一代代理问题,此举可以使得公司所有者和管理者的目标尽可能一致。

根据股票期权激励制度,公司所有者赋予管理者按某一执行价格在未来购买一定数量公司股票的期权,比如公司允许管理者以每股10元的价格购买20万股本公司股票的5年期期权。在股票期权激励制度下,激励与股票价格挂钩。当公司的股票价格低于10元/股时,管理者会放弃行权机会;当公司股票表现良好,超过10元/股时,管理者才会行权并获益。在有效资本市场上,公司股票价格充分反映公司的业绩、管理水平等,因此,只有表现出众的管理者才能赢得这一机会。

然而,与股票价格挂钩的股票期权激励制度也引发了一连串的问题。首先,股票价格可能反映不了管理者的特殊贡献。如果资本市场有效性不够,那么管理者出色的工作、公司优良的业绩并不能完全、及时地反映在股票市价上。其次,管理者可能滥用股票期权激励制度。管理者可以通过恣意篡改会计信息,与外部独立审计师串通等方式粉饰公司业绩,人为推升公司股价非法获益。20世纪末,安然、世通等丑闻迭爆已经引起业界高度关注,越来越多的公司董事会更加严格地设计和审查股票期权激励制度。

## 三、大股东治理

前文已述,在所有权分散的公司中,由于"搭便车"问题,所有者监督管理者行为的意愿降低,因此代理问题与所有权分散程度成正向关系。从这个意义上讲,将所有权相对集中,培育大股东,有助于减少或遏制代理问题。

理论上讲,"搭便车"问题往往在遇到以下情况时消失:如果一个或少数几个投资者拥有公司很大一部分甚至绝大部分股份,那么这些大股东会非常愿意监督管理者的行为,以确保管理者的行为符合最大化股东财富的目标。尽管拥有大股东的公司比比皆是,但是大股东的培育手段和方式在各国的表现不尽相同。在美国和英国,往往可以通过管理者持股或管理层收购来实现。在中国,政府(国资委)是由国有企业改制后的上市公司的大股东。在德国和日本,由于金融资本和产业资本的融合程度高,商业银行等金融机构往往是上市公司的大股东。基于德国、日本的研究表明,大股东事实上扮演了监管人的角色,有助于实现股东财富最大化。在中国,由于管理者缺位等问题,大股东是否有助于减少公司代理问题一直是一个颇具争议的话题。

大股东治理是否有效?以美国为例,伴随着管理层收购,从20世纪80年代开始出现了管理者持股甚至控股。所谓"管理者持股"是指管理者购买其任职公司的股票,追逐利润是管理者持股的根本动因。管理者持股的过程其实就是公司所有权渐渐集中的过程,当管理者持有的股份超过一定限度时,会使得公司股东人数达不到上市公司对股东人数的最低要求,此时,上市公司将被迫退市,也就是说,社会公众企业(上市公司)将成为私人企业。然而,公司管理者并不会介意,他们可以通过将公司重新包装后出售或重新上市获益。管理者持股与公司价值的关系研究表明:随着管理者持股比例的上升,管理者与公司其他股东之间的利益冲突会减少,公司价值将随之增加;但是,当管理者持股比例继续上升至某一水平时,管理者与公司其他股东之间的摩擦将会增多,比如管理者会出于私利滥用反收购策略,拒绝优秀的竞购者,力保公司不落入他人之手,损害了公司其他股东的利益。显然,管理者的决策并不能最大化全体股东利益。当管理者持股比例达到控股地位以后,他们会以能否最大化股东财富为准则行事,此时,公司价值又会随着管理者持股比例的上升而增加。

20世纪末,为了明晰产权及激励管理者,中国也开始了管理者持股的探索,比如推行管理层收购。然而,人们看到的更多的是政府多次更改对此事的态度,以及停留在与管理者持股相关的种种非议上。至于管理者持股是否是中国公司有效的公司治理机制,尚缺乏足够证据。

### 四、股票跨国上市

股票跨国上市主要包括多重挂牌上市(multiple listing)和股票存托凭证(depository receipt, DR)。多重挂牌上市是指国内上市公司同时在某一外国股票市场挂牌上市或同时在数个外国股票市场挂牌上市,比如日本索尼公司同时在东京、纽约等证券交易所挂牌上市。中国有几十家公司也同时在多个股票市场挂牌,比如中石油、中移动同时在国内和美国挂牌上市。股票存托凭证是指公司运用股票存托凭证在外国存托凭证市场进行融资的一种融资方式,发行股票存托凭证也能够实现在境外证券交易所上市的目的。在世界范围内,只有美国、英国、荷兰等为数不多的国家和地区接受外国公司发行股票存托凭证,其中以美国的股票存托凭证市场为最大。股票存托凭证市场有一级市场和二级市场之分,一级市场专为外国公司发行股票存托凭证提供服务,以美国为例,美国股票存托凭证一级市场禁止美国公司通过该市场进行融资。越来越多的中国公司或中概公司(比如搜狗、微博、京东)在美国通过发行股票存托凭证融通了资金,实现了股票跨国上市。

在上市门槛较高的境外成熟股票市场上市代价不菲。比如,中国某国内公司拟在纽约证券交易所发行股票存托凭证上市,它除了须遵循美国证券交易委员会的相关规定,公司财务报表的制作也必须符合美国公认会计原则,且必须按照美国的要求披露会计信息。因此,无论是会计信息的制作、审计还是披露,拟跨国上市的公司将为此承担高额的成本。然而,为什么越来越多的新兴市场经济体的公司心甘情愿在一个监管更为严格的境外成熟股票市场上挂牌呢?那是因为,让公司在严格保护投资者利益的境外成熟股票市场上市,相当于"外购"或"引进"了一种先进的公司管理制度。在监管严格的股票市场上挂牌,尽管会多承担一些成本,但是对公司股东来说,他们的财富将会得到更好的保障。

于是,我们就不难理解这样一个事实:在2006—2007年中国股价高企的时期,如果中国公司在国内上市,则无论是融资规模,还是融资成本,均胜于远赴境外上市。但是,还是有中国公司反其道而行之,同时,中国政府也积极鼓励中国公司境外上市。那是因为,除融资成本和融资规模之外,还有更多的东西在吸引中国公司漂洋过海。比如,增加公司在外国的知名度,提升产品的国际形象,期盼规范、有序的资本市场等。尽管现在尚没有充分的证据证明,在监管严格的美国股票市场上市的外国公司其价值高于那些来自同样国家但未在美国股票市场上市的公司的价值。但可以肯定的是:代理问题越多的公司,越不愿意在监管严格的境外股票市场上市;成长空间越大的公司,越愿意在监管严格、公平的境外股票市场上挂牌;股票市场越规范,监管越严格,管理者损害股东或控股股东损害其他股东的机会就越小。

> **小案例 15-3：浑水公司是否一无是处？**
>
> 中国概念股泛指在境外上市在中国内地注册的公司，或虽在境外注册但主要业务和关系在中国内地的公司的股票。中概股境外上市主要有两种方式：一种是借壳上市；另一种是 IPO，如微博、搜狐、京东、阿里巴巴等。做空套利是浑水公司的主要模式，即做空中概股，通过质疑中概股（比如质疑借壳上市中概股财务造假），打压股价后套利。浑水公司质疑中概股的做法对优质中概股造成了负面甚至是灾难性的后果，比如分众传媒等几家优质中概股的股价被严重低估，最终被迫通过私有化退市。目前，对浑水公司存在两种声音：一种声音认为，资本市场允许有不同的声音，这会使资本市场更加透明；另一种声音认为，浑水公司是个搅局者，弊大于利。从公司外部治理的角度来看，你赞同哪种声音？

## 五、债权人监督

若公司适当举债，那么公司在获得资金的同时，也引入了来自外部债权人的治理机制。债权人会对公司的行为进行监督，主要表现在以下两个方面：

第一，债权人会主动跟踪借款公司的资产、利润和现金流。比如，在借出资金之前，与借款公司签订债务契约，对借款公司在债务期内的流动性、债务保障程度、利润分配、资产处置等进行约定；在借出资金之后，进行信用追踪，通过全过程监督来保全其债权，与此同时，也间接地保护了股东的利益。

第二，债权人要求借款公司按时还本付息。与发放新股融资不同，还本付息具有硬约束特征。如果不能按照约定还本付息，则借款公司可能陷入财务困难甚至破产境地。因此，借款公司管理者为了保住饭碗，他们会尽心尽力地工作，想方设法提高公司的流动性，将自由现金流审慎地进行项目投资，而非恣意侵占。

然而，举债也会产生负效应。一是举债的硬约束特征可能造成投资不足。债务人必须按照约定还本付息，否则会陷入财务困境。因此，借款公司管理者可能会采取过于谨慎的投资策略，放弃高风险、高收益的投资项目，从而导致投资不足。二是过度举债造成财务困难。借款公司为了在短时间内获得外延的扩张，它们可能采取并购方式来实现。在现金收购方式下，收购方所需的收购资金大多来自债务资金，也就是说，收购方大多过度举债。虽然收购方千辛万苦完成了收购，但最终可能因不堪债务压力而破产，或者分拆出售，用所得款项偿还债务本息。在并购历史上，这样的事例不胜枚举。

## 六、公司控制权市场的接管威胁

公司控制权市场也称为并购市场，活跃的公司控制权市场可以有效遏制一些特殊的公司代理问题，比如公司虽长期经营不善，但现有的公司内部治理机制又无法解雇公司管理者，公司控制权市场就可以解决这一难题。由于此类公司价值大多被低估，因此这类公司容易成为猎手公司的"猎物"，猎手公司可以通过敌意收购方式接管目标公司，以实现套利，或者获得对方的技术、资金和产品，或者实现多元化经营等。

猎手公司会向目标公司股东发出收购要约，如果要约价格高出目标公司股价许多，那么目标公司股东愿意以高溢价让售其所持股票。如果一切顺利，那么猎手公司将接管目标公司并予以重组,目标公司原管理层可能被弃用。因此,并购市场的接管威胁可以对公司管理者起到威慑作用,促使管理者用心经营,努力提高公司效率。

在19世纪末、20世纪初兴起了美国公司控制权市场的第一次浪潮,至今已经持续一百多年,其间经历了五次并购浪潮。美国一百多年的并购历史表明,控制权市场是公司治理的最后一招棋,管理者在接管威胁下随时都有可能丢掉饭碗。随着各国资本市场的日渐开放,并购数量及并购规模都呈现快速增长趋势,并购已经成为公司普通的经济行为。但值得注意的是,控制权市场并不能从根本上消除公司代理问题。其原因是多方面的,对所有权集中度高的公司而言,比如德国和日本的一些由大股东控制的公司,只要大股东不愿意出让控制权,接管威胁便无法对由大股东委派的管理者产生真正的威慑。对拥有超额自由现金流的公司而言,管理者还可以进行反收购布防,轻松瓦解猎手公司的敌意收购。

### 七、累积投票机制

如何加强对非控股股东甚至弱小股东的保护?行之有效的办法并不多,但是,在公司章程中增设关于表决权的救济条款是一个不错的制度安排,比如委托代理投票、信托投票和累积投票机制。根据累积投票机制,在选举董事时,股东拥有与当选董事总人数相当的投票权,股东可以将这些投票权集中投向一位董事候选人,也可以分散投向多位董事候选人,最后按得票多寡决定董事候选人能否当选。

> **例15-2**:甲公司共有1亿股普通股,同股同权,其中大股东持股比例为70%,小股东所持股份共计30%。拟从A、B、C、D、E五位候选人中选出4位董事,其中A、B、C、D四位是大股东推选的候选人,而E是小股东心仪的候选人。若采用传统投票选举机制,则E将名落孙山。若采用累积投票机制,则大股东有28 000万票(=7 000×4),小股东共有12 000万票(=3 000×4),为确保E候选人当选,小股东可以将12 000万票全部投给E候选人。

显然,累积投票机制能够显著增强小股东"用手投票"的激励,这种方式可以将有限多次的投票过程集中起来,投向小股东中意的董事候选人,大大增加了他们的得票数和当选概率。因此,累积投票机制可以大大增强小股东"用手投票"的激励,减轻控制权和剩余索取权错配程度。

从逻辑上讲,上市公司引入累积投票机制之后,小股东就有可能选出替自己说话的董事。即便不能如愿,该制度至少可以抑制公司内部人寻求私人利益的行为。目前,中国上市公司也引入了累积投票机制。

**概念自查15-3:**
1. 请列举四种针对第一代代理问题的公司治理机制。
2. 控制权市场的接管威胁是否可以减缓第二代代理问题?

## 第四节 绩效评估及其误区

为使公司管理者的行为符合股东意愿,最常见的制度安排是设计合理的薪酬激励机制。与薪酬激励机制设计同样重要的是业绩目标设定和评估。薪酬激励与公司的业绩挂钩,公司业绩可以表述为公司的会计利润或股票收益或股票价格,那么,我们究竟需要什么样的业绩指标呢?在现实经济中,公司高级管理者和中低层管理者的业绩评价指标不同。

事实上,公司业绩受许多因素综合影响,公司所有者很难分离出管理者的贡献和失误,因此,薪酬激励制度设计非常困难。

## 一、公司高级管理者的业绩评估和薪酬激励制度

### (一)业绩评估指标及其误区

就上市公司而言,公司高级管理者的薪酬往往和股票收益或公司股价挂钩。由于股东财富可以用股票收益或股价来衡量,因此从最大化股东财富或最大化公司价值的角度来看,与股票收益或股价挂钩的高级管理者薪酬激励制度有其合理性。但问题是,公司股价的未来走势并不完全由公司高级管理者决定,公司股价的起起落落受制于行业前景、经济发展水平等诸多因素。① 因此,当公司股价低迷时,公司所有者无法分离各种因素所产生的负面影响;当公司股价高企时,公司所有者同样也无法分辨各种因素所产生的积极影响。

可见,公司高级管理者的薪酬不应该建立在其不可控因素的基础上,完全基于股票收益或股价的薪酬激励制度会适得其反,引发所有者与高级管理者之间的利益冲突。完全基于股票收益或股价的薪酬激励制度要求高级管理者承担其自身无法控制的外部风险,比如由经济衰退或行业衰落引起的股价下跌或股票收益下降是高级管理者无法控制的风险,如果此类风险也需要由高级管理者"埋单"的话,那么公司高级管理者难免陷入消极懈怠的心态,公司所有者也无法实现财富最大化目标。

公司高级管理者充其量只能对其自己的行为和决策所造成的结果负责,与其不可控因素所造成的公司价值波动是不相关的。为此,以公司股票收益或股价为高级管理者薪酬激励制度的基础还是欠缺一些公允性。

### (二)薪酬激励制度设计两难

**1. 原则**

理想的薪酬激励制度应该是公司高级管理者能够为自己的行为、决策带来的所有结果负责,但却不可以因其无法控制公司价值波动而受到指责和惩罚(布雷利等,2007)。如果我们能够断定,公司高级管理者对公司未来的发展影响很小,那么力度较小的薪酬激励制度就足以保证公司管理者尽最大努力工作。如果公司管理者能够决定公司未来的命运,那么没有强有力的薪酬激励制度是无法最大化股东财富的。但是,从以往的实践来看,公司CEO的薪酬激励方案几乎没有过滤掉CEO们无法控制的外部因素,结果使得CEO们只能靠"运气"获得回报。②

**2. 薪酬激励制度的基本架构**

在公司金融实践中,高级管理者的薪酬常常由固定工资、年度红利(也称奖金)和基于股票的激励(股票和股票期权)三个部分组成。其中,固定工资表示所有者对高级管理者付出劳动的补偿;年度红利表示所有者对高级管理者当下贡献的奖赏,一般情况下,公司所有者按当年超额利润的一定百分比给予高级管理者红利;而基于股票的激励表示所有者对高级管理者未来贡献的承诺,所有者给予公司高级管理者在未来按约定价格购买一定数量

---

① 比如,石油公司的绩效在很大程度上受全球油价的影响,因此,如果公司管理者的奖金和股票期权与石油价格挂钩,那就有失公允。
② Bertrand and Mullainathan(2001)发现,CEO们获得的回报,对于普通的1美元和仅凭运气得到的1美元的敏感度并没有显著差异。

本公司股票的权利或获得一定数量的股票。

**3. 两难及共识**

然而,由于未来具有非常大的不确定性,公司所有者又无法准确分离出公司高级管理者的贡献,因此高级管理者的薪酬激励制度设计非常困难。事实上,学界和业界在如何确定公司高级管理者的三部分薪酬上颇具争议。有学者认为,美国公司高级管理者所获薪酬远高于其对公司的贡献,比如除了非现金性收入,他们所获得的工资、红利及所持有的股票远远超过日本同类型公司的同人。也有学者认为,美国公司高级管理者的额外薪酬对股东财富的变化不敏感,也就是说,相对于股东财富的增长,管理者所获得的额外薪酬微不足道[1];并将美国公司经营作风浮夸、缺乏国际视野等种种弊端归因于管理者的薪酬过低。

但是,在 CEO 薪酬激励制度的设计上,还是有一些共识的。

第一,增强董事会中薪酬委员会的独立性。设立由外部董事组成的薪酬委员会的目的就是将敏感的内部人剔除出去,以便薪酬委员会成员独立地给出意见。但是,在过去的实践中,薪酬委员会中不乏 CEO 的朋友。因此,也就不难理解 CEO 们都能够凭"运气"获得高额回报的理由了。

第二,CEO 的薪酬必须与公司业绩挂钩。CEO 的薪酬与公司业绩挂钩的做法已经得到广泛认同,因此,尽管现有的绩效评价机制相当不完善,但是薪酬委员会所设计的薪酬制度仍应该以此为基础。

第三,同时注重奖金和基于股票的激励的效应。奖金有着激励 CEO 关注公司短期绩效的作用,而基于股票的激励则有着激励 CEO 关注公司未来绩效的效果。但是,奖金和基于股票的激励既具有替代性,又具有互补性。事实上,在 CEO 进行市场开发、投融资决策时,他们需要在公司短期和长期业绩之间进行权衡。如果奖金的比重上升或过高,则 CEO 们会更关注公司当前业绩,引起激励失衡。显然,奖金和基于股票的激励的替代性是薪酬激励制度设计时应该注意避免的,同时应该强调两者间的互补性。

第四,重视基于股票的激励制度的设计。在 CEO 们的薪酬结构中,基于股票的激励具有长期激励的效果,但是,究竟给 CEO 们股票还是股票期权呢? CEO 通常是风险规避者,他们可以获得工资,受到有限责任保护,其个人财富没有连带责任。如果给予 CEO 股票,那么即便公司业绩每况愈下,CEO 还是可以获得一部分"租"。股票期权则可以避免这种尴尬。因此,股票期权对 CEO 的激励作用更大。这也是股票期权激励制度流行的原因。股票期权激励制度也有缺陷:一是当 CEO 持有的股票期权为潜水期权(underwater option)时,CEO 有为了提升股价而进行高风险投资的冲动,也就是说,股票期权可能产生较低甚至不恰当的激励。二是当 CEO 持有的股票期权为价内期权,且股票价格超过行权价格时,CEO 直接持有股票的激励效果更好。戴姆勒-克莱斯勒、微软等公司都选择了给予 CEO 股票的激励办法。

## 二、公司中低层管理者的业绩评估和薪酬激励制度

与公司高级管理者不同,公司中低层管理者的薪酬常常与会计账面业绩指标挂钩。中

---

[1] Jensen and Murphy(1990)的研究发现,250 家上市公司 CEO 持有其公司股票的中位数为 0.25%,股票总市值平均每上升 1 000 美元,总的 CEO 报酬平均只能增加 3.25 美元。因此,CEO 的激励太小,损害股东利益是必然的。

低层管理者的职责仅限于公司内部的一个部门或一个工作单位,因此,他们的工作绩效往往根据本部门或本工作单位所发生的成本、创造的利润等进行评估,并以此为他们薪酬的主要依据。如果所发生的成本低于预计成本,或者创造的利润超过预计利润,那么他们的工作将得到肯定,并将为此获得较高的薪酬。但是,基于会计账面业绩指标的评估也存在诸多缺陷。

(一) 公司中低层管理者的业绩评估指标及缺陷

会计账面业绩指标易于获取,可以直接取自公司财务报表。以会计账面利润指标为例,每股净收益(EPS)、股东权益收益率或净资产收益率(ROE)、销售利润率(ROS)、资产利润率(ROA)等都是衡量公司账面盈利能力大小的重要指标。但是,大部分会计账面利润指标均存在很大缺陷。

第一,易于被高级管理者操纵。由于各国的会计制度都存在会计灵活性,比如存货计价可供选择的方式有先进先出法、加权平均法、移动平均法等,固定资产折旧可供选择的方式有直线折旧法、双倍余额递减法、年限法等。因此,会计灵活性客观上为高级管理者操纵盈余提供了空间。如果公司高级管理者试图做高本期利润,那么他们就会选择低估本期成本的存货计价方法或折旧方法,或者选择高估本期利润的其他会计政策和方法。除此之外,公司高级管理者可以通过人为改变一些规则来操纵盈余,比如为了追求当期利润,他们会压缩诸如培训费等重要费用的发生额,或者使一些重要业务延迟发生以降低当期成本。在现实经济中,高级管理者有许多操纵盈余的动因,因此,有些学者认为,一部分会计账面利润是公司管理者"做"出来的。在盈余被操纵的前提下,会计账面利润并不能客观、公允地反映中低层管理者的工作绩效,以此计量的薪酬有失公平。

第二,会计账面利润概念模糊。尽管会计账面利润数据易于获取,但是它在评价公司盈利水平时,有时会显得含糊不清。各国的会计准则或制度存在一些误区,比如当期发生的研发费用一般作为当期费用,直接冲减当期利润。由于当期发生的研发费用主要是为了获取未来收益,因此根据收益和费用配比原则,这种会计处置会低估当期利润。从而,对于研发费用较多的公司而言,即便其他条件与具有相同财务特征和经营特征的其他公司一样,其当期利润也将被大大低估。此外,会计账面利润的计算过程也遭人诟病,在会计账面利润的计算过程中,仅仅扣除了债务资本成本(利息费用),而权益资本成本(股利)并没有在计算税前或税后利润时予以扣除。由于不能保证扣除权益资本成本后的利润仍大于零,因此会计账面利润大于零并不意味着公司真正实现了盈利。

第三,股东可能没有从会计账面利润的增长中获得实惠。对股东来说,只有净现值大于零的项目才是有价值的,才能产生价值增值和创造财富,正净现值意味着预期收益率大于资本成本。由于账面会计利润并不一定大于资本成本(即债务成本与权益成本之和),因此,仅仅基于账面利润增长的投资行为显然是经不起推敲的,股东不一定会从账面会计利润的增长中获得真正的好处。

(二) 业绩评估指标的改进

显然,在评价公司所创造的价值或利润时,不但要考虑会计账目中记录的费用开支,还要考虑业务所占用资本的机会成本。以这个口径为业绩评估指标更为合理,这个改进后的业绩评估指标被称为经济利润(EVA)。

1890年,阿尔弗雷德·马歇尔(Alfred Marshall)首次提出了经济利润这个概念,并对之

进行了定义。之后,学界和业界慢慢接受了这个概念,并在业界得到了广泛的运用。目前,其公认的计算口径为:

$$EVA = EBIT(1-t) - TA \times \rho \qquad (15-8)$$

式中,EVA 表示经济利润;EBIT(1-t)表示账面税后经营利润;TA 表示投入的资本(包括债务资本和权益资本);$\rho$ 表示公司加权平均资本成本。

如果引入投资回报率(ROIC)或资产利润率(ROA),则式(15-8)可变成:

$$EVA = TA \times ROIC - TA \times \rho \qquad (15-9)$$

如果投资回报率大于加权平均资本成本,则经济利润大于零,说明投资实现了真正的利润;如果投资回报率等于加权平均资本成本,则经济利润等于零;如果投资回报率小于加权平均资本成本,则经济利润小于零,说明投资并没有实现真正的利润。

**例 15-3**:假设天创公司的经营期限为 4 年,其未来 4 年内的相关财务资料见表 15-1,由于经营期限仅为 4 年,公司在未来 4 年中不考虑进行固定资产更新,固定资产按直线折旧法计提折旧(不考虑残值)。假如不考虑流动资产等其他资产,公司加权平均资本成本为 8%,且假定保持不变。

表 15-1　天创公司相关财务资料　　　　　　单位:万元

| 项目 | 年份 | | | |
|---|---|---|---|---|
| | 1 | 2 | 3 | 4 |
| 年现金净流量(FCFF) | 530 | 540 | 550 | 550 |
| 固定资产年初账面值 | 2 000 | 1 500 | 1 000 | 500 |
| 固定资产年末账面值 | 1 500 | 1 000 | 500 | 0 |
| 当年折旧额 | 500 | 500 | 500 | 500 |
| 账面税后经营利润[EBIT(1-t)] | 30 | 40 | 50 | 50 |
| 账面资产利润率或投资回报率 | 1.5% | 2.7% | 5% | 10% |

由表 15-1 可知,由于假设其他资产为零,因此固定资产年初账面值就是每年年初公司的投资额,比如第 1 年投资额为 2 000 万元,在不进行固定资产更新的前提下,扣除第 1 年折旧后,第 2 年年初的固定资产余额为 1 500 万元。固定资产年初值和年末值的差额就是折旧(不考虑残值)。公司在有限的经营期限内,账面税后经营利润分别为 30 万元、40 万元、50 万元和 50 万元。账面投资回报率由低到高增长,但各年账面投资回报率普遍不高。我们可以将账面税后经营利润调整至经济利润。

未来 4 年的经济利润分别为:

$$EVA_1 = 30 - 2\,000 \times 8\% = -130(万元)$$
$$EVA_2 = 40 - 1\,500 \times 8\% = -80(万元)$$
$$EVA_3 = 50 - 1\,000 \times 8\% = -30(万元)$$
$$EVA_4 = 50 - 500 \times 8\% = +10(万元)$$

由于天创公司前 3 年的投资回报率远低于加权平均资本成本,因此按照经济利润来评价,天创公司在前 3 年处于实际亏损状态。在这种情况下,如果以账面税后经营利润为业绩评估指标,那么,公司管理者可能为了盲目追求漂亮的账面税后经营利润而实施投资回报率过低的项目,公司将无法实现价值增值。如果以投资回报率为业绩评估指标,那么在投资回报率较高的情况下,管理者为了避免投资风险、维持较高的投资回报率,他们不愿意多投资,此时会存在投资不足的问题,公司将为此错失很多好机会。

由于经济利润将公司账面经营利润和投资回报率结合起来,形成单一结果,因此经济利润是一个重要的评估指标。经济利润越小,公司账面盈利能力就越小。

### (三) 薪酬制度设计

在美国,越来越多的公司将经济利润和中低层管理者的薪酬挂钩,以保证公司中低层管理者的行为有助于最大化股东财富。

**例 15-4**:天创公司以账面税后经营利润来考核销售部门经理的业绩,除固定工资之外,还可以从账面税后经营利润增量中按0.1%提成。假设天创公司相关资料见表15-2。

表 15-2 天创公司相关财务资料

| 项目 | 数值 |
| --- | --- |
| 预计销售量(万件) | 20 |
| 资产/销售收入比率(%) | 80 |
| 流动负债/销售收入比率(%) | 20 |
| 销售单价(元/件) | 10 |
| 单位变动成本(元/件) | 7 |
| 固定成本(万元) | 4 |
| 所得税税率(%) | 50 |
| 加权平均资本成本(%) | 12 |

根据表15-2中的相关资料,我们可以很容易求得公司的预计销售收入 $20 \times 10 = 200$(万元),预计账面税后经营利润 $[20 \times (10-7) - 4] \times (1-50\%) = 28$(万元)。公司资产与销售收入成正比例关系,为了实现预计利润,所需资产共计 $20 \times 10 \times 80\% = 160$(万元),预计资产利润率为17.5%。流动负债与销售收入成正比例关系。

由于销售部门经理可以从超额利润中提成,因此销售部门经理的首要目标是千方百计地提高账面税后经营利润。为了实现更多的超额利润,销售部门经理可能通过降低销售单价的方式来刺激销售。根据以销定产原则,销售量的增加会扩大生产规模,公司原材料、产成品、应收账款等资产规模也将随之大幅增加,为此,需要加大资本投入。因此,将账面税后经营利润与中低层管理者的薪酬挂钩容易助长中低层管理者滥用公司资本。

假如天创公司的销售量超额完成5万件,超过预计销售量以上部分均是通过降低单位售价至8元/件实现的,公司固定成本等其他财务数据假定保持不变。那么,公司超额利润、新增营运资本投入等财务数据见表15-3。

表 15-3 天创公司超额利润、新增营运资本投入

| 项目 | 金额 |
| --- | --- |
| 超额利润 | $5 \times (8-7) \times (1-50\%) = 2.5$(万元)[1] |
| 新增营运资本投入 | $5 \times 8 \times (80\% - 20\%) = 24$(万元) |

注:[1]由于假定固定成本保持不变,因此固定成本与超额销售量无关。

由表15-3可知,为了实现超额利润2.5万元,尽管天创公司无须追加固定资产投资,但是至少需要为此新增营运资本投入24万元。由于新增营运资本将面临机会成本,因此如果以公司加权平均资本成本(12%)为期望收益率或要求收益率,那么公司将为此承担2.88万元的机会成本,超过了增量利润。从这个意义上讲,仅仅将账面税后经营利润与薪酬挂钩是不恰当的。此外,将账面税后经营利润与薪酬挂钩还有一个重要缺陷,即可能助长中低层管理者的短期行为,这对公司长期收益的持续稳定是不利的。显然,如果用经济利润与公司中低层管理者的薪酬挂钩,那么滥用资本的行为就会得到很好的遏制。即便发生,也将使得新增营运资本投入更趋理性。

长期以来,在是否将经济利润(EVA)与薪酬挂钩上一直存在分歧。支持者的理由主要有两条:一是有利于更真实地展示公司内部各部门的业绩,并据此有效地对公司内部各部门管理者进行绩效评估。按照传统的账面利润来衡量,公司内部各部门可能有良好的业绩,应该予以奖励。但是,如果考虑了资本机会成本,那么公司内部有些部门可能存在暗亏现象。二是EVA更能够改变中低层管理者的投资观。EVA指标提供了这样的信息,即只有收益的增长超过或足以弥补资本机会成本,才能进行投资(布雷利等,2007),随意投资很可能减少中低层管理者的薪酬。因此,EVA有助于培养公司中低层管理者的投资理念,谨慎地对待每一元钱的投资。反对者的声音主要集中在EVA指标仍然不能完全摆脱账面税后经营利润指标的某些缺陷。与账面税后经营利润一样,EVA也存在被管理者操纵的空间。比如,在投资回收期短但净现值小以及净现值大但投资回收期长的互斥项目的选取上,公司管理者为了追求短期利益,他们会选择前者而放弃后者。显然,这种选择是次优选项,无法最大化股东财富。如果我们奖励那些选择投资回收期短但净现值小的项目的管理者,而惩罚那些选择净现值大但投资回收期长的项目的管理者,那就大错特错了。

概念自查15-4:
1.高级管理者的薪酬激励制度设计和中低层管理者的薪酬激励制度设计有何不同?请解释其原因。
2.请分述经济利润(EVA)的优点和缺陷。

### 案例15-1:格力电器中小股东否决"空降"高管任董事

格力电器(000651.SZ)2012年5月25日的股东大会出现了戏剧性的一幕:由大股东格力集团推荐的董事候选人、格力集团总裁周少强,未获得足够的股东投票,意外落选。

据格力电器5月26日的公告,周少强得票数占出席会议所有股东所持表决权36.6%,未达到出席会议所有股东所持表决权50%,因此没能当选。而其他候选人的支持率都在95%以上。

周少强2012年5月由珠海市国资委副主任兼党委委员,调任格力集团总裁兼党委书记。此前,他曾就职于珠海市建设银行和深圳发展银行珠海支行,之后历任珠海市国有资产经营管理局总经济师助理、资产管理科科长,珠海市国资委改革重组科科长、副主任兼党委委员。

据知情人士透露,不知是否预料到结果尴尬,周少强是当天9名候选人中唯一没有出席股东大会的,而其他8名格力电器新一届董事候选人均顺利当选。

**朱江洪"突然"卸任**

这是格力电器一次"新老交替"的重要选举。格力电器5月5日公告透露,将在5月25日的股东大会上进行董事会换届。而其灵魂人物、现任董事长朱江洪并没有出现在新一届董事的候选名单中。

当时的公告显示,格力集团推荐的新一届董事候选人包括:格力电器副董事长兼总裁董明珠、拟任珠海格力集团有限公司总裁的周少强、格力电器副总裁黄辉、格力地产董事长兼总经理鲁君四。

朱江洪的"退休",来得多少有点突然。知情人士向《第一财经日报》透露,朱江洪2012年年初曾在格力电器内部会议上表示,公司力争2012年销售收入突破1 000亿元,2015年销售收入突破2 000亿元。因此,不少员工都认为,朱总将带领大家"再干一届"。

他虽已年迈,但身体不错。2012年2月朱江洪接受《第一财经日报》专访时透露,每天晚饭后,他在跑步机上走六公里,一年两千多公里,原先尿酸高的毛病现在没了,血脂高也没了。

据消息人士透露,在5月25日的股东会上,面对中小股东的挽留和疑问,主持会议的朱江洪亦坦言,格力电器也是突然接到大股东的委派通知,自己对很多问题回答不了,但会转达投资者意见。

一位参与现场的知情者说,周少强落选这个结果有一定的偶然性。"当时有投资者让朱江洪谈谈感受,朱董回顾了自己创办格力电器的历程,讲得很动情。对于退休问题,他说一是认老,二是不服老,他身体尚好,将再干一个事业,一个大事业。这话一说,中小投资者就有了想法和情绪,牵连到周少强。"

**大股东控制权**

当地国资委为何要在格力电器冲击千亿大关之时,突然让朱江洪退休呢?分析人士认为,可能是珠海市国资委想巩固其大股东的地位。

2003年11月,格力集团与格力电器曾因小家电等问题发生分歧,掀起"父子之争"。2005年12月,格力集团将"格力"商标无偿转让给格力电器。及至2006年8月,格力电器董事长朱江洪兼任格力集团的董事长、总裁和党委书记,从而结束"父子之争"。

之后,朱江洪大力推动格力电器治理结构的完善:格力集团逐步减持格力电器的股权,到2012年1月底,已经由最初的超过30%减少到18.22%(此外,格力集团旗下格力房产有限公司还持有格力电器1.15%股权);引入格力空调核心经销商合资成立的河北京海担保投资有限公司(以下简称"京海担保"),持股9.38%,成为格力电器第二大股东。

在过去几年,格力电器稳健成长。2012年一季度实现营业总收入200.88亿元,同比增长16.29%;净利润11.73亿元,同比增长25.56%。分析人士认为,不排除珠海市国资委有一种担心,京海担保若不断在二级市场增持股份,有可能将威胁格力集团大股东的地位。

**中小股东"用手否决"**

2012年5月11日,格力电器接到大股东通知:董明珠接替朱江洪出任格力集团董事长,珠海市国资委原副主任周少强接替朱江洪出任格力集团总裁兼党委书记。

一位家电业证券分析师向《第一财经日报》表示,机构投资者、中小股东不希望看到不熟悉格力电器内部运作的高管"空降"。

一家机构投资者坦言,其过去两年持股格力电器,赚了15%。虽然格力集团直接控股格力电器18.22%,但是多家基金、投资机构合起来,持有格力电器的股权超过了18%。因此,机构投资者力挺给它们带来丰厚回报的"朱董配",对突然"空降"高管不买账。

格力电器表示,依据《中华人民共和国公司法》以及《公司章程》规定,公司第九届董事会成员9名,现通过股东大会审议的董事8名(包括格力集团推荐的其他3位候选人、河北京海担保推荐的张军督、耶鲁大学和鹏华基金推荐的冯继勇以及3位独立董事),达到法定最低人数要求。

一位格力电器内部人士透露,暂时没有听到公司补选新董事的信息。格力电器新一届董事会将推选出董事长,谁将当选,本周会公告。上述人士认为,董明珠出任格力电器董事长的可能性较大。

如何协调好与政府的关系,又如何在朱江洪退休之后继续保持公司稳健发展,也许是格力电器新班子面对的两大课题。

"格力电器的战略方向是早就确立好的,比如高度重视品质和研发。格力形成了自己的文化,更依赖制度和团队运作,不会因为哪个人的变化而改变。这件事带有偶然性,要是之前和朱董有更好的沟通,也许不会发生。"一位现场的目击者说。

**附录：2012 年 3 月 31 日格力电器的前十大股东**

| 股东名称 | 持股数量（万股） | 总股本占比（%） | 增减状况（万股） |
| --- | --- | --- | --- |
| 珠海格力集团有限公司 | 54 812.80 | 18.22 | 未变 |
| 河北京海担保投资有限公司 | 28 209.90 | 9.38 | +300 |
| YALE UNIVERSITY | 5 280.85 | 1.76 | 新进 5 280.85 |
| MORGAN STANLEY & CO. INTERNATIONAL PLC | 4 765.99 | 1.58 | +70.75 |
| 中国工商银行-易方达价值成长混合型证券投资基金 | 4 181.00 | 1.39 | +80.77 |
| 海通-汇丰-MERRILL LYNCH INTERNATIONAL | 3 947.58 | 1.31 | 新进 3 947.58 |
| UBS AG | 3 873.66 | 1.29 | 新进 3 873.66 |
| 中国银行-易方达深证100交易型开放式指数证券投资基金 | 3 542.32 | 1.18 | +270.1 |
| 珠海格力房产有限公司 | 3 445.24 | 1.15 | 未变 |
| CITIGROUP GLOGLOBAL MARKETS LIMITED | 3 344.01 | 1.11 | 新进 3 344.01 |

资料来源：王珍.格力电器中小股东否决"空降"高管任董事[N].第一财经日报,2012-05-28.

讨论问题：

1. 格力电器中小股东在股东大会上"完胜"，说明了什么？
2. 格力电器的中小股东和大股东之间可能会存在什么冲突？
3. 如何提升中小股东的话语权？

# 本章小结

1. 在投资决策、融资决策和资产管理中，净现值法则始终贯穿其中。如果公司真正能够按照净现值法则进行投资决策、融资决策以及资产管理，那么公司就会实现价值最大化。然而，如果公司管理层顾及其自身利益最大化，那么将以牺牲公司价值为代价。比如，安然、世通公司等丑闻事件事实上就是被"自私"的管理层给害了，这些事件给其股东和其他相关利益方造成了极大的伤害。因此，公司必须进行公司治理，使得公司管理者的目标与公司所有者的目标尽可能保持一致，保护公司所有者的利益，控制管理者滥用权力的行为，重树资本市场信心。

2. 公司成长需要资金，或依赖留存收益，或发行新股，或举借资金。因此，公司的资金来源必然多元化。如果公司越来越多地依赖于外部融资，那么就很有可能出现拥有控制权的股东剥夺没有控制权的股东，或大股东压榨小股东的情形。

3. 公司治理的动因在于保护外部投资者的利益不受掌握控制权的内部人员的侵害，使得外部投资者的投资得到公平的回报。公司治理与股东财富、公司资源分配、公司理财与评估、资本市场发展以及经济增长有着很大的关联。公司所有者和管理者的冲突几乎发生在投资决策、融资决策、资产管理等所有公司金融领域。

4. 自20世纪50年代以来，各种监管措施、激励方案纷纷出现在公司金融实践中，但是，所有公司治理机制仅仅能够减轻或者弥补代理问题，无法从根本上解决代理问题。

5. 激励合同是最常见的公司治理机制之一，所有的激励方案都与公司的业绩挂钩。公司业绩可以表述为公司的会计利润或股票收益或股票价格。在现实经济中，公司高级管理者和中低层管理者的业绩评价指标不同。公司业绩受许多因素综合影响，所有者无法分离出管理者的贡献和失误，因此，薪酬制度设计非常困难。

## 重要术语

剩余控制权　第一代代理问题　第二代代理问题　公司治理　所有权分散化　控股股东　董事会监督　债权人监督　股票期权激励制度　大股东治理　公司控制权市场　接管威胁　股票跨国上市　搭便车　管理者持股　薪酬激励制度　经济利润

## 习题

**简易题**

1. 若A公司持有B公司60%股份，B公司持有C公司60%股份，那么A公司对C公司的控制权和现金流权分别是多少？

**中等难度题**

2. 甲公司共发行了1亿股股票，该公司股票分A股和B股，A股0.8亿股，B股0.2亿股，它们同股不同权，B股具有更多的投票权，其中A股是"1股1票"，B股是"1股10票"。若该公司创始人拥有0.1亿股B股，那么他的控制权和现金流权分别是多少？

3. 假定乙公司2018年损益表和2018年年底资产负债表见下表。假设A公司加权平均资本成本为12%。

乙公司2018年损益表

| 项目 | 数值 |
| --- | --- |
| 销售收入（万元） | 100 |
| 变动成本（万元） | 20 |
| 固定成本（万元） | 20 |
| 税前利润（万元） | 60 |
| 所得税税率（%） | 50 |
| 税后经营利润[EBIT(1−t)]（万元） | 30 |

乙公司2018年年底资产负债表　　单位：万元

| 资产 | 金额 | 负债和股东权益 | 金额 |
| --- | --- | --- | --- |
| 净营运资本 | 20 | 长期负债 | 20 |
| 固定资产原价 | 100 | | |
| 减：累计折旧 | 30 | 股本 | 30 |
| 固定资产净值 | 70 | 留存收益 | 40 |
| 资产合计 | 90 | 负债和股东权益合计 | 90 |

要求：请计算乙公司的EVA。

**高等难度题**

4. 通过查阅相关资料，任选一家实施"限制性股票激励计划"的中国上市公司，回答以下问题：

（1）该公司"限制性股票激励计划"的主要内容是什么？

（2）该激励计划是否定有分别针对高层管理者和中低层管理者的激励内容？

（3）相关限制性指标的设置是否合情合理？

**值得参考的网站：**

1. 专门谈论公司治理的网站：http://www.brt.org。

2. 世界银行网站（讨论公司治理改革）：http://www.worldbank.org/privatesector/cg/。

习题参考答案

## 参考文献

1. ANDRADE G. MITCHELL M. STAFFORD E. New evidence and perspectives on mergers [J]. Journal of Economic Perspectives, 2001, 15(2): 103—120.
2. BERLE A A. MEANS G C. The modern corporation and private property [M]. New York: Macmillan, 1932.
3. BERTRAND M. MULLAINATHAN S. Are CEOs rewarded for luck? The ones without principals are [J]. Quarterly Journal of Economics, 2001, 116(3): 901—932.
4. JENSEN M C. Agency costs of free cash flow, corporate finance, and takeovers [J]. American Economic Review, 1986, 76(2): 323—329.
5. JENSEN M C. Takeovers: Their causes and consequences [J]. Journal of Economic Perspectives, 1988, 2(1): 21—48.
6. JENSEN M C. MURPHY C J. Performance pay and top-management incentives [J]. Journal of Political Economy 1990, 98(2): 225—264.
7. LA PORTA R. LOPEZ-DE-SILANES F. SHLEIFER A. Corporate ownership around the world [J]. Journal of Finance, 1999, 54(2): 471—517.
8. 巴特勒.跨国财务[M].赵银德,等,译.北京:机械工业出版社,2005.
9. 布雷利,等.公司财务原理[M].方曙红,等,译.北京:机械工业出版社,2007.
10. 科普兰,等.价值评估[M].郝绍伦,等,译.北京:电子工业出版社,2002.
11. 宁向东.公司治理理论[M].北京:中国发展出版社,2006.
12. 梯若尔.公司金融理论[M].王永钦,等,译.北京:中国人民大学出版社,2007.
13. 尤恩,等.国际财务管理[M].苟小菊,等,译.北京:机械工业出版社,2005.

# 第十六章
# 财务危机和财务预警

> 【学习要点】
>
> 1. 什么是公司财务危机?
> 2. 财务危机的处置方式。
> 3. 财务清算的主要流程。
> 4. 破产改组的实质。
> 5. 财务预警机制。

当一个公司没有充足的内源资金或外源资金来清偿合同所要求的款项时,他将面临财务危机(financial distress)。一旦公司陷入财务危机的窘境,它将被迫进行财务重组和资产重组,公司将被迫收缩甚至消失。财务危机的这些处置方式对投资者来说是无奈的选择。为了避免公司因深陷财务危机而遭受巨大损失,投资者希望在投资之前,能够了解投资对象的前景、出现财务危机的可能性。

## 第一节 财务危机的界定和处置

公司陷入财务危机的起因多种多样,表现形式也多种多样。因此,在学界和业界,财务危机尚无确切定义。财务重组和资产重组是解决财务危机的重要途径,并尤以财务重组的两种主要形式——破产清算和破产改组——最为常见。

### 一、财务危机的界定

尽管很难准确给出财务危机的定义,但是我们还是可以从财务危机最常见的几种表现形式出发,对财务危机的主要内涵、特征进行描述。

### (一) 破产

财务危机最常见的称呼是破产(bankruptcy),也是我们最熟悉的一个概念。狭义的破产专指存量破产,表示公司的资产价值小于其负债价值,也就是常说的资不抵债。公司出现连续亏损或巨额亏损后,其股东权益会被亏损销蚀掉而出现负值,从而导致资不抵债。

一旦公司发生存量破产,其债权人的债权将得不到完全补偿。从资不抵债的成因来看,大多为公司业绩不佳所致,因此,除靠控股股东"输血"续命外,资不抵债的公司很难依靠自身力量起死回生。公司的债权人为了最大限度地保全其债权,避免更大损失,会诉诸法律,强制要求公司破产。至于采用何种重组方式来保全债权人利益,则视债权人利益最大化而定。

### (二) 违约

财务危机可能与公司违约事件有关。违约是指公司无法履行合同中规定的条款,违约可分为技术性违约和支付性违约。以债务合约为例,合约双方会就借款公司在借款期内的流动性(即订立常规条款,包括流动比率、速动比率等约定)、资产处置(即订立普通条款)及特殊要求进行约定(即订立特殊条款)。技术性违约是指公司不能履行债务契约中的常规条款或普通条款或特殊条款而发生的违约事件。支付性违约是指公司经营现金流量不足以抵偿现有到期债务而发生的违约事件。

技术性违约一般不会导致公司破产。如果债务人违反了常规条款,则表明债务人的债务保障程度、资产效率达不到事前的约定。如果债务人违反了普通条款,则表明债务人变卖了事前约定不得变现的资产。因此,所有技术性违约都会增加债权人的风险,比如技术性违约使得债务人的信用受损,债务人再融资能力可能受到影响。

支付性违约也称流量破产,是指债务人缺乏足够的内源资金,无力偿还到期债务。一旦公司发生支付性违约,债权人为了保全其债权,触发破产清算和破产改组程序的可能性非常大。显然,财务危机专指支付性违约。

### (三) 无力偿还

财务危机有时与无力偿还有关。无力偿还泛指公司没有能力按时偿还合同所要求的款项,无力偿还包括技术性无力偿还和破产性无力偿还。

技术性无力偿还往往是由头寸周转不灵或头寸暂时掉不过来所造成的支付困难,也称财务困难。技术性无力偿还一般不会引发公司破产,债务人往往能够比较容易地渡过难关。面对债务人的技术性无力偿还,如果债权人寻求破产保护,那么其损失将远大于顺其自然。破产性无力偿还则不同,它是由债务人缺乏内源资金所造成的。因此,如果债权人不寻求财务重组或资产重组来保全其债权,那么其债权就可能招致更大的损失。所以,财务危机专指破产性无力偿还。

## 二、财务危机的处置

一旦公司处于存量破产或流量破产或破产性无力偿还境地,财务重组和资产重组是两种处置财务危机的重要路径。

### (一) 财务重组

财务重组是指公司财务要求权(也称索取权)的重构,即以新的财务求偿权来取代原先的财务求偿权。比如债转股,按约定将债权转换成公司股权后,公司债权人将成为公司股东。财务重组可以通过法律程序完成,比如破产法通常提供了两种处置财务危机的路径,即破产清算和破产改组;财务重组也可以不按法律程序进行运作,比如采用交换发行等私下和解方式。

**1. 破产清算**

一般来说,公司债权人或公司债务人都可以提出破产申请,我们将前者称为强制破产,而将后者称为自愿破产。各国破产法在自愿破产和强制破产条件的界定上存在差异。比如,美国的破产法规定,债权人提出强制破产申请须满足以下两个条件:一是债务到期时公司没有能力偿还;二是在超过12个债权人的公司里,有不少于3个大债权人(总债权金额在5 000美元或以上)参与提出申请(如果公司的债权人不超过12个,则1个大债权人提出申请即可)。法院会按照债权人利益最大化原则选择处置财务危机的路径,如果破产公司资产的清算价值(变现价值)大于允许其继续经营的价值,则破产清算(liquidation)将会成为首选,此举能够最大化债权人利益。

清算价值是指债务人出售资产而获得的现金额,即破产公司资产的变现价值。值得注意的是,由于财务危机会引发间接破产成本,因此破产公司的资产并不能完全按照市场价格出售。比如,一旦公司处于破产清算的境地,消费者和公司将产生冲突。消费者会担心公司没有能力维持产品信誉,无法继续为其提供售后服务,于是,作为补偿,他们会要求公司以较低的价格甚至低于产品价值的价格折价销售产品,因此,破产公司的存货在清算时将被大幅度打折。

破产清算通常在法院监督下完成。破产公司在用总清算价值支付诉讼费等行政费用之后,将剩余的清算价值按已确定的求偿权顺序分配给各类债权人。根据公司债权人求偿权的顺序,清算价值的支付顺序依次为:支付破产申请前欠工人的工资、福利,支付破产申请后职工的失业金,支付欠国家的税收,支付无担保应付账款,支付担保有息负债,支付无担保有息高级负债①,支付次级负债。如果还有剩余,则可依次分配给优先股股东和普通股股东,普通股股东的求偿权次序处于最末。整个求偿过程应该按照绝对优先原则进行,根据该原则,在求偿权稍后的债权人得到补偿之前,级别优先的求偿权必须得到全部满足。一旦完成破产清算,公司将终止经营,并在市场上消失。

除采取由法院监督的清算形式之外,破产清算也可以采取委派清算形式。委派清算是一种私下处置形式,是指将资产委派给由债权人选出的托管人,由他或他们通过拍卖方式变现资产,将变现收入按求偿权顺序分配给各类债权人。这种方式灵活、快捷,且成本较低。

**2. 破产改组**

破产改组(reorganization)是相对于破产清算的另一种处置破产公司的路径。破产改组为破产公司提供了一个重生机会,即通过对破产公司的经营进行重组使其财务恢复正常状态。当破产公司资产的清算价值小于允许其继续经营的价值时,破产改组很有可能使公司

---

① 假如担保财产变现后不足以补偿应付的金额,那么对未补偿的债权,担保债权人可以和无担保债权人一起参与对剩余财产的索取。假如担保财产的变现收入大于担保债权,则剩余变现收入可以作为无担保债权人的剩余资产。

继续生存下去,此时,给公司继续经营的机会将有助于公司债权人利益最大化。破产改组有一定的法律程序,以美国为例,主要流程如下:

第一,提出破产申请。如果破产公司的继续经营价值大于资产的清算价值,则破产公司股东或破产公司债权人提出破产申请之后(绝大多数由破产公司股东提出自愿破产申请),公司仍可像破产前一样经营,并保持原有的管理人员和董事会,但所有重大决策须经破产法庭批准。为了给破产公司喘息机会,破产公司所有债务被冻结,破产公司债权人的所有收款行为被叫停,所有诉讼被暂停。此时,董事会的受托责任不再是最大化股东财富,而是保全资产,最大化债权人利益。

第二,组成由不同等级的债权人构成的委员会。将破产公司债权人分为七个级别,每一级别的债权人中最大的七位债权人可进入委员会,普通股股东和优先股股东可分别单独成立委员会。为避免可能出现的欺诈和管理失误,债权人可以要求破产法庭任命一位托管人暂时管理公司。

第三,委员会与债务人商议改组计划。破产法院会要求破产公司在一定时间内提交破产改组计划,在提出破产申请后的120天内,只有破产公司有权提出一项改组计划。破产公司股东还拥有在提出破产申请后的180天内请求债权人和股东决定是否接受该计划的特权。

第四,破产改组计划提交债权人审议。只有每一级别全部或绝大多数债权人同意该破产改组计划(至少持有各类债务总额的2/3的债权人同意或不低于参加投票的1/2的债权人的同意),才能认定破产公司债权人接受了该改组计划。

第五,破产法庭批准破产改组计划。破产法庭批准破产改组计划主要基于五方面考虑:一是改组计划必须是可行的,即改组后的公司能够摆脱财务困境。二是改组计划对所有债权人都是公平的,不能区别对待。三是必须至少有某一级别的债权人接受该计划。四是改组计划必须满足公平测试,以避免不同级别的债权人相互勾结。若某级别债权人投票反对该计划,但最后该计划获批,且该级别债权人在该计划下所得到的补偿少于其全部应得补偿,那么所有求偿权更低的债权人在此计划下可能得不到补偿;再比如,若某级别债权人投票反对该计划,但最后该计划获批,且该级别债权人在该计划下得到了全部补偿,那么可视为该级别债权人同意了改组计划。五是改组计划应该满足债权人最佳利益测试。如果某级别债权人投票反对该计划,那么一旦该计划最终获批,该级别债权人所得到的补偿应该不低于破产清算时所得到的补偿。

破产改组计划包括制订新的公司经营计划、重塑资本结构、确认破产改组公司的新债权人和新股东等。所谓"制订新的公司经营计划",是指重新整合公司业务,出售或分拆不符合公司整体利益的资产或业务或分支机构,保证公司重组后有足够的现金流,并在可预见的未来不再陷入财务危机。所谓"重塑资本结构",是指根据继续经营价值对破产改组公司的资本结构进行重新设计,鉴于破产改组公司的盈利能力和支付能力不强,新的资本结构将以低资本成本(低融资成本)为设计原则。所谓"确认破产改组公司的新债权人和新股东",是指按原先求偿权顺序认定破产改组公司的债权人和股东,鉴于破产改组公司存在进一步恶化的可能性,为此,公司原先求偿权顺序在前的债权人将优先成为改组公司的债权人,原先求偿权顺序在后的债权人或股东将成为改组公司的股东。为了保护债权人利益,求偿顺序不能越位。完成了破产改组之后,公司不会消失,但是该公司的所有者发生了变更。通常,公司原先的一部分债权人(求偿权顺序相对较后的债权人)将成为改组后公司的新股东。

### 3. 私下和解

鉴于通过诉诸法律处置财务危机的交易成本较大,且交易成本的支付最先发生,因此,为了节省交易成本、实现自身利益最大化,破产公司债权人可能偏好通过私下和解(private workout)的方式来处理财务危机,即在破产法律程序之外进行债务重整。债转股、用新证券兑换现存证券等是常见的私下和解方式。但是,在现实经济中,私下和解并不容易。

债转股是指破产公司与其债权人通过私下协商的方式,就债权换股权进行约定。一旦完成债权转股权,公司原先的一部分债权人或特定债权人将成为公司新股东。用新证券兑换现存证券是指用期限更长、附息率更低的新证券(包括普通股股票、优先股股票、新公司债券)来交换某些未清偿的证券。债转股和用新证券兑换现存证券的共同点是减少了公司的债务比重,降低了财务杠杆,使债务负担降至公司能够承受的水平。

私下和解存在不少棘手的问题。比如,破产公司股东不愿"退场"。破产对股东的好处通常大于对债权人的好处,因此,股东在破产中会坚持不"退场"以争取更有益的协议。比如,在美国,在不少通过法律程序完成的破产案中,股东都得到了一些补偿。也就是说,在按法律程序处置的破产案中,债权人经常会被迫放弃一些权利,以换取破产公司股东接受协议。

私下和解在实际操作上困难重重,资本结构复杂的公司尤甚。由于公司的债权人种类繁多,求偿权的顺序不同,不同级别的债权人之间会产生难以协调的利益冲突,因此很难在各类债权人之间达成协议,私下和解方式无法使所有债权人都满意。

### (二)资产重组

资产重组是指公司资源的重新配置。公司资源配置不当,就会造成资源利用效率低下,而资产重组就是改变资源配置不当的状况,使资源的潜能充分发挥出来。广义的公司资源包括物质资源、人力资源和组织资源三大类,我们在此处仅讨论物质资源。物质资源从实物形态来看,主要由设备、建筑物、土地、原材料等构成。因此,资产重组是对这些物质要素及其结构的重新配置。资产重组的方式有很多,其中出售资产和并购最为常见。

#### 1. 出售资产

出售资产(asset sale)是指将公司的一部分(包括资产或产品种类或子公司)出售给第三方。关于出售资产的动因有许多说法,但是与财务危机相关的动因,理论界有三种代表性的解释:一是为了筹集营运资本和偿还债务所需资金。一旦公司处于财务危机境地,其外部融资能力将大大减弱,出售资产套现是获得支付能力的可行办法,也是无奈之举。二是为了扭转亏损局面。亏损是破产公司的另一个重要财务特征,为了扭转亏损局面,需要剥离长期亏损的资产,断臂求生。比如,烟草业巨头菲利普·莫里斯公司在2002年,被迫将旗下连年亏损的啤酒业务(米勒啤酒)出售。三是出售的资产相对于卖出公司而言,对买入公司更具价值。比如,同样是菲利普·莫里斯公司,其将在1970年收购的饮料业务(七喜公司)出售给饮料业巨头百事公司。

#### 2. 被其他公司收购

在并购的历史长河中,被其他公司收购是解决财务危机常见的方式。客观上讲,由于存在控制权市场,深受财务危机之害的公司极易成为被收购对象(目标公司)。主观上讲,破产公司的债权人也愿意破产公司被收购以实现双赢。对深处财务危机境地的管理层来说,公司被接管是个不幸的消息,他们会因此而丢掉饭碗。然而,对公司债权人来说,由于

**概念自查 16-1:**
1. 如何理解财务危机?
2. 在何种情形下,破产改组比破产清算更可取?

并购能够产生协同效应,他们的债权可能会得到更好的保全。

有关并购的具体内容已在本书第十四章详细介绍过,本处不再赘述。

> **小案例 16-1:资产重组是否是盘活中国处境不佳上市公司的唯一选项?**
>
> 在中国,处境不佳的上市公司尚未有通过破产清算退出的先例,大多采取资产重组这种方式体面地退出。比如,2017年圆通速递借壳大杨创世案,上市公司大杨创世的主营业务为服装制作,但2013年后处于不温不火的状态,也没有良好的未来预期。于是,考虑引入未来可期的圆通速递,期待实现双赢。2017年,大杨创世首先将其资产和负债置出,同时,以向圆通速递定向增发股份的方式购买圆通速递全部资产。最后,圆通速递成为大杨创世的实际控制者,大杨创世的主营业务由服装制作变成快递业务(即揽件、转运以及派送),双方股东得到了各自想要的东西。目前,对处境不佳尤其是处于破产清算境地的上市公司而言,唯一可取之处是其拥有稀缺的"壳",待价而沽,让人徒呼奈何。目前,中国上市公司退出尚没有引入破产清算机制,你认为资产重组是否为一种有效的权宜之计?

## 第二节 破产清算和破产改组的相关问题

破产清算和破产改组涉及很多领域,在本书中,我们仅仅讨论与公司金融有关的若干问题。就破产清算而言,清算价值估算、破产清偿是重要的公司金融问题。就破产改组而言,继续经营价值估算、资本结构重塑等是需要重点讨论的公司金融问题。

### 一、破产清算的若干公司金融问题

(一)清算价值估算

清算价值是指债务人出售资产而获得的现金额,即资产的变现价值。为了便于估算,首先应该对资产进行分类,然后分别估算它们的清算价值。在此特举例予以说明。

> **例 16-1**:假定 A 公司提出破产申请,其清算前的资产负债表见表 16-1。A 公司共有 10 万股优先股(股利收益率为 9%),每股面值 10 元,同时,共有 100 万股普通股,每股面值 1 元。不考虑破产前一段时间内的应付工资和应付福利、预收货款和应交税金。
>
> 由表 16-1 可知,A 公司资产总计 1 700 万元,负债总计 2 100 万元,显然,A 公司处于资不抵债的境地。在破产清偿之前,应该将公司资产有序地予以变现。为了便于估计清算价值,需要对资产做进一步分类。
>
> 现金性资产可进一步分为通货和现金等价物两类,现金性资产的变现相对比较简单,如果不考虑现金等价物变现的交易费用,则 A 公司现金性资产的变现收入约为 200 万元。
>
> 应收账款可以按照账龄长短、抵押与否等进行细分。一般而言,若信用环境良好,则应收账款的变现价值等于账面值扣除贴现息及交易费用(佣金)后的余额。但是,应收账款变现相对较为复杂,通常还需要考虑其他许多因素,比如应收账款质量好坏等。假设 A 公司应收账款的变现收入为 100 万元。

表 16-1　A 公司破产清算前的资产负债表　　　　　　　　单位：百万元

| 资产 | 金额 | 负债和股东权益 | 金额 |
|---|---|---|---|
| 现金 | 2 | 应付账款 | 3 |
| 应收账款 | 2 | 有担保短期借款（年利率5%） | 4 |
| 存货 | 3 | 长期借款（年利率10%） | 8 |
| 设备净值 | 5 | 抵押债券（年利率12%） | 6 |
| 厂房和土地 | 5 | 负债合计 | 21 |
|  |  | 优先股 | 1 |
|  |  | 普通股 | -5 |
| 资产合计 | 17 | 负债和股东权益合计 | 17 |

存货可进一步细分为原材料、在产品和产成品三类。原材料变现价值估算相对简单，可以根据市场价格进行估算。在产品和产成品的变现价值较难估计，由于缺乏售后服务，因此破产公司的在产品和产成品并不能完全按照市场价格出售。假设 A 公司存货的变现收入为 200 万元。

设备也可进一步细分，但总体而言，由于物理损耗和无形损耗（指因制造技术、工艺的进步，致使设备的制造成本大大降低），这些设备的重置价格和公允价格（公平价格）都将大大降低。因此，设备的变现收入并不一定超过账面净值。假设 A 公司设备的变现收入为 400 万元。

厂房和土地至少可细分为厂房和土地两类。厂房的变现价值可以按照重置价格进行估算，而土地则可以参照市场价格进行估算。假设 A 公司厂房和土地的变现收入为 600 万元。

可见，A 公司全部资产的总清算价值为 1 500 万元，它是破产清偿的可用现金。显然，即便在不考虑诉讼费等行政费用的情况下，清算价值还是不足以清偿所有债务。

### （二）破产清偿

破产清偿有其一定的法律顺序，该法律顺序要求破产公司按照求偿权的先后顺序依次清偿各类财务要求权。求偿权的顺序依次为：法律费用、会计费用等行政费用；破产前一段时间内的应付工资和福利；预收货款；应交税金；有担保债务（有担保债权人对担保物的变现收入拥有第一求偿权；无担保债务。但是，当从担保物中收回的资金或可归属于担保物的价值低于允诺的求偿额时，求偿权的差额部分可作为无担保求偿权对待，将与其他无担保求偿权一起，参与对剩余资产的分配）；无担保优先债务（包括应付机构债权人债务、债券持有人债务和购货债务）；次级优先债务（此类债务的求偿权因其契约条款规定而明确排于某些优先债务之后，比如契约条款规定其求偿权排在银行短期求偿权之后，那么，在银行短期求偿权没有全部得到满足的情况下，次级优先债务就得不到求偿）；优先股；普通股。

**例 16-2**：承例 16-1，假如 A 公司将应收账款作为其短期借款的担保，而将设备作为其抵押债券的担保，破产清算所涉及的行政费用为 100 万元。

根据破产清偿的法律顺序，我们可以分别得到清算价值的分配情况（见表 16-2）和各类债权人的求偿结果（见表 16-3）。

表 16-2 A 公司清算价值的分配情况  单位:百万元

| 可用现金 | 金额 | 无担保债务求偿权 | 金额 |
|---|---|---|---|
| 清算价值 | 15 | 应付账款求偿额 | 3 |
| 行政费用 | 1 | 有担保短期借款剩余求偿额 | 3 |
| 有担保短期借款的可得求偿额 | 1 | 长期借款求偿额 | 8 |
| 有担保抵押债券的可得求偿额 | 4 | 抵押债券剩余求偿额 | 2 |
| 可用现金总额 | 9 | 无担保债务总求偿额 | 16 |

由表 16-2 的第一、二栏可知,破产公司全部资产的总清算价值为 1 500 万元,按以下顺序予以清偿:

第一,支付行政费用 100 万元。

第二,支付有担保债务。由于作为短期借款担保物的应收账款的变现收入仅为 100 万元,而作为抵押债券担保物的设备的变现收入仅为 400 万元,它们分别远低于 400 万元的短期借款和 600 万元的抵押债券,因此短期借款债权人先获得 100 万元的求偿权,余下的 300 万元视为无担保债务求偿权,抵押债券持有人先获得 400 万元的求偿权,同样,余下的 200 万元视为无担保债务求偿权。

第三,支付无担保债务。在清偿了行政费用和有担保债务的部分求偿权之后,可用现金仅剩下 900 万元,还剩 1 600 万元无担保债务尚未清偿。

由表 16-2 的第三、四栏可知,无担保债务求偿权由无担保债务求偿权(应付账款和长期借款)和视为无担保债务求偿权的未清偿或剩余有担保债务求偿权(部分有担保短期借款和部分抵押债券)组成,共计 1 600 万元。它们处于同样的债务级别,具有同样的求偿权顺位,但是,由于可用现金(900 万元)小于无担保债务总求偿额(1 600 万元),因此可将各类无担保债务求偿权在无担保债务总求偿额中所占比重作为权重,来分配可用现金(见表 16-3)。

表 16-3 各类债权人的求偿结果  单位:百万元

| 求偿结果 | 有担保债务求偿额 | 无担保债务求偿额 | 总求偿额 |
|---|---|---|---|
| 原材料供应商求偿结果 |  | 1.69 | 1.69 |
| 提供有担保短期借款的银行求偿结果 | 1 | 1.69 | 2.69 |
| 提供长期借款的银行求偿结果 |  | 4.50 | 4.50 |
| 抵押债券持有人求偿结果 | 4 | 1.12 | 5.12 |
| 合计 | 5 | 9.00 | 14.00 |

由表 16-3 可知,表中第二栏表示各类有担保债务求偿权的清偿情况,显然,有担保债务未得到全额清偿。表中第三栏表示无担保债务求偿权的清偿情况,比如原材料供应商的最终求偿额仅为 169 万元($=900\times\dfrac{3}{16}$),其中 900 万元为可用于清偿无担保债务的可用现金,$\dfrac{3}{16}$ 表示应付账款占所有无担保债务(包括剩余有担保债务)总求偿额的比重。其他几类无担保债务求偿额也按此口径计算。

可见,清偿部分无担保债务之后,A 公司已无可用现金,因此 A 公司优先股股东和普通股股东的求偿权将完全无法得到满足。

## 二、破产改组的若干公司金融问题

### (一) 破产改组公司的继续经营价值估算

前文已述,破产改组的前提是公司的继续经营价值大于资产的清算价值,因此,继续经营价值的估算就显得特别重要。理论上讲,继续经营价值的估算方法有许多,比如基础资产法、收益法、市场比较法等。金融资产定价原理告诉我们,金融资产价值就是金融资产在存续期内所能产生的现金流入的贴现值。因此,贴现现金流量法和市场比较法是进行破产改组公司继续经营价值估算的合适方法(可参见本书第十四章第二节的相关内容),这些估算方法除了考虑破产改组公司的过去和现在,更关注公司的可能未来。

**例 16-3**:承例 16-1,假设 A 公司改组后,将彻底摆脱财务危机,能够永续经营。预计每年税后经营利润为 190 万元,公司年折旧为 10 万元,A 公司期望收益率为 10%。

根据贴现现金流量法,A 公司的继续经营价值为:

$$A 公司继续经营价值 = \frac{190 + 10}{10\%} = 2\,000(万元)$$

在给出一系列假设条件之后,我们就能够估算出破产改组公司的继续经营价值,但是,在公司金融实践中,公司继续经营价值的估算是非常困难的。与其他金融资产的估价一样,继续经营价值的估算至少会遇到两大难题:一是改组后每年自由现金流的预计,二是贴现率的选择。

### (二) 破产改组计划

**1. 破产改组计划下的财务求偿权**

尽管破产改组计划下的财务求偿权的法定确认顺序与破产清算下的财务求偿权的认定顺序基本一致,但是由于继续经营价值通常大于清算价值,因此破产改组计划下的财务求偿权与破产清算下的财务求偿权至少在量上存在差异。

**例 16-4**:承例 16-1,假定 A 公司的继续经营价值为 2 000 万元,其破产申请时的资产负债表见表 16-1。假如不考虑行政费用、破产前一段时间内的应付工资和福利、预收货款以及应交税金。

根据破产改组的法定求偿顺序,我们可以分别得到破产改组计划下的财务求偿权(见表 16-4)和各类债权人应得的财务求偿权(见表 16-5)。

表 16-4 A 公司破产改组计划下的债务求偿权

单位:百万元

| 可用补偿 | 金额 | 无担保债务求偿权 | 金额 |
| --- | --- | --- | --- |
| 继续经营价值 | 20 | 应付账款求偿额 | 3 |
| 有担保短期借款的可得求偿额 | 1 | 有担保短期借款剩余求偿额 | 3 |

（续表）

| 可用补偿 | 金额 | 无担保债务求偿权 | 金额 |
|---|---|---|---|
| 有担保抵押债券的可得求偿额 | 4 | 长期借款求偿额 | 8 |
|  |  | 有担保抵押债券剩余求偿额 | 2 |
| 可用补偿总额 | 15 | 无担保债务总求偿额 | 16 |

由表16-4第一、二栏可知，破产改组公司的继续经营价值为2 000万元，根据法定求偿顺序，做如下安排：

第一，确认有担保债权人获得的债务求偿权。由于作为短期借款担保物的应收账款的变现收入仅为100万元，而作为抵押债券担保物的设备的变现收入仅为400万元，它们分别远低于400万元的短期借款和600万元的抵押债券，因此短期借款债权人先获得100万元的求偿权，余下的300万元视作无担保债务求偿权，抵押债券持有人先获得400万元的求偿权，同样，余下的200万元视作无担保债务求偿权。

第二，确定可用补偿总额。在满足了有担保债务的部分求偿权之后，可用补偿只剩下1 500万元。

由表16-4第三、四栏可知，无担保债务求偿权由无担保债务求偿权（应付账款和长期借款）和视为无担保债务求偿权的未确认有担保债务求偿权（部分有担保短期借款和部分抵押债券）组成。它们处于同样的债务级别，具有同样的求偿权顺位，但是由于可用补偿金额（1 500万元）小于无担保债务总求偿额（1 600万元），因此可将各类无担保债务求偿权在无担保债务总求偿额中所占比重作为权重，来分配可用补偿（见表16-5）。

**表16-5　各类债权人的求偿结果**　　　　　　　　　　　　　　　单位：百万元

| 求偿结果 | 有担保债务求偿额 | 无担保债务求偿额 | 总求偿额 |
|---|---|---|---|
| 原材料供应商求偿结果 |  | 2.81 | 2.81 |
| 有担保短期借款求偿结果 | 1 | 2.81 | 3.81 |
| 长期借款求偿结果 |  | 7.50 | 7.50 |
| 抵押债券持有人求偿结果 | 4 | 1.88 | 5.88 |
| 合计 | 5 | 15.00 | 20.00 |

由表16-5可知，在破产改组后的公司内，原材料供应商的最终求偿额为281万元 $\left(=1\,500\times\dfrac{3}{16}\right)$，银行短期借款的最终求偿额为381万元 $\left(=1\,500\times\dfrac{3}{16}+100\right)$，银行长期借款的最终求偿额为750万元 $\left(=1\,500\times\dfrac{8}{16}\right)$，抵押债券持有人的最终求偿额为588万元 $\left(=1\,500\times\dfrac{2}{16}+400\right)$。因此，破产改组计划下确认的各类债务求偿额都高于破产清算下各类债务相应的求偿额。

**2. 重塑资本结构**

继续经营价值就是公司改组后的初始价值，破产改组公司必须据此精心设计资本结构，以便使该破产改组计划切实可行。鉴于破产改组公司的盈利能力和支付能力尚未完全恢复，为了减轻其支付压力，应该本着降低杠杆和资本成本的原则重塑资本结构。

**例 16-5**：承例 16-4，鉴于 A 公司继续经营价值为 2 000 万元，因此，我们可以给出其新的资本结构（见表 16-6）。

表 16-6　A 公司新的资本结构　　　　　　　　　　　　　　　　　　　　　单位：百万元

| 资本项目 | 金额 |
| --- | --- |
| 票面利率为 9% 的优先级无担保债券 | 8 |
| 票面利率为 10% 的次级无担保债券 | 8 |
| 优先股（股利收益率 5%，面值 10 元/股） | 2 |
| 普通股（面值 1 元/股） | 2 |
| 合计 | 20 |

由表 16-6 可知，新的资本结构由两类债务资本和两类权益资本构成，与破产申请时的资本结构相比，减少了债务资本规模，降低了杠杆，同时，分别降低了债券的票面利率以及优先股的股利收益率。显然，新的资本结构旨在减轻破产改组公司在改组之初的支付压力以及降低资本成本。

一旦构建了新的资本结构，随后就可以根据破产改组计划下的债务求偿权分配新证券（见表 16-7）。

表 16-7　新的债务求偿权可分配到的新证券　　　　　　　　　　　　　　　单位：百万元

| 债权人类别 | 债务求偿权 | 可分配到的优先无担保债券 | 可分配到的次级无担保债券 | 可分配到的优先股 | 可分配到的普通股 |
| --- | --- | --- | --- | --- | --- |
| 原材料供应商 | 2.810 | 0.560 | 1.500 | 0.375 | 0.375 |
| 提供有担保短期借款的银行 | 3.810 | 1+0.560 | 1.500 | 0.375 | 0.375 |
| 提供长期借款的银行 | 7.500 | 1.500 | 4.000 | 1.000 | 1.000 |
| 抵押债券持有人 | 5.880 | 4+0.380 | 1.000 | 0.250 | 0.250 |
| 合计 | 20.000 | 8.000 | 8.000 | 2.000 | 2.000 |

由表 16-7 可知，新证券的分配顺序为：

第一，分配优先无担保债券。有担保短期借款债权人和有担保抵押债券持有人优先获得新证券分配资格。求偿权顺位最靠前的有担保债权人获得优先无担保债券 500 万元，余下的 300 万元优先无担保债券则根据下一顺位各类求偿权在总求偿额中所占比重进行分配。比如，由于作为短期借款担保物的应收账款的变现价值仅为 100 万元，因此有担保短期借款债权人首先获得 100 万元优先无担保证券，剩下的 300 万元短期债权视同无担保债务求偿权，根据有担保短期债务剩余求偿权在无担保债务总求偿额中所占比重进行分配，该债务求偿权还可分得约 56 万元（$=300\times\frac{3}{16}$）无担保优先债券。

第二，分配次级无担保债券。根据无担保债务求偿权计算各债权人的分配比率，然后，按比例分配次级无担保债券。比如，原材料供应商可分得的次级无担保债券为 150 万元（$=800\times\frac{3}{16}$）。

> 第三，分配优先股。根据无担保债务求偿权计算各债权人的分配比率，然后，按比例分配优先股。比如，原材料供应商可分得的优先股为 37.5 万元 $\left(=200\times\dfrac{3}{16}\right)$。
>
> 第四，分配普通股。根据无担保债务求偿权计算各债权人的分配比率，然后，按比例分配普通股。比如，原材料供应商可分得的普通股为 37.5 万元 $\left(=200\times\dfrac{3}{16}\right)$。
>
> 求偿权满足后，在公司改组前的有担保短期借款债权人中，一部分债权人变成了改组后公司的新债权人，另一部分则变成了改组后公司的优先股股东和普通股股东。

值得注意的是，在新证券分配过程中，债务求偿权顺位优先的债权人分配到的新证券也具有求偿权优先的特点。原因在于，尽管破产改组公司可以继续经营下去，但是其破产清算的可能性仍然存在。为了维护原债权人的利益，需要一贯地维护和保护他们的债务求偿优先权。

概念自查 16-2：
1. 什么是求偿权的绝对优先原则？
2. 请解释破产时以下各类求偿权应该如何排序：(1)应付账款；(2)诉讼费；(3)第一抵押债券；(4)第二抵押债券；(5)普通股；(6)优先股；(7)应交税金；(8)存货抵押短期借款。

## 第三节 财务预警

不管破产公司的最后处置如何，公司各利益相关者都将不可避免地蒙受巨大损失。因此，公司的利益相关者尤其是投资者希望未雨绸缪，以避免损失。20 世纪初，人们就开始寻求财务预警的方法，试图预知公司是否会发生财务危机。事实上，当公司的财务状况开始恶化时，种种危机迹象会通过财务数据显现出来。因此，最早的财务预警模型也是从研究财务数据开始的。

### 一、财务危机预兆和财务比率

引发财务危机的原因众多，无能的管理、不明智的扩张、过度的竞争、过高的负债、大量的诉讼等只是引发财务危机的众多原因中的几例。公司在发生财务危机之前，在经营、财务等方面会有一些预兆。

（一）财务危机预兆

在公司发生财务危机之前，其预兆会通过外在特征和财务特征部分地显现出来。下面是几种常见的财务危机预兆：

**1. 交易记录恶化**

判断交易记录是否恶化通常视公司在偿付货款中的延期或违约现象而定，但是，不是所有的延期付款行为都可视为交易记录恶化。因此，需要对延期付款或违约现象进行细分。公司的利益相关者应该特别关注五种延期付款或违约现象，它们传递出公司可能存在财务危机的信息：

第一，公司无理由拖欠货款。如果公司随意推迟付款，那么该行为可以视为其财务状况不佳的信号。

第二，商业信用发生变化。如果公司以前的信用历史没有污点，但近来延期付款甚至拒绝付款的行为频频发生，那么此类违约也可视为其财务危机的信号。

第三，破产性无力支付。如果公司承认已陷入财务困难并请求延期付款，那么需要进一步判断这种财务困难是技术性无力支付还是破产性无力支付。假如公司目前的财务困难仅仅属于技术性无力支付，则意味着公司目前仅仅缺乏头寸，公司通过自我调整很快就能够渡过难关；假如公司目前的财务困难属于破产性无力支付，则意味着其资产价值不足以支付其负债，公司将面临破产威胁。

第四，违约后未见偿付承诺以及承诺后未见履行。公司违约后不对其所需偿付进行书面承诺，或者承诺后不履行付款，这些都传递出了财务危机的信息。

第五，公司深陷债务诉讼中。

### 2. 过分依赖外部借款

有多种情形可以解释公司为什么过分依赖外部借款：

第一，满足高成长的资金需要。公司为了保持其高速成长，需要举借大量债务进行扩张。

第二，弥补经营活动所产生的现金净流量（CFO）的不足。一旦公司经营所需的现金（现金流出）大于其能够产生的现金（现金流入），经营活动所产生的现金净流量将为负值，意味着公司正常经营所需的现金发生缺口，举债是解决这一资金缺口的有效方式。

第三，调整资本结构，提高财务杠杆。公司为了调高其债务比重，可以通过举债进行股票回购，公司的债务比重将随之快速上升。

显然，能够传递出财务危机信息的情形只有上文所列示的第二种情形。第二种情形说明，公司举债是因为公司缺乏充足的利润和内部资金，或者是因为资金周转不灵。尽管个别年份经营活动所产生的现金净流量为负值并不意味着公司陷入财务危机，但是如果公司一而再、再而三地出现负值的现金净流量，那就非常值得公司利益相关者关注了。

### 3. 扩张过快

并购和资本支出常常是公司迅速扩张其业务的两条重要路径，但是，从实践来看，追求外延扩大化的公司陷入财务危机的可能性更高。

以并购为例，并购会面临经营风险、财务风险等几类风险。如果以现金收购方式寻求扩张，那么收购公司将为此筹集大量资金，其中绝大部分源自债务。因此，即便顺利完成收购，收购公司也将为此承受巨大的债务偿还压力，稍有不慎，将陷入破产境地。这就是并购的财务风险。如果收购公司通过并购进入一个不熟悉的经营领域或陷入管理幅度无法覆盖的尴尬境地，那么并购的协同效应非但无法显现，还会给并购双方造成损害。这就是并购的经营风险。

### 4. 过分依赖关联企业

母公司或控股公司会有许多子公司，这些子公司就是母公司或控股公司的关联企业。有时，母公司或控股公司与其关联企业保持着密切的联系，比如母公司的产品大多通过其关联企业向外销售，母公司所需原材料大多通过其关联企业采购，母公司侵占关联企业资金，等等。如果母公司过分依赖其关联企业，则它被关联企业拖累的可能性就较大。反过来，如果关联企业过分依赖其母公司，则关联企业被母公司拖累的可能性也就较大。在中国上市公司集群中，因资金被母公司侵占而陷入财务危机的上市公司不在少数。

值得一提的是,尽管我们试图描述公司在财务危机之前可能出现的种种预兆,但是真正要判断一家公司是否会发生财务危机是非常困难的。

(二) 财务比率

财务危机的种种预兆为我们提供了一些启示,财务危机预兆确实会通过公司的财务特征显现出来。伴随着公司财务危机迹象的出现,公司的利润大幅下滑或者开始出现亏损,公司盈利能力及利息保障程度下降。公司经营活动所产生的现金流入小于现金流出,经营活动所产生的现金净流量为负值。为了维持公司正常经营,公司将通过举债方式进行营运资本投资,公司负债水平将随之上升。如果我们用非常直观的财务比率来描述,则可以看到面临财务危机公司的关键性财务比率全面恶化。

在描述财务危机预兆方面,究竟哪些关键性财务比率更有效,长期以来一直备受争议。最初,学界和业界使用单一的财务比率来描述财务危机的预兆,20 世纪 60 年代以后,开始尝试同时使用多个财务比率来刻画财务危机的征兆,这种同时使用多个财务比率的多因素判别法渐渐成为主流方法。多因素判别法所使用的财务比率主要集中在五个方面:

第一,盈利能力比率。使用频率最高的盈利能力比率包括净资产收益率、资产利润率、销售利润率、主营业务利润率等。

第二,长短期偿债能力比率。偿债能力强弱应该从债务保障程度、资产效率等几方面同时进行考量。债务保障程度指标包括流动比率、速动比率、资产负债率(也可用股东权益市值/负债总额或股东权益账面值/负债总额表示)、利息保障倍数等;资产效率指标包括应收账款周转率、存货周转率、总资产周转率等。

第三,营运能力比率。营运能力表示为满足公司经营所需投入的营运资本或净营运资本数量,投入量越少,则营运能力越强。营运能力比率包括营运资本/总资产、净营运资本/总资产等指标。

第四,成长能力比率。成长能力比率包括销售增长率、留存收益/总资产、资产增长率、股东权益增长率、主营业务增长率等指标。

第五,公司规模比率。公司规模比率包括总资产、总净资产等指标,通常用对数表示。

## 二、财务预警模型

财务危机预警研究早在 20 世纪 30 年代的美国就已开始,至今,已形成了定性财务预警分析、定量财务预警分析和定性定量相结合的财务预警分析等三大类财务预警方法。在本书中,我们重点介绍几种传统的定量财务预警分析方法。

(一) 单因素判别分析法

单因素判别分析法(single discriminate analysis,SDA)是指运用个别财务比率来预测财务危机的模型。该方法或模型最早由美国学者菲茨帕特里克(Fitzpatrick,1932)提出。他运用单个财务比率将样本公司分为破产和非破产两组,发现破产公司和非破产公司在同样的财务比率上存在较大的差异,判定反映公司财务危机能力最强的财务比率是净利润/股东权益以及股东权益/负债两个比率。美国学者比弗(Beaver,1966)选择了更大的两组破产和非破产公司样本,用多个财务比率分别进行了一元判定预测。他的研究发现,现金流量/负债总额比率能够最准确地判定公司的财务危机(即误判率最低),其他两个有效的比率依次为资产利润率和资产负债率。他的研究还发现,越接近破产日,这些财务比率的误判率越低。按照单因素判别分析法,当模型中的财务比率趋于恶化时,意味着公司出现了财务危机的预兆。

尽管单因素判别分析法试图找出一个最有效的单一财务比率,但是该方法存在缺陷。主要表现在:一是不同的人运用同样的财务比率进行财务危机预测,所得出的结果可能差别很大;二是单因素判别分析法无法预测公司可能在何时出现财务危机;三是单因素判别的结论受通货膨胀影响大;四是单因素易被粉饰。因此,任何一个单一的财务比率都不能适用于所有行业及所有情形。

(二) 多因素判别分析法

多因素判别分析法(multi discriminate analysis,MDA)是指用多个财务比率综合评价公司财务危机的模型或方法。该模型最早由美国学者爱德华·奥尔特曼(Edward Altman)于1968年提出。他分别选取美国上市公司中33家破产制造企业和33家非破产制造企业作为样本,并选取22个财务比率进行了实证研究,通过剔除判别能力差的财务比率,最后只保留了5个财务比率,并发展出一种Z分值模型(Z-score)。奥尔特曼的Z分值模型为:

$$Z = 0.012 X_1 + 0.014 X_2 + 0.033 X_3 + 0.006 X_4 + 0.999 X_5 \quad (16-1)$$

式中,$X_1$为净营运资本/总资产;$X_2$为留存利润/总资产;$X_3$为息税前收益/总资产;$X_4$为股东权益市值/总负债的账面值;$X_5$为销售收入/总资产;$Z$为$Z$分值,各变量前的数值为给定的系数。

在计算$Z$分值时,变量$X_1$、$X_2$、$X_3$、$X_4$的取值为百分比值,比如净营运资本/总资产为9%,则$X_1$取值为9%,而非0.09。$X_5$的取值则不同,比如销售收入/总资产为100%,则$X_5$取值为1,而非100%。

奥尔特曼认为,在破产前1年里,破产公司和非破产公司具有非常不同的财务架构。他认为,$Z$分值越低,公司破产的可能性越大。他提出了破产临界值,认为如果$Z$分值低于1.81,则公司会在近期破产,如果$Z$分值超过2.99,则公司在1年内不会破产。他还发现,$Z$分值在1.81至2.99之间存在一个不确定区域(也称灰色区域),在此区域中,我们难以提出有效的判别,即我们无法判断公司破产的可能性有多大以及何时破产。经验显示,$Z$分值模型适用于公司短期财务破产预测。

由于式(16-1)建立在对美国制造行业研究的基础之上,因此将该模型用于预测私人企业和非制造企业的财务危机时,往往显得判别能力不够。为此,奥尔特曼修正了原先的模型,剔除了原模型中带有浓烈行业特征的销售收入/总资产比率,并更换了变量前的系数。修正后的模型为:

$$Z = 0.0656 X_1 + 0.0326 X_2 + 0.0105 X_3 + 0.0672 X_4 \quad (16-2)$$

式中,$X_1$为净营运资本/总资产;$X_2$为留存利润/总资产;$X_3$为息税前收益/总资产;$X_4$为股东权益账面值/总负债的账面值。在计算$Z$分值时,变量的取值都为百分比值。

修正后的模型的临界值与原模型不同,$Z<1.23$显示预测到了破产,$1.23 \leq Z \leq 2.9$表明为不确定区域(灰色区域),$Z>2.9$显示不会破产。

之后,理查德·托夫勒(Richard Taffler)、霍华德·蒂斯哈(Howard Tisshaw)等进一步发展了$Z$分值模型,以提高该模型预测的准确度并将其运用于长期财务危机预测。

从国外的实践来看,$Z$分值模型存在一些缺陷,比如因数据采集困难而难以将$Z$分值模型用于小公司财务危机预测,$Z$分值模型仅仅在几个行业中有效,等等。但是,$Z$分值模

人物专栏 16-1:
爱德华·奥尔特曼
(Edward Altman)

型具有开创性的贡献,几乎所有预测财务危机的多元线性模型都源自该模型。

随着计算机以及数学工具的大量运用,财务危机预测方法得到了进一步发展。计算机的发展和运用使得神经网络等新方法也被用于财务危机预测,数学工具的广泛运用催生出了 Logit 等模型。

---

**案例 16-1:安然公司破产始末**

安然(Enron)公司始建于 1930 年,最初名为"美国北部天然气公司",1941—1947 年,随着公司股票上市,公司的股权渐渐分散。1979 年,北方内陆天然气(InterNorth)公司成为新的控股股东,并借壳在纽约证交所挂牌。1985 年,InterNorth 收购竞争对手休斯敦天然气公司,并更名为"安然"。公司所属 7 家分公司分别负责运输与储存、国内天然气与电力服务、国际经营与市场开发、油气勘探与生产和再生能源开发利用五个领域的经营业务。在 2001 年宣告破产之前,安然拥有约 21 000 名雇员,是当时世界上最大的电力、天然气及电信公司之一,2000 年披露的营业额高达 1 010 亿美元。1996—2001 年,安然持续 6 年被《财富》评为"美国最具创新精神公司",2000 年安然更被该杂志评为"全美 100 最佳雇主"之一,安然装修奢华的办公室在华尔街精英中也被奉为美谈。

这样一家公司轰然坍塌,势必成为破产案中的一个经典范例。安然破产的原因是多方面的。

首先,战略方向性失误。无视决策风险是当年安然决策者犯下的根本错误。安然的决策者不甘心止步于传统的石油天然气行业,于是急功近利挺进到知识经济、网络科技的最前沿。这一业务模式虽然至今还得到了业界的充分肯定,但对安然来说,已经没有任何意义。大多数专家同意安然破产最重要的一个原因在于,公司盲目放弃了自己的主营业务,而转向了电子交易等新领域,导致公司失控。安然的错误是无药可治的,只有倒闭破产一条道路。

其次,轻视举债风险。在美国经济一帆风顺的时候,安然是华尔街股市的宠儿,即便有不正常的举债,也不会受到人们的怀疑,而随着美国总体经济趋于衰退,市场需求降低,债权人的金融风险就凸现了,许多以前可以不被重视的风险开始放大,安然也就难以维持原有的财务状况,更无法"创新"更高明的衍生工具取信于人。所以只好宣布 4 年以来的首次季度亏损,1997 年以来虚报近 6 亿美元的盈余谎言也自然无法再遮掩下去。这直接导致斥资给安然做期货交易的银行面临大量坏账的财务危机,于是谁也挽救不了安然,只有破产才能保全剩余的财产。

最后,涉及不正当内部交易和会计欺诈。1987 年,审计师戴维·沃泰克(David Woytek)与约翰·比尔德(John Beard)发现,安然的银行记录显示,数百万美元的款项由安然的户头划入两个名叫路易斯·博格特(Louis Borget)和托马斯·马斯特罗尼(Thomas Mastroeni)的个人户头中。据传博格特和马斯特罗尼曾负责接待沙特与科威特国家元首,获取了欧佩克实施工程的内部消息,这些内部消息使安然在石油交易中能够获得更丰厚的利润。尽管证据确凿,但两位审计师还是被公司董事长和首席财务官告知终止调查。显然,安然高层更加看重博格特为公司带来的巨额利润。

安然为追逐更多的利润,随意操纵利润,甚至是凭空捏造利润,公司通过一系列令人眼花缭乱的财务关联交易,将亏损留在了表外(即将亏损进行表外处理)。公司先后成立了多家离岸公司,用离岸公司来避税,提升公司利润。离岸公司的设立使安然得以随心所欲地调遣资金而不被注意,同时能够掩盖其经营亏损。公司高管不得不在每个季度绞尽脑汁掩盖亏损、虚增利润,以至于到了不能自拔的地步。

安然的股价屡创新高,公司的高管开始利用内部消息大把炒作自己的股票,金额达数千万美元。公司 CFO 一手创立离岸公司虚增利润,一手操纵股票交易,使自己和朋友们的上亿美元股本包赚不赔,而公司和其他不知情的股票投资者却为此付出了沉重的代价。2000 年 8 月,当安然股票达到历史高位每股 90 美元时,安然高层向投资者承诺公司股价会上涨到每股 130—140 美元,同时,背地里却悄悄将自己手里的公司股票出空,因为他们知道公司前景不妙。公司高层的抛售行为导致了安然股价回落,而投资者仍然被建议继续买进或持有公司股票,他们被暗示股价即将反弹。公司 CEO 则不断给投资者打气,承诺公司运转一切正常。2001 年 8 月 15 日,即便安然的股价已经跌至 42 美元/股,许多投资者仍深信安然股票会引领市场,他们越买越亏、越亏越买。到 10 月底,股价跌至 15 美元/股,可怜的投资者却将之视为建仓的良机。直到 1 个月后,2001 年 11 月 28 日,公众才如梦初醒,此时,安然的股价已经跌破 1 美元/股。

  2001 年 11 月中旬,在被卷入一系列会计欺诈丑闻之后,安然和其聘请的会计师事务所安达信面临世界上规模最大的破产深渊。在 2001 年,安然的股价一路由每股 90 美元下滑至每股 30 美分。自 2001 年申请破产以来,安然一直试图重组以尽可能挽回债权人的损失。在公司倒闭后不久,公司的创新核心能源交易部门被美林公司买下。安然的同行业竞争者 Dynegy 公司的拯救计划曾给安然带来了最后一线生机,但谈判最终因 Dynegy 寻求对安然的控股方北部天然气公司的控制权而宣告失败。最终的破产计划于 2003 年开始付诸实施,从安然剥离出三个新的独立公司,即跨国能源有限公司(CrossCountry Energy L. L. C.)、普里斯玛国际能源公司(Prisma Energy International)和波特兰通用电气公司(Portland General Electric),公司的剩余资产被拍卖。

资料来源:改编自 MBA 智库百科 http://wiki.mbalib.com/wiki/enron(访问时间:2019 年 8 月 16 日)。

**讨论问题:**
1. 安然公司已经成为公司欺诈和堕落的象征,为什么安然事件折射出会计审计制度的缺陷?
2. 如何构建有效的内部机制和外部机制来防范类似安然舞弊案的发生?
3. 尽管安然公司的破产案已尘埃落定,你如何评价当年安然的破产重组?

## ■ 本章小结

1. 当一个公司没有充足的内源资金或外源资金来清偿合同所要求的款项时,公司将面临财务危机。一旦公司陷入财务危机的窘境,它将被迫进行财务重组和资产重组,公司的外延将收缩甚至消失。但是,财务危机的这些处置方式对投资者来说是无奈的选择。为了避免公司因深陷财务危机而遭受巨大损失,投资者希望在投资之前,能够了解投资对象的前景、出现财务危机的可能性。

2. 公司陷入财务危机的起因多种多样,表现形式也多种多样。因此,在学界和业界,财务危机尚无确切定义。财务重组和资产重组是解决财务危机的重要途径,并尤以破产清算和破产改组最为常见。

3. 不管破产公司的最后处置如何,公司相关利益者蒙受巨大损失是不可避免的。因此,他们希望未雨绸缪,以避免损失。20 世纪初,人们就开始寻求财务预警的方法,以事前预知公司可能发生的财务危机。事实上,当公司的财务状况开始恶化时,种种危机迹象会通过财务数据显现出来。因此,最早的财务预警模型也是从研究财务数据开始的。

4. 财务危机预警研究早在 20 世纪 30 年代的美国就已开始,至今,已形成了定性财务预警分析、定量财务预警分析和定性定量相结合的财务预警分析三大类财务预警方法。

## ■ 重要术语

  财务危机 破产 违约 无力偿还 财务重组 破产清算 破产改组 私下和解 资产重组 出售资产 继续经营价值 清算价值 求偿权 财务预警 单因素判别分析(SDA) 多因素判别分析(MDA) $Z$ 分值模型

## 习题

### 简易题

1. A公司已宣布破产,但尚有以下债务未清偿:

| 名称 | 金额 |
| --- | --- |
| 应付账款 | 2 000 万元 |
| 银行借款 | 6 000 万元 |
| 次级债务 | 4 000 万元 |

据估算,该公司清算价值为1亿元。公司拟进行破产清算,清算计划为:偿还1 400万元应付账款,归还银行5 000万元,归还次级债持有人3 600万元。

(1)你认为该计划合理吗?
(2)请给出你的清算计划。

2. B公司资产价值为2亿元,公司用C公司做抵押取得抵押借款1亿元,无担保借款2亿元。B公司不幸遭受破产厄运,其清算价值仅为1亿元,而C公司清算价值为7 000万元。

(1)B公司各类债权人的求偿权分别为多少?
(2)B公司清算后,公司抵押借款债权人最终求偿额为多少?

### 中等难度题

3. D公司有次级优先信用债券2亿元,银行借款5亿元,应付账款3亿元。假定以上求偿权的排序依次为:应付账款,银行借款,次级优先信用债券。假定公司破产了,其清算价值为7亿元。公司在其重组计划中提议偿还银行借款4亿元,偿还应付账款2亿元,偿还次级优先信用债券1亿元。

(1)请说明该清算计划是否存在不公平区别对待。
(2)若D公司继续经营价值为10亿元,你认为公司需进行破产改组吗?
(3)若D公司进行破产改组,你认为什么样的资本结构更适合它?

4. 为什么一些关键财务指标可以在一定程度上揭示公司发生财务危机的预兆?

5. 假定E公司的财务比率分别为:$X_1$为6%,$X_2$为10%,$X_3$为4%,$X_4$为100%,$X_5=1.2$。

(1)计算Z分值。
(2)请问该公司在1年内是否会破产?
(3)如果使用Z分值改进模型,情况是否会发生变化?

### 高等难度题

6. 请在中国股票市场上任选一家长期戴有"ST"帽子的上市公司,用Z分值模型进行分析,并回答以下问题:

(1)该公司的Z分值为多少?
(2)若该Z分值落在灰色区域左侧,是否一定预示着该公司在1年内破产的概率极高?

习题参考答案

## 参考文献

1. ALTMAN E I. Corporate financial distress: A complete guide to predicting, avoiding and dealing with bankruptcy. New York: John Wiley & Sons, 1983.
2. ALTMAN E I. Financial ratios, discriminate analysis and the prediction of corporate bankruptcy [J]. Journal of Finance, 1968, 23(4): 589—609.
3. BEAVER W H. Financial ratios as predictors of failure [J]. Journal of Accounting Research, 1966(4): 71—111.
4. FITZPATRICK F. A comparison of ratios of successful industrial enterprises with those of failed firm [J]. Certified Public Accountant, 1932(6): 727—731.
5. 爱默瑞,等.公司财务管理(下).[M].荆新,译.北京:中国人民大学出版社,1999.
6. 王化成.高级财务学[M].北京:中国人民大学出版社,2006.
7. 周首华,等.现代财务理论前沿专题[M].大连:东北财经大学出版社,2000.
8. 朱荣恩,等.现代企业信用[M].上海:上海三联书店,1995.

## 教辅申请说明

北京大学出版社本着"教材优先、学术为本"的出版宗旨,竭诚为广大高等院校师生服务。为更有针对性地提供服务,请您按照以下步骤通过**微信**提交教辅申请,我们会在1~2个工作日内将配套教辅资料发送到您的邮箱。

◎ 扫描下方二维码,或直接微信搜索公众号"北京大学经管书苑",进行关注;

◎ 点击菜单栏"在线申请"—"教辅申请",出现如右下界面:

◎ 将表格上的信息填写准确、完整后,点击提交;

◎ 信息核对无误后,教辅资源会及时发送给您;如果填写有问题,工作人员会同您联系。

**温馨提示**:如果您不使用微信,则可以通过以下联系方式(任选其一),将您的姓名、院校、邮箱及教材使用信息反馈给我们,工作人员会同您进一步联系。

**联系方式:**

北京大学出版社经济与管理图书事业部

通信地址:北京市海淀区成府路205号,100871

电子邮箱:em@pup.cn

电　　话:010-62767312 / 62757146

微　　信:北京大学经管书苑(pupembook)

网　　址:www.pup.cn